Herman Napoleon Almkvist

Die Bischari-Sprache Tu-Bedawie in Nordost-Afrika

Herman Napoleon Almkvist

Die Bischari-Sprache Tu-Bedawie in Nordost-Afrika

ISBN/EAN: 9783743318892

Hergestellt in Europa, USA, Kanada, Australien, Japan

Cover: Foto ©Lupo / pixelio.de

Manufactured and distributed by brebook publishing software
(www.brebook.com)

Herman Napoleon Almkvist

Die Bischari-Sprache Tu-Bedawie in Nordost-Afrika

DIE
BISCHARI-SPRACHE
TŪ-BEḌĀWIE
IN NORDOST-AFRIKA

BESCHREIBEND UND VERGLEICHEND DARGESTELLT

VON

HERMAN ALMKVIST

ERSTER BAND

EINLEITUNG.   GRAMMATIK. I. BESCHREIBENDER TEIL

[ÜBERLIEFERT DER K. GESELLSCHAFT DER WISSENSCHAFTEN ZU UPSALA D. 24 SEPT. 1880]

UPSALA
1881

H. L. FLEISCHER

ALS ZEICHEN WÄRMSTER VEREHRUNG

ZUGEEIGNET

INHALT.

	Seite
VORWORT . . .	1
EINLEITUNG	7

Grammatik. I. Beschreibender Teil.

Erster Abschnitt: Lautlehre.

I. Schrift und Laute.
   - Über die Schrift [§ 1] 37
   - Die Vokale und Diftonge [§ 2—5] . . . . —
   - Die Konsonanten, schematische Übersicht [§ 6—8] . . . 39
   - Die Laryngale [§ 9] 41
   - Die Gutturale [§ 10] . . . . —
   - Die *u*-haltigen Gutturale [§ 11, 12] . . . . . . —
   - Die Palatale [§ 13] 43
   - Die Präkakuminale [§ 14—16] . . . . . . —
   - Die Dentale [§ 17] 45
   - Die Labiale [§ 18, 19] . . . . —

II. Lautgesetze.
   - A. Vokalische.
     1. Vokalschwund [§ 20—23] . . . 46
     2. Vokaldehnung [§ 24] . . . 48
     3. Vokalveränderungen [§ 25—29] .
     4. Vermeidung des Hiatus [§ 30] . . . 50
     5. Lautumstellung [§ 31] . . . 51
   - B. Konsonantische [§ 32—39] . —

III. Der Accent [§ 40—47] . . . 55

Zweiter Abschnitt: Formenlehre.

Erstes Kapitel: das Substantiv.

I. Das Geschlecht [§ 48—51] 59
II. Die Zahl [§ 52, 53] 60
III. Die Kasus.
   1. Der Nominativ der Objektiv und der Vokativ [§ 54—68] . . . 63
   2. Der Genitiv [§ 69—74] 68
   3. Der Ablativ [§ 75—79] 71
   4. Der Dativ [§ 80—82] 73
   5. Übrige Kasusverhältnisse [§ 83] . . . . . —
   6. Die Deklination [§ 84—89] 74

Zweites Kapitel: das Adjektiv.

Das Adjektiv in attributiver Stellung [§ 90, 91] 78
Das Adjektiv in prädikativer Stellung [§ 92] 80
Der Komparativ [§ 93, 94] 81
Der Superlativ [§ 95] 82

Drittes Kapitel: das Zahlwort.

Die Kardinalia [§ 96, 97] . . . . . . —
Die Ordinalia [§ 98] 83
Die Bruchzahlen [§ 99] . . . . —

Viertes Kapitel: das Pronomen.

I. Persönliche und possessive Pronomina.
  A. Selbständige Formen.
    Die Nominativ- und Objektivformen der persönlichen Pronomina [§ 100—104] 84
  B. Pronominalsuffixe.
   1. Zu Nominalstämmen.
    Nominativ- und Objektivformen [§ 105—113] . . 87
    Genitivformen [§ 114—119] 95
    Selbständige Possessiven [§ 120—123] . . . 101
    Der Dativ der persönlichen Pronomina [§ 123ᵃ, 124] . . 105
    Der Ablativ der persönlichen Pronomina [§ 125—132] . . 106
   2. Zu Verbalstämmen [§ 133—135] 110
II. Reflexives Pronomen [§ 136] 112
III. Demonstrative Pronomina [§ 137—140] . . . . —
IV. Interrogative Pronomina [§ 141—145] 115
V. Indefinite Pronomina [§ 146—147] 117
VI. Relatives Pronomen [§ 148—155] 118

Seite

Fünftes Kapitel: das Verb.

Im allgemeinen [§ 156—162] . . 123

I. Das Aktiv.
   A. Die affirmative Form
      1. Einfache Tempora und Modi.
         Der Imperativ [§ 163, 164] 126
         Der Aorist [§ 165, 166] 127
         Einteilung in Klassen und Konjugationen [§ 167] . . . 128
           Erste Klasse: Konj. I.
         Das Präsens und das Perfekt [§ 168] . —
           Zweite Klasse:
         Das Perfekt [§ 169] 129
         Das Präsens [§ 170] 130
         Konj. II. [§ 171—176] . . . . —
         Konj. III. [§ 177] 133
         Konj. IV. [§ 178] 134
         Konj. V. [§ 179, 180] 135
      2. Zusammengesetzte Tempora.
         Das Plusquamperfekt (und Imperfekt) [§ 181, 182] . . . 135
         Die beiden Futura [§ 183—190] 137
      3. Verbalnomina.
         Das Particip [§ 191, 192] 141
         Der Infinitiv [§ 193, 194] 142
   B. Die negative Form.
      Im allgemeinen [§ 195] 144
      1. Einfache Tempora und Modi.
         Der Imperativ [§ 196—201] 145
         Der Optativ [§ 202—204] 148
         Das Präsens [§ 205] 150
      2. Zusammengesetzte Tempora.
         Das Perfekt [§ 206] 151
         Das Plusquamperfekt [§ 207] 152
         Die beiden Futura [§ 208] 153

II. Das Passiv.
   A. Die Stammbildung [§ 209—216] 153
   B. Die Formenbildung [§ 217—219] . . 156

III. Das Kausativ.
   A. Die Stammbildung [§ 220—224] . 158
   B. Die Formenbildung [§ 225—227] . 159

	Seite
IV. **Das Frequentativ** [§ 228. 229] .	161
V. **Paradigmen.**	
Im allgemeinen [§ 231]	162
Der Konditional [§ 232—234].	163
Erste Klasse, afformativische Flexion.	
Konjugation I. [§ 235, 236]	164
A. Konsonantisch auslautende Stämme: Paradigma [§ 237] . . .	166
Verzeichnis von 132 hierher gehörigen Stämmen [§ 238—240]	169
B. Vokalisch auslautende Stämme: Paradigmen und Verbenverzeichnis [§ 241, 242]	171
C. Diftongisch auslautende Stämme: Paradigmen und Verbenverzeichnis [§ 243, 244]	178
Zweite Klasse, präformativische Flexion.	
Im allgemeinen [§ 245, 246]	180
Konjugation II. [§ 247]	181
1. Erste Art, einsilbige Stämme: Paradigmen und Verbenverzeichnis [§ 248—251]	—
2. Zweite Art, zweisilbige Stämme:	
a) vokalisch auslautende: Paradigmen und Verbenverzeichnis [§ 252—256]	186
b) konsonantisch auslautende: Paradigmen und Verbenverzeichnis [§ 257—268]	191
Konjugation III. [§ 269]	200
1. Erste Art, einsilbige Stämme: Paradigmen und Verbenverzeichnis [§ 270—274]	201
2. Zweite Art, zweisilbige Stämme: Paradigmen und Verbenverzeichnis [§ 275—279]	204
Konjugation IV. [§ 280]	206
1. Erste Art, einsilbige Stämme: Paradigma und Verbenverzeichnis [§ 281—288]	—
2. Zweite Art, zweisilbige Stämme: Paradigmen und Verbenverzeichnis [§ 289—292]	209
Konjugation V. [§ 293—295]	
Paradigmen und Verbenverzeichnis [§ 296, 297]	211
Andere Konjugationsformen [§ 298, 299]	215
VI. **Unregelmässige Verben** [§ 300]	217
ha' ‚bringen' *ï* ‚kommen' [§ 301—303]	218
di ‚sagen' *ḋi* ‚machen' [§ 304—307]	221
hi ‚geben' *hai* ‚nehmen' [§ 308—313]	224
bári ‚haben' *méri* ‚finden' *hérn* ‚suchen' [§ 314—320]	228
kan ‚wissen' [§ 321]	233
iwai ‚helfen' *kámai* ‚gross sein' *iwai* ‚dursten' *hisai* ‚zürnen' *jai* ‚sterben' [§ 322—324]	234
nai ‚melken' *bai* ‚gehen' *fai, hai* ‚sitzen' ‚sein' *kai* ‚sein' [§ 325, 326]	237

	Seite
VII. Von der Kopula „sein" [§ 327—331] . .	240
VIII. Das Verb mit Suffixen [§ 332—334] . .	242

Sechstes Kapitel: von der Satzfügung.

Im allgemeinen: — Postpositionen [§ 335] . 246
A. Koordinirte Sätze.
  1. Kopulative [§ 336, 337] . . . . . .
  2. Adversative [§ 338, 339] 248
B. Subordinirte Sätze — der Subjunktiv [§ 340—342] . 249
  3. Finalsätze [§ 343—348] 256
  4. Kausalsätze [§ 349, 350] 260
  5. Temporalsätze [§ 351—357] . . . 261
  6. Vergleichungssätze [§ 358, 359] 266
  7. Fragesätze [§ 360—363] 267

Siebentes Kapitel: die Partikeln.

Im allgemeinen [§ 364] 269
1. Bejahungs- und Verneinungswörter [§ 365]
2. Fragewörter [§ 366] 270
3. Modale Adverbien [§ 367] . . . . —
4. Lokale, temporale und kausale Adverbien und Postpositionen [§ 368] . 271

Achtes Kapitel: zur Wortbildungslehre.

Im allgemeinen [§ 369] 274
1. Bildung von Nominalstämmen [§ 370—375] . . . . . . —
2. Bildung von Verbalstämmen [§ 376]. Entlehnungen aus dem Arabischen [§ 377] 279

Anhang . . 281
Nachtrag 302

VORWORT.

Die vorliegende Arbeit gründet sich auf Forschungen, die während einer achtmonatlichen Studienreise nilaufwärts bis Chartûm und von da zurück nach Kairo angestellt wurden. Wie es da nicht anders möglich war, wurde die arabische Sprache zur Verständigung zwischen mir und meinen Bischârilehrern angewandt. Diese Sprache, auf die ich in Europa ein mehrjähriges literarisches Studium verwendet, war mir durch einen Aufenthalt von $1^3/_4$ Jahren in Syrien und Ägypten vollkommen geläufig geworden, so dass ich zwar in dieser Beziehung besser, in jeder anderen Hinsicht aber schlechter ausgerüstet dastand, als die meisten unter ihnen, die das erste Mal zum Zwecke wissenschaftlicher Forschungen eine Reise nach den oben erwähnten Gegenden antreten. Keine Empfehlungsbriefe von den Behörden in Kairo an die Mudiren der Provinzen oder die Muhâtisen der Städte, keine auch nur die allernotwendigsten Bedürfnisse übersteigende Ausstattung erlaubten mir anders aufzutreten, als wie ungefähr ein ganz unbedeutender arabischer Kaufmann. Nicht einmal ein Boot der dürftigsten Art konnte ich mir aus eigenen Mitteln beschaffen, sondern überall musste ich mit der gemischtesten Reisegesellschaft — unter welcher ich jedoch niemals einen Europäer traf — und mit einem Platz auf einem der grossen, plumpen, jeglichen Komfort der Dahabijje entbehrenden Segelprahme fürlieb nehmen, die den Waarentransport auf dem mittleren und oberen Lauf des Nils befördern. Zu Anfang des Herbstes 1877 verliess ich Kairo, hielt mich 5 bis 6 Wochen in Assuān auf, und reiste darauf teils zu Lande, teils zu Wasser, allen Krümmungen des Nils folgend, über Wādi Halfa, Sukkōt und Mahas nach Urdu (Neu-Dungula), woselbst ich einen Monat verweilte. Von hier ging die Reise auf dem Nil nach Debba, und weiter durch die Bajūda-Steppe nach Chartūm, von wo aus dann der Rückweg über Berber und Sauākin nach Suēs und Kairo genommen wurde, in welchem letzteren Orte ich gegen Ende des Monats Mai 1878 ankam.

Der eigentliche Gegenstand meiner Studien auf dieser Reise war jedoch nicht die Bischāri-, sondern die Nūba-Sprache, welche ich während einer Zeit von sechs Monaten einer mehr eingehenden Forschung unterzog, als es — soviel ich damals wusste — von andrer Seite geschehen war. Doch hierin hatte ich mich geirrt. Der bekannte Sprachforscher Leo Reinisch beginnt die Vorrede zu seinem kürzlich erschienenen Werke, *die Nuba-Sprache* (Wien 1879), wie folgt: »Es ist ein eigentümlicher zufall dass, wärend eine ansehnliche zal von sprachen verschidener völker Afrikas durch publicationen dem studium zugänglich geworden ist, das Nuba, die volkssprache des alten reiches von Napata, von welchem gegenwärtig noch zalreiche hieroglyphische und demotische schriftdenkmäler erhalten sind, bisher fast ganz unbeachtet gebliben ist.« Derselbe eigentümliche Zufall wollte es damals auch, dass fast gleichzeitig zwei Männer die Bearbeitung dieses noch ganz unbekannten Feldes in Angriff nahmen. Während meines Aufenthaltes in Kairo versuchte ich mir Auskunft darüber zu verschaffen, mit welcher Sprache sich Reinisch bei seinem Dortsein befasst hatte, allein vergebens. Seine Reise war mir nämlich schon vorher bekannt, und als ich im Herbst 1875 Wien auf der Durchreise nach dem Orient passirte, erfuhr ich, dass Reinisch kurz vorher die Stadt verlassen hatte. Wäre es mir damals bekannt gewesen, dass ein so bedeutender Sprachforscher seine Kräfte der nubischen Sprache widmete, so hätte ich ohne Bedenken eine andere unbekannte afrikanische Sprache, deren es ja noch genug giebt, zum Gegenstande meiner Studien gemacht. Wie die Sache aber nun lag, entschied ich mich für die Nūba-Sprache, weil diese — teils wegen der grossen Anzahl von Berbernern (d. h. Nubiern) in Kairo, teils aus dem Grunde, dass ein verhältnismässig grosser Teil von ihnen arabisch lesen, ja sogar schreiben kann — sich in Kairo besser studiren lässt als irgend eine andere echt afrikanische Sprache. Auch meine Reise nilaufwärts nahm ich später eigentlich nur vor, um an Ort und Stelle das Verhältnis der verschiedenen Dialekte einer Untersuchung zu unterwerfen.[1] Aber schon in

---

[1] An demselben Tage, wo ich obige Zeilen niederschrieb (im Juni 1880), erhielt ich von der Buchhandlung unter anderen Novitäten »zur geneigten Ansicht« ein stattliches Werk von einer der Grössen der Sprachforschung: Lepsius' *Nubische Grammatik* (Berlin 1880).

Assuän, wo ich meinen ersten Aufenthalt nahm, um den Kensi-Dialekt zu studiren, bot sich mir in den ersten Tagen die Gelegenheit dar, Bischāri zu sehen, die sich vor der Stadt gelagert hatten, und ich glaubte diese Gelegenheit benutzen zu müssen, auch von ihrer in Europa so wenig gekannten Sprache einigermassen Kenntnis zu nehmen. Zu Anfang glaubte ich, dass es Ababde wären, die in der Umgegend von Assuän überhaupt weit zahlreicher sind als die Bischāri. Ihre Hütten von Strohmatten und ihr erbärmliches Hausgerät stimmten mit den Schilderungen von dem Ababde-Stamme, die uns KLUNZINGER giebt,[1] vollkommen überein. Sie hielten indessen an ihrer Angabe fest, dass sie Bischāri wären, welches vielleicht darauf beruht, dass dieser Stamm in Assuän in grösserem Ansehen zu stehen scheint, als die im allgemeinen armen und gering geschätzten Ababde. Später fand ich auch, dass ihre Sprache der Laut- und Formenlehre nach vollständig, und dem Wortbestand nach bis auf vereinzelte Ausnahmen, mit der Sprache identisch ist, die in Berber gesprochen wird, welcher Ort den Centralpunkt für die Berührung der Bischāri mit den ägyptischen Arabern bildet. In Assuän wie in Berber versicherte man mir, dass die Ababde meistenteils ihre ursprüngliche Muttersprache vergessen hätten, als welche die Bischāri, unter steter Hervorhebung der ursprünglichen Einheit beider Stämme, die Bischāri-Sprache bezeichnen; jetzt sprächen sie arabisch, obgleich doch recht viele tō-beḍāwie nicht nur verständen sondern auch sprechen könnten.[2]

Es war indessen nicht leicht, unter diesen assuänischen Bischari jemand zu finden, der eine genügende natürliche Anlage und die Kenntnis der arabischen

Der Zufall hatte es also gewollt, dass sogar ihrer Drei, und wahrscheinlich jeder ohne Kenntnis von dem Vorhaben der anderen, sich mit dem Sammeln oder der Bearbeitung des Materials zu einer wirklich wissenschaftlichen Darstellung dieser schönen Sprache beschäftigten. Ich habe noch nicht Gelegenheit gehabt, weder REINISCH's noch LEPSIUS' Werk durchzugehen, aber soviel lasst sich wohl vermuten, dass, wenn auch die sprachlichen Fakta im grossen Ganzen uns allen dreien sich als dieselben erwiesen, doch sowohl in der Auffassung als auch in vielen Einzelheiten eine Verschiedenheit sich geltend gemacht haben wird, die künftigen Forschern teils zur wechselseitigen Kontrolle über die Richtigkeit der Angaben, teils als Anregung zu einer fortgesetzten genaueren Untersuchung dienen kann. Es dürfte demnach, wie ich hoffe, für die Wissenschaft nicht ein so ganz fruchtloser Beitrag werden, wenn ich in der nächsten Zeit, trotz so berühmter Vorgänger, mit aller Selbständigkeit mein nubisches Material zu bearbeiten gedenke, welches — da ich auf das Sammeln eine längere Zeit verwenden konnte — an Umfang das nicht unbedeutend übersteigt, was über die Bischāri-Sprache zusammenzutragen mir möglich gewesen ist.

[1] *Bilder aus Oberagypten, der Wüste* etc. S. 243—257.
[2] Von dem Vorhandensein einer geheimen künstlichen Sprache, die KLUNZINGER (a. a. O. S. 258) erwähnt, und von welcher KREMER (*Aegypten* T. I. S. 131) uns einige Proben giebt, vernahm ich nichts, und zufolge meiner damaligen Unbekanntschaft mit diesen Schriften, hatte ich auch keine Veranlassung jener Sprache nachzuspüren.

Sprache zugleich in sich vereinigte, um mir als Lehrer seiner Muttersprache dienen zu können. In diesen beiden Beziehungen stehen die Bischāri tief unter den Nubiern, und es ist mir nicht gelungen, auch nur einen Bischāri ausfindig zu machen, der lesen oder schreiben konnte. Nach einigen fruchtlosen Versuchen mit ein paar Leuten, die mir als begabt und des Arabischen gut kundig besonders empfohlen worden waren — welche jedoch nicht nur die gewöhnliche Verwechslung von „ich" und „du" begingen,[1] sondern sogar behaupteten, dass das arabische *hūwa* („er") und *úto* („du") im Bedāwie ganz übereinstimmend hiesse, und dass in demselben, in Bezug auf diese Wörter (die Pronomina), *kúllu zei bá·do* („alles gleich sei") — fand ich schliesslich in dem wohl kaum siebzehnjährigen Ali, einen ungemein lebhaften und intelligenten Jüngling, der meinen Wünschen vollkommen entsprach. Er brachte es sogar allmählich dahin, dass er aus eigenem Antriebe zu den einzelnen behandelten Sachen Formen herbeizutragen verstand, nach denen ich gerade bei dieser Gelegenheit kaum Anlass gehabt hätte zu fragen.

Meine beschränkten Mittel gestatteten mir jedoch nicht, in Assuān länger zu bleiben, als es zur Erforschung der Eigentümlichkeiten des Kensi-Dialekts nötig war, aber auf meinen weiteren Fluss- und Wüstenfahrten traf ich recht oft Bischāri, so dass ich wenigstens Gelegenheit fand, mich von der Richtigkeit und der vollkommenen Verständlichkeit der von mir aufgezeichneten Sprachformen überzeugen zu können. In Chartūm sah ich mich vergeblich nach einem geeigneten Hadendoa um — die Sprache dieser unterscheidet sich nach ihrer Aussage und nach der Erklärung der Bischāri nur höchst unbedeutend von der der letzteren — und ich konnte meine Bischāristudien nicht eher fortsetzen und erweitern, als bis ich nach Berber (El-Mucherif) kam. Durch Vermittlung eines hier ansässigen Scheichs, der für die Karawanenwege nach Korusko und Sauākin verantwortlich ist, gelang es mir einen für meine Zwecke recht brauchbaren Bischāri zu finden, dessen Namen aufzuzeichnen ich jedoch verabsäumt habe, und unter seiner Beihilfe gab ich mich während fünf Wochen ungeteilt dem Studium des Bedāwie hin. Meine solchermassen erworbenen Kenntnisse hatte ich später auf der Reise durch den südlichen Teil des eigentlichen Bischārilandes, Etbai, nach Sauākin mehrfach Gelegenheit zu verwerten und auf ihre Richtigkeit zu prüfen. In dieser Stadt brachte ich blos zwei Wochen zu, aber ich glaube doch gefunden zu haben, dass der in Gēf, der Bischāri-Vorstadt von Sauākin auf dem Festlande, gesprochene Dialekt, den man oft für eine besondere Mundart

---

[1] Fragt man einen solchen Naturmenschen, der sich natürlich nicht die geringste Vorstellung von unseren grammatischen Abstraktionen machen kann: »wie heisst es in deiner Sprache: ich esse, du trinkst», so bekommt man stets zur Antwort Formen, die da bedeuten: du isst, ich trinke.

gehalten, sich blos in dem Wortvorrat, aber durchaus nicht in den grammatischen Formen von dem Bedawie der Steppe unterscheidet.

Erst bei meiner Rückkunft nach Kairo erhielt ich die Nachricht, dass Dr REINISCH hier die nubische Sprache studirt habe, und in der Bearbeitung seines gesammelten Materials schon so weit vorgeschritten sei, dass die Veröffentlichung im Herbst 1878 erwartet werden könnte. (Das Werk erschien jedoch erst im Frühjahr 1879). Ohne dass mir auch nur irgendwie Zeit und Mühe Leid gethan hätten, die ich auf die nubische Sprache verwendet, konnte ich doch nicht ohne einen kleinen ganz natürlichen Seufzer des Bedauerns von der Ehre abstehen, der erste gewesen zu sein, der die Wissenschaft mit dieser interessanten Sprache bekannt machte; nur hätte ich es da lieber gesehen, wenn ich wenigstens den grösseren Teil meiner Nilfahrt nicht den nubischen Dialekten, sondern dem Bedāwie gewidmet, das, im Ganzen genommen, mir weit mehr schwerfasslich erschien, als die, in Übereinstimmung mit den meisten anderen geschlechtslosen Sprachen, so einleuchtend klar gegliederte Nūba-Sprache.

EINLEITUNG.

Das Volk, dessen Sprache nun zum ersten Male zum Gegenstand mehr eingehender Studien gemacht worden ist, war den Geografen Europas schon seit BRUCES Tagen, mithin mehr als drei Vierteljahrhunderte bekannt, und seitdem haben die meisten Reisenden, deren Arbeiten von wirklichem Werte sind, mehr oder weniger von den Bischari oder Bischarin-Arabern, wie sie oft genannt werden, zu erzählen gehabt.[1]

---

[1] Ohne auf Vollständigkeit Anspruch zu machen, die hier auch unnötig wäre, will ich doch ein chronologisch geordnetes Verzeichnis der wichtigsten neueren Werke vorführen, die uns von dem Land und Volk der Bischari und dem ihrer Stammverwandten Nachrichten bringen. Die mit einem Sternchen (*) bezeichneten Werke sind mir nicht zugänglich gewesen.

BRUCE, *Travels to discover the source of the Nile.* London 1790. Vol. IV. S. 529 ff.
Mémoires sur l'Egypte, T. III. Paris An X. S. 264—285.
BURCKHARDT, *Travels in Nubia..* London 1819. S. 148—151, 170 ff.
Du BOIS-AYMÉ, *Mémoire sur la ville de Qoçeyr et ses environs et sur les peuples nomades . . . (Description de l'Egypte* T. XI. Paris 1822. S. 383—400).
CAILLIAUD, *Voyage à Méroe.* T. II. Paris 1826. S. 99—121.
HOPKINS. *Travels in Ethiopia.* London 1835. S. 44—62.
*COMBES, *Voyage en Égypte, en Nubie, dans les déserts de Beyouda, des Bischarys . . .* Paris 1840.
RUSSEGGER, *Reisen in Europa, Asien und Afrika.* B. II. T. I. Stuttgart 1843. S. 116 ff.; 517—635.
*WILKINSON, *Modern Egypt and Thebes.* London 1841. T. II.
*WERNE, *Die Völker Ost-Sudans.* Stuttgart 1843. *Feldzug von Sennaar nach Taka.* Stuttg. 1851.
PRISSE D'AVENNES, *Les Ababdeh (Revue orientale et Algérienne.* T. III. Paris 1852. S. 328—336).
LEPSIUS, *Briefe aus Aegypten, Aethiopien . . .* Berlin 1852.
TAYLOR, *Reise nach Central-Afrika.* Leipzig 1855. S. 148—167.
*ROSSI, *La Nubia e il Sudan.* Constantinopoli 1858.

Aber schon von früheren Zeiten haben wir eine treffliche Schilderung dieses Volkes in dem *kitâb-el-xițâț* des arabischen Schriftstellers Ma-

KREMER. *Aegypten*. Leipzig 1863. T. I. S. 122—127.
MUNZINGER, *Ostafrikanische Studien*. Schaffhausen 1864.
HEUGLIN, *Reise in Nordost-Afrika und langs des Rothen Meeres* (Petermann, Geogr. Mitthril. Gotha 1860. S. 332 ff.). — *Reise durch die Wüste von Berber nach Suakin* (Peterm. Mitth. 1865. S. 165—171). — *Über das Land der Beni-Amer* (Peterm. Mitth. 1867. S. 169—173).
KROCKOW, *Reisen und Jagden in Nordost-Afrika*. T. II. Berlin 1867.
LINANT DE BELLEFONDS. *L'Etbaye, pays habité par les Arabes Bicharieh*. . . Paris 1868.
SCHWEINFURTH, *Reise in die Gebirge der Ababde und Bischarin am Rothen Meere* (Peterm. Mitth. 1864. S. 331 ff.) — *Das Land am Elba- und Soturba-Gebirge* (Peterm. Mitth. 1865. S. 330—340). — *Reise an der Küste des Rothen Meeres*... (Zeitschr. fur allgem. Erdkunde. Neue Folge. B. 18. Berlin 1865. S. 131—150, 283—313, 321—384). *Reise von Suakin nach Kassala-Gedârif-Matamma* (Zeitschr. f. allg. Erdk. N. F. B. 19. S. 385—427). *Reise von Chartum über Berber nach Suakin* (Zeitschr. der Gesellsch. fur Erdkunde zu Berlin. B. II. Berlin 1867. S. 1—41). *Skizze eines neuen Weges von Suakin nach Berber* (Peterm. Mitth. 1869. S. 281—291). — *Im Herzen von Afrika*. T. I. Leipzig 1874. S. 22—42.
PARRY, *Narrative of an Expedition from Suakin to the Soudan* (Journ. of the Royal Geogr. Soc. London 1874. S. 152—163).
JUNKER, Georg. *Bericht über das Chor Baraka und das angrenzende Beni-Amer- und Hadendoa-Gebiet* (Peterm. Mitth. 1876. S. 383—388).
HARTMANN, *Die westliche Bajuda-Steppe* (Zeitschr. f. allg. Erdk. N. F. B. 12. Berlin 1862. S. 197 ff.). — *Skizze der Landschaft Sennâr* (Zeitschr. f. allg. Erdk. N. F. B. 14. S. 153—176). — *Naturgesch.-medicinische Skizze der Nilländer*. Berlin 1865—1866. — *Die Nigritier*. B. I. Berlin 1876. *Die Rejah* (Zeitschr. fur Ethnologie, Jahrg. XI. Berlin 1879. Heft. I. II). — *Die Völker Afrikas*, Internation. Wissensch. Biblioth. B. XXXVII. Leipzig 1879.
Verhandlungen der Berliner Gesellsch. fur Anthropol., Ethnol. ... (Zeitschr. fur Ethnol. Jahrg. X. Berlin 1878. S. 333—355, 387—407.
KLUNZINGER. *Bilder aus Oberaegypten, der Wüste* . . . Stuttgart 1878. S. 200—263.

Von den allgemeinen geografischen und etnografischen Handbüchern bringen uns nur die zwei nachstehenden wertvolle Aufsätze über das Bischari- oder, wie es öfters genannt wird, das Bedja-Volk:

RITTER, *Erdkunde*. T. I. *Africa*. 2. Aufl. Berlin 1822. S. 552—554; 659—663.
WAITZ, *Anthropologie der Naturvölker*. T. II. Leipzig 1860. S. 486—490.

Andere sonst verdienstvolle etnografische Werke haben über diesen Gegenstand nur dürftige Notizen, wie:

PRICHARD, *Natural History of Man*. London 1848. S. 271.
PICKERING, *Unit. St. Exploring Exped*. Vol. IX. Philadelphia 1848. S. 205—206.
LATHAM, *Descriptive Ethnology*. Vol. III. London 1859. S. 99.
F. MÜLLER, *Allgemeine Ethnographie*. 2 Aufl. Wien 1878. S. 501.

KRISI. Diese Beschreibung, die MAKRISI nebst verschiedenem Anderen einem in Europa unzugänglichen historischen Opus über Nubien von IBN SELIM-EL-ASUANI entnommen, findet sich übersetzt von QUATREMÈRE (*Mémoires géogr. et histor. sur l'Égypte*, Paris 1811. T. II. S. 135—154), von BURCKHARDT (*Trav. in Nubia*, S. 519—521), und in etwas kürzerer Fassung von HEUGLIN (*Peterm. Mittheil.*, Ergänzungsheft N:o 6, Gotha 1861. Anhang). Der Name Bischari (Sing. بِشاري *bišārī*, Plur. بِشاريّة *bišārijjeh*, vulgär-arab. *bišārijīu*, woraus die in den Reisebeschreibungen gebräuchliche Form Bischarin, engl. Bishareen, entstanden ist) kommt zwar bei MAKRISI nicht vor, aber aus der genauen Begrenzung und Beschreibung, die er von dem in Frage stehenden Gebiet zwischen dem Nil und dem Roten Meere giebt, geht ganz unzweifelhaft hervor, dass das Volk, welches er Bedja nennt, mit den gegenwärtigen Ababde, Bischari, Hadendoa, und einigen anderen südlicheren, mit ihnen verwandten Stämmen gleichbedeutend ist. Derselbe Name, gewöhnlich بَجَّة *bejjatu*, mitunter بَجَّا *bejjā* geschrieben, findet sich in derselben Bedeutung, nebst einigen grösseren oder geringeren Bemerkungen über dieses Volk, auch bei mehreren anderen berühmten arabischen Schriftstellern wie Abulfeda, Ibn Haukal, Masudi, Idrisi, Ibn Batuta, und nachdem ist dieser Name bei uns am gewöhnlichsten in der Form Bedja (*Bejah, Beja*), als eine allgemeine Bezeichnung für das oben erwähnte Land und Volk angenommen worden, obwohl derselbe meines Wissens nicht von den Bischari selbst und vielleicht auch nicht von ihren verwandten Stämmen in dieser Bedeutung gebraucht wird.[1]

Man hat allgemein angenommen, dass der Name Bedja schon auf einem der ägyptischen Altertümer, nämlich auf der berühmten Siegestafel aus der Zeit Tutmes III., vorkomme, wo unter den Namen der besiegten Völker in der Reihenfolge als das siebente Volk *bukak* oder *bukka* aufgeführt ist. Aber den Versuch einer Beweisführung für die Identität der beiden Namen *beja* und *bukak* habe ich nirgends finden können, da das erwähnte Monument keinen anderen Aufschluss darüber giebt, wo wir diese *bukak* zu suchen haben, als den, dass sie den »Völkern der Südgrenze» angehören.[2] Als eine Art von Beweis scheint man die

---

[1] Bei SAPETO (*Viaggio e missione cattolica fra i Mensa i Bogos e gli Habab*, Roma 1857. S. 60) heisst es jedoch. »I Besciarie, o come sono chiamati a Sawaken e nel Barca, i Beia . . .», und nach einer Angabe von HEUGLIN (*Peterm. Mitth.* 1862. S. 335) soll es einen hierher gehörigen Stamm geben, der noch den Namen Bedja führt.

[2] Siehe BRUGSCH, *Geschichte Ägyptens unter den Pharaonen*, Leipzig 1877. S. 345.

Thatsache angesehen zu haben, dass in der berühmten aus dem 4. Jahrhundert n. Chr. stammenden Inschrift von Aksum in Abessinien, ein Volk Bugaiten genannt wird, welches man ohne weiteres sowohl mit den ein paar Tausend Jahre älteren ägyptischen Bukak (Bukka), als mit den 5 Jahrhunderte später in der arabischen Literatur auftretenden Bedja identifizirt. Es ist mir nicht bekannt, dass diese Bugaiten in einer anderen Inschrift erwähnt werden, und ich will deshalb die Aufmerksamkeit auf einen kleinen Umstand lenken, den man bei der aksumitischen Inschrift übersehen zu haben scheint. Vier Kopien derselben liegen mir vor: SALT, *Voyage to Abyssinia*, London 1841, S. 411; BOECKH, *Corpus inscript. graec.* T. III, Berlin 1853, S. 515; BUTTMANN, *Museum der Alterthumsviss.* B. II. Berlin 1810, Tafel am Ende (vgl. den dazu gehörigen Text auf S. 575 ff., wo BUTTMANN seine Abschrift als eine getreue Kopie aus [einem mir unzugänglichen Werke] *Voyages and Travels to India, by G. V. VALENTIN* bezeichnet), und HEUGLIN, *Reise nach Abessinien*, Jena 1868, S. 147. Die beiden ersten sind identisch und haben in den Zeilen 3 und 7—8 die Formen *ΒΟΤΛΑΕΙΤΩΝ*; BUTTMANN dagegen auf der ersteren Stelle *ΒΟΤΛΑΕΙΤΩΝ*, und auf der letzteren *ΒΟΤΓΛΕΙΤΩΝ*, und HEUGLIN auf beiden Stellen (also kein Druckfehler) *ΒΟΤΛΑΕΙΤΩΝ*. Nun kommt noch dazu, dass die beiden erstgenannten Autoren ganz und gar nicht angeben, wo im Original ein Buchstabe oder ein Teil desselben verwischt ist, während HEUGLIN, dessen Kopie die neueste ist, solche Stellen genau bezeichnet. So findet man bei ihm in der 12:ten Reihe *ΓΑΓΩΝ* (Γάγων), und in der 22:ten *ΑΓΑΓΥΣΣΙΝ* (ἀγάγωσιν), während die Anderen ganz einfach die Formen *ΓΑΓΩΝ* und *ΑΓΑΓΟΥΣΙΝ* angeben. Der Leser wird somit über das wirkliche Aussehen der Inschrift vollständig im Unklaren gelassen, und ihm kein Mittel an die Hand gegeben, die Richtigkeit der stattgefundenen Interpolationen beurteilen zu können. Dagegen findet man in der zweimal vorkommenden Form *ΒΟΤΛΑΕΙΤΩΝ* bei HEUGLIN nicht im geringsten, sei es durch Schraffirung oder sonstwie angedeutet, dass das erste *ι* ein verstümmeltes *γ* sein könnte. Man muss dann, wie es mir scheint, daran festhalten, dass die Inschrift von Aksum ein Volk *buiaiten* — nicht *bugaiten* — erwähnt,[1] wodurch

---

[1] So schreibt auch HARTMANN (*Die Nigritier*, S. 78) *ΒΟΤΛΑΕΙΤΩΝ*, welches ihn jedoch nicht hindert (S. 80) zu erklären: »die Bugaiten sind zweifelsohne die *Bejah* Maqrizis und Anderer». Dagegen erscheint ihm die Identifizirung derselben mit den hieroglyfischen *Bukak* mehr zweifelhaft (S. *Zeitschr. für allg. Erdk.* N. F. B. 14 S. 154).

die Identität mit *bakak* und *beja* wohl nicht unmöglich, aber doch weniger wahrscheinlich wird, als früher. Einen etwas besseren Anhalt für diese Mutmassung erhält man jedoch, teils durch eine von RÜPPELL[1] in der Nähe von Aksum gefundene abessinische *(Ge'ez-)* Inschrift, in welcher ein Volk *Buga* oder *Bega* erwähnt wird,[2] teils durch die bekannte griechische Inschrift bei Adulis — der früheren Hafenstadt von Aksum, jetzt einem elenden Dorfe mit Namen Sula (oder Dula) am Roten Meer südlich von Massaua — in welcher unter anderen Völkernamen auch ΒΕΓΑ vorkommt.[3] Nur zwei Kopien davon sind mir zugänglich gewesen (SAPETO, *Viagg. e miss. catt.*, S. 383; BOECKH, *Corp. inscr. grae.* T. III. S. 511), und keine von beiden enthält eine Andeutung über das wirkliche Aussehen der Inskription; dass jeder Buchstabe derselben klar und deutlich gewesen, also von dem Zahn der Zeit unberührt geblieben ist, erscheint kaum glaubhaft. Man kann somit nicht auf Grund einer einzigen Quelle, die an sich so unzuverlässig ist wie COSMAS, ganz versichert sein, dass hier wirklich ΒΕΓΑ, und nicht etwa ΒΕΙΑ oder ΒΟΙΑ gestanden habe. SALT (*Voy. to Abyss.* S. 413) vergleicht auch die aksumitische Form βουγαειτων zunächst mit dem Namen eines in dem nördlichen Abessinien noch wohnhaften Volkes *Boja*, und SAPETO schreibt in seiner »traduzione letterale« der aksumitischen Inschrift (a. a. O. S. 391) *Boja*, während er sonst denselben Namen in der Form *Bria* wiedergiebt, ganz wie den modernen Namen *Beia*, den nach ihm die Bischari in Sauakin und Barka führen sollen (vgl. die Note 1 auf Seite 9).

Da also die Erklärung, wonach der arabische Name *beja* mit den erwähnten Inschriftformen *bakak*, *bukka*, *buia-eit-*, *buga*, *bega* gleichbedeu-

---

[1] S. *Reise in Abessinien*, T. II. Frankfurt a. M. 1840. S. 269, 276, sowie den dazugehörigen Atlas Taf. 5.

[2] DILLMANN (*ZDMG*. B. VII. S. 356) schreibt *Buga*; der erste Übersetzer, ein abessinischer Priester in Kairo, und RÖDIGER schreiben *Bega* (s. RÜPPELL a. a. O. S. 280).

[3] Die adulitanische Inschrift wurde zuerst von COSMAS gen. INDOPLEUSTA im 6. Jahrhundert gefunden, und in seiner *Topographia christiana* abgebildet. Diese Arbeit druckte MONTFAUCON in seiner *Collectio nova Patrum*, Paris 1805, T. II ab, und seitdem ist die Inschrift mehrere Male kopirt worden (s. hierüber BOECKH, *Corp. Inscr. grae.* T. III. S. 510, und SAINT-MARTIN, *Le Nord de l'Afrique dans l'Antiquité grecque et romaine*, Paris 1863. S. 224). Die Ächtheit dieser somit nur einer einzigen Quelle entstammenden Inschrift ist sehr angezweifelt worden, gilt jetzt jedoch als erwiesen (vgl. VINCENT, *The Periplus of the Erythrean Sea*, London 1800, Append. II, und BUTTMANN, *Mus. der Alterthumswiss.* B. II. S. 105 ff). Bekanntlich hat seit COSMAS' Tagen jene Inschrift niemand wiedergesehen, und das Wort βηγα fand sich nicht auf der »Tafel«, sondern auf dem »Throne«, welcher letztere Teil der Inschrift bezüglich der Ächtheit weit weniger zuverlässig ist, als der erstere.

tend sei, jedenfalls als bei weitem nicht erwiesen betrachtet werden
muss, so dürfte die Ansicht MUNZINGERS, der diesen Namen für einen
wirklich arabischen erklärt, und seinen Ursprung von dem bekannten
Worte *bedu* (بدو) „Beduinen", oder *bedu-ān*, — wie man die tigré-spre-
chenden Nomaden an der Meeresküste zwischen Akik und Massaua nennt
— herleitet, nicht so gänzlich bei Seite gesetzt werden. In seinem Auf-
satze »über die Beni-Amer» *(Ostafr. Stud. S. 282)* äussert er: »Der Name
Bedja ist ein alterirtes Bedou. Die Hadendoa und Beni-Amer selbst
nennen ihre Sprache To'bedauie, d. h. das Beduinische, ganz wie im
Arabischen بدوي. Da aber dieses d [richtiger *ḍ*] fast gequetscht lautet,
so kann es das ungewöhnte Ohr wohl für ein *g* nehmen, und dann für
ein *g*; auch der Name Bidel klingt oft Bidjel und dann selbst Bigel.
Auch jetzt noch nennen die Türken und Araber das Bedauie einfach
Bega; das Dorf der Beni-Amer, das an den Mauern Kassalas angesiedelt
ist, besteht aus vielen Unterthanen des Barka, die die Hoffnung auf Gewinn hierher gezogen hat; da sie fast alle das Bedauie reden, so nennen
die Bewohner der Stadt ihr Dorf Bega,[1] nicht dem möglichen Ursprung
gemäss, um den sich niemand kümmert, sondern wegen ihrer Sprache».
Zur Unterstützung dieser Ansicht kann ich folgendes anführen. Von
meinen Gewährsmännern hörte ich, vielleicht zufällig, niemals das Wort
béja, sondern blos das Relationswort *bejā́uie* als Name ihrer eigenen
Sprache, aber nach dem, was man mir ausdrücklich versicherte, blos als
eine unrichtige Aussprache des Wortes *beḍā́uie* in dem Munde der
Araber und Berberiner, die den blos in der Bischarisprache vorkommenden präkakuminalen Laut *ḍ* (s. Lautlehre § 14) nicht aussprechen können. Dieses hindert jedoch nicht, dass die Wörter *béja* und *bejā́uie* ursprünglich vom Arabischen abstammen können, obgleich von keiner Wurzel
bjj.[2] Ich halte es nämlich für höchst wahrscheinlich, dass dieses Bischariwort *beḍā́uie*, wie die für die Bischarisprache fremde Relationsen-

---

[1] Vielleicht ist dieses Dorf der Stamm Bedja, den HEUGLIN meint (siehe die Note
1 auf Seite 9).

[2] Der berühmte Arabist WETZSTEIN äussert in einer Fussnote zu HARTMANNS Artikel über *Bêjah* (*Zeitschr. f. Ethnol.* 1879. S. 125): »Die Beggah (so schreibe ich den
Namen) nennt Maqrizi بجة. — Begga, andere dagegen Beggā بجّا. Der Name muss als
ein nicht-arabischer angesehen werden, wenn auch das Arabische die Wurzel *bgg* hat. Sie
bedeutet »hervorquellen», dann überhaupt »protuberaren», z. B. von dem Fettbuckel des Kameels
gebraucht. Manner- resp. Stammnamen sind, wie ich sicher bin, von der Wurzel *bgg* nicht
gebildet worden».

dung -ie (=*rie*) erkennen lässt, und wie schon MUNZINGER hervorgehoben, nichts anderes ist, als das arabische Wort *bedāwijje* (بدوية oder بداوية) „(das) Beduinische". Dieser Name ist nachher von den Bischarivölkern selbst aufgenommen worden, mit der geringfügigen Veränderung von *bedāwijje* in *beḍāwie*, ganz in derselben Weise, wie oft europäische Namen von arabischen Schriftstellern mit den rein semitischen Lautzeichen *ṭ* (ط) und *ḍ* (ض), geschrieben werden, trotzdem die Araber vollkommen dieselben dentalen Laute *t* (ت) und *d* (د) besitzen, wie wir. Nachdem hat dieses Wort *beḍāwie* dem arabischen Ohr wie *bejāwie* geklungen, wie auch MUNZINGER findet, dass diese Laute, das bischarische *ḍ* und das arabische *j* (ج), viel Ähnlichkeit mit einander haben.[1] Andererseits habe ich auch Beispiele dafür gefunden, dass das arabische *j* bei der Einverleibung des Wortes in die Bischarisprache in *ḍ* übergegangen ist, wenn auch der fremde Laut *j* gewöhnlich beibehalten und korrekt ausgesprochen wird. Eine solche arabisirte Form *bejāwie* musste sodann notwendigerweise von arabischen Autoren als ein, mit ihrer eigenen bekannten Relationsendung -*ie* (=*ijje*), von einem Fremdworte *bijah* oder *bejāwah* hergeleitetes Wort angesehen werden, und dieses letztere musste demnach das Volk oder das Land bedeuten, wo das *bejāwie* gesprochen wurde.[2]

---

[1] Er äussert (*Ostafr.* *Stud.* S. 342): »*ḍ* hält die Mitte zwischen dem arabischen dhad [ض] und dem italienischen *g* vor *e* und *i*; deswegen klingt das Wort *beḍa* fast wie *begia*, was die Araber durch ihr gim (ج) ausdrücken«. Dass diese Auffassung nicht wissenschaftlich richtig, und die Ähnlichkeit auch bei genauerem Lauschen nicht besonders gross ist, kann man aus der Lautlehre ersehen.

[2] Ausser den schon erwähnten arabischen Formen بجة und بجه kommt auch بجاه bei Ibn Batuta vor (S. *Voyages d'Ibn Batoutah*, ed. DEFRÉMERY et SANGUINETTI, T. II. Paris 1854. S. 162). Die Form بجاوة: *bejāwatu* (ohne Teschdid über ج), deren Vorkommen bisher nicht beachtet worden zu sein scheint, findet sich in zwei angesehenen geografischen Wörterbüchern nicht als Völker-, sondern als Ländername, nämlich: *Marāsid eliṭṭilā* ed. JUYNBOLL T. I. Leyden 1852, S. 127: جود ارض نوبية وعمها امة عظيمة بين النوبة والحبش جاوة قلب ابل غرقة تنسب اليها d. h. *Bejāwah* ist ein Land, das den *Bejā* gehört, und diese sind ein grosses Volk zwischen den Nubiern und den Abessiniern. In diesem Lande giebt es feurige Kamele, die nach dem Namen desselben *bejāwijjeh* genannt werden«. — Und in *Jacuts geogr. Wörterbuch*, ed. WÜSTENFELD. T. I. Leipz. 1866, S. 495: قال الزمخشري جود تفنية بها ابل غرقة وانهم البجاوية منسوبة الى البجاه وعمر عظيمة بين العرب والحبش والنوبة d. h. Samachschari sagt: *Bejāwah* ist ein Land, das den Nubiern gehört, und woselbst es feurige Kamele giebt. Aus diesem Lande stammen die bedjawischen Kamele, welche ihren Namen nach den *Bejā* führen, und diese sind grosse Völker zwischen den Arabern, Nubiern und Abessiniern.

Die Frage nach dem Ursprunge dieses Bedja-Volkes kann natürlich niemals mit voller Sicherheit beantwortet werden, da jedwede historische Urkunde und Tradition fehlt. Da man indessen keine Veranlassung hat anzunehmen, dass die Bedja-Völker nach Beginn unserer Zeitrechnung in ihr gegenwärtiges Gebiet eingewandert sind, so scheint man vollkommen berechtigt zu sein, sie, wie Lepsius und die meisten anderen Etnologen es gethan haben, mit den Blemmyern zu identifiziren, von welchen die klassischen Autoren berichten, dass sie genau dasselbe Gebiet bewohnten wie später das Bedja-Volk der arabischen Schriftsteller.[1] Aber dann scheint mir diese Annahme noch einen Grund mehr gegen die gewöhnliche Ansicht in sich zu schliessen, dass dieser neue Name *beja* einerseits mit dem altägyptischen *bukak*, und andererseits mit den *buiaiten, beya (buya)* der abessinischen Inschriften identisch sei. Denn, wenn dieses Volk schon seit mehreren Jahrtausenden dasselbe Gebiet innegehabt hat, so ist es unerklärlich, dass sein erster Name *bukak* (*bukka*) während so vieler Jahrhunderte total verschwunden gewesen und durch den Namen Blemmyer ersetzt worden ist, um alsdann weiter südwärts in den Formen βουα(ειτων) und βηγα wieder aufzutauchen, und schliesslich auf seinem ursprünglichen Platz in der arabisirten Form *beja* wieder aufzutreten. Man muss sich nur dessen erinnern, was uns griechische und römische Schriftsteller in einer fortlaufenden Serie von Mitteilungen berichten, dass nämlich die Blemmyer während eines Zeitraumes von acht bis neun Jahrhunderten ohne Unterbrechung hauptsächlich dasselbe Gebiet innegehabt haben, welches die gegenwärtigen Bedja-Völker bewohnen. Sie werden zuerst von Eratostenes um das Jahr 240 *vor* Chr. erwähnt, und sie verschwinden aus der Literatur nach Kaiser Justinianus 563 *nach* Chr. Auf der adulitanischen Inschrift ist angegeben, dass sie im Namen des Ptolemäus Evergetes (246–221 v. Chr.) geschrieben ist, die griechische bei Aksum stammt aus dem 4. Jahrhundert n. Chr., und die abessinischen Ge'ez-Inschriften aus der zweiten Hälfte des 6. Jahrhunderts. Wie können da die *buiaiten*, *beya*, *buya* u. s. w., welche

---

[1] Die Nachrichten, welche wir aus der Antike über diese Blemmyer und deren Geschichte besitzen, finden sich nebst den Hinweisen auf die klassischen Quellen in RITTERS *Erdkunde* B. I. S. 663–666, sowie in folgenden Monografien gesammelt: QUATREMÈRE, *Mém. sur les Blemmyes* (*Mém. géogr. et histor. sur l'Égypte*. T. II. S. 127—161); — LETRONNE, *Matériaux pour l'histoire de l'introduction du Christianisme en Nubie et en Abyssinie*, Paris 1832; — REVILLOUT, *Mém. sur les Blemmyes* (*Mém. présentés à l'Acad. des Inscr. et Belles-Lettres*. Ser. I. T. XVII. Paris 1874. S. 131).

in diesen Inschriften erwähnt werden, mit den Blemmyern identisch sein, von welchen letzteren alle anderen und weit mehr zuverlässigen Quellen angeben, dass sie gerade in diesem Zeitraum das Land der Bedja-Völker bewohnten? LETRONNE und SAINT-MARTIN[1] haben diese unbestreitbare Inkongruenz wohl bemerkt, aber sie haben dieselbe in einer anderen Weise zu beseitigen versucht. Sie nehmen nämlich an, dass die griechischen und römischen Schriftsteller den Vorvätern der Bedja-Völker einen ganz falschen und unbegründeten Namen gegeben, und dass der Name Blemmyer, richtig angewandt, nur dem modernen centralafrikanischen Volke *Bilma*, südl. von Fessan und östl. von Tibu, zukommt und mit demselben identisch ist.

Will man dagegen an der Identität zwischen den Blemmyern und den Bedja-Völkern, auf Grund des historischen Nachweises, dass sie in fast ununterbrochener Folge im Besitz desselben Gebietes gewesen sind, festhalten, so lässt sich hiermit, wie es mir scheinen will, die Annahme, dass die Namenformen der oben erwähnten Inschriften auch dies selbe Volk bezeichneten, unmöglich vereinbaren. Gegen LETRONNE's und SAINT-MARTIN's Ansicht spricht die Unwahrscheinlichkeit, dass alle klassische Schriftsteller sollten einstimmig diesem Volke einen ganz fremden und unrichtigen Namen haben unterschieben wollen. Und da der griechische Name βλέμμυες,[2] nicht wie eine Menge anderer, im eigentlichen Sinne etnografischen Namen bei den ersten griechischen Reisenden — »Rhizofager, Kyneger, Elefantomacher« bei Agatarcides und Artemidorus — eine nachweislich griechische Bedeutung hat, so müssen wir wohl bis auf weiteres annehmen, dass dieser Name, ebensogut wie die oft daneben auftretende Benennung »Nubier« (Νουβάδες, Νουβάδαι),[3] auf den damaligen einheimischen Namen des Volksstammes zurückzuführen ist. Dieser verschwindet hernach, ungefähr gleichzeitig mit dem Eindringen der Araber, auf eine Zeit lang, die hinreichend war, um an Stelle des einheimischen

---

[1] S. *Hist. et Mém. de l'Acad. des Inscr. et Belles-Lettres*, T. IX. Paris 1831 (Abteil. Mém.) S. 158. — *Journal des Savants*. Paris 1825. S. 225. *Le Nord de l'Afrique*, S. 74, 75.

[2] Die wichtigsten Formen, in welchen dieser Name bei den klassischen Autoren vorkommt, sind: βλέμμυες, βλέμυες, Blemmyes, Blemii, Blemix. Bei koptischen Schriftstellern findet er sich unter den Formen: *Balneamioni*, und *Belahmu* (s. QUATREMÈRE a. o. a. O. S. 127, und LEPSIUS, *Nub. Gramm.*, Einleit. S. CXV).

[3] So finden wir z. B. diese beiden Namen neben einander in der ersten Zeile der berühmten griechischen Inschrift von der nubischen Stadt Talmis (jetzt Kalabsche), s. NIEBUHR, *Inscriptiones Nubienses*, in seinen *Kleinen Schriften* 2. Sammlung, Bonn 1843. S. 175.

Namens das arabische *beja* treten zu lassen, welches seiner Abstammung gemäss (von *bedu*, s. oben) ganz natürlich auf alle nomadische Stämme, mit welchen die Araber zuerst in Berührung kamen, angewendet wurde. Dieses hindert natürlicherweise nicht, dass der Name Blemmyer, für den meines Wissens noch keine andere Erklärung versucht worden ist, mit dem Namen *Bilma* im Zusammenhange stehen, und sonach auf die Möglichkeit einer ursprünglichen Einheit dieser Völkerstämme hindeuten kann.

Die Frage nach dem Ursprunge des Bedja-Volkes scheint indessen — nach den in der Zeitschr. für Ethnol. Jahrg. X veröffentlichten Verhandlungen der Berliner Gesellsch. für Anthropologie etc., und nach dem oben erwähnten (in derselben Zeitschr. enthaltenen) Hartmannschen Artikel über die *Bejah* zu urteilen — Gegenstand lebhafter Diskussionen innerhalb der etnologischen Kreise Deutschlands gewesen zu sein. Die Veranlassung dazu gab eine Anzahl sog. Nubier, welche HAGENBECK von Afrika nach Berlin gebracht hatte, unter welchen sich jedoch keine wirklichen Nubier, wohl aber mehrere Individuen vom Bedja-Stamme befanden. Der eben erwähnte Verfasser nahm auch, wie er selbst sagt,[1] »eine entschiedene Stellung» in dieser Frage ein. Schon in einer vorangegangenen, in grossem Massstabe angelegten Arbeit, »Die Nigritier», von welcher jedoch bis jetzt nur der erste Teil erschienen ist, hatte HARTMANN, der selbst die ägyptischen Sudanländer mehrere Male bereist hat, es als seine Ansicht ausgesprochen, dass das Bedja-Volk aus antropologischen Gründen eine weit grössere Anzahl von Stämmen umfassen müsse, als man bisher unter diesen Namen zu bringen pflegte. Diese Ansicht hat er nun in der eben erwähnten Monografie (*die Bejah*) — welche ebenfalls zu keinem gehörigen Abschluss zu kommen droht — weiter entwickelt, und in einer gleichzeitig erschienenen, mehr populären Schrift[2] mit aller Energie als ein fest begründetes wissenschaftliches Faktum hingestellt. Bei seinen an Ort und Stelle angestellten Forschungen ist er nämlich zu der Überzeugung gekommen, dass das Bedja-Volk nicht blos die Ababde, Bischari, Hadendoa, Halenga und einige andere südlichere Stämme umfasst, sondern auch eine Menge anderer, mehr oder weniger fest angesessenen Stämme weit süd- und westwärts, welche bis dahin von allen wissenschaftlichen Reisenden und deren Kompilatoren in Europa, auf Grund mehr oder minder zuverlässiger einheimischen Traditionen, für ursprünglich von Hedjas eingewanderte Araber gehalten worden sind.

[1] *Zeitschr. für Ethnolog.* 1879, S. 117.
[2] *Die Völker Afrikas*, S. 11, 13, 18, 59.

Nachdem er (*Zeitsch. f. Ethn.* 1879, S. 195) in seiner Aufzählung der von ihm unmittelbar zu den Bedja gerechneten Völkerstämmen angeführt: 1) die *Ababdeh;* 2) die *Bišārīn;* 3) die *Tāqa*-Stämme *(Hab'āqā, Hadendāwa, Sabderāt, Siqulāb, Sōbāb, Homrān, Beni-'Amer),* fährt er (S. 199) fort: »Es folgt nun eine Anzahl Stämme, welche zwar geographisch z. Th. noch zu Taqa gehören, politisch jedoch zur Mudirieh Sennar hinzugerechnet werden müssen«. Diese Stämme (*šukurīeh, Abu-Rōf, El-'alāwīn, Dabēnah, Husanīeh, Kabābīš* und *Baggāra*), welche südlich und westlich von den erstgenannten wohnen, geben sich selbst für Araber aus, und sprechen auch ein Arabisch, das an Reinheit, Kraft und Ursprünglichkeit sich nicht wenig von jenem, sowohl der Aussprache, als auch der Formbildung und der Wortanwendung nach unterhaltigen Arabisch unterscheidet, welches man manchmal unter den zuerstgenannten Bedja-Stämmen zu hören bekommt, und das sogar im allgemeinen die arabische Sprechweise der des Schreibens und Lesens kundigen Nubier übertrifft. Sie sind auch, wie vorhin erwähnt wurde, von allen mir bekannten namhaften Reisenden zu den Arabern gerechnet worden. HARTMANN setzt indessen (S. 200) so fort: »Ausser diesen echten und unbezweifelbaren *Bejah* zähle ich hier noch eine Anzahl Stämme auf, welche bisher meist als »reine Araber, Hedjaz-Araber, Koreischiten» und unter anderen unsicheren, missverstandenen und willkürlichen Benennungen aufgeführt worden waren. Ich habe aber sehr triftige, unten noch weiter auszuführende Gründe, auch diese hier näher zu klassifizirenden Stämme den *Bejah* anzureihen. Es sind das 1) die Ga'alin . . . .» Einige Seiten weiter bricht die Abhandlung in diesem Hefte ab, und man geht dadurch leider des Verfassers »triftiger Gründe» für seine mit so grosser Sicherheit betonte Ansicht verlustig.[1] Aus vollster Überzeugung gebe ich zu, dass, wenn es sich bei Völkerstämmen um die Bestimmung des Ursprungs, der Verwandtschaft unter einander, und um den anthropologischen Platz innerhalb der Menschheit handelt, die rein somatologischen Kennzeichen, die Form und das Mass wichtiger Körperteile, die Beschaffenheit des Haarwuchses

[1] So heisst es auch bezüglich der allgemeinen Frage von dem Ursprunge der alten Ägypter, Kuschiter und Nubier (*Die Nigritier,* S. 193) »Das Sprachliche unserer Frage werde ich später ausführlich erörtern; ebenso das Anatomische, für welches letztere ich mit anderen Zahlen aufwarten kann als Retzius und Czermak». Und an einigen anderen Stellen verspricht er auch sprachliche Zusammenstellungen zur Bekräftigung seiner Ansichten. Alles dieses, das Sprachliche sowohl als das Anatomische, welches eben den einzigen gültigen Beweis liefern sollte, ist indessen leider ausgeblieben, und man muss sich da mit den eifrigen Versicherungen des Verfassers begnügen.

u. dgl. in erster Reihe den Ausschlag geben müssen, und dass die Sprache, als ein Übergang zu den an sich selbst mehr veränderlichen und unzuverlässigen psychologischen Momenten: Religion, Sitten und Gebräuche, sociale Anordnungen u. s. w., erst in zweiter Reihe kommt. Aber ich fordere dann auch, dass diese fysisch-antropologischen Kennzeichen, welche uns von Ärzten und Anatomen mitgeteilt werden, ein so erschöpfendes und systematisches Material bieten, dass aus demselben wirklich wissenschaftliche Resultate gewonnen werden können. Die vergleichende Sprachforschung, welche in unseren Tagen so viele ebenso interessante wie bestimmte Aufklärungen über den Ursprung und die Verwandtschaft der Völkerstämme gegeben, hat dieses erst ermöglichen können, nachdem sie sich zu einer wirklich wissenschaftlichen Form ausgebildet hatte. Früher, als man sich damit amüsirte, einige hundert Wörter aus einer Menge verschiedener Sprachen mit einander zu vergleichen, war das Ergebnis sowohl für die Sprachforschung wie für die Etnologie gleich wertlos. Man hatte über ein ausserordentlich reiches Material zu verfügen, aber man verstand nicht, es nach wissenschaftlicher Metode zu behandeln. Ganz und gar umgekehrt scheint sich das Verhältnis in vielen Fällen für die vergleichende Etnologie zu gestalten, insoweit sie sich nämlich auf die Naturforschung stützt, was ja nach Möglichkeit geschehen muss. Wissenschaftliche Metode, weit entwickelte Induktionsgabe und Intuition stehen dem Naturforscher oft zu Gebote, aber ebensooft ist das antropologische Material, über welches er zu verfügen hat, höchst unbedeutend und rein zufällig. Man weiss, wie mancher merkwürdige Schädel als Basis für den Aufbau einer ganzen, ebenso geistreichen wie unbewiesenen Teorie hat dienen müssen.

Wenn in der Frage bezüglich der ostafrikanischen Etnologie die Wissenschaft über ein umfassendes Material zu verfügen haben wird, bestehend teils in einer grösseren Anzahl Schädel aus jedem fraglichen Stamme, sowohl von der jetzt lebenden als einer früheren Generation, teils in genauen, von verschiedenen Forschern angestellten systematischen Messungen und Beschreibungen einiger Tausende lebender Individuen des ganzen einheitlichen Volkstammes, der näher bestimmt werden soll, erst dann kann und muss das daraus gewonnene Resultat als eine wissenschaftliche Thatsache angesehen werden. Bis dahin können jedoch solche Äusserungen, wie die oben citirte: »diese echten und unbezweifelbaren *Bəjahs*, nur als ein Ausdruck der lebhaften Überzeugung des Verfassers betrachtet werden, der an sich gar keine beweisende Kraft hat. Es kann natürlich ebensowenig Professor HARTMANN wie jedem

anderen zum Vorwurf gemacht werden, dass er in dieser Hinsicht noch
nicht über ein auch nur einigermassen zureichendes Material disponiren
kann. Es bedarf dazu einer viel grösseren Schaar begabter und anato-
misch gebildeter Männer wie er, und unter den gegenwärtigen traurigen
Verhältnissen im ägyptischen Sudan auch einer ganz geraumen Zeit, be-
vor die vergleichende Etnologie in diesem besonderen Punkte »unbe-
zweifelbare« Fakta wird aufweisen können. Unter solchen Verhältnissen
ist man nicht befugt, wie es HARTMANN auf mehreren Stellen in seinen
drei oben erwähnten Schriften thut, die übereinstimmenden Nachrichten
von gewissenhaften Reisenden, wie die eines BRUCE, BURCKHARDT, RÜPPELL,
WILKINSON, RUSSEGGER, MUNZINGER, HEUGLIN, SCHWEINFURTH u. a. m., oder
die Schlüsse, zu welchen die vergleichende Sprachforschung in diesem
Falle kommen konnte, bei Seite zu setzen.

Die Resultate dieser — insofern sie nicht blos auf einige schlecht
wiedergegebene Wörterverzeichnisse von Missionären oder Reisenden, die
ganz andere Zwecke im Auge hatten, sondern auf Untersuchungen der
Gesetze jeder einzelnen Sprache gegründet sind — sind an sich selbst
viel sicherer, als das, was man bisher aus äusserst knapp bemessenem na-
turwissenschaftlichen Material in Betreff der Etnologie Afrikas hat folgern
können. Dem letztgenannten Zweige der Wissenschaft müssen mithin die
Ergebnisse der Sprachforschung noch eine lange Zeit hindurch zur Leitung
dienen, bis das somatologische Material in hinreichendem Masse und in
genügend systematischer Form vorhanden ist, um über einschlägige Fragen selbständig entscheiden zu können.[1] Bis auf weiteres dürfte somit
nach meinem Dafürhalten der Name Bedja nicht anders aufzufassen sein
als, im Einklang mit seiner ursprünglichen Anwendung bei den Arabern,
wie eine sprachlich gemeinschaftliche Benennung für alle die Stämme,
welche von Hause aus *to-bedáwie* als ihre Muttersprache reden oder geredet haben, für dessen reinsten Typus wir einstweilen die Bischari-
Sprache gelten lassen müssen. Dieses hindert natürlicherweise nicht, dass
die antropologische Forschung in einer kommenden Zeit in die Lage
versetzt werden kann, die an und für sich recht plausible Ansicht zu

---

[1] Vgl. hiermit LEPSIUS' vortreffliche Übersicht über die Völker und Sprachen Afrikas, womit er seine »Nubische Grammatik« einleitet, ganz besonders die Seiten I—XVI. Es ist überraschend, dass LEPSIUS hier oft FRITSCH, WAITZ, FR. MÜLLER u. a. Etnologen citirt, aber nirgends HARTMANNS »Nigritier« erwähnt, während doch dieses Werk auf breitester Basis und in umfassender Ausdehnung gerade die Fragen behandeln will, die Lepsius in der erwähnten »Einleitung« bespricht. Bei wem mag wohl der Fehler liegen?

beweisen, dass eine Menge von Stämmen, die man bis dahin nach bestem
Ermessen für Araber gehalten, demselben Geschlechte wie das Bischari-
Volk angehören, und dass man demnach mit vollem Recht den Namen
Bedja dann weit über dessen gegenwärtigen sprachlichen Bezirk ausdeh-
nen kann.

Zu den Bedja-Völkern in diesem rein sprachlichen Sinne gehören
dann zunächst die Bischari, Ababde, Hadendoa, und mit grosser Wahrscheinlichkeit ein bedeutender Teil der Halenga und Beni-Amr, welche
das Bedawie sprechen, da dieses viel leichter von der Tigré-Sprache
verdrängt wird, als umgekehrt. Die beiden zuerst genannten zerfallen
sodann in eine Menge kleinerer Stämme, welche man in sehr schwankenden und unsicheren Angaben aufgeführt findet bei KREMER,[1] LINANT
DE BELLEFONDS[2] und HARTMANN.[3] Besonders ist zu beachten, dass die
Hadendoa und Halenga oft als Unterabteilungen der Bischari angeführt
werden, während andere einzelne Stämme, wie die Hadareb (an der
Küste südlich von Sauakin), welche man meist unter jenem Namen als
Einheit mit inbegriffen findet, wieder als dem Bischari-Stamme neben-
geordnet aufgezählt werden, von welchem letzteren man dann annimmt,
dass er sich hauptsächlich um den Berg Elba (nahe der Küste zwischen
Berenice und Sauakin) konzentrire. Ebenso hat man gar keine bestimmte
Kenntnis von der ungefähren Ziffer der Volksmenge aller dieser Stämme, es wechseln vielmehr die Angaben der Reisenden im höchsten Grade;
der Bischari-Stamm z. B. wird bald auf 50,000, bald auf 600,000 Köpfe
geschätzt.[4]

Über die Bedja- oder Bischari-Sprache besitzen wir Notizen von
einer ganzen Menge Reisender, aber mit Ausnahme der von SEETZEN,
LEPSIUS und MUNZINGER sind sie durchweg äusserst unbedeutend und
nunmehr grösstenteils wertlos. In dem folgenden will ich ein chrono-
logisches und nach bestem Wissen auch vollständiges Verzeichnis der ein-
schlägigen Literatur nebst kurzer Inhaltsangabe der einzelnen Schriften
geben. Die mit ' bezeichneten Werke sind mir nicht zugänglich gewesen.

[1] *Aegypten*, T. I. S. 124, 126—127.
[2] *L'Ethaye*, S. 127—129.
[3] *Zeitschr. f. Ethnologie* 1879, H. II. S. 196—197.
[4] Vgl. RUSSEGGER, *Reisen*, B. II. T. I. S. 464; T. III. S. 193 ff.

I. WÖRTERVERZEICHNISSE.

1. Nach SEETZENS handschriftlichen Sammlungen teilte ADELUNG-VATER zuerst im *Mithridates* (T. III. Berlin 1812, S. 119—122) einige kurze Bemerkungen nebst einigen dreissig Wörtern aus der Suáken-Sprache mit. Dieselben handschriftlichen Sammlungen liess VATER hernach in seinem Werk, *Proben deutscher Volksmundarten*, Leipz. 1816, vollständig abdrucken, wo sich SEETZENS Wörterverzeichniss aus der Sprache von Szauaken auf den Seiten 263—279 findet. VATER knüpft daran im *Mithridates* (Teil IV. Berlin 1817. S. 431) einige weitere Bemerkungen, woraus sich ergiebt, dass er der erste war, der da einsah, »dass die Sprache von Suaken oder Sanaken eine und eben dieselbe ist mit der Sprache der Stämme Adareb und Bischariba bey Aegypten, von welcher Salt [vgl. 2.] Proben gegeben hat».[1] — Es ist bezeichnend für die ungewöhnliche Begabung und das scharfe Beobachtungsvermögen dieses berühmten Reisenden und Forschers, dass sein Wörterverzeichnis nicht blos einer der grössten Beiträge zu unserer Kenntnis vom Bedawie (zusammengenommen 717 Wörter, oder unbedeutend weniger als MUNZINGERS Sammlung) ist, sondern dass er auch in Bezug auf Richtigkeit und Genauigkeit in der Auffassung der Worte alle späteren Aufzeichner, MUNZINGER ausgenommen, weit hinter sich lässt. Man vergleiche beispielsweise seine Sammlung mit den von LINANT DE BELLEFONDS und LUCAS 60—70 Jahr später erschienenen, und die Überlegenheit des deutschen Reisenden über seinen französischen und englischen Kollegen wird einen in Staunen versetzen.

2. SALT, *Language of the Adareb and Bishareen tribes near Egypt* (s. *Voyage to Abyssinia*. Append. I. S. XV); enthält 87 sehr schlecht wiedergegebene Wörter. SALT bringt auch (Append. I. S. XIV) »a few words of the Takue and Boja Languages», welche letztere nach VATER (*Mithrid*. T. IV. S. 433) von vielen anderen für die Sprache »der Bodscha, bey den Alten Bugaiten, Bugiha bey Leo Africanus, Bedjah bey den meisten Arabern», gehalten worden ist. Aber die 12 Wörter, welche SALT aufzählt, sind dem Bedawie vollständig fremd.

---

[1] Zum Schluss sagt VATER: »Bemerkenswerth ist endlich manche Übereinstimmung der Sprache von Sanaken mit der von Dár-Fúr (ausser den in beyden aus dem Arabischen entlehnten Wörtern). Proben davon sind: . . . .» Aber diese folgenden 9 »Proben» sind alle arabische Lehnwörter!

3. BURCKHARDT. *Vocabulary of the dialect of the Arabs Bisharye* Siehe *Travels in Nubia*, S. 160). Obgleich BURCKHARDT, wie er selbst (S. 151) erzählt, nicht mit einem einzigen Bischari Umgang anknüpfen konnte, und behufs seiner Wortsammlung sich an »a Negroslave« wenden musste, »who had been educated among the Bisharye and sold by them to the chief of a village near Esne«, so sind doch seine 160 Wörter, natürlicherweise mit englischer Lautbezeichnung, fonetisch richtiger wiedergegeben, als bei vielen anderen; auch findet man bei ihm recht viele Substantive in ihrer ursprünglichen Form (Nominativ), obwohl stets mit dem Artikel, während die übrigen uns nur die Akkusativ-Formen bieten.

4. BALBI, *Atlas ethnogr.* Tab. XXXIX, № 211. - (Siehe VATER-JÜLG, *Litteratur der Grammatiken, Lexika* . . . Berlin 1847. S. 50).

5. WILKINSON, *Modern Egypt and Thebes*, London 1844. T. II, S. 395. — Siehe KREMER, *Aegypten*, T. I. S. 154).

6. HEUGLIN hat ein kleines *Vocabular der Bedjawieh*, 46 Wörter umfassend, in *Peterm. Mittheil.* 1858, S. 372 veröffentlicht.

7. KREMER, *Sprachproben der Begawijjeh*, gesammelt von dem apostol. Provikar Kirchner (in desselben Verfassers *Aegypten*, T. I. S. 127—129), gegen 200 Wörter, im allgemeinen recht wohl geschrieben, aber mit vielen überflüssigen diakritischen Zeichen.

8. MUNZINGER teilt zunächst in dem Bericht über seine Reise von Massua nach Kordofan (s. *Die Deutsche Exped. in Ostafrika*, Ergänzungsheft № 13 zu *Peterm. Mittheil.*, Gotha 1864, S. 11) 64 Bedawie-Wörter mit, aber in seinen desselben Jahres herausgegebenen »*Ostafrikanischen Studien*« S. 355—369) hat er uns den nach Inhalt und Umfang grössten Beitrag zum Wortvorrat der Bedawie-Sprache geliefert.[1] Der Nutzen dieses Beitrages wird indessen seiner vollständig planlosen Anordnung zufolge etwas beeinträchtigt. MUNZINGER teilt die Wörter dieses Verzeichnisses zwar in zwei ungefähr gleich grosse Gruppen, nämlich in »Verbalwurzeln« und »Substantiva und Adjektiva«, aber dieses hindert nicht, dass recht viele Substantive sich in der ersten Abteilung verzeichnet finden. Schlimmer jedoch ist es, dass innerhalb jeder Gruppe weder die alfabetische noch eine andere Ordnung beobachtet wurde. Nun kommt noch dazu, dass die Verben in einer hier ganz unzweckmässigen Form, nämlich in der 3. Pers. Sing. Perf. Akt. mit ihren Präformativen und Afformativen, anstatt in den reinen Verbalstämmen, gebracht werden. Die Substantive stehen meistens mit dem Artikel (überall in

---

[1] Enthält ungefähr 800 Wörter, oder fast halb so viel, wie ich selbst gesammelt habe.

dem Akkusativ des Sing. oder Plur.). Dieser Artikel ist dann gewöhnlich von seinem Substantiv durch einen Apostrof getrennt, und auch die Wörter ohne den Artikel stehen am häufigsten in der Akkusativ-Form. Hierdurch wird es für den Leser, der keine andere Kenntniss von dem Bau der Sprache besitzt, als die, welche er sich aus MUNZINGERS kurzer grammatischen Skizze (s. unter II) angeeignet hat, oft unmöglich, die ursprüngliche Form des Wortes herauszufinden.

9. KROCKOW, *Kurzes Verzeichniss der gebräuchlichsten Worte der Hadendoa-Sprache* in des Verfassers *Reisen und Jagden in Nord-Ost-Afrika*, T. II. S. 152—155). Enthält 116 ziemlich gut aufgezeichnete Wörter, die einzigen dieses Dialekts, die wir besitzen, und der sich hier als mit der Bischari-Sprache identisch erweist.

10. LINANT DE BELLEFONDS, *Vocabulaire Bicharí* (s. *L'Etbaye*, S. 173—176) — ungefähr 250 Wörter enthaltend, und in einer Weise zu Papier gebracht, die Zeugnis ablegt von der grössten Unfähigkeit, richtig zu hören und das Gehörte fasslich wiederzugeben, weshalb die Wörter auch von absonderlichen Zusammenstellungen von Buchstaben strotzen. z. B. »votre, *mocoue*« (statt *-ūkna*, das *m* ist wahrscheinlich der letzte Buchstabe eines vorangegangenen Wortes); »leur, *mocquinoo*« (statt *-āhna*); »lequel, *ha ba rivra*« (soll vermutlich *āb hériva* „wen wünschest du, wen suchst du?" sein.) Dass die beiden Verben *okad* „pétrir" und *chaqqu'namab* „voyager", ganz verschiedenartige Formen sind, kann jeder Sprachforscher einsehen. Das erstere Wort ist ein Nomen mit dem Artikel im Akkusativ, das andere muss wegen der Endung *-amab* das Part. pass. im Akkus. Sing. sein, aber der Stamm *ebaken* ist mir nicht bekannt. Im übrigen kommen Verben in allen möglichen Personal- und Temporal-Formen vor, werden aber stets im französischen Infinitiv gebracht.

11. SCHWEINFURTH, *Pflanzennamen der Bega-Sprache zwischen Suakin und Berber* (s. *Zeitschr. der Gesellsch. für Erdkunde* zu Berlin, B. IV. S. 334—339) — bringt 146 Namen.

12. LUCAS, *On natives of Suakin and Bishareen vocabulary* (*The Journal of the Anthropological Institute* of Great Britain and Ireland, London 1876, Vol. VI № II. S. 191). Als eine kleine empfehlende Einleitung dient die überraschende Mitteilung: »no Bishareen vocabulary, it is believed, has been yet printed«, und unter dem Titel »Comparison of Bishareen words« bringt die Arbeit 82 unvergleichbar schlecht wiedergegebene Wörter.

13. Schliesslich findet sich in HEUGLINS *Reise in Nordost-Afrika*, Braunschweig 1877, T. II. S. 271 ff. ein »*Verzeichniss der im*

nordöstlichen *Afrika gebräuchlichen Benennungen der Säugethiere und Vögel*, wo ich nebst den überall angegebenen arabischen, amharischen (u. a.) Namen auch 25 Tiernamen in der Bedja-Sprache finde.[1]

II. GRAMMATIK.

1. RICHARD LEPSIUS ist unzweifelhaft der erste, der den Versuch gemacht hat, die Gesetze der Bedja-Sprache zu erforschen. Schon in seinem »*Schreiben an Hrn Böckh*«[2] lässt er sich ausführlich über diese Sprache, über die allgemeine Art ihres Formenbaues und über ihre bedeutende Wichtigkeit, nicht nur in sprachlicher, sondern auch in historischer und archäologischer Beziehung aus. Obgleich die hier von LEPSIUS über die Bedja-Sprache, oder wie er sie weniger richtig nennt: das *Bejauie* (statt *Bejáuie*), ausgesprochene Ansicht, dass sie eine kaukasische sei, und dass hier ein beispiellos inniges Verhältnis zwischen dem Nomen und dem Verb bestehen solle, durch meine Untersuchungen keine besondere Bestätigung gefunden hat, so sind doch andere für diese Sprache bezeichnende Züge mit ebenso grosser Richtigkeit wie tiefem Scharfsinn erkannt und hervorgehoben. Ich will hier deshalb einen Auszug aus dem oben erwähnten Briefe bringen, und dieses um so mehr, als das Schreiben nicht leicht zugänglich ist, und weil keiner von denen, welche später den Versuch gemacht haben, ein Bild von dieser Sprache zu entwerfen, (FR. MÜLLER und HALÉVY), auch nur ein Wort von diesem ersten Entwurf erwähnt. In dem betreffenden Monatsbericht heisst es auf Seite 385: »Die Grammatik und der Wortschatz dieser drei Sprachen« die Nuba-, die Kundjara- und die Bedja-Sprache »liegt mir jetzt vollständig genug vor, um von jeder ein deutliches Bild entwerfen zu können, und so hoffe ich einst nachzuweisen, dass das Beganie ein in vieler Hinsicht sehr wichtiges Glied der kaukasischen Sprachen ist, in welchem sich die grammatische Entwickelung gerade auf einem Punkte befindet, welchen die semitischen Sprachen noch nicht erreicht haben, über welchen aber die indogermanischen schon hinausgegangen sind, obgleich sie den hier festgehaltenen Durchgangspunkt voraussetzen; ich meine in Bezug auf die Entwickelung des Verbalbegriffes und seines

---

[1] Um den Leser in den Stand zu setzen, sich von dem Aussehen und dem Werte dieser Wörterverzeichnisse einen Begriff zu bilden, werde ich in den »Vorbemerkungen« zu meinem Wörterbuche eine kleine Auslese daraus zum Besten geben.

[2] *Monatsberichte der preuss. Akad. der Wissensch.* Berlin 1844. S 379

Ausdruckes in der Form aus dem Nomen. In keiner mir bekannten kaukasischen Sprache liegt sich wahres Verbum und wahres Nomen durchgängig so nahe, wie hier; daher sich diese Sprache vorzugsweise dazu eignet, diesen wichtigsten Schritt in der Sprachentwickelung überhaupt auf das genaueste zu erforschen. Auch die Aegyptische Sprache nimmt einen ähnlichen Standpunkt ein in der kaukasischen Sprachenkette, doch nicht mit dieser Bestimmtheit und Durchschaulichkeit wie die Beġa-Sprache, die überdies durch ihren Formenreichthum schon allein als ein wichtiges Glied anerkannt werden muss. Sie besitzt ein durchgebildetes Passivum, in welchem wie im Aktivum ein Präsens, ein Futurum, zwei, eigentlich drei Präterita, zwei Participien, ein Imperativ für 2. und 3. Person und ein Infinitiv unterschieden werden; dazu kommt noch eine besondere Negativ-Conjugation; ausserdem wird das doppelte Geschlecht in allen Theilen der Sprache vollständiger durchgeführt als in irgend einer andern mir bekannten Sprache. Die beiden Charakter-Buchstaben des Mask. und Femininum sind dieselben wie im Aegyptischen und wie ursprünglich, wenn ich richtig in einer früheren Abhandlung nachgewiesen habe, im ganzen kaukasischen Sprachstamme, nämlich *b* (statt *p*) und *t* (der Laut *p* fehlt ihnen überhaupt, wie ursprünglich auch der Geez-Sprache, dagegen haben sie d ungewöhnliche Laute, darunter die Lingual-Reihe der Sanskrit-Sprache). Zugleich ergänzt sich hier auf das befriedigendste in lebendiger Sprache, was ich für die todte Aegyptische nur erschliessen konnte. Im Aegyptischen erscheint nähmlich *p* und *t* als vorgesetzter männlicher und weiblicher Artikel, aber nur -*t* als weibliche angehängte Flexion; -*p* als ursprünglich männliche Flexion musste supponirt werden; im Beġanie erscheint sowohl -*b* als -*t* als Flexion, dagegen nur *t* auch als Artikel; *b*, der ursprüngliche männliche Artikel, ist zu *u* geworden, wie auch im Koptisch-Aegyptischen häufig. Überhaupt ist es auffallend, wie breit sich gleichsam das weibliche Geschlecht in dieser Sprache macht, gleich als ob sich auch in der Grammatik hätte abspiegeln wollen, was wir bei den Aethiopischen Völkern, seit den ältesten bis auf die neuesten Zeiten, in ihrer Lebenssitte wiederfinden, ich meine den eigenthümlichen grossen Einfluss, den sie dem weiblichen Geschlechte im öffentlichen und häuslichen Regimente eingeräumt haben».

Einige Jahre später spricht LEPSIUS in seinen »Briefen aus Aegypten« oft von der Bedja-Sprache und seinen darauf bezüglichen Studien. Das Ergebnis dieser könnte aller Vermutung nach nur in dem Werke zu finden sein, auf welches in seinem Buch »*das allgemeine linguistische Alphabet*«, Berlin 1855, auf Seite 54 neben einem Schema über den Lautbestand der Bedja-

Sprache hingewiesen wird, nämlich in »*Lepsius, Grundzüge der Gramm. und Wortverzeichniss der Beja-Sprache*. Gedruckt mit dem vom Verf. vorgeschlagenen Alphabet». Ich habe mir natürlich alle mögliche Mühe gegeben, um mir dieses Werk zu verschaffen, das laut obigem Hinweis gedruckt sein müsste, wenngleich die Angabe des Druckortes und des Druckjahres fehlt; aber weder ein Bücherlexikon, noch eine Buchhandlung hat mir nähere Auskunft geben können. Ich bin schliesslich dahin gekommen, überhaupt die Existenz des Buches zu bezweifeln, und zwar aus folgenden Gründen: 1) In dem »*Standard Alphabet*, second Edition», welche die zweite Auflage der englischen Übersetzung des »allgemeinen linguistischen Alphabetes» bildet, ist bei der *Beja*-Sprache (S. 202) kein solches Werk aufgeführt; 2) Auf S. 53 des »linguist. Alphabet» finden wir bei der Nuba-Sprache zwei darauf bezügliche Werke angegeben, nämlich: »Lepsius, Grundzüge der *Nubischen* Grammatik und *Nubisch*-Deutsches Wörterbuch. Berlin 1855», und »Derselbe, Das Evangelium Marci *Nubisch*. Berlin 1855». Trotzdem hier Zeit und Ort des Erscheinens angeführt sind, kennen die deutschen Bücherkataloge von jenem Jahre doch kein solches Werk, eine Vergesslichkeit, die in diesem Falle, wo es sich um einen solchen Autor wie Lepsius handelt, ja merklärlich und unverzeihlich wäre. Das »Standard Alphabet» erwähnt S. 288 nichts von dem Vorhandensein einer nubischen Grammatik, und *the Gospel according to St. Mark translated into the Nubian language*, ist in Berlin 1860, also 5 Jahre später als nach der ersten Angabe erschienen. Reinisch erwähnt auch das letztgenannte Buch (*Nuba-Sprache*, S. 1 Vorwort), aber eine vorher veröffentlichte nubische Grammatik ist ihm nicht bekannt. Ist somit die Existenz der in »dem allgem. linguist. Alphab.» bezeichneten nubischen Bücher äusserst fraglich, so konnte ich auch wohl mit Recht dasselbe von der oben genannten Bedja-Grammatik annehmen. Ich geriet jedoch wieder in Zweifel, als ich in einem neueren Werke von Heuglin,[1] in einem kleinen Index über Fremdwörter unter dem Worte Bedjah, neben dem Hinweise auf zwei andere vollkommen reale Werke von Munzinger und Heuglin auch den fand: »Vgl. Lepsius, Grundzüge der Grammatik und Wortverzeichniss der Bedja-Sprache». Er müsste das Buch demnach gesehen haben, oder wenigstens versichert sein, dass etwas, was er den Leser »zu vergleichen» ersucht, in Wirklichkeit vorhanden ist. Und doch scheint erst jetzt aus Lepsius' eigenen Worten in der Vorrede zu seiner kürzlich erschienenen nubischen Gram-

---

[1] *Reise in Nordost-Afrika*, T. I. S. 271.

matik' deutlich hervorzugehen, dass die Bedja-Grammatik eine Chimäre
gewesen ist. Aber dann kann man sich nur wundern, wie ein solcher
Mann, wie LEPSIUS, den Leser dadurch irreführen kann, dass er etwas
als gedruckt angiebt, was sich nur in seinem eigenen gesammelten Stoffe
zu künftigen Werken vorfindet. Die ersten Notizen, welche wir über die
Formenlehre der Bedja-Sprache haben, rühren jedoch, wie man gesehen
hat, von LEPSIUS her. Auch im »Standard Alphabet« S. 202 finden wir
unter der Rubrik *Beja* (*Bišari, Ethiopian*) erst eine Übersicht über die
Sprachlaute, weit richtiger und besser, als die erste in »dem linguist.
Alphab.«, darauf vier Zeilen Text, (vermutlich aus eigenen handschriftlichen Sammlungen), im allgemeinen vorzüglich wiedergegeben, und
schliesslich einige sehr zutreffende Bemerkungen über die Sprachlaute.

2. KREMER (*Aegypten*, S. 130—131) ist der erste, der uns einige
zerstreute Temporalformen der Verben *herer* gehen, *tam* essen, *du* schlafen, *uli* schlagen, nebst einigen Bemerkungen über die Aussprache,
den Artikel und die Pluralbildung (alles zusammengenommen kaum 1½
Seite) giebt.

3. MUNZINGERS erste Notizen über diese Sprache, welche die ganze
Grammatik auf kaum einer Druckseite [2] abmachen, kann ich um so mehr
übergehen, als er in demselben Jahre seinen Entwurf »*Über die Sprache
To'bedauie*« herausgab, dessen grammatischer Teil, obwohl an sich nicht
besonders bedeutend (im Ganzen 11 Seiten), doch das beste bietet, was
wir in dieser Beziehung besitzen. Die Lautlehre (eine Seite) leidet an einer

---

[1] Es heisst dort (S. 2): »Meine Materialien zu einer Bega-Grammatik würden erst
noch durch fortlaufende korrekte Texte ergänzt werden müssen, ehe sie zu einer befriedi-
genden Darstellung dieser Sprache verarbeitet werden könnten«; und in der Einleitung S.
XVI, Note 2 nennt er unter einschlägiger Literatur: »*Beja*: Munzinger ..., Fr. Müller ...,
und meine eignen handschr. Aufzeichnungen«.

[2] *Die Deutsche Expedition in Ost-Afrika*, Ergänzungsheft № 13 zu *Petermanns Mittheil.* 1864, S. 9 u. 10. Mit einer nicht geringen Überschätzung seines Werkes äussert MUN-
ZINGER dort (S. 9): »Mit dem To'bedauie war ich durch öfteren Aufenthalt in Barka ziemlich bekannt. Mein letzterer Aufenthalt in Kéren wurde dazu benutzt, die Sprache in ein
System zu bringen, und wenn die Arbeit auch nicht auf Vollständigkeit Anspruch machen
darf, so kann ich für die Genauigkeit bürgen, und bin so im Stande, den Sprachfreunden
ein gewissenhaftes grammatisches und lexikalisches Bild einer wenigstens räumlich sehr weit
verbreiteten alten Sprache zu versprechen. ... Ebenso genau und in das Wesen der Sprache
eindringend [!] ist meine Arbeit über das Neré-bena. ... In beiden Sprachen sind auch
die Conjugationen des Verbums, wenn sie so heissen dürfen, als Activ, Passiv und Causativ berücksichtigt«.

Überfülle von unnötigen Zeichen und ist bei LEPSIUS weit richtiger aufgefasst (s. weiteres darüber Lautlehre § 8). Eine Seite räumt er auch dem Artikel und der Pluralbildung ein; bei jenem nimmt er ausser den maskulinen und femininen auch neutrale Formen an, welche letzteren jedoch nur Feminina in der Akkusativ-Form sind. Sonst weiss er uns über die Biegung der Substantive nichts weiter mitzuteilen, als die unbegründete Ansicht, dass eine »eigentliche Declination scheint zu fehlen; ihre Stelle vertreten die Postpositionen«; worauf 4 Postpositionen mit 6 kleinen Beispielen folgen. MUNZINGER begeht nämlich denselben Fehler wie alle Aufzeichner von bischarischen und nubischen Wörtern vor ihm, dass er uns fast überall das Wort in der Akkusativ-Form giebt. Von der ersten und hier ursprünglichen Form (Nominativ) hat er keine Kenntnis, und bekommt deshalb auch keinen Begriff von dem Vorhandensein einer wirklichen Deklination. Die Anwendung des Akkusativs, wo der Fragende den Nominativ erwartet, ist auch mir beständig begegnet, sowohl bei den bischarischen wie bei den nubischen Studien. Auch REINISCH und LEPSIUS erwähnen dasselbe Faktum.[1] Ganz in derselben Weise kann man auch in der Antwort, anstatt des einfachen Wortes im Nominativ, dasselbe in der syntaktischen Verbindung mit einem Prädikat-Affix (= „ist") zu hören bekommen z. B. auf die Frage: wie heisst „mein Bruder" auf bischarisch, bekam ich anstatt *sán-a* „mein Bruder", zur Antwort *sán-a-j-u* „mein Bruder ist es", und so in vielen ähnlichen Fällen. Ganz dieselbe Erfahrung hat auch LEPSIUS in Bezug auf das Nubische gemacht.[2] Diese beiden Fehler begeht auch MUNZINGER

---

[1] *Nuba-Sprache* T. 1. § 99 Anm. 3. heisst es: »Fragt man einen Nubier, wie heisst dieses, jenes Ding auf nubisch? so erhält man zur Antwort [die Objekt-Formen] *degir-ki, degir-ka* sattel, *gimbu-gi, gimma-ka* axt u. s. w. wobei er im gedanken *eran, inan* man nennt ergänzt« — *Nubische Grammatik* S. 39 heisst es: »Die Endung -gi vertritt überhaupt das allgemeinste Verhältniss eines Nomens. [?] Daher kommt es, dass wenn man den Nubier nach einem einzelnen Substantiv fragt, das er aus dem Arabischen in seine Sprache übertragen soll, dieser es immer mit der Endung -*gi* (-*ka*) ausspricht. Danach sind namentlich die Wort-Verzeichnisse der Reisenden zu beurtheilen, welche diese Form für den Nominativ gehalten haben und sie so anführen. Das giebt vielfachen Anlass zu Irrthümern, indem nicht einmal immer die wahre Stammform daraus herzustellen ist«.

[2] *Nub. Gramm.* S. 500 heisst es: »Wenn man daher einen Mahas-Mann nach einem Adjectivum fragt: was heisst »schön«? so erhält man zur Antwort nicht *ásri* sondern *ásri-n;* der Kenus- oder Dongola-Mann antwortet nicht *tongil,* sondern *tongil-um,* weil der Nubier das Wort nicht in seiner isolirten, sondern nur in einer konstruirten Form auffasst; *ásri-n, tongil-um* heisst nicht »schön« sondern »es ist schön«. Daher erklären sich die Endungen vieler Adjectiva in den früheren Wortverzeichnissen der Reisenden«.

unbewusst in seiner Darstellung der Pronomina, welchen er 1½ Seite einräumt (vgl. Formenlehre, Kap. IV. 1). Eine folgende Seite enthält ein Verzeichnis von »verschiedenen Adverbien, Konjunktionen etc.« und Zahlwörtern (alles ohne Beispiele). Hierauf werden die Verben auf 4 bis 5 Seiten in mehreren durchflektirten Temporalformen von einer kleinen Anzahl Stämme behandelt — der beste Teil dieser grammatischen Skizze. Die Bildung der Nebensätze durch Postpositionen wird auf der folgenden Seite durch einige Beispiele erläutert; danach folgen zwei Seiten mit recht wertvollen Beispielen und einigen Zeilen zusammenhängenden Textes.

Es kann natürlich nicht meine Absicht sein, mit diesem kleinen kritischen Exposé die in so mannigfacher Weise ausgezeichneten Verdienste Munzingers um die Forschungen in Afrika irgendwie herabsetzen zu wollen. Seine »ostafrikanischen Studien« stehen noch innerhalb der ganzen reichen Afrika-Literatur als ein in seiner Art unübertroffenes, nach Inhalt und Form glänzendes Werk da (vgl. *Petermanns Mittheil.* 1864, S. 396); und in Betreff der kleinen Skizze über die Bedawie-Sprache erklärt er sich selbst nur für einen »Quellensammler«, der sein Material Sprachforschern zur weiteren Bearbeitung übergiebt a. a. O. S. 342). Jedenfalls behält dieselbe noch ihren Wert, und soll durch vorliegende Arbeit keineswegs als überflüssig gemacht angesehen werden. Im Gegenteil, man wird aus der folgenden Darstellung entnehmen, dass MUNZINGER einige Temporalformen anführt, deren Existenz zu vermuten sich mir nur hin und wieder ein Anlass geboten hat, ohne dass ich sie bestimmt unter meine Paradigmen hätte aufnehmen können. Dieses und vielleicht noch manches andere, was mir geradezu fehlerhaft erschienen ist, kann darauf beruhen, dass MUNZINGER, wie er selbst berichtet, »die Sprache von den Beni-Amern lernte, die mit dem Auslande viel in Berührung kommen, was bei den Hadendoa und den Bischari weniger der Fall ist«. Wenn man auch die Sprache des Bischari-Volkes als die für das reine Bedawie massgebende betrachten muss, so können ja die Formen bei MUNZINGER, für welche ich nicht bürgen kann, bei den Beni-Amern oder Hadendoa, ja vielleicht auch bei den Bischari selbst doch vorhanden sein.

4. Es dauerte auch gar nicht lange, dass Sprachforscher ex professo die Arbeit des »Quellensammlers« sich zu nutze zu machen suchten. Der bekannte vielseitige FR. MÜLLER veröffentlichte in *Benfeys Orient und Occident*, Jahrg. III, Göttingen 1864 (S. 336—346) eine Studie *über die Sprache der Beja im nordöstlichen Afrika*, in welcher er »das *Tŏbĕja*-

nįggeh an und für sich betrachten und sein Verhältniss zu seinen Verwandten im Allgemeinen darlegen will». Aber hier zeigte es sich doch, dass Munzingers Material zu dürftig und zu lückenhaft war, um eine wirklich systematische Darstellung zu gestatten, obwohl natürlicherweise das Ganze von Müller klar und übersichtlich gruppirt worden ist. Das von Munzinger angenommene Genus neutrum wurde natürlich ausgemerzt, und viele einzelne Bemerkungen über die Wortbildung und die Verbalformen verraten den gewandten und scharfsinnigen Sprach-Analytiker. Überraschend ist dagegen Müllers Erklärung (a. a. O. S. 339), dass die beiden Endungen *-at* (*-ad*) und *ab* [richtiger nur eine Endung *-a*], welche er als Pluralelemente anführt, »seltener zur Verwendung kommen; viel häufiger ist die Bezeichnung des Plurals mittelst des Præfixes *i-*, das sich oft dem Vocal des Themas assimilirt». Munzinger hatte doch schon erkannt und vollkommen richtig hervorgehoben, dass *e-* der Plural des maskulinen Artikels [Nom. *a*, Akkus. *e*] sei. Aber Müller erwähnt nichts von dem Vorhandensein eines Artikels, sondern erklärt Munzingers Singularformen *o* Mask., *to* Fem. blos für Geschlechtszeichen. Es heisst auf Seite 338: »Das Zeichen fürs männliche Geschlecht ist *-b-*, das Zeichen fürs weibliche *-t-*. Beide werden sowohl angehängt als auch vorgesetzt. Im letzteren Falle findet eine Erweichung des *b* in *u* oder *o* statt». Die feminine Form *to*, die stets vorgesetzt wird, bleibt hierdurch jedoch unerklärt, und schon Munzinger scheint eingesehen zu haben, dass das nachgesetzte *-b* sich nur in der unbestimmten Form des Wortes vorfindet, und dass es demnach eine ganz entgegengesetzte Funktion zu dem bestimmten Artikel *o-* ausübt, obwohl Munzinger nicht begriffen hat, dass *-b* ebenso gut wie *o-* nur Akkusativformen sind. Im Nominativ fehlt die Endung *b* in der unbestimmten Form, wie denn schon Lepsius die flektirende Bedeutung des *-b* eingesehen hat.

5. Wenn also unsere Kenntnis von der Bedawie-Sprache durch die Müllersche Studie nicht sonderlich erweitert worden ist, so ist dieses ebensowenig durch Halévys ähnliche aber etwas umfangreichere Arbeit »*Etudes sur les Idiomes de l'Afrique. — De la place de la langue Hadendoa*»[1] geschehen, welche sich auch ausschliesslich an Munzingers Sprachmaterial hält. Von dieser oder jener richtigen Bemerkung über die Sprachformen abgesehen, zeichnet sich diese Arbeit im allgemeinen durch die Oberflächlichkeit und die Anmassung aus, die einer gewissen kleinen Schule neuerer französischen Sprachforscher anzuhaften scheint. Eine

[1] S. *Revue de linguistique et de philologie comparée*, Paris 1869. T. III. S. 175–208.

kleine Beleuchtung des Bedawie giebt der Verfasser durch einige Vergleiche mit dem »touareg« und dem Ägyptischen, wogegen die mit dem Hebräischen zum grössten Teile oberflächlich und verfehlt sind.

6. Ein etwas richtigeres Bild von den Verwandtschaftsverhältnissen des Bedawie giebt uns die seiner Zeit verdienstvolle Darstellung der *Hamitischen Sprachen* von Fr. MÜLLER,[1] wo jedoch die Behandlung des Bedawie sich ganz und gar auf sein obengenanntes Werk stützt. Einen anderen Beitrag zur Beleuchtung dieser Frage erhalten wir in der Vergleichung, welche LEO REINISCH zwischen der Barea- und der Bedawie-Sprache anstellt.[2] Er stützt sich natürlich auch auf MUNZINGER, und zufolge der Unzulänglichkeit dieser Quelle entbehren die meisten seiner Vergleichungen einer sicheren Grundlage; und dies um so mehr, als auch seine Kenntnis der Barea-Sprache sich nur auf die ihm von MUNZINGER zur Verfügung gestellten Aufzeichnungen gründet. So vergleicht er beispielsweise in der Formenlehre das Suffix *ta* der Bareasprache mit »dem Suffix *t* oder *d* im Bedawie«, welches auch nur die Endung des Akkus. Fem. sowohl im Sing. als im Plur. ist. Bei der Wortvergleichung zieht er ausser MUNZINGERS »Bedauie« zwei andere Dialekte »Sauakin« und »Begawiyyeh« heran, welche Namen vermutlich auf die unter seinen Quellen aufgezählten »SEETZENS Wörterverzeichniss aus der Sprache von Szanaken« und »KREMERS Sprachproben der Begawiyyeh« (vgl. oben I. 1. 7.) hindeuten sollen. Aber die Wörter, welche er unter den erwähnten Rubriken aufführt, finden sich nicht stets bei diesen in derselben Form, so dass in solchem Falle dem Leser REINISCH's Quelle unbekannt bleibt. Diese Wortvergleichungen kennzeichnen sich im übrigen durch einen ungehemmten Flug der Fantasie, dem keine Lautverschiebung unmöglich erscheint, obwohl der Verfasser selbstverständlich nicht im Stande ist, die Reihen von Beispielen mit derselben Lautverschiebung aufzuweisen, auf Grund welcher solche Vergleichungen allein auf wissenschaftliche Berechtigung Anspruch machen können.[3]

---

[1] S. *Reise der oesterreich. Fregatte Novara*, Linguistischer Theil, Wien 1867, S. 51—70.
[2] S. REINISCH, *Die Barea-Sprache*, Wien 1874. Vorwort S. XIX—XXVIII.
[3] Ich will nur einige Beispiele zur Probe anführen (*Barea Spr.* Vorwort, S. XXVI): Barea *alme* regen, Bedauie *o-berám*; Bar. *bere* penis, Bed. *o-wad* vulva, *o-mid* penis; Bar. *geda* boden, Bed. *c-nfa* boden; Bar. *sebi* haar, Bed. *te-hamo*; Bar. *tog-on* schweiss, Bed. *o-duf*; Bar. *fus* sieden, Bed. *gai-ya*; Bar. *sol* lieben, Bed. *i-hero*, *ere-ya*; Bar. *bes* verspotten, Bed. *e-frid* lachen; Bar. *wo* kommen, Bed. *ča*; Bar. *wo* sein, Bed. *hi*, *ji*; Bar. *wer* brennen, Bed. *belol-ya*. Dieses und Ähnliches bringt REINISCH ohne weiteres unter die Rubrik »gleiche wortstämme in den beiden sprachgebieten« [!] Ich will zwar nicht in Abrede stellen dass an-

Schliesslich findet sich in meiner Abhandlung »*den semitiska språkstammens pronomen. Inledning*» (S. 51—97) die Frage über die Verwandtschaftsverhältnisse der Bedja-Sprache sowie aller übrigen hamitischen Sprachen zum Semitismus nach allen einem Forscher damals zu Gebote stehenden Quellen behandelt.[1]

Nach dieser Übersicht über die Hilfsmittel für das Studium der Bedawie-Sprache, die bisher veröffentlicht worden sind, will ich einige Worte über die Beschaffenheit des neuen Beitrags anschliessen, welcher in der vorliegenden Arbeit geliefert wird. Aus dem im Vorwort kurz mitgeteilten Berichte über meine Studien auf der Reise nilaufwärts ist unschwer zu ersehen, dass man auf den nachfolgenden Seiten nicht eine bis in alle Einzelheiten vollständige Grammatik der Bischari-Sprache zu erwarten hat, wenn eine solche überhaupt bei der ersten Bearbeitung einer Sprache, die keine Spur von Schrift oder Literatur besitzt, jemals denkbar ist. Natürlich ist es die Darstellung der Syntax, wo sich ein solcher Mangel am meisten fühlbar macht; und da ich zufolge der Begriffsstützigkeit und der mangelhaften Kenntnis des Arabischen seitens meiner Gewährsmänner selbst auch nicht zusammenhängende Textstücke erhalten konnte, so ist dieser Teil meiner Grammatik mit derselben relativen Dürftigkeit behaftet, wie sich dieses im übrigen, soweit mir bekannt ist, bei allen ersten grammatikalischen Bearbeitungen einer unbekannten Sprache zeigt. Auch der Formenlehre wird es der an solche Arbeiten gewöhnte Sprachforscher ansehen können, dass meine Quellen nicht überall gleichmässig sprudeln, so dass infolgedessen gewisse Teile mehr Einzelheiten bieten als andere. Eine solche nicht von mir selbst abhängige Ungleichförmigkeit in der Darstellung dürfte deswegen wohl auf die Nachsicht des einsichtsvollen Lesers rechnen können. Man wird auch finden, dass ich in einigen wichtigen Punkten über die

---

dere Vergleichungen dem Auge mehr annehmlich erscheinen können, wie z. B. Bar. *kera* sattel, Bed. *o-kor*; Bar. *sem* gras, Bed. *o-sima*; Bar. *toko* frau, Bed. *te-tčke-t*; Bar. *for* fliehen, Bed. *e-for*, Sauakin *far*; Bar. *hajer* mager sein, Bed. *q're-ya* cleud werden; aber da wir über die wirklichen Wurzeln im Barea und Bedawie so wenig, und über die unter diesen Sprachen herrschenden Lautgesetze, — wenn überhaupt zwischen ihnen ein organischer Zusammenhang besteht, — gar nichts wissen, so bedeuten derartige Vergleichungen, auch wenn sie für Auge und Ohr ganz identisch ausfielen, in wissenschaftlicher Hinsicht doch so gut wie gar nichts, so lange solche infolge der Unzulänglichkeit des Materials so vereinzelt dastehen, dass man aus ihnen nicht einmal hypotetische Lautgesetze herleiten kann.

[1] S. *Upsala Universitets årsskrift*, Upsala 1875; und vgl. PHILIPPIS Recension in der *Zeitschr. der deutsch. morgenl. Ges.* Leipzig 1876, B. XXX. S. 379—389.

rechte Auffassung der Sprachfänomene, welche meine Beispielsammlungen bieten, unsicher gewesen bin. Weit davon entfernt, diese Ungewissheit zu verbergen, habe ich zur Anregung für künftige Forscher selbst dasjenige hervorgehoben, was mir dunkel erscheint, oder was verschiedenartig aufgefasst und erklärt werden könnte. Ich kann mir vorstellen, dass jeder Bearbeiter einer neuen Sprache bei einzelnen Punkten diese Ungewissheit in der richtigen Auffassung hat erfahren müssen, wenn es auch nicht alle für angemessen gehalten haben, solches zu erwähnen; aber ich gebe mich der Hoffnung hin, dass ein gewissenhaftes Bekenntnis bei zweifelhaften Stellen nicht das Vertrauen zu der Richtigkeit des Übrigen beeinträchtigen werde. Es bedarf wohl kaum der besonderen Hinzufügung, wie gar zu leicht es möglich ist, dass ich mich auch dort in der Auffassung irren konnte, wo ich mich meiner Sache ganz sicher glaubte. Doch dürfte wohl jedenfalls unsere Bekanntschaft mit dieser Sprache — deren Bedeutung sowohl für die afrikanische Sprachforschung, wie auch vielleicht für die Enträtselung der bisher unentzifferten sogenannten äthiopischen Inschriften im Nilthale von Philä bis zu dem alten Meroë Lepsius viele Male hervorgehoben[1] — durch die gegenwärtige Arbeit nicht unbedeutend über die engen Grenzen der Munzinger'schen Skizze hinaus erweitert worden sein.

Schliesslich will ich noch in Bezug auf den Plan und die Anordnung der Arbeit hinzufügen, dass es mir am zweckmässigsten erschien, die beschreibende und die vergleichende Behandlung vollständig von einander getrennt zu halten. Wenn auch dadurch in der letzteren eine teilweise Wiederholung aus der ersteren kaum vermeidlich war, so glaube ich doch, dass das Ganze durch eine solche Anordnung an Klarheit und Übersichtlichkeit gewonnen hat, ebenso wie vielleicht den Interessen der

---

[1] So kürzlich in dem Vorwort zu seiner *Nubischen Grammatik*, wo es auf der ersten Seite heisst: »Hätte ich die *Bega*-Sprache schon damals in ihrer grossen linguistischen und geschichtlichen Wichtigkeit erkannt, als die heutige Form der alttestamentlichen Kusch, der Herodotischen Aethiopen im engern Sinne, der späteren Meroiten, und des Volkes, welches uns aus den ersten Jahrhunderten vor und nach Chr. eine nicht unansehnliche Inschriften-Literatur zurückgelassen hat, so würde ich dieser Sprache wahrscheinlich den ersten Platz in meinen sprachlichen Studien eingeräumt haben. Möchte ihr bald die gründliche Bearbeitung zu Theil werden, die sie verdient, womöglich in Verbindung mit der sehr einladenden Entzifferung der Meroitischen Inschriften. Eine genauere Kenntniss dieser weit verbreiteten Sprache würde eine Vergleichung mit den übrigen noch lebenden Kuschitischen Sprachen und eine festere Abgrenzung ihres Verhältnisses zu den südsemitischen Sprachen, als sie bis jetzt gelungen ist, möglich machen.« Vgl. auch die Seiten CXXI—CXXVI der ‚Einleitung', wo er besonders die meroitischen Inschriften bespricht.

Nova Acta Reg. Soc. Sc. Ups. Ser. III.

verschiedenen Leser dadurch mehr Rechnung getragen wird. Da ferner sprachliche Formen in Ermangelung jeglicher Kenntnis von deren historischer Entwickelung am besten durch eine Vergleichung, teils untereinander innerhalb derselben Sprache, teils mit entsprechenden sprachlichen Fakten innerhalb verwandter Sprachen beleuchtet werden, bin ich bei der beschreibenden Darstellung der Bischari-Sprache nur ausnahmsweise auf eine Analyse der vorkommenden Sprachformen eingegangen; im allgemeinen habe ich dieselbe dem letzteren, vergleichenden Teile der Grammatik zugewiesen. Was die in der Arbeit ziemlich zahlreich vorkommenden Beispiele betrifft, die alle an Ort und Stelle, ganz so wie ich sie gehört, niedergeschrieben und nicht etwa später zusammengestellt sind, so wird man vielleicht bezüglich des sprachlichen Materials eine auffallende Einförmigkeit wahrnehmen; und es kann ja sein, dass sie manchen Leser allzusehr an die bekannten Ollendorff'schen Satzbildungen erinnern werden; aber die Veranlassung dazu ist teils eine unfreiwillige, teils eine freiwillige gewesen. Da die Zeit, die ich auf das Studium der Bischarisprache verwenden konnte, verhältnismässig sehr knapp war, und jedes neue Wort eine besondere Zeit erforderte, ehe seine richtige Form durch specielle Fragen so weit ermittelt war, dass es im Beispiel zu der fraglichen sprachlichen Erscheinung angewendet werden konnte, so musste ich bei der Erforschung der grammatischen Formen mich mit einer kleineren, schon bekannten Anzahl Wörter begnügen, weil ich sonst hätte Gefahr laufen können, bei der Aufnahme von neuen, aus Zeitmangel der Entdeckung einer vermuteten grammatischen Erscheinung verlustig zu gehen. Aber mit der Einförmigkeit in dem sprachlichen Material meiner Beispiele, die hierdurch hervorgerufen wurde, ist andrerseits meiner Meinung nach ein gewisser, nicht unbedeutender Vorteil verknüpft. Ich bin nämlich der Überzeugung, dass der Leser viel geschwinder und leichter einen Überblick über die grammatischen Formen gewinnt, und dass er auch selbst besser die beweisende Kraft des Beispiels kontrolliren kann, wenn das Material aus einer geringeren Anzahl oft wiederkehrender Wörter besteht, als wenn sein Gedächtnis und sein Nachdenken unaufhörlich bei jeder neuen Regel auch durch die Vorführung neuer, ihrer ursprünglichen Form nach unbekannten Wörter angestrengt würde. Diese Anordnung der Beispiele, sowie die Aufnahme zahlreicher Schemata und Paradigmen lassen mich also hoffen, dass der Leser bei nur einer einzigen Durcharbeitung des grammatischen Teiles dieses Werkes einen klaren Einblick in den nach vielen Seiten hin so eigentümlich reichen Formenbau der Bischarisprache gewinnen wird.

GRAMMATIK.

I. BESCHREIBENDER TEIL.

ERSTER ABSCHNITT.

LAUTLEHRE.

1. Schrift und Laute.

1. Der arabische Verfasser des *kitāb-el-fihrist* erzählt uns, dass die Bedja eine besondere Schrift besässen, die er doch nie gesehen habe (s. QUATREMÈRE *Mém.* T. II. S. 156), und da nun LEPSIUS mehrmals die Ansicht ausgesprochen und zu beweisen gesucht hat, dass die s. g. meroitischen Inschriften in der Sprache der Bedja abgefasst seien, so würden demnach die demotisch aussehenden Zeichen derselben eben die Schriftzeichen der Bedja sein. Wie dem auch sei, heutzutage besitzen die Bedja-Völker weder Schrift noch Inschriften oder Literatur in ihrer eigenen Sprache. Ihre Laute können und sollen daher von uns mit lateinischen Buchstaben bezeichnet werden.

2. Der Vokalismus des Bedawie bietet nichts ungewöhnliches dar. Wir finden die drei Grundvokale *a*, *i*, *u*, nebst den beiden fast ebenso notwendigen Zwischenvokalen *e* und *o*, und zwar kommen alle fünf Vokale ebenso oft lang als kurz vor. Dann besitzt die Sprache folgende Diftonge: *ai, ei, oi, au, eu,* wobei jedoch zu bemerken ist, dass der letzte Vokal häufig, namentlich im Auslaut, in den entsprechenden Halbvokal *j, w* übergeht, so dass sie vielleicht ebenso richtig *aj, ej, oj, aw, ew* geschrieben werden könnten. Es ist ja hinlänglich bekannt, wie schwer es oft hält, mit dem Ohr zu unterscheiden, ob nach einem Vokal ein *j* oder *i* ausgesprochen wird.

3. Neben jenen fünf ursprünglichen Vokalen besitzt das Bedawie, wie wohl die meisten anderen Sprachen, denjenigen Laut, den LEPSIUS »the indistinct vowel-sound« nennt und mit *e* bezeichnet. Ich bin z. B. sehr oft in Zweifel gewesen, ob ich ein Wort *měéi*, *měhéj*, *ěmhéi*, *'uhéi* oder endlich *měhéj* schreiben sollte. Hier könnte man nun mit vollem Recht jenes *e* anwenden. Es würde doch immerhin zweifelhaft bleiben, ob *e* vor oder nach dem Konsonanten zu schreiben wäre. So habe ich denn nach dem Vorgang des Russischen, wo Wortformen wie *mku*, *mkat* nicht selten sind, in einigen Fällen gar keinen Vokal gesetzt, und in anderen, wo das *e* deutlicher war, das kurze *ě* verwendet. Im Anlaute gehen *a* und *i* häufig in jenen kurzen, flüchtigen Laut *ě*, *e* über, und hier schreibe ich *a* und *i* nur da, wo diese Laute deutlich, wenn auch sehr kurz sind.

4. Die Vokale werden im allgemeinen hell und offen ausgesprochen, ungefähr wie die entsprechenden deutschen, also: *ā* und *a* wie in „Staat" und „Stadt"; *ē* und *e* wie in „gehen, selbst"; *ī*, *i* wie in „ihr, in"; *ō*, *o* wie in „Ton, Topf"; *ū*, *u* wie in „Uhr, unter". Die langen Vokale, die ich immer in hergebrachter Weise bezeichne, werden doch häufig weit gedehnter ausgesprochen, als es bei uns in der Sprechweise der Gebildeten zu geschehen pflegt. Dies giebt der an sich nicht übel klingenden Sprache etwas schleppendes, das uns an ländliche Mundarten erinnert, und der Schönheit der Sprache ein wenig Eintrag thut. Jene nach unserem Ohr übergrosse Dehnung tritt, wie natürlich, besonders in den betonten Silben ein, obgleich auch die nicht accentuirten langen Vokale immer, wie z. B. im Magyarischen, ihre Länge deutlich hervortreten lassen. Da jeder lange Vokal durch den wagerechten Strich bezeichnet ist, so haben die kurzen Vokale kein besonderes Abzeichen nötig. Man spreche also jeden Vokal, der jenes Striches entbehrt, kurz aus, auch da, wo er betont ist, z. B. *sá'a* „setze dich", *ti'a* „schlage".

5. Die Vokalpyramide des Bedawie ist also folgende, welcher ich die des LEPSIUS (*Standard Alph.* S. 202) und eine nach MUNZINGERS kurzen Angaben zusammengesetzte zur Seite stelle. Man beachte jedoch, dass bei letzterem, wie aus dem folgenden § erhellt, der Strich über *e* (*ē*) nicht die gewöhnliche Bedeutung als Dehnungszeichen hat:

	nach LEPSIUS		nach MUNZINGER
a ā	*a*		*a*
e ē o ō	*e o*		*e ē ĕ o*
			ä ö
i ī u ū	*i ī u ū*		*i ü u*
ai ei oi au eu			*ai oi ui au ou*

6. Lepsius fügt hier folgende Bemerkungen hinzu, die man mit den vorhergehenden Paragrafen vergleichen möge: »The distinction between long and short vowels is not well developed; they are all rather long, which is more perceptible, when the accent of the word falls upon them. It is even doubtful, if the combinations *ai, ei, oi, au*, are to be taken as diphthongs or as two syllables. We prefer therefore to leave all the vowels without indication of length, except where sometimes a decidedly short *i* or *u* appears, written by us *ĭ* and *ŭ*«. Bei Munzinger heisst es (*Ostafr. St.* S. 342): »Was zuerst die Aussprache der Buchstaben betrifft, so ist zu bemerken: *a, u, i* lauten wie im Deutschen; das *o* ist sehr dunkel; *e* ist ein breites *e* wie das französische *è* in *mère*; *ē* lautet wie das französische *é*; *ĕ* ist sehr kurz, fast stumm; *ä, ö, ü* lauten wie im Deutschen; *au, ou, ai, oi, ui* sind Diphthonge; das Zeichen ˆ über dem Vocal bedeutet, dass er sehr gedehnt lautet«. Dieses kommt doch bei Munzinger sehr selten vor; ausser in den beiden Wörtern *êsarr* ‚unterhalten', und *wôd*, Pud. mul., welche bei mir *esór* und *ó-'ad* (Akkus. von *ó-'ad*) lauten, finde ich es nur noch über *e* in fünf Wörtern. Wir bekommen also nach Munzinger die Laute *e, ē, ĕ, ê* neben dem *ä*. Die Zwischenvokale zweiter Ordnung *ä, ö, ü* sind aber auch bei ihm sehr selten (in ca. je zwei oder drei Wörtern). Meinerseits habe ich keine Veranlassung gefunden, diese Lautzeichen mit aufzunehmen. Die Wörter *dölif, däbb, te'näj, däheni* bei Munzinger lauteten von meinen Gewährsmännern genau wie *délif, deb, té-nai, dehani*. Indessen ist zweifelsohne die Aussprache vieler Wörter insofern schwankend, als man in derselben Silbe bald kurzes *ä*, bald kurzes *ĭ* zu hören bekommt. Munzinger hat den Diftong *ou* nicht, sondern schreibt dafür *uu*; sein Diftong *ou* ist mir nicht als ursprünglich vorgekommen, sondern nur als eine zufällige Verschmelzung eines aus *w* entstandenen *u* mit dem *o* des vorhergehenden Artikels (vgl. § 36), und findet sich bei ihm auch nur in dem Worte *o'otou* (dem Namen eines Baumes).

6. Weit eigentümlicher als der Vokalismus hat sich der Konsonantismus des Bedawie entwickelt, indem die Sprache teils zwei den meisten anderen afrikanischen Sprachen fremde, und zwei sonst nur dem Ge'ez (nebst Tochtersprachen) angehörige Laute besitzt, teils den tonlosen Labial (*p*), sowie fast die ganze palatale Reihe, alle Aspiraten, und einige andere sonst gewöhnliche Sprachlaute entbehrt. Das linguistische Konsonantenschema hat nämlich folgendes Aussehen:

	Geräuschlaute				Sonore	
	explosive		frikative		nasale	liquida
	tonl.	tön.	tonl.	tön.		
Laryngale (od. Faukale)	'		˙˙	*h*		
Mediopalatale (od. Gutturale)	*k*	*g*	—	—	*ṅ*	
U-haltige Gutturale	*k*ᵘ	*g*ᵘ	—	—	—	
Palatale	—	[*ǰ?*]	—	*j*		
Präkakuminale (od. Supradentale)	*ṭ*	*ḍ*	*š*		*ṇ*	
Dentale	*t*	*d*	*s*	—	*n*	*r, l*
Labiale		*b*	*f*	*w*	*m*	

8. Ehe ich zur weiteren Darlegung der konsonantischen Lautverhältnisse übergehe, führe ich hier zum Vergleich das Konsonantenschema von LEPSIUS und das von MUNZINGER auf (das letztere nach dem Muster des ersteren zusammengestellt):

	LEPSIUS								MUNZINGER		
Lingu. Alph. 1855				Stand. Alph. 1863				Ostafr. Stud. 1864		
—	ʼ	—	h	—	ʼ	—	h		h	
kw	gw	—	—	k	g	—	—			
k	g	n		k	g	n	—	k, q	g	n(g)
(č)	j	—	s	y	—	j	—	s	y	—	dj	sh	j ll
ṭ	ḍ	u	—	ṭ	ḍ	—	—	ṭ	ḍ	—	s sh
t	d	n	s	r l	t	d	n	s	r l	t	d	n	s	r l
p	b	m	f	w	—	b	m	f	w	—	b	m	f	w

LEPSIUS' hierauf bezügliche Bemerkungen lauten: »It is remarkable, that we meet also in the *Beja* the peculiar class of deep gutturals, which we found in the Abyssinian language approaching to the compound sounds of *kw* and *gw*, and which we write also here *k* and *g*. On the other hand, we observe the cerebrals *t* and *d*, specially found in India, and resembling in the *Beja* sometimes a combination of *tr* and *dr*. There is no *p*, as in the Arabic, and the letter *j* is very rare, and seems to be taken from the Arabic, as it mostly appears in words originally taken from that language». — Über »die Aussprache der Buchstaben» giebt MUNZINGER folgende Aufschlüsse: »*d, b, f, g, h, j, k, l, m, n, r* lauten wie im Deutschen; *j* hält die Mitte zwischen dem arabischen *dhad* und dem italienischen *g* vor *e* und *i* [vgl. Einleit. S. 13. Note 1]; *dj* lautet wie das italienische *g* vor *e* und *i*; *ll* lautet wie im Französischen *ll* in *maille* [*lj*?]; *ng* wird so ausgesprochen, dass man beide Buchstaben hört; *q*, dem arabischen *qaf* entsprechend, kommt nur in Fremdwörtern vor; *s* ist sehr hart, wie im Arabischen *sin*, ausser wenn es am Ende steht, wo es unserem deutschen *s* entspricht; *s* klingt wie ein arabisches Doppel-*sin*; *sh* ist das englische *sh*, das deutsche *sch*; das aspirirte *sh* entspricht dem arabischen *shin*; *t* ist das deutsche *t*; *ṭ* ist aspirirt wie das arab. *tha*; *w* ist das englische *w*; Verdoppelung des Buchstabens bedeutet Verstärkung desselben». — Man sieht, wie unwissenschaftlich und unzusammenhängend MUNZINGERS Auffassung der Lautverhältnisse ist, namentlich neben der klaren, einfachen Darstellung von LEPSIUS. Die beiden präakuminalen Laute *ṭ* und *ḍ* werden von MUNZINGER nicht in dieselbe Kategorie gebracht. *ṭ* ist ebensowenig aspirirt wie das arabische ط; *ll* soll lauten wie in *maille*, aber die Verdoppelung bedeute ja nur Verstärkung. Übrigens kommt *ll* bei MUNZINGER nur in zwei Wörtern vor, denn ich glaube kaum, dass es seine Meinung gewesen ist, dass das arab. Wort *o'mesellemi* ,der Muslim' *meseljemi* lauten sollte; daneben findet sich ein Wort *o'mallja* ,der Schwager', in welchem auch *ll* kein *lj* bezeichnen kann. Dem angegebenen Lautwerte nach sollte *s* einfach *ss* geschrieben werden (vgl. indessen unten § 17). »*Sh* ist das englische *sh*; das aspirirte *sh* entspricht dem arab. *shin*», allein dieses ist mit dem englischen völlig identisch u. s. w.

9. Die laryngale Reihe enthält nur die zwei gewöhnlichen Laute ' (den griechischen Spiritus lenis) und *h*. Das arab. '*ain* (ع), welches die meisten Reisenden gehört zu haben glauben, fehlt ebenso entschieden wie *ḥ* (ح), *χ* (خ) und andere ausschliesslich arabische Laute. — Der schwächste Konsonantenlaut ', das semitische Elif, kommt im Bedawie bei weitem nicht mit derselben Regelmässigkeit vor, wie in jenen Sprachen, wo es vor jedem eine Silbe (blos nach dem europäischen Durchschnittsgehör) anlautenden Vokale erscheint. Da aber, wo das bedawische ' vorkommt, ist es meistens ebenso deutlich, wie das gleichlautende arab. ', von dem reinen Vokalanlaut unterschieden. Vielleicht steht es häufiger als Inlaut denn als Anlaut, namentlich zwischen zwei Vokalen, von welchen der erste kurz ist, z. B. *há'ta* „du hast gebracht", *sá'a* „setze dich". Auch im Auslaut erscheint dieser konsonantische Hauch, sogar nach einem anderen Konsonanten, z. B. *áṇṭi'*, „ich schlage". Das *h* ist ganz das deutsche *h* in „Haar" und kommt ungemein häufig im Anlaut vor (vgl. das Wörterbuch, wo *h* als Anfangsbuchstabe am zahlreichsten vertreten ist).

10. Die gutturalen Konsonanten *k* und *g* sind wie die deutschen *k* und *g* auszusprechen, das *g* natürlich immer hart wie in „Gast." Das *ṅ* ist der in den meisten Sprachen vorkommende gutturale Nasal, das deutsche *ng* in „Ding", das *n* in „Dank", und im Bedawie, wie sonst so oft, eigentlich kein ursprünglicher Laut, sondern, so viel ich weiss, nur eine fonetische Umbildung des dentalen *n* vor *k* und *g*. Es könnte daher die besondere Bezeichnung desselben durch den diakritischen Punkt füglich unterbleiben, wie dies in vielen linguistischen Werken zu geschehen pflegt, wäre mir nicht im Bedawie der, wenn auch sehr seltene Fall vorgekommen, dass vor den gutturalen *k*, *g* ein rein dentales *n* ausgesprochen wurde, z. B. *éṅgil* „Faden", Plur. *éṅgil* oder *néṅil* (vgl. § 3) „Fäden", *ángil* (nicht *áṅgil*) „die Fäden".

11. Ausser den eigentlichen Gutturalen (vielleicht richtiger Mediopalatalen) hat das Bedawie eine besondere Gattung *u*-haltiger Gutturale *kʷ*, *gʷ* ausgebildet. Vor einem Vokale lauten sie fast gänzlich wie *kw*, *gw*, und spricht man z. B. *kwa* ganz englisch aus, so wird jeder Bischari augenblicklich darin sein Wort *kʷa* „Schwester" erkennen. Zuerst hatte ich auch, wie früher LEPSIUS, diesen Laut immer als zwei Laute aufgefasst und *kw* geschrieben, erst als ich ihn nicht vor einem Vokal, sondern vor einem anderen Konsonanten hörte, z. B. *ékʷsir*, Präs. von dem Stamm *gʷásir* „lügen", wurde mir seine einheitliche Konsonantennatur völlig klar. Dennoch bin ich überzeugt, dass die Laute k^u und g^u auf die ursprünglicheren Lautverbindungen ku und gu zurückzuführen und somit sekundärer Natur sind. Es kommt nämlich vor, dass Stämme, die mit ku oder gu anlauten, Formen erzeugen, die ein k^u oder g^u enthalten, wie auch umgekehrt k^u, g^u vor Konsonanten in ku, gu übergehen, z. B. $s\acute{u}gud$ ‚waschen‘, Präs. $\acute{a}sang^uid$ (nicht $\acute{a}sangid$, wie $\acute{a}manh\acute{i}g$ vom Stamme $mehig$); $g\acute{u}sir$ ‚Lüge‘ [Verbalstamm $g^u\acute{a}sir$, siehe oben], $\acute{a}k^usir$ ‚die Lüge‘; $k^ut\acute{e}l$ ‚Armband‘, Plur. $k\acute{a}tel$; $g^u\acute{a}rah$ (Verbalstamm) ‚in der Enge sein‘, aber, mit dem Ableitungssuffix -a, $g\acute{u}rha$ ‚Enge‘, also wohl beide von einer Wurzel $gurh$ herzuleiten. Ganz deutlich erhellt die sekundäre Natur dieser Laute aus Beispielen wie dem folgenden: $d\acute{e}ruk$ ‚Wassertrog‘, Plur. $d\acute{e}rk^ua$ für $d\acute{e}ruka$, infolge einer sehr gewöhnlichen Umstellung des kurzen u mit dem folgenden Konsonanten (s. § 31). Die Form $d\acute{e}rk^ua$ ist ebenso entschieden zweisilbig, wie z. B. das analoge $dirma$, Plur. von $d\acute{e}rim$ ‚Herde‘.

12. Jene u-haltigen Gutturale kommen, so viel ich weiss, sonst nur in den semitisch-abessinischen Sprachen, Ge'ez, Amharisch, Tigré, Tigriña und ihren Dialekten vor. Ob die Aussprache ganz dieselbe ist, kann ich nicht aus eigener Erfahrung entscheiden, allen Beschreibungen nach müsste sie es sein. Auch hier können in den meisten Fälle k^u und g^u etymologisch auf ku und gu zurückgeführt werden, und somit wird die sekundäre Natur dieser Laute bestätigt.[1] Übrigens findet ja dieser Vorgang seine entsprechende Parallele in den sogenannten postjotirten Lauten der slavischen Sprachen, welche, ursprünglich aus einem Konsonanten + i oder j gebildet, später auch unter anderen analogen Verhältnissen entstehen konnten, und diese Erscheinung ist vielleicht der reinste Typ dessen, was man in der Lautfysiologie Labialisirung nennt. Weniger richtig und zutreffend ist daher die Auffassung Lepsius' (Stand. Alph. S. 190), dass es sich hier nur um »a peculiar deep gutturalisation of the consonantal element« handelt. Das gewöhnliche k wird ja, wie bekannt, am vorderen Gaumenbogen erzeugt und kann schwerlich bis an den hinteren Gaumenbogen zurückgedrängt werden. Hier aber entsteht, wie man sich leicht überzeugen kann, nur ein tiefes postpalatales k, aber keineswegs ein k^u oder kw. Um diesen Laut hervorzubringen, muss man in demselben Momente des k-Verschlusses den Lippen eine der u-Lage annähernde Stellung geben. Es ist also jenes k^u seinem etymologischen Ursprunge nach eigentlich ein zusammengesetzter Sprachlaut, und, im Gegensatz zu der Erklärung Lepsius', kann nicht nur jenes tiefe postpalatale, sondern jedes fysio-

---

[1] Bei Dillmann (Gramm. der äthiop. Spr. Leipz. 1857, S. 41) heisst es: »In den allermeisten Fällen ist diese rauhere Aussprache veranlasst durch einen u-Laut, der in der Grundform des Wortes einst nach dem Kehllaut gesprochen wurde, aber sofort, entweder weil er bei weiterer Umbildung des Wortes einem anderen Vokale Plaz machen musste, oder auch ohne solchen Anlass sich in den Consonanten hinein flüchtete, um ihm unaustilgbar als ein verrauhernder Zusaz anzuhaften». Ganz derselbe Vorgang findet auch im Bedawie statt (s. §§ 176, 258). — Vgl. auch Praetorius, Gramm. der Tigriñaspr. Halle 1872, S. 102 ff.

logisch mögliche k (und g) jenen u-Halt bekommen. Im Bedawie sind es auch nur die gewöhnlichen mediopalatalen k und g, welche die Basis der Laute k^u und g^u bilden. In den abessinischen Sprachen kommen auch die hinteren semitischen Gutturale (s. SIEVERS, *Grundz. der Lautphysiologie* s. 61) u-haltig als k^u und g^u vor. Da diese letztgenannten Sprachen, trotz der ausgesprochenen Bedenklichkeiten einiger neueren afrikanischen Etnologen, unzweifelhaft semitisch sind, und da die sich sonst ziemlich nahestehenden hamitischen und semitischen Sprachen nirgends so auseinander gehen, wie gerade in der Lautlehre, so wäre es immerhin denkbar, dass jene u-haltigen Laute, die sonst dem ganzen Semitismus fremd sind, eben aus dem Bedawie in die benachbarten abessinischen Sprachen eingedrungen sind, wiewohl eine solche Entlehnung von Lauten statt fertiger Wörter mir immer etwas künstlich und unwahrscheinlich dünkt.

13. In der palatalen Reihe erscheint nur der gewöhnliche Halbvokal j (engl. y). Was den Laut j (engl. j) betrifft, so hat schon LEPSIUS (siehe oben § 8) richtig bemerkt, das er dem Bedawie ursprünglich nicht anzugehören scheint. In meinem Wörterverzeichnis findet er sich nur 13 mal, und zwar 10 mal im Anlaut, da aber von jenen 13 Wörtern 11 arabisch sind, so ist wohl anzunehmen, dass die zwei übrigen auch den Fremdwörtern angehören. Übrigens kann das arab. j im Bedawie auch, wiewohl selten, in d übergehen (vgl. Einleit. S. 13), z. B. arab. *'ajin* عجين 'Teig' wird im Bedawie *'adin*.

14. Die präkakuminalen Laute t und d werden in der Weise gebildet, dass die Zungenspitze, ein wenig zurückgebogen, gegen die obere Kinnlade (Processus alveolaris) oder den vorderen Teil des harten Gaumens gedrückt wird. Mit Recht weist LEPSIUS hier auf die Übereinstimmung der indischen (sanskritischen und dravidischen) Cerebrallaute mit jenen bedawischen hin, aber als völlig identisch dürfen sie jedoch nicht betrachtet werden, insofern als bei den erstgenannten, nach allen Beschreibungen zu urteilen, der Anheftungspunkt der Zungenspitze gegen den Gaumen weiter nach hinten gelegen ist, und auch die Zungenspitze selbst entschieden mehr zurückgebogen wird. Es sind dies rein kakuminale (Gaumdach-) Laute, während jene nach der Artikulationsstelle zwischen diesen und den gewöhnlichen Dentalen liegen. Jedenfalls liegen jedoch ihre Artikulationsgebiete einander ganz nahe, und vielleicht ist der Lautunterschied kein grösserer als der zwischen den verschiedenen k-Lauten, welche je nach der hinteren oder vorderen Lage ihres Verschlusspunktes, sogar bei verschiedenen Individuen derselben Sprache, ziemlich differiren können. Das präkakuminale n ist ganz sekundär, und kommt niemals allein und selbständig vor, sondern nur vor dem t oder d, als euphonischer Vertreter des dentalen n in der nasalirenden Präsensbildung (s. § 171).

15. Wenn ich oben sagte, dass jene präkakuminalen Laute den meisten anderen uns bekannten afrikanischen Sprachen fremd sind, so gilt dies natürlich nur mit Rücksicht auf die bisher veröffentlichten Darstellungen ihrer Lautverhältnisse. Ob dem wirklich so sei, ist eine andere Frage. Ich könnte nämlich, mit demselben Vorbehalt, statt afrikanische fast ebenso gut europäische Sprachen gesagt haben, denn, nach allen, auch den neuesten Grammatikern, fehlen ja auch in diesen jene präkakuminalen Laute gänzlich. Allein mehr oder weniger dialektisch finden sie sich doch wahrscheinlich in allen germanischen Sprachen. So z. B. sind nach SIEVERS (a. a. O. S. 60) »die engl. *t*, *d*, *r*, *l*, *n* in der Regel noch cerebral, doch ist die Zurückbiegung der Zungenspitze dabei nicht sehr energisch». Sie müssten demnach mit den von mir beschriebenen Bedawie-Lauten fast zusammenfallen. Indessen sind sie nach meinem Ohr nicht so schlechthin cerebral (= kakuminal) zu nennen, wenn auch ihre Artikulationsstelle gewiss hinter der der romanischen Dentale liegt. Im Schwedischen kommt ein ähnlicher Laut vor, nämlich in den Wörtern, die in der Schrift mit *rt* geschrieben werden, z. B. *bjärta* ,Herz', *bort* ,fort', *börda* ,Bürde'. Hier ist das *r* durchaus nicht der gewöhnliche Zungenspitzen-Tremulant, auch nicht das uvulare *r* der Süddeutschen, sondern, so zu sagen, in das dadurch affizirte (in die *r*-Lage hinaufgezogene) *t*, *d* eingeschmolzen.[1] So hatte ich auch die bedawischen Laute, welche jedoch wegen des Zurückbiegens und des kräftigeren Andrückens der Zungenspitze entschieden rauher klingen als jene schwedischen Laute, zuerst als *rt* und *rd*, wenn auch ein wenig rauh klingend, aufgefasst und beispielsweise das Zahlwort für ,vier' *ferdig* statt *fedig* geschrieben, wie HEUGLIN *ferdik*, während bei den übrigen das Wort meistens *fedig* lautet. Ich glaube auch im Bedawie Fällen begegnet zu sein, wo ein *t* (*d*) auf ein ursprünglicheres *rt* (*rd*) zurückgeführt werden kann, aber in den meisten Fällen, wie in jenem *fedig*, muss die Sache dahingestellt bleiben, bis die Vergleichung mit den verwandten Sprachen sie aufzuklären vermag. Es giebt jedoch sehr viele einsilbige Wörter, wo die Präkakuminale im Anlaute stehen und allem Anscheine nach auf der gegenwärtigen Entwickelungsstufe der Sprache ursprünglich sind.

16. Zu den präkakuminalen Lauten habe ich, nach dem Vorgang der Sanskritgrammatik, auch das *s* gezogen, obgleich der Unterschied zwischen dem bedawischen und »dem gewöhnlichen europäischen» *s* ein weit geringerer ist, als derjenige zwischen dem *t* (*d*) und den gewöhnlichen europäischen Dentalen. Aber was heisst »das gewöhnliche europäische *s*»? Es ist ja bekannt, wie gerade die Zischlaute das am wenigsten aufgeklärte Gebiet der Lautfysiologie bilden, und wie vielfach hier die Erörterungen der Fachgelehrten schwanken. Jedenfalls, glaube ich, darf man nicht, wie es noch immer in den Grammatiken geschieht, das germanische *sch*, das franz. *ch* und das engl. *sh* völlig gleichstellen. Die ganze Stellung des Ansatzrohres (der Mundhöhle und der Lippenöffnung)

[1] Vgl. hierüber die sehr verdienstvolle Studie LUNDELLS, *Det svenska landsmålsalfabetet*, Stockholm 1879, S. 33—38.

ist gewiss nicht genau dieselbe. Das *s* des Bedawie ist dagegen demjenigen schwedischen Zischlaut am meisten ähnlich, (oder vielleicht gar damit identisch), welcher da auftritt, wo die Schrift ein *rs* zeigt, wie z. B. in *kors* 'Kreuz', *korsa* 'kreuzen'. Hier werden das *r* und das *s* ebensowenig getrennt und rein ausgesprochen, wie *rt* und *rd* in den oben angeführten Beispielen *borta* und *börda*, und dieser jetzt einfache schwedische Laut *rs* scheint mir als tonloser dem böhmischen *ř* tönenden gegenüber zu stehen.

17. Die Dentale *t, d, n, s* stehen in vollständiger Übereinstimmung mit den unsrigen. Das sanfte tönende *s*, gewöhnlich *z* geschrieben, fehlt, ebenso wie das tönende *ž* (französ. *j*). Dagegen bin ich nicht ganz sicher, ob nicht vielleicht im Bedawie noch ein dentaler Zischlaut existirt. Aus dem Munzinger'schen *s*, als seinem arabischen Doppel-sinn, wird Niemand klug. Durch sein *s* jedoch auf die Sache aufmerksam gemacht, glaubte ich allerdings einige Male ein anderes, scharfes, mehr zischendes *s* wahrzunehmen; es waren aber dies nur so vereinzelte Fälle, dass sie mich von der Existenz noch eines dentalen *s* nicht überzeugen konnten. Die Sache mag indessen dahingestellt und der Aufmerksamkeit künftiger Forscher empfohlen sein.

18. In der labialen Reihe fehlen der Fortis *p*, und das labiodentale *v*, da *w* das rein labiale engl. und arab. *w* ist. Das dem *v* entsprechende tonlose *f* habe ich, wie es der Einfachheit halber gewöhnlich geschieht, mit *b, w* und *m* in eine Kategorie gebracht, obgleich *f* im Bedawie wie bei uns, von individuellen Ausnahmen abgesehen, immer labiodental und nicht wie die übrigen bilabial ist.

19. Bei dem Laute *b* glaubte ich in einzelnen Fällen eine Klangfarbe (resp. Artikulation) wahrzunehmen, welche an diejenige des *t* und *d* erinnerte. Da indessen dieselben Wörter bei anderen Gelegenheiten mit der gewöhnlichen Aussprache des *b* wiederkehrten, beschränke ich mich hier darauf, die Aufmerksamkeit künftiger Forscher auf diesen Punkt zu lenken. Vgl. die ähnliche Bemerkung, die HANOTEAU über den *b*-Laut in der Kabylensprache macht (*Essai de Gramm. Kab. S. 6*).

II. Lautgesetze.

A. Vokalische.

1. Vokalschwund.

20. Ein langer Vokal wird nur in einem einzigen Falle elidirt, nämlich in der Präsensbildung der V. Konjugation, wo das *ā* des Stammes ausgestossen wird, z. B. *bádēn* ‚vergessen‘, *ēbdīn* ‚ich vergesse‘, *sāwi* ‚mischen‘, *ēswī* ‚ich mische‘. Dagegen fallen die kurzen Vokale sehr häufig aus, und zwar meistens nur aus Wohllautsrücksichten, so dass man z. B. im Auslaute dieselbe Wortform bald mit, bald ohne den kurzen Vokal zu hören bekommt.

21. Im Auslaute wird der kurze Vokal namentlich in folgenden Fällen häufig abgeworfen:

a. das kurze *a*: 1) in dem Dativaffix *-da* z. B. *anída* oder *aníd* ‚für mich‘; 2) in der verbalen Pluralendung *-na* der 2. und 3. Person, wenn ein Vokal vorangeht, z. B. *j'ulína* oder *j'ulín* ‚sie schlugen‘ (St. *áli*), *basábíbāna*, oder *basábíbān* ‚ihr wollet nicht sehen‘ (St. *s'bíb*); hier muss das *-a* abgeworfen werden, wenn ein vokalisch anlautendes Affix hinzutritt, z. B. *táměněk* für *táměna-ěk* ‚wenn sie essen‘, *těděrněk* für *těděrna-ěk* ‚wenn ihr tötet‘, *hínōh* für *hína-ōh* ‚gebet ihm‘. So fällt auch das Afformativ der 2. Pers. Sing. Imper. *-a* vor einem vokalisch anlautenden Pronominalsuffix aus, z. B. *híjōn*, für *hija-ōn* ‚giebt uns‘; 3) sogar das Pronominalsuffix *-a* (meine) und die Pluralendung *-a* des Verb. subst. („sind‘) können da abfallen, wo ein eingeschobenes eufonisches *j* ihr Vorhandensein erkennen lässt, z. B. *ēsānáj* für *ēsaná-j-a* ‚meine Brüder‘, *hínen sanájěknáj* für *sanájěkná-j-a* ‚wir sind eure Brüder‘.

b. das kurze *i* fällt ab: 1) immer in der Endung der 2. Pers. Sing. Femin., wenn der Verbalstamm schon auf *-i* ausgeht, z. B. *s'ní* ‚warten‘, *s'ní* für *s'ní-i* ‚du (o Frau) wartest‘; 2) häufig in der Adverbialendung *-i* (eigentlich Ablativendung des Nomens), z. B. *sár* für *sári* ‚vorher, voran‘.

22. Im Inlaute wird häufig bei dem Zuwachs des Wortes durch Affixe,[1] ein kurzer unbetonter Vokal ausgestossen, wenn nur dadurch keine harte Konsonantenhäufung entsteht:

a. in der letzten Silbe, wenn das Wort einen vokalisch anlautenden Zusatz bekommt, z. B. *asédik* „neun", *asédga* „neunter". So wird namentlich das *a* in der Endung *-at* der 1. Pers. Sing. Aor. vor den Pronominalsuffixen elidirt, z. B. *ane dérat* „ich töte" (oder „werde töten"), *ane dértók* „ich töte dich"; ebenso das kurze *i* oder *e* in der Endsilbe zweisilbiger paroxytoner Substantive bei Hinzufügung der Pluralendung *-a*, z. B. *dérb* (arab.) „Weg", Pl. *dérba, dérim* „Herde", Pl. *dirma, kélib* „Fussknöchel", Pl. *kélba*, dagegen *árgin* „junges Schaf", Pl. *árgina*, weil drei Konsonanten neben einander nicht gern geduldet werden. In anderen Fällen, besonders in der verbalen Formenbildung, scheint die Regel zu gelten, dass der kurze Vokal der Endsilbe ausgestossen wird, wenn das Postfix aus Vokal und Konsonant besteht, und somit die neue Endsilbe geschlossen wird, während derselbe bleibt, wenn blos ein Vokal hinzutritt. So wird bei zweisilbigen Verbalstämmen das kurze *i (e)* der Endsilbe im Imperativ beibehalten und im Aorist ausgestossen, z. B. *málit* „rupfen", *málit-a* „rupfe", *mált-at* „ich rupfe"; *érida* „spiele", *érdat* „ich spiele". Es erhält sich dann diese Bildung durch die ganze Flexion der beiden Tempora; Imper. Fem. *málit-i*, Aor. 2. Pers. *mált-ata*, Fem. *mált-ati*. Dieses Gesetz der Silbenbildung, wovon sich weiter unten mehrere Beispiele finden, hängt mit der allgemeinen sprachlichen Erscheinung zusammen, dass der Stamm bei grösserer Belastung am Ende in seinem eigenen Lautkomplex stärker affizirt wird, als bei geringerer, eine Erscheinung, wofür z. B. auch die bekannte Konsonanten-Erleichterung (resp. -Erweichung) im Finnischen bei dem Geschlossenwerden der neuen Endsilbe eine Exemplifikation ist.

b. Entsprechend dem soeben beschriebenen Vorgange wird auch in der ersten Silbe ein kurzes *e* und *i* ausgestossen, wenn das Wort vorn ein vokalisch auslautendes, meistens betontes Affix erhält, und zwar muss jene erste Silbe geschlossen, wenn sie mit dem *i* oder *e* selbst, dagegen offen sein, wenn sie konsonantisch anlautet, z. B. *énda* „Mut-

---

[1] Unter Affix verstehe ich, der ursprünglichen Bedeutung gemäss, jeden Zusatz, den ein Wort vorn oder hinten durch Flexion oder Ableitung erhalten kann; jenes Wort umfasst also sowohl die allgemeinen Begriffe Präfix und Postfix, als auch die in mehr speciellerer Bedeutung gebrauchten Postpositionen, (Pronominal- und Ableitungs-) Suffixe und die nur der verbalen Flexion zukommenden Präformative und Afformative.

ter', *tá-nda* „die Mutter"; *éngad* „stehen". *ángadi* „ich stehe"; *wik* „schneiden". Infin. im Objektiskas. *tönkoit* (statt *tówkoit*, vgl. § 36); *séui* „warten". *ásni* „ich wartete". *t'snia* „du wartetest", *fédig* „verlassen", Perf. *áfdig*, *t'fdiga* etc. (und so durchgehends bei allen zweisilbigen Stämmen der Konj. II. deren erster Vokal ein *e* ist); *kim* „Armband", Plur. *kíma*, mit dem Artikel *ákma* „die Armbänder"; *déban* „ich fiel" (St. *deb*), *kádban* „ich falle nicht", dagegen *débta* „du fielst", *kádebta* „du fällst nicht", weil hier die erste Silbe geschlossen war.

23. In einzelnen Fällen kann auch die nähere Anschliessung an das vorangehende Wort den Wegfall eines anlautenden Vokales veranlassen, z. B. *ádlib ha* (fast wie ein Wort *ádlibha*) statt *ádlib áha* „er kaufte", *nóka-he*, statt *náka éhe* „wie viel giebt es".

2. Vokaldehnung.

24. Kurze Vokale in der Endsilbe werden zuweilen gedehnt, wenn eine neue Silbe hinzutritt, z. B. *mēk* „Esel", *émak* „die Esel" (Akkus.). *émāka* „der Esel" (Gen. Plur.). *ájās* „der Hund", *ájas* „die Hunde", *éjāsa* „der Hunde". *san* „Bruder", *sána* „Brüder", *hénen sānába* „wir sind Brüder". Dagegen wird Vokalverkürzung nur als formales Element zur Pluralbildung verwendet.

3. Vokalveränderungen.

25. Im Auslaut gehen kurzes *a* und *i* (vielleicht auch *u*, niemals aber *á, í, ú*) häufig in ein kurzes *e* über, z. B. *énde* „Eisen" (statt *éndi*, Akkus. *éndīt*), *énde* und *énda* „Mutter", *dámsti, dámste* „(das) Schmecken" (und so wechseln alle Infinitive auf -*ti*). *débane*, oder ursprünglicher *débani* „ich falle". Jene kurzen auslautenden -*i*, welche, so lange sie im Auslaut bleiben, gern in *e* übergehen, werden dagegen nach dem voranstehenden Paragrafen gedehnt, wenn das Wort irgend ein konsonantisch anlautendes Postfix erhält, ja sogar auch nur bei näherem Anschluss an das folgende Wort, z. B. *tímane* „ich esse", *timaní-g"áne* „ich esse und trinke".

26. In den zweisilbigen Stämmen der II. Konjug. geht das *e* der ersten Silbe in *i* über, wenn das *i* der letzten Silbe (nach § 22, a) ausfällt, z. B. *sékit* „erwürgen", Imp. *síkita*, Aor. *síktat*; *sébib* „sehen", Imp. *síbiha*, Aor. *síbbat*; *bérir* „ausbreiten", Aor. *bírrat*. Doch kann das *e* auch bleiben, und öfters schwankt die Aussprache in der ersten Silbe zwischen *e* und *i*, z. B. *fédig* „lassen", Aor. *fédgat* oder *fídgat*. Auch in anderen Fällen

zeigt sich dieselbe Schwankung der Aussprache, z. B. *áug"il* und *áug"el* ‚Ohr'. Dass aber in Formen wie *siktat* aus *sékit*, *birrat* aus *bérir*, eine Art Umlaut oder Zurückwirkung eines folgenden, wenn auch später ausgestossenen Vokales auf einen vorangehenden vorliegt, geht aus solchen Beispielen deutlich hervor, wo das *e* wegen eines folgenden *u* in *u* übergeht, z. B. *léwur* ‚kreisen', Imp. *léwura*, Aor. *láwwat*. Vielleicht liegt schon in den Stammformen *sékit*, *bérir* u. dgl. eine annähernde Assimilation vor, wenn wir aus den Präsensformen *ásaúkit*, *ábarrír* auf eine Wurzel *sakit*, *barir* schliessen dürfen. Auch sonst kommen dergleichen Zurückwirkungen vor, obwohl ich sie bis jetzt nicht unter eine allgemeine Regel habe bringen können, z. B. *sa* ‚sich setzen', Imp. *sé'a*, f. *sé'i* (neben *sá'i*), *té-ór* ‚das Mädchen', so fast immer im Nomin. statt *tá-ór*. Beispiele von vorwärts wirkender Assimilirung der Vokallaute sind *ábukla* ‚der Krug', *ékekla* für *ébukla* ‚die Krüge' (Akkus.).

27. Aber auch ohne jede assimilirende Einwirkung zeigt *a* vielfach Neigung in *e* überzugehen. Unter meinen Beispielen finde ich eine ziemlich beträchtliche Anzahl von Wörtern ebenso oft mit *e* wie mit *a* geschrieben, je nach dem bei jeder Gelegenheit genau wiedergegebenen Laute. In allen solchen Wörtern halte ich *a* für den ursprünglicheren Laut, der aber, wie gesagt, vielfach nach *e* neigt. Einen besonderen Laut *ä* braucht man deswegen nicht anzunehmen, sondern es wird, da z. B. ein Wort bald *tak* bald *tek* lautet (*a* und *e* wie in ‚Halm' und ‚Helm'), ebenso richtig *tak* wie *tek* geschrieben. Auch ein kurzes *u* im Inlaut kann in *e* übergehen, wenn es in eine unbetonte Silbe zu stehen kommt, z. B. *helál* ‚Haarnadel', statt *hulál*, wie man aus der Pluralform *húlal* ersieht, *kʷelél* ‚Armband', Plur. *kúlel*. Im letzten Beispiele hat das im Plural erhaltene ursprüngliche *u* im Singular, ehe es zu *e* geworden ist, seinen *u*-Halt an den voranstehenden Guttural abgegeben (vgl. § 11).

28. Eine besondere Schwäche zeigt im Auslaute der Diftong *ai* oder, wie er hier ebenso richtig geschrieben werden könnte, *aj*, indem das *i (j)* häufig abfällt; das *a* hat dann, wie fast jedes kurze *a* am Wortende, eine besondere Neigung in *e* überzugehen, z. B. von dem Stamm *áwrai* ‚helfen' (Aor. *áwrajat* ‚ich helfe') heisst das Perf. *é'awe* ‚ich half'. Erhält das Wort irgend ein Postfix, so bleibt entweder der Diftong, oder er geht in langes *é* (vor Konsonanten in *í*) über, wobei in ersterem Falle vor vokalischen Endungen ein euſonisches *j* eingeschoben werden kann, z. B. *tēawâja* ‚du halfst', *tēawêna* ‚ihr halfet'; *áfrai* ‚schlecht', *batúh afríta* ‚sie ist schlecht', *barúh afré-j-u* ‚er ist schlecht'.

29. Von den Vokalveränderungen, die nicht eufonisch sind, sondern als formale Elemente, namentlich in der nominalen Plural- und der Präsensbildung, dienen, wird an den betreffenden Stellen der Formenlehre die Rede sein.

4. Vermeidung des Hiatus.

30. Im allgemeinen kommen, ausser in den Diftongen, nicht gern zwei Vokale, neben einander vor, sondern es wird, wenn sie nicht schon durch den laryngalen Laut ' getrennt sind, wie z. B. in *sá'a* ‚setze dich', der Hiat durch folgende Mittel vermieden: a) Ausstossung des ersten Vokales; b) Zusammenziehung; c) Übergang des ersten Vokales in den entsprechenden Halbvokal; d) Einschiebung eines rein eufonischen *j*.

a. Vor der singularen Genitiv- und Ablativendung *i* fällt jeder kurze Endvokal aus, z. B. *ája* ‚Hand', Gen. *áj-i*, *áre* ‚Stein', Gen. *ár-i*, *mída* ‚Zange', Gen. *míd-i*, *g"a* ‚Trunk', Gen. *g"i*.

b. Zusammengezogen werden, soviel ich weiss, nur zwei *a* in *ā*, und zwar immer bei dem Zusammentreffen der negativen Partikel *ka* mit dem Präformativ *a*, z. B. *kāsni* statt *ka-asni* ‚ich warte nicht'. Hier könnte man auch die Form *sānū* ‚du wartest', statt *sanū-i* (vgl. § 21 b) anreihen.

c. Auslautendes *i* und *u* gehen vor vokalischen Affixen in *j* und *w* über, z. B. *gau* ‚Haus', Plur. *gáwa*, *d'bani* (*d'bane*) ‚ich falle', *d'banjōk* ‚wenn ich falle'. Wenn ein langes *ī* oder *ū* als Stammauslaut mit dem Anfangsvokal eines Affixes, namentlich *a*, zusammentrifft, so muss ein gewissermassen von selbst entstehendes *j* oder *w* dazwischentreten, z. B. *dī* ‚sagen', *díja* ‚sage', *dū* ‚schlafen', *dúwan* ‚ich schlief' (vgl. § 241).

d. Ungemein häufig ist die Einschiebung eines eufonischen *j* zwischen vokalisch, namentlich auf *a* und *e*, ausgehende Nominalformen und verschiedene vokalisch anlautende grammatikalische Endungen: 1) zwischen den pluralen Genitiv- und Ablativendungen der Maskulina, -*a*, -*e*, und einem vorhergehenden *a*, sei es Stammauslaut oder Pluralendung, z. B. *ája* ‚Hand', Plur. *ája* ‚Hände', Gen. *ájā-j-a*, Abl. *ájā-je* (oder *áje* mit Abwerfen des Stammauslautes -*a* wie im Singular); *ábesa* ‚der Kater', Pl. *ábesa* ‚die Kater', Gen. *ébesā-j-a*, Abl. *ébesā-j-e*; *dōb* ‚Bräutigam', Plur. *dōba*, Gen. *dōbā-j-a*, Abl. *dōbā-j-e*; 2) zwischen jener Nominalendung -*a* und den pluralen Pronominalsuffixen -*a*, -*ak*, etc., z. B. *san* ‚Bruder', *sána* ‚Brüder' (Gen. *sánā-j-a*), *ēsánā-j-a* ‚meine Brüder', *ēsánā-j-ákna* ‚eure Brüder' (Nomin.), *ēsánā-j-ēkna* ‚eure Brüder' (Akkus). Doch ist das *j* zwischen zwei *a* entschieden stärker als zwischen *a* und *e*, wo es zuweilen gänzlich verschwindet, weil der Hiat hier nicht so scharf ist, als er dort wäre; 3) zwischen den Endungen des s. g. Verbum subst. -*u*, -*a* (s. § 92) und einem vorangehenden vokalisch auslautenden Pronominalsuffix, z. B. *barüh sanā-j-u* ‚er ist mein Bruder', *hēnen sanā-j-ēknā-j-a* ‚wir sind eure Brüder'.

5. Lautumstellung.

31. Kurze Vokale, namentlich *u*, werden bisweilen mit den folgenden (selten den vorhergehenden) Konsonanten umgestellt, z. B. *á-dhur* statt *á-duhr* (arab.) „Mittag", *tháti* statt *táhti* „Berührung", *bárhuwa* statt *baráhwa* „und er", *négfinṣîb*, statt *négnîṣîb*, und besonders in der Pluralbildung von Stämmen mit *a* in der letzten Silbe, z. B. *gab* „Ratte", Plur. *gâba*, aber mit dem Artikel *ágbaa* für *ágaba* „die Ratten"; *dérak* „Wassertrog", Plur. *dérkʷa* (s. § 11). Hierher gehört auch die Beweglichkeit des kurzen flüchtigen *e*-Lautes, namentlich in der ersten Silbe, z. B. *érhan* oder *réhan* „ich sah";[1] *def* (arab.) „bezahlen", Part. Pass. *édfama* statt *défama*. Etwas anderes ist es, wenn zwei von einem Vokal getrennte Konsonanten ihre Plätze vertauschen, z. B. *nawâdire* und *nadâwire* „schön". Ein Beispiel von rein konsonantischer Lautumstellung liefert das passivische *t*, ebenso wie das charakteristische *t* der III. Konj., welches mit den Zischlauten als Anfangsbuchstaben der Verbalstämme umgestellt wird.

B. Konsonantische.

32. Die Lautverbindungen des Bedawie sind nirgends hart zu nennen. Selten beginnt eine Silbe mit zwei Konsonanten, von welchen dann meistens der erste ein Zischlaut oder der zweite eine Liquida ist, z. B. *skát* „(das) Würgen", *smát* „(das) Schmieren", *krum* „Morgendämmerung", *krub* (neben *kurb*) „Elefant". Andere Beispiele kommen nur vereinzelt vor, und beruhen auf einer Umstellung der Laute, oder es sind Fremdwörter, z. B. *tháti* (für *táhti*) „Berührung", *dmîn* (arab.) „Bürgschaft". Drei Konsonanten können auch nur so zusammentreffen, dass der mittlere ein Zischlaut ist, z. B. *dâmsti* „(das) Schnecken". Bekundet schon jene Abneigung gegen harte Konsonantenverbindungen, dass die Sprache im allgemeinen dem Wohllaute Rechnung trägt, so sind auch die beim Zusammentreffen gewisser Laute aus Wohlklangsrücksichten hervorgehenden Umwandlungen der Konsonanten, wenn auch nicht so durchgreifend wie z. B. im Sanskrit und Nubischen, doch umfassender, als es in den semitischen und anderen hamitischen Sprachen, soweit die wenig aufgeklärten Lautverhältnisse der letzteren bekannt sind, der Fall ist. Allein nicht überall scheint es

---

[1] Eine ähnliche Erscheinung finden wir auch im Amharischen (s. Praetorius, *Die Amharische Sprache*, Halle 1879, § 67, a).

zu festen Regeln gekommen zu sein, es zeigt sich vielmehr in der Aussprache eine Schwankung zwischen einander nahestehenden Lauten, wobei es dennoch immer ersichtlich bleibt, wohin die Lautentwicklung neigt. Natürlicher Weise hat hier der Mangel jeglicher Literatur und der nur aus dieser herzuleitenden festen Normen vielfach zu jener Schwankung beigetragen. Die Sprachen der auf der niedrigsten Kulturstufe stehenden Völker müssen ja als ausschliessliche Naturprodukte, ebenso wie unsere nur gesprochenen ländlichen Mundarten, in lautlicher Beziehung viel flüchtiger sein, als unsere festen Literatursprachen. Nach diesen Bemerkungen, die natürlich auch auf die Vokale Anwendung finden, gehe ich zu einer kurzen Besprechung der konsonantischen Lautgesetze über.

33. Die annähernde Assimilation zeigt sich, soweit sie hier entwickelt ist, am häufigsten in der Erweichung eines tonlosen explosiven Konsonanten. Die Fortes (Tenues) gehen nämlich vor den Lenes (Mediae), und auch, wiewohl seltener, vor den Vokalen, in ihre resp. Lenes über. Die Erweichung des t zu d ist jedoch viel häufiger, als die des k zu g (von der Erweichung des $ṭ$ besitze ich kein Beispiel, und das p fehlt ja gänzlich), z. B. *idganīj* für *itganīj* ‚ich bin gelegt worden‘, *bidg"ajēk* für *bitg"ajēk* (aus *bī-tig"ajēk*) ‚wenn du nicht trinkest‘, *kidulīna* für *kitulīna* ‚ihr schlaget nicht‘. *sād che* für *sāt che* ‚es giebt Leber‘, *ǒsanāgda* für *ǒsanākda* ‚für deinen Bruder‘. Von Lauterweichung vor anderen sonoren Lauten als Vokalen, habe ich kein Beispiel aufgezeichnet, wage es aber nicht, deshalb der Sprache diese Erscheinung ganz abzuerkennen. Von der entsprechenden Erhärtung eines Lenis vor einem Fortis, kann ich zwar nur ein Beispiel anführen: *ēk"sīr*, statt *ég"sīr* (Präs. vom Stamm *g"asir* ‚lügen‘), aber es ist wohl kaum zu bezweifeln, dass dieser so natürliche Lautwandel weit häufiger sein muss. Den Übergang eines Konsonanten in die Reihe eines folgenden, kann ich, ausser dem in § 34, b erwähnten Fall, nur mit einem Beispiele belegen, welches ganz im Einklang mit einem bekannten sanskritischen Lautgesetze steht, dass nämlich vor den präakuminalen Lauten $ṭ$ und $ḍ$ das dentale s des Kausativs in das ebenfalls präakuminale $ṣ$ übergeht, z. B. *ṭāb* ‚(mehrere) schlagen‘, Kaus. *ṣṭāb (sṭāb)*.

34. Die vollständige Assimilation, welche häufiger ist, als die annähernde, aber bei weitem nicht in demselben Masse wie z. B. im Nubischen, tritt besonders in folgenden Fällen auf:

    a. Das präformative t der 2. Pers. Mask. und Femin., und der 3. Pers. Fem. wird einem folgenden d, s und $ṣ$ assimilirt, so oft das dazwischen stehende kurze e (nach § 22, b) elidirt wird, z. B. *biddīr* (statt *bitdīr* aus *bī-tédīr*) ‚möge sie nicht töten‘, *kīssa'* (aus *ki-tísa'*) ‚sie setzt sich nicht‘, *kissébiba* (aus *ki-tésbiba*) ‚du siehst nicht‘. Auch sonst kommt wohl diese Assimilirung des *t* vor, z. B. *hamóssan* für *hamótsan*, Perf. Kaus. von *hamét* ‚traurig sein‘, *báskissan*, Perf. Kaus. von *báskīt* ‚fasten‘.

b. Das *n* der nasalirenden Präsensbildung wird mit den Halbvokalen *j, w,* und den Liquidä *l, r* assimilirt. Vor den übrigen Konsonanten erscheint es als organmässiger Nasal: als *ṅ* vor *k, g, kʿ, gʿ,* als *ṇ* vor *t, d, s,* als *n* vor *t, d, s, n,* und den Laryngalen ', *h,* als *m* vor *b, m,* vor *f* als Labiodental steht *n,* z. B. *aälli* für *aánli* ‚ich schlage‘. (St. *áli*), *afárri* ‚ich gebäre‘ (St. *firi*). *áwrik* ‚ich schneide‘ (St. *wik*), *aydīm* ‚ich möblire‘ (St. *dim*), *ándīr* ‚ich töte‘ (St. *der*), *ámmīn* ‚ich rasire‘ (St. *men*), *ásambīb* ‚ich sehe‘ (St. *sébib*), *ánfīf* ‚ich giesse aus‘ (St. *fif*). Das präformative *n* der 1 Pers. Plur. wird in derselben Stellung wie das *t* der 2. Pers. (siehe **a**) mit einem folgenden *m* assimilirt. z. B. *kimmásn* (für *ki-nemásn*) ‚wir hören nicht‘. In vereinzelten Fällen kann ein *n* am Wortende dem Anfangskonsonanten des folgenden Wortes assimilirt werden, z. B. *áne kʿar réhan* ‚ich habe Regenbäche gesehen‘ (*kʿan* ‚Torrent‘, Plur. *kʿan*).

35. Eine seltene Erscheinung ist der gänzliche Schwund eines Konsonanten im Inlaute. Ich kenne nur folgende zuverlässige Beispiele: a) die maskuline Objektendung *-b* wird vor der Endung *-wa* der 2. Pers. Sing. Mask. des Verbum subst. häufig abgeworfen, z. B. *baräk deráwa* (neben *deráb-wa*) ‚du bist ein Töter‘; b) vor dem femininen *t* kann ein stammauslautendes *r* abfallen, wie beispielsweise fast immer in dem Worte *ór* ‚Kind‘, also *tóōt* ‚das Mädchen‘, *toōti* (statt *toörti* ‚des Mädchens‘), weniger häufig bei Adjektiven, z. B. *batáh nafírta* und *nafíta* ‚sie ist süss‘. Hin und wieder gab hier das geschwundene *r* dem *t* eine präakuminale Färbung, als: *tòṣṭi*, *nafíta*. In einzelnen Fällen kann wohl auch die andere Liquida *l* vor einem *t* ausfallen, wie *éngät* ‚eine‘, neben dem Mask. *éngäl* ‚ein‘, zeigt. Noch seltener ist mir ein Wechsel verwandter Laute in demselben Worte vorgekommen, wie z. B. *díbalo* ‚klein‘, welches auch *díbano*, seltener *díbaro*, lautet.

36. Die Halbvokale *j* und *w* gehen vor Konsonanten in *i* und *u* über, wobei sie mit dem voranstehenden Vokal in einen Diftong zusammenschmelzen, z. B. von *wik* ‚schneiden‘ lautet der Infin., wegen der Elision des kurzen *i*, mit dem Artikel im Objektkasus *tóukoit*. Aus demselben Grunde, nämlich dem Ausstossen eines kurzen Vokals, erklärt sich der nicht seltene Wechsel von *je* und *i* im Anlaut, wobei doch das *i* viel häufiger ist, als das ursprünglichere *je*, z. B. *īn* ‚Sonne‘, Plur. *jéna*, Stamm also *jen* mit regelmässiger Dehnung des Vokals im Plur. (s. § 24). Ein solches *i* kann dann später zu *e* geschwächt werden, und in demselben Sinne, glaube ich, ist das Präformativ der 3. Pers. Mask. aufzufassen, das am häufigsten *e*, aber auch *i* und *je* lautet.

37. Im Anlaute können alle Vokale, Diftonge und Konsonanten stehen, am häufigsten scheint hier, ganz auffällig, das *h* vorzukommen, am seltensten das *o*, wenn man nicht die, unzählige Male wiederkehrende Objektform des Artikels *ō-* in Anrechnung bringen will. Der Abneigung gegen Konsonantenverbindungen im Anlaute habe ich schon oben Erwähnung gethan, aber um angeben zu können, welche Konsonantengruppen im Anlaute oder sonst überhaupt möglich sind, bedürfte es eines viel grösseren lexikalischen Materiales, als mir jetzt zu Gebote steht. Auch am Wortende können alle Laute der Sprache stehen, sogar die *u*-haltigen Gutturale, und die beiden Laryngale ʾ und *h*, z. B. *túkuk* 'Ausbesserung', *ísaʾ* 'er setzte sich', *máddah* '(das) Fettwerden'. Zwei Konsonanten im Auslaute werden nicht gern geduldet, es sei denn, dass der erste eine Liquida ist, z. B. *kurb* 'Elefant'. Gewöhnlich tritt hier wie in den auf zwei Konsonanten endigenden Fremdwörtern eine Lautumstellung ein, z. B. *krab*, *ádhar* statt *áduhr* (aus dem arab. *duhr* statt *zuhr* 'Mittag').

38. Eine besondere Schwäche im Auslaut zeigt der Lenis *b*; nach den langen Vokalen, namentlich *ī* und *ī*, war es mir in vielen Fällen sehr schwer zu unterscheiden, ob ein *b* ausgesprochen wurde oder nicht. Ich konnte meinen Bischari dasselbe Wort vielmals wiederholen lassen, bald glaubte ich ein *b* am Ende zu hören, bald nicht. Es war hier ein ganz anderer Fall als das oben (§ 21) besprochene Abfallen eines kurzen Vokales im Auslaute. Wenn ich dort ein Wort mehrmals wiederholen liess, hörte ich es immer auf dieselbe Weise aussprechen, z. B. immer mit dem Vokallaut am Ende. Wenn aber eines anderen Tages dasselbe Wort in derselben Stellung wiederkehrte, lautete es ohne den Vokal aus, und dasselbe zeigte sich bei jeder Wiederholung. Hielt ich dann meinem Gewährsmann seine frühere Aussprache mit dem Vokalauslaut vor, so fand er auch diese richtig. Es war also dieser Fall genau derselbe wie wir ihn bei der deutschen starken Dativendung auf *-e* antreffen, die in vielen Fällen fast ebenso gut ihr *-e* behalten als abwerfen kann. Anders verhalt es sich nun mit dem nach einem langen Vokal auslautenden *b*. Hier wurde das *b*, wenn überhaupt eins da war, immer ausgesprochen, aber sehr schwach, und das schwierige war eben, mit dem Ohr zu unterscheiden, ob ein *b* wirklich ausgesprochen wurde oder nicht. In der Formenlehre werde ich bei Gelegenheit auf diesen Punkt zurückkommen.

39. Die arabischen Lehnwörter, welche im Beduwie nicht so zahlreich sind wie im Nubischen, werden im allgemeinen mit derselben Lautung übernommen, die sie dort haben, z. B. *rīš* 'Feder', *fās* 'Axt', arab. ebenso *rīš* ريش, *fās* فاس (statt *jaʾs* يأس). Nur selten zeigt sich hier ein Wechsel zwischen verwandten Lauten, namentlich zwischen *l* und *r*, z. B. arab. *γalab* غلب, bed. *gérib* 'besiegen'; arab. *šartát* (vulg. für *šarmút* شرموط), bed. *séltit* 'Fetzen'. Diejenigen arab. Laute, die dem Beduwie fremd sind, werden mit den ihnen zunächst stehenden wiedergegeben. So werden ح *h* und خ *χ* beide zu *h*, ز *z*, ش *s* und ص *ṣ* zu *s*, ض *ḍ* zu *d*, ط *t* zu *t*, ع *ʿ* zu ʾ, غ *γ* zu *g*, ق *q* zu *g* selten zu *k*, gewöhnlich nach der allgemeinen Volksaussprache zu *g*, z. B. arab. جرح *járah*, bed. *jerh* ‚verwunden‘; arab. نخل *naχl*, bed. *nehíl* ‚Palme‘; arab. فطر *fíṭur*, bed. *tétir* ‚frühstücken‘; arab. ودع *wádą́*, bed. *wád'a* ‚setzen‘; arab. غنى *yáná*, bed. (mit Ableitungsendung) *ganám* ‚reich sein‘; arab. قمع *qum*, bed. *kím* ‚Armband‘; arab. قدر *qádir*, bed. *ágder* ‚können‘, u. a. m.

III. Der Accent.

40. Die Accentverhältnisse im Bedawie sind sehr mannigfaltig gestaltet, und gewiss nach bestimmten Gesetzen geregelt. Aber bei der ersten Darstellung einer noch ungeschriebenen Sprache bildet bekanntlich die Erforschung der Accentgesetze eine der schwierigsten Aufgaben,[1] und die folgenden Regeln und Andeutungen dürften daher ohne Zweifel durch weitere Forschung vielfach ergänzt und modifizirt werden können.

41. Bei zweisilbigen Wörtern ruht der Accent in der Mehrzahl der Fälle auf der vorletzten Silbe, namentlich wenn Ultima einen kurzen Vokal hat, gleichwohl ob Penultima kurz oder lang ist, z. B. *áwe* ‚Stein‘, *gúrma* ‚Kopf‘, *síbbat* ‚ich sehe‘, *gámad* ‚lang‘, *gáda* ‚viel‘, *hóta* ‚Grossmutter‘. Dagegen wird im allgemeinen die letzte Silbe betont, wenn sie lang und die vorletzte kurz ist, z. B. *hawád* ‚Nacht‘, *halál* ‚Haarnadel‘, *ganáj* ‚Gazelle‘, *barúh* ‚er‘, *lehít* ‚morgen‘. Wenn aber hier die erste Silbe geschlossen ist, so behält sie den Ton, z. B. *éntōn* ‚hier‘, *éngūl* ‚Faden‘. Solche Wörter lauten jedoch, wegen der Länge der letzten Silbe, beinahe als ob sie zwei Accente neben einander hätten, als *éntṓn*.

42. Wenn der Accent eines Substantivs im Singular nach der obigen Regel auf der letzten Silbe liegt, verbleibt er dort auch im Plural, obgleich hier der letzte Vokal verkürzt wird, z. B. *genáu* ‚Kinnlade‘, Plur. *geniu*; *banáu* ‚Augenbraue‘, Plur. *baniu*; *derór* ‚Abendessen‘, Plur. *derár*, *derér*; *malál* ‚Wüstenthal‘, Plur. *malál*. Ist

---

[1] So finde ich z. B. in der »Nubischen Grammatik« von Lepsius kein Wort über die Tonverhältnisse der Sprache, auch die Beispiele und Texte sind bei ihm durchweg unaccentuirt. Ebensowenig ist der Accent in den sehr ausführlichen und auf langjährige Praxis gegründeten Arbeiten von Hanoteau (Berbersprachen), Massaja (Galla), Schön (Hausa), Steere (Swahili) u. a. zum Gegenstand einer besonderen Behandlung gemacht worden. Soweit ich mich entsinnen kann, macht nur »die Nuba-Sprache« von Reinisch hiervon eine rühmliche Ausnahme.

aber die erste Silbe geschlossen, so zieht sie auch hier den Ton an sich, z. B. *minšár* (arab.) „Säge‘, Plur. *minšar: seltát* (arab.) „Fetzen‘, Plur. *seltít*; *gaddám* (arab.) „Axt‘ Plur. *gáddim*.

43. Zwei lange Silben neben einander kommen sehr selten im Wortstamme, sondern nur in zusammengesetzten oder einfachen flektirten Wörtern vor, und in diesem Falle fällt der Accent im allgemeinen auf die erste Silbe. So wird der präfigirte Artikel, welcher mit seinem Nomen immer zu einem Worte zusammenwächst, stets betont, wenn auch bei zwei- und mehrsilbigen Wörtern das Nomen selbst seinen Accent behält, z. B. *ú-kām* „das Kamel‘, *á-kam* „die Kamele‘, *ú-gub* „die Maus‘, *á-gúba* „die Mäuse‘, *ú-ganáj* „die Gazelle‘, *á-ganáj* „die Gazellen‘.[1]

44. Bei der Nominalflexion verharrt im allgemeinen der Ton auf der accentuirten Stammsilbe, z. B. *gáu* „Haus‘, Gen. *gáwi*, vor Femin. *gáwit*, Plur. Nom. *gáwra*, Akk. *gáwrāb*, jedoch auch bei langer Endsilbe *gawīt*, *gawrāb* (bezüglich der Dehnung in den Endungen *-īt*, *-āb* vgl. § 24). Ebenso verbleibt bei Affigirung der Endungen des Verb. Subst. der Ton auf dem Hauptworte, doch erhält die zweisilbige Endung der 2. Pers. Plur. einen zweiten Accent, z. B. *gúmad* „lang‘, *áne gúmad-u* „ich bin lang‘, *barák gúmad-wa* „du bist lang‘, *barák gúmad-ána* „ihr seid lang‘. Dagegen verlangen die Pronominalsuffixe der 2. und 3. Pers. den Ton z. B. *san* „Bruder‘, *ósāna* „mein Bruder‘, *ósanák* „dein Bruder‘, *ósanók*, seinen (ihren) Bruder‘, *ósanókna* „euren Bruder‘.

45. Bei der Verbalflexion ziehen im allgemeinen die Präformative den Ton auf sich, wenn nicht die erste Silbe eines zweisilbigen Verbalstammes lang ist, z. B. *wik* „schneiden‘, Perf. *áwik*, *t'wika*, *t'wiki*, *áwik* etc., Präs. *áwwik*, *t'wwika* (oder *t'wwika*, vgl. § 41 am Ende) etc., dagegen *bäden* „vergessen‘, Perf. *abáden*, *tebádena* etc. Bei den Formen auf *-na* in der 2. und 3. Pers. Plur. von zweisilbigen Stämmen bleibt jedoch der Ton auf dem Stamme, z. B. *ásbib* „sehen‘, Perf. *ásbib*, *t'sbibu* etc., 2. Pers. Plur. *tesbíbna* Präs. *ásambib*, *t'sambiba* etc., 2. Pers. Plur. *t'sabibna*. Bei den einsilbigen Stämmen scheint die Aussprache zu schwanken, als: *t'wikna* und *t'wikna*. In den auf *-i* endigenden Stämmen der II. Konj. verbleibt auch im Präs. Sing. der Ton auf der Stammsilbe, z. B. *séni* „warten‘, Perf. *ásni*, *t'snia*, etc. 2. Pers. Plur. *tesnína*

---

[1] Die mit *ú-* und *á-* präfigirten Formen der Tiernamen (wie *ú-kām*, *ú-gub*, Plur. *á-kam*, *á-gúba* etc.) bezeichnen immer das Männchen; das Weibchen heisst dann *tú-kam*, *tú-gub*, Plur. *tá-kam*, *tá-gúba* (vgl. § 48).

(aber mit abgeworfenem -*a tísnu*), Präs. *as'ǎni, sénnia* (mit abgeworfenem Präformativ), *sénni*. Plur. *nésěn, těsěnna* (oder *těsěn), ěsěnna* (oder *ǎsěn*). — Die Afformative bleiben dagegen im allgemeinen unbetont, nur die Endungen *-tāna, -āna* in der 2. und 3. Pers. Plur. ziehen den Accent an sich (nicht aber immer die abgekürzten Endungen *tān, -ān*), wobei jedoch auch der Stamm seinen Accent behält, z. B. *tam* „essen". Perf. *tám-an, tám-ta* etc. Aor. *tám-at, tám-ata*. 2. Pers. Plur. *tám-atána*. Präs. *tám-ani, tám-tenia, tám-teni*. Auch die lange Endung *-tenia* muss wie *-tána* besonders accentuirt werden (vgl. den nächstfolgenden Paragrafen).

46. Dreisilbige Wörter haben im allgemeinen den Ton auf der drittletzten Silbe, wenn nicht die vorletzte Silbe lang oder geschlossen ist, z. B. *áne gámadu* (fem. *áne gamádtu*) „ich bin lang", *barŭk sān-ā-wa* „du bist mein Bruder" (dagegen *ā-sāna* „mein Bruder"), *án'al-an* „ich verfluchte", *an'ál-ta* „du verfluchtest", *án'al-at* „ich verfluche". Auf der letzten Silbe eines dreisilbigen Wortes steht niemals der Accent, ausgenommen in dem Falle, wo sowohl die erste als die letzte Silbe betont ist. Drei- und mehrsilbige Wörter haben nämlich, wie man schon an den vorangegangenen Beispielen gesehen hat, sehr oft zwei oder sogar mehrere Tonsilben, und zwar sind meistens die Accente fonetisch als gleichgestellt anzusehen, so dass nur in etymologischer Hinsicht von Haupt- und Nebenton zu sprechen wäre. In längeren Wortgebilden scheint die Sprache überhaupt einem durchaus rytmischen Tongesetze zu folgen, nach welchem der Accent oder die Accente verschoben und umgestellt werden. Man vergleiche genau folgende Serie, die ein sehr klares Licht auf den Accentwechsel und die Vokaldehnung im Bedawie wirft: *san* „Bruder", *ásan* „der Bruder", *sána* „Brüder", *ā-sāna* „die Brüder", *barāh sanāku* „er ist dein B.", *ásanōkna* „euer B.", *barāh sánōknā-j-u* „er ist euer B.", *héuen sānā-j-ěk-a* „wir sind deine B.", *héuen sanā-j-ōknā-j-a* „wir sind eure B.", *ásani* „des Bruders", *ásāni-a* „meines B.", *ásiniōkna* „das Haus eures Bruders", *ágau sániōknā-j-u* „das Haus ist das eures Bruders."

47. Hat das Wort nur einen Accent, so kann er nicht vor der Antepenultima stehen, z. B. *án'al* „verfluchen",[1] Perf. *án'alan*, (2. Pers. *an'álta*, nach § 46). Präs. *an'álani*. Übrigens lässt sich die ganze

---

[1] Das Wort ist eine Umstellung von dem vulgärarab. *naʿal* (نعل), das selbst aus *laʿan* (لعن) umgestellt worden ist. Man beachte übrigens, dass hier, wie fast überall, das arab. ʿain in ʾelif übergeht.

Rytmik der Sprache am leichtesten an den im Folgenden vorgeführten Beispielen erkennen, wo immer die Tonsilben durch das gewöhnliche Accentzeichen hervorgehoben sind. Der hervortretendste und die ganze Lautung der Sprache am meisten charakterisirende Zug ist die Häufung der langen Vokale — oft drei, vier, bis fünf neben einander — welche sowohl die nominale als die verbale Flexion aufzuweisen hat. (Man vergleiche die Paradigmen in den §§ 85, 112, 121, 124 u. a. m.).

ZWEITER ABSCHNITT.

FORMENLEHRE.

Erstes Kapitel: das Substantiv.

I. Das Geschlecht.

48. Das Bedawie unterscheidet nur die zwei natürlichen Geschlechter, Maskulinum und Femininum. Das Mask. wird bei den Substantiven nur selten durch ein besonderes Merkmal, das Femin. dagegen im allgemeinen durch ein vor- oder nachgesetztes *t* gekennzeichnet, z. B. *tak* ‚Mann‘, *tákat* ‚Weib‘, *ŭ-mēk* ‚der Esel‘, *tŭ-mēk* ‚die Eselin‘. Andere speciell weibliche Endungen scheint es nicht zu geben. Die Tiernamen und auch sehr viele Verwandtschaftsnamen sind im allgemeinen epicoena, deren Geschlecht meistens durch die Formen des Artikels bezeichnet wird, z. B. *b'sa* m. f. ‚Kater Katze‘, *mēk* m. f. ‚Esel Eselin‘, *hatáj* m. f. ‚Pferd‘ (*ŭ-hatáj* ‚der Hengst‘, *tŭ-hatáj* ‚die Stute‘), *jas* m. f. ‚Hund Hündin‘, *ōr* m. f. ‚Kind‘ (*ŭ-ōr* ‚der Knabe‘, *tŭ-ōr* ‚das Mädchen‘). *dúra* m. f. ‚Geschwister der Eltern‘ (*ŭ-dúra* ‚der Oheim‘, *tŭ-dúra* ‚die Muhme‘). Solche Wörter bleiben auch im Plural epicoena, z. B. *b'sa* m. f. ‚Katzen‘ (*ábesa* ‚die Kater‘), *jas* m. f. ‚Hunde‘ (*tíjas* ‚die Hündinnen‘), *hatáj* m. f. ‚Pferde‘ (*áhataj* ‚die Hengste‘), *mak* m. f. ‚Esel Eselinnen‘ (im Fem. kommt je-

---

[1] Vgl. im Französischen, *c'est un bon enfant*, wenn es sich um einen Knaben, *c'est une bonne enfant*, wenn es sich um ein Mädchen handelt.

doch auch die Form *makt*, *mákit* vor). In einigen Fällen werden wie bei uns die verschiedenen Geschlechter der vernünftigen Wesen durch besondere Wörter bezeichnet, z. B. *san* „Bruder", *k*a* „Schwester", *bába* „Vater", *índa* „Mutter". Die Anzahl der nicht naturgemäss, sondern nur grammatisch femininen Wörter, scheint mir im Verhältnis zu den grammatischen Maskulinen eine sehr geringe zu sein; Beispiele sind: *ín* „Sonne", *féna* „Lanze", *hūs* „Messer".

49. Das unbestimmte Femininum wird nur als Objekt, und auch dann nicht immer, durch das *t* bezeichnet. z. B. *áne mek rehan* „ich sah einen Esel", *áne mekt rehan* „ich sah eine Eselin", *áne hūst dájan* „ich habe ein Messer gemacht". Im Nominativ und zuweilen auch im Akkus. erkennt man das Geschlecht des unbestimmten Substantivs nur an anderen Wörtern des Satzes. Denn auch in den übrigen Wortklassen unterscheidet sich das Femin. vom Mask. meistens durch dasselbe *t*, z. B. *barāh* „er", *batāh* „sie"; *bēn* „jener", *bēt* „jene"; *áne gumad-u* „ich (Mann) bin gross", *áne gumad-tu* „ich (Frau) bin gross"; *āmja* „er schwamm", *āmta* „sie schwamm"; *ésa* „er setzte sich", *tésa* „sie setzte sich".

50. Wie später näher gezeigt werden wird, erscheint in gewissen bestimmten Fällen ein -*b* als Zeichen des Mask. im Gegensatz zu dem femininen -*t*, z. B. *ămēk aní-b-u* „der Esel ist mein", *tă-mēk aní-t-u* „die Eselin ist mein"; *ă-ōr rēbōbá-b-u* „der Knabe ist nackt", *tō-ōr rēbōbá-t-u* „das Mädchen ist nackt". In vielen Fällen wird das feminine *t* nicht an das Substantiv selbst, sondern an ein vorhergehendes Adjektiv oder an einen Genitiv angehängt, z. B. *bésa* m. f. „Katze", *áne besáb rehan* „ich sah einen Kater", *áne besát rehan* „ich sah eine Katze"; *áne win bésa* (oder *besáb win*) *rehan* „ich sah einen grossen Kater", *áne wint bésa* „ich sah eine grosse Katze"; *barák ósani bésa* (oder *ósani besáb*) *tédira* „du hast des Bruders Kater getötet", *barák ósanít bésa tédira* „du hast des Bruders Katze getötet" (vgl. §§ 70. 90).

51. Munzinger führt eine Form des bestimmten Artikels als Neutrum auf, nämlich *tu* „das", Pl. *te* „die", neben *u* m. „der", Pl. *é, je* „die" und *te* f. „die", Pl. *te* „die". Die wahre Bedeutung dieser Formen soll im Folgenden auseinandergesetzt werden (vgl §§ 54, 55).

II. Die Zahl.

52. Die Bischari-Sprache besitzt nur die zwei allgemeinen Zahlformen, Singular und Plural; von einem Dual habe ich in keiner Wortklasse die geringste Spur gefunden. Die Ausgänge der Substantive im Singular sind im Bedawie wie in anderen Sprachen sehr mannigfaltig, aber ihre Besprechung gehört eigentlich in die »Wortbildungslehre«, wo ich

das wenige, was ich über diese Sache weiss, zusammengestellt habe. Der Plural der Substantive wird folgendermassen gebildet:

a. Die allgemeine Pluralendung ist -a, das den meisten konsonantisch und diftongisch auslautenden Stämmen angehängt wird, z. B.

hás	f.	Messer	Pl. hása	búr	f.	Erde	Pl.	búra
gau	m.	Hans	» gáwa	dángar	m.	Pfad	»	dángara
ragid	m.	Fuss	» ragáda	nbáil[1]	m.	Palme	»	nbáila
sim[2]	m.	Name	» sima	hét[3]	m.	Wand	»	héta
gúb	m. f.	Maus	» gába	winhat	m.	Elle	»	winhala
ab	m. f.	Zicklein	» ába	kór	m.	Sattel	»	kóra
árgin	m. f.	Lamm	» árgina	g"ad	m.	Quelle	»	g"áda
mehin	m.	Platz	» mehina	krub	m. f.	Elefant	»	kárba
mílaw	f.	Axt	» mílawa	gói	m. f.	Kröte	»	gója

In mehrsilbigen Wörtern mit dem Accent auf der Penultima wird (nach § 22 a) ein kurzes *i* oder *e* in der letzten Silbe vor der Pluralendung ausgestossen, z. B.

dérim	f.	Herde	Pl. dírma	déreb[4]	m.	Weg	Pl.	dérba
kélb	m.	Fussknöchel	» kélba	hérid	m.	Schlachten	»	hérda

b. Die auf einen Vokal ausgehenden Stämme sind im Plural dem Singular gleich, z. B.

awe	m.	Stein	Pl. awe	nara	m.	Schwanz	Pl.	nara
gárma	m.	Kopf	» gárma	jo	m.	Stier	»	jo
féna	f.	Lanze	» féna	ra	m. f.	Antilope	»	ra
ráhe	m.	Last	» ráhe	dú	m.	Wurm	»	dú
k"íre	m. f.	Strauss	» k"íre	dérk"a	m. f.	Schildkröte	»	dérk"a
jar	f.	Färse	» jar	káhi	m.	Ei	»	káhi
láqa	m. f.	Kalb	» láqa	ámba	m.	Dreck	»	ámba
g"a	m.	Trank	» g"a	re	f.	Brunnen	»	re
de	m.	Wasserpfütze	» de	ria	f.	Mühlstein	»	ria

Drei- und mehrsilbige auf -i endigende Wörter nehmen im Plur. die Endung -a an, z. B. k"álani ,(eine Art) Axt', Pl. k"álanja; hálbati (arab.) ,Butterschlauch', Pl. hálbatja; semák"ani ,Schläfe', Pl. semák"anja.

---

[1] Arab. *naχl*, koll. ,Palmen'. [2] Arab. *'ism*, Pl. *'asáme*.
[3] Vulgärarab. *het* für *ḥáit*, Pl. *ḥetán*. [4] Arab. *derb*, Pl. *durúb*.

c. Eine ziemlich beträchtliche Anzahl konsonantisch auslautender Stämme weisen eine innere Pluralbildung auf, die in der Kürzung oder Umwandlung des letzten Vokales besteht. So wird hier
1) langes *ā* am häufigsten in *a* gekürzt, z. B.

tāt	f.	Laus	Pl.	tat	rāt	f.	Blatt	Pl. rat
daráy	m.	Wange	»	daráy	lëhák	f.	Gaumen	» lëhak
jās	m. f.	Hund	»	jas	ganáj	m. f.	Gazelle	» ganáj
kām	m. f.	Kamel	»	kam	fās[1]	m.	Axt	» fas
malāl	m.	Wüstenthal	»	malal	batáj	m. f.	Pferd	» batáj
entār	m.	Sieb	»	entar	kār	m.	Hügel	» kar
nāj (nāi)	m. f.	Ziege	»	naj (nai)	lëjām[2]	m.	Zügel	» lëjam
sām	m.	Gras	»	sam	hummār	m.	Gerüst	» hummar

Zuweilen wird das *ā* (oder auch *a*) zu *e* getrübt, z. B.

derār	m.	Abendessen	Pl.	derér	karáj	m. f.	Hyäne	Pl. keréj
seqáf	m.	Thürvorhang	»	seqéf	jáj (jāi)	m.	Seil	» jei (jei)

2) Langes *ū* in der Endsilbe zweisilbiger Wörter geht in kurzes *i* über. Einsilbige Stämme mit *ū* und *u*, wie auch zweisilbige mit kurzem *u* in der Endsilbe, nehmen die regelmässige Endung -*a* an, z. B.

genūf	m.	Nase	Pl.	genif	banūn	m.	Augenbraue	Pl. benin
ánbār	m.	Flügel	»	ánbir	genūn	m.	Kinnlade	» genin

Dagegen (nach a) *hūs*, *hūsa*; *būr*, *būra*; *krub*, *kruba*; *dëlub* m. ‚Grube‘, *dëluba*. Eine Ausnahme bildet das Wort *bāj* m. ‚Glied‘, Pl. *buj*.

3) Langes *ī* wird kurzes *i* oder *e*, z. B. *áng"īl* m. ‚Ohr‘, Pl. *áng"il* oder *áng"el*.

4) Neben der Verkürzung oder Umwandlung des Vokales im Plural zeigt sich in einigen Wörtern eine Zurückziehung des Accentes, z. B.

minsār[3]	m.	Säge	Pl.	mínsar	gaddūm[4]	m.	Axt	Pl. gáddim
këlēt	m.	Armband	»	këlel	halāl	m.	Haarnadel	» hálal
sërtūt[5]	m.	Fetzen	»	sërtat	g"inhīl	m.	Arm	» g"ínhil

5) Mehr vereinzelt stehen solche den vorher erwähnten jedoch ganz analoge innere Pluralbildungen, wie *mëk* m. f. ‚Esel‘, Pl. *mak*; *bok*

---

[1] Arab. *fas*, Pl. *fu'ūs*. [2] Arab. *lëjām*, Pl. *lëjum* und *áljima*.
[3] Arab. *minsār*, Pl. *manāsir*. [4] Arab. *gaddūm*, Pl. *gadadim*.
[5] Arab. *sertūt*, *sarmāt*, Pl. *saramit*.

m. „(Ziegen-) Bock", Pl. *bak*; *dōf* m. „Stück", Pl. *difa*. — Pluralformen aus anderen Stämmen haben die beiden Wörter *tak* „Mann", Pl. *áñda* „Leute", und *tikat* „Weib", Pl. *ma*.

53. Die Pluralbildung der arabischen Lehnwörter folgt im allgemeinen, wie schon aus den obigen Beispielen *hēt*, *fās*, *minšár* u. a. hervorgeht, der Analogie der einheimischen Wörter, doch kommen hier häufig Doppelformen vor, z. B. *kúrsa*[1] m. „Stuhl", Pl. *kúrsa* (nach § 52 **a**), *kúrsi* oder *kúrsia* (nach **b**). Diejenigen arabischen Wörter, welche ein s. g. Nomen unitatis auf ة‎ *-atun*, neuarab. *-a*, bilden, kommen auch im Bedawie in denselben Formen vor, und die Grundform wird dann natürlich, wie schon im Vulgärarab., als eine einfache Pluralform des Nom. unit. auf *-a* angesehen und gebraucht. Die Singularform auf *-a*, die im Arab. immer femin. ist, wird im Bedawie, infolge einer, wie mir scheint, allmählich fortschreitenden Überhandnahme des maskulinen Geschlechts auf dem Gebiete der leblosen Dinge, bald als Femin., bald als Mask. gebraucht, z. B. *tūba*[2] f. (oder m.) „Ziegelstein", Pl. *tūb*. *maltúta*[3] „(eine Art) Brod", Pl. *maltút*. Zuweilen wird auch von einem arab. gebrochenen Plural ein solcher Singular auf *-a* gebildet, z. B. *ruġfána* „(eine Art grösseres) Brod", Pl. *ruġfán*, vom arab. *raγíf* (رغيف), Pl. *ruġfán* (رغفان). Das Wort *ruġfána* habe ich zwar nur von Bischari gehört, wahrscheinlich besteht es jedoch schon im Sudanarab. als eine, vielleicht der Kindersprache angehörende Nebenform des jedenfalls auch im Sudan weit häufigeren *raγíf*. Eine andere Nachbildung des Arabischen ist es, wenn im Bedawie die femin. Form des Artikels benutzt wird, um ein Nomen unitatis zu bilden, z. B. arab. *resás* m. „Blei", *erresása* f. „das Bleistück", bed. *resás* m. „Blei", *túresás* f. „das Bleistück". In derselben Weise können auch die übrigen einheimischen Stoffnamen Nomina unit. bilden, z. B. *demárara* m. „Gold" (ar. ذهب), *túdmárara* f. „das Goldstück" (ar. ذهبة).

III. Die Kasus.

1. Der Nominativ, der Objektiv und der Vokativ.

54. Der Nominativ, der immer ohne besondere Endung den nackten Wortstamm erscheinen lässt, wird entweder durch die Stellung des Wortes im Satze oder durch die vorn hinzutretenden Formen des bestimmten Artikels bezeichnet. Auch der Akkusativ[4] entbehrt häufig

---

[1] Arab. *kúrsi* (eig. *kúrsijj*), Pl. *kerási*.

[2] Arab. *tūb*, koll. „Ziegel", Nom. unit. *tūba* „ein Ziegelstein".

[3] Arab. *maltút*, Part. Pass. von *latta* „mischen". Das Nähere s. im Wörterbuch.

[4] Weil diese Form häufig auch dem indoeuropäischen Dativ entspricht, nenne ich sie öfters »Objektivform« oder einfach »Objektiv«.

einer besonderen Endung, und wird dann gleichfalls durch die Stellung des Wortes nach dem Subjekt und vor dem Verb oder durch den präfigirten Artikel, aber in gewissen unten näher bestimmten Fällen durch Anhängung des ursprünglichen Genuszeichens, m. -b, f. -t, als solcher erkannt. Es scheint daher zweckmässig, hier zuerst die Formen des bestimmten Artikels aufzuführen. Es sind dies folgende:

	Sing.		Plur.	
	Mask.	Femin.	Mask.	Femin.
Nom.	ū, der	tū, die	ā, die	tā, die
Obj.	ō, den	tō, die	ē, die	tē, die

Diese Formen werden, wie gesagt, immer dem Nomen präfigirt und erhalten den Wortaccent. Beispiele: *mēk éa* „ein Esel kam", *mēk éta* „eine Eselin kam", *tak mēk réhja* „ein Mann sah einen Esel", *tak mēkt réhja* „ein Mann sah eine Eselin"; *ûmēk éa* „der Esel kam", *tûmēk éta* „die Eselin kam", *áne ômēk réhan* „ich sah den Esel", *áne tômēk réhan* „ich sah die Eselin"; *átak tátakat réhja* „der Mann sah die Frau", *tátakat ôtek réhta* „die Frau sah den Mann"; *ônda* [für *ā-enda*] *êmak támján* „die Leute haben die Esel gegessen", *ômak ênda* [für *ô-enda*] *támján* „die Esel haben die Leute gefressen"; *tûmēk têma téjnik* „die Eselin hat die Frauen gebissen", *têma têmak réhjān* „die Frauen haben die Eselinnen gesehen".

55. Obgleich also im Sing. des Artikels der Vokal *ū* den Nomin. und *ō* den Obj. bezeichnet, wie im Plur. *ā* den Nomin. und *ē* den Obj. scheint es doch, als ob die fortgehende Sprachentwicklung dahin ziele, die Nominativformen auf *ū* und *ā* durch die Objektivformen auf *ō* und *ē* zu verdrängen, so dass es nur eine für Nomin. und Obj. gemeinsame Kasusform geben würde, ein Vorgang, der durch die Entwicklung der italienischen Sprache aus der lateinischen genügend bekannt ist. Mehrere Wörter wurden fast immer mit den Artikelformen *ō* und *ē* verbunden in Wendungen, wo sie ebenso häufig Subjekt als Objekt waren. Es ist jedoch wohl zu merken, dass, wenn man dieselben Wörter in der Subjektstellung mit den Formen *ū* und *ā* (statt *ō* und *ē*) verbunden gebrauchet, sie ebenso gut verstanden, ja sogar von einigen als richtiger anerkannt werden. Bei den meisten Wörtern wird auch noch der syntaktische Unterschied zwischen *ū* und *ō*, *ā* und *ē*, genau eingehalten. — Obwohl der Artikel nach obigem Schema keine besondere neutrale Form besitzt, so wäre es jedoch denkbar, dass ein anderer Forscher aus der folgenden sprachlichen Erscheinung die Existenz einer neutralen Artikelform folgern würde. Die Form *te-*, die in der Regel und in Hunderten von Beispielen die feminine Pluralform des Objektivs ist, kam jedoch mit ziemlich vielen Wörtern verbunden vor, die ich der Form und Bedeutung nach durchaus als Singulare betrachten muss. Es geschah dies namentlich bei abstrakten Verbalnomina, wo wir, von der Gesichtspunkte der germanischen Spra-

chen aus betrachtet, am ehesten ein Neutrum erwartet hätten, z. B. *tenáje* ‚das Melken‘ (vom Stamme *nai* ‚melken‘), *tedúg"ei* ‚das Rechnen‘ (*dég"i* ‚rechnen‘), *tehánsō* ‚das Träumen‘ (*hiuusō* ‚träumen‘), *teámšūk* ‚das Atmen‘ (*ámšūk* ‚atmen‘), *teáme* ‚das Schwellen* (*ám* ‚schwellen‘), *teháidg"i* ‚das Kämmen‘ (*háidg"i* ‚kämmen‘), *teduyéna* ‚der Herd‘. Zwar fand ich weitaus die meisten von dieser in meinen Sammlungen so zahlreich vertretenen Wortklasse mit *ō-* oder *tō-* verbunden — die Wörter wurden mir natürlich immer in der Objektivform angegeben — aber es sind der *te-*Wörter, wie man sie vorläufig nennen könnte, doch gar zu viel, als dass ich sie hätte unerwähnt lassen dürfen. Entweder könnte man nun diese Wörter als feminine Pluralia tantum, oder, was mir mehr annehmbar erscheint, die Form *te-* hier als eine Schwächung von *tō-* auffassen; nur ihretwegen die Sprache um das Genus neutrum zu bereichern, halte ich nicht für angemessen, zumal da dieses Genus dem ganzen hamitischen Sprachstamme völlig fremd zu sein scheint.

56. Einen unbestimmten Artikel giebt es im Bedawie noch nicht, das Zahlwort *éngāl, gāl*, m. ‚ein‘, *éngāt, gāt*, f. ‚eine‘, wird aber hier wie in so vielen anderen Sprachen oft gebraucht, ohne dass ein besonderer Nachdruck auf den Einheitsbegriff gelegt wird. In dieser Hinsicht steht das Bedawie genau auf derselben Stufe wie das Vulgärarabische, wo das Zahlwort *wáhid* (statt *wáhid*) sehr häufig im Gespräch wie unser unbestimmter Artikel angewendet wird, wiewohl dieser Sprachgebrauch weder ganz allgemein noch in die Literatur eingedrungen ist.

57. Wenn das Substantiv unbestimmt ist, hat der Nominativ, wie schon oben gezeigt, nie eine besondere Endung, z. B. *win mēk ófrej-u* ‚ein grosser Esel ist schlecht‘, *wint mēk ófrei-tu* ‚eine grosse Eselin ist schlecht‘, *wáwin mak nāt kadájan* ‚grosse Esel taugen nicht‘, *wáwint mak nāt kadájan* ‚grosse Eselinnen taugen nicht‘.

58. Der Objektiv wird bei unbestimmter Stellung des Substantivs nur bei konsonantisch auslautenden Maskulinen unbezeichnet gelassen. Die auf einen Vokal endigenden Maskulina, und somit alle maskulinen Plurale auf *-a*, erhalten im Akk., sobald sie allein oder mit nachfolgendem Adjektiv stehen, das Genuszeichen *-b*, vor welchem der vorangehende Vokal gedehnt wird, z. B. *áne mēk állib ha*[1] ‚ich kaufte einen Esel, *áne rē-b réhan* ‚ich sah einen Brunnen‘, *áne jō-b win réhan* ‚ich sah einen grossen Stier‘, *áne ábā-b wáwin réhan* ‚ich sah grosse Zicklein‘. Geht dagegen das Adjektiv dem Substantiv voraus, so fällt die Endung *-b* weg, z. B. *áne win bēre réhan*, oder *áne berēb win réhan* ‚ich sah einen grossen Regen‘. Wenn ein Genitiv vor das regierende Hauptwort tritt, fällt die Endung *-b* weg, oder sie verbleibt auch, z. B. *áne ōmēki níwa* (oder *níwab*) *wikat* ‚ich schneide des Esels Schwanz ab‘.

---

[1] Synkopirt von *aha* (s. § 23).

59. Alle unbestimmten Feminina erhalten im Obj., wenn sie allein oder mit nachfolgendem Adjektiv stehen, das Genuszeichen *-t*. Geht aber das Adjektiv voran, so fällt die Endung *-t* beim Substantiv weg, und wenn ein Genitiv vorangeht, kann zwar die Endung zuweilen wie bei den Maskulinen abfallen, bleibt aber meistens stehen, z. B. *áne jást re͗han* ‚ich sah eine Hündin‘, *áne jást wint re͗han* ‚ich sah eine grosse Hündin‘; *áne hŭst ádlib ha* ‚ich kaufte ein Messer‘, *áne wint hŭs ádlib ha* ‚ich kaufte ein grosses Messer‘; *áne jas re͗han* ‚ich sah Hunde‘, *áne jast re͗han* ‚ich sah Hündinnen‘, *áne dái-t jas re͗han* ‚ich sah schöne Hündinnen‘; *barŭh hŭsát edálib ha* ‚er hat Messer gekauft‘, *barŭh dáit hása edálib ha* ‚er hat gute Messer gekauft‘; *barŭh ŏme͗kít mítát* (oder *mita*) *bá-ítam* ‚er isst des Esels Knochen‘.

60. Man darf wohl annehmen, dass ursprünglich jedes Mask. im Objektiv die Endung *-b* und jedes Femin. die Endung *-t* hatte. Im Mask. ist dann die Endung früher wacklig geworden und schliesslich bei konsonantischem Auslaut ganz abgefallen, wie sie denn auch bei vokalischem Auslaut, wegen der oben (§ 38) erwähnten Schwäche des schliessenden *-b*, im Aussterben begriffen zu sein scheint. Fester ist hier das femin. *-t* gewesen, zeigt sich aber ebenfalls in vielen Fällen locker, namentlich da, wo schon ein anderes femin. *t* das Geschlecht bezeichnet.

61. Möglicherweise könnte man das schliessende *-b* der Maskulina für eine wahre Objektendung halten, allein die Analogie mit dem unzweifelhaft femininen *-t*, sowie auch das in den oben (§ 50) angeführten Beispielen als sicher nachgewiesene maskuline Kennzeichen *-b*, machen es viel wahrscheinlicher, dass die Endungen *-b* und *-t* an den Nomina überall ursprünglich Genuszeichen sind, welche die Sprache in gewissen bestimmten Fällen als Kasuszeichen benutzt. Es scheint dieses eine Art von Bestätigung auch dadurch zu erhalten, dass die Sprache jene Geschlechtszeichen nicht im Nomin. verwendet, weil hier das Geschlecht des Subjekts im allgemeinen am Prädikate bezeichnet wird, z. B. *me͗k dáibu* ‚ein Esel ist gut‘, *me͗k dáitu* ‚eine Eselin ist gut‘. Bei der allein stehenden Objektivform ist dies nicht der Fall, und es kommt deshalb hier das femin. *-t* immer und das mask. *-b* öfters zum Vorschein. Geht das unbestimmte Adjektiv, was am häufigsten geschieht, dem Substantiv voran, so übernimmt jenes sowohl in der Subjekt- als in der Objektform die Rolle des Geschlechtsträgers, indem das Mask. durch den reinen Wortstamm, das Femin. durch das schliessende *-t* bezeichnet wird.

62. Einige Substantive — jedenfalls sehr wenige — scheinen auch in unbestimmter Stellung verschiedene Endungen für Nomin. und Akk. Sing. annehmen zu können, nämlich Nom. *-u*, Akk. *-o*, z. B. *tímbu éhé* ‚ein Loch ist vorhanden‘, *áne tímbo sána'an* ‚ich machte ein Loch‘, *fáifig tímba tŏ-wáraktíb éhén* ‚es sind vier Löcher in dem Papier‘, *áne tímbáb sána'an* ‚ich machte Löcher‘. Dagegen in der bestimmten Form: *átumb* (oder *átumba*) *win-u* ‚das Loch ist gross‘, *áne tŏtumb* (*átumba*) *sána'an* ‚ich machte das Loch (die Löcher)‘. Ebenso *hámu* f. ‚ein Haar‘, Akk. *hámót*, Pl. *háma*; bestimmte Form: Nom. Sing. *táham*, Akk. *tŏham*; Plur. Nomin. *táham*

Akk. *téham*, z. B. *áne hámōt áha* ‚ich nahm ein Haar‘, *gāt hámu kamchátta-hēk* ‚ein Haar genügt dir nicht‘, *batóh téham tésg°a* ‚sie hat die Haare abgeschnitten‘. Aber ich habe auch das Beispiel: *tehamótu dáita* ‚das Haar ist hübsch‘, wo wir die Objektivform mit angehängtem *-u* als Nominativ antreffen.

63. Zur weiteren Beleuchtung des in den vorangehenden §§ dargelegten, lasse ich einige Beispiele von Nomina als Subjekt und Objekt folgen, genau so wie sie mir vorgesprochen worden sind, und mache dabei auf den Wechsel des *ū* und *ŏ*, *ā* und *ĕ*, im Nomin. und auf die Beibehaltung des charakteristischen Vokales im Akkus. aufmerksam: *ámhin mira'n* ‚der Platz ist weit‘, *áne ádah mehína réhan* ‚ich sah grosse Plätze‘, *baráh émhina ádah ríhja* ‚er sah die grossen Plätze‘, *émhina sŭr wáwin-a* ‚die Plätze waren gross‘; *sŏr sŭr win-u* ‚der Knabe war gross‘, *ar sŭr wáwin-a* ‚die Knaben waren gross‘; *ékursi nábaw-u* ‚der Stuhl ist niedrig‘, *ákursi ánahan áljá-h-u* ‚der niedrige Stuhl ist teuer‘, *áne ékursi ónabau ádlib ha* ‚ich habe den niedrigen Stuhl gekauft‘, *baráh birga kúrsi ídlib ha* ‚er kaufte einen hohen Stuhl‘, *baráh ókursi ébirgáb ádlib-ha* ‚er kaufte den hohen Stuhl‘, *ákúrsia nábaw-a* od. *ékursa nábaw-a* ‚die Stühle sind niedrig‘, *ékursa birgá-b-a* ‚die Stühle sind hoch‘, *áne birga kúrsa adálib-ha* ‚ich kaufte hohe Stühle‘, *áne ékursa ébirgáb adálib-ha* ‚ich kaufte die hohen Stühle‘.

64. Die maskulinen Nomina propria in der Subjekt- und der Objekt-Stellung werden ganz wie die mask. Appellative behandelt, indem der Objektiv dem Nomin. gleich bleibt, ausgenommen wenn der Nom. auf einen Vokal endigt. In diesem Falle erhält nämlich der Obj., wenn das Substantiv allein steht, oder ein Adjektiv nachfolgt, die Endung *-b*, bleibt aber unverändert, wenn ein Adjektiv vorangeht, z. B. *Hámad win-u* ‚Muhammed ist gross‘, *Hámad árin áfrej-u* ‚der grosse Muh. ist schlecht‘, *baráh Hámad réhta* ‚du hast Muh. gesehen‘; *Ali win-u* ‚Ali ist gross‘, *áne Alíb, Fojéb, réhan* ‚ich sah Ali und Fodje‘, *baráh Alíb win* (oder *win Ali*) *réhta* ‚du sahest einen grossen Ali‘.

65. Auch in der bestimmten Form mit nachfolgendem Adjektiv behalten die vokalisch auslautenden Nom. pr. die mask. Objektivendung *-b* bei, weil das Nom. pr. keinen Artikel annehmen darf. Bei den vokalisch endigenden Appellativen fällt dagegen jene Endung weg, weil hier der Artikel *ō-* zugleich den Kasus bezeichnet. z. B. *áne Alíb árin réhan* ‚ich sah den grossen Ali‘, aber: *áne ŏbere árin réhan* ‚ich sah den grossen Regen‘.

66. Die femininen Nomina propria, welche alle auf *-a* oder *-t* zu endigen scheinen, folgen im Nom. und Obj. ganz der Analogie der mask. Nom. propr., nicht, wie man hätte erwarten sollen, der der femin. Appellative, d. h. die femin. Nom. propr. nehmen im Obj. die Endung *-b* in denselben Fällen an, wie die mask., z. B. *Hadalt dái-tu* ‚Hadalt

ist schön', *áne Hádalt tôdáit* (oder *tôdáit Hádalt*) *ri'han* ‚ich sah die schöne Hadalt'; *Fátna win-tu* ‚Fatna ist gross'. *Fátna tâwint dáitu* ‚die grosse Fatna ist schön'. *áne jénnâb ri'han* ‚ich sah Djenna', *áne jénnâb tôdáit salámun* ‚ich küsste die schöne Djenna', *barâk wint Fátna ri'hta* ‚du hast eine grosse Fatna gesehen'.

67. Als die gebräuchlichsten Männer- und Frauennamen, von welchen die meisten arabischen Ursprungs sind, wurden mir folgende angegeben: *Húmad* (= *Muḥammad*), *Hámad* (= *Aḥmed*), *Ali*, *Meni*, *Foje*, *Nasir*, *Suwékit*, *Mádali*; — *Fátna* (= *Fátima*), *Djenna*, *Esa* (= '*Aïsa*), *Madina*, *Amna*, *Hádalt*, *Ilisamát*, *Halíma*.

68. Um den Begriff des **Vokativs** auszudrücken, scheinen mehrere Endungen, *-i*, *-ê*, *-aj*, *-ej*, im Gebrauch zu sein, welche doch wohl alle nichts anderes sind, als nachgehängte Ausrufspartikeln. Ich bemerke nur, dass die Vokativformen der Nomina appell., ganz wie im Ägyptischen, immer mit dem Artikel und zwar mit dem Nominativ versehen sind; die wenigen von mir aufgezeichneten Beispiele lasse ich hier folgen: *Húmad-éj* ‚Muhammed!', *Ali-áj* ‚Ali!', *nôr-ej* ‚o Knabe!', *tôôr-ej* ‚Mädchen!', *ánda-ì ôtam hâmân* ‚Leute, bringet das Essen her!', *táma-ê éjôm hâmân* ‚Weiber, bringet das Wasser her!', *nôri*, *sá'a* ‚setze dich, o Knabe', *tôôri*, *sá'i* ‚setze dich, o Mädchen'.

2. Der Genitiv.

69. Die Endung des seinem Nomen regens immer vorangehenden Genitivs ist im Sing. *-i*, im Plur. *-a*, oder, wenn das Wort am Ende irgend ein Affix erhält, *ê*,[1] und bei den Femin. kommt vor diesen Endungen das Genuszeichen *t* immer zum Vorschein. Allein in dieser Form, mask. *-i*, *-a*, fem. *-ti*, *-ta*, erscheint der Genitiv nur dann, wenn das nachfolgende Hauptwort ein Mask. ist. Bei einem femin. Hauptwort tritt das femin. *t* zu der vorangehenden Genitivendung hinüber, also im Sing. *-it*, f. *-tit*, im Plur., wo, wie gesagt, vor jedem Zusatz (Suffix, Postposition u. dgl.) das *a* in *ê* übergeht, mask. *-êt*, fem. *-têt*. Das Schema der unbestimmten Genitivendungen wird also folgendes sein:

	a) bei mask. Hauptwort		b) bei femin. Hauptwort	
	Sing.	Plur.	Sing.	Plur.
Mask.	*-i*	*-a*	*-it*	*-êt*
Fem.	*-ti*	*-ta*	*-tit*	*-têt*

[1] Vielleicht war die plurale Genitivendung ursprünglich *e*, oder *ë*, welches sich nur im Inlaut hat erhalten können, während es als Auslaut zu *ê*, *ä*, verkürzt worden ist.

70. Soll der Genitiv bestimmt werden, so tritt der Artikel immer in der Objektivform (ŏ-, tŏ-, ē-, tē-) vor den Genitiv, wodurch wir folgendes Schema der bestimmten Genitivformen erhalten:

	a) bei mask. Hauptwort		b) bei femin. Hauptwort	
	Sing.	Plur.	Sing.	Plur.
Mask.	ŏ—i	ē— a	ŏ -ït	ē—ït
Fem.	tŏ ti	tē—ta	tŏ tit	tē tït

Beispiele: áne ŏmēki nírwa wikat ‚ich schneide des Esels Schwanz ab‘, áne ŏmaka nírwa wikat ‚ich schneide der Esel Schwänze ab‘; ógari hēt d'hja ‚des Hauses Wand fiel‘, ógari hēta d'hjān ‚des Hauses Wände fielen‘; áne ŏjási genúf tāman ‚ich ass des Hundes Schnauze‘, barúk ŏjasa genúf tímta ‚du assest der Hunde Schnauzen‘; barúk tŏbesáti midab ŏwik ‚er schnitt der Katze Zunge ab‘, barúk tŏbesáta midab ŏwik ‚er schnitt der Katzen Zungen ab‘; áne tŏŏrtī ája tāmat ‚ich esse des Mädchens Hand‘, áne tŏarta ája tāmat ‚ich esse der Mädchen Hände‘; barúk tŏŏrtīt mítāt ŏwik ‚er schnitt den Knochen des Mädchens ab‘, barúk tŏŏrtēt mitat ŏwik ‚er schnitt die Knochen der Mädchen ab‘, ógari sādif birgá-b-u ‚des Hauses Dach ist hoch‘.

71. In mehrsilbigen Wörtern fällt ein schliessendes -a, -e und -i vor der Endung des Gen. Sing. Mask. -i ab, z. B. ája m. ‚Hand‘, Gen. áji; bésa m. f. ‚Katze‘, Gen. Mask. bési (Fem. besáti); áwe m. ‚Stein‘, Gen. áwi; kúhi m. ‚Ei‘, Gen. kúhi. Von den seltenen mehrsilbigen Maskulinen auf -o, wie z. B. hérbo ‚Bucht‘, habe ich leider nicht die sing. Genitivform aufgezeichnet, wahrscheinlich folgt sie jedoch der Analogie der vorhergenannten, und würde demnach hérbi lauten. Ein schliessendes -u kommt in mehrsilbigen Mask., so viel ich weiss, nur nach einem Vokal vor, und geht dann in w über, z. B. gau ‚Haus‘, Gen. gáwi, tiu (od. tīw) ‚Essen‘, Gen. tīwi. Dagegen bin ich sehr unsicher, wie es sich in diesem Punkte mit den einsilbigen vokalisch endigenden Mask. verhält. Ich besitze nämlich nur das einzige Beispiel gʷa ‚Trank‘, Gen. gʷi, und dieses ist ja ursprünglich zweisilbig: gua. Dass Wörter wie ha ‚geistiges Getränk‘, de ‚Pfütze‘, jō ‚Stier‘, bu ‚Mehl‘, ihren Vokal vor der Endung -i elidiren, ist schwer anzunehmen, am wenigsten bei langen Vokalen wie ō in jō. Bei kurzen Vokalen könnte möglicherweise ein trennendes ʼ dazwischentreten, wenn es nicht etwa schon der wirkliche Stammauslaut ist, also ha, Gen. haʼi, wie sa (oder saʼ) ‚Kuh‘, Plur. saʼa. Dürfte ich mich auf mein noch ungeübtes Ohr verlassen, so würde ich fol-

gende Formen als die wahrscheinlichsten angeben: *hi'i (hi?)*, *de'i*, *jái* oder *jáji*, *búwi* oder *bwi (bú'i?)*. Jedenfalls ist die Zahl der somit in dieser Hinsicht zweifelhaften Wörter eine verhältnismässig sehr geringe, denn erstens ist bei den Substantiven der konsonantische Auslaut weitaus häufiger als der vokalische, zweitens, unter den auf einen Vokal endigenden, sind die zweisilbigen, namentlich die auf -*e*, viel zahlreicher als die einsilbigen, und drittens sind von den letzteren die meisten Feminina deren Endung immer -*tī* (-*tīt*) lautet.

72. Die im Plural auf -*a* endigenden Wörter, sei dieses Stammauslaut oder Pluralendung, schalten vor die mask. Genitivendungen -*a* und -*ēt* ein eufonisches *j* ein. Vor -*ēt* kann doch auch Elision des -*a* stattfinden. Bei einem anderen vokalischen Auslaut als -*a* tritt wohl auch dasselbe eufonische *j* ein, obwohl ich dies nicht für alle Fälle mit Beispielen zu belegen vermag, z. B. *ája* „Hände", Gen. *ajá-j-a* vor einem mask., *áj-ēt* vor einem femin. Hauptwort; *bĭsa* m. f. „Katzen", Gen. Mask. *besája* und *besájēt* (Gen. Fem. *besáta* und *besátēt*); *ra* m. f. „Antilopen", Gen. Mask. *rá-j-a* (Fem. *rátu*); *jō* m. „Stiere", Gen. *jō-j-a*; *ánu óajēt tĭbaláj T.-wĭkat* „ich schneide den Finger der Hand ab", *barúh óajēt tĭbalĕj ĕwĭk* „er schnitt die Finger der Hände ab", *ĕgará-j-a héta d̯ĕbján* „der Häuser Wände fielen", *ĕhēta-j-a tūb ájraj-u* „der Wände Ziegel ist schlecht".

73. Aus den obigen Beispielen erhellt, dass in der bestimmten Form nur der voranstehende Genitiv, nicht aber das Hauptwort den Artikel erhält, ganz wie im Deutschen, wenn der Genitiv vorangestellt wird. Ist der Genitiv ein Nom. propr., so tritt der Artikel, den das Nom. propr. nicht annehmen kann, zu dem Hauptwort. Übrigens nehmen alle Nom. propr. sowohl mask. als femin., nur die Genitivendung -*i* bei folg. Femin. -*ī̆t* an, aber kein -*ti*, -*tīt*, ebensowenig wie die pluralen Endungen -*a*, -*ta* etc., weil die Nom. propr. überhaupt im Plur. nicht gebraucht werden. Vor der Endung -*i* wird nur ein schliessendes -*i*, nicht aber -*a* oder -*e* elidirt, z. B. *Húmadi áyau win-u* „Muhammeds Hans ist gross", *Fṓjei áyau dábaló-b-u* „Fodje's Haus ist klein", *Ali ákam dái-b-u* „Ali's Kamel ist gut", *Fátnai ájaf dái-b-u* „Fatna's Mund ist schön".

74. Aus den folgenden Beispielen: *Húmadi ómak wáwin-a* „die Esel Muhammeds sind gross", *ánu Húmadib ómak adálib ha* „ich kaufte die Esel Muhammeds", *ánu Alib áyau adlib ha* „ich kaufte das Haus Ali's", verglichen mit: *ánu Fṓjei áyau ádlib ha* „ich kaufte das Haus Fodje's", *ánu Fátnai ájaf saláman* „ich küsste Fatnas Mund", würde man berechtigt sein zu folgern, dass, wenn das Hauptwort im Objektiv steht, die nicht auf -*a* oder -*e* ausgehenden Nom. propr. im Genitiv die Endung -*īb* statt -*i*

annehmen. Wenn auch Beispiele wie das zweite und dritte mir immer genau so wie das vierte übersetzt wurden, so glaube ich doch, dass Formen wie *Hámadīb*, *Alīb*, *Nasīrīb*, *Suuektīb* eher für Ablative angesehen werden müssen (vgl. § 77), und dass also jene Beispiele richtiger: ‚ich kaufte das Haus von Muhammed, von Ali‘, zu übersetzen wären. Indessen ist die Sache nicht ganz unzweifelhaft, da das Wenige, was MUNZINGER von einem Genitiv im Bedauwie zu sagen hat, die obige aus den aufgeführten Beispielen gefolgerte Regel zu bestätigen scheint. Unter der Rubrik von »Postpositionen« finden sich bei ihm folgende Zeilen: »1) *eb*, *ib* von (oft für unsern Genitiv), in, seit; z. B. *Keren-eb endoa*, die Leute von Keren; *Mohammed-ib gau* Mohammed's Haus«. Man beachte, dass die beiden Beispiele, wo *-eb* wohl blos dialektisch von *-ib* verschieden ist, in Übereinstimmung mit der genannten Regel nur Nom. propr. betreffen. Dass MUNZINGER hier die Formen mit *-ib* und nicht die mit *-i* aufgezeichnet hat, würde somit darauf beruhen, dass ihm jene Beispiele, wie immer bei den Nomina, im Obj. genannt worden sind, ohne dass er des bestimmten Unterschiedes gewahr geworden ist, den die Sprache zwischen Nomin. und Obj. macht (vgl. Einleit. S. 28).

3. Der Ablativ.

75. Die Endung des Ablativs ist im Singular *-i*, fem. *-ti*, und somit dem Genitiv gleichlautend, im Plural aber *-ē*, fem. *-tē*. Der Ablativ, vor welchem wie vor allen obliquen Kasus der Artikel immer in der Objektivform erscheint, drückt sowohl die Bewegung von, als das Verweilen an einem Orte aus, z. B. *áne tăki áha* ‚ich habe [es] von einem Manne genommen‘, *barāk ŏtaki t'haja* ‚du nahmst [es] von dem Manne‘. *áne tŏkati (tōtúkati) áha* ‚ich nahm [es] von einer Frau (von der Frau)‘, *nā tǔki barāk t'haja* ‚von welchem Manne hast du [es] genommen?‘. *wāt ŏtaki t'haja* ‚was nahmst du vom Manne?‘; *barāh ŏmŏki d'bju* ‚er fiel vom Esel herab‘, *áne mŭtē (tĕmŭtē) áha* ‚ich nahm [es] von (den) Weibern‘. *barāh ĕmakē ĕnīwa* [oder *ĕnīwa ĕmakē*] *áha* ‚er hat von den Eseln die Schwänze genommen‘; *tŏkati dufāb wika* ‚schneide (einige) Stückchen vom Fleische ab‘; *barāh bābia ŏgari gigja* ‚er ging von dem Hause meines Vaters‘, *barāh bābjōk ŏgari čhe* ‚er ist in dem Hause deines Vaters‘.

76. Die Gleichlautigkeit der Genitiv- und Ablativ-Endungen im Sing. kann bisweilen zu einer leichten Zweideutigkeit Veranlassung geben, z. B. *áne ŏtaki gau ĭdlib ha*, kann sowohl bedeuten: ‚ich kaufte das Haus des Mannes‘, als: ‚ich kaufte von dem Manne ein Haus‘. Die arabischen Sätze: *ána istarēt bēt er-rájul* und *ána istarēt bēt min er-rájul* übersetzte mein junger Lehrer Ali immer auf dieselbe soeben genannte Weise, obgleich er die Verschiedenheit des Sinnes vollkommen erkannte. Aber: *ána istarēt el-bēt min er-rájul* ‚ich kaufte das Haus von dem Manne‘ wurde immer mit: *áne ŏtaki ŏgau ĭdlib ha* wiedergegeben.

77. Zwischen den Genitiv- und Ablativendungen besteht sodann der wichtige Unterschied, dass die Ablative nicht wie die Genitive zu dem folgenden Substantiv in eine so nahe Beziehung treten, dass sie von demselben das femin. *t* an sich ziehen können. Es sind also die Endungen *-ît, -îtî, -ît, -îtî* immer Genitive (vgl. jedoch § 358). Übrigens hat dieses wohl seinen natürlichen Grund darin, dass die Ablativendung, allen Spuren nach, ursprünglich *-ib*, Plur. *-ib*, gelautet hat, wowon später das *-b* abgeschliffen worden ist. So glaubte ich in Beispielen wie: *tá-ša gamášîb dása* ‚lege das Fleisch in Tuch‘, *áne rétîb g"an* ‚ich trank aus dem Brunnen‘, *áne éngál ágarîb réhan* ‚ich sah jemand im Hause‘, ein zwar schwaches aber doch ganz deutliches *-b* zu hören (vgl. § 38). Jene Endung würde also mit der von MUNZINGER genannten »Postposition« *eb, ib* ‚von‘, ‚in‘ identisch sein, und käme mithin in dieselbe Kategorie wie der Dativ und die übrigen Kasusverhältnisse, welche, wie weiter unten gezeigt wird, durch Postpositionen ausgedrückt werden. Weil aber alle Postpositionen den Genitiv regieren, müsste dann bei dem s. g. Ablativ ein Wegfall der Genitivendung *-i*, Plur. *i* (vgl. § 69) vor der damit anlautenden (resp. später gleichlautenden) Postposition angenommen werden, in Analogie mit dem Wegfall der auslautenden Stammvokale vor der Genitivendung selbst. Noch wahrscheinlicher ist es jedoch, dass auch die Genitivendungen mit jener Postposition *-ib, -îb* ursprünglich identisch sind, und vielleicht werde ich in dem vergleichenden Teil Gelegenheit finden, auf diese Frage zurückzukommen.

78. Vor den mask. Ablativendungen verhalten sich die Endvokale des Stammes ganz so wie vor den mask. Genitivendungen. Im Singular fällt gewöhnlich der Endvokal ab, im Plural wird ein *j* eingeschoben, z. B. *kam* ‚Kamele‘, Abl. *káme* (Gen. *káma*), *sána* ‚Brüder‘ Abl. *saná-j-e* (Gen. *saná-j-a*). Das eufonische *j* wird doch oft ausgelassen und ein deutlicher Hiat gehört, z. B. *ánda' géfäe eydáhna* ‚die Leute stiegen von [den] Ufern herab (hinab)‘.[1]

79. Der Ablativ wird auch als instrumentaler Kasus angewendet, z. B. *éaji asá-dia* ‚hebe es mit der Hand auf‘, *tökoléjti tá'a* ‚schlage mit dem Stock‘, *fási déra* ‚tote [ihn] mit der Axt!‘

---

[1] Das Wort *áda* ‚Leute‘, welches als Plural von *tak* ‚Mann‘ gebraucht wird, ist ein Kollektiv im Singular und lautet deswegen im Gen. und Abl. *ádi*, nimmt aber doch, der Bedeutung gemäss, die pluralen Artikelformen an, also Nom. *ánda* (statt *á-enda*), Obj. *áda*, Gen. und Abl. *ádi*.

4. Der Dativ.

80. Unser direkter Dativ nach Verben wie ‚geben‘ ‚sagen‘ ‚schreiben‘ und dgl. wird im Bedawie meistens vom Akkus. nicht unterschieden, sondern beide Begriffe gehen hier, wie auch im Nubischen, in den allgemeinen Objektivbegriff auf. z. B. *áne tóōr sád* [für *sát* s. § 33] *áhe* ‚ich gab dem Mädchen Fleisch‘ *áne tóōr mé'i 'áne* ‚ich sagte dem Mädchen: komm!‘ *burák ásana kak téna* ‚was hast du meinem Bruder gesagt?‘ *áne ásanók nát diáb káka* ‚ich habe deinem Bruder nichts‘ gesagt‘.

81. Wenn aber der Dativ mit besonderem Nachdrucke steht, und dem latein. dat. commodi, dem arab. *min šān*, *'ála šān*, dem deutschen ‚für‘ ‚um . . . willen‘ entspricht, so wird der Dativbegriff durch eine besondere Postposition -*da* ausgedrückt, vor welcher das Substantiv im Genitiv erscheint. Weil die Anschliessung der Postposition an das Substantiv eine so nahe ist, dass beide, das Substantiv im Genitiv und die Postposition, von dem Ohr des Ausländers und dem Sprachgefühl des Eingeborenen durchaus als ein Wort aufgefasst werden, so können wir in diesem Sinne von Dativendungen im Bedawie sprechen, welche also folgendermassen lauten: Sing. Mask. -*ída*, Fem. -*tída*, Plur. Mask. -*éda*[1], Fem. -*téda*. Beispiele: *áne júham*[2] *ógaıéda ádlib ha* ‚ich kaufte Kohlen für das Haus‘, *áne gím'a*[3] *témektída ádlib ha* ‚ich kaufte Weizen für die Eselin‘, *ésanajéda* ‚den Brüdern‘, *tématéda* ‚den Frauen‘.

82. Der Dativ auf -*ida*, -*éda* wird auch häufig gebraucht, um die lokale Richtung oder Bewegung ‚nach‘ ‚zu‘ ‚in‘, auszudrücken, z. B. *Berberída* (oder *Berberéda*) ‚nach Berber‘, *Iskandería* ‚nach Alexandria‘.

5. Übrige Kasusverhältnisse.

83. Sind der Genitiv und der Ablativ, wenn auch ursprünglich Postpositionen, ohne Zweifel ebenso als wahre Kasus aufzufassen, wie z. B. die sanskritischen, und ist schon der Dativ mehr den finnisch-ugrischen postpositionalen Kasuszeichen gleichzustellen,[4] so sondern sich dagegen die Ausdrucksmittel des Bedawie für die übrigen Kasusverhältnisse von den vorhergenannten deutlicher ab. Jene Ausdrucksmittel sind

---

[1] Vgl. § 69.   [2] Arab. *fahm*.   [3] Arab. *qamḥ*, *gamḥ*.

[4] Man weiss, wie schwierig es ist, zwischen Postpositionen und Kasusendungen einen genauen begrifflichen oder nur formalen Unterschied zu machen.

nämlich echte Postpositionen in demselben Sinne wie unsere Präpositionen, weil sie durchaus als ein vom Substantiv getrenntes Wort aufgefasst werden. Sie regieren alle den Genitiv, und es ist zu bemerken, dass hier der Gen. Plur. immer in der gewöhnlichen Form *a* (oder nach § 25 *e*) und nicht als *ē* erscheinen muss, eben weil die Endung nicht wie bei dem Dativ im Inlaut, sondern im Auslaut zu stehen kommt. Diese echten Postpositionen, welche sich als solche auch daran erkennen lassen, dass sie, in Übereinstimmung mit ihrer ursprünglichen nominalen Natur, und in vollkommener Analogie mit dem Vorgange in den finnisch-ugrischen Sprachen, vor den Pronominalsuffixen als Präpositionen auftreten, sind hauptsächlich folgende:

deh, zu	*súri, sûr*, vor (lokal und temporal)
gʷad, mit, sammt (arab. مع, *wájja*)	*hídai* (urspr. *hída*), an der Seite, neben,
nūn, ausser, ohne	vulgärarab. *bigámbo* جنب
gīb, an, bei (عند)	*ári, éri*, hinter, nach
ink, énki, über	*tíhi, óhi*, unter
málho, mitten, zwischen	*hōs, hōj*, von

Beispiele: *áne ēmaka súri sákan* ‚ich ging vor dem Esel einher‘, *baráh ātaki hídai sákta* ‚du gingst neben dem Manne‘, *baráh ēara (tēárta) gʷad ēsṭīʾna* ‚sie sitzen mit den Knaben (den Mädchen)‘.

6. Die Deklination.

84. Wollen wir uns jetzt eine zusammenfassende Vorstellung von der Deklination der bedawischen Substantive bilden, so geht aus den obigen Ausführungen hervor, dass nach dem heutigen Sprachgebrauch vier echte Kasusformen unterschieden werden müssen, nämlich Nominativ, Objektiv, Genitiv und Ablativ. Der Vokativ ist hier wie in den meisten Sprachen aus der Reihe der wirklichen Kasus auszuscheiden,[1] dagegen kann aus den oben erwähnten Gründen der Dativ als Übergangsform zu den durch Postpositionen ausgedrückten Verhältnissen, d. h. etwa als unechte Kasusform, den übrigen angereiht werden. Es scheint aber auch manches darauf hinzudeuten, dass die Sprache auf einer früheren Entwicklungsstufe nur zwei Kasus, Nomin. und Genitiv,¹ besessen hat. Dann wurde der Objektiv von dem Nomin. durch Hinzufügung des Genuszeichens, mask. -*b*, fem. -*t*, unterschieden, obwohl diese En-

---

[1] Vgl. Müller, *Grundriss der Sprachwiss.* B. I. Wien, 1877 S. 117, die Note.

dungen später teilweise abgefallen sind. Der Ablativ wurde auch von dem Genitiv nur durch eine kleine Modifikation des Vokals im Plural differenzirt. Teilen wir dann die Substantive nach den verschiedenen Pluralbildungen (s. § 52) in drei Gruppen ein, so wird das Deklinationsschema der heutigen Sprache folgendes sein:

Erste Deklination.

85. Die Endung -*a* wird im Plural dem konsonantisch oder diftongisch auslautenden Stamm angehängt. Beispiele: *dōb* m. f. ‚Bräutigam' ‚Braut' *hūs* f. ‚Messer' *gau* (*gaw*) m. ‚Haus'.

1. Unbestimmte Form.

Singular.

		Bräutigam	Braut	Messer	Haus
Nom.		*dōb* m.	*dōb* f.	*hūs* f.	*gau* m.
Obj.		*dōb*	*dōbt* od. *dōb¹*	*hūst* od. *hūs¹*	*gau*
Gen.	vor Mask.	*dōbi*	*dōbti*	*hūsti*	*gāwi*
	vor Fem.	*dōbit*	*dōbtit*	*hūstit*	*gāwit*
Abl.		*dōbi*	*dōbti*	*hūsti*	*gāwi*
Dat.		*dōbída*	*dōbtída*	*hūstída*	*gawída*

Plural.

		Bräutigam	Braut	Messer	Haus
Nom.		*dōba*	*dōba*	*hūsa*	*gāwa*
Obj.		*dōbáb* od. *dōba¹*	*dōbát* od. *dōba¹*	*hūsát* od. *hūsa¹*	*gawáb* od. *gāwa¹*
Gen.	vor Mask.	*dōbá-j-a*	*dōbá-ta*	*hūsáta*	*gawā-j-a*
	vor Fem.	*dōbā-j-ét*	*dōbātét*	*hūsātét*	*gawā-j-ét*
Abl.		*dōbā-j-e*	*dōbáte*	*hūsáte*	*gawā-j-e*
Dat.		*dōbā-j-éda*	*dōbátéda*	*hūsātéda*	*gawā-j-éda*

2. Bestimmte Form.

Singular.

		der Bräutigam	die Braut	das Messer	das Haus
Nom.		*ádōb*	*túdōb*	*túhūs*	*úgau*
Obj.		*ódōb*	*tódōb*	*tóhūs*	*ógau*
Gen.	vor Mask.	*ódōbi*	*tódōbti*	*tóhūsti*	*ógawi*
	vor Fem.	*ódōbit*	*tódōbtit*	*tóhūstit*	*ógawit*
Abl.		*ódōbi*	*tódōbti*	*tóhūsti*	*ógawi*
Dat.		*ódōbida*	*tódōbtida*	*tóhūstida*	*ógawida*

[1] So muss es heissen, wenn ein Adjektiv, und so kann es heissen, wenn ein Genitiv vorangeht (s. § 59).

Plural

Nom.	álöba	tádöba	tähũsa	ágawa
Obj.	álöba	tädöba	tähũsa	ágawa
Gen. vor Mask.	álöbá-j-a	tädöbáta	tähũsáta	ágawá-j-a
Gen. vor Fem.	álöbā́-j-āt	tädöbā́tāt	tähũsā́tāt	ágawā́-j-āt
Abl.	álöbá-j-e	tädöbáte	tähũsáte	ágawá-j-e
Dat.	álöbā́-j-éda	tädöbā́téda	tähũsā́téda	ágawā́-j-éda

Zweite Deklination.

86. Alle Stämme gehen auf einen Vokal aus, der Plural ist dem Singular gleich. Beispiele: *bésa* m. f. „Kater", „Katze" *áwe* m. „Stein" *re* f. „Brunnen" *jö* m. „Stier".

1. Unbestimmte Form.
Singular.

	Kater	Katze	Stein	Brunnen	Stier
Nom.	bésa m.	bésa f.	áwe m.	re f.	jö m.
Obj.	besáb od. bésa[1]	besát od. bésa[1]	awéb od. áwe[1]	rét od. re[1]	jöb od. jö[1]
Gen. vor Mask.	bési	besáti	áwi	réti	jö-j-ī[2]
Gen. vor Fem.	bésit	bésātīt	áwīt	rétit	jö-j-īt
Abl.	bési	besáti	áwi	réti	jö-j-i
Dat.	besída	besátida	awída	rétida	jö-j-ida

Plural.

Nom.	bésa	bésa	áwe	re	jö
Obj.	besáb od. bésa[1]	besát od. bésa[1]	awéb od. áwe[1]	rét od. re[1]	jöb od. jö[1]
Gen. vor Mask.	besá-j-a	besáta	awé-j-a	réta	jö-j-a
Gen. vor Fem.	bésā-j-āt	besátāt	awē-j-āt	rétāt	jö-j-āt
Abl.	besá-j-e	besáte	awé-j-e	réte	jö-j-e
Dat.	bésā-j-éda	besátéda	awé-j-éda	rétéda	jö-j-éda

2. Bestimmte Form.
Singular.

	der Kater	die Katze	der Stein	der Brunnen	der Stier
Nom.	ábesa[3]	tóbesa	áawe	táre	ájö
Obj.	ábesa	tóbesa	áawe	táre	ájö
Gen. vor Mask.	ábesi	tóbesáti	áawi	tóréti	ájöi[2]
Gen. vor Fem.	ábesit	tóbesātīt	áawīt	tórétit	ájöit
Abl.	ábesi	tóbesáti	áawi	tóréti	ájöi
Dat.	ábesida	tóbesátida	áawida	tórétida	ájöida

[1] Siehe die Note auf S. 75.   [2] Vgl. § 71.
[3] Das kurze *e* des Stammes wird, obwohl ursprünglich betont, in solchen Wörtern wie diesem öfters elidirt, wenn der betonte Artikel vorantritt, als *ábsa*, *tóbsáti*, *ábsa*, *tóbsátéda*.

DIE BISCHARI-SPRACHE.

Plural

Nom.		ábesa	tábesa	áawe	tére	éjō
Obj.		ébesa	tébesa	áuwe	tére	éjō
Gen.	vor Mask.	ébesája	tébesáta	áawéja	térīta	éjāja
	vor Fem.	ébesājét	tébesātét	áawéjét	térītét	éjājét
Abl.		ébesáje	tébesáte	áawéje	térīte	éjāje
Dat.		ébesājéda	tébesātéda	áawéjéda	térītéda	éjājéda

Dritte Deklination.

87. Die Stämme endigen auf einen Konsonanten, der Plural wird durch Umwandlung oder Verkürzung des letzten Stammvokales gebildet. Beispiele: *kām* m. f. „Kamel" *hatáj* m. f. „Pferd" m. *genúf* „Nase".

1. Unbestimmte Form.

Singular.

		Kamel	Kamelin	Hengst	Stute	Nase
Nom.		kām m.	kām f.	hatáj m.	hatáj f.	genúf m.
Obj.		kām	kāmt od. kām¹	hatáj	hatájt od. hatáj¹	genúf
Gen.	vor Mask.	kāmi	kāmti	hatáji	hatájti	genúfi
	vor Fem.	kāmít	kāmtit	hatájīt	hatájtit	genúfit
Abl.		kāmi	kāmti	hatáji	hatájti	genúfi
Dat.		kāmída	kāmtída	hatájida	hatájtida	genúfida

Plural.

Nom.		kam	kam	hatáj	hatáj	genúf
Obj.		kam	kamt od. kam¹	hatáj	hatájt od. hatáj¹	genúf
Gen.	vor Mask.	kāma	kāmta	hatája	hatájta	genúfa
	vor Fem.	kāmīt	kāmtét	hatájét	hatájtīt	genúfēt
Abl.		kāme	kāmte	hatáje	hatájte	genúfe
Dat.		kaméda	kamtéda	hatajéda	hatajtéda	genúféda

2. Bestimmte Form.

Singular.

		das Kamel	die Kamelin	der Hengst	die Stute	die Nase
Nom.		ákām	tókām	óhatáj	tóhatáj	óynuf²
Obj.		ókām	tókām	óhatáj	tóhatáj	óynúf
Gen.	vor Mask.	ókāmi	tókāmti	óhatáji	tóhatájti	óynúfi
	vor Fem.	ókāmít	tókāmtít	óhatájīt	tóhatájtīt	óynúfit
Abl.		ókāmi	tókāmti	óhatáji	tóhatájti	óynúfi
Dat.		ókāmída	tókāmtída	óhatájida	tóhatájtida	óynúfida

¹ Siehe die Note auf Seite 75.
² Hier wird das kurze *e* des Stammes als unbetont immer elidirt (vgl. § 22 b).

Plural.

Nom.		ákam	tákam	áhatúj	táhatúj	ágnif
Obj.		ékam	tékam	éhatúj	téhatúj	égnif
Gen.	vor Mask.	ékama	tékamta	éhatája	téhatájta	égnifa
	vor Fem.	ékamēt	tékamtēt	éhatájēt	téhatájtēt	égnifēt
Abl.		ékame	tékamte	éhatáje	téhatájte	égnife
Dat.		ékaméda	tékamtéda	éhátajéda	téhátajtéda	égniféda

Vierte Deklination.

88. Nomina propria: keine bestimmte Form und kein Plural. Beispiele: *Húmad* m. *Méni* m. *Föje* m. *Fátna* f. *Hádalt* f.

Nom.		Húmad m.	Méni m.	Föje m.	Fátna f.	Hádalt f.
Obj.		Húmad	Ménib od. Méni[1]	Föjēb od. Föje[1]	Fátnāb od. Fátna[1]	Hádalt
Gen.	vor Mask.	Húmadi[2]	Méni[2]	Föjei	Fátnai	Hádalti[2]
	vor Fem.	Húmadīt	Menīt	Föjeīt	Fátnaīt	Hádaltīt
Abl.		Húmadi	Méni	Föjei	Fátnai	Hádalti
Dat.		Húmadída	Menída	Föjeída	Fátnaída	Hádaltída

89. Zum Vergleich teile ich hier die Postpositionen bei MÜNZINGER mit, welche die seiner Meinung nach fehlende Deklination vertreten. Die beiden ersten *eb*, *ib* sind schon oben (§ 74) erwähnt, die übrigen werden folgendermassen angegeben: »2) *geb*, mit. Dem Pronomen wird es vor-, dem Substantiv nachgesetzt; z. B. *geb'ok*, mit dir; *Keflai-geb*, mit Keflai [Das *-i* ist hier Genitivendung]; 3) *ita*, *it*, *ta*, für. *Keflai-ta*, für Keflai [entspricht meinem Dativaffix *-da* mit vorausgehendem Genitiv]; *ēhē*, *ē*, durch, von, mit Hülfe von, z. B. *Mohammed-ēhē*, durch Mohammed«.

Zweites Kapitel: das Adjektiv.

90. Als Beiwort steht das Adjektiv gewöhnlich vor dem unbestimmten und nach dem bestimmten Substantiv, und im letzteren Falle nimmt es dieselben Artikelformen wie das Hauptwort an. Wenn das Substantiv femin. ist, erhält das Adjektiv immer, sei es vorausstehend oder nachfolgend, die Endung *-t*, obwohl das Hauptwort selbst sie nur bei nachfolgendem (nicht bei vorangehendem) Beiwort annimmt.

---

[1] Siehe die Note auf S. 75.
[2] Vielleicht auch: *Húmadīb*, *Menīb* (vgl. § 74).

Das Adjektiv entbehrt einer besonderen Pluralbildung,[1] und auch die beiden Hauptkasus, Nomin. und Obj., werden an demselben nicht unterschieden, z. B. *win kām éa* ‚ein grosses Kamel kam', *wint kām éta* ‚eine grosse Kamelin kam', *ákām áwin éa* ‚das grosse Kamel kam', *túkām túwint éta* ‚die grosse Kamelin kam', *áne win kām réhan* ‚ich sah ein grosses Kamel', *áne wint kām réhan* ‚ich sah eine grosse Kamelin', *áne ákām áwin réhan* ‚ich sah das grosse Kamel', *áne túkām túwint réhan* ‚ich sah die grosse Kamelin'; *Amna tíafrít dáitu* ‚die böse Amna ist hübsch', *barák Fátnab tódait salámta* ‚du hast die schöne Fatna geküsst', *tóōr túrébōbát óntōn éta* ‚das nackte Mädchen kam hierher', *áne tóōr túrébōbát aréane* ‚ich habe das nackte Mädchen gern'.

91. Als Beiwort zu einem Substantiv in den obliquen Kasus, dem Genitiv, Ablativ und Dativ, bleibt das unbestimmte, voranstehende Adjektiv ebenso flexionslos, wie im Nom. und Obj., z. B. *áne win táki yau ádlib ha* ‚ich kaufte ein Haus eines grossen Mannes' (oder ‚von einem grossen Manne'), *dáit órtída* ‚für ein schönes Mädchen'. Steht dagegen das Adjektiv nach seinem Hauptwort in bestimmter Form, so werden die Endungen jener Kasus an den mit dem Affix (oder wie man hier auch sagen könnte: dem Mittelsuffix) -*na* erweiterten Stamm des Adjektivs angehängt, und das vorangehende Substantiv nimmt dann stets die Objektivform an. Hierbei tritt auch die kleine Irregularität ein, dass der Abl. Plur. vom Abl. Sing. nicht unterschieden wird, indem beide die sing. Endung -*i* annehmen, und also mit dem Gen. Sing. identisch werden, während der Gen. Plur. seine Endung -*a* beibehält. Steht das Substantiv mit seinem Adjektiv im Genitiv, und ist das nachfolgende regierende Hauptwort ein Femin., dann wird auch hier das femin. *t* an das vorhergehende Wort, d. i. an die erweiterte Genitivendung des Adjektivs angefügt. Es sind also die Endungen des nachgesetzten bestimmten Adjektivs für Gen. und Abl. folgende:

		Sing.		Plur.	
		Mask.	Fem.	Mask.	Fem.
Gen.	vor Mask.	-*nai*	-*náti*	-*ná-j-a*	-*náta*
	vor Fem.	-*nait*	-*nátit*	-*ná-j-ēt*	-*nátit*
Abl.		-*nai*	-*náti*	-*nai*	-*náti*	z. B.

[1] Eine plurale Stammbildung durch Reduplikation liegt in der Form *wiwin*, Plur. von *win* ‚gross' vor, aber diese Bildungsweise, die in anderen kuschitischen Sprachen ziemlich häufig ist (siehe den betreffenden Abschnitt im vergleichenden Teil), kann ich im Bedawie nur mit dem einzigen obengenannten Beispiele belegen. Es ist wohl aber kaum anzunehmen, dass dieses überhaupt vereinzelt dastehen sollte.

áne ŏtak ŏdāinai gau ádlib ba	ich habe des schönen Mannes Haus gekauft.
áne tátakat tódāināti mĕk ádlib ba	ich habe den Esel der schönen Frau gekauft.
áne ágan árinnai héta háidman	ich riss die Mauer des grossen Hauses nieder.
ŏsan óriunajt ōr afrita	die Tochter des grossen Bruders ist hässlich.
áne Fójĕb ódāinajt mĕk ádlib ba	ich kaufte die Eselin des schönen Fodje
Hádalt tŏrinnáti gáwa áfreja	die Häuser der grossen Hadalt sind schlecht.
baráh jénnāb tóafrināti ájāf salámja	er küsste den Mund der hässlichen Djenna.
barák tósa tórinnáti sar támta	du hast die Haut der grossen Leber gegessen.
áne tésa tódāináta sára támau	ich ass die Häute der guten Leber.
baráh ékam órairinnájĕt mata éwik	er schnitt die Knochen der grossen Kamele ab.

92. Wenn das Adjektiv nicht als Beiwort neben einem Hauptwort, sondern selbständig steht, d. h. entweder als Prädikat oder mit Beziehung auf ein vorhergehendes Substantiv, so wird es ganz wie ein Substantiv deklinirt. Für den letzteren Fall besitze ich nur ein einziges, aber völlig beweisendes Beispiel: *édaja érārin rdábalójĕka ĕhajésna* „die grossen Stücke sind besser als die kleinen". Hier ist *dábalóje* der regelmässige Gen. Plur. des Adjektivs *dábalo* „klein", welches nach § 52. b auch im Plural *dábalo* lauten muss. (Bezüglich des Affixes -*ka* vgl. man den folgenden Paragrafen). Als Prädikat eines Satzes, wo man im Deutschen das logische Verhältnis durch das Präsens des Zeitwortes „sein" ausdrückt, wird das Adjektiv, wie jedes andere Wort in dieser syntaktischen Stellung, mit den Endungen des Verbum subst. verbunden, welche in ihrer ursprünglichen Gestalt folgendermassen lauten:

	Sing.	Plur.
Pers. 1	-*u*	-*a*
» 2 m.	-*wa*	c.-*āna*
» f.	-*wi*	
» 3	-*u*	-*a*

Vor diesen Endungen erscheint aber jedes Nomen, sowohl Substantiv als Adjektiv, in der Objektivform, und das Adjektiv wird hier ganz in derselben Weise wie das Substantiv deklinirt, d. h. konsonantisch auslautende Stämme nehmen die allgemeine Pluralendung -*a* an, während vokalisch auslautende den Plural gleich dem Singular bilden, und die Objektivform endigt bei allen Feminina auf -*t*, bei allen vokalisch ausgehenden Maskulina (mithin auch bei allen Pluralformen) auf -*b*, bleibt aber bei konsonantischem Auslaut im Mask. der Stammform gleich. Paradigmen: *meskín* (arab.) „arm", *éra* „weiss":

a. Konsonantischer Auslaut.

	Mask.		Fem.		
Sing. 1.	áne meskín-u	ich bin arm	áne meskínt-u	ich (Frau)	bin arm
2.	barúk meskín-wa	du bist »	batúk meskínt-wi	du »	bist »
3.	baráh meskín-u	er ist »	batáh meskínt-u	sie »	ist »
Plur. 1.	hénen méskináb-a	wir sind »	hénen méskinát-a	wir (Frauen)	sind »
2.	barák méskináb-ána	ihr seid »	baták méskinát-ána	ihr »	seid »
3.	baráh méskináb-a	sie sind »	batáh méskinát-a	sie »	sind »

b. Vokalischer Auslaut.

Sing. 1.	áne eráb-u	ich bin weiss	áne erát-u	ich (Frau) bin	weiss
2.	barúk eráb-wa	du bist »	batúk erát-wi	du »	bist »
3.	baráh eráb-u	er ist »	batáh erát-u	sie »	ist »
Plur. 1.	hénen eráb-a	wir sind »	hénen erát-a	wir (Frauen) sind »	
2.	barák eráb-ána	ihr seid »	baták erát-ána	ihr » seid »	
3.	baráh eráb-a	sie sind »	batáh eráta	sie » sind »	

Beispiele: *átuk meskínu*[1] ‚der Mann ist arm‘, *támek wintu* ‚die Eselin ist gross‘, *barúk mékwa* ‚du bist ein Esel‘, *batúk méktwi* ‚du (o Frau) bist ein Esel (eig. eine Eselin)‘, *akám dábanábu* ‚das Kamel ist klein‘, *ájas derába* ‚die Hunde sind gelb‘, *tájas deráta* ‚die Hündinnen sind gelb‘, *hénen sanába* ‚wir sind Brüder‘, *batáh kʷáta* ‚sie sind Schwestern‘, *ájaswa absáwa asába* ‚der Hund und der Kater sind Feinde‘.

93. Der Komparativ der Adjektivstämme wird durch die Ableitungsendung -*ka* gebildet, und merkwürdigerweise wird dasselbe Affix auch in der Regel an den verglichenen Gegenstand, der im Abl.[2] steht, angefügt, es kann jedoch auch fehlen, z. B. *áne winká-bu* ‚ich bin grösser‘, *Ali Humadíka win-ká-bu* ‚Ali ist grösser als Muhammed‘, *Hádalt Fátnaika áfriká-tu* ‚Hadalt ist hässlicher als Fatna‘, *hénen earéka wáwinká-ba* ‚wir sind grösser als die Knaben‘, *barák teartéka wáwinká-bána* ‚ihr seid grösser als die Mädchen‘, *batáh emakéka méskinká-tu* ‚sie (f.) sind elender

---

[1] Nach arabischem Sprachgebrauch kann es auch ohne die Endung einfach heissen: *átuk meskínu*, der Mann ist arm.

[2] Da die Genitiv- und Ablativendungen im Sing. immer identisch sind, und im Plur., sobald irgend ein Affix hinzutritt, die Genitivendung -*a* (nach § 69) der Ablativendung -*e* gleich wird, so wäre es hier unmöglich zu entscheiden, ob der verglichene Gegenstand im Gen. oder Abl. steht, wenn wir nicht aus dem in § 134 am Schlusse erwähnten Umstand ersehen könnten, dass die auf -*ika* oder -*eka* ausgehenden Formen als Ablative aufzufassen sind.

als die Esel'. Wenn das Prädikat ein Verb mit komparativer Bedeutung ist, so wird das Affix -*ka* nur an den verglichenen Gegenstand angehängt, z. B. *édaſa éwáwin édibalōjéka ṭhajésna* ‚die grossen Stücke sind besser als die kleinen', *táka tōkisratíka ṭhajes* ‚Fleisch ist besser als Brod'.

94. Ist der verglichene Gegenstand ein persönliches Pronomen, so werden die Pronominalsuffixe an die auf *-ka* ausgehende Komparativform angehängt (s. unten § 132).

95. Eine besondere Superlativform giebt es im Bedawie ebensowenig wie im Arabischen, denn der Komparativ mit dem Artikel entspricht in vielen Fällen unsrem Superlativ, z. B. *áne ákām áwinkáb hérrin* ‚ich suche das grösste (od. grössere) Kamel', *ákām áwinka ámbéini* ‚das grösste Kamel ruht aus', *tákām táwinkát éta* ‚die grösste Kamelin kam'.

Drittes Kapitel: das Zahlwort.

96. Die Zählmetode der Bischari-Völker ist, wie im vergleichenden Teil des näheren dargelegt werden wird, die ganz besonders in Afrika einheimische quinare Metode, und die Zahlwörter lauten, wie folgt:

1. *ángāl*, fem. *ángāt*, oder *gāl*, fem. *gāt*
2. *malo* (urspr. *malōm*)
3. *mehéi (mahi, mehaj)*
4. *fádig (fédig)*
5. *ej (aj, ejb)*
6. *ásagur*
7. *asáramā*
8. *ásimhei*
9. *áseḍik*
10. *támen*
11. *támna-gōr (támnagur)*
12. *támna-malo*
13. *támna-mehéi*
14. *támna-fédig*
15. *támna-ej*
16. *támna-ásagur*
17. *támna-asáramā*
18. *támna-ásimhei*
19. *támna-áseḍik*
20. *tagág*
21. *tagó-gur*
22. *tagó-malo*
23. *tagó-mehéi*
24. *tagó-fédig*
25. *tagó-ej*
26. *tagó-ásagur*
27. *tagó-asáramā*
28. *tagó-ásimhei*
29. *tagó-áseḍik*
30. *mehéi-tamán*
31. *mehéi-tamán-ángāl*
32. *mehéi-tamán-malo*
40. *fádig tamán*
44. *fédig-tamán-fédig*
50. *ej-tamán*
60. *ásagur-tamán*
70. *asáramā-tamán*
80. *ásimhei-tamán*
90. *áseḍik-tamán*
100. *še (šēb, šéwo)*
101. *šéwongál*
102. *šéwo-malo*
103. *šéwo-mehéi*
104. *šéwo-fádig*

DIE BISCHARI-SPRACHE. 83

110.	séwo-támen	121.	séwo-tagógur	310.	mehéïse-támen
111.	séwo-támagur	130.	séwo-mehéi-tamán	400.	féďigše
112.	séwo-támna-mílo	200.	milože	1000.	líf[1]
119.	séwo-támna-ášeďik	220.	milože-tagágwa	2000.	málo líffa
120.	séwo-tagág	300.	mehéise	3000.	mehéj líffa

97. Bei zusammengesetzten Zahlwörtern gehen immer die grösseren Zahlen den kleineren voran, und der letzten Zahl wird häufig die kopulative Konjunktion *wa* ‚und‘ angehängt oder auch präfigirt. z. B. 273: *milože asárama-tamán mehéjwa*; 145: *séwo fáďig-tamán éjlawa*; 4100: *féďig líffa wašéwo*.

98. Die Ordinalia werden von den Kardinalia durch die Endung -*a*, -*e*, gebildet, doch erscheinen hier die Wortstämme zuweilen in einer anderen vielleicht älteren Form. Der Begriff ‚erst‘ wird, wie in so vielen anderen Sprachen, durch ein besonderes Wort, *sár*, ausgedrückt, welches auch, neben *sári*, als Adverb und Postposition in der Bedeutung von ‚vor‘ ‚voran‘ ‚vorher‘ angewendet wird. Für die Zahlwörter über zehn hinaus hat die Sprache meines Wissens besondere ordinale Formen nicht entwickelt, wenigstens konnte ich keine herausfinden, zumal da in dieser Beziehung auch die arabische Sprache arm ist. Die Formen der mir bekannten Ordnungszahlen, welche immer mit dem Artikel gebraucht wurden, sind nachstehend aufgeführt, und zum Vergleich habe ich die entsprechenden Formen von MUNZINGER[2] daneben gestellt:

ásár	der erste	*u'asuríb*	*ůaságura*	der sechste	
ámálije	der zweite	*o'emélije*	*ůasáramá*	der siebente	
ásimha	der dritte	*o'emhéje*	*ůásimha*	der achte	
úfáďiga	der vierte	*o'ofádye*	*ůašégha*	der neunte	
héja	der fünfte	*o'eie*	*ůtámna*	der zehnte	*o'etemné*

Wie man sieht, ist die Munzingersche Form für ‚den dritten‘ ganz regelmässig, neben welcher meine Form *úsimha* (vgl. *ůásimha* ‚der achte‘) sich sehr verdächtig ausnimmt.

99. Die Bruchzahlen, mit Ausnahme von $^1/_2$, wofür, wie im Arab., ein besonderes Wort vorhanden ist, werden von den Kardinalzahlen durch das Affix *ko* gebildet, welches mit der Postposition *hói*, *hós* ‚von‘ augenscheinlich identisch ist, als:

---

[1] Aus dem arab. *lif* ‚Sammlung‘ ‚Menge‘, wovon dann *líffa* der regelmässige bedawische Plural ist.

[2] Wie die Kardinalzahlen bei MUNZINGER lauten, findet man in den unter den «Vorbemerkungen» zum Wörterbuche gegebenen Proben aus den bisherigen Wörterverzeichnissen.

téra ¹/₂ (arab. *nus*), *méhajho* ¹/₃ (ar. *tult*), *fádigho* ¹/₄ (ar. *rub'*), aber *éjahu* ¹/₅ (ar. *xums*) von der Ordinalzahl. Beispiele: *áne térab höj ahériu* ‚ich wünsche eine Hälfte davon', *áne rótli méhajhöb ahériu* ‚ich wünsche ¹/₃ Rotl', *fádighöb barisok tchéria wünschest du ein Viertel davon'?* — Ganz anders, und zwar aus den Ordnungszahlen, scheinen mir diese Formen bei MUNZINGER gebildet zu sein. Er hat folgende vier Beispiele: *waderib*, ein Zweitel, *meheiar*, ein Drittel, *fedgar*, ein Viertel, *ej'ac*, ein Fünftel etc.»

Viertes Kapitel: das Pronomen.

I. Persönliche und possessive Pronomina.

A. Selbständige Formen.

100. Wie im Semitischen, so werden auch im Bedawie, bei der 2. und 3. Person, nicht aber bei der ersten, die beiden Geschlechter äusserlich unterschieden. Die Nominativformen der persönlichen Fürwörter lauten, wie folgt:

Sing.		Plur.	
1.	*áne* ich	*hénen* wir	
2. m.	*barák* du (Mann)	*barák* ihr (Männer)	
f.	*baták, báták* du (Frau)	*baták, báták* ihr (Frauen)	
3. m.	*baráh*¹ er	*baráh* sie (Männer)	
f.	*batáh, batáh* sie	*batáh, báták* sie (Frauen)	

101. So, und niemals anders, hörte ich diese Formen aussprechen, sobald sie als Subjekt des Satzes vorkamen. Der Wechsel des *a* und *ö*, *á* und *é*, der in den Nominativ- (aber nicht in den Objektiv-)Formen des Artikels so überaus häufig auftritt, ist mir bei diesen Pronomina niemals zu Ohren gekommen. Fragt man aber irgend welchen Bischari, wie die persönlichen Pronomina in seiner Sprache lauten, d. h. lässt man ihn die entsprechenden arab. Formen, *ána, énte, enti, húwa, híja* etc. übersetzen, welche bekanntlich nur Nominative und niemals Akkusative sein können, so bekommt man hier nicht die obigen, sondern, wie bei den Nomina, fast immer die **Objektivformen** zur Ant-

---

[1] Das schliessende *h* ist in allen Formen der 3. Person sehr schwach.

wort. Die ersten Bischariwörter, die ich aufzeichnete, lauteten demnach so, wie man unten sieht. Ich gebe sie hier, als ein kleines Probestück, mit den unten näher zu erklärenden Doppelformen, welche bei der mehrmaligen Wiederholung mit einander wechselten, und zum Vergleich stelle ich ihnen die entsprechenden Formen MUNZINGERS zur Seite:

	Meine erste Aufzeichnung (1 Nov. 1877)	MUNZINGER
Sing. 1.	ánē, anébu, anén	ane, aneb
2. m.	barók, berókū¹	beruk
f.	batók, batóki¹	betok
3. m.	beró, baráh	beru
f.	betó, ba'ót	betú
Plur. 1.	hénen	henu, henen
2. m.	barék	beruk
f.	baték	betuk
3. m.	baré	bera
f.	baté	beta

Gleich nachher wurde ich jedoch durch die zwei nachstehenden Serien auf das richtige Sachverhältnis geführt:

áne meskín-u	ich (m.) bin arm	áne gígan	ich (m.) ging
áne meskín-tu	ich (f.) » »	áne gígan	ich (f.) »
barák meskín-tea	du (m.) bist »	barák gígta	du (m.) gingst
baták meskín-twi	du (f.) » »	baták gígtai	du (f.) »
baráh meskín-u	er ist »	baráh gígja	er ging
batáh meskín-tu	sie » »	batáh gígta	sie ging
hénen méskín-á-ba	wir (m.) sind »	hénen gígna	wir (m.) gingen
hénen méskiná-ta	wir (f.) » »	hénen gígna	wir (f.) »
barák meskíná-bána	ihr (m.) seid »	barák gígtána	ihr (m.) ginget
batáh meskíná-tána	ihr (f.) » »	baták gígtána	ihr (f.) »
baráh méskiná-ba	sie (m.) sind »	baráh gígján(a)	sie (m.) gingen
batáh méskiná-ta	sie (f.) » »	batáh gígján(a)	sie (f.) »

Die Sache verhält sich nämlich einfach so: die in § 100 gegebenen Formen sind Subjektformen, aber neben jenen Nominativen mit ā und a in der 2. und 3. Person stehen ganz wie in der Flexion des Artikels,

---

¹ Die beiden Endvokale ū und ī habe ich mir besonders als »sehr kurz und flüchtig« notirt.

Objektivformen mit *ō* und *ē*. In der 1. Pers. sind dann auch *anēb, henēb*,[1] Akkusativformen, ganz in Übereinstimmung mit den der vokalisch auslautenden Mask. gebildet. Wir haben also folgende Objektivformen der persönl. Pronomina zu verzeichnen:

	Sing.		Plur.	
1.	*anēb, anéb*	mich	*henēb, henéb*	uns
2. m.	*barók*	dich (Mann)	*barók*	euch (Männer)
f.	*batók, bātók*	dich (Frau)	*batók, bātók*	euch (Frauen)
3. m.	*baráh*	ihn	*baráh*	sie
f.	*batáh, bātáh*	sie	*batáh, bātáh*	sie

102. Die oben stehenden Formen werden jedoch sehr selten gebraucht, um das gewöhnliche verbale Objekt, „mich" „dich" „ihn" etc., auszudrücken, wofür das Bedawie, wie so viele andere Sprachen, besondere suffigirte Formen besitzt. In Verbindung mit den Endungen des Verbum subst., das sein Prädikat im Objektiv verlangt, treten aber jene selbständigen Objektivformen der persönlichen Pronomina immer auf; z. B. *ū éntōn ča anēbu* ‚derjenige, welcher hierher kam, bin ich', *árin baráku* ‚der grosse bist du'. Auch werden sie zuweilen zur Verstärkung der Pronominalsuffixe mit possessiver Bedeutung verwendet, z. B. *baráh sanó-j-u* ‚er ist mein Bruder', *baráh anéb sanóju* ‚er ist mein Bruder' (vgl. doch § 121).

103. Was die Formen bei MUNZINGER betrifft, so ersieht man demnach, dass er im. Sing. die Objektive, im Plural die Nominative aufgeführt hat. Dass er in der 2. und 3. Pers. überall *ber-* schreibt, ich dagegen *bar-*, hat wenig zu bedeuten. Der *a*-Vokal ist hier öfters sehr kurz und ein wenig getrübt, so dass fast ebenso gut *e* geschrieben werden könnte. Da ich manchmal in jenen Formen einen reinen *a*-Laut, wie im Femin. sehr häufig ein langes *ā*, vernahm, habe ich es vorgezogen, überall das *a* beizubehalten, ebensowie das schliessende *h* der 3. Pers., welches, obgleich immer schwach ausgeatmet und von MUNZINGER gar nicht bemerkt, jedoch öfters deutlich hörbar ist.

104. Es erübrigt nun noch, die in meiner ersten Aufzeichnung vorkommenden Nebenformen *anébu, baróku, batóki* etc. zu erklären. Wie die Formen *anēb, barók, batók* aufzufassen sind, habe ich schon in § 101 dargethan, und in § 102 auch für die Formen *anēbu, baróku* eine sichere Bedeutung nachgewiesen. Wenn mir aber mein Gewährsmann das arab. *ána* ‚ich' mit dem bedaw. *anébu* übersetzte, so wurde das letztere Wort von dem Sprechenden natürlich nicht wie im dort stehenden Beispiele als Prädikat eines hier gar nicht existirenden Satzes, sondern eher als eine selbständige Aussage, ‚ich bin es' franz. *c'est moi*, aufgefasst. So erhält man oft, wenn man nach einem Ausdruck wie ‚mein Bruder' fragt, zur Abwechslung mit der gewöhnlichen Objektivform *ésana*, mitunter auch den kleinen Satz *sanóju* ‚mein Bruder ist's' zur Antwort. Die Form

---

[1] Hier ist das schliessende *n* in *hénen* vor der Objektivendung -*b* ausgefallen, wie im *bēb*, Obj. von *bēn* ‚jener'.

anéu ist mit *auébu* ganz identisch, und findet in der oft erwähnten Schwäche des *b* ihre genügende Erklärung. Die Form *baróku* steht dem *auébu* analog zur Seite, und bedeutet also eigentlich „du bist es", nicht so die femin. Form *batóki*, die in dieser Bedeutung *batóktu* gelautet haben würde. Ich bin überzeugt, dass wir hier in dem schliessenden -*i* ein ursprüngliches, jetzt aber im Aussterben begriffenes Genuszeichen haben. Es ist nämlich nicht zu bezweifeln, dass die selbständigen Pronomina der 2. und 3. Person aus einem Wort *bar*, das entweder ein Nominal- oder ein Demonstrativ-Stamm ist, und den unten zu besprechenden Pronominalsuffixen -*ūk* (-*ōk*), -*ūh* (-*ōh*) zusammengesetzt sind; und da in diesen Suffixen eine fem. Form -*ūki* dem mask. -*ūk* zur Seite steht, wenn auch das -*i* sehr schwach ist und öfters gänzlich verschwindet, so muss auch das -*i* in *batóki* so aufgefasst werden. Was die zuletzt zu erklärende Nebenform *batát* betrifft, so steht sie für *batótu*, weil kurze Endvokale häufig abfallen, und bedeutet mithin „sie ist es". — Die obliquen Kasusformen der persönlichen Pronomina (Gen., Abl., Dat.) können wir erst dann richtig auffassen, nachdem wir die Pronominalsuffixe, zu deren Darstellung ich jetzt übergehen will, kennen gelernt haben.

B. Pronominalsuffixe.

1. Zu Nominalstämmen.

105. Diejenigen Pronomina, die nach allgemeinem Sprachgebrauch Possessiva genannt werden, sind im Bedawie, wie im Semitischen und Altaischen, Suffixformen. Wenn diese zu femin. Substantiven hinzutreten, kommt das Genuszeichen *t* immer zum Vorschein. Sie lauten, wie folgt:

a) bei einem Subst. im Sing.   b) bei einem Subst. im Plur.

		Mask.	Fem.		Mask.	Fem.	
Sing.	1	-*a*	-*ta*	mein, meine	-*a*	-*ta*	meine
	2 m.	-*ūk*	-*tūk*	dein, deine (o Mann)	-*āk*	-*tāk*	deine (o Mann)
	2 f.	-*ūk(i)*	-*tūk(i)*	dein, deine (o Frau)	-*āk(i)*	-*tāk(i)*	deine (o Frau)
	3	-*ūh*	-*tūh*	sein, seine (ihr, ihre)	-*āh*	-*tāh*	seine (ihre)
Plur.	1	-*ūn*	-*tūn*	unser, unsre	-*ān*	-*tān*	unsre
	2	-*ūkna*	-*tūkna*	euer, eure	-*ākna*	-*tākna*	eure
	3	-*ūhna*	-*tūhna*	ihr, ihre	-*āhna*	-*tāhna*	ihre

106. Diese soeben aufgeführten Suffixe sind aber nur Subjektformen, d. h. sie können nur da an das Substantiv angesetzt werden, wo dieses als Subjekt des Satzes im Nominativ stehen muss. Wir sehen also, dass in den Formen der 1. Pers. Plur., der 2. und 3. Pers. Sing. und Plur., wie bei dem Artikel, die Vokale *ū* im Sing. und *a* im Plur. als eigentliche Träger des Subjektbegriffes erscheinen. Steht aber das mit einem Pronominalsuffix verbundene Substantiv als Objekt des Satzes, so wechseln auch jene Suffixe ihre Vokale, ganz nach Analogie der Objektivformen des Artikels, d. h. u wird $\bar{o}$ und $\bar{a}$ wird $\bar{e}$. Die Form der 1. Pers. Sing. bleibt aber von diesem syntaktischen Wechsel unberührt, und verharrt in der Regel auf ihrem starren a; nur wenn das Wort nach dem Suffix noch ein anderes Affix erhält, erscheint hier statt des a der objektivische Vokal, und zwar Sing. $\bar{o}$, Plur. $\bar{e}$ (vgl. § 112). Mit einem Substantiv im Objektiv verbunden, lauten also die Pronominalsuffixe folgendermassen:

		a) bei einem Subst. im Sing.			b) bei einem Subst. im Plur.	
Pers.		Mask.	Fem.		Mask.	Fem.
Sing. 1		-a, -ō	-ta, -tō meinen, meine		-a, -ē	-ta, -tē meine
2	m.	-ōk	-tōk deinen, deine (o Mann)		-ēk	-tēk deine (o Mann)
	f.	-ōk(i)	-tōk(i) deinen, deine (o Frau)		-ēk(i)	-tēk(i) deine (o Frau)
3		-ōh	-tōh seinen, seine (ihren, ihre)		-ēh	-tēh seine (ihre)
Plur. 1		-ōn	-tōn unsren, unsre		-ēn	-tēn unsre
2		-ōkna	-tōkna euren, eure		-ēkna	-tēkna eure
3		-ōhna	-tōhna ihren, ihre		-ēhna	-tēhna ihre

107. Aus dem oben stehenden Schema geht die wahre Bedeutung derjenigen Formen hervor, welche Munzinger als »Pronomina suffixa« aufführt und die da lauten:

			Sing.		Plur.	
1) Für den Accusativ:	1. Pers.	o,	mich, mein	ono,	uns, unser.
	2.	»	ok,	dich, dein	okna,	euch, euer.
	3.	»	oh,	ihn, sein	ohona,	sie, ihr.

»Sie werden dem Verb nachgestellt und ebenso dem Substantiv, wo sie dann Possessivpronomina werden. z. B. *gau-o*, mein Haus, *gau-on*, unser Haus etc.« — Die Form *ono* glaube ich entschieden als unrichtig bezeichnen zu können, *ohona* statt *ohna* erklärt sich dagegen sehr leicht aus der Voranstellung der Aspirata *h* vor einem anderen Konsonanten. Die entsprechenden unter »2) Für den Dativ« aufgeführten Formen findet man unten in § 134 angegeben und erklärt.

108. Bei der Anfügung der Pronominalsuffixe an das Substantiv ist folgendes zu bemerken:

a. Das Substantiv hat immer den Artikel, und zwar in der Regel die Objektivformen, Sg. $\bar{o}$, $t\bar{o}$, Pl. $\bar{e}$, $t\bar{e}$, wie dies auch bei den obliquen Kasusendungen der Fall ist. Nur die Wörter *bába* ‚Vater‘, *énda* ‚Mutter‘, *dára* m. f. ‚Oheim‘ ‚Muhme‘, nehmen den Artikel vor den Suffixen nicht an, wohl aber die übrigen Verwandtschaftsnamen, wie *san* ‚Bruder‘, *kʷa* ‚Schwester‘. Während im Plural die Objektivformen $\bar{e}$ und $t\bar{e}$ vor den

Suffixen ziemlich konstant sind, wechseln im Sing. die Formen *ū* und *ō*, *tū* und *tō* ohne irgend eine erkennbare Veranlassung. Als mit dem ganzen Wesen der Sprache am meisten übereinstimmend würde sich uns die Regel ergeben, dass die Nominativformen *ū* und *ā* da auftreten, wo das Wort Subjekt ist, und die Objektivformen *ō* und *ī* in den übrigen Fällen. Es ist möglich, dass ursprünglich diese Regel gegolten hat, und anfangs war ich auch geneigt, die Sprache von diesem Gesichtspunkte aus zu reguliren, allein die weit grössere Mehrzahl meiner Beispiele bietet *ō* und *ī*, unabhängig von dem Kasusverhältnisse des Wortes; und, wiewohl das *ū* ziemlich häufig vor Nominativen erscheint, so zeigt doch die Beispielserie in § 114 A, dass es auch vor einem Genitiv auftreten kann, wo wir entschieden die Objektivform hätten erwarten sollen. Da übrigens, wie wir eben gesehen haben, die syntaktische Stellung des Wortes, wenigstens der Unterschied zwischen Subjekt und Objekt, am Suffixe selbst bezeichnet wird, so kann ich hier keine andere Regel aufstellen als eben die, dass vor Substantiven mit Pronominalsuffixen die Objektivformen des Artikels häufiger sind als die Nominativformen. In den Suffixen selbst habe ich, ebensowenig wie in den selbständigen persönlichen Pronomina, jenen Wechsel verspürt, d. h. niemals ein *ō* oder *ī* da gehört, wo das Wort Subjekt war, oder umgekehrt ein *ū* oder *a* da, wo das Wort in der Objektivform stehen musste.

b. Pluralformen auf -*a* schieben vor den Suffixen ein eufonisches, jedoch oft vor *e* sehr schwaches *j* ein, und nach diesem *j* kann das Suffix der 1. Pers. Sing. abfallen, wobei das *j* zu *i* vokalisirt wird.

109. Alle Formen der 2. Pers. Sing. Fem. (-*áki*, -*áki*, -*óki*, -*íki*) kommen nunmehr sehr selten vor, oder, vielleicht richtiger gesagt, das -*i* am Ende ist so schwach und fällt so häufig aus, dass die femin. Formen fast gänzlich mit den entsprechenden mask. zusammenfallen. Auch die Suffixe der 3. Pers. Sing. und Plur. werden ziemlich selten, statt ihrer vielmehr die betreffenden Formen des Artikels gebraucht. Als Beispiele für die in den vorangehenden §§ aufgeführten Formen gebe ich hier zunächst einige von meinen zahlreichen paradigmenartig aufgezeichneten Serien, in welchen alle Suffixe teils an Subjekt-, teils an Objekt-Wörter angehängt sind.

1. Subjektformen.
Singular.

Mask.		Fem.	
ósāna éu mein Bruder kam		túkʷāta étu meine Schwester kam	
ósanák » dein » » (o Mann)		túkʷātúk » deine » » (o Mann)	

Mask.

ósanáki	éa	dein Bruder kam (o Frau)		
[ósanáh] öfters ásan	»	sein (ihr) »	»	
ósanón	»	unser »	»	
ósanúkna	»	euer »	»	
[ósanáhna] öfters ásan	»	ihr »	»	

Fem.

tákʷatáki	éta	deine Schwester kam (o Frau)		
[tákʷatáh] öfters tákʷa	»	seine (ihre) »	»	
tákʷatón	»	unsre »	»	
tákʷatákna	»	eure »	»	
[tákʷatáhna] öfters tákʷa	»	ihre »	»	

Plural

Mask.

ésanáju	éan	meine Brüder kamen		
ésanájäk	»	deine »	»	
[ésanájäh] ésana	»	seine (ihre) »	»	
ésanájän	»	unsre »	»	
ēsanájakna	»	eure »	»	
[ēsanájahna] ésana	»	ihre »	»	

Fem.

tékʷata	éan	meine Schwestern kamen		
tékʷaták	»	deine »	»	
[tékʷatáh] tékʷa	»	seine (ihre) »	»	
tékʷatón	»	unsre »	»	
tékʷatákna	»	eure »	»	
[tékʷatáhna] tékʷa	»	ihre »	»	

2. Objektformen.

Singular.

Mask.

áne ósana	áder	ich tötete meinen Br.		
» ósanók	»	» » deinen »		
» ósanók[i]	»	» » » »		
» [ósanóh] ósan	»	» »seinen(ihren)»		
» ósanón	»	» » unsren »		
» ósanókna	»	» » euren »		
» [ósanóhna] ósan	»	» » ihren »		

Fem.

áne tékʷata	áder	ich tötete meine Schw.		
» tékʷatók	»	» » deine »		
» tékʷatók[i]	»	» » » »		
» [tékʷatóh] tékʷa	»	» » seine(ihre) »		
» tékʷatón	»	» » unsre »		
» tékʷatókna	»	» » eure »		
» [tékʷatóhna] tékʷa	»	» » ihre »		

Plural.

Mask.

áne ésanája[1]	áder	ich tötete meine Brü.		
» ésanájek	»	» deine »		
» [ésanájr(h)] ésana	»	» »seine(ihre)»		
» ésanájen	»	» » unsre »		
» ēsanájekna	»	» » eure »		
» [ēsanájehna] ésana	»	» » ihre »		

Fem.

áne tékʷata	áder	ich tötete meine Schw-n.		
» tékʷaték	»	» » deine »		
» [tékʷatéh] tékʷa	»	» » seine(ihre)»		
» tékʷatén	»	» » unsre »		
» tékʷatékna	»	» » eure »		
» [tékʷatéhna] tékʷa	»	» » ihre »		

[1] Oder auch ésanái.

DIE BISCHARI-SPRACHE.

110. Als weitere Beispiele will ich die Suffixformen der beiden Wörter *bába* ‚Vater‘, *énda* ‚Mutter‘, vorführen, welche den Artikel nicht annehmen. Das Wort *bába* wirft, wie alle auf -*a* endigenden zweisilbigen Stämme, vor allen Suffixen sein schliessendes *a* ab[1], und *énda*, welches das femin. *t* hier annehmen muss, geht vor diesem in *énde* über[2]:

Singular.

	Mask.				Fem.		
	Nomin.		Objekt.		Nomin.	Objekt.	
Sg. 1.	bába	mein Vater	bába	meinen Vater	éndēta	éndēta	meine Mutter
2. m	bābák	dein »	bābók	deinen »	éndēták	éndētók	deine »
f	bābák[i]	» »	bābók[i]	» »	éndēták[i]	éndētók[i]	» »
3.	[bābáh] / ábāba	sein (ihr) »	[bābóh] / ábāba	seinen (ihren) »	[éndētáh] / tánda	[éndētóh] / tánda	seine (ihre) »
Pl. 1.	bābán	unser »	bābón	unsren »	éndētán	éndētón	unsre »
2.	bābákna	euer »	bābókna	euren »	éndētákna	éndētókna	eure »
3.	[bābáhna] / ábāba	ihr »	[bābáhna] / ábāba	ihren »	[éndētáhna] / tánda	[éndētáhna] / tánda	ihre »

Plural.

	Mask.			Fem.		
	Nomin.	Objekt.		Nomin.	Objekt.	
Sg. 1.	bába	bába	meine Vater	éndēta	éndēta	meine Mutter
2. m	bābák	bābék	deine »	éndēták	éndēték	deine »
f	bābák[i]	bābék[i]	» »	éndēták[i]	éndēték[i]	» »
3.	[bābáh] / ábāba	bābáh / ébāba	seine (ihre) »	[éndētáh] / tánda	[éndētéh] / tánda	seine (ihre) »
Pl. 1.	bābán	bābén	unsre »	éndētán	éndētén	unsre »
2.	bābákna	bābékna	eure »	éndētákna	éndētékna	eure »
3.	[bābáhna] / ábāba	[bābéhna] / ébāba	ihre »	[éndētáhna] / tánda	[éndētéhna] / tánda	ihre »

[1] Da also die Formen lauten: *bába* ‚mein Vater‘, *bābák* ‚dein Vater‘ etc. würde man geneigt sein, *bāb* als Stamm anzusetzen (vgl. nubisch *bāb*, türkisch *bába*). Aber, dass dem nicht so ist, zeigen die folgenden Beispiele: *ōóri bába éntōn ēa* ‚der Vater des Knaben kam hierher‘, *áne ōóri bába uder* ‚ich habe den Vater des Knaben getötet‘, *éara bába éntōn ēau* ‚die Väter der Knaben kamen hierher‘; *barák éara bába tedára* ‚du hast die Väter der Knaben getötet‘; *barák tōóti bābá-j-u* ‚er ist der Vater des Mädchens‘.

[2] Wahrscheinlich heisst das Wort ursprünglich *énde* (vgl. im Nubischen *éndi* ‚meine Mutter‘ vom Stamme *ēn*), dessen *e* nach einer allgemeinen Regel vor jedem Zusatz gedehnt werden muss. Als Auslaut ist es aber in das nahestehende kurze *a* übergegangen (vgl. denselben Vorgang mit der Genitivendung -*e* § 70, die Note). Als Belege für die Form *énda* bringe ich nachstehend einige Beispiele genau so, wie ich sie in meiner Materi-

111. Die Pronominalsuffixe werden auch an die Zahlwörter angehängt, um die Begriffe „wir drei‛ ‚ihrer zwei‛ u. dgl. auszudrücken, z. B. *mélomák giytēna* ‚ihr beide geht‛, *méhaján tîmnēi* ‚wir drei essen‛, *fádigáh g*ʷ*ēn* ‚ihrer vier trinken‛. — Bei MUNZINGER finden sich folgende hierauf bezügliche Formen: »*mulobhe*, sie zwei, *meheje*, sie drei, *temenhe*, sie zehn.»

112. Wenn ein Substantiv als Prädikat des Satzes steht, und ihm also die den Begriff des „Seins‛ ausdrückenden Endungen des Verbum subst. sufligirt werden müssen, nimmt es immer die Objektivform an (vgl. § 92, wo man auch jene Endungen aufgeführt findet). Dies geschieht auch, wenn das Substantiv schon mit einem Pronominalsuffix verbunden ist, nur dass jenes hier nicht, wie es sonst bei den Suffixen gewöhnlich der Fall ist, den Artikel hat. Das vor jenen Endungen erscheinende femin. -*t*, welches wir bei dem Nomen als femin. Objektivendung betrachten mussten, kommt auch nach den Pronominalsuffixen zum Vorschein, ohne dass ihm jedoch hier ein mask. -*b* entspricht[1]. Nach den Suffixen lauten also die Endungen des Verbum subst., wie folgt:

	Sing.		Plur.	
	Mask.	Fem.	Mask.	Fem.
Pers. 1.	-*a*	-*ta*	-*a*	-*ta*
2.	-*wa*	-*twi*	-*āna*	-*tāna*
3.	-*a*	-*ta*	-*a*	-*ta*

Bei der Anfügung der Endungen -*a*, -*a*, -*āna* an vokalisch auslautende Formen wird das bekannte eufonische *j* eingeschoben. Wenn aber die Endung -*āna* an ein auf das plurale -*a* ausgehende Suffix wie -*ōkna*, -*ōhna*, antreten soll, schmelzen die beiden *a* nach § 30 in *ā* zusammen. Die Pronominalsuffixe sind vor diesen Endungen nur in der 1. Pers. Sing. einigen leichten Veränderungen unterworfen. Wie wir oben bemerkten, giebt es für diese Person nur eine Suffixform -*a*, die sowohl im Nom. als im Obj. bei einem Substantiv im Sing. oder im Plur. gebraucht wird. Bei der Anfügung jener Verbalendungen, vor welchen das Suffix im Objektiv stehen muss, treten nun hier statt jenes starren *a* die

---

aliensammlung aufgezeichnet finde: *tōēit énda tāmtenī* ‚die Mutter des Mädchens isst‛; *āne tōētit énda timat* ‚ich verspeise die Mutter des Mädchens‛ (hier hätte man *éndēt* erwarten sollen, vgl. § 59); *tōnda tāmtenī* ‚seine (eigentlich ‚die‛) Mutter isst‛; *tōērtēt énda nawādirita* ‚die Mütter der Mädchen sind schön‛.

[1] Die Frage, wie jene vor den Endungen des Verbum subst. auftretenden -*b* und -*t* am richtigsten aufzufassen seien, wird in dem vergleichenden Teil eingehender besprochen werden.

bekannten objektivischen Vokale, ō im Sing. und ē im Plur., ein. Wahrscheinlich sind wohl diese Vokale -ō und ē die ursprünglichen objektivischen Suffixformen der 1. Pers. Sing., welche sich hier, von den nachfolgenden Endungen geschützt, haben erhalten können, während sie als Auslaut in das allgemeine, aber ursprünglich nur nominativische *a* verflacht worden sind. Zuletzt bemerke ich, dass hier die Suffixe der 2. Pers. Sing. Fem. niemals, sondern die mask. Formen für beide Geschlechter gebraucht werden, und dass ferner die Suffixe der 3. Pers. Sing. und Plur., die sonst vielfach durch den Artikel ersetzt werden [*ásan* ‚der Bruder' = ‚sein, ihr, Bruder'] hier in allgemeinem Gebrauch stehen, wie denn auch ihr schliessendes, sonst als Auslaut immer sehr schwaches -*h* sehr deutlich hervortritt. Zur übersichtlichen Darstellung dieser besonders lehrreichen Formen lasse ich wieder einige von meinen diesbezüglichen Paradigmenserien folgen:

Singular.

Mask.

áne	sán-u	ich bin (ein)		Bruder
»	sanók-u	» » dein		»
«	sanóh-u	» » sein (ihr)		»
»	sánōknā-j-u	» » euer		»
»	sánōhná-j-u	» » ihr		»
barák	sán-wa	du bist (ein)		Bruder
»	sanó-wa	» » mein		»
»	sanóh-wa	» » sein (ihr)		»
»	sanón-wa	» » unser		»
»	sánōhná-wa	» » ihr		»
baráh	ásan-u	er ist der		Bruder
»	sanó-j-u	» » mein		»
»	sanók-u	» » dein		»
»	sanóh-u	» » sein (ihr)		»
»	sanón-u	» » unser		»
»	sánōknā-j-u	» » euer		»
»	sánōkná-j-u	» » ihr		»

Fem.

áne	kʷá-tu	ich bin (eine)		Schwester
»	kʷátōk-tu	» » deine		»
»	kʷátōh-tu	» » seine (ihre)		»
»	kʷátōkná-tu	» » eure		»
»	kʷátōhná-tu	» » ihre		»
baták	kʷá-twi	du bist (eine)		Schw.
»	kʷátō-twi	» » meine		»
»	kʷátōh-twi	» » seine (ihre)		»
»	kʷátōn-twi	» » unsre		»
»	kʷátōhná-twi	» » ihre		»
baták	tákʷā-tu	sie ist die		Schwester
»	kʷátō-tu	» » meine		»
»	kʷátōk-tu	» » deine		»
»	kʷátōh-tu	» » seine (ihre)		»
»	kʷátōn-tu	» » unsre		»
»	kʷátōkná-tu	» » eure		»
»	kʷátōhná-tu	» » ihre		»

Plural.

hénen sanáb-a		wir sind		Brüder
» sáná-j-éka		» » deine		»
» sáná-j-éh-a		» » seine (ihre)		»
» saná-j-éknā-j-a[1]		» » eure		»
» saná-j-éhná-j-a[1]		» » ihre		»
hénen kʷá-ta		wir sind		Schw-n
» kʷátēk-ta		» » deine		»
» kʷátéh-ta		» » seine (ihre)		»
» kʷátēkná-ta		» » eure		»
» kʷátēhná-ta		» » ihre		»

[1] Das auslautende *a* kann hier abfallen, wobei das *j* zu *i* vokalisirt wird

barák	*sanáb-ána*	ihr seid	Brüder	*batáh*	*kʷá-tána*	ihr seid	Schw-n
»	*saná-j-ē-j-ána*[1]	» meine	»	»	*kʷátē-tána*	» » meine	»
»	*saná-j-ēh-ána*	» seine (ihre)	»	»	*kʷátēh-tána*	» » seine (ihre)	»
»	*saná-j-ēn-ána*	» unsre	»	»	*kʷátēn-tána*	» » unsre	»
»	*sami-j-ēhná-na*	» ihre	»	»	*kʷátēhná-tána*	» » ihre	»

baráh	*sanáb-a*[2]	sie sind	Brüder	*batáh*	*kʷá-ta*	sie sind	Schw-n
»	*saná-j-é-j-a*[1]	» » meine	»	»	*kʷátē-ta*	» » meine	»
»	*saná-j-ek-a*	» » deine	»	»	*kʷátēk-ta*	» » deine	»
»	*saná-j-eh-a*	» » seine (ihre)	»	»	*kʷátēh-ta*	» » seine (ihre)	»
»	*saná-j-en-a*	» » unsre	»	»	*kʷátēn-ta*	» » unsre	»
»	*saná-j-akná-j-a*	» » eure	»	»	*kʷátēkná-ta*	» » eure	»
»	*sami-j-ēhná-j-a*	» » ihre	»	»	*kʷátēhná-ta*	» » ihre	»

Vgl. noch folgende Beispiele:

baráh ótaki sanába	sie sind (die) Brüder des Mannes.
batáh ótakit kʷáta	sie sind (die) Schwestern des Mannes.
baráh bábóura	du bist mein Vater.
batáh éndētótari, éndētóhtari	du bist meine Mutter, seine (ihre) Mutter.
baráh bábēn-ána	ihr seid unsre Väter.
baráh bábēhná-na	vous êtes leurs pères.
batóh kʷátēhána	ihr seid meine Schwestern.
tákʷáta (od. *tékʷáta*) *támēn*	meine Schwestern essen.
ána tékʷáta átit	ich schlage meine Schwestern.

113. *Dára*[3] „Oheim" (von väterlicher und mütterlicher Seite = arab. ‘amm und ẖál). Plur. *dára* (nach § 52, b), wirft vor allen Suffixen sein -*a* ab (vgl. § 110), also *dára* auch = „mein Oheim, meinen Oheim, meine Oheime". Die „Tante" heisst (nach § 19) ebenfalls *dára* (aber auch, vielleicht nur dialektisch verschieden, *dēra* wie MUNZINGER schreibt), und das Geschlecht wird nach bekannten Regeln durch das femin. *t* an diesem Worte selbst oder anderen Wörtern bezeichnet. Beispiele: *ótaki dára éntōn éa* „der Oheim des Mannes kam hierher", *ótakit dára éntōn éta* „die Tante des Mannes kam hierher", *tōtákati dára éntōn éan* „die Oheime der Frau kamen", *tōtákatit dára éntōn éan* „die Tanten der Frau kamen", *dára éa* „mein Oheim kam", *dára éan* „meine Oheime kamen", *ádára* [statt *ádūra*] *éa* „der (oder auch „sein, ihr") Oheim kam", *baráh dārē-(j)-ána* „ihr seid meine Onkel", *baráh dūrēha* „ils sont ses oncles", *áne dérátōkta* „ich bin deine Tante", *áne derátá áta* „ich schlug meine Tante", *batáh dérátōtari* „du bist meine Tante", *batáh derátōhná-ta* „elle est leur tante" u. s. w.

---

[1] Die beiden eufonischen *j* sind sehr schwach, besonders das letztere.

[2] Bei der Frage, wie heisst „Brüder", lautet die Antwort sehr oft *sanába* „sie sind Brüder". Ebenso wird z. B. „meine Mutter" oft mit *éndētóta* „es ist meine Mutter", übersetzt (vgl. Einl. S. 28).

[3] Das *a* ist ziemlich tief, so dass die Form *dara* bei MUNZINGER darin ihre Erklärung findet.

114. In den vorangehenden §§ sind diejenigen Formen der Pronominalsuffixe angegeben, welche an ein Substantiv im Nom. oder Obj. angehängt werden. Wenn nun das Substantiv im Genitiv stehen soll (wie z. B. um den Ausdruck „meines Bruders Haus" wiederzugeben), wird nicht, wie im Türkischen, erst das Suffix und dann die Kasusendung, sondern, wie im Arab., erst die regelmässige Genitivendung -*i*, Plur. -*ē*, und dann die Suffixform angefügt. Aber welche soll man wählen? — die nominativische, durch *ū*, Plur. *ā*, oder die objektivische, durch *ō*, Plur. *ē* charakterisirt? Nach Analogie des Artikels, der vor einem Genitiv immer in der Objektivform erscheint, würde man die letztere vermuten. Allein hier tritt uns eine Erscheinung entgegen, die ein sehr bemerkenswertes Zeugnis für die reiche flexivische Kraft der Sprache abgiebt. Die dem Genitiv angehängten Suffixe werden nämlich gewissermassen nach der Zahl und dem Kasus des folgenden Nomen regens deklinirt, d. h. vor einem Nomin. Sing. treten die *ū*-Formen, vor einem Nomin. Plur. die *ā*-Formen, vor einem Akkus. Sing. die *ō*-Formen, und vor einem Akkus. Plur. die *ē*-Formen auf. Die 1. Pers. Sing. hält hier in allen Formen ihr *a* fest, da die objektivischen *ō* und *ē* nur vor einem angehängten Affix erscheinen, wie denn auch der Artikel wieder vor den Genitiv tritt. Ebenso sind hier die Suffixformen der 3. Pers. sehr selten, und werden durch den Artikel ersetzt. Ich führe die folgende Beispielserie, genau so wie ich sie gehört habe, mit dem bedeutungslosen Wechsel von *ū* statt *ō* in dem vorangestellten Artikel auf:

A. Der Genitiv steht im Singular.

1. Bei folgendem Nom. Sing.

ūsánia (tūkʷátia)[1]	yan wīnu	meines (meiner) Bruders (Schw.) Haus ist gross	
ūsániūk (tūkʷátiūk)	» »	deines [o Mann] » » » » »
ūsániūk[i] (tūkʷátiūk[i])	» »	deines [o Frau] » » » » »
[ūsániūh, tūkʷátiūh] / ūsani (tūkʷáti)	» »	seines (ihres) » » » » »
ūsániūn (tūkʷátiūn)	» »	unsres » » » » »
ūsániákna (tūkʷátiákna)	» »	eures » » » » »
[ūsániáhna, tūkʷátiáhna] / ūsani (tūkʷáti)	» »	ihres » » » » »

[1] Hier könnte ebenso gut *ūsánija, tūkʷátija*, und auf dieselbe Weise in allen folgenden Formen zwischen der Genitivendung *i* und dem Anlautsvokal der Suffixe ein *j* geschrieben werden, also z. B. *ūsánijōk, tūkʷátijān* neben *ūsániōk, tūkʷátiān*, oder auch *ūsánjōk, tūkʷátjān*. Da aber, bei dem Übergang von *i* zu dem folgenden Vokal, das *j* gewissermassen von selbst entsteht, kann es hier in der Schrift ausgelassen werden.

2. Bei folgendem Nom. Plur.

ūsánia (tūkʷátia)	gáwa wáwina	meines	B—s (Schwester) Häuser sind gross			
ūsániāk (tūkʷátiāk)	» »	deines	»	»	»	»
[ūsániāh, tūkʷátiāh] úsani (túkʷāti)	» »	seines(ihres)»	»	»	»	»
ūsániān (tūkʷátiān)	» »	unsres	»	»	»	»
ūsániákna (tūkʷátiákna)	» »	eures	»	»	»	»
[ūsániáhna, tūkʷátiáhna] úsani (túkʷāti)	» »	ihres	»	»	»	»

3. Bei folgendem Akk. Sing.

áne ūsánia (tūkʷátia)	mēk ádlib ha	ich kaufte meines	B—s (Schwester) Esel				
» ūsániōk (tūkʷátiōk)	» » »	» »	deines [o Mann] »	»	»		
» ūsániōk[i] (tūkʷátiōk[i])	» » »	» »	deines [o Frau] »	»	»		
» [ūsániōh, tūkʷátiōh] úsani (túkʷāti)	» » »	» »	seines (ihres)	»	»	»	
» ūsániōn (tūkʷátiōn)	» » »	» »	unsres	»	»	»	
» ūsániókna (tūkʷátiókna)	» » »	» »	eures	»	»	»	
» [ūsániáhna, tūkʷátiáhna] úsani (túkʷāti)	» » »	» »	ihres	»	»	»	

4. Bei folgendem Akk. Plur.

áne ūsánia (tūkʷátia)	gáwa adálib ha	ich kaufte meines	B—s (Schwester) Häuser			
» ūsániēk (tūkʷátiēk)	» » »	» »	deines	»	»	»
» [ūsániēh, tūkʷátiēh] úsani (túkʷāti)	» » »	» »	seines	»	»	»
» ūsániēn (tūkʷátiēn)	» » »	» »	unsres	»	»	»
» ūsániēkna (tūkʷátiēkna)	» » »	» »	eures	»	»	»
» [ūsániáhna, tūkʷátiáhna] úsani (túkʷāti)	» » »	» »	ihres	»	»	»

B. Der Genitiv steht im Plural.

1. Bei folgendem Nom. Sing.

ēsanája (tēkʷáta)	gau winu	meiner	Brüder (Schwestern) Haus ist gross				
ēsanájēāk (tēkʷátēāk)	» »	deiner [o Mann] »	»	»	»	»	
ēsanájēāk[i] (tēkʷátēāk[i])	» »	deiner [o Frau] »	»	»	»	»	
[ēsanájēāh, tēkʷátēāh] ésanája (tēkʷáta)	» »	seiner (ihrer) »	»	»	»	»	
ēsanájēān (tēkʷátēān)	» »	unsrer	»	»	»	»	
ēsanájēāknu (tēkʷátēūkna)	» »	eurer	»	»	»	»	
[ēsanájēāhna, tēkʷátēāhna] ésanája (tēkʷáta)	» »	ihrer	»	»	»	»	

2 bei folgendem Nom. Plur.

ēsánājéa (tēkʷātéa)¹	gáwa wāwína	meiner	Brüder (Schwestern) Häuser sind gross
ēsánājéak (tēkʷātéak)	» »	deiner	» » » »
[ēsánājéāh, tēkʷātéāh] ésanája (tēkʷāta)	» »	seiner (ihrer) »	» » »
ēsánājéān (tēkʷātéan)	» »	unsrer	» » » »
ēsanájēákna (tēkʷātéákna)	» »	eurer	» » » »
[ēsanájēáhna, tēkʷātéáhna] ésanája (tēkʷāta)	» »	ihrer	» » » »

3. bei folgendem Akk. Sing.

áne ēsánājéa (tēkʷātéa)	gan ádlib ha	ich kaufte	meiner	Bruder (S—n) Haus
» ēsánājéok (tēkʷātéak)	» » » »	»	deiner [o Mann]	» » »
» ēsanājéok[i] (tēkʷātéak[i])	» » » »	»	deiner [o Frau]	» » »
» [ēsánājéōh, tēkʷātéōh] ésanája (tēkʷāta)	» » » »	»	seiner (ihrer)	» » »
» ēsánājéon (tēkʷātéon)	» » » »	»	unsrer	» » »
» ēsanājéakna (tēkʷātéákna)	» » » »	»	eurer	» » »
» [ēsanájēáhna, tēkʷātéáhna] ésanája (tēkʷāta)	» » » »	»	ihrer	» » »

4. bei folgendem Akk. Plur.

áne ēsánājéa (tēkʷātéa)	gáwa ulálib ha	ich kaufte	meiner	Brüder (S—n) Häuser
» ēsánājéak (tēkʷātéak)	» » » »	»	deiner	» » »
» [ēsánājéeh, tēkʷātéeh] ésanája (tēkʷāta)	» » » »	»	seiner (ihrer)	» » »
» ēsánājéen (tēkʷātéen)	» » » »	»	unsrer	» » »
» ēsanájēákna (tēkʷātéákna)	» » » »	»	eurer	» » »
» [ēsanájēáhna, tēkʷātéáhna] ésanája (tēkʷāta)	» » » »	»	ihrer	» » »

115. Bei den Wörtern *bába*, *ónda*, *dára*, welche vor den Pronominalsuffixen den Artikel nicht annehmen, tritt dieser zu dem folgenden Hauptwort hinzu, z. B. *bábiān ōgan wīna* ‚das Haus unseres Vaters ist gross‘, *áne dáriókna ōkām ádlib ha* ‚ich kaufte das Kamel eures Oheims‘, *ōlabi uok* (oder *bábiūh āmīk*) *dóiba* ‚der Esel seines Vaters ist gut‘, *bábiān āmak wawina* ‚die Esel unsres Vaters sind gross‘, *ba-*

---

¹ Hier könnte auch *tēkʷātē-j-ā*, *ēsána-j-é-j-a*, mit einem zweiten euphonischen *j*, und ebenso in allen folgenden Formen zwischen der Genitivendung *ē* und den folgenden Vokalen *ā*, *ō*, *ā*, *e*, ein *j* geschrieben werden; da es aber schwächer ist, als das erste im Mask, eingeschobene *j* (bei einigen war sogar der Hiat ganz deutlich), und auch nach dem *ī* im Plural das *j* fast ebenso leicht wie nach dem *i* im Singul, von selbst entsteht, wird es hier ebenfalls ausgelassen (vgl. die Note auf S. 95).

biókna ágawa (statt ágawa) dibanöba „die Häuser eurer Väter sind klein", áne bábtókna ómau idlib ha „ich kaufte das Haus eurer Väter", barák éndĕtén sánáb réhta „du hast die Brüder unsrer Mütter gesehen".

116. In den Beispielen der beiden vorstehenden §§ sind die den Genitiv regierenden Hauptwörter Maskulina, demzufolge die zwischen dem Nomen rectum und dem Pronominalsuffix stehenden Genitivendungen *i* und *ē* lauten. Wenn das regierende Hauptwort ein Femin. ist, wird dies, wie schon oben (§ 69) dargestellt, durch ein dem vorangehenden Genitiv hinzugefügtes *t* bezeichnet, z. B. ŏsani mēk „der Esel des Bruders", ŏsanīt mēk „die Eselin des Bruders", tŏkʷáti (tŏkʷatīt) mēk „der Esel (die Eselin) der Schwester". Soll nun ein Pronominalsuffix an den Genitiv angehängt werden, so hindert dies in keiner Weise jene eigentümliche Bezeichnung des Geschlechtes der Hauptwörter, sondern das fem. *t* nimmt auch hier denselben Platz ein, d. h. im vorliegenden Falle, zwischen den Genitivendungen, *i, ē*, und den Suffixen, z. B. ŏsanīta mēk „die Eselin meines Bruders"; tŏkʷátētān mēk „die Eselin unserer Schwester". Im letzteren Beispiele rühren die beiden ersten *t* von dem Geschlecht des Genitivs, das letzte vom Genus des Nomen regens her. Ein Schema aller Genitivformen in Verbindung mit den Pronominalsuffixen — wobei ich die seltenen Formen der 2. Pers. Sing. Fem. auf -*ki* ganz ausser Acht lasse, und noch einmal daran erinnere, dass die Formen der 3. Pers. Sing. und Plur. öfters durch den Artikel ersetzt werden — hat also folgendes Aussehen:

A. Die singulare Genitivendung -*i* fem. -*ti* mit folgenden Possessivsuffixen

a) vor einem mask. Hauptwort   b) vor einem femin. Hauptwort

1. im **Nom. Sing.**

Pers.	Mask.	Fem.	Mask.	Fem.
Sing. 1.	i-a	ti-a	—i-ta	—ti-ta
2.	—i-āk	—ti-āk	—i-tāk	—ti-tāk
3.	—i-āh	—ti-āh	—i-tāh	ti-tāh
Plur. 1.	i-ān	—ti-ān	i-tān	—ti-tān
2.	—i-ākna	—ti-ākna	—i-tākna	—ti-tākna
3.	—i-āhna	—ti-āhna	—i-tāhna	—ti-tāhna

2 im **Obj. Sing.**

Sing. 1.	—i-a	—ti-a	—i-ta	—ti-ta
2.	i-ōk	—ti-ōk	—i-tōk	—ti-tōk
3.	—i-ōh	—ti-ōh	i-tōh	—ti-tōh
Plur. 1.	—i-ōn	—ti-ōn	—i-tōn	ti-tōn
2.	—i-ōkna	—ti-ōkna	—i-tōkna	—ti-tōkna
3.	—i-ōhna	ti-ōhna	i-tōhna	—ti-tōhna

DIE BISCHARI-SPRACHE.

a) vor einem mask. Hauptwort   b) vor einem femin. Hauptwort

3. im Nom. Plur.

Pers.	Mask.	Fem.	Mask.	Fem.
Sing. 1.	i-a	ti-a	—i-ta	—ti-ta
2.	—i-āk	ti-āk	—i-tāk	—ti-tāk
3.	—i-āh	—ti-āh	—i-tāh	—ti-tāh
Plur. 1.	—i-āu	—ti-āu	i-tāu	—ti-tāu
2.	—i-ākua	—ti-ākua	—i-tākua	—ti-tākua
3.	—i-āhua	—ti-āhua	—i-tāhua	ti-tāhua

4. im Obj. Plur

Sing. 1.	—i-a	—ti-a	—i-ta	ti-ta
2.	i-ēk	—ti-ēk	—i-tēk	—ti-tēk
3.	—i-ēh	—ti-ēh	i-tēh	—ti-tēh
Plur. 1.	—i-ēu	ti-ēu	—i-tēu	—ti-tēu
2.	—i-ēkua	—ti-ēkua	—i-tēkua	ti-tēkua
3.	—i-ēhua	—ti-ēhua	—i-tēhua	—ti-tēhua

B. Die plurale Genitivendung -e, fem. -te, mit folgenden Possessivsuffixen

a) vor einem mask. Hauptwort   b) vor einem femin. Hauptwort

1. im Nom. Sing.

Pers.	Mask.	Fem.	Mask.	Fem.
Sing. 1.	—ē-a[1]	—tē-a	—ē-ta	—tē-ta
2.	—ē-āk	—tē-āk	—ē-tāk	tē-tuk
3.	—ē-āh	tē-āh	—ē-tāh	—tē-tāh
Plur. 1.	—ē-āu	tē-āu	—ē-tāu	tē-tāu
2.	—ē-ākua	—tē-ākua	—ē-tākua	tē-tākua
3.	ē-āhua	—tē-āhua	i-tāhua	- tē-tāhua

2. im Obj. Sing.

Sing. 1.	—ē-a	—tē-a	—ē-ta	—tē-ta
2.	—i-ōk	tē-ōk	—ē-tōk	—tē-tōk
3.	—i-ōh	tē-ōh	ē-tōh	—tē-tōh
Plur. 1.	—i-ōu	—ti-ōu	ē-tou	tē-tōn
2.	—ē-ākua	tē-okna	—ē-tōkua	ti-tōkua
3.	—ē-āhua	—tē-ōhua	i-tōhua	tē-tōhua

[1] Vgl. die Note auf S. 97.

a) vor einem mask. Hauptwort   b) vor einem femin. Hauptwort

3. im Nom. Plur.

Pers.		Mask.	Fem.	Mask.	Fem.
Sing.	1.	—ŕ-a	—tŕ-a	ŕ-ta	tŕ-ta
	2.	—ŕ-āk	—tŕ-āk	—ŕ-tāk	tŕ-tāk
	3.	ŕ-āh	—tŕ-āh	—ŕ-tāh	tŕ-tāh
Plur.	1.	—ŕ-āu	—tŕ-āu	—ŕ-tāu	tŕ-tāu
	2.	—ŕ-ākua	—tŕ-ākua	—ŕ-tākua	tŕ-tākua
	3.	—ŕ-āhna	—tŕ-āhna	—ŕ-tāhna	tŕ-tāhna

4. im Obj. Plur.

Sing.	1.	ŕ-a	tŕ-a	—ŕ-ta	tŕ-ta
	2.	ŕ-ŕk	tŕ-ŕk	—ŕ-tŕk	—tŕ-tŕk
	3.	ŕ-ŕh	—tŕ-ŕh	—ŕ-tŕh	—tŕ-tŕh
Plur.	1.	—ŕ-ŕu	—tŕ-ŕu	ŕ-tŕu	—tŕ-tŕu
	2.	—ŕ-ŕkua	—tŕ-ŕkua	—ŕ-tŕkua	—tŕ-tŕkua
	3.	—ŕ-ŕhna	—tŕ-ŕhna	—ŕ-tŕhna	tŕ-tŕhna

117. Um also die Begriffe ‚meines (deines etc.) Bruders‘ ‚meiner (deiner etc.) Schwester, Brüder, Schwestern‘ auszudrücken, setzt man im Singular den reinen Nominalstamm, *san*, *kᵘa*, mit den Artikelformen *ŏ*, *tŏ* (womit häufig *ŭ*, *tŭ*, ohne jeglichen Unterschied hinsichtlich der Bedeutung oder des Gebrauchs wechseln), je nach dem Geschlecht des Genitivs und dem Genus, Numerus und Kasus des regierenden Hauptwortes vor eine der unter § 116, A aufgeführten Endungen, und im Plural die resp. Pluralformen (hier *siua*, *kᵘa*) mit den Artikelformen *ŕ*, *tŕ*, wofür sehr selten *ā*, *tā* erscheinen, vor eine der Endungen unter B. Hierbei sind doch die vorher erwähnten Regeln von dem Abwerfen eines auslautenden -*a* (s. § 110), und der Einschaltung des *j* (vgl. § 108, b nebst den Noten auf S. 95 und 97) zu beobachten. Beispiele:

āmekia uāra wiua	der Schwanz meines Esels ist gross.
tōmektiŏk āāgul wāwina	die Ohren deiner Eselin sind gross.
tŕmaktŕāu gan hādala	das Zelt unsrer Eselinnen ist schwarz.
ine tŕhatājtiŏk uāra āwik	ich habe den Schwanz deiner Stute abgeschnitten.
tŕmaktŕtūn sa dāita	das Fleisch unsrer Eselinnen ist gut.
tŕkᵘātŕtāk ar wāwinta	die Töchter deiner Schwestern sind gross.

Ich kann nicht umhin, den Leser auf die eigentümliche Weise besonders aufmerksam zu machen, wie in diesen Beispielen, denen ich noch eine nicht unbedeutende Anzahl hinzufügen könnte, die ganze formale Seite der Hauptwörter *uāra*, *sa*, *ar*: bestimmte Form, Geschlecht, Zahl und Kasus, nicht am Worte selbst, sondern an dem vorangehenden Genitiv und dessen Suffixe bezeichnet wird.

118. Steht das regierende Hauptwort in einem obliquen Kasus (Gen. Abl. oder Dat.), so behalten die Pronominalsuffixe des Genitivs dieselben Formen bei, wie vor einem Hauptwort im Akk., d. h. gleichwie der Artikel vor einem Substantiv im Gen., Abl. oder Dat. immer in der Objektivform mit *ŏ*, Plur. *ŕ*, erscheint, so treten auch die einem Genitiv angehängten Pronominalsuffixe vor einem Hauptwort in denselben Kasus in ihren entsprechenden Objektivformen mit ō, Plur. ī, auf. z. B.

áne ūsánia ōri mēk ádlib ha	ich habe den Esel des Sohnes meines Bruders gekauft.
barūk ūsánitōn ōrtit mēk rēhta.	du hast die Eselin der Tochter unsres Bruders gesehen.
áne tēkʷátētēkua ārta jēfā(b) sa-lámam	ich küsste die Munde eurer Nichten.
barūh bátjūk ógawī éhe	er ist in dem Hause deines Vaters.
barūk endétiōh ógawī sār tēkia	du bist in dem Hause seiner (ihrer) Mutter gewesen.
áne ēkam bábēēkua ógawāje āba	ich nahm die Kamele aus den Häusern eurer Väter.

119. Wir haben oben (§ 91) gesehen, dass, wenn ein Substantiv, das im Genitiv stehen soll, durch ein nachfolgendes Adjektiv näher bestimmt wird, die Genitivbezeichnung, sowie das schliessende *t*, wenn das Nomen regens fem. ist, nich, an das Substantiv, sondern an das mit *-na* erweiterte Adjektiv tritt, z. B. *ōsan ōwin áfreju* ‚der grosse Bruder ist hässlich', *ōsan ōwinnajt ōr afritu* ‚die Tochter des grossen Bruders ist hässlich'. Der Sprachgebrauch verbleibt sich ganz gleich auch dann, wenn ein mit einem Pronominalsuffix versehener Genitiv noch durch ein nachfolgendes Adjektiv bestimmt wird. Das Substantiv selbst erhält keine Genitivendung, sondern das Suffix wird in der Objektivform an den Stamm angefügt, und der Begriff des Genitivs, wie eventuell das fem. Geschlecht des regierenden Hauptwortes, in erwähnter Weise bezeichnet, z. B.

ásanōk ōwinnaj ōr áfreju	der Knabe deines grossen Bruders ist schlecht.
ásana ōwinnajt mēk dáiba	die Eselin meines grossen Bruders ist gut.
ásanāta mēk tāwint afrita	die grosse Eselin meines Bruders ist schlecht.
ēsánājēkua ēwáwinnája kām dáiba	das Kamel eurer grossen Brüder ist gut.
ēsánājēn ēwáwinnājīt mak tāwawint dáita	die grossen Eselinnen unsrer grossen Brüder sind gut.

120. Neben den Pronominalsuffixen besitzt die Sprache auch selbständige Possessiven, welche ihrem Ursprunge nach nichts anderes sind, als die Genitivformen der selbständigen persönlichen Pronomina. In der 1. Person lauten sie mit den bekannten Endungen: Sing. *áni* (für *áne-i*, vgl. § 71) ‚mein' (eig. ‚meiner'), Plur. *hénū*[1] ‚unser'. Die Genitivformen der persönlichen Pronomina der 2. und 3. Person, welche aus dem Stamme *bar*, fem. *bat* (für *bart*) und den entsprechenden

---

[1] Es kommt mir zweifelhaft vor, ob wir *hénē*, wie *hénēb* (aus *hénen*, vgl. § 101) oder vielleicht *hénnū* aus *hénen-i* zu schreiben haben. Da indessen der erste Vokal kurz ist, so sind die beiden Formen beinahe gleichlautend, und der Einfachheit halber ziehe ich die erstere Form vor, um so mehr als MUNZINGER neben *hénen* auch eine Form *hen* ‚wir' anführt.

Pronominalsuffixen zusammengesetzt sind, werden ganz in derselben Weise wie die oben besprochenen Genitivformen der mit Suffixen versehenen Substantive gebildet, d. h. zuerst werden die Endungen, Sing. *i*, Plur. -*ē*, und dann die Suffixe, hier immer in der Objektivform, angehängt. Es entstehen also folgende Formen:

Singular.

		Mask.		Fem.	
Sing.	1.	*ánī*	(meiner) mein	*ánī*	meine
	2. m.	*bárīōk*	(deiner) dein (o Mann)	*barítōk*	deine (o Mann)
	f.	*bắtīōk*	(deiner) dein (o Frau)	*bắtītōk*	deine (o Frau)
	3. m.	*bárīōh*	(seiner) sein	*barítōh*	seine
	f.	*bắtīōh*	(ihrer) ihr	*bắtītōh*	ihre
Plur.	1.	*hénē*	unser	*hénē*	unsre
	2. m.	*bárēōkna*	euer (o Männer)	*bárētōkna*	eure (o Männer)
	f.	*bắtēōkna*	euer (o Frauen)	*bắtētōkna*	eure (o Frauen)
	3. m.	*bárēōhna* ⎫	(ihrer) ihr	*bárētōhna* ⎫	ihre
	f.	*bắtēōhna* ⎭		*bắtētōhna* ⎭	

Plural.

Sing.	1.	*ánī*	meine	*ánī*	meine
	2. m.	*bárīēk*	deine (o Mann)	*barítīk*	deine (o Mann)
	f.	*bắtīēk*	deine (o Frau)	*bắtītīk*	(deine (o Frau)
	3. m.	*bárīēh*	seine	*barítīh*	seine
	f.	*bắtīēh*	ihre	*bắtītīh*	ihre
Plur.	1.	*hénē*	unsre	*hénē*	unsre
	2. m.	*bárēēkna*	eure (o Männer)	*bárētēkna*	eure (o Männer)
	f.	*bắtēēkna*	eure (o Frauen)	*bắtētēkna*	eure (o Frauen)
	3. m.	*bárēēhna* ⎫	ihre	*bárētēhna* ⎫	ihre
	f.	*bắtēēhna* ⎭		*bắtētēhna* ⎭	

121. Die oben aufgezeichneten Formen werden nun, zum Unterschied von den Pronominalsuffixen, welche, wie wir gesehen haben, im allgemeinen unsre Possessiven vertreten, hauptsächlich nur in den zwei folgenden Fällen gebraucht: *erstens*, wenn das possessive Pronomen besonders hervorgehoben werden soll, wobei das folgende Substantiv immer den Artikel erhält, z. B. *índētūk éta* „deine Mutter kam", *barítōk tánda éta* „deine Mutter kam (o Mann)"; *áne bắtētōhna tánda d'uli* „ich schlug ihre (der Mädchen) Mutter"; so namentlich in der 3. Person um einerseits das Genus und andererseits den Numerus zu unterscheiden, da beispielsweise *índētūh* sowohl „seine" als „ihre Mutter", *tánda* „la mère, sa mère (à lui, à elle), leur mère (à eux, à elles)" bedeuten kann, dage-

DIE BISCHARI-SPRACHE. 103

gen *barítŏk tắnda* ‚seine Mutter', *bátítŏh tấnda* ‚sa mère à elle'. *bárĕtŏhna tấnda* ‚leur mère à eux' u. s. w.; zweitens, wenn das Possessiv als Prädikat mit den Endungen des Verbum subst. verbunden wird, wie in den nachstehenden Paradigmen:

Singular.

Mask.				Fem.			
áne baríŏku	ich bin dein (o Mann)			*áne barítŏkta*[1]	ich (Frau) bin dein (o Mann)		
» *bátíŏku*	» » » (o Frau)			» *bátítŏkta*	» » » » (o Frau)		
» *baríŏhu*	» » sein			» *barítŏhta*	» » » sein		
» *bátíŏhu*	» » ihr			» *bátítŏhta*	» » » ihr		
» *barĕŏknáju*	» » euer (o Männer)			» *barĕtŏknátu*	» » » euer (o Männer)		
» *bátĕoknáju*	» » » (o Frauen)			» *bátĕtŏknátu*	» » » (o Frauen)		
» *barĕŏhnáju*	» » ihr			» *barĕŏhnátu*	» » » ihr		
» *bátĕŏhnáju*	» » »			» *bátĕŏhnátu*	» » » »		

barák aníbwa[2]	du (Mann) bist mein			*báták anítwi*	du (Frau) bist mein		
» *baríŏhwa*	» » » sein			» *barítŏhtwi*	» » » sein		
» *bátíŏhwa*	» » » ihr			» *bátítŏhtwi*	» » » ihr		
» *henĕbwa*	» » » unser			» *henĕtwi*	» » » unser		
» *barĕŏhnáwa*	» » » ihr			» *barĕtohnátwi*	» » » ihr		
» *bátĕŏhnáwa*	» » » »			» *bátĕtŏhnátwi*	» » » »		

| *baráh aníbu*[3] | er ist mein | | | *bátáh aníta* | sie ist mein | | |
| » *baríŏku* | » » dein (o Mann) | | | » *barítŏkta* | » » dein (o Mann) | | |

---

[1] Der Leser, der noch nicht in den Geist der Sprache eingedrungen ist, würde hier wahrscheinlich, statt *barítŏkta, baríŏkta* erwartet haben, da *bári* als eine mask. Form wohl ein mask. Suffix annehmen sollte, und die weibliche Endung -*ta* das Geschlecht des Subjekts *áne* genügend bezeichnet. Allein, wiewohl es wahr ist, dass die femin. Suffixe -*ták*, -*tŏk* etc. an ein femin. Substantiv im Nomin. oder Obj. angefügt werden müssen, wie z. B. *éndetŏk, éndetŏk* ‚deine Mutter', so gehört es ja doch zu den charakteristischen Eigentümlichkeiten des Bedawie, dass bei einem Genitiv, wie hier das Wort *bári*, das Suffix sich nicht nach dem Geschlecht des Genitivs, sondern nach dem des folgenden Hauptwortes, das hier durch jene Endung -*ta* vertreten ist, richten muss. Die im Texte stehenden Paradigmen, die mir alle von meinen Lehrern, nach den arabischen Sätzen *ána betá ak, ána betá ha*, *ínte betá i* etc., vorgesprochen worden sind, geben übrigens ein sprechendes Bild von dem reichen Geschlechtsleben der besonders in diesem Punkte so fein entwickelten Sprache.

[2] Oder *anáwa* (nach § 38) wie im Plur. *henáwa* neben *henĕbwa*. Man beachte übrigens, dass trotz der in der vorangehenden Note berührten geschlechtlichen Entwickelung der Sprache, die Formen der ersten Person immer geschlechtslos sind, so dass es stets *barák aníbwa, baráh aníba, báták aníta* etc. heisst, gleichviel ob der Sprechende ein Mann oder eine Frau ist.

[3] Es scheint, als ob man aus diesem Beispiele wie aus dem pluralen *hnéda* folgern könnte, dass das *b* zu der Endung gehört, und nicht zu der vorangehenden Pronominalform.

Mask.				Fem.			
baráh henéba	er ist unser			bātáh henétu	sie ist unser		
» baréēknája »	» euer (o Männer)			» barétōknátu »	» euer (o Frauen)		
etc. wie in der ersten Person Sing.							

Plural.

hénen bariēka	wir sind dein (o Mann)			hénen barītékta	wir (Frauen) sind dein		
» bātiēka	»	» » (o Frau)		» bātītékta	»	» » »
» bariēha	»	» sein		» barītéhta	»	» » sein
» bātiēha	»	» ihr		» bātītéhta	»	» » ihr
» baréēknája »	» euer (o Männer)			» barétōknáta »	»	» euer
» bātéēknája »	» » (o Frauen)			» bātétōknáta »	»	» »
» baréēhnája »	» ihr			» barétēhnáta »	»	» ihr
» bātéēhnája »	» » »			» bātétēhnáta »	»	» »

barák anībāna	ihr seid mein			bāták anītāna	ihr (Frauen) seid mein		
» biriēhāna	» » sein			» barītēhtāna	» » » sein		
» bātiēhāna	» » ihr (der Frau)			» bātītēhtāna	» » » ihr		
» hénēbāna	» » unser			» hénētāna	» » » unser		
» baréēhná-na¹ »	» ihr (der Männer)			» barétēhnátāna »	» » ihr		
» bātéēhná-na¹ »	» » (der Frauen)			» bātétēhnátāna »	» » »		

baráh aníba	sie sind mein			bātāh anítu	sie (die Frauen) sind mein		
» bariēka	» » dein			» barītékta	» » » dein		
» henéba	» » unser			» henéta	» » » unser		
» baréēknája »	» euer			» barétōknáta »	» » euer		

etc. wie in der ersten Person Plur.

123. Mynzinger führt die im vorstehenden § besprochenen Pronominalformen folgendermassen an:

Substantivisches possessives Pronomen.

Sing.		Plur.	
1. Pers. aníba,	der Meinige, fem. anítu.	heneba, der Unsere, fem. heneta.	
2. » berick,	der Deinige, fem. betjok.	bercok, der Eurige, fem. betcok.	
3. » berio,	der Seinige, fem. betjo.	beroeh, der Ihrige, fem. beteoh.	

der hier ein Genitiv ist (vgl. § 112). Entscheidend ist jedoch dieser Fall nicht. Es wäre nämlich leicht denkbar, dass *ani* und *hené* ursprünglich Adjektive sind, wie auch im Indoeuropäischen die Genitivendungen vielfach mit adjektivischen Ableitungssuffixen zusammenzufallen scheinen, und, wenn dem so wäre, dann müssten jene Adjektive hier wie überall die Objektivform auf -*b* annehmen. So heisst es auch in den übrigen Personen *barák aníbwa*, *barák ánibwa*, etc. ja sogar in der ersten Person *ine aníba* ‚ich bin mein' = ‚ich bin mein eigener Herr', arab. *anu beti i*.

¹ Zusammengezogen aus *baréēhná-ána*, *bātéēhná-ána* (vgl. § 112).

Aus den obigen Paradigmen ersieht man die wahre Bedeutung der Formen *anibu, anitu, henebu, henetu*, und dass sie durchaus nicht mit den übrigen *bariok, betjok* etc. parallel sind. Die Übersetzung »der Deinige, Seinige etc.», stimmt dagegen sehr gut mit meinen Angaben über den Gebrauch der in Rede stehenden Formen überein. Noch mehr substantivisch werden sie durch Hinzufügung des Wortes *na* f. „Sache', z. B. *tûna baritóktu* ‚ist diese Sache dein?' *lau, tûna anitu* ‚nein, die Sache ist mein', *baritók-na hija-heb* ‚gieb mir den deinigen' (od. ‚die deinige'), *âne baritóh-na rêhan* ‚ich habe den seinigen (die seinige) gesehen'.

123. Der Dativ der Pronomina personalia wird, nach Analogie der Dativform der Nennwörter, durch die Anhängung des Dativaffixes *-da* an die in § 120 aufgeführten selbständigen Genitivformen gebildet, also:

Singular.   **Plural.**

Pers. 1.	*anída*	für mich	*henéda*	für uns
» 2. m.	*bariókda*[1]	» dich (Mann)	*barióknáda*	» euch (Männer)
f.	*bātiókda*	» dich (Frau)	*bātéoknáda*	» euch (Frauen)
» 3. m.	*bariókda*[1]	» ihn	*bariôhnáda*	» sie
f.	*bātióhda*	» sie	*bātéohnáda*	» sie

Beispiele: *âne tōmadóm berjókda áha* ‚ich nahm das Bett für dich', *barák tōmadóma henéda téhajân* ‚ihr nahmet die Betten für uns'.

124. Der Dativ der possessiven Pronominalsuffixe, oder richtiger gesagt, der Substantive, die mit denselben verbunden sind, wird in ganz analoger Weise gebildet. Das Substantiv mit seinem Suffix nimmt dieselbe Form an, die es als Genitiv vor einem folgenden Objektiv im Sing. (nach § 116, A 2, B 2) erhalten müsste, und das Affix *-da* wird angehängt, nur geht das *-a* der 1. Pers. Sing. hier, wie überhaupt vor jedem Zusatz (vgl. § 106), in *ó* über, also:

Singular

    Mask.   Fem.

ásaniódа	für meinen	Bruder	*tōkʷátióda*	für meine	Schwester
ásaniókda	» deinen	»	*tōkʷátiókda*	» deine	»
[*ásaniöhda*] *ósanída*	» seinen (ihren)	»	[*tōkʷátiöhda*] *tōkʷátída*	» seine (ihre)	»
ásaniónda	» unsren	»	*tōkʷátiónda*	» unsre	»
ásanioknáda	» euren	»	*tōkʷátioknáda*	» eure	»
[*ásanióhnáda*] *ósanída*	» ihren	»	[*tōkʷátióhnáda*] *tōkʷátíla*	» ihre	»

---

[1] Oder der gewöhnlichen schnelleren Aussprache etwas näher kommend *berjókda, berjóhda*. Auch kann das schliessende *-a* abfallen, vgl. § 21, u.

Plural.

	Mask.				Fem.		
ĭsanájĕŏda	für	meine	Brüder	tĕk"átĕŏda	für	meine	Schwestern
ĭsanájĕŏkda	»	deine	»	tĕk"átĕŏkda	»	deine	»
[ĭsanájĕŏhda] ĭsinájĕda	»	seine (ihre)	»	[tĕk"átĕŏhda] tĕk"átĕda	»	seine (ihre)	»
ĭsanájĕŏnda	»	unsre	»	tĕk"átĕŏnda	»	unsre	»
ĭsanájĕŏknáda	»	eure	»	tĕk"átĕŏknáda	»	eure	»
[ĭsanájĕŏhnáda] ĭsinájĕda	»	ihre	»	[tĕk"átĕŏhnáda] tĕk"átĕda	»	ihre	»

Beispiele: *barák tŏmĕktiŏnda tibn tĕhája* ‚hast du Heu für meine Eselin genommen?‘ *ánĕ ŭsanjókda* (od. *ŭsanjágd* nach §§ 21, a und 36) *ádi* ‚ich habe [es] um deines Bruders willen gethan‘. Wie schon oben erwähnt worden ist, steht jedoch oft der Objektiv im Bedawie dem deutschen Dativ entsprechend, z. B.

barák ásana kak tĕna	was (eig. wie) hast du meinem Bruder gesagt?
ánĕ ógarŏk áhĕra	ich ging zu dem Hause deines Bruders.
ánĕ ăsanók mĕk áhĕ	ich gab deinem Bruder einen Esel.
ánĕ ótam bábŏn hit	ich gebe unsrem Vater das Essen.
barák bába tĕktiba	du schriebst an meinen Vater.
barák tówarak hŭhiŏda tĕktiba	du schriebst den Brief für meinen Vater.

125. Der Ablativ der persönlichen Pronomina ist in der ersten Person dem Genitiv gleich, also *íni* ‚von mir‘, *hĕnŏ* ‚von uns‘, wird aber in der 2. und 3. Person ganz anders gebildet. Aus der obigen Darstellung der verschiedenen Kasusformen jener Pronomina geht hervor, dass *baráki*, *batáki*, *baráh*, *batáh* ganz wie alle anderen mit Pronominalsuffixen versehenen Substantive deklinirt werden. Die Ablativform derselben wird nun so gebildet, dass zwischen den Nominalstamm und die Suffixe, das Mittelsuffix *-is-*, Plur. *-ĕs-*, Fem. *-tis-*, *-tĕs-*, eingeschoben wird, oder, wie man vielleicht richtiger abteilend sagen könnte: nach der gewöhnlichen Ablativendung des Substantivs, Sing. *-i*, Plur. *ŏ*, Fem. *-ti*, *-tĕ*, wird das Suffix, immer in der Objektivform auf *ŏ*, mit einem vorgesetzten *s* angehängt (vgl. jedoch § 130). Die mit den Pronominalsuffixen verbundenen Ablativendungen des Substantivs lauten demnach, wie folgt:

		Sing.			Plur.		
Pers.	Mask.		Fem.		Mask.	Fem.	
Sing. 1.	-isa	von meinem	-tisa	von meiner	-ĕsa	-tĕsa	von meinen
2.	-isŏk	» deinem	-tisŏk	» deiner	-ĕsŏk	-tĕsŏk	» deinen
3.	-isŏh	» seinem	-tisŏh	» seiner	-ĕsŏh	-tĕsŏh	» seinen

DIE BISCHARI-SPRACHE.

	Sing.		Plur.	
Pers.	Mask.	Fem.	Mask.	Fem.
Plur. 1.	-isōn von unsrem	-tisōn von unsrer	-ēsōn	-tēsōn von unsren
2.	-isōkna » eurem	-tisōkna » eurer	-ēsōkna	-tēsōkna » euren
3.	-isōhna » ihrem	-tisōhna » ihrer	-ēsōhna	-tēsōhna » ihren

Beispiele: *āne āsanīsa āha* ‚ich habe [es] von meinem Bruder erhalten‘, *tōkʷātīsōk* ‚von deiner Schwester‘, *barōk ēgawēsa t'haja* ‚du hast [es] aus meinen Häusern genommen‘. So müssen denn auch die Ablativformen der persönlichen Pronomina der 2. und 3. Person lauten: *barīsok* ‚von dir (o Mann)‘, *batīsōk* ‚von dir (o Frau)‘, *barīsoh* ‚von ihm‘ etc. (s. § 128).

126. Alle übrigen im Deutschen durch Präpositionen zu bezeichnenden Verhältnisse der mit Pronominalsuffixen verbundenen Nennwörter, werden, ebenso bei den einfachen Substantiven, durch Postpositionen mit vorhergehendem Genitiv ausgedrückt. Die hier in Betracht kommenden Genitivformen sind natürlich, wie bei dem Dativ und Ablativ, nur diejenigen, welche (nach § 116) vor einem Hauptworte im Obj. Sing. erscheinen müssen. In der 1. Pers. Sing. verbleibt hier, wie im Ablativ, immer das -*a*, weil keine so nahe Anschliessung der Postposition eintritt, wie es bei dem Dativaffix -*da* der Fall ist, z. B. *tōmĕktia ēri* ‚hinter meiner Eselin‘, *bābjōk hīdai* ‚neben deinem Vater‘, *tēkʷātōōkna gēb* ‚bei euren Schwestern‘.

127. Bei den persönlichen Pronomina sind hier zweierlei Formenbildungen im Gebrauch: entweder tritt die Postposition als selbständiger Nominalstamm vor die betreffenden Suffixe im Objektiv, oder sie wird den in § 120 erwähnten selbständigen Genitivformen nachgestellt, z. B.

gēba	oder	*āni-gēb*	»	bei mir
gēbōk	»	*barōk-gēb*	»	dir (o Mann)
gēbōk[i]	»	*batōk-gēb*	»	dir (o Frau)
gēbōh	»	{*barōh-gēb* / *batōh-gēb*}	»	{ihm / ihr}
gēbōn	»	*hēnē-gēb*	»	uns
gēbōkna	»	{*barēōkna-gēb* / *batēōkna-gēb*}	»	{euch (o Männer) / euch (o Frauen)}
gēbōhna	»	{*barēōhna-gēb* / *batēōhna-gēb*}	»	{ihnen (den Männern) / » (den Frauen)}

Die in der ersten Reihe aufgeführten Formen sind die allgemeineren, während die der zweiten Reihe nur gelegentlich wegen eines besonderen

Nachdruckes oder aus irgend einem anderen Grunde vorzukommen scheinen. So heisst es mit der Postposition *deh* ‚zu‘, *déha* (oder kontrahirt *da*) ‚zu mir‘, *déhōk* ‚zu dir‘ *déhōn* ‚zu uns‘, etc. neben *ani-deh*, *bariōk-deh*.

128. Den in § 125 erwähnten selbständigen Ablativformen der persönlichen Pronomina entsprechen auch folgende präpositionalen Formen, die ich vergleichungshalber neben jenen aufstelle.

Sing. 1.	*áni*	*hósa*	»	von mir
2. m.	*barísok*	*hósōk*	»	dir (o Mann)
f.	*bātísōk*	*hósōk[i]*	»	» (o Frau)
3. m.	*barísoh*	} *hósōh* {	»	ihm
f.	*bātísōh*		»	ihr
Plur. 1.	*hénē*	*hósōn*	»	uns
2. m.	*bárēsókna*	} *hōsókna* {	»	euch
f.	*bátēsókna*		»	
3. m.	*bárēsóhna*	} *hōsóhna* {	»	ihnen
f.	*bátēsóhna*			

Es liegt hier nahe zu vermuten, dass das zwischen den Ablativendungen und den Suffixen auftretende *s*, welches wir noch weiter antreffen werden, mit der Postposition *hōs* ‚von‘ ‚aus‘ (engl. ‚from‘) wurzelhaft verwandt ist. Neben den einfachen *áni* und *hénē* in der ersten Person kommen auch zusammengesetzte, den übrigen ganz analog gebildete Formen vor, nur dass hier bemerkenswerter Weise das *h* gegen *m* umgetauscht wird, als: *marisa* ‚von mir‘, *marésōn* ‚von uns‘.

129. Statt der in den vorhergehenden Paragrafen aufgeführten Formen der 3. Pers. *gébōh*, *gébōhna*; *hósōh*, *hōsóhna* und dgl. boten mir meine Gewährsmänner immer zuerst die Formen *gébi*, *hósi*, obwohl sie die anderen Formen stets als richtig und völlig verständlich anerkannten. Es verhält sich nämlich so, dass hier, wie sonst, die Suffixe der 3. Pers. nicht sehr gebräuchlich sind, sondern von anderen Formen ersetzt werden. *Gébi*, *hósi*, *sári* u. dgl. sind alle ursprünglich Ablative von Nominalstämmen in der Bedeutung des Verharrens, und werden teils als Adverbia, teils als Postpositionen gebraucht. Das schliessende *i* wird meistens abgeworfen, manchmal jedoch, namentlich wenn die Form, wie in dem hier in Rede stehenden Falle, die mit einem Suffix der 3. Pers. verbundene vertritt, deutlich ausgesprochen, während es im Inlaut, d. h. vor den Pronominalsuffixen, wegfallen muss, z. B. *hósi hāma* ‚donuez-en‘, vulgärarab. *hát minoh*.

130. Neben der Postposition *hōs* ‚von (*from*)‘, giebt es eine andere augenscheinlich wurzelverwandte Form *hōi* ‚von (*of*)‘ z. B. *hója*, *hójōk*, *hójōn* etc. Besonders ist zu merken, dass, wenn die Postposition *hídai* ‚neben‘ vor die Pronominalsuffixe zu stehen kommt, dasselbe *s*, welches wir in *bari-s-ok*, *bari-s-on* kennen gelernt haben, dazwischentritt, also *hídaisa* ‚neben mir‘, *hídaisōk* ‚neben dir‘ etc. Vielleicht ist in allen diesen Formen *-is* (und dann auch *-s* in *hōs*) ein ursprüngliches Ablativsuffix, wie denn auch *-i* in *hōi* als die urspr. Genitivendung betrachtet werden kann.

131. Wie bei der Komparation der verglichene Gegenstand durch das dem Substantiv angehängte Affix -*ka* bezeichnet wird, so geschieht dies auch, wenn das Substantiv schon mit einem Pronominalsuffix verbunden ist. Das im Ablativ stehende Substantiv nimmt hier, wie immer in dergleichen Fällen, dieselbe Suffixform an, wie der gleichlautende Genitiv (nach § 116) vor einem Hauptwort im Obj. Sing., also -*iōk*, -*iōn*, -*rōn*, -*ētōk* etc., z. B. *áne bābiōkka winkābu* ‚ich bin grösser als dein Vater', *bātáh tōkʷātētōhná-ka dáita* ‚elles sont plus jolies que leurs soeurs'.

132. Wenn der verglichene Gegenstand ein persönliches Pronomen ist, so wird gewöhnlich das betreffende Pronominalsuffix dem mit -*ka* erweiterten Adjektivstamme angehängt, beziehentlich zwischen diesen und die Endung des Verbum subst. gesetzt, z. B.

áne	*winká-j-ōku*[1]	ich bin grösser als du				
»	*winkábu*[2]	»	»	»	»	er (sie)
»	*winká-j-ōkná-j-a*	»	»	»	»	ihr
barák	*winká-j-āra*[3]	du bist grösser als ich				
»	*winkábwa*	»	»	»	»	er (sie)
hénen	*wáwinká-j-ēkná-j-ā*	wir sind grösser als ihr				
barák	*wáwinká-j-ána*[4]	ihr (Männer) seid grösser als ich				
»	*wáwinkájēnána*	»	»	»	»	wir
bāták	*wáwinkátētána*	» (Frauen) »			»	ich
»	*wáwinkátēntán*	»	»	»	»	uns
bātáh	*wáwinkátēta*	sie (die Frauen) sind »			»	ich
»	*wáwinkátēnta*	»	»	»	»	uns
»	*wáwinkátēknáta*	»	»	»	»	ihr
	baráh déskajóju	er ist kleiner als ich.				
	bātáh afríkátáta	sie ist schlechter als ich.				
	hénen ákrakájēknája	wir sind stärker als ihr.				

[1] Das eufonische *j* ist hier wie sonst oft ziemlich schwach.
[2] Statt des wenig gebräuchlichen *winkájōhn*.
[3] Bezüglich des *ā* als Suffix der 1. Pers. Sing. vgl. § 112.
[4] Hier hätte man, in Übereinstimmung mit § 112 und mit den folgenden Formen, *wawinkájēnána* etc., *wáwinkájē-j-ána* erwarten sollen, welche Form mir auch richtiger erscheint. Indess lässt sich wohl die Form im Texte so erklären, dass das Suffix der 1. Pers. hier nicht nach § 112 in *e* übergegangen, sondern das gewöhnliche -*a* mit dem Anfangsvokal der Endung -*ána* nach § 30, b in *ā* zusammengezogen ist. Übrigens fällt in dieser Endung -*ána* das schliessende *a* häufig weg, wie man auch in dem unmittelbar darauf folgenden Beispiel *wáwinkátēntán* statt -*tána* findet.

Statt dieser Suffixe werden auch oft, namentlich in der 3. Person, die
selbständigen Ablativformen der persönlichen Pronomina verwendet.
z. B. *áne bátīsŏkka gúmadkábu* ‚ich bin länger als du (Frau)‘, *bátŭk aníka
d'balōkátŭri* ‚du (Frau) bist kleiner als ich‘. Bei diesen Pronominalformen kann jedoch, wie bei dem Substantiv, das -*ka* fehlen, z. B. *h'nen
barísoh mi'skiŭkába* ‚wir sind ärmer als er‘. Andrerseits, wenn das Prädikat ein Verb (mit komparativer Bedeutung) ist und also das Affix -*ka*
nicht annehmen kann, darf dieses bei der selbständigen Pronominalform
nicht fehlen, oder es wird statt derselben das entsprechende Suffix an
die Verbalform angehängt, z. B. *h'nen barísoknáka n'hajes* oder *h'nen
nehájesŏkna* ‚wir sind besser als ihr‘.

2. Zu Verbalstämmen.

133. Diejenigen Suffixe, welche, einem Verbalstamm angehängt,
die persönlichen Pronomina als Objekt, in der Regel mit akkusativischer,
zuweilen auch mit dativischer Bedeutung, bezeichnen, stehen im Bedawie,
wie im Semitischen, der Form nach den in den vorangehenden §§ besprochenen possessiven Suffixen, und zwar besonders den objektivischen
Formen derselben sehr nahe. In der 2. und 3. Person, und im Plural
der ersten, tritt vor den bekannten Formen ein anlautendes *h* als Merkmal der verbalen Suffixe auf, und die Form der 1. Pers. Sing. hat zwar
dasselbe Merkmal, geht aber nicht auf das entsprechende nominale Suffix
-*a* (resp. -*ō*, -*ī*), sondern auf eine selbständige Objektivform zurück. Die
verbalen Pronominalsuffixe sind nämlich folgende:

	Sing.	Plur.
Pers. 1.	-*hēb*	-*hōn*
» 2. m.	-*hōk*	
f.	[-*hōkī*]	-*hōkna*
» 3.	-*hōh*, -*ōh*, -*h*	-*hōhna*, -*ōhna*

Beispiele: *se'ni-hēb* ‚warte auf mich!‘ *áni ósni-hōk* ‚ich wartete auf dich‘,
áne átīt-hōkna ‚ich schlage euch‘, *barŭh ésbib-hōn* ‚er hat uns gesehen‘.
(Weitere Beispiele findet man in § 333). Die ursprüngliche Identität der
soeben erwähnten Formen mit den possessiven Suffixen (die 1. Pers.
Sing. ausgenommen) ist um so mehr unverkennbar, als das charakteristische *h* der verbalen Formen zuweilen, namentlich häufig in der 3.

Person, ausfällt. Schwieriger ist es zu sagen, wie man den ebenfalls unverkennbaren Zusammenhang zwischen dem Suffix -*heb* und der entsprechenden selbständigen Form *anēb* am richtigsten aufzufassen hat. Es scheint mir ein wenig gesucht anzunehmen, dass *anēb* erst zu -*ēb* abgekürzt, und dann das charakteristische *h* hinzugefügt worden sei, allein, wenn dem nicht so ist, so bleibt wohl nichts anderes übrig, als die beiden Formen auf das Suffix -*e* (urspr. -*a*) zurückzuführen, von welchem *ane* ‚ich', ebensowie die semitischen Verwandten desselben, durch Anfügung an den demonstrativen Stamm *an* entstanden ist.

134. Munzinger führt seine nominalen (d. h. possessiven) Suffixe (s. § 107) auch, und zwar zuerst, als verbale Suffixe »für den Accusativ« auf. »Für den Dativ« giebt er dagegen folgende Formen an:

	Sing.	Plur.
Pers. 1.	*heb*, für mich, mir	*hon*, für uns, uns
» 2.	*hok*, für dich, dir	*hokna*, für euch, euch
» 3.	*hos*, für ihn, ihm, ihr	*hosna*, für sie, ihnen

Wie man sieht, sind die Formen der 1. und 2. Person mit meinen verbalen Pronominalsuffixen identisch. Munzinger räumt ihnen aber nur dativische Bedeutung ein (vgl. doch das Beispiel unten), während sie mir, wie alle anderen Objektivformen, weit häufiger als Akkusative, denn als Dative vorgekommen sind. Von den Formen *hos* und *hosna* habe ich keine Spur gefunden, ebensowenig wurden sie von meinen Gewährsmännern verstanden. Wahrscheinlich sind sie nur bei den Beni Amr (vgl. Einleit. s. 29) oder einigen anderen südlicheren Stämmen gebräuchlich. Munzinger führt nur ein Beispiel an: »*tidi hos*, sie sagte ihr«, und fügt hinzu: »diese Form drückt oft auch den Accusativ aus«. Dass Munzinger die possessiven Suffixe auch als Akkusative aufgeführt hat, ist aus dem oben erwähnten Wegfall des charakteristischen *h* der verbalen Suffixe leicht erklärlich, nur glaube ich, dass seine Form der 1. Pers. Sing. *o* niemals ‚mich' sondern nur ‚mein (meine, meinen)' bedeuten kann.

135. Die Formen der 3. Person sind, wie die entsprechenden nominalen Suffixe, weniger gebräuchlich, und die pronominalen Objekte ‚ihn, sie [es]' werden meistens nicht besonders ausgedrückt. z. B. *átak ēanhōb áṭa'* ‚als der Mann kam, schlug ich [ihn]', *tōōr ētanhob ēue salāman* ‚als das Mädchen kam, grüsste ich [sie]'. Wenn sie vorkommen, schwankt die Aussprache zwischen -*hōh*, -*hō*, -*ōh*, z. B. *nakahō(h) ēhe* ‚wie viel davon giebt es', *tōnāta hijoh* ‚gieb ihm das Geld', *āẗēt hinoh* ‚gebet ihm Geld'. — Von den Veränderungen, welche die Verbalformen vor den Suffixen erleiden, wird im Folgenden an betreffender Stelle die Rede sein.

II. Reflexives Pronomen.

136. Als solches erscheint in Verbindung mit den Pronominalsuffixen das Wort *ebije (ebie, ebi?)*, dessen Form mir jedoch nicht klar geworden ist. Ich gebe zunächst die wenigen hierauf bezüglichen Beispiele, die ich besitze: *áne álit ebije* ‚ich schlage mich selbst', *barák teulia ebijek* ‚du schlugst dich selbst', *barák ebije* ‚er selbst, *áne ágan ebijeóda ákri* ‚ich mietete das Haus für mich selbst', *barák ágan ebijeóyda tekria* ‚du hast das Haus für dich selbst gemietet'. Auch MUNZINGER hat das Wort nur als Objekt folgendermassen angeführt:

Singular.

1. Pers.   *aneb ebije*,   ich . . . mich selbst.
2.   »   *barok ebije*, fem. *batok ebijek*, du . .   dich selbst.
3.   »   *bero ebije*,   fem. *beta ebije*,   er (sie)   . sich selbst.

Plural.

1.   »   *henen ebijen*,   wir . . . uns selbst.
2.   »   *barak ebiekna*, fem. *batak ebiekna*, ihr . . . euch selbst.
3.   »   *bera ebiena*,   fem. *bata ebiena*,   sie . . . sich selbst.

Aller Wahrscheinlichkeit nach ist das hier in Rede stehende Wort ein Nominalstamm *bi*, im Plural *bia, bija*, oder *bie, bije* (nach § 25), vielleicht mit *buj* ‚Glied' verwandt, und von ähnlicher Bedeutung. Mit den Pronominalsuffixen muss es dann lauten: *ebija, ebije* ‚mein ?' ‚mich selbst', *ebijek* ‚dein ?', ‚dich selbst', *ebije* (statt *ebijeh*) ‚das ?' ‚ihn (sie) selbst' etc. Aber auffallend ist dann der Gebrauch der singularen Suffixe *-ō-da* und *-ōk-da* (statt *-ō-da, -ēk-da*) in den beiden letzten oben angeführten Beispielen.

III. Demonstrative Pronomina.

137. Wie die meisten entwickelteren Sprachen unterscheidet auch das Bedawie zwischen der näheren und der ferneren Hinweisung, und bezeichnet die erstere durch das Pronomen *ūn*, f. *tūn*, die letztere durch *bēn*, f. *bēt*. Die Deklination des Stammes *ūn* ist der des Artikels ganz analog, da dieser wohl nur eine abgeschliffene Form jenes ist; der Stamm bēn wird dagegen, unter Annahme eines neuen aber wahrscheinlich wurzelverwandten Stammes im Plural, mehr nach Analogie der Nennwörter abgewandelt. Die Formen lauten im Nom. und Obj., wie folgt:

		1) ūn, dieser		2) bēn, jener	
		Mask.	Fem.	Mask.	Fem.
Sing.	Nom.	ūn dieser	tūn diese	bēn jene	bēt jene
»	Obj.	ōn diesen	tōn »	bēb jenen	bēt »
Plur.	Nom.	āu diese	tān »	balēn jene	balit »
»	Obj.	ēn diese	tēn »	balēb jene	balit »

Diese Formen werden ebensowohl substantivisch als adjektivisch gebraucht, und im letzteren Falle stehen sie immer nach dem mit dem Artikel versehenen Substantiv, z. B. *ūtak ūn óntōn éa* ‚dieser Mann kam hierher‘, *tōōr tān óntom éta* ‚dieses Mädchen kam hierher‘, *áu ēán* ‚ceux-ci sont venus‘, *ánda ān glyjān* ‚diese Leute gingen‘, *áne tōōr tōn réhan* ‚ich sah dieses Mädchen‘, *barák ēnda ēn tedára* ‚du hast diese Leute getötet‘, *áne tēn ádār* ‚j'ai tué celles-ci‘, *tōōr bēt dáitu* ‚jenes Mädchen ist hübsch‘, *ánda balina támjān* ‚jene Leute haben gegessen‘, *áne ōtak bēb réhan* ‚ich sah jenen Mann‘, *áne tēma balit aréane* ‚ich liebe jene Frauen‘. *táma balit afríta* ‚jene Frauen sind hässlich‘, *baráh ēar balib éta* ‚er hat jene Knaben geschlagen‘, *áne ónu* ‚ich bin dieser‘.

138. Bei MUNZINGER werden die demonstrativen Pronomina in folgender Weise dargestellt:

Singular.

Substantivische:	m. onu,	Dieser,	fem. tou'tu,	Diese.
	m. benu, bebu,	Jener,	» betu,	Jene.
Adjectivische:	m. on,	dieser,	» ton,	diese.
	m. ben,	jener,	» bet,	jene.

Plural.

Substantivische:	m. ena,	Diese,	fem. tenta,	Diese.
	m. belina,	Jene,	» belita,	Jene.
Adjectivische:	m. enn,	diese,	» tēnn,	diese.
	m. belin,	jene,	» belit,	jene.

Wie man hieraus leicht ersehen kann, sind die als besondere substantivische Formen aufgeführten *onu, benu, ena* etc. nichts anderes als die adjektivischen Formen in Verbindung mit den bekannten Endungen des Verbum subst., nur muss es dann *baliba* ‚sind jene‘ und nicht *balina* heissen, wie schon MUNZINGER selbst neben *benu* das richtigere *bebu* gestellt hat. — Das Zeichen ˘ und die doppelte Konsonanz in *énn* und *ténn* sind ganz überflüssig, wenn sie eine von *ben* verschiedene Aussprache bezeichnen sollen.

139. Die obliquen Kasus (Gen., Abl., Dat.) der beiden demonstrativen Pronomina werden, sowohl bei substantivischer als bei adjektivischer Stellung, ganz wie dieselben Kasus des nachgestellten bestimmten Adjektivs gebildet (vgl. § 91): zuerst wird an die Objektivform des Pronomens die Postposition *-na*, und daran die bekannten Kasusendungen angesetzt, wobei, wie sonst immer, die Genitiv- und Ablativendung *-i* mit dem vorhergehenden *a* einen Diftong *ai* (oder *aj*) bilden, ausgenommen im Dativ, wo das *i* gedehnt und abgesondert ausgesprochen wird. Das Schema ist also folgendes:

		1) *ūn*, dieser		2) *bēn*, jener	
		Mask.	Fem.	Mask.	Fem.
Sing. Gen.	vor Mask.	ónnaj	ténnāti	bénnai	bénnāti
	vor Fem.	ónnait	ténnātit	bénnait	bénnātit
Abl.		ónnai	ténnāti	bénnai	bénnāti
Dat.		ónnaída	ténnātída	bénnaída	bénnātída
Plur. Gen.	vor Mask.	énnā-j-a	ténnāta	balīnná-j-a	balīnnáta
	vor Fem.	énnā-j-ét	ténnātét	balīnná-j-ēt	balīnnátēt
Abl.		énnai	ténnāti	balīnnai	balīnnáti
Dat.		énnā-j-éda	ténnātéda	balīnnā-j-éda[1]	balīnnātéda

Wie das Affix *-na* bei den Adjektiven nur zu dem Stamm, z. B. *win*, (und nicht auch zu der femin. Form *wint*) hinzutritt, so wird es auch hier, bei dem zweiten Pronominalstamm nur an *bēn*, aber nicht an *bēt* angefügt, und das weibliche Geschlecht wird hier nur durch die femin. Kasusendungen *-ta*, *-ti* etc., bei dem ersten Stamme *ūn* dagegen auch durch das anlautende *t* bezeichnet. Übrigens werden diese Pronomina, wenn sie adjektivisch sind, ganz wie Adjektive behandelt, indem, wie man oben sieht, die obliquen Kasusendungen nur dem nachgestellten Pronomen angehängt werden, während das voranstehende Hauptwort die Objektivform annimmt. Beispiele:

ónnaj ōr ía	le fils de celui-ci est venu.
ónnajt ar eráta	les filles de celui-ci sont blanches.
itak bénnai kām dáibu	das Kamel jenes Mannes ist gut.
tíma ténnātét ar táwāwint éan	die grossen Mädchen jener Frauen kamen.

[1] Wird häufig in *balīnéda* zusammengezogen.

balīnája mak dáiba	les ânes de ceux-là sont bons.
áne bénnāti ōr ádlib ha	j'ai acheté le fils de celle-là.
áne ténnātit ōr ádlib ha	j'ai acheté la fille de celle-ci.
áne balinnájēt ar tēwāwint adálib ha	j'ai acheté les grandes filles de ceux-là.
barák tén'ej tōōr ténnāti téhaja	du hast die Ziegen [von] diesem Mädchen genommen.
áne bénnaj áha	ich nahm es [von] jenem.
áne mak balinnáti ádlib ha	j'ai acheté des ânes de celles-là (Abl.).
áne balunnátēt mak ádlib ha	j'ai acheté les ânes de celles-là (Gen.).
áne ójas téma ténnatála hā'an	ich habe den Hund zu diesen Frauen geführt.
áne óbesa ótak bénnalda ádlib ha	ich habe den Kater für jenen Mann gekauft.
áne balinéda ádi	je [l']ai fait pour ceux-là.

140. Die übrigen Kasusverhältnisse der demonstrativen Pronomina werden wie bei den Nennwörtern durch Postpositionen mit vorhergehendem Genitiv ausgedrückt, z. B. *ónnaj hídai* „neben diesem", *bénnāti gēb* „bei jener", *ótak ūn bénnai-ka wînkábu* „dieser Mann ist grösser als jener".

IV. Interrogative Pronomina.

141. Der eigentliche interrogative Stamm ist *a*, der, ebenso wie das entsprechende deutsche „wer", nur substantivisch ist, weder Geschlecht noch Zahl unterscheidet und, nach meinen Beispielen zu urteilen, nur von lebenden Wesen gebraucht zu werden scheint. Dieses Pronomen wird auf folgende Weise abgewandelt.

Nom. *au*, wer
Obj. *āb* (niemals *āt*), wen
Gen. *ai, aj,* (vor einem Fem. *ait*), wessen
Abl. *ai, aj,* von wem
Dat. *aúda, áida,* wem, für wen

Beispiele [man beachte, dass das Fragewort immer nächst vor dem Verb steht]: *au éa* „wer kam" (niemals *au éta*, wenn man auch weiss, dass es eine Frau war), *au éan* „qui sont venus?", *áb hérūra* „wen suchst du?", *barák áb tédira* „wen hast du getötet?", *tāu ábtu* „diese hier, wer ist sie?", *bēn ábu* „qui est celui-là?", *balít ábta* „qui sont celles-là?", *baták abtāna* „wer seid ihr (o Frauen)?", *barák abána* „wer sind Sie?" (Plur.), *barák án'a áb t'hia* „wem hast du den Schafbock gegeben?", *aj ōr éa* „wessen Knabe kam?", *ajt ōr réhta* „wessen Tochter hast du gesehen?", *íbak éa ai tehája* „von wem hast du diese Ziegenböcke bekommen?", *téni i balít* áida há'ta ‚zu wem hast du jene Schafe geführt?', barúk tōn újda tēna ‚wem hast du dieses¹ gesagt?'. barúk sūr di-gēb tēhaja ‚bei wem bist du gewesen?'.

142. Das adjektivische Fragewort ist nā ‚welcher' ‚was für ein' quel', das sowohl von Personen als von Sachen gebraucht wird, aber ganz indeklinabel ist, z. B. nā tak éa ‚welcher Mann kam?', nā tákat ríhta ‚was für eine Frau hast du gesehen?', nā ar éān ‚welche Kinder kamen?', nā art salámta ‚welche Mädchen hast du geküsst?', nā gíwi étai ‚von welchem Hause kamst du (o Frau)?'. — Das substantivische ‚welcher?' franz. ‚lequel' wird dagegen durch au ausgedrückt, z. B. au hōjōhna éa ‚welcher von ihnen kam?'.

143. Vielleicht ist jenes adjektivische Fragewort nichts weiter als das Substantiv na' ‚Sache', welches früher in Verbindung mit irgend einem interrogativen Pronomen (a?), später aber ganz allein als fragendes Fürwort in Gebrauch gekommen ist (vgl. das italiän. cosa ‚was?' für che cosa ‚was für eine Sache'). Indessen werden von diesem na durch bekannte Postpositionen fragende Adverbien abgeleitet, wie: náiso ‚woher', náiho ‚wohin', nána ‚warum'. In Betreff des ersten Wortes vgl. barísoh etc. in § 129, und bezüglich des letzten den folg. §).

144. Zu demselben Stamm wie na gehört zweifelsohne das ebenfalls undeklinirbare nān ‚was?', das vielleicht aus na-na' ‚was für eine Sache?' zusammengezogen ist. Einen Beweis dafür finde ich in dem Umstand, dass, wie man aus dem ersten der folgenden Beispiele ersieht, nān ‚was' ebensowohl wie na ‚Sache' femin. ist, z. B. nān éta ‚was ist gekommen?', nān támtenija ‚was isst du?', nān há'ta ‚was hast du gebracht?'.

145. Bei MUNZINGER findet man unter der Rubrik »Fragende Pronomina» folgende Zeilen:

nao, aue, a'bu, wer? ai, von wem? nan, was? na tekk, welcher Mann? na tekel, welche Frau?»

Die Formen ao, aue sind nur andere Schreibweisen für meine Form au, die nach meinem Ohr vielleicht auch aur (oder aure) geschrieben werden könnte; a'bu bedeutet dagegen nicht ‚wer', sondern, wie man aus den Beispielen in § 141 gesehen hat, ‚wer ist'. Die übrigen Formen stimmen mit den meinigen vollständig überein.

---

¹ Entweder ist tōn aus tēna ‚die Sache' abgekürzt, oder die femin. Form des Demonstrativs steht vielleicht hier, wie im Semitischen, unserem Neutrum entsprechend.

V. Indefinite Pronomina.

146. Von diesen sind mir nur wenige bekannt, sei es dass die Sprache in dieser Beziehung wirklich arm ist, oder dass mich nur die Armut des Arabischen in dieser Hinsicht verhindert hat, nähere Auskunft zu erhalten. Das substantivische ‚jemand' wird durch das Zahlwort *ṅgāl* ‚ein' f. *ṅgāt* ‚eine', oder auch das arab. *ādame* ‚Mensch', und das neutrale ‚etwas' durch *na* ‚Sache' ausgedrückt, z. B. *āne ṅgāl āgauīb r'han* ‚ich habe jemand im Hause gesehen', *barāk nāt t'hija* ‚du hast etwas bekommen'. Die entsprechenden negativen Pronomina ‚niemand', ‚nichts' werden durch dieselben Wörter in Verbindung mit der negativen Form des Verbs ausgedrückt, z. B. *tōi ādame kíhaj* ‚hier ist niemand', *tōi nāt kéthaj* ‚hier ist nichts', *tāmak nāt kādájan* ‚die Eselinnen taugen zu nichts'. — Wie die adjektivischen Singulare ‚ein' ‚irgend ein', so wird auch der Plural ‚einige' meistens nur durch die unbestimmte Form der Substantive ausgedrückt; und dieselbe Form in Verbindung mit einer negativen Verbalform reicht auch hin, um den Begriff ‚kein, keine' zu bezeichnen, z. B. *āne ândāb r'han, māt r'hāb kāka* ‚ich habe einige Männer und keine Frauen gesehen'. – Ganz analog mit dem arab. *kull* ‚all' ‚ganz' wird im Bedawie das Wort *káris*, öfters in *kars* zusammengezogen, in Verbindung mit den Pronominalsuffixen gebraucht, z. B. *batāk káristāk meskinātāna* ‚ihr (Frauen) seid alle arm', *kársān* ‚wir alle', *kársāh* ‚sie alle', *kársēk* ‚euch alle' etc. — Zuletzt kann ich auch die beiden Wörter *mama* ‚ein gewisser' und *táktak* ‚einander' hier mit aufführen. Das letztgenannte Wort ist augenscheinlich aus *tak tak* ‚Mann Mann' ‚l'un l'autre' zusammengesetzt, z. B. *hénen tik-tak arénei* ‚wir lieben einander'. In den obliquen Kasus wird nur der letzte Teil des Wortes deklinirt, z. B. *ān ânda tektakít tēar dében* ‚ces gens-ci épousent les filles l'un de l'autre'. Dasselbe Wort wird auch von Sachen gebraucht, z. B. *tíktakīb hāk*ara*, arab. *ârbuṭ-hunu fī bá'ḍoh* ‚liez-les l'un à l'autre'.

147. Bei MUNZINGER sind keine indefiniten Pronomina besonders aufgeführt, aber unter »verschiedenen Adverbien, Conjunctionen etc.« findet man auch folgende vier pronominale Wörter: *mama*, ein gewisser, un tel; *nat*, ein wenig; *tiktok*, untereinander, *kesso*, allen. Das letztere Wort steht für *karsoh* ‚alles' (eigentl. ‚seine Ganzheit', wie das arab. *kúlloh*).

VI. Relatives Pronomen.

148. Ähnlich wie das demonstrative deutsche ‚der‘, das sowohl Artikel als relatives Pronomen sein kann, wird im Bedawie der als Artikel gebrauchte Demonstrativstamm ū, tū, auch als relatives Pronomen angewendet. Wenn das Relativ Subjekt ist, so tritt jener Stamm in den dem Korrelat entsprechenden Formen ū, tū, Plur. ā, tā, vor den relativen Satz, aber, wie im Nomin. des Artikels ū und ō, ā und ē wechseln, so können auch hier statt ū, tū, ā, tā, die Objektivformen ō, tō, ē, tē eintreten. In dem Relativsatze selbst findet keine andere Veränderung statt, als die, dass bei femin. Korrelat ein -t an die Verbalform angehängt wird, auch wenn dort schon das Geschlecht des Subjekts durch ein präformatives oder afformatives t bezeichnet ist. Beispiele:

ūádame ū-ća sanójn	der Mensch, der kam, ist mein Bruder.
ámek ū-dábija aníbu	der Esel, der weggelaufen ist, ist mein.
tótakat tō-éta-t kʷātétu	die Frau, welche kam, ist meine Schwester.
ān ánda ē-ćān sānājéja	diese Männer, welche kamen, sind meine Brüder.
tān téar tē-ćān-t kʷātéta	diese Mädchen, welche kamen, sind meine Schwestern.
átak ū-gigja ċrábu	der Mann, der fortging, ist weiss.
tóor tō-gigta-t hádaltu	das Mädchen, welches fortging, ist schwarz.
ánda á-gigjána barítka	die Leute, welche fortgingen, gehören dir.
téar tē-gigjān-t barītčkta	die Mädchen, welche fortgingen, sind dein.
átak ū-jékju sanóhu	der Mann, welcher aufstand, ist sein (ihr) Bruder.
átak ū-ésti' sanóku	der Mann, der da sitzt, ist dein Bruder.
šhata¹ ū-gʷíni aníbu	das Pferd, welches trinkt, ist mein.
támek tūdáit tū-gʷáten̄-t barítóktu, bátitóktu	die gute Eselin, welche trinkt, ist dein [o Mann], ist dein [o Frau].
támak tʷafrīt tō-támūn-t henéta	die schlechten Eselinnen, welche fressen, gehören uns.
átak állit gigini dehíbu	der Mann, der morgen gehen wird, ist mager.
tóor tállit gigteni-t semíntu	das Mädchen, das morgen gehen wird, ist fett.

149. Das Relativ kann auch zuweilen ausgelassen werden, z. B. átak éllit éjni sanóku ‚der Mann, der morgen kommt, ist dein Bruder‘. Bei einem femin. Korrelat scheint es, als ob in solchem Falle nur das t dem ersten Worte des Relativsatzes vorgesetzt würde, z. B. tóor téllit étui-t kʷatéktu ‚das Mädchen, welches morgen

¹ statt ŝhatoi, nach § 28.

kommt, ist deine Schwester' (vgl. die beiden letzten Beispiele des vorhergehenden §). Besonders scheint die Auslassung des Relativs dann stattfinden zu können, wenn das erste Wort des Relativsatzes mit dem Artikel, namentlich dem maskulinen, versehen ist. Vgl. die folgenden Beispiele: *útak á-bábók édir* ‚der Mann, der deinen Vater getötet hat', *tōōr tō-bábók tédir-t* ‚das Mädchen, welches deinen Vater getötet hat' *ánda ógau* (für *á-ógau*) *édlibn-íkēn* ‚die Leute, welche das Haus gekauft haben', *tōōr ógau* (für *tō-ógau*) *tédlib téhi-t* ‚das Mädchen, welches das Haus gekauft hat', *tēar tē-tōnda édirnē-t* ‚die Mädchen, welche die [= ihre] Mutter getötet haben', *tōōr tūllūt óbába téndir-t* ‚die Tochter, welche morgen ihren Vater töten wird'.

150. Wenn das Relativ das Objekt des Satzes ist, wird die dem Korrelat entsprechende Objektivform *ō, tō, ē. tē* (wofür jedoch die Nominativformen *ū, tū, ā, tā,* stehen können) dem ersten Worte des Satzes vorgesetzt, und das Verb tritt in die subjunktive Form auf *-ē* (oder *-ēb*) über, welche bei einem femin. Korrelat auf *-ēt* ausgeht. Beispiele:[1]

útak ú-ane réhan-ē sanóju	der Mann, den ich gesehen habe, ist mein Bruder.
útak ú-ane réhanj-ē dáibu	der Mann, den ich sehe, ist gut.
tōōr tō-ane réhan-ēt kuātōhtu	das Mädchen, das ich gesehen habe, ist seine Tochter.
tōōr tá-barák erhétenj-ēt[2]	das Mädchen das du gesehen hast.
ánda ó-ane réhenj-ē	die Leute, die ich sehe.
ájam ē-hénen guánaj-ē dáibu	das Wasser, das wir trinken, ist gut.
túša' tō-hénen támna-nēt afrájtu	das Fleisch, das wir gegessen haben, ist schlecht.
tōōr tō-baráh éṭa'n-ēt	das Mädchen, welches sie geschlagen haben.
ōōr ō-éṭa'n-ē ōráju	der Knabe, den sie schlugen, ist mein Sohn.
tōōr tō-éṭa'n-ēt ātótu [für *ōrtótu*]	das Mädchen, das sie schlugen, ist meine Tochter.
tēar tē-téṇṭi'-ēt artēta	die Mädchen, welche du schlägst, sind meine Töchter.
tēar tē-téṭa'ēt	die Mädchen, welche du geschlagen hast.

151. Der Genitiv des Relativs wird im Bedawie, ähnlich wie in den semitischen Sprachen, auf die Weise ausgedrückt, dass, nach dem als Relativ dienenden Demonstrativstamm im Anfange des Satzes, das den Genitiv regierende Hauptwort das dem Korrelat entsprechende Pronominalsuffix in derjenigen Kasusform erhält, welche mit der syntaktischen Stellung des Hauptwortes übereinstimmt. Daneben behält auch das Verb die auf *-ē (-ēb), -ēt* ausgehende Form bei, die wir bei der Stel-

---

[1] Ich erinnere hier daran, dass ich die Beispiele genau so, wie ich sie gehört habe, anführe, ohne den ungrammatikalischen Wechsel der Vokale *ū* und *ō*, oder den nur fonetischen von *a* und *e* zu korrigiren.

[2] Für *rehtenjēt* (vgl § 31).

lung des Relativs als Objekt kennen gelernt haben. Wenn aber das regierende Hauptwort Subjekt des Satzes ist und demnach im Anfange desselben stehen muss, so wird das Relativ vor dem damit identischen Artikel des Hauptwortes — welcher wegen des folgenden Suffixes (nach 109, 1.) notwendig ist — ausgelassen, oder es kann dem Verb, und zwar, wie es scheint, nur in der Form ñ, vorgesetzt werden. Beispiele:

a. Das Hauptwort ist Subjekt.

átak ōmêkūh támīnjē	der Mann, dessen Esel frisst.
átak ōjásūh g"ïnjē	der Mann, dessen Hund trinkt.
átak tōōtūh ónōmhin tēstī'ē	der Mann, dessen Tochter hier sitzt.
átak émakūh támēnō	der Mann, dessen Esel fressen.
tátakat tāmēktūh támtinjēt	die Frau, deren Eselin frisst.
tōōr tūkāmtūh támtinjēt	das Mädchen, dessen Kamelin frisst.
téma ēarāhna támēnēt	die Frauen, deren Söhne essen.
téma tēartánna támēnēt	die Frauen, deren Töchter essen.
téma tōōtáhna támtinjēt	die Frauen, deren Mädchen isst.

In allen diesen Beispielen sind die dem Subjekte des Relativsatzes vorgesetzten Formen, ō̆, tō̆ etc., immer Artikel und keinesfalls Relative, wie dies sowohl aus dem letzten der obigen Beispiele, wo wir nach dem pluralen téma das singulare tō̆ wegen des sing. ō(r)t finden, als auch aus dem Vergleich mit den folgenden Beispielen hervorgeht, wo das relativische ñ dem Verb vorgesetzt ist:

átak ákamūh águ"ēnō	der Mann, dessen Kamele trinken.
tōōr ókāmūk ág"īnjēt	das Mädchen, dessen Kamel trinkt.
téma ókamúhna ág"ïnjēt	die Frauen, deren Kamel trinkt.
ánda ákamúhna ág"ïnjē	die Leute, deren Kamel trinkt.
énda tókāmtúhna ñq"átinjēb	die Leute, deren Kamelin trinkt.

b. Das Hauptwort ist Objekt.

átak ábarūk tōōrtūh réhtanē	der Mann, dessen Tochter du gesehen hast.
átak éane ōōrūh réhanē	der Mann, dessen Sohn ich gesehen habe.
tátakat téane ōgawōh réhanēt	die Frau, deren Haus ich gesehen habe.
ánda éane ōgawōhna réhanēb	die Leute, deren Haus ich sah.
téma tēane gawōhna réhanēt	die Frauen, deren Haus ich sah.

Aus dem letzten Beispiele ersieht man, dass der Artikel bei den Pronominalsuffixen nicht ganz notwendig ist. Übrigens beachte man, dass die Vokale ā und ō̆, ā und ē̆, nur in dem Artikel und im Relativ, nicht aber in den Pronominalsuffixen mit einander wechseln.

152. Der Dativbegriff wird bei dem relativen Pronomen in ganz analoger Weise wie bei den Nennwörtern ausgedrückt. In vielen Fällen entspricht der Objektiv unserem Dativ (vgl. § 82), z. B. *tóór tóbarák ša't tchijét* „das Mädchen, dem du Fleisch gegeben hast". Der bestimmtere Dativbegriff „zu" „für" wird — neben der allgemeinen Bezeichnung der Relation durch den Demonstrativstamm *ū, tā* etc., im Anfange des Satzes und vermittels der subjunktiven Verbalform auf -*ī, -īt*, — durch die Postposition (oder das Adverb) *dehái* ausgedrückt, z. B.

útak úbarák kisrāt dehái léngámtanī áneb sanója	der Mann, dem du Brod geschickt hast, ist mein Bruder.
tóór tóbarák kisrāt dehái léngámtanēt áneb kʷātóta	das Mädchen, dem du Brod geschickt hast, ist meine Schwester.
útak barák[1] ómēk dehái léngámtanī	der Mann, dem du den Esel geschickt hast.
tóór tóómēk[2] áne dehái léngámanēt	das Mädchen, dem ich den Esel geschickt habe.
t'ar áne[1] ómēk dehái léngámanēt	die Mädchen, denen ich den Esel geschickt habe.

153. Das Wort *dehái* ist, ebensowie das entsprechende -*da* der nominalen Flexion, sicherlich mit der Präposition *deh* „zu" identisch, welche ich oben (s. § 127 am Schlusse) in den Formen *déha* (= *anída*), *dehōk* etc., angeführt habe. Die ursprüngliche Form des Wortes ist vielleicht *deha*, wovon das Affix *da* durch Zusammenziehung entstanden ist, wie auch *da* „zu mir", statt *déh-a*; und in den präpositionalen Formen *déha, dehók* etc., ist das auslautende -*a*, wie sonst so oft, vor dem folgenden Vokal weggefallen. Das schliessende *j* oder *i* — denn das Wort könnte ebensogut *deháj* als *dehái* geschrieben werden — ist jedenfalls als eine Ablativ- (oder Lokativ-) Endung des Wortes *déha* aufzufassen. Diese adverbiale Form *dehái* steht dann, wie *gébi, hósi* und alle ähnlichen (s. § 130), anstatt der entsprechenden Formen mit den Suffixen der 3. Pers. (*dehóh* etc.), welche nicht sehr gebräuchlich sind. Vgl. auch folgende Beispiele: *áne jawáb dehók* [od. *bariókda*] *áktib* „ich schrieb einen Brief an dich", *barák jewáb henéta* [od. *dehón*] *téktiba* „du hast einen Brief an uns geschrieben", *áne jewáb dehái* [oder *bariókda*] *áktib* „ich schrieb einen Brief an ihn".

154. Wie der Dativ des Relativs durch das adverbiale Wort *dehái*, so werden auch alle übrigen Kasusverhältnisse desselben, neben der oben erwähnten Bezeichnung der Relation, durch adverbial gebrauchte

---

[1] Mit Auslassung des Relativs.

[2] Hier steht das Relativ vor dem Artikel, wie auch im folgenden umgekehrten Beispiele: *tóór tóómēk déha léngámtat* „das Mädchen, das mir den Esel geschickt hat".

Postpositionen ausgedrückt: der Ablativ durch *hoj* ‚aus‘ ‚von‘ (= ‚daraus‘ ‚davon‘) auch in instrumentaler Bedeutung ‚mit‘, der Komitativ durch *g"ad* ‚mit‘ ‚sammt‘ etc., z. B.

átak ábarák tokóle hoj tčhajē	der Mann, [von] welchem du den Stock genommen hast.
tōōr tōōmēk hoj áhajēt	das Mädchen, [von] welchem ich den Esel genommen habe.
tášaʾ tōáne dáfāb hoj kátʾanēt	das Fleisch, von welchem ich (einige) Stücke abgeschnitten habe.
ágan óhoj tifērʾē	das Haus, aus welchem du herausgegangen bist.
tēhūs tōbarák hoj tēwikēt afrítu	das Messer, mit welchem du geschnitten hast, ist schlecht.
áfas ēbarák hoj tēwikē	die Äxte, mit welchen du gehauen hast.
átak óane g"ad qíganē	der Mann, mit welchem ich ging.
téar tēhénen g"ad énanēt	die Mädchen, mit welchen wir gekommen sind.

155. Auch das determinative Pronomen ‚der, derjenige‘ mit darauf folgendem Relativ kann durch das alleinige demonstrative *ū* (*tū* etc.) ausgedrückt werden, z. B. *ū-éntōn éa, anébu* [oder auch in umgekehrter Stellung:] *anébu ū-éntōn éa* ‚ich bin derjenige, welcher hierher kam‘, *anébtu tū-éntōn étāt* ‚ich [Frau] bin diejenige, die kam‘; oder es kann das relative *u* durch ein vorhergehendes determinatives *ūn* verstärkt werden, z. B. *ūn ábu ū-éntōn éa* ‚wer ist derjenige, der hierher kam?‘, *tān ábtu tūntōn* [aus *tū-éntōn*] *étāt* ‚wer ist diejenige, die hierher kam?‘. — Von dem Bau der Relativsätze im Bedawie sagt uns Munzinger nichts; es heisst bei ihm (S. 352) nur: »Beispiele von Relativsätzen sind: *lehene mhin-ke jeam*, ich kam in den Ort, wo Ihr seid; *teʾtekel lʾedat atu*, wer ist die Frau, die gekommen ist?» Dazu kommen noch in seiner Beispielsammlung vier Beispiele, wo wir Relativsätze antreffen: »*tʾor te nanadrit Keren-eb ʾtet aʾtu*, wer ist das schöne Mädchen, das nach [von?] Keren kam? (*tet* von *ta*)» [richtiger: *ʾtet* für *etet*]. Die drei übrigen, wenigstens virtuell relativen Sätze habe ich in § 341 am Schlusse angeführt.

# Fünftes Kapitel: das Verb.

156. Äusserlich wird der Verbalstamm am leichtesten dadurch gewonnen, dass vom Particip die Endung -*a*, oder vom Imperativ das Afformativ der 2. Pers. Sing. -*a* abgeschieden wird. z. B. *déba* ‚falle!‘ *déba* ‚fallend‘, Stamm *deb* ‚fallen‘, *bésa* ‚begrabe‘ ‚begrabend‘, St. *bes* ‚begraben‘.[1] Dieser Verbalstamm kann ebensowohl zweisilbig als einsilbig sein, drei- oder mehrsilbig aber vielleicht nur in den abgeleiteten Stämmen, zuweilen ist er mit einem nominalen, namentlich adjektivischen Stamm identisch, z. B. *gúmad* 1) ‚lang‘, 2) ‚lang sein (lang werden)‘. *nekás* 1) ‚kurz‘, 2) ‚kurz sein (kurz werden)‘.

157. Das bedawische Verb hat zwei Hauptformen, Affirmativ und Negativ,[2] drei Genera, Aktiv, Passiv und Kausativ, zwei Numeri, drei Personen, von welchen die zweite und dritte im Singular, aber nicht im Plural, nach dem Geschlecht in je zwei Formen zerfallen, drei Haupttempora, Präsens, Perfekt und Aorist, und drei durch Zusammensetzung gebildete Nebenzeiten Plusquamperfekt, erstes und zweites Futur. Hinsichtlich der Zahl der Modi bin ich etwas unsicher, wie die Formen am richtigsten aufzufassen seien. Vielleicht giebt es nur die zwei ursprünglichen Modi, Imperativ und Indikativ, allein der Aorist, der sehr oft den deutschen Begriffen ‚mögen, wollen, sollen‘, entspricht, könnte möglicherweise auch als ein Präsens Konjunktiv

---

[1] Obgleich der Stamm am häufigsten mit dem Infinitiv nicht identisch ist, übersetze ich ihn hier nach allgemeinem Gebrauch immer mit dem deutschen Infinitiv.

[2] Diese beiden, welche in anderen Sprachen nur durch das Vorhanden- oder Nichtvorhandensein einer abgesonderten negativen Partikel unterschieden werden, fuhre ich hier aus dem Grunde als besondere Verbalformen auf, weil im Bedawie, wie in den meisten übrigen kuschitischen Sprachen, die präfigirte Negation, *ka*, *ba*, mit dem Verbalstamme vollständig in ein Wort verschmolzen ist.

oder Kohortativ aufgeführt werden. Eine besondere Form, die ich Subjunktiv nennen möchte, glaube ich auch nachweisen zu können, obwohl sie mir nicht ganz klar geworden ist (vgl. § 340 ff.). Dagegen scheint mir diejenige Form, die ich unten bei den vollständigen Paradigmen als Konditional aufführe, kein eigentlicher Verbalmodus, sondern nur eine aus dem Präsens durch Anhängung der Postposition -ɔ̄k gebildete Form zu sein, in betreff welcher man § 232 nachlesen möge. — Bezüglich des Vorhandenseins eines Imperfekts vgl. § 181.

158. In der Regel hat jedes Verb ein Aktiv und ein Kausativ. Das Passiv, welches auch häufig reflexive Bedeutung hat, kommt im allgemeinen nur den transitiven Verben, und mithin teoretisch allen Kausativen zu, aber es ist wohl kaum anzunehmen, dass von jedem Verb alle möglichen Genera auch thatsächlich gebraucht werden. Vom Kausativ eines Passivs sind mir nur sehr wenige Beispiele vorgekommen. — Jedes Verbalgenus hat regelmässig alle die in § 157 genannten Tempora in den beiden Hauptformen, Affirmativ und Negativ, nur ist in der letzteren Form, das Perfekt (und gewissermassen auch der Aorist) kein einfaches, sondern ein zusammengesetztes Tempus.

159. Um die Bedeutung der bedawischen Haupttempora darzulegen, will ich zuerst ihr Verhältnis zu den arabischen Verbalformen erwähnen, deren ich mich, um jene zu ermitteln, bedienen musste. Das arabische Imperfekt, das bekanntlich dem deutschen Imperfekt keineswegs entspricht, sondern, der ursprünglichen Bedeutung des Wortes gemäss, blos eine unvollendete Handlung, sei es in der Vergangenheit, Gegenwart oder Zukunft, bezeichnet, wurde gemeinhin mit dem Aorist, seltener mit dem Präsens wiedergegeben. Das letztere kam am häufigsten da zur Anwendung, wo das Arabische, das einer besonderen Präsensform entbehrt, seine Fāïl-form (= Partic. Präs.) gebrauchte. Das bedawische Perfekt entspricht sowohl dem arabischen Perfekt, das eine in irgend welcher Zeitsfäre geschehene, vollendete Handlung bezeichnet, als auch der aus dem Perfekt des Hilfsverbs kān und dem Imperfekt zusammengesetzten Zeitform, die am meisten dem lateinischen Imperfekt gleichkommt. Die bedawischen Tempora sind also, wie die indoeuropäischen, wirkliche Zeitformen, und durchaus nicht, wie die semitischen, Modalformen (in der ursprünglichen Bedeutung des Wortes), welche die blosse Beschaffenheit der Handlung als eine vollendete oder nicht vollendete bezeichnen. Es entspricht also das bedawische Präsens im allgemeinen dem deutschen Präsens, hat aber öfters eine durative, viel seltener die im Deutschen nicht ungewöhnliche futurale Bedeutung. Kommt daher das bedawische Präsens der Bedeutung nach dem türkischen Präsens auf -ijor sehr nahe, so scheint der bedawische Aorist der türkischen Präsens- (oder Aorist-) Form auf -r (-er, -ir etc.) völlig zu entsprechen. Den Aorist können wir somit im Deutschen gemeinhin mit dem (unbestimmten) Präsens, oder auch oft mit dem Futur, wie das bedawische Perfekt mit dem deutschen Imperfekt oder Perfekt übersetzen.

160. Von einigen transitiven Verben scheint es ein viertes Genus, ein **Frequentativ**, zu geben, das die Handlung als eine an mehreren Objekten ausgeübte darstellt, z. B. *der* ‚(jemand) töten‘, *dār* ‚(mehrere) töten‘, *ŭli* ‚(jemand) schlagen‘, *ōl* ‚(mehrere) schlagen‘. Von derartigen Verbalformen, deren Bedeutung von meinen Gewährsmännern mit dem vulgärarabischen Ausdrucke *lil-kuttār* ‚an den Vielen‘ bezeichnet wurde, sind mir jedoch nur sehr wenige Beispiele bekannt, während sie im Nubischen ein ganz allgemeines Verbalgenus bilden.

161. Das **Aktiv** hat im Bedawie, wie vielleicht in allen anderen Sprachen, kein besonderes Merkmal. Das **Passiv** wird durch die prä- oder postligirten Formative *t* und *m* gebildet, wozu sich häufig ein Übergang des Stammvokals (namentlich des letzteren bei zweisilbigen Stämmen) in *ā* als charakteristisches Kennzeichen anschliesst. Das **Kausativ** wird durch das präformative oder afformative *s* gebildet, und in besonderen Abschnitten werden im folgenden sowohl die passiven als die kausativen Formen des weiteren behandelt werden.

162. Die Bildung der Personalformen ist in der affirm. Form teils ausschliesslich afformativ, teils prä- und afformativ zu gleicher Zeit. Die bedawischen Verben können daher in Bezug auf die Abwandlung in zwei grosse Hauptklassen geteilt werden: die erste, die afformativische Klasse, welche nur eine einzige Konjugationsform umfasst; die zweite, die prä- und afformativische Klasse, welche nach der verschiedenen Bildung des Präsens in vier besondere Konjugationen zerfällt. Jene einzige Konjugation der ersten Klasse könnte, teils wegen ihrer einfacheren Formenbildung, teils wegen ihrer grossen numerischen Bedeutung — sie scheint allein mehr als die Hälfte aller bedawischen Verba zu umfassen — die reguläre Konjugation genannt werden, welcher gegenüber die übrigen vier Konjugationen als irreguläre erscheinen.[1] Diese Einteilung in Klassen und Konjugationen gilt doch nur bezüglich der beiden Haupttempora, des Präsens und des Perfekts; der Aorist, der Imperativ, das Particip und die zusammengesetzten Tempora werden von jedem Verb in einer und derselben Weise gebildet.

---

[1] Es hindert dieses keineswegs, dass die hauptsächlich präformativische Abwandlung der zweiten Klasse ursprünglicher sein kann, als die ausschliesslich afformativische der ersten Klasse; im vergleichenden Teil werde ich auf diese Frage etwas näher eingehen.

1. Das Aktiv.

A. Die affirmative Form.

1. Einfache Tempora und Modi.

163. Zuerst werde ich die allgemeinen Formen behandeln, d. h. diejenigen, deren Bildung bei jedem Verb dieselbe ist, nämlich den Imperativ und den Aorist. Der Imperativ, welcher, soviel ich erfahren konnte, nur in der 2. Person vorkommt,[1] wird durch folgende Endungen gebildet:

	Sing.	Plur.
Pers. 2.	m. -*a* f. -*i*	c. -*na*, -*ān*, -*āna*

Die ursprüngliche Pluralendung ist augenscheinlich -*āna*, und, wie die identische Endung des Verbum subst. für die 2. Pers. Plur., durch Hinzufügung des allgemeinen pluralen Afformativs -*na* an das Afformativ der 2. Pers. Sing. -*a* entstanden. Indessen sind die beiden anderen Endungen -*na* und -*ān* die gewöhnlicheren, und zwar so, dass -*na*, welches vorzugsweise den Konjugationen der 2. Klasse angehört, seltener mit -*ān* in einem und demselben Worte wechselt, während -*ān* und -*āna* in demselben Worte immer mit einander, weniger häufig mit -*na*, wechseln können. Alle drei Endungen können sowohl an konsonantisch als an vokalisch auslautende Stämmen angehängt werden. Beispiele: *deb* ‚fallen' [1. Klasse], *hadid* ‚sprechen' [1. Kl.], *dā* ‚schlafen' [1. Kl.], *sigud* ‚waschen' [2. Kl.].

Sing. 2. m.	*deba* falle!	*hadida* sprich!	*dāra* schlafe!	*siguda* wasche!
f.	*debi*	*hadidi*	*dāwi*	*sigudi*
Plur. 2. c.	*debna*	*hadidān* od. *hadidāna*	*dāwān(a)*[2]	*sigudāna*

164. Auch im Sing. Mask. kann die Endung -*a* abfallen, wiewohl dies hier weit seltener geschieht als bei der Endung -*ān(a)*, z. B. *māsu* ‚höre!' *mā'* ‚komm!' neben *māsra* und *mā'a*. Die auf *i* auslautenden Stämme sollten im Sing. Fem. auf

---

[1] MUNZINGER führt auch einige Formen für die 3. Pers. Sing. und Plur. des Imperativs an, ich werde im folgenden seine Beispiele erwähnen.

[2] Mit der Parentese (*a*) bezeichne ich, dass das schliessende -*a* wegfallen kann.

-i-i endigen, aber hier fällt des Wohlklangs halber das eine i weg, z. B. séni ‚warten‘, Imp. sénia, fem. séni (vgl. § 30, b).

165. Der Aorist hat in der 1. Pers. Sing die Endung -at, zu welcher auch die allgemeinen Afformative der 2. Person, Sing. m. -a, f. -i, Plur. -na (-āna), hinzutreten. Die 1. Pers. Plur. fügt an jenes -at die Endung -ēni an, mit Schwächung des t in d.[1] Die 3. Pers. Sing. wird auf eine ganz eigentümliche Weise mit dem Präfix bā- gebildet, das sonst neben dem Präfix ka- zur Bildung der negativen Formen dient. In dieser Person tritt auch eine Spaltung der Formenbildung ein, indem die zur ersten Klasse zählenden Verben, ausser dem Präfix ba-, auch ein Afformativ -i,[2] f. -ti, an den Stamm ansetzen, während die Verben der zweiten Klasse teils ein Präformativ i-, f. ti- (zuweilen e- f. te-) annehmen, teils auch den Stamm durch innere Vokalveränderung modifizieren. Der Plural der dritten Person wird stets durch die Anfügung der allgemeinen Pluralendung -na an die 3. Pers. Sing. Mask. gebildet, wobei das auslautende -a öfters abfällt, sobald ein Vokal, am häufigsten i, vorhergeht. Das Flexionsschema dieses Tempus ist demnach folgendes:

		1. Klasse.		2. Klasse.	
		Sing.	Plur.	Sing.	Plur.
Pers. 1.		-at	-atēni	-at	-atēni
„ 2.	m.	-ata	c. -atna, -atān(a)	-ata	c. -atna, -atān(a)
	f.	-ati		-ati	
„ 3.	m.	bā-i	c. bā--in(a)	bāi...	c. bāi...na
	f.	bā-ti		bāti...	

166. Wenn der Stamm auf -i endigt, fällt in der 1. und 2. Pers. das anlautende a aus, so dass die Endungen -t, -ta, -ti, -dēni, -tna od. -tān(a) lauten. Die Formen der 2. Person werden im allgemeinen sehr wenig gebraucht, sondern durch die entsprechenden Formen des Imperativs ersetzt, eine Erscheinung, die sich aus der kohortativen Bedeutung des Aorists erklären lässt. In der 1. Person und den davon gebildeten Formen der 2. Person (nicht aber in den imperativischen Formen) tritt häufig in zweisilbigen Stämmen durch Ausfall des letzten Stammvokales

---

[1] Diese Endung -adēni kommt jedoch auch, wiewohl sehr selten, als Endung der 1. Pers. Sing. vor (vgl. § 305).

[2] Gleich den meisten auslautenden kurzen i geht auch dieses i sowohl im Mask. als Fem. häufig in ein kurzes, flüchtiges e über. — Bezüglich dieser wahrscheinlich aus einem ganz anderen Tempus herrührenden Formen der 3. Pers. vgl. §§ 186, 311.

eine blos eufonische Verkürzung ein (vgl. § 22, a). Beispiele: *déb* ‚fallen' [1. Kl.], *fédig* ‚verlassen' [2. Kl.], *séni* ‚warten' [2. Kl.]:

Sing. 1.	*débat* ich falle		*fédgat* ich verlasse		*sénīt* ich warte	
2. m.	*débata* od. *déba*		*fédgata* od. *fédiga*		*sénita* od. *sénia*	
f.	*débati* od. *débi*		*fédgati* od. *fédigi*		*séniti* od. *séni*	
3. m.	*bádebi*		*bāifdig*		*báisān*	
f.	*bádebti*		*bātífdig*		*bátisān*	
Plur. 1.	*débadéni*		*fédgadéni*		*sénidéni*	
2.	*débatna* od. *débna*		*fedgátna* od. *fedigna*		*seni'na* od. *senin(a)*	
3.	*bádebna*		*bāifdigna*		*báisánna*	

167. In Bezug auf die Formenbildung der beiden übrigen einfachen Tempora, des Präsens und des Perfekts, teilen sich, wie schon oben erwähnt, die Verben in zwei grosse Klassen, die rein afformativische und die hauptsächlich präformativische; während aber die Verben der ersten Klasse in jenen beiden Tempora einem Abwandlungsschema folgen, spaltet sich hier die zweite Klasse in vier verschiedene Konjugationsformen.

Erste Klasse.

Durchgehend afformativische Bildung.

Konjugation I.

168. Das Präsens und das Perfekt werden durch folgende Endungen gebildet:

		Präs.	Perf.
Sing.	1.	-*ani*	-*an*[3]
	2. m.	-*tenia*[1]	-*ta*
	f.	-*teni*	-*tai*
	3. m.	-*īni*	-*ja*[4]
	f.	-*teni*	-*ta*
Plur.	1	-*nei*, -*nēi*	-*na*
	2.	-*tēn*[2]	-*tān(a)*
	3.	-*ēn*	-*jān(a)*

[1] Könnte auch ebensogut -*tenija*, aber nicht -*tenja*, geschrieben werden, weil das *i* immer betont ist.

[2] Selten sind hier die ursprünglicheren volleren Endungen -*tēna*, -*ēna*.

[3] Das schliessende *n* fällt sehr selten ab.

[4] Könnte auch -*ia* oder -*ija*, wie im Plur. -*iāna*, -*ijān*, geschrieben werden.

Es ist ersichtlich, dass die obigen Endungen des Präsens in keiner eigentlichen Parität mit den übrigen Afformativen stehen, sondern eher wie selbständige Verbalformen aussehen. Ob dem so ist, und mithin das afformativische Präsens sich als ein zusammengesetztes Tempus erweisen wird — diese Frage soll im vergleichenden Teil näher erörtert werden. Beispiele: *tam* ‚essen‘, *hadíd* ‚sprechen‘.

		Präsens.		Perfekt.	
Sing.	1.	támani ich esse	hadídani ich spreche	tíman ich ass	hadídan ich sprach
	2. m.	támtenia	hadídtenia	támta	hadídta
	f.	támteni	hadídteni	támtai	hadídtai
	3. m.	bitíni	hadídini	támja	hadídja
	f.	támteni	hadídteni	támta	hadídta
Plur.	1.	támnēi	hadídnēi	támna	hadídna
	2.	támtēn	hadídtēn	támtān[1]	hadídtān
	3.	támēn	hadídēn	támjān	hadídjān

Zweite Klasse.

Hauptsächlich präformativische Bildung.

169. In allen zu dieser Klasse zählenden Verben wird das Perfekt gleichförmig durch folgende, übrigens auch dem Präsens zukommende Prä- und Afformative gebildet:

		Sing.	Plur.
Pers. 1.		a-	ne-
„ 2.	m.	te—a[2]	c. te—na
	f.	te—i	
„ 3.	m.	e- (i-, je-)[3]	c. e- (i-, je-)—na
	f.	te- (ti-)	

---

[1] Ich schreibe die Formen genau aus meiner Beispielsammlung ab, ohne das fehlende Schluss-*a* zu ergänzen. Übrigens scheint die Auslassung desselben oft von der Tonsetzung abhängig zu sein, vgl. *hadídtan* ‚ihr habet geredet‘ *hadísamtána* ‚ihr habet [ihn] augeredet‘, und es ist deswegen das auslautende -*a* seltener in der 3. als in der 2. Pers. Plur.

[2] Das mask. Afformativ -*a* (seltener das fem. -*i*) kann hie und da, namentlich in den irregulären Verben, abfallen.

[3] Obwohl *je-* wahrscheinlich die ursprünglichere Form des Präformativs ist, so kommt sie jetzt jedoch sehr selten vor, während dagegen *e-*, das wohl nur eine Schwächung des aus dem *je-* entstandenen *i-* ist, den weitaus häufigsten Präformativvokal der 3. Person bildet.

Der Verbalstamm unterliegt im Perfekt keiner anderen Veränderung als der, dass in zweisilbigen Stämmen der erste kurze Vokal wegen des Druckes der in diesem Falle betonten Präformative elidirt wird. Beispiele: *fōr* ‚fliehen' [Konj. III.], *fídig* ‚lassen' [Konj. II.], *éŋgad* ‚stehen' [Konj. IV.], *fáid* (od. *fá'id*) ‚lachen' [Konj. V.].

Sing. 1.	*afōr* ich floh	*ifdig* ich liess	*áŋgad* ich stand	*afáid* ich lachte
2. m.	*tefōra*	*tifdiga*	*téŋgada*	*tefáida*
f.	*tefōri*	*tifdigi*	*téŋgadi*	*tefáidi*
3. m.	*ifōr*	*ifdig*	*íŋgad*	*ifáid*
f.	*tefōr*	*tifdig*	*téŋgad*	*tefáid*
Plur. 1.	*nifōr*	*nifdig*	*néŋgad*	*nefáid*
2.	*tefōrna*	*tifdigna*	*teŋgádna*	*tefáidna*
3.	*ifōrna*	*ifdigna*	*iŋgádna*	*ifáidna*

170. Das Präsens nimmt, wie gesagt, dieselben Prä- und Afformative an, wie das Perfekt, mit der alleinigen Ausnahme, dass in den zweisilbigen Stämmen der II. Konj. die Präformative, aber nicht die Afformative, der 2. und 3. Pers. Sing. abfallen. Der Verbalstamm erleidet aber in diesem Tempus solche charakteristischen Veränderungen, die eine Einteilung in verschiedene Konjugationen von selbst hervorrufen. Als gemeinsames Kennzeichen, das den Präsensstamm von dem allgemeinen Verbalstamm unterscheidet, erscheint ein langes *i* in der letzten Silbe.

Konjugation II.

171. Der Präsensstamm wird im Singular durch Nasalirung des die letzte (resp. einzige) Silbe anlautenden Konsonanten, d. h. durch Einschaltung eines organmässigen Nasals gebildet. So erscheint vor Laryngalen, Dentalen und *f* ein *n*, vor Gutturalen ein *ŋ*, vor Präkakuminalen ein *ṇ*, vor Labialen (ausser *f*) ein *m*; vor den Liquidä *l* und *r* ebensowie vor den Halbvokalen *w* und *j* wird der (wohl ursprünglich dentale) Nasal assimilirt.[1] Der letzte Vokal geht immer in langes *i* über. Im Plural wird die Nasalirung wieder aufgehoben und meistens durch die Dehnung des vorhergehenden Vokals ersetzt, wozu in den verschiedenen Arten dieser Konjugation noch andere Kennzeichen der Pluralbildung hinzukommen.

[1] In betreff der Assimilirung des *n* vor *w*, wie z. B. in *úwwik* (für *únwik* aus *wik* ‚schneiden'), finde ich besonders notirt, dass der vorangehende Vokal einen schwachen nasalen Klang erhält.

1) Erste Art: einsilbige Stämme.

172. Hier ist es natürlich der erste Stammkonsonant, der im Sing. nasalirt wird, während der Stammvokal in *i* übergeht. Im Plural kehrt aber der ursprüngliche Stammvokal in der Regel zurück, und die Ersatzdehnung trifft den Vokal des Präformativs. Seltener erscheint hier, wie in der folgenden Abteilung (II. 2. a, s. § 174), statt des Stammvokals ein *ē* in der letzten Silbe, z. B. *nêdir* für *nêdir*. Die Personenbildung geschieht durchaus mit denselben Prä- und Afformativen wie im Perfekt. Beispiele *dah* ‚fett sein‘ *rib* ‚sich weigern‘ *tu'* ‚kneifen‘.

Sing. 1.	ándih	ich bin fett	árrib	ich weigere mich	ántu'	ich kneife
2. m.	téndiha		térriba		téntu'a	
f.	téndihi		térribi		ténti'i	
3. m.	éndih		érrib		éntu'	
f.	téndih		térrib		ténti'	
Plur. 1.	nédah		nérib		nétu'	
2.	tédahna		téribna		tétu'na	
3.	édahna		éribna		étu'na	

2) Zweite Art: zweisilbige Stämme.

173. Die Personenbildung geht auch hier durch die bekannten Prä- und Afformative vor sich, jedoch mit der Beschränkung, dass im Singular die 2. und 3. Person keine Präformative erhalten, wodurch in der letzteren der Unterschied zwischen Mask. und Fem. aufgehoben wird. In Bezug auf die Pluralbildung spaltet sich diese Art je nach dem verschiedenen Stammauslaut wiederum in zwei Abteilungen:

a) vokalisch (auf -*i*) auslautende Stämme.

174. Im Plural fällt das endigende -*i* ab, der erste Stammvokal geht in *ē* über, und der Präformativvokal wird entweder gedehnt oder er bleibt unverändert. Beispiele: *séni* ‚warten‘ *áli* ‚schlagen‘ *rbi* ‚laden‘.

Sing. 1.	aséni	ich warte	aálli	ich schlage	arámbi	ich lade
2. m.	sénia		állia		rámbia	
f.	séni[1]		álli		rámbi	
3. m.	séni		álli		rámbi	
f.	séni		álli		rámbi	

---

[1] Aus *sénai* (s. § 21, b).

Plur. 1.	nésin od. nesán	néel od. neél	néreb od. neréb	
2.	tesénna¹	teélna	terébna	
3.	esénna	élna	erébna	

b) konsonantisch auslautende Stämme.

175. Im Singular geht nicht nur wie in der ganzen Konjugation der letzte Stammvokal in i, sondern auch der Vokal der ersten Silbe in a über. Im Plural kommt in der letzten Silbe an der Stelle des i der Stammvokal wieder zum Vorschein, während in der ersten Silbe das a des Singulars entweder α) verbleibt, oder β) fällt gänzlich aus; und nur im letzteren Falle (β) tritt die Ersatzdehnung am Vokale der Präformative ein. Die Bildung unter β gehört nur denjenigen Stämmen an, deren Nasalirungskonsonant ein laryngaler Laut ʼoder h, ist. Beispiele:

α) *šebib* „schauen" *fetik* „entwöhnen" *šagud* „waschen".

Sing. 1.	ášambib	ich schaue	áfantik	ich entwöhne	ášangʷid	ich wasche
2. m.	šámbiba		fántika		šángʷida	
f.	šámbibi		fántiki		šángʷidi	
3. m.	šámbib		fántik		šángʷid	
f.	šámbib		fántik		šángʷid	
Plur. 1.	nešabib		néfatik		nešagud	
2.	tešabibna		tefatikna		tešagudna	
3.	ešabibna		efatikna		ešagudna	

β) *beʼas* „wenden" *lehas*² „lecken" *gʷahar* „stehlen".

Sing. 1.	ábaʼis	ich wende	álanhis	ich lecke	ágʷanhir	ich stehle
2. m.	báinʼisa		lánhisa		gʷánhira	
f.	báinʼisi		lánhisi		gʷánhiri	
3. m.	báinʼis		lánhis		gʷánhir	
f.	báinʼis		lánhis		gʷánhir	
Plur. 1.	nébʼas		nélhas		nógʷhar	
2.	tébʼasna		télhasna		tégʷhárna	
3.	ébʼasna		élhasna		égʷhárna	

176. Es verdient hier einer besonderen Beachtung, wie klar die Abwandlung solcher Stämme, in denen ein a nach einem Guttural erscheint, die Natur der s. g. a-haltigen Gutturale darlegt. Das a erhält sich nur da, wo es als Stammvokal zwischen zwei Konsonanten stehen darf, z. B. Imper. *šáguda*, *gáhara*, Aor. *šágudat*, *gáharat*. Wenn aber die Flexion statt des a einen anderen Vokal, oder nur

---

¹ Hier fällt häufig die Endung -*na* ab, so dass die Formen mit veränderter Tonsetzung *tesén*, *esén* lauten.

² Aus dem arab. *lahas* لَحَسَ.

die Ausstossung des *u* verlangt, so flüchtet sich dasselbe in beiden Fällen in den voranstehenden Guttural hinein, z. B. Präs. *ášangʷid* (für *ášangíd*, wie *ítanhis* von *khás*), *ígʷanhir* (für *íganhir*), Perf. *ágʷhar* (vgl. *ásgud*), Präs. Plur. *nígʷhar* (vgl. *níthas*).

Konjugation III

177. Das charakteristische Kennzeichen dieser Konjugation ist die Dentalisirung des Präsensstammes, oder Einschiebung eines Dentals *t (d)* zwischen den Präformativ und den ersten Stammkonsonanten, entsprechend der Nasalirung der II. Konj.; und hier wie dort geht der letzte Stammvokal immer in langes *í* über. Die Dentalisirung (wobei in fonetischer Hinsicht die §§ 32, Schluss, und 34 zu berücksichtigen sind), erstreckt sich jedoch, im Gegensatz zu der Nasalirung, auf die ganze Formenbildung des Präsens, aber aus anderweitigen Gründen findet auch hier in der Abwandlung eine Unterscheidung in einsilbige und zweisilbige Stämmen statt. Die Abwandlung der ersteren wird nämlich durch ein langes *ē* in allen Präformativen charakterisirt, wodurch im Sing. die 1. und 3. Pers. Mask. gleichlautend werden, während die letzteren zwar das regelmässige kurze *e* der Präformative beibehalten, aber, dem Schema der Konj. II. 2, b folgend, den ersten Stammvokal immer in *a* umwandeln. Dieser Stammvokal ist hier wie dort am häufigsten ein kurzes *e*, und es wäre möglich, dass das nur im Präsensstamm auftretende *a* der ursprüngliche Wurzelvokal ist.

1) Erste Art: einsilbige Stämme.

Beispiele: *ram* ‚folgen‘ *'am* ‚reiten‘ *sa'* ‚sich setzen‘.

Sing.	1.	*étrim* ich folge	*éd'im* ich reite	*ésti'* ich setze mich
	2. m.	*tétrima*	*téd'ima*	*tésti'a*
	f.	*tétrimi*	*téd'imi*	*tésti'*
	3. m.	*étrim*	*éd'im*	*ésti'*
	f.	*tétrim*	*téd'im*	*tésti'*
Plur.	1.	*nétrim*	*néd'im*	*nésti'*
	2	*tétrímna*	*téd'ímna*	*téstí'na*
	3.	*étrímna*	*éd'ímna*	*éstí'na*

2) Zweite Art: zweisilbige Stämme

Beispiele: *féjak* ‚wegtragen‘ *génaf* ‚knien‘ *sébar* ‚fliehen‘.

Sing.	1.	*átfajik* ich trage weg	*ádganif* ich knie	*ástabir* ich fliehe
	2. m.	*tétfajika*	*tédganifa*	*téstabira*
	f.	*tétfajiki*	*tédganifi*	*téstabiri*
	3. m.	*étfajik*	*édganif*	*éstabir*
	f.	*tétfajik*	*tédganif*	*téstabir*

Plur.	1.	nétfajik	nédganif	nĕstabīr
	2.	tĕtfajikna	tĕdganifna	tĕstabīrna
	3.	ĕtfajikna	ĕdganifna	ĕstabīrna

Konjugation IV.

178. Das allgemeine Merkmal des Präsens dieser Konjugation ist ein dem Stamme angehängtes *i*. Die Prä- und Afformative bleiben zwar stets dieselben, aber in der 2. Pers. Sing. Fem. schmilzt das afformativische *i* mit dem hier stammauslautenden *i* in ein *i* zusammen, wodurch die 2. und 3. Pers. Fem. Sing. gleichlautend werden. Aber auch die Verben dieser Konj. teilen sich der Abwandlung nach in zwei Arten: 1) einsilbige, langvokalige Stämme, wie *fōr* ‚fliehen' *šē* ‚alt werden' *mäh* ‚erschrocken werden'; 2) zweisilbige oder dreikonsonantige Stämme mit einem sehr kurzen (oder, wenn man so will, gar keinem) Vokal zwischen den beiden ersten Stammkonsonanten, z. B. ĕṅgad (ṅgad) ‚stehen' *nĕkäs* ‚kurz sein' *šĕbōb* (*šbōb*) ‚gut sein'. Die Verben der ersten Art stossen den langen Stammvokal aus, oder er wird durch ein sehr kurzes und flüchtiges *e (i)* ersetzt, und der Vokal des Präformativs geht überall als eine Art von Ersatzdehnung in langes *ē* über. Die Verben der zweiten Art fügen nur das *i* an, und der erste kurze Vokallaut schwindet hier gänzlich nach dem betonten Vokal des Präformativs.

1' Erste Art: einsilbige Stämme.

Sing.	1.	éfĕri (éfri) ich fliehe	ēš'i ich werde alt	ēmhi ich werde erschrocken
	2. m.	tēfria	tēš'ia	tēmhia
	f.	tēfĕri (tēfri)	tēš'i	tēmhi
	3. m.	éfĕri (éfri)	ēš'i	ēmhi
	f.	tēfĕri (tēfri)	tēš'i	tēmhi
Plur.	1.	nēfĕri (nēfri)	nēš'i	nēmhi
	2.	tēfrina	tēš'ina	tēmhina
	3.	éfrina	ēš'ina	ēmhina

2' Zweite Art: zweisilbige Stämme.

Sing.	1.	ášbōbi ich bin gut	áṅgadi ich stehe	áṅkasi ich bin kurz
	2. m.	tĕšbōbia	tĕṅgadia	tĕṅkasia
	f.	tĕšbōbi	tĕṅgadi	tĕṅkasi
	3. m.	ĕšbōbi	ĕṅgadi	ĕṅkasi
	f.	tĕšbōbi	tĕṅgadi	tĕṅkasi
Plur.	1.	nĕšbōbi	nĕṅgadi	nĕṅkasi
	2.	tĕšbōbin(a)	tĕṅgadin(a)	tĕṅkasin(a)
	3.	ĕšbōbin(a)	ĕṅgadin(a)	ĕṅkasin(a)

Konjugation V.

179. Alle dieser Konj. angehörenden Verben sind zweisilbig und haben ein langes *a* in der ersten und ein kurzes *e* oder *i* in der zweiten Silbe, z. B. *bādin* „vergessen" *fā'id* „lachen" *jāwid* „flechten". Ihrer Präsensbildung nach stehen diese Verben denen der ersten Art der vorhergehenden IV. Konj. sehr nahe, und könnten vielleicht mit den letzteren unter eine und dieselbe Konj. gebracht werden. Auch hier wird nämlich der erste lange Stammvokal elidirt und durch das *ē* der Präformative gewissermassen ersetzt, in der letzten Silbe tritt aber anstatt des kurzen *e* oder *i* das lange *ī* ein, welches wir schon aus der II. und III. Konj. kennen gelernt haben. Dieses *ī* ist jedoch nur im Sing. ganz verbürgt, im Plur. scheint es mir mit dem kurzen Stammvokal wechseln zu können, wie denn auch in der II. Konj. der Plural des Präsens den letzten kurzen Stammvokal in den meisten Fällen beibehält. Das Abwandlungsschema lautet also folgendermassen:

Sing.	1.	*ēbdīn* ich vergesse	*ēf'īd* ich lache	*ējwīd* ich flechte
	2. m.	*tēbdīna*	*tēf'īda*	*tējwīda*
	f.	*tēbdīni*	*tēf'īdi*	*tējwīdi*
	3. m.	*ēbdīn*	*ēf'īd*	*ējwīd*
	f.	*tēbdīn*	*tēf'īd*	*tējwīd*
Plur.	1.	*nēbdīn (nēbdīn)*	*nēf'īd (nēf'īd)*	*nējwīd (nējwīd)*
	2.	*tēbdīnna (tēbdīnna)*	*tēf'ídna (tēf'ídna)*	*tējwídna (tējwídna)*
	3.	*ēbdīnna (ēbdīnna)*	*ēf'ídna (ēf'ídna)*	*ējwídna (ējwídna)*

180. Dies sind die fünf verschiedenen Konjugationsformen des Bedawie, die ich aus sehr zahlreichen vollständig flektirten Beispielen erkannt und bestätigt gefunden habe. Ausserdem habe ich aber eine nicht unbedeutende Anzahl durchkonjugirter Verben verzeichnet, deren Flexion in den verschiedenen Tempora bald dem Schema der einen, bald dem einer anderen von den obigen fünf Konjugationen folgt. Einige Beispiele scheinen sogar auf das Vorhandensein noch anderer Konjugationsformen hinzuweisen. Alle jenen Verba werde ich nach den Paradigmen der schon festgestellten Konjugationen folgen lassen.

2. Zusammengesetzte Tempora.

181. Die zusammengesetzten Tempora in der affirmativen Form sind: Plusquamperfekt, (Imperfekt) und zwei futurale Zeiten. Der Begriff unseres Plusquamperfekts wird meines Wissens nur durch das vorangehende Adverb *sūr (sāri)* „vorher" in Verbindung mit dem Perfekt ausgedrückt. Dieses Adverb wird immer von der Verbalform getrennt, und ist ein Objekt vorhanden, so tritt auch dieses dazwischen, z. B.

áne	*sär*	*déban*	ich	war gefallen
barák	»	*débta*	du	warst »
batäk	»	*débtai*	du (f.) »	»
baráh	»	*débja*	er	war » u. s. w.
áne sär ótak áuti			ich hatte den Mann geschlagen.	

Auf dieselbe Weise kann nun wohl auch von jeder Präsensform durch Voranstellung jener Zeitpartikel *sär* ein wirkliches Imperfekt (wie z. B. das lateinische) gebildet werden. Von diesem Tempus besitze ich indessen nur die folgenden wenigen Beispiele, *áne meskinu* ‚ich bin arm', *áne sär meskinu* ‚ich war arm', *barák téktēna* ‚du weisst' *barák sär téktēna* ‚du wusstest'. Ich bin jedoch sehr geneigt zu glauben, dass die geringe Anzahl dieser Beispiele auf einem blossen Zufall beruht, und dass wir ein auf jene Weise gebildetes Imperfekt ebensogut wie das Plusquamperfekt den zusammengesetzten bedawischen Tempora einordnen müssen.

182. Bei MUNZINGER ist auch das Plusquamperfekt ein einfaches Tempus, welches teils durch ein dem Stamme angehängtes *-i*, teils durch ein präformativisches *i* in Verbindung mit inneren Vokalveränderungen gebildet wird, und zwar scheint es, als ob die erste Bildungsweise den afformativischen Verben (also meiner 1. Klasse) und die zweite den präformativischen Verben (meiner 2. Klasse) angehörte. Indessen wurde kein einziges seiner sechs Beispiele von meinen Gewährsmännern in Assuan und Berber als bedawisch anerkannt oder auch nur verstanden. Zwei von jenen Beispielen führe ich hier an. Von meinen Stämmen[1] *kōd* ‚sich verirren' [Konj. I., Präs. *kádani*, Perf. *kádanj*] und *bádən* ‚vergessen' [Konj. V., Präs. *ébdīn*, Perf. *abáden*] lautet das Plusquamperfekt bei MUNZINGER folgendermassen:

Sing. 1.	*kudi*, ich war verloren gegangen	*ibden*, ich hatte vergessen
2.	*kudtie*	*tibdena*
3.	*kudi*	*ibden*
Plur. 1.	*kudīni*	*nibden*
2.	*kudtēna*	*tibdenna*
3.	*kudīna*	*ibdenna*

Obgleich die übrigen Beispiele bei MUNZINGER nicht ganz so regelmässig gebildet sind wie die oben stehenden, scheinen sie mir doch im ganzen ein bedawisches Ge-

---

[1] MUNZINGER hat keinen Versuch gemacht, die Verbalstämme zu ermitteln, sondern er führt jedes Verb in der 3. Pers. Sing. Mask. Perf. an.

präge zu haben (vgl. § 316, wo alle diese Formen aufgeführt und näher besprochen sind). Ich erinnere auch daran, dass die arabische Sprache, die mein einziges Konversationsmittel mit den Bischari ausmachte, den Begriff des Plusquamperfekts nur durch die Vorsetzung der Perfektformen des Hilfsverbs *kāna* (zuweilen immer in der starren Form *kān*) vor die Perfektformen des Hauptverbs ausdrücken kann, eine Bildungsweise, die der bedawischen mit dem unveränderlichen *sār* vollkommen entspricht. Vielleicht hat MUNZINGER andere Mittel gehabt, den Begriff des Plusquamperfekts den Leuten zum Verständnis zu führen und ist dadurch anderen Verbalformen auf die Spur gekommen. Diese Formen, auf welche ich in dem vergleichenden Teil zurückzukommen gedenke, verdienen jedenfalls, dass ihnen besondere Aufmerksamkeit gewidmet werde.

183. Die beiden Futura werden vermittels zwei Hilfsverben gebildet, deren hier vorkommende Formen ich zunächst anführen will:

Sing.	1.	*ándi*	(*a*)*hérriu*
	2. m.	*téndia*	*hérriwa*
	f.	*téndi*	*hérriwi*
	3. m.	*éndi*	*hérri*
	f.	*téndi*	*hérri*
Plur.	1.	*niad* (*nijed*)	*néheru*
	2.	*tnidna* (*tijédna*)	*téherūn(a)*
	3.	*iidna* (*ijédna*)	(*j*)*éherūn(a)*

184. Die erste dieser Formenreihen scheint mir nichts anderes sein zu können, als das Präs. des irregulären Verbs *di* ‚sagen' [Konj. II], dessen Formen man weiter unten (§ 304) finden wird. Was die zweite Form betrifft, von welcher mir der Singular in vielen aber unbedeutenden Varianten vorkam, so ist die Bedeutung des Verbalstammes: ‚suchen, wünschen, umhergehen um etwas zu finden', arab. *talab*, ’*âwiz*, sudanarab. *dūr*, vollkommen zweifellos.[1] Ich habe diese Form nebst einigen anderen desselben Stammes auch unter den irregulären Verben aufgeführt (vgl. § 319), und werde dort die Formen des Sing. und des Plur., die nicht zusammenzugehören scheinen, näher besprechen.

185. Mit dem ersten der oben genannten Hilfsverben wird nun in der Regel die Verbalform verbunden, die in der 3. Pers. Sing. Mask. des Aorists nach dem Präfix *ba-* steht. Es lautet demnach das erste Futur von den schon bekannten Verben *deb* ‚fallen' [Konj. I], *s'ni* ‚warten' [Konj. II. 2, a], *fédig* ‚lassen' [Konj. II. 2, b], wie folgt:

---

[1] Ausser den zahlreichen Beispielen, die sich in diesem Buche zerstreut finden, vgl. man auch das Beispiel bei MUNZINGER (a. a. O. S. 353): *nāmat mhar ojus haja herriwa*, du suchst jeden Morgen Streit mit mir‘. [?]

Sing.	1.		débi ándi	ich werde	isán ándi	ich werde	iídig ándi	ich werde
	2.	m.	»	téndia	[fallen	»	téndia	[warten	»	téndia	[lassen
		f.	»	téndi		»	téndi		»	téndi
	3.	m.	»	éndi		»	éndi		»	éndi
		f.	»	téndi		»	téndi		»	téndi
Plur.	1.		»	níjed		»	niad		»	níjed
	2.		»	tiádna		»	tiádna		»	tiádna
	3.		»	iádna		»	iádna		»	iádna

186. Die eigentliche Natur derjenigen Verbalform, mit welcher das erste Futur gebildet wird, war mir lange sehr dunkel. Anfangs glaubte ich, dass diese Form wie die entsprechende im Fut. II. ein verbales Nomen sein müsse, und, obwohl ich jetzt überzeugt bin, dass hier eine rein verbale Form vorliegt, so ist mir damit die Sache noch lange nicht klar genug geworden. Die verbale Natur dieser Form scheint teils daraus hervorzugehen, dass sie meines Wissens niemals als Nomen mit dem Artikel gebraucht wird, teils auch aus dem Umstande, dass sie im Aorist, wo sie immer mit dem Präfix *ba* die dritte Person Sing. Mask. bildet, bei weiblichem Subjekt das femin. *t* entweder [in der 1. Klasse] als Afformativ oder [in der 2. Klasse] als Präformativ annimmt. Dagegen erscheint es auffallend, dass diese Form, wenn sie ursprünglich die 3. Pers. Sing. Mask. irgend eines Tempus ist, ganz unabgewandelt mit allen Personalformen des Hilfsverbs *ándi*, *téndia* etc. verbunden wird. Ich bemerke jedoch, dass mir in dem Futur I. zuweilen, obwohl verhältnissmässig selten, Formen vorgekommen sind, die mit der 3. Pers. Sing. Mask. des Aorists nicht ganz identisch waren. Bei den Verben der 1. Klasse scheint der nackte Stamm, vielleicht nur zufolge der Abschleifung des auslautenden *i (e)*, stehen zu können; im Plural treten hin und wieder plurale Formen auf, z. B. *hadíd* [statt *hadíde*] *ándi* „ich werde reden", *hadídne tijédna* „ihr werdet reden", *débne ijédna* „sie werden fallen", *nedár níjed* „wir werden töten" [Stamm *dár*]. Aus diesen und einigen anderen ähnlichen Beispielen scheint hervorzugehen, das ursprünglich die Form des Hauptverbs in dieser Verbindung mit dem Hilfszeitwort *ándi (téndia* etc.) durchweg flektirt wurde. In dem vergleichenden Teil werde ich diese Formen etwas näher besprechen, und hier zunächst ihre verschiedene Bildung in den einzelnen Konjugationen vorführen.

187. Das Kennzeichen dieser Form ist ein *i (e)*, das in der einzigen Konj. der 1. Klasse ein Afformativ und in den übrigen Konjugationen ein Präformativ ist, und also in dieser Hinsicht in vollem Einklang mit der allgemeinen Regel für die verbalen Formative steht.

a. Als Afformativ: -*i* oder -*e*.

Der Verbalstamm bleibt in der Regel unverändert. Beispiele: *bá-deb-i* „er fällt", *débi ándi* „ich werde fallen"; *bá-tam-e* „er isst", *táme ándi* „ich werde essen"; *bá-jek-e* „er steht auf", *jéke ándi* „ich werde aufstehen"; *gúd* „viel sein", Aor. *gúdat*, 3. Pers. Sing. Mask. *bá-gúd-i*, Fem. *bá-gúd-ti*, Fut. I. *gúdi ándi*.

b. als Präformativ.

Hier erscheint es in der Regel als langes *i*, zuweilen aber, namentlich wenn *a* folgt, und besonders häufig vor den passivischen und kausativischen Bildungsbuchstaben *t* und *s*, als *e*. Der Verbalstamm wird teils, und zwar vorwiegend, unverändert gelassen, teils durch innere Vokalveränderungen oder auch anderweitig modifizirt. In der folgenden Übersicht der Formen folge ich der oben gegebenen Einteilung in Konjugationen.

1. In der Konj. II. 1 tritt hier im allgemeinen der reine Verbalstamm auf, z. B. *irik* ‚schneiden‘ *irik*, *g"a* ‚knuffen‘ *ig"a*, *ta'* ‚schlagen‘ *ita'*. Nur selten erleidet der Stamm eine vokalische Modifikation, z. B. *tib* ‚füllen‘ *itub*, *sim* ‚nennen‘ *isām*.

2. In der Konj. II. 2, a fällt hier wie in einigen anderen Formen der vielleicht nicht wurzelhafte Endvokal des Stammes ab, und der erste Stammvokal geht ausnahmslos in langes *ā* über, z. B. *sǎni* ‚warten‘ *isǎn*, *áli* ‚schlagen‘ *iál*, *rébi* ‚laden‘ *eráb*.

3. In der Konj. II. 2, b bleibt, wie in Konj. II. 1, der Stamm unverändert, nur dass hier, wie in mehrfachen ähnlichen Fällen, der erste kurze Stammvokal, gewöhnlich ein *i*, *e*, nach dem langen betonten *ī* elidirt wird, z. B. *kehin* ‚lieben‘ *íkhan*, *fétik* ‚entwöhnen‘ *iftik*, *sehal* ‚schleifen‘ *íshal*, *rehub* ‚poliren‘ *irhub*. Es kommen jedoch mitunter Vokalveränderungen vor, z. B. *sébib* ‚sehen‘ *isbāb*, *bédal* (arab.) ‚verändern‘ *ibdil*.

4. In der durch Dentalisirung des Präsensstammes charakterisirten Konj. III. wird auch in dieser Form der eingeschobene Dental beibehalten, aber der letzte Stammvokal, der im Präsens in *ī* übergeht, bleibt hier unverändert, z. B. *ram* ‚folgen‘ Präs. *étrīm*, Aor. *rámat* ‚ich folge‘ *bā-ítram*, ‚er folgt‘, *ítram ándi* ‚ich werde folgen‘; *sa'* ‚sich setzen‘ Präs. *ésti*, Aor. *sá'at*, *bā-ísta'*: *'am* ‚reiten‘ *éd'īm*, *íd'am*.

5. In der Konj. IV., deren Kennzeichen ein im Präsens dem Stamme angehängtes *-i* ist, wird in dieser Form statt *-i* ein *-a* angefügt, und bei der ersten Art — den einsilbigen Stämmen — wird der Stammvokal, insofern er nicht ein *ā* ist, hier wie im Präsens ausgestossen, z. B. *fŏr* ‚fliehen‘ Präs. *éfri*, Fut. I. *ífra ándi*; *sān* (*sāw*) ‚vermehren‘ Präs. *ésri*, Fut. I. *ísra ándi*; dagegen *'am* ‚schwellen‘ Präs. *ámi*, Fut. I. *áma ándi*; *ār* ‚ernähren‘, *ári*, *ára*. Bei der zweiten Art — den zweisilbigen Stämmen — wird der letzte Stammvokal in der Weise verändert, dass *a* in *i* und *ā* in *ī* übergeht. Hier tritt aber die Aus-

nahme von der oben gegebenen allgemeinen Regel ein, dass die Stämme, deren letzter Vokal lang ist, kein -*a* anfügen, z. B. *éngad* ‚stehen‘ Präs. *éngadi*, Aor. *éngadat*, 3. Pers. Sing. Mask. *bā-éngida*, Fut. I. *éngida ándi*; *nekás* ‚kurz sein‘ Fut. I. *énkisa ándi*; dagegen *be'án* ‚furchtsam sein‘ Präs. *ab'áni*, Aor. 3. *bā-eb'in*, Fut. I. *eb'ín ándi*; *enśáf* ‚leicht sein‘ Aor. 3. *bā-enśáf*.

6. In der Konj. V., deren Stämme durch ein langes *ā* in der ersten Silbe gekennzeichnet sind, fällt dieses *ā* hier wie im Präsens aus, der letzte Stammvokal bleibt unverändert oder er geht in *a* über, z. B. *śári* ‚mischen‘ Präs. *éśri*, Aor. 3. P. *bā-iśri*, *g"ásir* ‚lügen‘ Präs. *ék"sir*, Aor. *bā-ik"sir*; *sálib* ‚plündern‘, Präs. *éslib*, Aor. *bā-islab*; *fádig* ‚verschmähen‘ Aor. *bā-ifdág*.

188. Mit dem zweiten Hilfsverb verbindet sich immer der Infinitiv, dessen Formen unten verzeichnet sind, und zwar stets im Objektiv, obwohl dieser Kasus bei konsonantisch auslautenden Mask. (nach § 58) äusserlich nicht erkennbar ist. Von den vorhin erwähnten Verbalstämmen *deb*, *śéni*, *fédig*, lautet also das zweite Futur folgendermassen:

Sg. 1. *deb hérriu* ich werde   *miśnai hérriu* ich werde   *fidág hérriu* ich werde
   2. m. » *hérriwa* [fallen   » *hérriwa* [warten   » *hérriwa* [lassen
   f. » *hérriwi*   » *hérriwi*   » *hérriwi*
   3. m. » *hérri*   » *hérri*   » *hérri*
   f. » *hérri*   » *hérri*   » *hérri*
Pl. 1. » *néheru*   » *néheru*   » *néheru*
   2. » *téherūn(a)*   » *téherūn(a)*   » *téherūn(a)*
   3. » *éherūn*   » *éherūn*   » *éherūn*

189. Im heutigen Sprachgebrauch scheinen diese soeben beschriebenen Verbalformen der Bedeutung nach einander völlig gleich zu kommen, wenigstens wurden sie mir von meinen Gewährsmännern immer als *zei bá'do* ‚ganz gleich‘ bezeichnet. Auch sind beide Bildungsweisen von jedem Verb möglich und vollkommen verständlich, wenn auch bei jedem Verb bald die eine, bald die andere bevorzugt wird.

190. Unter den Paradigmen bei MUNZINGER finden sich weder die oben erwähnten Formen noch eine andere mit futuraler Bedeutung angegeben, und somit auch nicht die Hilfszeitwörter *ándi* und *hérri*. Dagegen führt er drei andere Hilfszeitwörter auf, nämlich: *nefi*, ich bin, ich existire, j'y suis; *ché*, ich bin, *úberi*, ich habe, deren Formen man unter den unregelmässigen Verben (§§ 314, 325) findet. Durch Zusammensetzung oder, richtiger gesagt, Nachstellung der Präsensformen *ché* ‚ich bin‘, *teheje* ‚du bist‘ u. s. v. nach den flektirten Perfektformen des Hauptverbs bildet nun MUNZINGER sein Präsens der regelmässigen Verben, allein das einzige von ihm vorgeführte Beispiel *veder ché*, ich tödte, *teder teheje*, du tödtest etc.»

wurde ebensowenig wie die entsprechende negative Form *steder kahéi*, ich tödte nicht», von meinen Gewährsmännern verstanden. Derjenigen Form, die ich als ein wirkliches Präsens erkannt habe, giebt er den Namen ‚Aorist' und übersetzt sie mit dem deutschen Präsens. Meine Aoristform findet sich dagegen bei ihm gar nicht vor. Die Frage, wie die beiden übrigen Hilfszeitwörter *efi* ‚ich bin' und *úberi* ‚ich habe' (nebst ihren entsprechenden negativen Formen *kake* ‚ich bin nicht' und *kúberi* ‚ich habe nicht') mit dem Hauptverb zu verbinden wären, und welche temporalen Begriffe dadurch ausgedrückt werden konnten, hat er weder durch Wort noch durch Beispiel dargethan.

3. Verbalnomina: Particip und Infinitiv.

191. Das Particip wird von allen Verbalstämmen durch das Ableitungssuffix *-a* gebildet und gehört somit, neben dem Imperativ und dem Aorist, zu den allgemeinen Verbalformen, die an den Klassen- und Konjugationsunterschieden nicht teilnehmen. So lautet von den Stämmen *deb* ‚fallen' *dū* ‚schlafen' [Konj. I], *fédig* ‚lassen' [Konj. II] das Particip: *déba, dáwa, fédiga*. In einigen auf *-i* auslautenden Stämmen [Konj. II. 2. a] fällt dieses *i* vor der Endung *-a* aus, z. B. *méri* ‚finden' Part. *méra, séni* ‚warten' Part. *séna*, während andere das *-i* regelmässig beibehalten und dasselbe in *j* übergehen lassen, z. B. *úli* ‚schlagen' *úlja, rébi* ‚laden' *rébja*. Der Plural des Particips ist, wie bei allen vokalisch endigenden Nominalstämmen, dem Singular gleich, und wie jedes andere Nomen kann auch das Particip mit den Endungen des Verbum subst. verbunden werden, z. B. [vom Stamme *hadíd* ‚sprechen'] *áne hadidába* ‚I am speaking', *hénen hadidába* ‚we are speaking'. Der Bedeutung nach entspricht das bedawische Particip in der Regel dem Partic. Präs. anderer Sprachen, nur in einer zusammengesetzten Tempusform (dem negativen Perfekt) mag es die vergangene Zeit bezeichnen können (vgl. die Note auf Seite 152).

192. In Bezug auf Participialbildungen findet sich bei MUNZINGER folgendes (S. 349): »Das Particip bildet sich aus der Wurzel mit der Endung *ab* [also, wie immer, im Objektiv] und S. 352: »das Particip auf *-ab*, z. B. *eab*, kommend, kennen wir schon; eine andere Form bildet sich durch angehängtes *kena*, z. B. *hesŕkena*, der Beschäftigte, *cibabkena*, der Reisende». Die letztere Form ist doch eher ein wirkliches Nomen, entsprechend dem deutschen auf ‚-er', wie *hadídkena* ‚Sprecher' (vgl. REINISCH, *Barea-Sprache*, Vorwort S. XXI) Schliesslich führt MUNZINGER auch ein Gerundium mit folgenden Worten auf: »Das Gerundium bildet sich aus dem Stamm mittelst der Endung *er* (die wir als Postposition kennen lernten) mit angefügtem *fai*, oder *hai*, das ‚seiend' bedeutet.» Diese Postposition lautet jedoch bei ihm *ēhē, ē* (s. § 89), und von einer Verbalform auf *-ee-jai*, oder *-ee-hai* habe ich keine Spur gefunden, wie sie denn auch bei MUNZINGER ohne jegliches Beispiel aufgeführt ist. Jedenfalls sind diese Endungen nichts anderes als die Verbalstamme *-jai, hai* ‚sitzen‘ ‚sein‘ (vgl. § 325).

193. Als Infinitive habe ich diejenigen Nominalbildungen betrachtet, welche mit dem Hilfsverb *hérriu* das zweite Futur bilden. Da sich jedoch hier eine grosse Mannigfaltigkeit der Formen zeigt, wäre es leicht möglich, dass nur einige von diesen, ihrem syntaktischen Gebrauch nach, sich den semitischen oder indoeuropäischen Infinitiven als entsprechend erweisen würden, wenn wir nur über jenen Gebrauch etwas wüssten. In Ermangelung dieser Kenntnis habe ich alle jene abstrakten Verbalnomina als gleichgestellt angesehen, und sie eigentlich nur zum Unterschied von den das erste Futur bildenden Verbalformen Infinitive genannt, weil mir im allgemeinen die Formen des zweiten, aber niemals die des ersten Futurs, zu gleicher Zeit als wirkliche Nomina mit dem Artikel vorgekommen sind.[1]

194. Diejenigen Formen, die jetzt von mir mit der obigen Reservation Infinitive benannt werden, können nun, je nachdem sie mit oder ohne Affix (d. h. Präfix oder Suffix), von reinem oder durch innere Vokalveränderungen modifizirtem Verbalstamme gebildet sind, in folgende Gruppen geteilt werden:

1) ohne Affix.

Alle hierher gehörende Infinitive sind Maskulina:

a) von reinem Stamm.

Diese Infinitivform, die somit dem Verbalstamm gleich lauten muss, kommt meistens nur in der Konj. 1. aber dort ziemlich häufig vor, z. B. *deb* ‚fallen‘ *baráh deb hérri(u)* (eigentl. ‚er sucht [das] Fallen‘) ‚he will fall‘, und in gleicher Weise sind *tam* ‚essen‘ *reh* ‚sehen‘ *g^{u}a* ‚trinken‘ gleichzeitig Verbalstämme und wirkliche Nomina (im Nomin.) mit abstrakter Bedeutung. In den übrigen Konjugationen tritt diese Infinitivform nur vereinzelt auf, z. B. *g^{u}a* ‚(das) Knuffen‘ [Konj. II. 1], *ta'* ‚(das) Stossen‘ [II. 1], *gúhar* ‚(das) Stehlen‘ [II. 2, b].

b) von modifizirtem Stamm.

Der letzte Stammvokal geht entweder 1) in langes *á*, oder 2) in langes *ú* über.

---

[1] MUNZINGER hat keine Form, die er als Infinitiv bezeichnet.

1. mit *a* in der Endsilbe.

Diese Bildung gehört nur der Konj. II. 1 an, deren Stämme alle einsilbig sind, sie ist aber meines Wissens dort fast ausnahmslos die einzig gebräuchliche, z. B. *irik* ‚schneiden' Inf. *irák*, *rib* ‚sich weigern', Inf. *ráb*, *bes* ‚begraben' Inf. *bás*. Ein einziges Beispiel findet sich bei mir mit kurzem *a* vor: *sim* ‚nennen' Inf. *sam*.

2. mit *ú* in der Endsilbe.

Diese Bildung ist die regelmässige in der Konj. II. 2, b (zweisilbige konsonantisch auslautende Stämme), wobei das kurze *i, e* als erster Stammvokal beim Sprechen bis zur Unvernehmlichkeit verschwindet, z. B. *sémit* ‚schmieren' Inf. *smút*, *régig* ‚ausstrecken' Inf. *regág*, *kétim* ‚anlangen' Inf. *ketám*, *j'dig* ‚lassen' Inf. *j'dág*, *de'ir* ‚bauen' Inf. *de'úr*, dagegen *ášiš* ‚begegnen' *ašáš*, *hájid* ‚auswählen' *hajád*. Hierher gehören wohl auch einige Infinitivformen in der Konj. II. 2, a (zweisilbige auf -*i* auslautende Stämme), z. B. *ádi* ‚stechen' Inf. *adáj*, *dégi* ‚wiedergeben' Inf. *degáj*, wiewohl das *ú* hier eher eingeschoben ist. In den anderen Konjugationen kommt diese Bildungsweise niemals vor.

2' mit Suffix.

a) von reinem Stamm.

1. Suff. -*ti*, m. Diese Bildung ist die in der I. Konj. am gewöhnlichsten vorkommende, z. B. *ūm* ‚schwimmen' *ūmtib hérriu* ‚je vais nager', *suk*, *súkti* ‚geben' *dā*, *dúti* ‚schlafen' *ha'*, *há'ti* ‚bringen'. Mit diesem Suffix werden auch die Infinitive aller afformativischen Passiven und Kausativen [I. Klasse] gebildet, z. B. *tam* ‚essen', *támam*, *tamámti* ‚gegessen werden', *tams*, *támsti* ‚essen machen (essen lassen)'. (Siehe weiter unten bei den Passiven und Kausativen).

2. Suff. -*oi*, -*oj*, f. — Dieses Suffix gehört wohl eigentlich nur den Infinitiven der präformativischen Passiven und Kausativen [2. Klasse] an, z. B. *ram* ‚folgen' [Konj. III. 1], Pass. *tóram*, Fut. II. *tóramoji*[1] *hérriu* ‚ich werde gefolgt werden', *šúgud* ‚waschen' Kaus. *šišagud*, *šišagudoji hérriu* ‚ich werde waschen lassen'; *báden* ‚vergessen' [Konj. V.], *sebáden*, *sebádnoi* ‚vergessen machen'. Aber auch einige aktive, mit *s* oder *š* anlautende Stämme folgen, wahrscheinlich nach Analogie

---

[1] Die weibliche Objektivendung -*t* geht hier fast immer in -*d* über.

der Kausativen, derselben Bildungsweise, z. B. sáu ‚vermehren' sáwoi, sehál ‚poliren' scháloi. - In einigen einsilbigen Stämmen wird hier der kurze Stammvokal ausgestossen, z. B. kan ‚wissen' Pass. tókan, Inf. tóknoi, wik ‚schneiden' Inf. Pass. tóukoi (vgl. § 36).

b) von modifizirtem Stamm.

3. Suff. -*i*, m. — Diese Bildung kommt besonders in der V. Konj. vor, z. B. *báden* ‚vergessen' *bidnē* ‚(das) Vergessen'; *g"ásir* ‚lügen' *gisrē* ‚(das) Lügen'; *fádig* ‚zurückweisen' Inf. *fidgē*. Aber auch von anderen Verben wird diese Infinitivform gebildet, z. B. *r'bi* ‚laden' [Konj. II. 2, a] Inf. *ribjē*, *s'fi* ‚tränken' [Konj. II. 2, a], *sáfē*; *ūl* ‚(mehrere) schlagen' [Konj. IV. 1] Inf. *úljē*, dagegen von *úli* ‚(jemand) schlagen' [Konj. II. 2, a] die eigentümliche Form *úlwi*.

4. Suff. -*a*, f. — Ist mir ziemlich selten vorgekommen, z. B. *fōr* ‚fliehen' *jarát hérriu* ‚ich werde fliehen', *fítah* (arab.) ‚öffnen' *féthat hérriu* ‚ich werde öffnen'.

3) mit Präfix.

Das in semitischen Infinitivbildungen allgemeine Präfix *m* kommt auch im Bedawie in derselben Anwendung sehr häufig vor, namentlich bei Verben der III. Konj., und wird, unter den Formen *m-*, *ma-*, *me-*, vor Zischlauten *mi-*, sowohl dem reinen als dem irgendwie modifizirten Verbalstamme vorgesezt, z. B. a) von reinem Stamm: *sa'* ‚sich setzen' [Konj. III. 1], *misa'* ‚(das) Sitzen', *rām* ‚folgen' [Konj. III. 1], *marám* ‚(das) Folgen', *'am* ‚reiten' [Konj. III. 1], *ma'ám* ‚(das) Reiten'; b) von modifizirtem Stamm: *ágar* ‚zurückkehren' [Konj. II. 2, b], Inf. *magēr*, *génaf* ‚knien' [Konj. III. 2], Inf. *magnēf*, *s'bar* ‚fliehen' [Konj. III. 2], Inf. *mistebīr*. Auch in einigen passiven Stämmen kommt dieses Präfix vor, z. B. *méri* ‚finden' Pass. *étmeri*, Inf. *m'tmerei*, *firi* ‚gebären' Pass. *étfieri*, Inf. *métferei*. — Von anderen selteneren Infinitivbildungen werden weiter unten die Paradigmen Beispiele liefern.

B. Die negative Form.

195. Die stets durch die Präfixe *ka-* oder *bá-* gekennzeichnete negative Form des bedawischen Verbs hat im allgemeinen dieselben Tempora und Modi wie die affirmative, nur in Bezug auf den Aorist ist mir der Sachverhalt nicht ganz klar geworden. Es existirt nämlich eine negative Tempus- oder Modusform, deren Biegung durch die Endungen des Verbum subst. (s. § 92) geschieht, und welche deswegen aller Wahrscheinlichkeit nach nichts weiter ist als das negative Particip. Da aber diese Form in ihrer von dem aktiven Particip gänzlich abweichenden Stammbildung sich an den dem Aorist nahestehenden Imperativ anschliesst, und in ihrer Bedeutung von „nicht wollen, nicht wünschen‘ auch dem aktiven Aorist entspricht (vgl. § 157), habe ich sie als eine Art von negativem Aorist aufgefasst und ihr wegen der abweichenden Flexion den Namen eines negativen Optativs gegeben. — Mit dem Präfix *ka-*, das sich den indikativen Tempora anzuschliessen scheint, werden das Präsens und alle zusammengesetzten Tempora gebildet, zu welchen letzteren hier auch das Perfekt gehört, während sich die übrigen, d. h. der Imperativ und der Optativ, mit dem modalen Präfix *bā- (bī-)* verbinden.

1. Einfache Tempora und Modi.

196. Der negative Imperativ unterscheidet sich in zwei Beziehungen von dem affirmativen: erstens scheint seine Bedeutung eine mehr kohortative zu sein, da er auch von passiven Stämmen gebildet wird (was bei dem affirmativen nicht der Fall ist), und mithin gewissermassen auch dem affirm. Aorist entspricht; zweitens besitzt er Formen für die 2. und 3. Person, obwohl ich nicht für alle Verben, die sich in meiner Paradigmensammlung finden, die Formen der 3. Person belegen kann. (Hinsichtlich des Ursprunges dieser 3. Pers. im neg. Imperativ vergleiche man § 233). Die Endungen der 2. Person sind mit denen des affirmativen Imperativs identisch; die 3. Pers. Sing. hat in der Konj. 1. die Endung *i* oder *e*, in den übrigen Konjj. aber keine Endung. Von einigen Verben der I. Konj. kommen jedoch in beiden Personen, namentlich in der dritten, Nebenformen auf *-ai* vor, welche mit dem Stamme des negativen Optativs zusammenhängen (s. § 203).[1] Das Präfix lautet in der 2. Pers. Sing. Mask. und in der 2. Pers. Plur. *bā-*,

---

[1] In der 3. Person scheinen die Formen auf *-ai* die ursprünglichen zu sein, wovon die auf *-i*, *-e*, nur als Schwächungen gelten können (vgl. § 28). In der 2. Person sind dagegen die Formen auf *-a*, f. *-i*, die ursprünglichen, und die Formen auf *-ai* rühren hier wahrscheinlich von einem anderen Tempus her (vgl. § 233).

dagegen *bī-* in der 2. Pers. Sing. Fem. und in der 3. Pers. Sing. und Plur. Das Femin. wird in der 3. Pers. Sing. immer (also auch in der afformativischen Konj. I.) durch ein präformativisches, d. h. hier zwischen das Präfix und die Verbalform tretendes *t* bezeichnet, welcher letztere Laut vor dem Anfangskonsonanten des Stammes den in §§ 33 und 34, a erwähnten eufonischen Veränderungen unterworfen ist. Im Plural tritt das allgemeine Pluralaffix *-na*, *(-n)* zu den Formen des Sing. Mask. Das Schema des negativen Imperativs wird also folgendes Aussehen erhalten:

		1. Klasse.	2. Klasse.
Sing. 2.	m.	*bā—-a (-ai)*	*bā—-a*
	f.	*bī—-i, (-ai)*	*bī—-i*
3.	m.	*bī—-i, -e (-ai)*	*bī—*
	f.	*bit—-i, -e, (-ai)*	*bit—*
Plur. 2.		*bā—-ā̆n(a), -na, (-aina)*	*bā—-na, -ā̆n(a)*
3.		*bī—-ī̆n(a), -ē̆n(a), (-aina)*	*bī—-na*

197. Wie immer in der affirmativen Form, so sind meistens auch in der negativen der Imperativstamm und der allgemeine Verbalstamm identisch, so zunächst in der 1. Klasse (Konj. I.). Beispiele: *hadíd* ‚sprechen' *tam* ‚essen' *reh* ‚sehen'.

Sing. 2. m.	*bāhadída* sprich nicht!	*bátama* iss nicht!	*bárcha* siehe nicht!
f.	*bihadídi*	*bitami*	*birchi*
3. m.	*bihadíde*	*bitame*	*birchai*
f.	*bithadíde*	*bittame*	*bitrchai*
Plur. 2.	*bāhádidā̆n(a)*	*bátamā̆n(a)*	*bárchā̆n(a)*
3.	*bihádidḗn(a)*	*bitamḗn(a)*	*birchâina*

198. In der Konj. II. wird der negative Imperativ von dem affirmativen Präsensstamm unter Ausstossung des eingeschobenen Nasals gebildet. Der letzte Stammvokal ist also überall *ī*, und der erste in den zweisilbigen konsonantisch auslautenden Stämmen (II. 2, b) immer *a* (vgl. § 175). In den vokalisch endigenden Stämmen (II. 2, a), welche in der letzten Stammsilbe bereits ein *i* haben und den ersten Stammvokal im Präs. nicht gegen ein *a* vertauschen, wird also der negative Imperativstamm mit dem affirmativen identisch. Die Formen lauten demnach, wie folgt:

1) Erste Art: einsilbige Stämme.

Beispiele: *der* *töten* Präs *andir*, *ta'* ‚schlagen' Präs. *aṭi'*.

		Aff. Imp.	Neg. Imp.	Aff. Imp.	Neg. Imp.
Sing.	2. m.	déra	bídira	tá'a	báṭi'a
	f.	déri	bídiri	tá'i	bíṭi'i
	3. m.		bídir		bíṭi'
	f.		bíddir		bíṭṭi'
Plur.	2.	dérna	bādérna	tá'na	bāṭí'na
	3.		bídirna		bíṭi'na

2) Zweite Art: zweisilbige Stämme.

Beispiele: a) *séni* ‚warten' Präs. *aséuni*; b) *šébib* ‚sehen' Präs. *ašambib*, *šúgud* ‚waschen' Präs. *ašaug"id*.

		Aff. Imp.	Neg. Imp.	Aff. Imp.	Neg. Imp.	Aff. Imp.	Neg. Imp.
Sing.	2. m.	sénia	bāsénia	šébiba	bášabiba	šúguda	bášag"ida
	f.	séni	bíseni	šébibi	bíšabibi	šúgudi	bíšag"idi
	3. m.		bíseni		bíšabib		bíšag"id
	f.		bísseni		bíššabib		bíššag"id
Plur.	2.	senín(a)	bāsenín(a)	šibibna	bāšabibna	šugúdna	bāšag"údna
	3.		bísenín(a)		bíšabibna		bíšag"ídna

199. In der III. und V. Konj. hat der negat. Imper. keine besondere Stammbildung, sondern es werden die bekannten Präfixe und Afformative an den allgemeinen Verbalstamm angefügt. Beispiele: *sa'* ‚sich setzen' [Konj. III. Präs. *ésti'*], *báden* ‚vergessen' [Konj. V. Präs. *ébdin*].

		Aff. Imp.	Neg. Imp.	Aff. Imp.	Neg. Imp.
Sing.	2. m.	sá'a	bāsá'a	bádena	bābádena
	f.	sá'i	bisá'i	bádeni	bibádeni
	3. m.		bisa'		bibáden
	f.		bissa'		bibbáden
Plur.	2.	sá'na	bāsá'na	bādénna	bābádénna
	3.		bisá'na		bibádénna

200. In der IV. Konj. wird der allgemeine Verbalstamm nur bei denjenigen zweisilbigen Stämmen beibehalten, deren letzter Vokal kurz ist, wie z. B. *eigad* (IV. 2). Die einsilbigen Stämme dagegen, deren Vokal immer lang ist, bilden ihren negativen Imperativstamm durch Anfügung des Konjugationszeichens -*i*, ohne jedoch, wie es im Präsens geschieht, den langen Stammvokal auszustossen. Beispiele:

1) *éṅgad* 'stehen' Präs. *aṅgadi*; 2) *fūr* 'fliehen' Präs. *éfri*.

	Aff. Imp.	Neg. Imp.	Aff. Imp.	Neg. Imp.
Sing. 2. m.	*éṅgada*	*bā́eṅgáda*	*fóra*	*bafóra*
f.	*éṅgadi*	*bieṅgádi*	*fóri*	*bifóri*
3. m.		*bieṅgad*		*bifóri*
f.		*bideṅgad*		*bitfóri*
Plur. 2.	*éṅgadān(a)*	*bā́eṅgadān(a)*	*fórna*	*bafórina*
3.		*bieṅgádna*		*bifórina*

201. Wie die zweisilbigen oder, vielleicht richtiger gesagt, dreikonsonantigen Stämme mit langem Vokal in der letzten Silbe, als *ἀεbốb (ἀbốb)* 'gut sein', *sitốb (stốb)* 'führen', ihren negat. Imper. bilden, kann ich leider nicht sagen. Unter den durchflektirten Tempora dieser Verben findet sich zufälliger Weise keine solche Form in meinen Sammlungen mit aufgeführt. Jedenfalls bilden sie dieselbe in einer der beiden oben angegebenen Arten, aber ob es *bā́scbiba*, *bīscbábi*, *bīscbốb* u. s. w. oder *bā́scbábia*, *bīscbóbi*, *bīscbóbi*, *bīscbībi* u. s. w. heissen muss, will ich dahingestellt sein lassen.

202. Der negative Optativ nimmt überall das Präfix *bā* (niemals *bi*) an und wird durch die bekannten Endungen des Verbum subst. (§ 92) flektirt. In der ersten Klasse (Konj. I.) wird der Temporalstamm durch das Antreten des Suffixes *-ai* an den allgemeinen Verbalstamm gebildet; nur fügen die auf *-a* ausgehenden Stämme blos *-i (-j)* an, welches nicht eufonisch ist, da es auch vor den konsonantisch anlautenden Endungen stehen bleibt. Diese Form ist, wie gesagt, mit aller Sicherheit als ein ursprüngliches Particip zu betrachten, das durch das Präfix *bā* eine modale Bedeutung erhält, so dass z. B. *áne bā-támaju* eigentl. 'ich bin ein nicht-essen-wollender' bedeutet. Beispiele: *tam* 'essen' *dā* 'schlafen' *dā* 'machen'.

Sg. 1. *bātámaju* ich (Mann) will nicht essen   *bātámaitu* ich (Frau) will nicht essen
    2. *bātámaiwa* du   »   »   »   *bātámaitwi* du   »   »   »
    3. *bātámaju*   u. s. w.   *bātámaitu*   u. s. w.
Pl. 1. *bātámaja*   *bātámaita*
    2. *bātámajān(a)*   *bātámaitān(a)*
    3. *bātámaja*   *bātámaita*

Sg. 1. m. *bādáwaju*[1] ich (Mann) will nicht schlafen   *bādáju* ich (Mann) will nicht machen
    f. *bādáwaitu* ich (Frau) »   »   »   *bādáitu* ich (Frau) »   »   »
    2. m. *bādáwaiwa*   u. s. w.   *bādáiwa*   u. s. w.
    f. *bādáwaitwi*   *bādáitwi*
    3. m. *bādáwaju*   *bādáju*
    f. *bādáwaitu*   *bādáitu*

[1] Oder *bādúwaju*, *bādúwaitu*, vgl. § 30, c.

Pl. 1. m. *badáwaja* wir (m.) wollen nicht schlafen   *bádája* wir (m.) wollen nicht machen
    f. *badáwaita* wir (f.)   "   "   "   *bádáita* wir (f.)   "   "   "
   2. m. *badáwaján(a)*   u.   s.   w.   *bádáján(a)*   u.   s.   w.
    f. *badáwaitán(a)*   *bádáitán(a)*
   3. m. *badáwaja*   *bádája*
    f. *badáwaita*   *bádáita*

203. In der zweiten Klasse (Konjj. II.—V.) ist der Stamm des negat. Optativs mit dem des negat. Imperativs identisch. Einige wenige Beispiele mögen genügen. Von den Stämmen der ‚töten' (Konj. II. 1), *b'bib* ‚sehen' (Konj. II. 2, b), *sa'* ‚sitzen' (Konj. III. 1), *engad* ‚stehen' (Konj. IV. 2) lautet der negat. Optativ, wie folgt:

badíra (Imp. *badíra*)	*báxabíbu* (Imp. *báxabíba*)	*baéngádu* (Imp. *baéngáda*)	*básá'u* (Imp. *básá'a*)
badírta	*báxabíbtu*	*baéngádtu*	*básá'tu*, *basáta*
badírwa	*báxabíbwa*	*baéngádwa*	*básá'wa*
badírtwi	*báxabíbtwi*	*baéngádtwi*	*básá'twi*, *basátwi*
u. s. w.	u. s. w.	u. s. w.	u. s. w.

204. Diejenigen Verben der 2. Klasse, deren Stamm im negat. Imper. (und Optativ) auf ein -*i* endet, d. h. 1) die Verben der Konj. II. 2, a wie *s'ni* ‚warten' *áli* ‚schlagen'; 2) die Verben der Konj. IV. 1 wie *fór* ‚fliehen' *dár* .(mehrere) töten', welche in der genannten Form das Konjugationszeichen -*i* anfügen, bieten in der Flexion des negativen Optativs zwei beachtenswerte Verschiedenheiten von dem in § 203 aufgeführten Schema dar: erstens erhalten sie in allen maskul. Formen des Singulars das Genuszeichen -*b*, wodurch die ursprüngliche nominale (participiale) Natur dieser Verbalform über allen Zweifel erhoben wird. zweitens erscheint im Plural ein *u* zwischen dem Verbalstamme und den Endungen des Verbum subst., und die somit entstehenden neuen Endungen -*na*, -*nán(a)* bezeichnen sowohl das männliche wie das weibliche Geschlecht. Die Formen lauten also von den Stämmen *s'ni* (Neg. Imp. *básni-a*) und *áli* (Neg. Imp. *báili-a*), *fór* (Neg. Imp. *báfori-a*) und *dár* (Neg. Imp. *badári-a*):

Sing.	1. m.	*básenibu*	*báliba*	*báforibu*	*badáribu*
	f.	*básenitu*	*bálitu*	*báforitu*	*badáritu*
	2. m.	*básenibwa*	*bálibwa*	*báforibwa*	*badáribwa*
	f.	*básenitwi*	*bálitwi*	*báforitwi*	*badáritwi*
	3. m.	*básenibu*	*bálibu*	*báforibu*	*badáribu*
	f.	*básenitu*	*bálitu*	*báforitu*	*badáritu*
Plur.	1.	*básenina*	*bálina*	*báforina*	*badárina*
	2.	*básenínán(a)*	*bálinán(a)*	*báforinán(a)*	*badárinán(a)*
	3.	*básenina*	*bálina*	*báforina*	*badárina*

Man könnte leicht geneigt sein, die oben stehenden Pluralformen von ihren Singularen zu trennen und sie nicht als participiale, sondern als echt verbale und somit

von irgend einem anderen (neuen) Tempus herrührende — Formen anzusehen, besonders aus dem Grunde, weil hier nicht, wie sonst, wo die Flexion durch die Endungen des Verbum subst. geschieht, die Geschlechter unterschieden werden. Es wäre jedoch dann die Identität der Formen für die 1. und 3. Person sehr auffallend.
— In einem einzigen der hierher gehörigen Stämme *ṭáb* „(mehrere) schlagen" finden sich in meiner Paradigmensammlung die hier in Frage stehenden Pluralformen nicht, sondern es ist die gewöhnliche Flexion angewendet, sogar ohne das *b* im Singular, also: Sg. 1. und 3. *báṭabiu*, *báṭabitu*, 2. *báṭabira*, *báṭabitiri*; Pl. 1. und 3. *báṭabia*, 2. *báṭabiáu*(a).

205. Das negative Präsens wird immer von der affirmativen Perfektform durch Vorsetzung des Präfixes *ka* gebildet. In der ersten Klasse bleibt dieses *ka* in allen Formen unverändert, in der zweiten Klasse aber verbindet sich das Präfix mit den Präformativen (1. Sg. *a-*, Pl. *nr-*, 2. *tr-*, 3. *r-*) in der Weise, dass folgende negative Präformative daraus entstehen: 1. *ká-*[1], *kin-*, 2. m. f. *ket-*, (*kit-*), 3. m. *kī-*, f. *kit*. Das schliessende *t* dieser Präformative ist den in §§ 33 und 34, a erwähnten lautlichen Veränderungen unterworfen. Hierbei ist weiter zu bemerken, dass bei denjenigen zweisilbigen Stämmen, welche im affirm. Perfekt ihren ersten kurzen Vokal (*e*, *i*) nach den betonten Präformativen ausstossen, dieser Stammvokal im negat. Präsens, um harte Konsonantenhäufungen zu vermeiden, in den Formen wiederkehren muss, wo das neg. Präformativ mit einem Konsonanten endigt. So heisst z. B. das affirm. Perf. von *sebib*: *ásbib*, *tésbiba* etc. mit durchgehender Elision des ersten Stammvokales, das neg. Präsens dagegen *kásbib*, *kissébiba* u. s. w. (s. unten). Beispiele:

Erste Klasse.

hadid, *deb*. affirm. Perf. *hadídan*, *déban* (s. § 168).

Sing. 1.   *káhadídan*   ich spreche nicht   *kádban*[2]   ich falle nicht
     2. m. *káhadídta*   *kádebta*
     f. *káhadídtai*   *kádebtai*
     3. m. *káhadídu*   *kádebja*
     f. *káhadídta*   *kádebta*
Plur. 1.   *káhadídna*   *kádebna*
     2. *kahadídtán*(a)   *kádebtán*(a)
     3. *káhadídiáu*(a)   *kádebjáu*(a)

---

[1] Vgl. § 30, b.   [2] Vgl. § 22, b.

2. Zweite Klasse.

rɩb (II. 1. Perf. *arɩb*); *úli* (II. 2. a Perf. *auli*); *žɩbib* (II. 2, b Perf. *ažbib*).

Sing. 1.	kárib ich weigere mich	káuli ich schlage nicht	kážbib ich sehe nicht
2. m.	kítriba [nicht	kídulia	kižžebiba
f.	kítribi	kíduli	kižžébibi
3. m.	kírib	káuli	kížbib
f.	kítrib	kíduli	kížžebib
Plur. 1.	kínrib	kínuli	kínžebib
2.	kítribna	kídulin(a)	kížžebibna
3.	kíribna	kíulin(a)	kížbibna

ram (III. 1 Perf. *aram*); *fōr* (IV. 1 Perf. *afōr*); *báden* (V. Perf. *abáden*).

Sing. 1.	káram ich folge nicht	káfōr ich fliehe nicht	kábáden ich vergesse nicht
2. m.	kítrama	ketfōra	kitbádena
f.	kítrami	ketfōri	kitbádeni
3. m.	kíram	kifōr	kibáden
f.	kítram	kitfōr	kitbáden
Plur. 1.	kínram	kinfōr	kinbáden
2.	kítrámna	ketfōrna	kitbádénna
3.	kírámna	kifōrna	kibádénna

2. Zusammengesetzte Tempora.

206. Das negative Perfekt wird durch das Particip auf *-a* (§ 192) und das Hilfszeitwort *kā́ke*, *kā́ka* ‚ich bin nicht' (‚ich war nicht'?) gebildet. Diese Verbalform ist das neg. Präsens eines Stammes *kai (kaj)* ‚sein, werden', dessen affirm. Perfekt seltener vorkommt (es wird nämlich durch die Endungen des Verbum subst. mit dem vorausgehenden Zeitadverb *sār* ersetzt). Die Flexion ist ganz regelmässig und stellt sich folgendermassen dar:

	Affirm. Perfekt.		Neg. Präsens.
Sing. 1.	ákai od. áke, áka[1]	ich war	káka, káke ich bin nicht
2. m.	tékaja » téke, téka		kitka[2]
f.	tékaj		kitkaj
3. m. ékai » éke, éka		kíka, kíke
f. tékai » téke, téka		kítku, kítke
Plur. 1.	nékai » néke, néka		kínka, kínke
2.	tekén(a)		kítkēn
3.	ekén(a)		kíkēn

[1] Vgl. § 28.   [2] Für *kitkaja*.

Wie die Endungen des Verbum subst. und überhaupt jedes Wort, das den Begriff des „Seins" in sich schliesst, so regieren auch die oben stehenden Verbalformen den Objektiv, weshalb das vorangehende Particip — das infolge des vokalischen Auslautes im Plur. dem Sing. gleich bleibt — hier immer mit der Endung -*āb*, f. -*āt* erscheinen muss. Der bedawische Ausdruck *hadídāb kíka*, (eigentl.) ‚ein sprechender war er nicht' (od. ‚ein gesprochen-habender ist er nicht')[1] entspricht also vollkommen dem arab. *mā kāna mutakállimān*. Da das Particip in allen Konj. auf eine und dieselbe Weise gebildet wird, weist auch das neg. Perf. überall dieselben Formen auf. Ein paar Beispiele mögen daher genügen. Von den Stämmen *hadíd* (Konj. I.), *fōr* (Konj. IV.) lautet die hier in Rede stehende Form, wie folgt:

Sing. 1. m. *hadídāb kāka*   ich (Mann) sprach nicht   *fōrab kāka*   ich (Mann) floh nicht
      f. *hadídāt* »   ich (Frau) » »   *fōrāt* »   ich (Frau) » »
   2. m. *hadídāb kitka*   u. s. w.   *fōrāb kitka*   u. s. w.
      f. *hadídāt kitkaj*   *fōrāt kitkaj*
   3. m. *hadídāb kíka*   *fōrāb kíka*
      f. *hadídāt kitka*   *fōrāt kitka*
Plur. 1. m. *hadídāb kinka*   *fōrāb kinka*
      f. *hadídāt* »   *fōrāt* »
   2. m. *hadídāb kitkēn*   *fōrāb kitkēn*
      f. *hadídāt* »   *fōrāt* »
   3. m. *hadídāb kíkēn*   *fōrāb kíkēn*
      f. *hadídāt* »   *fōrāt* »

207. Das negative Plusquamperfekt wird nach Analogie des affirm. Plusquamperfekts durch Vorsetzung des Zeitadverbs *sūr* ‚vorher' vor die soeben besprochenen Formen des neg. Perfekts gebildet, z. B. (von *sēni* ‚warten'): *áne sūr sénāb kāka* ‚ich hatte nicht gewartet'.

---

[1] Es ist schwer zu entscheiden, welches von den beiden Zusammensetzungsgliedern, das Particip oder das Hilfsverb, die vergangene Zeit bezeichnet, da das Particip alleinstehend meines Wissens immer im Aktiv und Kausativ Präsensbedeutung hat, und die Form *kaka*, die mir nirgends anders als in Verbindung mit dem Particip vorgekommen ist, nach Analogie aller anderen dergleichen Formen nur das Präsens bezeichnen kann. Wahrscheinlicher ist es wohl, dass die letztere Form hier die ihrer Bildung gemäss ursprünglich präteritale Bedeutung bewahrt hat, aber sicher ist dies nicht, da mir das passive Particip, das ganz so wie das aktive und kausative gebildet wird, stets mit dem arab. Nomen patientis übersetzt wurde und mithin eine präteritale Bedeutung in sich schliesst, z. B. *fájama*, arab. منفوخ ‚aufgeblasen'.

DIE BISCHARI-SPRACHE.

208. Die beiden Futura werden in der negativen Form auf ganz dieselbe Weise, wie in der affirm. gebildet, indem die beiden Präsensformen *ándi* und *hérriu* durch die entsprechenden negativen Formen ersetzt werden. Die affirm. Perfekta und die daraus gebildeten neg. Präsentia der Stämme *di* „sagen" und *héru* (*héri*) „suchen", „wollen", lauten folgendermassen:

	Affirm. Perf.			Neg. Praesens.		
Sing. 1.	ádi	[áheru	od. áharu]¹	kádi	káharu	od. káheru
2. m.	tédia	tchérwa	»	[tchúrwa]	kíddia	kétharu	» kétheru
f.	tédi	tchérwi	»	[tchúrwi]	kíddi		
3. m.	édi	jéheru	»	[jeháru]	kídi	kíharu	» kíheru
f.	tédi	téheru	»	[teháru]	kíddi	kítharu	» kítheru
Plur. 1.	nédi	néheru	»	[neháru]	kíndi	kínharu	» kínheru
2.	tedín(a)	téherún(a)	»	[teharúna]	kiddín(a)	kétharún(a) »	kétharūn
3.	edín(a)	jéherún(a)	»	[jeharúna]	kidín(a)	kíharún(a) »	kiherūn

Die oben stehenden negativen Formen werden nun mit denselben Verbalformen wie die entsprechenden affirm. Futura verbunden (vgl. §§ 185, 188) z. B. *débi kádi*, od. *deb káheru* „ich werde nicht fallen", *ísbūb kádi*, od. *sbūb káheru* „ich werde nicht sehen", *isán kádi* od. *misani kíheru* „er wird nicht warten". (Weitere Beispiele siehe unter den Paradigmen).

II. Das Passiv.

A. Die Stammbildung.

209. Das allgemeine Kennzeichen des Passivs ist, wie schon oben erwähnt wurde, ein dem Stamme vor- oder nachgesetztes *t* oder *m*, und ihrer Bildung nach teilen sich die passiven Stämme in dieselben zwei Hauptklassen wie die aktiven. In der ersten Klasse (Konj. I.) wird *-m*, *-am* dem unveränderten Verbalstamme angehängt, in der zweiten (Konjj. II.- V.) wird *t-*, *to-*, oder *m-*, *em-*, dem Stamme vorgesetzt, und in der letzten Silbe tritt hier immer ein langes *á* auf. Bei der specielleren Darstellung der passivischen Stammbildung empfiehlt es sich also, der obigen Einteilung in Konjugationen zu folgen.

---

¹ Die Klammern um die Formen *áheru*, *áharu*, *tchárwa*, etc. bezeichnen, dass sie nur von mir, und zwar aus dem negativen Präsens erschlossen worden sind (vgl. § 319). Der Wechsel zwischen den kurzen Vokalen *a* und *e* ist durchgängig, und hier, wie in den häufigen ähnlichen Fällen, rein lautlich und bedeutungslos. Man wird also ebenso gut *káharu*, *kinharu*, als *káheru*, *kinheru*, sagen können.

210. In der I. Konj. wird das Passiv auf die Weise gebildet, dass dem unveränderten aktiven Stamm bei vokalischem Auslaut -*m* und bei konsonantischem -*am* angehängt wird, z. B. *dā* ‚machen' *dām* ‚gemacht werden', *tam* ‚essen' Pass. *támam*, *reu* ‚aufgehen' Pass. *réuram*, *ńa* ‚rufen' Pass. *ńam*.

211. Einige Stämme der I. Konj., vielleicht nur Denominativa, kommen, soviel ich weiss, nur in den abgeleiteten Formen (Passiv und Kausativ) vor, wie *réjjim* ‚gewinnen, sich einen Gewinn verschaffen' Kaus. *réjjis* ‚gewinnen lassen' von *réjji* ‚Gewinn'. Wie in diesem Beispiel, so hat auch in vielen anderen die Stammbildung auf -*m* reflexive Bedeutung, weil diese und die passive sich vielfach decken, z. B. *àški* ‚klagen' (vom arab. *šákā*), *àškim* ‚für sich klagen' arab. *tašákkā*. In dieser reflexiven oder vielleicht inchoativen Bedeutung müssen wir wohl die Passiven der intransitiven Stämme auffassen, wie z. B. *abáb* ‚müde sein' Pass. *abábam* ‚müde werden' [?], Part. Pass. *abábama* ‚ermüdet' ‚müde'.

212. In der zweiten Konj. wird bei einsilbigen Stämmen (II. 1) *tō-*, oft (mit eufonisch vorgeschlagenem *a*) *atō-*, bei zweisilbigen Stämmen (II. 2) *at-* (*et-*), vor Vokalen und den Lenes *ad-* (*ed-*), präfigirt.[1] Der letzte Stammvokal geht in langes *ā* über, aber in den Stämmen auf -*i* (II. 2, a) wird das *ā* eingeschoben, nach welchem *i* als *j* verbleibt. In den zweisilbigen Stämmen mit konsonantischem Auslaut (II. 2, b) geht auch der erste kurze Vokal (*e, i*) gewöhnlich in das hier vielleicht mehr ursprüngliche *a* über (vgl. § 175), und das charakteristische *t* wird mit einem Zischlaut als Anfangsbuchstabe des Stammes umgestellt. Beispiele: 1. *wik* ‚schneiden' Pass. *tōwāk*, *dēr* ‚töten' Pass. *atōdār*, *tu'* ‚kneifen' Pass *tōtā*'; 2. a) *úli* ‚schlagen' Pass. *ádulāj*, *ádi* (vielleicht *'ádi*) ‚stechen' Pass. *átadāj* (*it'adāj*); b) *fédig* ‚verlassen' Pass. *itjadāg*, *kétim* ‚anlangen' Pass. *ítkatām*, *ši'bib* ‚sehen' Pass. *ístebāb*.

213. Einige Stämme der Konj. II. 2, b wie *àšiš* ‚begegnen' *télig* ‚aufheben' bilden ihre Passiva, wie es sonst nur in der Konj. V. geschieht, mit dem Präfix *am-*, also *ámašāš* ‚begegnet werden' *ámtalāg* ‚aufgehoben werden'. Vom Stamme *hák"ar* ‚binden' kommen beide Formen *áthak"ār* und *ámhak"ār* neben einander vor; vielleicht hat in solchen Fällen nur die erstere Form mit dem Präfix *t* passive, dagegen die letztere mit dem Präfix *m* mehr reflexive Bedeutung. In einigen Verben der Konj. II. 2, a, wie *mêri* ‚finden' *kêti* ‚setzen', fällt das Präfix in der 1. und 2., aber niemals in der 3. Pers. Aor. Pass. ab, und nur das lange *ā-* in der Endsilbe kennzeichnet das Passiv, also Aor. Akt. (nach § 166) *merít*, Aor. Pass. *merājat* (statt *etme-*

---

[1] Dass die Vokale *a* (*i*) in *at-*, *et-*, *atō-*, blos eufonisch sind, und das *t* allein das charakteristische Merkmal des Passivs ist, geht daraus hervor, dass jene Vokale nach den Vokalen der Praformative immer ausfallen.

rájat) 3. Pers. *báetmir*. In einigen Stämmen der Konj. II. 2, b fällt das Präfix nur im Perf. ab, z. B. *férik* ‚graben' Pass. Aor. *átferákat*, Perf. *áfrak*. In anderen Stämmen wie *négil* ‚öffnen' *késis* ‚zusammenwickeln' *háliy* ‚biegen' *kʷábil* ‚beschleiern' wird sowohl im Perf. als in der 1. und 2. Pers. Aor. das charakteristische passive Präfix abgeworfen, und nur das *ā* beibehalten, also Perf. Akt. *áṅgil*, Pass. *áṅgāl*, 3. Pers. *éṅgāl*, Aor. Akt. *négilat*, Pass. *negālat*, 3. Pers. *báetnegil*. Aller Wahrscheinlichkeit nach steht hiermit die Erscheinung in nahem Zusammenhang, dass von diesen und auch einigen anderen Stämmen, eine durch ein langes *ā* in der Endsilbe charakterisirte Nominalform als Part. Pass. statt der gewöhnlichen Form mit dem Suffix -*a* gebraucht wird, also *negāl* ‚geöffnet' statt *etnegála*, *kesás* ‚zusammengewickelt', und in gleicher Weise von *délib* ‚verkaufen' *deláb* ‚verkauft', *hakʷar* ‚binden' *hakʷár* ‚gebunden', *fetáh* ‚geöffnet', *offen* (arab. *fátah* ‚öffnen'), *háliy* ‚biegen' *haláy* ‚gebogen' [vgl. *hanáy* 1) Adj. ‚krumm' 2) Verbalst. III. 2 ‚krumm sein' Präs. *áthaniy*, Perf. *áhanāy*]. Ja, vielleicht betrachtet man am richtigsten solche Formen wie *negāl*, *kesás* u. s. w. als Nominal- und Verbalstämme zu gleicher Zeit, und da z. B. der Stamm *negál* in den Hauptformen Aor. *negálat*, Präs. *átnegil*, Perf. *áṅgūl* lautet, so gehört dieser Stamm zur Konj. III., deren charakteristisches Merkmal ein dem Stamme im Präsens vorgesetztes *t* ist. *Négil* ‚öffnen' [Konj. II. 2, b] und *negāl* ‚offen sein' [Konj. III. 2] stehen dann als Transitiv und Intransitiv einander gegenüber, wie wir dies auch in einigen anderen Fällen finden, z. B. *génif* ‚knien lassen' Konj. II. 2, b, *génaf* ‚knien' Konj. III. 2 (vgl. Anhang N:o 86, die Note), *fira'* ‚(her-)austragen' *firi* ‚gebären' Konj. II. 2, b, *fira'* ‚(her)ausgehen' (vgl. Anh. N:o 147). In mehreren der hier in Rede stehenden Stämme wird auch das passivische *ā* der Endsilbe zu *a* gekürzt, z. B. *háliy* ‚biegen' Pass. Aor. *haláyat*, Perf. *áhalay*; *kʷábil* ‚beschleiern' Pass. Aor. *kʷábalat*, Perf. *ákʷbal*; *sémit* ‚schmieren' Pass. Perf. *ásmat*. Hier könnte man nun auch *hálay*, *kʷábal*, *sémat* als reflexive nach der III. Konj. abzuwandelnde Stämme ansetzen, wie denn auch *fétah* [arab.] ‚öffnen' Konj. II. 2, b und *fétah* ‚sich trennen' (= ‚sich öffnen') Konj. III. 2 wahrscheinlich identisch sind (vgl. Anh. N:o 146).

214. Eine ganz eigentümliche passive Stammbildung tritt in einigen Verben der Konj. II. 2, b in der Weise auf, dass ausser der in § 212 besprochenen regulären Bildung die erste Stammsilbe reduplizirt wird; so wurde mir z. B. von *kéhan* ‚lieben', dessen regelmässige Passivform *átkahān* wäre, als die allein gebräuchliche Form *átkakhān* [aus *átkakahān*] angegeben; gleicherweise lautet das Passiv von *be'ás* ‚wenden' *átbab'ās*, von *yihar* ‚stehlen' *átgʷagʷhār*. Es ist jedoch wohl ersichtlich, dass eine derartige passivische Bildung einen schon reduplizirten Aktivstamm voraussetzt, der etwa der hebräischen *kilkēl*-Form, oder vielleicht noch eher der dritten sanskritischen Konjugation sich nähern würde. Vom Stamme *be'ás* ‚wenden' kommt dann auch das vom primären Stamm gebildete Passiv *éthaʾās*, ja sogar noch eine zweite, vielleicht ursprünglich reflexive Form *améb'as* vor.

215. Die Stämme der dritten Konj. sind fast alle intransitiv, und entbehren daher der passiven Form. Die wenigen transitiven Verben dieser Konj., die alle einsilbig sind (III. 1), folgen in der passiven

Stammbildung ganz dem Muster der Konj. II. 1, z. B. *ram* ‚folgen' Pass. *tôram*. In der vierten Konj. sind ebenfalls alle Stämme intransitiv und haben kein Passiv.

216. Auf die passive Stammbildung in der fünften Konj. hat die Bildung des aktiven Präsensstammes, d. h. die charakteristische Art dieser Konjugation selbst, augenscheinlich Einfluss gehabt. Dem passiven Präfix *am-* oder *m-* schliesst sich das die aktiven Präsensformen charakterisirende *ĩ* an, also *ámĩ-* oder *mĩ-*, und das *ā* der ersten Stammsilbe wird ebenfalls hier wie im Präs. Akt. ausgestossen. In der zweiten Stammsilbe geht, wie in der ganzen 2. Klasse, der Vokal in *ā* über, z. B. *bāden* ‚vergessen' Pass. *amĩbdān*, *fādij* ‚verschmähen' Pass. *amĩfdāg*.

B. Die Formenbildung.

217. Die passivische Formenbildung schliesst sich im allgemeinen der aktivischen genau an, nur ist sie in der Hinsicht regelmässiger, dass im Präsens der 2. Klasse weder Nasalirung oder Dentalisirung eintreten, noch die Präformative der 2. und 3. Pers. Sing. (wie im Aktiv der Konj II. 2) abfallen können. Dagegen verdrängt auch hier das *ĩ*, welches die letzte Silbe des Präsensstammes in der 2. Klasse charakterisirt, das allgemeine passivische *ā*.

218. In der ersten Konj. wird das Passiv ganz so wie das Aktiv abgewandelt, z. B. *tam* ‚essen' Pass. *tāmam* ‚gegessen werden' Aor. *tăm-at*, *tămam-at*, Präs. *tăm-ani*, *tamám-ani*, Perf. *tăm-an*, *támam-an*, Fut. II. *tămtīb há'rriu*, *tamăm-tīb há'rriu*. Ebenso in der negativen Form: Imper. *bátam-a*, *bátamam-a*, Opt. *batăm-aju*, *batamăm-aju*, Perf. *tŏmăb káka*, *tămamăb káka*. Die weitere personale Flexion ist in allen Tempora ganz dieselbe wie im Aktiv. Als Beispiele mögen die 3 Haupttempora des Stammes *dā* ‚machen', Pass. *dām*, genügen.

		Aorist.		Präsens.		Perfekt.	
		Akt.	Pass.	Akt.	Pass.	Akt.	Pass.
Sing.	1.	*dá-j-at*	*dámat*	*dá-j-ani*	*dámani*	*dá-j-an*	*dáman*
	2. m.	*dá-j-ata*	*dámata*	*dátenia*	*dámtenia*	*dáta*	*dámta*
	f.	*dá-j-ati*	*dámati*	*dáteni*	*dámteni*	*dátai*	*dámtai*
	3. m.	*badāi*	*badāmi*	*dá(j)ini*	*dámini*	*dája*	*dámja*
	f.	*badāti*	*badāmti*	*dáteni*	*dámteni*	*dáta*	*dámta*
Plur.	1.	*dá-j-adéni*	*dámadēni*	*dánēi*	*dámnēi*	*dána*	*dámna*
	2.	*dá-j-átna*	*dámatna*	*dátēn(a)*	*dámtēn(a)*	*dátān(a)*	*dámtān(a)*
	3.	*badān(a)*	*badāmin(a)*	*dá(j)ēn(a)*	*dámēn(a)*	*dájān(a)*	*dámjān(a)*

219. In allen vier Konjugationen der 2. Klasse wird der passive Stamm auf eine und dieselbe Weise durch Anfügung der schon bekannten Prä- und Afformative abgewandelt, wobei folgendes zu bemerken ist: 1) das charakteristische *a* der Endsilbe geht, wie schon oben erwähnt, in allen Präsensformen in *i* über, und wird in den Verben, deren aktiver Stamm einsilbig ist, vor der Participialendung -*a* ausgestossen, z. B. *tib* ‚füllen' Pass. *atótáb*, Part. *atótba*; dagegen *kébib* ‚sehen' Pass. *éstebáb*, Part. *estebába*; 2) in der negativen Form ist der Stamm der beiden einander so nahe stehenden Formen, Imperativ und Optativ, mit dem affirmativen Präsensstamme identisch. Nur die Bildung der 3. Pers. Sing. des Aorists (und mithin des Fut. I.) verdient besonders erwähnt zu werden. Das Präfix *tō-* oder *atō-* geht hier immer in *tū-* und der letzte Stammvokal wie im Präsens in *i* über, z. B. *tib*, Pass. *atótáb*, Aor. 3. Pers. Sing. Mask. *báitátib*, *mehág* ‚auskehren' Pass. *étmeháy*, Aor. 3. Pers. Sing. Mask. *báétmehíy*. In den auf -*i* ausgehenden Stämmen (II. 2, a) fällt dagegen dieses -*i* ab, z. B. *úli* ‚schlagen' Pass. *ádaláj*, Aor. *báedúl*, *méri* ‚finden' Pass. *átmaráj*, Aor. *báétmer* (*báétmir*). Die Formen des passiven Infinitivs, womit das Fut. II. gebildet wird, sind schon oben [§ 196, 2) a. 1, 2] angegeben worden. Grösstentheils werden sie mit den Suffixen -*ti* in der ersten und -*oi* in der zweiten Klasse gebildet, nur beachte man, dass in einsilbigen Stämmen, die das Präfix *atō-* (statt *tō-*) annehmen, das *a* der Stammsilbe vor dem Suffix, wie vor der Participialendung -*a*, elidirt wird, z. B. *dám* (Konj. I.) ‚gemacht werden', Inf. *dámti*, *ram* ‚folgen' (Konj. III), Pass. *tórám*, Inf. *tórámoi*, *kan* ‚wissen' (irreg.) Pass. *atókán*, Fut. II. *atóknojd hérriu*. Als Flexionsmuster diene folgendes Beispiel: *kébib* ‚sehen' (Konj. II. 2, b). Pass. *éstabáb* (*éstebáb*).

Affirmative Form.

	Aor.	Präs.	Perf.	Fut. I.
Sing. 1.	*estebábat*	*ástabib*	*ástebáb*	*éstebib ámdi*
2. m.	*estebábata*	*téstabiba*	*téstebába*	„ *téndia*
f.	*estebábati*	*téstabibi*	*téstebábi*	u. s. w.
3. m.	*báéstebib*	*éstabib*	*éstebáb*	
f.	*bátéstebib*	*téstabib*	*téstebáb*	Fut. II.
Plur. 1.	*estebábadéni*	*néstabib*	*néstebáb*	*estebáboid hérrin*
2.	*estebábatna*[1]	*testabibna*	*testebábna*	„ *hérriua*
3.	*báestebíbna*	*estabibna*	*estebábna*	u. s. w.

---

[1] Die 2. Pers. lautet oft mit imperativischen Formen: Sing. *estebábat*, *estebába*, Plur. *estebábna*.

Negative Form.

	Imper.	Optat.	Präsens.	Perfekt.
Sing. 1.		bāestebib[t]u³	kástebāb	estebábāb káka
2. m.	bāestebíba	bāestebíbwa	kisstebába²	" kitka
f.	bāestebíbi	bāestebíbtwi	kisstebábi	estebábāt kítkai
3. m.	bāestebíb	bāestebíbu	kístebāb	u. s. w.
f.	bāestebíb	bāestebíbtu	kisstebāh	Fut. I.
Plur. 1.		bāestebíb[t]a	kinstebāb	estebīb kádi
2.	bāestebíbna	bāestebib[t]ān(a)	kisstebábna	Fut. II.
3.	bāestebíbna	bāestebíb[t]a	kístebábna	estebáboid káheru

Der Agent bei dem Passiv wird durch den Ablativ ausgedrückt, z. B. *áne barisōk kístebāb* ‚ich wurde von dir nicht gesehen'.

III. Das Kausativ.

A. Die Stammbildung.

220. Die Bildung des kausativen Stammes, der sich durch ein vor- oder nachgesetztes *s* kennzeichnet, geschieht durchweg in einer der passiven Stammbildung analogen Weise, nur tritt das passivische *a* in der Endsilbe hier nicht auf, sondern im Kausativ wird in der Regel der ursprüngliche Stammvokal beibehalten.

221. In der ersten Konj. wird das kausativische *s* sowohl konsonantisch als vokalisch auslautenden Stämmen angehängt, z. B. *tam* ‚essen' *tams* ‚essen machen', *dū* ‚schlafen' Kaus. *dūs*. Nur bei laryngalem Stammauslaut, ' und *h*, wird die Aussprache häufig durch einen Hilfsvokal *a* erleichtert, z. B. *le'* ‚kalt sein' Kaus. *le'is*, *teh* (*tah*) ‚berühren' Kaus. *tehis*. Den wenigen auf einen Zischlaut, *s*, *š*, ausgehenden Stämmen wird statt -*s* die betonte Silbe -*īs*, -*īš* angehängt, z. B. *gas* ‚weben' Kaus. *gasís*, *gaš* ‚sieden' Kaus. *gašíš*.

222. In der zweiten Konj. erhalten alle einsilbige Stämme (II. 1) das dem passivischen *tō*- entsprechende Präfix *sō*-³ mit unverän-

---

[1] Das umklammerte *t* deutet an, dass die Form bei männlichem Subjekt *bāestebíbu* bei weiblichem Subjekt *bāestebíbtu* lautet und gleicherweise im Plur. m. *bāestebíba*, f. *bāestebíbta*.

[2] Statt *kisstebába* aus *kitstebába*.

[3] Hier kommt ein eufonisch vorgeschlagenes *a*, also *asō*-, seltener vor.

dertem Stammvokal, z. B. *wik* ‚schneiden' Kaus. *séwrik*, *ṭa'* ‚schlagen'
Kaus. *séta'*. Bei zweisilbigen Stämmen (II. 2) nimmt das Präfix die
Form *se-* an, der erste kurze Stammvokal (*e*, *i*) geht, wie in so vielen
anderen Fällen, in *a* über, und der Stammauslaut -*i* in der Konj. II.
2, a fällt ab, z. B. *jédig* ‚verlassen' Kaus. *séfadig*, *kétim* ‚anlangen' Kaus.
sékatim, *rébi* ‚laden' Kaus. *sérab*, *kéti* ‚setzen' Kaus. *sékat*. Wenn aber
der Stamm mit einem Vokale anfängt, so kann entweder das kurze *e*
des Präfixes ausfallen, z. B. *íšiš* ‚begegnen' Kaus. *sášiš*, oder es wird,
ähnlich wie das hebräische Schewa mobile, dem Anfangsvokal (namentlich *u*) assimilirt, z. B. *úli* ‚schlagen' Kaus. *súul*. Lautet der Stamm
mit einem Zischlaut an, so nimmt das Präfix, in Übereinstimmung mit
dem Vorgang in der Konj. I., die Form *si-*, *ši-*, an, z. B. *súgad* ‚waschen'
Kaus. *šišagad*, *séni* ‚warten' Kaus. *šisan*.

223. In der dritten Konj. tritt bei einsilbigen Stämmen (III. 1)
das Präfix *sō-* ein, z. B. *sa'* ‚sich setzen' Kaus. *sōsa'*, *'am* ‚reiten' Kaus.
sō'am. Bei zweisilbigen Stämmen (III. 2) lautet das Präfix *se-* (*š-*), vor
Zischlauten aber *si-*, *ši-*, und die in diesen Stämmen übliche Vokalfolge
e—a geht in *a—i* über, z. B. *génaf* ‚knien' Kaus. *séganif*, *sébar* ‚fliehen' Kaus. *šišabir*, *sélaf* ‚emprunter' Kaus. *šisalif*.

224. In der vierten und fünften Konj. lautet das Präfix überall, d. h. auch bei einsilbigen Stämmen, ursprünglich *se-*, *s-* (niemals *sō*),
z. B. *för* ‚fliehen' (IV. 1), Kaus. *sefōr*, *engad* ‚stehen' (IV. 2), Kaus. *séngad*, *báden* ‚vergessen' (Konj. V), Kaus. *sebáden*, *sbáden*. Ist der erste
Vokal eines zweisilbigen Stammes *u*, so tritt mitunter eine Lautumstellung ein (vgl. § 31), z. B. *gúmad* ‚lang sein' (Konj. IV. 1), Kaus. *súgmad*
(statt *sgúmad* aus *ségumad*). Lautet ein einsilbiger Stamm mit einem
Vokal an, so kann hier wie in der Konj. II. das kurze *e* des Präfixes
jenem Vokal assimilirt werden, z. B. *ōl* ‚(mehrere) schlagen' Kaus. *sōōl*,
dessen Präfix *so-* nicht mit dem langen Präfix *sō-* der Konjj. II und III
zu verwechseln ist.

B. Die Formenbildung.

225. Die Abwandlung des Kausativs ist im allgemeinen der des
Passivs analog. In der ersten Klasse (Konj. 1) werden die kausativen
Stämme *tams*, *dūs*, *gasis*, ganz wie die Passiven *támam*, *dām* u. dgl. mit
den schon bekannten Endungen des Aktivs flektirt, z. B. Präs. *támsani*,
dúsani, *gasísani*, Perf. *támsan*, *dúsan*, *gasísan* u. s. w. (S. unten bei den
Paradigmen).

226. Bei den Verben der zweiten Klasse (Konjj. II—V) treten ähnliche Modifikationen des kausativen Stammes ein, wie wir in der Flexion der Passiven (§ 219) gefunden haben: 1) im Präsens verdrängt das charakteristische *i* den letzten Stammvokal, z. B. *ram* (III. 1) ‚folgen' Kaus. *sóram*, Präs. *asórīm*, *báden* (V) ‚vergessen' Kaus. *sebáden*. Präs. *asbádīn*. Die Stämme der Konj. IV., welche im Präsens Akt. dem Stamm ein *-i* anhängen, und die Stämme der Konj. II. 2, a, welche auf *-i* auslauten, deren *-i* aber im Kausativ abgeworfen wird. fügen hier dem Stamme dieses *-i* bei, z. B. *fōr* (IV. 1) Präs. *éfrī*, Kaus. *sefór*, Präs. *asfóri*, *sóni* (II. 2, a), Kaus. *sísan*, Präs. *asísani*; 2) wie der Vokal des passivischen Präfixes *at-* (*et-*) von dem Präformativvokal verschlungen wurde, so wird auch der Vokal des Präfixes *se-* nach den Präformativen elidirt, z. B. *fōr*, Kaus. *sefór*, Perf. *ásfōr*; 3) vor allen Afformativen des Aorists (nicht aber vor den des Imperativs), sowie vor den Participial- und Infinitivendungen *-a* und *-oi*, fällt der letzte (resp. einzige) Stammvokal öfters aus, z. B. *tib* ‚füllen' (II. 1), Kaus. *sótib*, Inf. *sótboi*; *ṭa*' ‚schlagen' (II. 1) Kaus. *sóṭa*', Part. *sóṭ'a*; *sa*' ‚sich setzen' (III. 1) Aor. *sás'-at*; *ášiš* ‚begegnen' (II. 2, b) Kaus. *sášiš*, Aor. *sáššat*; 4) im Imperativ und Optativ der negativen Form ist der Stamm hier wie im Passiv mit dem affirm. Präsensstamm identisch, z. B. *sósa*', Präs. *asósī*', Neg. Opt. *básósī'u*; *sefór*, Präs. *asfóri*, Neg. Opt. *báséfōrību* (vgl. § 204); 3) in der 3. Pers. Aor. (Fut. I.), wo das Präfix *sō-* immer in *sñ-* übergeht, tritt nicht wie im Pass. das *i* in der Endsilbe regelmässig auf. sondern die Stammvokale werden hier nach speciellen Regeln umgewandelt, die unten bei den Paradigmen angeführt werden sollen. Als Flexionsbeispiel mögen hier die Hauptformen des kaus. Stammes *sórib* von *rib* ‚sich weigern' (II. 1) angeführt werden:

Affirmative Form.

	Imp.	Aor.	Präs.	Perf.	Fut. I.	Fut. II.
Sg. 1.		*sórbat*	*asórib*	*asórib*	*esárib ándi*	*sórboid hérrin*
2. m.	*sóriba*	*sórbata*	*tesóriba*	*tesóriba*	» *téndia*	» *hérrina*
f.	*sóribi*	*sórbati*	*tesóribi*	*tesóribi*	u. s. w.	
3. m.		*bácsárib*	*esórib*	*esórib*		
		u. s. w.	u. s. w.			

Negative Form.

Sg. 1.		*básóribu*	*kásórib*	*sórbāb káka*	*esárib kádi*	*sórboid káheru*
2. m.	*básóriba*	*básóribna*	*kissóriba*	» *kítka*	u. s. w.	
f.	*básóribi*	*básóribtwi*	*kissóribi*	*sórbāt kitkai*		
3. m.	*básórib*	*básóribu*	*kisórib*	*sórbāb kíka*		
		u. s. w.	u. s. w.			

227. Vom Kausativstamm können sowohl Passiva als neue Kausativa nach den oben dargestellten Regeln gebildet werden, aber natürlicherweise sind nur wenige von allen diesen denkbaren Bildungen in allgemeinem Gebrauch, z. B. *tam* ‚essen‘ (Konj. I.), Kaus. *tams*, Pass. Kaus. *támsum*, Kaus. Kaus. *támsīs*; *gūmad* ‚lang sein‘ (Konj. IV. 2), *sūgmad* ‚lang machen‘ *sīsugmad* ‚lang machen lassen‘. So kann auch von einem Pass. ein Kaus. gebildet werden, z. B. *támam* ‚gegessen werden‘ Kaus. *támams*.

IV. Das Frequentativ.

228. Eine solche sekundäre Stammbildung glaube ich für das Bedawie ansetzen zu müssen, obwohl ich nur die vier folgenden Beispiele kenne: *dār* ‚töten‘ *ōl* ‚schlagen‘ *ṭāb* ‚schlagen‘ *dálib* ‚verkaufen‘. Diese Stämme wurden mir nämlich, im Verhältnis zu den gleichbedeutenden Stämmen *der*, *úli*, *ṭa'*, *délib*, ausdrücklich als sich auf mehrere Objekte beziehend, »*lil-kuttār*», angegeben. Zu dieser bestimmten Aussage meiner Gewährsmänner kommt nun noch der Umstand hinzu, dass wenigstens in zwei von jenen Verben der ursprüngliche aktive Stamm in einigen Formen wieder auftritt, welches mithin das Sekundäre der neuen Stammbildung beweist. Nachdem meine Aufmerksamkeit auf diesen Gegenstand gelenkt worden war, spürte ich natürlich bei vielen anderen Verben aus meinen Verzeichnissen derartigen Bildungen nach, teils direkt: »*lil-kuttār?*», teils durch Beispiele, wo diese Verben mit Objekten im Plural vorkamen. Allein, wie gesagt, diese Nachforschung ergab jedoch nur das sehr geringfügige, oben angegebene Resultat (vgl. jedoch § 297, Schluss); dass die Leute so viel Abstraktionsvermögen besitzen sollten, dass sie mir aus eigenem Nachsinnen ein paar so zusammgehörige Verben, wie *der dār*, *úli ōl*, hätten anführen können, daran war natürlich nicht zu denken.

229. Die Bildung der Frequentativen aus dem primären Stamme scheint, nach den obigen Beispielen zu urteilen, durch ein langes *ā* in der ersten Silbe charakterisirt zu sein. Die Form *ōl* hätte man dann als aus *aul* — eine Art Gunirung der Form *uli*, dessen -*i* wahrscheinlich nicht wurzelhaft ist — entstanden zu betrachten; nur das *b* in *ṭāb* aus *ṭa'* oder *ṭa* bliebe somit unerklärt. Was die Abwandlung der Frequentativen betrifft, so folgen die einsilbigen Stämme *dār*, *ōl*, *ṭāb* dem Muster der vierten das zweisilbige *dálib* dagegen der fünften Konjugation, während die entsprechenden primären Stämme alle der zweiten Konj. angehören. Ich erinnere auch daran, dass die Flexion der fünften Konj. vielfache Analogien mit der Flexion der Konj. IV. 1 darbietet (vgl. §§ 178, 179). Ich führe hier zunächst die wichtigsten Formen der beiden Stämme *dār* und *ōl* auf, und hebe diejenigen Formen, in denen der ursprüngliche Stamm wieder zum Vorschein kommt, durch Fettdruck hervor. Die vollständige Abwandlung der Stämme *dār*, *ōl*, *ṭāb* und *dalib* wird man an den betreffenden Stellen im Anhang finden (N:o 196, 197, 198, 215).

Imper.	Aor.	Präs.
dára óla	*dárat ólat*	*édri*[1] *éuli*
3. m. *bahtera báiula*		*édri éuli*

Perf.	Futur. I.	Futur. II.
adár aól	*tútera, tula, ándi*	*dirjéb, áljéb, hérriu*

230. Auch MUNZINGER hat eingesehen, dass die Verben des Bedawie in zwei grosse Klassen, die afformativische und die präformativische, zerfallen, scheint aber nicht wahrgenommen zu haben, dass die Verben der 2. Klasse nach mehreren verschiedenen aber bestimmten Regeln abgewandelt werden, obwohl er Beispiele von flektirten Temporalformen aus allen meinen Konjugationen (ausgenommen II. 2, a und III. 1, 2) bringt. Was er über diesen Gegenstand sowie über die Bildung der sekundären Stämme zu sagen hat, beschränkt sich auf folgendes: »Das Zeitwort. Man wird aus dem Wurzelverzeichnisse ersehen, dass sich die Verba in zwei grosse Gruppen theilen, jenachdem bei der Conjugation entweder Suffixe an die Wurzel treten oder Präfixe, oder diese selbst sich umgestaltet. Zur ersten Gruppe gehören alle auf *ja* endenden Verba, z. B. *sekia, oria, gigja* etc.,[2] zur zweiten alle übrigen. Danach bilden sie auch ihr Causativ und Passiv verschieden. Denn die Verba auf *ja* bilden das Causativ durch Anfügung eines *s* an das Ende der Wurzel, das Passiv aber durch ein angefügtes *m*, wobei die Wurzel unberührt bleibt, während die Causativa und Passiva der zweiten Gruppe die Wurzel selbst afficiren.»

V. Paradigmen.

231. Da ich überzeugt bin, dass eine klare und lebendige Auffassung der verbalen Formenbildung einer Sprache am leichtesten beim Durchlesen recht vieler Flexionsbeispiele gewonnen wird, hatte ich schon während meiner Studien an Ort und Stelle mein Augenmerk auf diesen wichtigen Punkt gerichtet, und eine ziemlich beträchtliche Anzahl entsprechender Beispiele mit meinen Lehrern durchkonjugirt. Soweit es der beschränkte Raum gestattet, werde ich nun für jede Konjugation und deren Unterabteilungen einige Paradigmen auch aus dem Grunde auf-

---

[1] Die Form *éuli*, wo der ursprüngliche Stamm auftritt, würde hier ein *éderi* erwarten lassen. So könnte auch die Form ihrer Lautung nach geschrieben werden, aber dann wäre *e* eher als ein rein eufonischer Hilfsvokal (= *e*) denn als der ursprüngliche Stammvokal zu betrachten.

[2] Diese entsprechen den Verben meiner I. Konj., welche in der 3. Pers. Sing. Mask. Perf. Akt. das Afformativ *-ia* (*-ja*) annehmen.

führen, weil es leicht möglich wäre, dass ein scharfsinnigerer Forscher die Formen in einem ganz anderen Lichte sehen und folglich daraus ganz andere Resultate ziehen könnte, als ich in der obigen Analyse der Stamm- und Formenbildung gethan habe. So wäre vielleicht eine andere Konjugationseinteilung denkbar, sei es mit oder ohne Beibehaltung meines einzigen Einteilungsgrundes, nämlich der Bildung des aktiven Präsensstammes. Nach den betreffenden Paradigmen jeder Konjugation werde ich dann die meisten der Stämme anführen, die sich in meinen Sammlungen mit vollkommen übereinstimmender Flexion aufgezeichnet finden, so dass auch nach dieser Seite hin dem Forscher ein zuverlässiges Material zu weiteren kritischen Untersuchungen geboten wird. Zur leichteren Übersicht lasse ich bei jeder Konjugation alle auf dieselbe bezüglichen Flexionsregeln vorangehen, die sich oben unter den verschiedenen Temporalformen zerstreut finden.

232. Die in den folgenden Paradigmen unter dem Namen Konditional aufgeführte Form ist vielleicht kein eigentlicher Verbalmodus, sondern nur das Präsens mit der angehängten Postposition -ēk, die dem deutschen ‚wenn‘ in konditionaler Bedeutung entspricht. Diese Form habe ich hier beispielshalber mit aufgeführt, um zu zeigen, wie diese und analoge Formen mit konstanten Endungen, von welchen später die Rede sein soll, aus den Haupttempora gebildet werden. Die Endung -ēk wird in der affirm. Form einfach dem Präsens angehängt, dessen Formen hier, wie bei allen übrigen vokalisch anlautenden Affixen einige leichte, rein eufonische Veränderungen erleiden: 1) schliessendes -i geht in j über, z. B. débanjēk für débani-ēk; 2) ein auslautendes afformativisches -a fällt immer aus, z. B. támtenjēk ‚wenn du isst‘ für támtenia-ēk, téndīrnēk ‚wenn ihr tötet‘ für téndīrna-ēk; 3) In der Konj. II. wird der letzte kurze Stammvokal in der 1. Pers. Plur. ausgestossen, z. B. nésabib ,wir sehen' nésabbēk ,wenn wir sehen', néta' ,wir schlagen' Kond. nét'ēk. In der neg. Form wird die Postposition an diejenige Stammform angehängt, die im neg. Optativ vorliegt, und die Abwandlung geschieht überall, ebensowohl in der 1. als in der 2. Klasse, durch folgende negative Präfixe: Sg. 1. bā-, 2. bit-, 3. m. bī-, f. bit-; Pl. 1. bin-, 2. bit-, 3. bī-. Hierzu kommt in der 2. und 3. Pers. Plur. das allgemeine plurale Afformativ -na, das vor -ēk als n erscheinen muss. Von den Stämmen reh ,sehen' (Konj. I. Neg. Opt. bārēhaj-u), der ,töten' (Konj. II. Neg. Opt. bādir-u) lautet also der negative Konditional folgendermassen:

Sing. 1. bárehajēk wenn ich nicht sehe   bádirēk wenn ich nicht töte
      2. m. bitréhajēk   biddirēk
         f. bitréhajēk   biddirēk
      3. m. biréhajēk   bádirēk
         f. bitréhajēk   biddīrēk
Plur. 1. binréhajēk   bindirēk
      2. bitréhainēk   biddirnēk
      3. biréhainēk   bidirnēk

233. Es ist wohl kaum zu bezweifeln, dass die obigen Bildungen andere gleichlautende, aber der Postposition -ēk entbehrende Formen voraussetzen müssen. Wir bekommen also ein Tempus: (1 Kl. Sg. bárehai, bitrehája, bitrehai, birehai, bitrehai; Pl. binrehai, bitreháina, bireháina; 2. Kl. Sg. bádir, biddira, biddiri, bidir, biddir; Pl. bindir, biddirna, bidirna), das nach den obigen Ausführungen kaum etwas anderes sein kann, als das ursprüngliche neg. Präsens, welches wegen der modalen Bedeutung des Präfixes bā, bī, wohl als ein selbständiges Präs. Konjunkt. oder Kohort. angesehen werden kann. Die Formen bárehai, bádir, wurden jedoch von meinen Gewährsmännern weder anerkannt noch verstanden, wohl aber die Formen der 3. Person (bírehai, bitrehai, bídir, biddír mit ihren Pluralformen biréháina, bidírna), welche sie mit den Formen bárcha, bádiru (Plur. bárchān, bádirān) als 2. Person in Verbindung brachten und als neg. Imperativ auffassten (vgl. §§ 197, 198). Der Ursprung der 3. Pers. des neg. Imper. wäre somit erklärt, aber dennoch bleibt in Bezug auf die ursprüngliche Bedeutung und das gegenseitige Verhältnis der drei neg. Temporalformen, die ich unter den Namen Imperativ, Optativ und Konditional aufgeführt habe, vieles dunkel, welches einer näheren Aufklärung bedarf. Eine besondere Aufmerksamkeit verdient auch die Eigentümlichkeit, dass der Konditional und die 3. Pers. des neg. Imper., welche auf jenes postulirte neg. Präsens zurückgehen, überall präformativisch gebildet sind, während in allen übrigen Formen die 1. Klasse (Konj. 1) nur afformativische Bildungen aufweist.

234. Es liegt nahe zu vermuten, dass diese konditionale Endung -ēk ebensowohl dem Perfekt als dem Präsens angehängt werden könnte, so dass man neben débanj-ēk „wenn ich falle" auch débau-ēk „wenn ich fiele" bekäme. Indessen wurde mir jeder arabische Konditionalsatz mit dem Präsens + -ēk wiedergegeben. Diese Endung wird jedoch unzweifelhaft auch an das Perfekt angehängt, aber in der Bedeutung von „nachdem", und die Perfekta der 1. Klasse schieben hier ein n ein, so dass die Endung als -nēk erscheint. Hierüber wird später im Kapitel „von der Satzfügung" die Rede sein.

Erste Klasse.

Konjugation I.

Afformativische Stammbildung und Flexion.

235. Das Passiv wird durch Affigirung von -m, oder bei konsonantischem Stammauslaut -am, das Kausativ durch Anfügung von -s, (nach *s*, *š*, als Stammauslaut: -*īs*, -*īš*) an den aktiven Stamm gebildet. Die Abwandlung geschieht in allen drei Genera mit den unten stehenden gemeinsamen Endungen. Der neg. Optat. setzt an den Stamm das Ableitungssuffix -*ai* an, und wird mit den Endungen des Verb subst. flektirt. Der Infinitiv [Fut. II.] wird im Aktiv häufig, im Passiv und Kausativ immer mit dem Suffix -*ti* gebildet; im Aktiv kommt auch zuweilen der reine Verbalstamm, seltener das Verbalnomen auf -*oi*, als Infinitiv vor. — Das allgemeine Schema der Endungen der 1. Konj. hat folgendes Aussehen:

Affirmative Form.

	Imp.	Aor.	Präs.	Perf.	Kond.	Fut. I.	Part.
Sg. 1.		-*at*	-*ani*	-*an*	-*anjēk*	-*i ándi*	-*a*
2. m.	-*a*	-*ata* [od. -*a*]	-*tenia*	-*ta*	-*tenjēk*	» *téndia*	
f.	-*i*	-*ati* [od. -*i*]	-*teni*	-*tai*	-*tenjēk*	u. s. w. (§ 185)	
3. m.		*bā*—*i* [od. -*e*]	-*īni*	-*ja*	-*injēk*		
f.		*bā*—*ti* [od. -*ti*]	-*teni*	-*ta*	-*tenjēk*		Fut. II.
Pl. 1.		-*adēni*	-*nēi*	-*na*	-*nējēk*		—, -*tib*, -*oid*, *hérrin*
2.	-*na*, -*ān*(*a*)	-*atna*	-*tēn*(*a*)	-*tān*(*a*)	-*tēnēk*	» » *hérritna*	
3.		*bā*—*īn*(*a*) [od. -*ēn*(*a*)]	-*ēn*(*a*)	-*jān*(*a*)	-*ēnēk*	u. s. w. (§ 188)	

Negative Form.

	Imp.	Opt.	Kond.	Präs.
Sing. 1.		*bā*—*aju* [f. -*aitu*]	*bā*—*ajēk*	*ka*—*an*
2. m.	*bā*—*a*	*bā*—*aiwa*	*bit*— »	*ka*—*ta*
f.	*bī*—*i*	*bā*—*aiwi*	*bit*— »	*ka*—*tai*
3. m.	*bī*—*e* [od. -*ai*]	*bā*—*aju*	*bi*— »	*ka*—*ja*
f.	*bit*—*e* [od. -*ai*]	*bā*—*aitu*	*bit*— »	*ka*—*ta*
Plur. 1.		*bā*—*aja* [f. -*aitu*]	*bin*— »	*ka*—*na*
2.	*bā*—*ān*(*a*)	*bā*—*ajān*(*a*) [f. -*aitān*(a)]	*bit*—*ainēk*	*ka tān*(*a*)
3.	*bi*—*ēn*(*a*) [od. -*ain*(*a*)]	*bā*—*aju* [f. -*aita*]	*bi*—*ainēk*	*ka*—*jān*(*a*)

	Perf.	Fut. I.	Fut. II
Sing. 1.	-*āb* [f. -*āt*] *káka*	-*i kádi*	—, -*tib*, (-*oit*), *káhern*
2. m.	-*āb* *kitka*	» *kiddia*	» » » *kétharu*
f.	-*āt* *kitkai*	» *kiddi*	» » » *kétharu*
	u. s. w. (§ 206)	u. s. w. (§ 208)	u. s. w. (§ 208)

236. Diese Konjugation, welche den bei weitem grössten Teil der bedauwischen Verben und namentlich die meisten der ziemlich zahlreichen aus dem Arabischen entlehnten Zeitwörter umfasst, bietet auch die grösste Mannigfaltigkeit der Stämme dar. Es giebt hier transitive und intransitive, ein-, zwei-, bis drei- und vielsilbige, konsonantisch und vokalisch auslautende Stämme, und zwar alle mit langen oder kurzen Vokalen in jeder Silbe. Nur um diese Mannigfaltigkeit übersichtlicher zu gestalten, und nicht etwa weil daraus irgend eine Verschiedenheit der Formenbildung entspringt, habe ich unten die Stämme je nach ihrer lautlicher Verschiedenheit unter mehrere Gruppen gebracht:

A. Konsonantisch auslautende Stämme.

237. Paradigma *tam* ‚essen', Pass. *támam*, Kaus. *tams*.

Aktiv.

Affirmative Form.

	Imp.	Aor.	Präs.	Perf.	Kond.
Sing. 1.		támat	támani	táman	támanjĕk[5]
2. m.	táma	támata[1]	támtenia	támta	támtenjĕk
f.	támi	támati	támteni	támtai	támtenjĕk
3. m.		bátami[2]	támĭni	támja[4]	támtĕnjĕk
f.		bátamti	támteni	támta	támtenjĕk
Plur. 1.		támadĕni	támnēi	támna	támnĕjĕk
2.	támna	támatna	támtēn(a)	támtāu(a)	támtēnĕk
3.		bátamīn(a)[3]	támēn(a)	támjān	támtēnĕk

	Plusquamp.	Fut. I.	Fut. II.	Part.
Sing. 1.	sŭr táman	támi ándi	támtib hérriu	táma
2. m.	» támta	» téndia	» hérriwa	
f.	» támtai	» téndi	» hérriwi	
3. m.	» támja	» éndi	» hérriu	
f.	» támta	» téndi	» hérriu	
Plur. 1.	» támna	» nijed	» néheru	
2.	» támtān(a)	» tijádna	» téherūn(a)	
3.	» támjān(a)	» ijádna	» (j)éherūn(a)	

---

[1] Anstatt der Formen *támata*, *támati*, *támatna*, werden häufig die Imperativformen *táma*, *támi*, *támna*, gebraucht.

[2] Oder *bátami*, *bátamte*.

[3] Das eingeklammerte *a* kann hier wie überall beliebig beibehalten oder abgeworfen werden.

[4] Könnte auch *támia*, wie im Plural *támiān*, geschrieben werden.

[5] Die Endung *-ĕk* könnte ebensogut *-ĭk* geschrieben werden, da dieselbe überall einen Nebenaccent erhält (vgl. die folgenden Konditionalformen).

Die Bischari-Sprache.

Negative Form.

	Imp.	Opt.	Präs.	Kond.
Sing. 1.		bátamáj[t]a¹	kátaman	bātámajék
2. m.	bátama	bátamáiwa	kátamta	bittámajék
f.	bítami	bátamáitwi	kátamtai	bittámajék
3. m.	bítame	bátamáju	kátamja	bitámajék
f.	bíttame	bátamáitu	kátamta	bittámajék
Plur. 1.		bátamáj[t]a	kátamna	bintámajék
2.	bátamán(a)	bátumáj[t]án(a)	kátamtán(a)	bittámainék
3.	bítamēn(a)	bátamáj[t]a	kátamján(a)	bitámainék

	[Plusqu]	Perf.	Fut. I.	Fut. II.
Sing. 1.	[sūr] tímāb [-āt]	káka²	támi kádi	támtib káheru
2. m.	" tímāb	kítka	" kíddia	" kétharu
f.	" támāt	kitkai	" kíddi	" kétharu
3. m.	" támāb	kíka	" kídi	" kíharu
f.	" támāt	kítka	" kíddi	" kitharu
Plur. 1.	" tímāb [-āt]	kinku	" kíndi	" kínharu
2.	" " "	kítkēn	" kíddina	" kétharūn(a)
3.	" " "	kíkēn	" kídin(a)	" kíharūn(a)

Passiv.

Affirmative Form.

	Aor.	Präs.	Perf.	Kond.
Sing. 1.	támamat	tamámani	támaman	tamámanjék
2. m.	támama	tamámtenia	támamta	tamámtenjék
f.	támami	tamámteni	támamtai	tamámtenjék
3. m.	bátámami	támamíni	támamja	tamáminjék
f.	bátámamti	tamámteni	támamta	tamámtenjék
Plur. 1.	tamámadéni	támamnéi	támamna	tamámnējék
2.	tamámna	támamtén(a)	támamtán(a)	tamámtenék
3.	bátámamīn(a)	támamén(a)	támamján(a)	tamámēnék

	Plusqu.	Fut. I.	Fut. II.	Part.
Sing. 1.	sūr támaman	támami ándi	tamámtib hérriu	támama
2. m.	" támamta	" téndia	" hérriwa	
f.	" támamtai	" téndi	" hérriwi	
	u. s. w.	u. s. w.	u. s. w.	

---

[1] Vgl. die Note 1 auf Seite 158.
[2] Die eckigen Klammern bezeichnen, dass das Perfekt bei männlichem Subjekt in der 1. Pers. támāb káka, bei weiblichem Subjekt támāt káka lautet, das Plusquamperfekt aber sūr támāb káka, beziehungsweise sūr támāt káka, und so durchgängig bei allen Personen.

Negative Form.

	Imp.	Opt.	Präs.	Kond.
Sing. 1.		bătámamáj[t]u	katámaman	bătamámajěk
2. m.	bătámama	bătámamáiwa	katámamta	bittamimajěk
f.	bităámami	bătámamáitci	katámamtai	»
3. m.	bităámame	bătámamáju	katámamja	bităamámajěk
f.	bittăámame	bătámamíitu	katámamta	bittamimajěk
Plur. 1.		bătámamáj[t]a	katámamna	bintamámajěk
2.	bătámamán(a)	bătámamáj[t]ăn(a)	katámamtán(a)	bittamáimainěk
3.	bităámamén(a)	bătámamáj[t]a	katámamján(a)	bitamáimainěk

	[Plusqu.]	Perf.	Fut. I.	Fut. II.
Sing. 1.	[sŭr] támamăb [-ăt]	káka	támami kádi	tamámtib káheru
2. m.	» támamăb	kitka	» kiddia	» kítharu
f.	» támamăt	kitkai	» kiddi	» »
	u. s. w.		u. s. w.	u. s. w.

Kausativ.

Affirmative Form.

	Imp.	Aor.	Präs.	Perf.	Kond.
Sing. 1.		támsat	támsani	támsan	támsanjěk
2. m.	támsa	támsata	támstenia	támsta	támstenjěk
f.	támsi	támsati	támsteni	támstai	»
3. m.		bátamsi	támsini	támsja	támsinjěk
f.		bátamsti	támsteni	támsta	támstenjěk
Plur. 1.		támsaděni	támsněi	támsna	támsnějěk
2.	támsán(a)	támsatna	támstěn(a)	támstán(a)	támstěněk
3.		bátamsín(a)	támsěn(a)	támsján(a)	támsěněk

	Plusqu.	Fut. I.	Fut. II.	Part.
Sing. 1.	sŭr támsan	támsi ándi	támstib herriu	támsa
2. m.	» támsta	» téndia	» hérriwa	
f.	» támstai	» téndi	» hérriwi	
	u. s. w.	u. s. w.	u. s. w.	

Negative Form.

	Imp.	Opt.	Präs.	Kond.
Sing. 1.		bátamsáj[t]u	kátamsan	bátámsajěk
2. m.	bátamsa	bátamsáiwa	kátamsta	bittámsajěk
f.	bítamsi	bátamsáitwi	kátamstai	»
3. m.	bítamse	bátamsáju	kátamsja	bitámsajěk
f.	bittamse	bátamsáitu	kátamsta	bittámsajěk

DIE BISCHARI-SPRACHE.

	Imp.	Opt.	Präs.	Kond.
Plur. 1.		bátamsáj[t]a	kátamsna	bintámsajēk
2.	bátamsán(a)	bátamsáj[t]ān(a)	kátamstán(a)	bittámsainēk
3.	bitamsén(a)	bátamsáj[t]a	kátamsján(a)	bītámsainēk

	[Plusqu.] Perf.		Fut. I.	Fut. II.
Sing. 1.	[sūr] támsāb [-āt] káka		támsi kádi	támstib káheru
2. m.	» támsāb	kítka	» kíddia	» kétharu
f.	» támsāt	kítkai	» kíddi	» »
	u. s. w.		u. s. w.	u. s. w.

238. Nach diesem Paradigm werden beispielsweise folgende Stämme abgewandelt [das Sternchen (*) bedeutet, dass das Wort aus dem Arab. entlehnt ist]:

1) **Einsilbige Stämme.**

a) **mit kurzem Vokal.**

fu', riechen	jek, aufstehen	kab, (fleischlich) beschlafen
le', kalt sein	sak, gehen	kaf, singen
mu', feucht sein	deg, schwer sein	saf, wässern, besprengen
mah, des Morgens sein	kad, sangen (von Kindern)	taf, (an sich) reissen
muh, genügen	ud, zittern	ham, blöken
tah, teh, berühren	ket, klar sein	hol, bellen
*wad', stellen	*nasr, besiegen	us¹, zustopfen
*kat', abschneiden	deb, fallen	gas, weben
*jerh, verwunden	gab, gleichen	yas, sieden

[Siehe Anhang N:o 1—18.]

b) **mit langem Vokal.**

dāb, laufen	gīg, gehen	ūm, schwimmen
hāb, ebnen (d. Fussboden)	līl, flüssig sein	dūf, schwitzen
lām, lernen	nīn, singen	dūy, saugen
rāt, fragen	ōn (mit kuhl) bestreichen	fūf, (auf)blasen
wās, rücken	ūr, (mit Steinen) begraben	yūd, viel sein
gē', rülpsen	ōs, harnen	hūy, pulverisiren
rēh, sehen	dō', kleben	nūn, reichen
bir, fir, fliegen	dōb, heiraten	šūm, eintreten
fin, ruhen	kōd, kūd, irre gehen	tūs, füllen

[Siehe Anhang N:o 19—30]

---

¹ In diesem Worte glaubte ich ein etwas schärferes, mehr zischendes *s* wahrzunehmen, das vielleicht das Munzingersche *ṣ* ist (vgl. § 17).

2) Zweisilbige Stämme.
a) mit kurzen Vokalen.

*ájham, verstehen	lá'am, sich mit Fett bestreichen	*áskir, berauschen
*ánal, verfluchen	*lásag, kleben	ášig, éšig, eilen
*árrag, ertränken	*rásal, schicken	*háddir, bereiten
*bárak, segnen	*šátat, zerreissen	*ásbu', färben
*bálam, dürr sein	*wákkal, beauftragen	hákus, verläumden
fáŝar, springen	*álger, können	háŭkml, kitzeln
*fákkar, denken	*ánsir, besiegen	gáhar, schelten
hásam, vorbeigehen	*ánŝir, verabscheuen	mehas, zu Mittag essen
*hásar, verlieren	*ánkir, verabscheuen	réjjim, gewinnen
*háwal, betrügen	árid, érid, spielen	*kébbak, zusammenwickeln
kánŝar, weglaufen	*ásbir, warten	šíngir, hässlich sein

Diejenigen Stämme, deren letzter Vokal ein kurzes *i* oder *e* mit vorangehender einfacher Konsonanz ist, wie *érid* ‚spielen', stossen häufig diesen Vokal vor allen vokalisch anlautenden Endungen aus (vgl. § 22, a) als: Aor. *érdat*, *bérdi*, Präs. *érdani*, *eridténia* u. s. w., Perf. *érdan*, *éridta* u. s. w., Pass. *érdam*, Kaus. *érids*. Umgekehrt wird bei allen Stämmen der I. Konj. in denjenigen Formen, wo drei Konsonanten zusammenstossen würden, was namentlich bei den kausativen Stämmen häufig der Fall ist, die Aussprache durch Einschiebung eines kurzen e-Lautes erleichtert, z. B. *nasr* ‚besiegen' Präs. *násrani*, *nasértenia*, *köds* ‚irre führen' Perf. *ködsan*, *ködesta* u. s. w.

[Siehe Anhang N:o 31—34].

b) mit einem langen Vokal.

*áman, glauben	*salám, grüssen, küssen	šak"ín, kratzen
ŝáis, schliessen	k"asám, erben	*temím, fertig sein
hátam, hátam, sich erbrechen	teláy, verhehlen	walík, anrufen
*sáuad, helfen	teráb, teilen	wešík, zischen
wásam, hawásam, scherzen	*wadám, Ablution machen	salól, führen
abúb, verachten	hamét, traurig sein	somúm, benachrichtigen
adáb, müde sein	hirér, marschiren	radéf, kacken
*ganém, reich sein	mehél, pflegen	adúm, sprechen
humóg, verabscheuen	*hadíd, sprechen	ekát, lächeln
iwáš, schmutzig sein	haurík, stumpfsinnig sein	kantír, schnarchen
*ŝerráb, versuchen	*menía, wünschen	leŭŝám, digóg, senden
*k"arám, grüssen	narít, schläfrig sein	hawŝúk, sich schnäuzen

[Siehe Anhang N:o 35—45].

239. In dem obigen Verzeichnis (2, a, b) finden sich auch einige auf -*m* schliessende Stämme, die urspr. reflexive (oder passive) Bildungen sind, und von welchen ich nicht weiss, ob ihre primären Aktivstämme gebräuchlich sind oder nicht. Diese sekundären Stämme sind als solche leicht zu erkennen, da in den entsprechenden Kausativen das -*m* fehlt, und dasselbe sich dadurch als nicht wurzelhaft erweist (vgl. § 211). Es sind folgende: *lá'am* ‚sich mit Fett bestreichen' (von *la'* Fett), Kaus. *lí'as* ‚(jemand) mit Fett bestreichen'; *háisam* ‚vorbeigehen' Kaus. *hasís*; *réjjim* ‚gewinnen' Kaus. *réjjis*; *kʷasám* ‚erben' Kaus. *kʷasás*; *mením* ‚wünschen' Kaus. *menís*; *wadám* ‚sich waschen' Kaus. *wadás*. Hierher gehört wohl auch der Stamm **temím*, ‚fertig sein', dessen letztes -*m* zwar wurzelhaft ist (arab. *temím* ‚vollständig'), aber wahrscheinlich von dem Sprachbewusstsein als das passivische -*m* aufgefasst worden ist, da das Kausativ *temís* (od. *temmís*) lautet [Vgl. Anhang N:o 47—51]. Bei anderen Stämmen dagegen, wie z. B. *adám* ‚sprechen' *ĭngám* ‚senden' *kʷarám* (arab. *karám*), *salám* ‚grüssen', wo das -*m* dem Stamme angehört, lautet das Kausativ: *adáms*, *ĭngáms*, *kʷaráms*, *saláms*.

240. Mit zwei langen Vokalen kenne ich nur die beiden Stämme *ibāb* ‚reissen' und *báskīt* ‚fasten', von welchen der erstere auch zuweilen *ibáb* ausgesprochen wurde. — Dreisilbige Stämme kommen seltener vor und können wohl immer auf einfachere zurückgeführt werden. Beispiele sind: *hadísam* ‚anreden' *hádarēm* ‚ehren' *kelláfam* ‚mannbar werden' *égrimam* ‚weisshaarig werden' *hamóisek* ‚sich schämen' [Vgl. Anhang N:o 52—56]. Da die drei zuerst genannten Stämme von den arab. Wörtern *hadis* ‚Rede' *hádra* (Ehrentitel), *kelláf* ‚mannbar' ihren Ursprung herleiten, so ist wohl das schliessende -*m* sicher als der reflexiv-passivische Bildungsbuchstabe -*m* zu betrachten, wiewohl derselbe nur in dem letzten Stamme seine gewöhnliche Bedeutung hat. Wie *égrimam* von *ĭgrim* ‚weisshaarig' herkommt, so lassen sich vielleicht von den meisten Adjektiven dergleichen intransitive Stämme ableiten, welche dann alle nach dem Muster der Konj. I. abgewandelt werden. So gehören auch zu dieser Konj. alle kausativen Stämme, welche direkt von einem Nominalstamm abgeleitet sind, wie *erás* ‚weiss machen' von *ērá* ‚weiss', *ádarōs* ‚rot machen' von *ádarō* ‚rot'. Wahrscheinlich kann man wohl ebensogut *erúm* ‚weiss sein (werden)', *ádarōm* ‚rot sein (werden)' davon bilden, obwohl sich für diese Formen in meiner Beispielsammlung keine Belege finden.

B. Vokalisch auslautende Stämme.

1. Einsilbige.

241. Die auf -*ā* und -*ō* auslautenden Stämme schieben vor die mit *a* und *ē* [nicht aber vor die mit *i* (*e*) und *ī*] anfangenden Endungen das eufonische *j* ein. In der Stammbildung des neg. Optativs und des davon abgeleiteten Konditionals tritt hier die kleine Unregelmässigkeit ein, dass diese Tempora an die Stämme auf -*ā* und wahrscheinlich auch an die auf *ō* anstatt des gewöhnlichen *ai* (s. § 202) nur *i* (*j*) anfügen (siehe das folgende Paradigma Seite 173). Endigt aber der Stamm auf ein -*ū*, so löst sich dasselbe vor allen vokalisch anlautenden Endungen in *uw* auf. Als kurzer Stammauslaut kommt hier meines Wis-

sens nur *a* vor, das vor allen vokalisch anfangenden Endungen abfällt. Bei den übrigen Vokalen wie *e, u*, tritt immer der laryngale Laut ' ein, z. B. *le*' ‚kalt sein' *fu*' ‚riechen', und dadurch werden die Formen gegen alle lautlichen Veränderungen geschützt, z. B. *fü'ani* ‚ich rieche' *fü'ini* ‚er riecht', dagegen von *gᵘa*: *gᵘáni* ‚ich trinke' *gᵘíni* ‚er trinkt'.
— Paradigmen: *dā* ‚machen' *sō* ‚benachrichtigen' *dū* ‚schlafen' *gᵘa* ‚trinken', Pass. *dām, sōm, gᵘam*, Kaus. *dās, sōs, dūs, gᵘas*.

Aktiv.
Affirmative Form.
Imperativ.

Sing. 2. m.	*dája*	*sója*	*dúwa*	*gᵘa*
f.	*dái*	*sói*	*dúwi*	*gᵘi*
Plur. 2.	*dájān(a)*	*sójān(a)*	*dúwān(a)*	*gᵘān(a)*

Aorist.

Sing. 1.	*dájat*	*sójat*	*dúwat*	*gᵘat*
2. m.	*dájata (dája)*	*sójata (sója)*	*dúwata (dúwa)*	*gᵘáta (gᵘa)*
f.	*dájati (dái)*	*sójati (sói)*	*dúwati (dúwi)*	*gᵘáti (gᵘi)*
3. m.	*bádāi*	*básōe*	*báduwi*	*bágᵘe*
f.	*bádāti*	*básōte*	*bádūti*	*bágᵘate*
Plur. 1.	*dájadéni*	*sójadéni*	*dúwadéni*	*gᵘádēni*
2.	*dájatna*	*sójatna*	*dúwatna*	*gᵘátna*
3.	*bádāin(a)*	*básōin(a)*	*báduwin(a)*	*bágᵘina*

Präsens.

Sing. 1.	*dájani*	*sójani*	*dúwani*	*gᵘáni*
2. m.	*dátenia*	*sótenia*	*dátenia*	*gᵘátenia*
f.	*dáteni*	*sóteni*	*dáteni*	*gᵘáteni*
3. m.	*dáini*	*sóini*	*dúwīni*	*gᵘíni*
f.	*dáteni*	*sóteni*	*dáteni*	*gᵘáteni*
Plur. 1.	*dánēi*	*sónēi*	*dánēi*	*gᵘánēi*
2.	*dátēn(a)*	*sótēn(a)*	*dátēn(a)*	*gᵘátēn(a)*
3.	*dójēn(a)*	*sójēn(a)*	*dúwēn(a)*	*gᵘēn(a)*

Perfekt.   Plusqu.

Sing. 1.	*dájan*	*sójan*	*dúwan*	*gᵘan*	*sūr dájan*
2. m.	*dáta*	*sóta*	*dáta*	*gᵘáta*	u. s. w.
f.	*dátai*	*sótai*	*dátai*	*gᵘátai*	*sūr sójan*
3. m.	*dája*	*sója*	*dája*	*gᵘí(j)a*	u. s. w.
f.	*dáta*	*sóta*	*dáta*	*gᵘáta*	

DIE BISCHARI-SPRACHE. 173

Plur. 1.	dána	sóna	dána	gʷána	sūr dúwan
2.	dátān(a)	sótān(a)	dátān(a)	gʷátān(a)	u. s. w.
3.	dájān(a)	sójān(a)	dájān(a)	gʷi(j)ān(a)	sūr gʷan
					u. s. w.

Konditional.

Sing. 1.	dájanjēk	sójanjēk	dúwanjēk	gʷánjēk
2. m.	dátenjēk	sótenjēk	dátenjēk	gʷátenjēk
f.	dátenjēk	sótenjēk	dátenjēk	gʷátenjēk
3. m.	dáinjēk	sóinjēk	dúwinjēk	gʷinjēk
f.	dátenjēk	sótenjēk	dátenjēk	gʷátenjēk
Plur. 1.	dánējēk	sónējēk	dánējēk	gʷánējēk
2.	dátēnēk	sótēnēk	dátēnēk	gʷátēnēk
3.	dájēnēk	sójēnēk	dájēnēk	gʷénēk

Fut. I.   Fut. II.

Sing. 1.	dái,	sóe,	dúwi,	gʷe	ándi	dátīb, sótīb, dátīb, gʷa	hérriu
2.	"	"	"	"	téndia	" " " "	hérriwa
	u.	s.	w.			u. s. w.	

Negative Form.

Imperativ.

Sing. 2. m.	bádāja	básōja	báduwa	bágʷa
f.	bídāi	bísōi	báduwi	bigʷi
3. m.	bádāi	bísōe	báduwe	bigʷe
f.	bíddāi	bissōe	bídduwe	bigʷe
Plur. 2.	bádājān(a)	básūjān(a)	báduwán(a)	bágʷān(a)
3.	bídāin(a)	bísōén(a)	bíduwén(a)	bigʷēn(a)

Optativ.

Sing. 1. m.	bádāju	[básōju	báduwáju	bágʷaju
f.	bádāitu	básōitu	báduwáitu	bágʷaitu
2. m.	bádāiwa	básōiwa	báduwáiwa	bágʷaiwa
f.	bádāitwi	básōitwi	báduwáitwi	bágʷaitwi
3. m.	bádāju	básōju	báduwáju	bágʷaju
f.	bádāitu	básōitu	báduwáitu	bágʷaitu
Plur. 1. m.	bádāja	básōja	báduwaja	bágʷaja
f.	bádāita	básōita	báduwáita	bágʷaita
2. m.	bádājān(a)	básōján(a)	báduwaján(a)	bágʷaján(a)
f.	bádāitān(a)	básōitán(a)	bádáwaitán(a)	bágʷaitán(a)
3. m.	bádāja	básōja	báduwája	bágʷaja
f.	bádāita	básōita]¹	báduwáita	bágʷaita

---

¹ Dieses Tempus und der aus demselben gebildete Konditional finden sich in meiner Materialsammlung nicht mit verzeichnet, aber es unterliegt wohl keinem Zweifel, dass

Präsens.

Sing.	1.	kádăjan	kásōjan	káduwan	kág"an
	2. m.	kádăta	kásōta	kádŭta	kág"ata
	f.	kádătai	kásōtai	kádătai	kág"atai
	3. m.	kádăja	kásōja	kádăja	kág"ia
	f.	kádăta	kásōta	kádăta	kág"ata
Plur.	1.	kádăna	kásōna	kádăna	kág"ana
	2.	kádătán(a)	kásōtán(a)	kádătán(a)	kág"atán(a)
	3.	kádăján(a)	kásōján(a)	kádăján(a)	kág"ián(a)

Konditional.

Sing.	1.	bádăjēk	[básōjēk	bádăwajēk	bág"ajēk
	2. m.	biddăjēk	bissōjēk	biddăwajēk	bitg"ajēk
	f.	biddăjēk	bissōjēk	biddăwajēk	bitg"ajēk
	3. m.	bidăjēk	bisōjēk	bidăwajēk	big"ajēk
	f.	biddăjēk	bissōjēk	biddăwajēk	bitg"ajēk
Plur.	1.	bindăjēk	binsōjēk	bindăwajēk	bing"ajēk
	2.	biddăinēk	bissōinēk	biddăwainēk	bitg"ainēk
	3.	bidăinēk	bisōinēk]	bidăwainēk	big"ainēk

Perfekt.   Plusqu.

Sing. 1. dájāb, sójāb, dáwāb, g"āb, káka   sūr dájāb (só. dá. g".) káka
      2. m.   »   »   »   »   kitka   »   »   »   »   kitka
             u.   s.   w.   u.   s.   w.

Fut. I.   Fut. II.

Sing. 1. dái, sói, dáwi, g"i, kádi   dátib, sótib, dátib, g"átib káheru
      2. m.   »   »   »   » kiddia   »   »   »   »   kétharu
             u.   s.   w.   u.   s.   w.

Passiv.

Affirmative Form.

Aorist.   Präsens.

dámat, sómat, g"ámat   dámani, sómani, g"ámani

Perfekt.   Konditional.

dáman, sóman, g"áman   dámanjēk, sómanjēk, g"ámanjēk

Fut. I.   Fut. II.

dámi (sómi, g"ámi) ándi   dámtib, sómtib, g"ámtib, hérriu

---

die Formen so lauten, wie ich sie oben nach der Analogie des Stammes *dă* aufgeführt
habe, da sonst überall, wie man sieht, die Stämme *dă* und *sō* ganz identisch flektirt werden.
Die noch einzig denkbaren Formen wären *básōjáju, básójajēk*, nach der Analogie der Formen *bádăwáju, bádăwajēk*.

Negative Form.

Imperativ.	Optativ.
bádāma, básōma, bág"ama	bádāmáju, básōmáju, bág"amáju
Präsens.	Konditional.
kádāman, kásōman, kág"aman	bādámajēk, bāsómajēk, bāg"ámajēk
Perfekt.	Fut. I.
dámāb, sómāb, g"ámāb, káka	dámi, sómi, g"ámi, kádi

Kausativ.

Affirmative Form.

Imperativ.	Aorist.
dása, sósa, dása, g"ása	dásat, sósat, dásat, g"ásat
Präsens.	Perfekt.
dásani, sósani, dásani, g"ásani	dásan, sósan, dásan, g"ásan
Konditional.	Fut. I. Fut. II.
dásanjēk, sósanjēk, dásanjēk, g"ásanjēk	dási ándi dástib hérrin

Negative Form.

Imperativ.	Optativ.
bádūsa, básūsa, bádūsa, bág"asa	bádūsáju, básūsáju, bádūsáju, bág"asáju

u. s. w.

Die weitere Abwandlung der passiven und kausativen Formen ist mit der von támam und tams identisch (s. § 237).

2) Zweisilbige.

242. Die Stämme auf -ā, -ō, -ū, nicht aber die auf -ē, schieben vor die mit a und ē anlautenden Endungen das eufonische j ein. Bei den Stämmen auf -ā scheint jedoch statt der Einschaltung eine Zusammenziehung der beiden a in ā stattfinden zu können (s. das Paradigma mitjá unten), was bei den einsilbigen auf -ā niemals geschieht. Bei den Stämmen auf -i schmilzt dieses i mit einem i als Anfangslaut der Endung in ī zusammen, vor anderen vokalisch anlautenden Endungen entsteht das eufonische j von selbst und wird deswegen hier nicht besonders bezeichnet. Die zweisilbigen auf ein kurzes a ausgehenden Stämme werden ganz wie die entsprechenden einsilbigen flektirt. — Bei den folgenden Paradigmen, egá ‚rauchen' mitjá ‚befohlen' aré ‚wollen' tifjá ‚spucken' *afä* ‚verzeihen' *wáli* ‚finden' *ámba*¹ ‚ruhen', *áa* ‚rufen', führe ich nur die wichtigsten Formen auf.

1) *egá*, rauchen

Aktiv.

Aor.	Präs.	Perf.	Aor.	Präs.	Perf.
egájat	egájani	egájan	mitját	mitjájani	mitján
egájata	egátenía	egáta	mitjáta	mitjátenia	mitjáta
báegái	egáini	egája	bámitjái		mitjája

2) *mitjá*, befehlen

Passiv.

[fehlt]	mitjámat	mitjámani	mitjáman

Kausativ.

egásat	egásani	egásan	mitjásat	mitjásani	mitjásan

3) *tiffó*, spucken   4) *afä*, verzeihen

Aktiv.

tiffójat	tiffójani	tiffójan	afájat	afájani	afájan

Passiv und Kausativ.

tiffóm	tiffós	afám	afás

5) *aré*, wollen

	Aor.	Präs.	Perf.	Plusqu.	Fut. I.
	aréat	aréani	aréun	sür arée²	arée áudi
	aréa [Imp.]	arétenia	aréta	» arétia	
	aréi	aréteni	arétai		Fut. II.
	báarée	aréini	aréja	» arér	arétib hérrin
		arénei		» aréue	
		arétēn		» arétēna	
		aréēn		» aréen	

6) *wáli*, finden

Aktiv.

	Aor.	Präs.	Perf.	Kondit.
Sing. 1.	wáliat	wáliani	wálian	wálianjēk
2. m.	wália [Imp.]	wálitenía	wálitu	wálitenjēk
f.	wáli »	wáliteni	wálitai	»
3. m.	báwáli	wálini	wálija	wálinjēk
f.	báwalite	wáliteni	wálita	wálitenjēk

¹ In diesem Wort hat *b* den in § 19 erwähnten präkakuminal gefärbten Laut, den ich zu Anfang mit einem ' nach *b*, also *amb'a*, bezeichnete.

² Bezüglich dieser Formen möge man § 344 vergleichen.

Die Bischari-Sprache.

Plur. 1.	wáliadéni	wálinéi	wálina	wálinējēk
2.	wálián(a)	wálitén(a)	wálitán(a)	wálitēnēk
3.	báwālin(a)	wálién(a)	wáliján(a)	wáliēnēk
	Fut. I.	Fut. II.	Particip.	
	wáli ándi	[fehlt]	wália	

Negative Form.

		Imper.	Opt.	Präs.	Kondit.
Sing. 1.			bāwáliéj[t]u	káwālie¹	bawáliajēk
2. m.		bāwália	bāwáliéiwa	káwālita	bitwáliajēk
f.		biwáli(e)	bāwáliéitwi	káwālitai	"
3. m.		biwálie	bāwáliéju	káwālija	biwáliajēk
f.		bitwálie	bāwáliéilu	káwālita	bitwáliajēk
Plur. 1.			bāwáliéj[t]a	káwālina	biwáliajēk
2.		bāwálián(a)	bāwáliéj[t]án(a)	kawálitán(a)	bitwálieinēk
3.		biwálién(a)	bāwáliéj[t]a	kawáliján(a)	biwálieinēk

Pass. wālím, Kaus. wālis, werden ganz wie támam und tams abgewandelt.

7) úmba. ruhen   8) ña. rufen

Aktiv.

Aor.	Präs.	Perf.	Aor.	Präs.	Perf.
úmbat	úmbani	úmban	ñat	ñani	ñan
úmba [Imp.]	umbátenia	úmbāta	ña [Imp.]	ñaitenia	ñata
úmbi »	umbáteni	úmbātai	ñi »	ñaiteni	ñatai
bánmbe	úmbīni	úmbia	báñe	ñíni	ñia
Fut. I.		Fut. II.	Fut. I.		Fut. II.
úmbe ándi		úmbatīb hérriu	ñe ándi		ñatīb hérriu

Negative Form.

Imper.	Kondit.	Perf.	Imper.	Kondit.	Perf.
bánmba	bánmbajēk	úmbāb káka	báña	báñajēk	ñāb káka

Die passiven und kausativen Formen, ñam, ñas, úmbas, sind ganz regelmässig: Pass. Aor. ñamat, Präs. ñámani, Perf. ñaman, Kaus. Aor. ñasat, Präs. ñásani, Perf. ñasan. Von diesem Stamm wird dann ein doppeltes Kausativ, ñasīs, mit der Bedeutung von ‚holen lassen' ‚envoyer chercher', gebildet und regelmässig abgewandelt:

¹ Für káwāliau (vgl. die Note 3 auf Seite 128).

Aor.	Präs.	Perf.	Neg. Imp.	Neg. Kond.
ñasisat	ñasisani	ñasisan	báñasisa	báñasisajēk
ñasisa	ñasistenia	ñasista	biñasisi	bitñasisajēk
ñasisi	ñasisini		biñasisci	
báñasisi	ñasisnej	Fut. II.	bitñasisci	Neg. Präs.
báñasisti	ñasistēn	ñasistib hérrin	..	kañasisan

Weitere Beispiele von mehrsilbigen vokalisch auslautenden Stämmen sind:

mará, angreifen	*hássi, fühlen	dinú, herumgehen
	*áski, klagen	hausú, träumen
karé, nicht wollen	*kábbi, ausgiessen	*badú, beginnen
afré, schlecht sein	*sákki, zweifeln	*ṭaṭú-s¹, kneten
halé, verrückt sein	nōwadrī, schön sein	gerábo, hinken

[Siehe Anhang N:o 57—64].

C. Diftongisch auslautende Stämme.

243. Die meisten hierher gehörigen Stämme sind einsilbig, und die Abwandlung ist hier wie in den übrigen Gruppen ganz regelmässig, nur gehen die diftongbildenden *i* und *u* vor allen vokalisch anlautenden Endungen in *j* und *w* über, und der vorangehende Vokal wird gedehnt. Beispiele sind:

reu (rēw), aufgehen, aufführen	neu (nēw), schimpfen	kʷai (kʷāj), sieben
wau (wāw), weinen	hau (hāw), bellen	hámnai, Nachmittags abreisen

Als Flexionsschema mögen hier die wichtigsten Formen der Stämme *reu* und *kʷai* angeführt werden. (Bezüglich der übrigen vgl. Anhang N:o 65—67).

Aktiv.

Affirmative Form.

		Aor.	Präs.	Perf.	Aor.	Präs.	Perf.
Sing.	1.	réwat	réwani	réwan	kʷájat	kʷájani	kʷájan
	2. m.	réwa	réwtenia	réuta	kʷája	kʷáitenia	kʷáita
	f.	réwi	réwteni	réwtai	kʷái (kʷáji)	kʷáiteni	kʷáitai
	3. m.	bárēwi	réwini	réwia	bákʷāji	kʷájini	kʷáija
	f.	bárewti	réwteni	réuta	bákʷāiti	kʷáiteni	kʷáita
Plur.	1.	réwadéni	réwnēi	réwna	bákʷájadéni	kʷáinēi	kʷáina
	2.	réwān(a)	réwtēn	réutān(a)	kʷájān(a)	kʷáitēn	kʷáitān
	3.	bárēwin(a)	réwēn	réwiān	bákʷājin(a)	kʷájēn	kʷáijān

¹ Kaus. vom arab. *ṭa'ṭa'* (نَقْنَقَ).

Negative Form.

Opt.	Kond.	Opt.[1]	Kond.[1]
bārēwáju	bārēwajēk	?	?

Passiv. Kausativ.

Aor.	Präs.	Perf.	Aor.	Präs.	Perf.
réwamat	rēwámani	réwaman	réusat	réusani	réusau
			réusa	réusini	réusta
Passiv des Kaus.			bárēusi	réusnēi	réusia
Perf.				réustēn	
réusaman				réusēn	

244. Die zu dieser Konj. gehörigen regelmässigen Verben, von welchen sich bei MUNZINGER einige Tempora aufgeführt finden, sind *köd* ‚verloren gehen' *yig* ‚gehen' *sek* [*sak*] ‚gehen'. Diese Tempora lasse ich hier folgen und setze vergleichungshalber die entsprechenden Formen, wie sie in meinen Sammlungen aufgezeichnet sind, daneben:

	nach MUNZ.	nach ALMK.	nach MUNZ.	nach ALMK.
	Perfekt.	Perfekt.	Aorist.	Präsens.
Sing. 1.	kodēu giyen	kódan gígan	kodéni	kódani
2.	kodta yigta	kódta gígta	kodteja	kódtenía
3.	kodje gígja	kódja gígja	kodini	kódini
Plur. 1.	kodna gigna	kódna gígna	kodnei	kódnēi
2.	kodtane yigtane	kódtān(a) yigtān(a)	kodtēna	kódtēn(a)
3.	kodjan gigjan	kódjān(a) gígjān(a)	kodēna	kódēn(a)

Bezüglich des Plusquamperfekts *kodi* bei MUNZINGER verweise ich auf § 182. Mit diesem Plusquamperfekt scheint sein Optativ zusammenzuhängen, welcher in dieser afformativischen Konj. nur durch folgende Formen des Stammes *sek* belegt wird: Sg. 1. *sekiē*, 2. *sekdie*, 3. *sekié*, Pl. 1. *seknie*, 2. *sekdine*, 3. *sekine*. Daraus wird dann sein Conditional »durch angehängtes *ke*« gebildet, z. B. *sekiek*, bei mir *sākanjēk* aus dem Präsens *sākani*. Auch der Imperativ findet sich bei ihm nur mit folgenden Formen desselben Stammes belegt: »*serka*, *seki*, *sekane*, neg. Form *baserka*, etc.« welche ja auch mit meinen Formen übereinstimmen. Der »negative Optativ«, mit der Bedeutung ‚o hätte ich nicht (o wäre ich nicht)' lautet bei MUNZINGER: Sg. 1. *bisekri*, 2. *bésekie*, 3. *bisakri*, Pl. 1. *binsakri*, 2. *bidsakine*, 3. *bisakine*. Diese Formen stimmen teilweise mit meinen negativen Imperativformen auf -*ai* (s. § 196)

---

[1] Da diese beiden Tempora in meiner Paradigmensammlung fehlen, kann ich nicht sagen, ob sie nach Analogie der Form *bārēwáju*: *bák"ájáju*, *bák"ájajēk*, oder vielleicht nach Analogie der Form *bádáju*, vom Stamme *da*: *bák"áju*, *bák"ájēk* lauten.

überein, aber die 1. Pers. Sing. und die 1. und 2. Pers. Plur. erinnern uns an diejenige Tempusform, deren Existenz ich aus dem negativen Konditional gefolgert habe folgern zu müssen (vgl. § 233). — Der »negative Aorist» und das neg. Perfekt bei MUNZINGER sind mit meinem neg. Präsens und Perfekt ganz übereinstimmend, wie aus seinen, unten stehenden Beispielen zu ersehen ist:

		nach MUNZ.		nach ALMK.			
		neg. Aorist.		neg. Präsens.		neg. Perfekt.	
Sing.	1.	kakóden	ke'seken	kakódan	kásakan	kodab	kake
	2.	kakodta	ke'sekta	kakódta	kásakta	gigab	kake
	3.	kakodje	ke'sekje	kakódja	kásakja		
Plur.	1.	kakodna	ke'seknen	kakódna	kásakna	bei mir:	
	2.	kakodtane	keséktene	kakódtán(a)	kásaktán(a)	kódāb	káka
	3.	kakod'jan	kesekjan	kakódján(a)	kásakján(a)	gigāb	káka

Zweite Klasse.
Präformativische Stammbildung und Flexion.

245. Da die Verschiedenheiten, welche die Flexion in den einzelnen zu dieser Klasse zählenden vier Konjugationen aufweist, hauptsächlich nur in der verschiedenen Stammbildung des aktiven Präsens liegen, so gebe ich hier zunächst das allgemeine Schema der Flexionsformative dieser Klasse, welche auch hier für alle drei Genera (Aktiv, Passiv und Kausativ) dieselben sind.[1]

Affirmative Form.

		Imp.	Aor.	Präs.	Perf.	Kond.	Fut. I.	Part.
Sing.	1.		—at	a …	a—	a … īk	i … ándi	—a
	2. m.	—a	—ata	te … a	te—a	te … īk	» téndia	
	f.	—i	—ati	te … i	te—i	te … »	u. s. w.	
	3. m.		bāī …	e …	e—	e … »		
	f.		hātī …	te …	te—	te … »	Fut. II.	
Plur.	1.		—adēni	ne …	ne—	ne … »	… hérrin	
	2.	—na	—atna	te … na	te—na	te … nēk	» hérriwa	
	3.		bāī … na	e … na	e—na	e … nēk	u. s. w.	

---

[1] In dem oben stehenden Schema habe ich mit einem Strich (—) den unveränderten Verbalstamm und mit drei Punkten (…) den in einigen Tempora nach speciellen Regeln zu modifizirenden Verbalstamm bezeichnet.

Negative Form.

	Imp.	Opt.	Präs.	Kond.	Fut. I.
Sing. 1.		bā … u [f. -tu]	kā—	bā … ēk	i … kádi
2. m.	bā … a	bā … wa	kit—a	bit … »	» . kíddia
f.	bī … i	bā … twi	kit—i	bit … »	u. s. w.
3. m.	bī …	bā … u	kī --	bī … »	
f.	bit …	bā … tu	kit -	bit … »	Fut. II.
Plur. 1.		bā … a [f. -ta]	kin-	bin … »	… káheru
2.	bā … na	bā … ān(a) [f. -tān(a)]	kit—na	bit … nēk	» kétharu
3.	bī … na	bā … a [f. -ta]	kī -na	bī … nēk	u. s. w.

246. Zu der gemeinsamen Formenbildung der ganzen Klasse, in welcher meines Wissens nur ein- und zweisilbige, nicht aber drei- oder mehrsilbige Stämme vorkommen können, gehört dann auch: a) dass der Passivstamm erstens durch das Präfix *t* (*et-, at-, tō-, atō-*) — für welches nur in der Konj. V *m* steht — zweitens durch ein langes *ā* in der Endsilbe charakterisirt wird; b) dass der Kausativstamm sich überall durch das Präfix *s* (*se-, sō-, sī-*) kennzeichnet, und c) dass alle passiven und kausativen Stämme, welche an den besonderen, das Aktiv charakterisirenden Konjugationsunterschieden nicht teilnehmen, in der Regel übereinstimmend flektirt werden. Folgende gemeinsame Flexionsregeln dieser sekundären Stämme mögen hier angeführt werden: 1) das Präsens wird im allgemeinen durch das die ganze Klasse charakterisirende lange *i* der Endsilbe vom Perfekt unterschieden; 2) der Infin. (Fut. II.) wird immer mit dem Suffix *-ei* gebildet [s. § 194, 2), a. 2.]; 3) In der 3. Pers. Aor. (Fut. I.) gehen die Präfixe *tō-* und *sō-* in *tu-* und *su-* über, das passivische *ā* der Endsilbe wird in der Regel in *i* umgewandelt, während im Kausativ verschiedene Modifikationen der Stammvokale eintreten, die unten bei den specielleren Flexionsregeln der einzelnen Konjugationen angeführt werden sollen. Im Aktiv zerfällt nämlich, wie schon mehrfach erwähnt, diese 2. Hauptklasse der bedawischen Verben je nach der verschiedenen Stammbildung des Präsens in folgende Konjugationen:

Konj. II. Der Stamm wird im Präsens nasalirt
Konj. III. » » » » » dentalisirt
Konj. IV. » » » » » mit *-i* erweitert
Konj. V. » » » » » durch Elidirung abgekürzt

Konjugation II.

Nasalirung des Präsensstammes.

247. Diese Konjugation, die nächst der ersten am zahlreichsten vertreten ist und meistens transitive Verben umfasst, trennt sich zunächst in zwei Arten, von denen die erste (einsilbige Stämme) die regelmässigen Präformative der 2. und 3. Pers. Sing. behält, während die zweite (zweisilbige Stämme), welche wiederum in zwei Abteilungen zerfällt, dieselben abwirft.

1) Erste Art: einsilbige Stämme.

248. Alle hierher gehörigen Stämme haben einen kurzen Vokal, meistens *i*, und gehen gewöhnlich auf einen Konsonanten aus.[1] Ich kenne nur ein Beispiel mit vokalischem Auslaut *g"a* ‚knuffen‘, wohl aber mehrere mit ʼ als zweitem Konsonanten, z. B. *ṭa'* ‚schlagen‘ *tu'* ‚kneifen‘. Die Stämme werden nach folgenden speciellen Regeln flektirt:

1. Im Präsens Sing. Akt. wird vor dem ersten Konsonanten ein organmässiger Nasal eingeschoben (vgl. § 171), welcher sich jedoch mit *l*, *r*, *w* und *j* assimilirt, und der Stammvokal geht in *i* über. Im Plural des Präsens wird dagegen, bei aufgehobener Nasalirung, der Stammvokal beibehalten, aber der Vokal der Präformative gedehnt.

2. In der 3. Pers. Aor. (Fut. I.) erscheint mit seltenen Ausnahmen der reine Stamm (vgl. § 187, b, 1), und der Infinitiv (Fut. II.) wird meistens durch Umwandlung des Stammvokals in *ā*, zuweilen mit dem Präfix *ma* vor dem unveränderten Stamm, gebildet.

3. Im neg. Imper. und Optativ (folglich auch Konditional) geht der Stammvokal in *i* über.

4. Das Passiv wird durch das Präfix *tō-*, *atō-*, das Kausativ durch das Präfix *sō-* gebildet; der Stammvokal geht im Passiv in *ā* über, während er im Kausativ keiner Veränderung unterliegt. Bei der Abwandlung ist nach den in § 246 gegebenen allgemeinen Regeln nur die Bildung der 3. Pers. Aor. Kaus. besonders zu beachten. In dieser Form wird der ursprüngliche Stammvokal beibehalten, z. B. *ṭa'* ‚schlagen‘ Kaus. *sōṭa'*, Präs. *asōṭi'*, Aor. *sōṭa'at*, *bāesāṭa'*. Sonst erleiden die passi-

---

[1] In der ganzen 2. Klasse giebt es keine Stämme, die auf zwei Konsonanten ausgehen, da hier in den meisten Formen keine Afformative die Aussprache ermöglichen.

ven und kausativen Stämme keine andere specielle Veränderung als die, dass im Infinitiv und Particip der Stammvokal vor den Suffixen -*oi* und -*a* elidirt werden kann.

249. Paradigmen: *din* ‚wägen' *'at* ‚treten' *ta'* ‚kneifen'.

Aktiv.
Affirmative Form.

		Imperativ.			Aorist.		
Sing.	1.				dínat	'átat	tá'at
	2. m.	dína	'áta	tá'a	dinata	'itata	tá'ata
	f.	díni	'áti	tá'i	dinati	'itati	tá'ati
	3. m.				bēdin	báï'at	bátu'
	f.				bētidin	báti'at	bátitu'
Plur.	1.	dinna	'átna	tá'na	dinadēni	'itadēni	tá'adēni
	2.				dinatna	átatna	tá'atna
	3.				būdinna	báï'átna	bátú'na

		Präsens.			Perfekt.		
Sing.	1.	ándin	án'it	ánti'	ádin	ä'at	átu'
	2. m.	téndina	tén'ita	ténti'a	tédina	té'ata	tétu'a
	f.	téndini	tén'iti	ténti'i	tédini	té'ati	tétu'i
	3. m.	éndin	én'it	énti'	édin	é'at	étu'
	f.	téndin	tén'it	ténti'	tédin	té'at	tétu'
Plur.	1.	nédin	né'at	nétu'	nédin	né'at	nétu'
	2.	tédinna	té'atna	tétá'na	tedinna	te'atna	tetá'na
	3.	édinna	é'atna	étá'na	edinna	e'atna	etú'na

		Konditional.			Fut. I.		
Sing.	1.	ándinēk	án'itēk	ándi'ēk	ádin,	i'at,	átu'	ándi
	2. m.	téndinēk	tén'itēk	ténti'ēk	»	»	»	téndia
	f.	téndinēk	tén'itēk	ténti'ēk	u.	s.	w.
	3. m.	éndinēk	én'itēk	énti'ēk			
	f.	téndinēk	tén'itēk	ténti'ēk	Fut. II.		
Plur.	1.	nédinēk	né'atek	nétu'ēk	dân,	'át,	tá',	hérrin
	2.	tédinēk	té'atnēk	téta'nēk	»	»	»	hérrina
	3.	édinnēk	é'atnēk	éta'nēk	u.	s.	w.

Negative Form.

		Imperativ.			Optativ.		
Sing.	1.				bádin(t)a	bá'it(t)a	báti''t'a
	2. m.	bádina	bá'ita	báti'a	bádinwa	bá'itwa	báti'wa
	f.	bádini	bá'iti	báti'i	bádintwi	bá'ittwi	báti'twi
	3. m.	bádin	bá'it	báti'	bádinu	bá'itu	báti'u
	f.	báddin	bá'it	bátti'	bádintu	bá'ittu	báti'tu

		Imperativ.		Optativ.		
Plur.	1.			bádin[t]a	bá'it[t]a	bátī'[t]a
	2.	bádinna	bá'itna	báti'na	bádin[t]án(a)	bá'it[t]án(a)	bátī'[t]án(a)
	3.	bidinna	bi'itna	biti'na	bádin[t]a	bá'it[t]a	bátī'[t]a

		Präsens.			Perfekt.		
Sing.	1.	kádin	ká'at	kátu'	dīnāb[-āt],	'átāb[-āt],	tī'āb[-āt]	káka
	2. m.	kíddina	kit'ata	kíttu'a	"	"	"	kitka
	f.	kíddini	kit'ati	kíttu'i	u.	s.	w.	
	3. m.	kídin	ki'at	kítu'				
	f.	kíddin	kit'at	kíttu'				
Plur.	1.	kíndin	kin'at	kintu'				
	2.	kíddinna	kit'átna	kittú'na				
	3.	kídinna	ki'átna	kitú'na				

		Fut. I.			Fut. II.		
Sing.	1.	ídin, i'at, ítu', kódi			dān, 'āt, tā', káheru		
	2. m.	" " " kíddia			" " " kétharu		
	u. s. w.				u. s. w.		

Passiv.

Da alle passiven Stämme dieselben Vokale aufweisen, daher *atá-dān, atá'āt, atótá'*, und die Abwandlung auch ganz dieselbe ist, so wird ein Beispiel genügen.

Affirmative Form.

		Aor.	Präs.	Perf.	Kond.
Sing.	1.	átōdánat	átōdin	átōdān	átōdinēk
	2. m.	átōdána	tétōdina	tétōdána	etc.
	f.	átōdáni	tétōdini	tétōdáni	
	3. m.	báctádin	étōdin	étōdān	Fut. I.
	f.	bátitádin	tétōdin	tétōdān	étádin ándi
Plur.	1.	atōdánadéni	nétōdin	nétōdān	etc.
	2.	átōdánna	tétōdinna	tétōdánna	Fut. II.
	3.	báctádinna	étōdinna	étōdánna	tódnoid hérrin
					etc.

Negative Form.

		Imp.	Kondit.	Opt.	Präs.	Perf.
Sing.	1.		bátōdinēk	bátōdin[t]u	kátōdān	átádnāb káka
	2. m.	bótōdina	bittádinēk	bátōdinira	kittōdána	etc.
	f.	bitōdáni	bittádini	bátōdinitri	kittōdáni	
	3. m.	bítōdin	bitōdinēk	bátōdinu	kitōdān	Fut. I.
	f.	bittōdin	bittádinēk	bátōdintu	kittōdān	étádin kádi
Plur.	1.		bintádinēk	bátōdin[t]a	kintōdān	etc.
	2.	bátōdinna	bittádinēk	bátōdin[t]án(a)	kittōdánna	Fut. II.
	3.	bitōdinna	bitōdinēk	bátōdin[t]a	kitōdánna	tódnoid káheru

Kausativ.

Affirmative Form.

	Imperativ.	Aorist.	Präsens.	Perfekt.
Sing 1.		sódinat só'atat	asódin asó'it	asódin asó'at
2. m.	sódina só'atu	sódina só'ata	tesódina tesó'ta	tesódina tesó'ata
f.	sódini só'ati	sódini só'ati	tesódini tesó'iti	tesódini tesó'ati
3. m.		bāesódin bāesó'at	esódin esó'it	esódin esó'at
	u. s. w.	u. s. w.	u. s. w.	u. s. w.

	Konditional.	Fut. I.	Fut. II.
Sing. 1.	asódinek asó'itek	esádin, esá'at, ándi	sódnoid, só'toid, hérriu

Negative Form.

	Imperativ.	Optativ.	Konditional.	Präsens.
Sg. 1.		bāsódina bāsó'ata	bāsódinek bāsó'itek	kāsódin kāsó'at
2. m.	bāsódina bāsó'ata	bāsódinua bāsó'atua	bissódinek bissó'itek	kissódina kissó'ata

	Perfekt.	Fut. I.	Fut. II.
Sing. 1.	sódnāb, só'tāb, kāka	esádin, esá'at, kádi	sódnoid, só'toid, káheru

250. Weitere Beispiele dieser Art sind:

bes, begraben
der (dir), töten
din, wägen; glauben[1]
dif, überfahren
dah, fett sein
dif, färben
dim, möbliren

fif, ausgiessen
gid, herumwerfen
gif, (gegen etw.) stossen
g"a (g"a'), knuffen
ja', rosten
kiš, geizig sein
k"aš,[2] transportiren

min, rasiren
rib, sich weigern
sim,[3] nennen
ta',[4] schlagen
tib, füllen
wik, schneiden
luw, brennen

[Siehe Anhang N:o 68—88].

251. Bei MUNZINGER ist diese Abteilung der II. Konj. am besten vertreten, zwar nur mit einem Stamm der (dir) „töten", aber mit mehr Tempusformen als bei den übrigen Beispielen. Diese Formen lauten bei ihm folgendermassen:

---

[1] Dieser Stamm ist entweder mit dem din „wägen" identisch, oder vielleicht aus dem arabischen ظنّ ‎‎ „glauben" umgebildet, obwohl ich in dieser Abteilung der II. Konj. keinen aus dem Arabischen entlehnten Verbalstamm mit Sicherheit aufweisen kann.

[2] Perf. ákuš, aber Imper. k"áša, so dass der Stamm k"aš lautet, wenn auch wahrscheinlich kuš als Wurzel anzusetzen ist.

[3] Ob dieser Stamm das arab. sámmā سمّى „nennen" ist, erscheint wegen der ungewöhnlichen Umbildung sehr zweifelhaft, vielleicht ist der arab. Nominalstamm ism „Name" als Verbalstamm entlehnt, oder endlich könnte hier eine ursprüngliche Wurzelverwandtschaft vorliegen.

[4] Dieser Stamm behält in der 3. Pers. Aor. Pass. seinen Vokal, also bāetúta' nicht bāetúti' (nach § 246).

		Aor.	Perf.	Neg. Aor.			Imperativ.	
							Posit. Form.	Neg. Form.
Sing.	1.	endir	eder	kider				
	2.	tendira	tedere	kidera	Sing.	2. m. dera	badera
	3.	endir	oeder	kider		f. deri	baderi
Plur.	1.	neder	neder	kinder		3. bider	bidir
	2.	tēderna	tederna	kitderna	Plur.	2. derna	baderna
	3.	ederna	ederna	kideran		3. biderna	bidirna

Bezüglich der zusammengesetzten Präsensform *eder ehē* bei MUNZINGER verweise ich auf § 190. Das Plusquamperfekt lautet bei ihm: Sg. *ider, tidera, ider*, Pl. *nider, tidérna, iderna* (vgl. §§ 182, 316), bei mir nur *sūr ádir, sūr tédira*, etc. Schliesslich bringt sein Wortverz. folgende Formen: *ēder* [vgl. oben *oeder*], tödten; C. *esóder; o'derr*, das Tödten; *o'medor*, der Tödter. — Was oben (§ 244) gesagt worden ist, nämlich dass die Bildung des afformativischen Optativs bei MUNZINGER sowohl in der affirm. als in der neg. Form mit seinem Plusquamperfekt auf -*i* zusammenzuhängen scheint, gilt auch von seinem präformativisch gebildeten Optativen, von denen er die drei folgenden Beispiele bringt: »*idre*, o dass ich getödtet hätte, *ofure*, o dass ich geflohen wäre, *iie*, o dass ich gekommen wäre« sammt mit ihren entsprechenden neg. Formen: »*badire*, o hätte ich nicht getödtet, *bafúrie*, o wäre ich nicht geflohen, *baéje*, o wäre ich nicht gekommen.« Die weitere Flexion dieser Formen lautet bei ihm folgendermassen:

		Positive Form.			Negative Form.		
Sing.	1.	idre	ofure	iie	badire	bafúrie	baéje
	2.	tidréa	tefuria	edjéē	bitdirea	betfúrie	bidjéē
	3.	idre	efuri	ie	bidiri	bifurie	biéē
Plur.	1.	nidre	nefuri	enie	bindire	benfuvie	biniéjē
	2.	tiderne	tefurua	etinēa	bitdirne	betfurúa	bidjivúē
	3.	iderne	efurne	iēnē	bidirne	biforine	biéjnū

Der präformativische Konditional bildet sich bei MUNZINGER ebenso wie der afformativische aus dem Optativ »durch angehängtes -*k*, z. B. *ofurek*, ich würde geflohen sein; *badirek*, ich hätte nicht getödtet etc.«. Weitere Flexion dieser Formen bringt er nicht; die Form *badirek* ist mit meinem neg. Kond. *bádirēk* ganz identisch, wird aber von mir etwas abweichend mit ‚wenn ich nicht töte' übersetzt.

2) Zweite Art: zweisilbige Stämme.

Abfall der Präformative in der 2. und 3. Pers. Sing. Präs. Akt.

a) auf -*i* auslautende Stämme.

252. Diese haben alle einen kurzen Vokal in der ersten Silbe, meistens *e* aber auch *a* und *u*, seltener *i* und *o*, z. B. *rébi* ‚laden' *ádi* ‚stechen' *áli* ‚schlagen'. Im Präs. Sing. wird der zweite Stammkonsonant auf die bekannte Weise nasalirt, und die kurzen Vokale *e, i, o* in der ersten Silbe gehen in *a* über,¹ während *a* und *u* unverändert bleiben, z. B. *arámbi*, *a'ánuli*, *aúlli*. Im Plur. fällt das auslautende -*i* ab, und sowohl Stamm- als Präformativvokale gehen in *ē* über, z. B. *nēreb*, *nē'rd*, *nēēl*.² — Im Perfekt wird das kurze *e* als Stammvokal ausgestossen, aber nicht *a* und *u*, z. B. *árbi*, *á'adi*, *áuli*. In der 1. und 2. Person des Aorists wird nach dem -*i* das anlautende -*a* der Afformative elidirt, z. B. *rébīt*, *rébīta*, *álīt*, *álīta*. In der 3. Pers. (Fut. I.) fällt das -*i* ab, und der Stammvokal geht in *ā* über z. B. *báirāb*, *báiāl*. — Im Infinitiv (Fut. II.) kommen verschiedene Bildungen vor, teils mit langem *ū* in der Endsilbe, nach welchem das -*i* in *j* übergeht,³ teils mit dem Präfix *me-*, *mi-*, und ausserdem noch Formen anderer Art, z. B. *'adáj*, *degáj* (von *dégi*, *ádgāj* ‚das Zurückgeben'), *mísnai* von *séni*, *ribje* von *rébi* u. s. w. — Vor der Participialendung -*a* kann das -*i* abfallen oder verbleiben, z. B. *séna*, aber *álja*. — Im negat. Imperativ und Optativ wird hier, wie in der ganzen Konj., der affirm. Präsensstamm ohne Nasalirung beibehalten, z. B. *rébi*, Präs. *arámbi*, Imp. Neg. *barábia*. Im Opt. Plur. tritt aber hier die Unregelmässigkeit ein, dass zwischen dem Stamm und den Endungen ein *u* erscheint (vgl. § 204).

253. Das Passiv wird durch das Präfix *at-*, *et-* (*ad-*, *ed-*) gebildet, dessen *t* mit den Zischlauten umgestellt wird; der Stammvokal *e* geht auch hier meistens in *a* über, und in der letzten Silbe erscheint das passivische *ā* vor dem *i* (*j*), z. B. *átrabāj*, *ádulāj*. Nur der Stamm *dégi* folgt hier der Analogie der ersten Art, und nimmt, wahrscheinlich nur um das Zusammentreffen der beiden Dentalen zu vermeiden, das Präfix *atō-* an, also *atódgaj*. Im Präsens erscheint jedoch, wie immer, das *i* in der Endsilbe, nach welchem das *j* abfällt, z. B. *átrabī*, *ádulī*. — In der 1. und 2. Pers. des Aorists wie, auch zuweilen im Perfekt, kann das Präfix abgeworfen werden, und nur das *ā* bleibt als Zeichen des Passivs übrig (vgl. § 213). In der 3. Pers. fällt dagegen das auslautende -*i* weg,⁴ und wenn der erste Vokal in dem allgemeinen Passivstamm

---

¹ Nur in dem Stamme *séni* ‚warten' wird hier das *e* beibehalten: Präs. *asíni*.

² Der Präformativvokal kann jedoch auch unverändert gelassen werden, als *nesen*, *nereb*.

³ In dem Stamme *áli* wird umgekehrt das eingeschobene *u* vor dem stehen gebliebenen -*i* in *w* umgewandelt, also: *áluri*.

⁴ Aus meinem vereinzelt dastehenden Beispiele *ba'tedi*, 3. Pers. Aor. Pass. von *'adi*, sollte man doch folgern dürfen, dass das -*i* in dieser Form verbleiben kann.

in *a* übergegangen ist, kehrt derselbe in dieser Form wieder, z. B. *rébi*, Pass. *átrabáj*, 3. Pers. Aor. *báetreb; uli, ádulāj, báedul; méri,* Pass. *étmeráj,* Aor. *merájat, báetmer.* — Vor der Infinitivendung -*oi* fällt die ganze passivische Stammendung -*āj* aus, z. B. *étraboi*.

254. Das Kausativ wird durch das Präfix *se-,* vor *s sī,* vor *š šī,* gebildet, und das kurze *e* als Stammvokal geht wie im Passiv in *a* (zuweilen *ā*) über, das auslautende -*i* fällt aber hier weg, z. B. *séráb, sísan*. Wenn aber der Stammvokal *u* ist, wird das *e* des Präfixes mit demselben assimilirt, z. B. *uli,* Kaus. *súul*. Bei der Abwandlung, die mit der passivischen ganz analog ist, tritt nur die Stammveränderung ein, dass im Präsens das charakteristische *i* sich dem Stamme anhängt.

255. Paradigmen: *rébi* ‚laden' *séni* ‚warten' *úli* ‚schlagen', Pass. *étrabáj, éstenáj, ádulāj,* Kaus. *séráb, sísan, súul*.

Aktiv.
Affirmative Form.

		Imperativ.			Aorist.		
Sing.	1.				*rébit*	*sénit*	*úlit*
	2. m.	*rébia*	*sénia*	*úlia*	*rébita*	*sénita*	*úlita*
	f.	*rébi*	*séni*	*úli*	*rébiti*	*séniti*	*úliti*
	3. m.				*báiráb*	*báisān*	*báiāl*
	f.				*bátiráb*	*bátisān*	*bátiāl*
Plur.	1.				*rébidéni*	*sénidéni*	*úlidéni*
	2.	*rébina*	*sénina*	*úlina*	*rébitna*	*sénitna*	*úlitna*
	3.				*báirábna*	*báisánna*	*báiálna*

		Präsens.			Perfekt.		
Sing.	1.	*arámbi*	*asénni*	*aúlli*	*árbi*	*ásni*	*áuli*
	2. m.	*rámbia*	*sénnia*	*úllia*	*térbia*	*tésnia*	*téulia*
	f.	*rámbi*	*sénni*	*álli*	*térbi*	*tésni*	*téuli*
	3. m.	*rámbi*	*sénni*	*álli*	*érbi*	*ésni*	(*j*)*éuli*
	f.	*rámbi*	*séni*	*álli*	*térbi*	*tésui*	*téuli*
Plur.	1.	*néréb*	*nésēn*	*núēl*	*nérbi*	*nésni*	*néuli*
	2.	*térébna*	*tésénna*	*téúlna*	*térbīn*(a)	*tésnīn*(a)	*téulīn*(a)
	3.	*érébna*	*esénna*	*éelna*	*érbīn*(a)	*ésnīn*(a)	(*j*)*énlīn*(a)

		Konditional.			Fut. I.		
Sing.	1.	*arámbičk*	*asénnīčk*	*aúllīčk*	*iráb, isán, iál, ándi*		
	2. m.	*rámbičk*	*sénnīčk*	*úllīčk*			
Plur.	1.	*nérébčk*	*nésēnīk*	*néūlēk*	Fut. II.		
	2.	*térébmēk*	*tésennīk*	*téúlněk*	*ribjēb, misnai, úlici, hérriu*		

Die Bischari-Sprache.

Negative Form.

	Imperativ.			Optativ.		
Sing. 1.				bárabíbu[-itu]	básenibu[-itu]	báulibu[-itu]
2. m.	bárábia	básénia	báúlia	bárabíbwa	básenibwa	báulibwa
f.	bírabi	bíseni	bíuli	bárabítwi	básenítwi	báulítwi
3. m.	bírabi	bíseni	bíuli	bárabíbu	básenibu	báulibu
f.	bítrabi	bísseni	bíduli	bárabítu	básenítu	báulítu
Plur. 1.				bárabína	básenína	báulína
2. m.	bárabín(a)	básenín(a)	báulín(a)	bárabinán(a)	básenínán(a)	báulínán(a)
3.	bírabín(a)	bísenín(a)	bíulín(a)	bárabína	básenína	báulína

	Konditional.			Präsens.		
Sing. 1.	bárabjēk	básenjēk	báuljēk	kárbi	kásni	kánli
2. m.	bítrabjēk	bissenjēk	bíduljēk	kítrebia	kissenia	kidulia
f.	»	»	»	kítrebi	kisseni	kiduli
3. m.	bírabjēk	básenjēk	bíuljēk	kírebi	kiseni	kiuli
f.	bítrabjēk	bissenjēk	bíduljēk	kítrebi	kisseni	kiduli
Plur. 1.	biurabjēk	binsenjēk	biuuljēk	kinrebi	kinseni	kinuli
2.	bitrábīnēk	bissénīnēk	bidúlīnēk	kítrebín(a)	kissenín(a)	kidulín(a)
3.	bírábīnēk	bisénīnēk	biúlīnēk	kírebín(a)	kisenín(a)	kiulín(a)

	Perfekt.				Fut. I.			
Sing. 1.	rébjāb,	sénāb,	úljāb,	káka	iráb,	isán,	iál,	kádi
2. m.	»	»	»	kítka				
f.	»	»	»	kítkai	Fut. II.			
Plur. 1.	»	»	»	kínka	ribjēb,	mísnai,	úlwi,	káharu

Passiv.

Affirmative Form.

	Aorist.				Präsens.	
Sing. 1.	étrabájat	éstenájat	ádulájat	útrabi	ástani	áduli
2. m.	étrabája	éstenája	ádulája	tétrabia	téstania	tédulia
f.	étrabái	éstenái	ádulái	tétrabi	téstani	téduli
3. m.	bátreb	bástren	bárdul	étrabi	éstani	éduli
f.	bátetreb	bátesten	bátedul	tétrabi	téstani	téduli
Plur. 1.	etrabájadéni	estenájadéni	adulájadéni	nétrabi	néstani	néduli

	Perfekt.			Konditional.		
Sing. 1.	útrabáj	ástenáj	áduláj	útrabjēk	ástanjēk	áduljēk
2. m.	tétrabája	téstenája	tédulája	tétrabjēk	téstanjēk	téduljēk

	Fut. I.				Fut. II.		
Sing. 1.	étreb,	ésten,	édul,	áuli	étraboid,	éstenoid,	áduloid, hárru

Negative Form.[1]

	Imp.	Opt.	Präs.	Kond.	Perf.
Sing. 1.		bāédulān[2][-itu]	kádulāj	báduljēk[3]	éduljāb[4] káka
2. m.	bāédulía	bāédalinca	kíddulája	bidduljēk	
f.	biéduli	bāédulitwi	kiddulāi	"	
3. m.	biéduli	bāédulin	kidulāj	biduljēk	Fut. I.
f.	bidéduli	bāédalitu	kiddulāj	bidduljēk	édul kádi
Plur. 1.		bāédulina	kindulāj	binduljēk	
2.	bāédulín(a)	bāédálínán(a)	kíddulāina	bíddúlinēk	Fut. II.
3.	biédulín(a)	bāédulína	kídulaína	bidúlinēk	éduloid káheru

Kausativ.

Affirmative Form.

	Imperativ.			Aorist.		
Sing. 1.				sérabat	sísanat	súnlat
2. m.	séraba	sísana	súnla	serábata	sísana	súnla
f.	sérabi	sísani	súnli	serábati	sísani	súnli
3. m.				bársreb	báesísen	báesnl
f.				bátesreb	bátesísen	bátesnl
Plur. 1.				serábadéni	sisánadéni	suáladéni
2.	serábna	sísánna	suúlna	serábatna	sísánna	suúlna
3.				báesrébna	báesisénna	báesúlna

	Präsens.			Perfekt.		
Sing. 1.	ásrabí	asísaní	ásulí	ásráb	asísan	ásul
2. m.	tésrabía	tesísanía	tésulía	tésrába	tesísana	tésula
Plur. 1.	nésrabí	nesísaní	nésulí	nésráb	nesísan	nésul
2.	tésrabín(a)	tesísanín(a)	tésulín(a)	tesrábna	tesísanna	tesúlna

	Konditional.			Fut. I.		
Sing. 1.	ásrabjēk	asísanjēk	ásuljēk	ésreb,	esísen,	ésul, ándi
2. m.	tésrabjēk	tesísanjēk	tésuljēk			
Plur. 1.	nésrabjēk	nesísanjēk	nésuljēk		Fut. II.	
2.	tesrábinēk	tesísáninēk	tesúlinēk	seráboid,	sísanoid,	súnloid, hérrin

---

[1] Nur die Formen von *óli* finden sich bei mir verzeichnet, aber es ist nicht zu bezweifeln, dass alle übrigen neg. Passiva in ganz derselben Weise abgewandelt werden.

[2] Hier hätte man nach Analogie des Aktivs *bāédulíbu* erwarten sollen.

[3] Hier liegen zusammengezogene Formen statt *bāéduljēk*, *biéduljēk*, vor.

[4] Bei den Stämmen, die im Aktiv ihr -*i* vor der Participialendung -*a* abwerfen, geschieht dieses auch im Passiv, z. B. *étmera* (von *mêri*), *éstena* (von *séni*).

Negative Form.

Imp.	Opt.	Kond.	Präs.	Perf.
bā́sulía	*bā́sulín*	*bā́suljēk*	*kásul*	*súaljāb kāka*
			kissula	*sisanāb* »

256. Zu dieser Abteilung der 2. Art gehören weiter folgende Stämme:

'ádi, stechen	kéli, geil sein	rék"i, fürchten
dégi, wiedergeben	*kéri, mieten	ségi, sich entfernen
dég"i, rechnen	kéti, setzen, stellen	sé'i,[1] alt sein
démi, stinken	k"ási, einlösen	séji, trinken
firi, gebären	nék"i, schwanger sein	tók"i, kochen

[Siehe Anhang N:o 89—103].

Die Stämme *k"ási* und *tók"i* lauten im Perf. mit regelmässiger Elision des Stammvokales *ák"si* (vgl. die Note 2 auf Seite 185) und *átk"i*. Von den oben genannten Stämmen werfen *rék"i* und *nék"i* das auslautende -i vor der Participialendung -a ab (*rék"a, nák"a*), während es *kéli* erhält (*kélja*). Von den übrigen findet sich leider die Participialform nicht angegeben. — Bei MUNZINGER finden wir keine flektirte Tempusform, die zu dieser Art der II. Konj. gehört, aber in seinem Wörterverz. sind drei der oben aufgeführten Stämme, *séni*, *ádi*, *rébi*, mit folgenden Formen verzeichnet: *vesni*, warten; C. *rsisen*, warten machen; *esnija*, wartend; *jiadi*, verwunden; C. *esad*; P. *etadai*; N. *adjei*, Wunde; PP. *etadja*, verwundet; *erēbi*, laden; C. *ésereb*; N. *ērēbē*, Last.»

b) konsonantisch auslautende Stämme.

257. Die zu dieser Abteilung gehörigen Stämme scheinen nach Ausweis meiner Beispielsammlung zahlreicher zu sein als alle übrigen Verben der 2. Klasse zusammengenommen, und die arabischen Lehnwörter, welche nicht nach dem Muster der Konj. I. flektirt werden, gehen mit seltenen Ausnahmen nach den unten (§ 263) folgenden Paradigmen, wie sie denn auch aus den arabischen Grundformen nach Analogie der hierher gehörigen Stämme ungebildet werden (vgl. § 377, c). Diese Stämme haben immer kurze Vokale in beiden Silben, am häufigsten in der ersten *e* und in der zweiten *i*,[2] wiewohl auch *a* und *u* vorkommen (das erstere immer nach den Laryngalen ', *h*), z. B. *jédig* ,verlassen' *šébih* ,sehen' *yúkar* ,stehlen' *háq"an* ,jucken' *ságud* ,waschen'.

---

[1] Nebenform zu *šē'* Konj. IV. 1 (vgl. § 288).

[2] In den Stämmen dieser Lautung wechselt jedoch häufig die Aussprache zwischen *e* und *i*—*e*, z. B. *kétim* od. *kitem* ,anlangen' *lémid* od. *límed* ,lernen'.

258. Im **Aktiv** wird der zweite Stammkonsonant im **Präsens Sing.** nach den bekannten Regeln nasalirt, der erste Stammvokal geht ausnahmslos in *a* über, und in der letzten Silbe erscheint das charakteristische *ī*, z. B. *sébib: išambīb*,[1] *mehág: ámanhīg*. Wenn ein Stammvokal *u* ist, und ihm ein Guttural (*k*, *g*) vorangeht, so wird er zwar ebenfalls durch die charakteristischen Vokalen *a* und *ī* von seiner Stelle verdrängt, verschwindet aber nicht gänzlich, sondern bildet mit dem vorausgehenden Guttural die *u*-haltigen Konsonanten *kᵘ*, *gᵘ*, z. B. *gúhar: ág"anhīr*, *ságud: ášang"īd*.[2] In der 2. und 3. Pers. Sing. wird das Präformativ regelmässig abgeworfen, ich besitze jedoch einige Beispiele, wo es auch stehen geblieben ist, wie *séhal* ‚schleifen' *tésanhīla*, *ésanhūl*, *téliġ* ‚aufheben' *tétalliġa*, *étalliġ*, u. e. a. Im **Präs. Plur.** verbleibt das *a* der ersten Silbe, die Nasalirung wird aber aufgehoben, und in der Endsilbe macht das *ī* dem ursprünglichen Stammvokal Platz, z. B. *nésabib*, *nésagud*.[3] In denjenigen Stämmen, deren Nasalirungskonsonant ein Laryngal ist, wird hier der erste Stammvokal elidirt, in welchem Falle die Präformativvokale eine Dehnung erhalten, z. B. *mehág: nēnhag* (vgl. § 175). — Im **Perfekt** verschwindet der erste Stammvokal, ausgenommen nach den Laryngalen (*h*, '), welche das *a* nach sich verlangen, z. B. *ásgud*, von *ságud*, aber *áhajid*, von *hájid* ‚wählen' *á'ajid* von *'ájid* ‚niesen'.

259. In der 1. und 2. Pers. **Aor.** fällt öfters das *i*, weniger häufig das *a*, als letzter Stammvokal aus, und das *e* in der ersten Silbe geht dann oft in *i*, resp. *a* über, z. B. *sébib*, *síbbat*; *lércaw*, *lírcwat*; *fédig*, *fídgat* (vgl. Lautlehre § 26). Es schwankt jedoch hier die Aussprache zwischen *e* und *i* in der ersten Silbe. In der 3. Pers. (Fut. I) fällt der erste Stammvokal aus, und in der letzten Silbe verbleibt meistens der ursprüngliche Vokal, z. B. *kétim: baktim* (vgl. § 187, b. 3). — Der **Infinitiv** (Fut. II.) wird in der Regel dadurch gebildet, dass der letzte Stammvokal sich in ein langes betontes *ū* umwandelt, z. B. *ketúm* von *kétim* ‚anlangen' *smút* von *sémit* ‚schmieren'.

---

[1] Vor Labialen erscheint jedoch zuweilen das dentale *n* statt *m*, z. B. *débil* ‚zusammenwickeln' Präs. *átanbīl*; *k"ábil* ‚beschleiern' Präs. *ák"anbīl*; *témak"* ‚einwickeln' Pr. *átanmīk"*.

[2] Derselbe Vorgang findet auch bei dem passivischen *ā* statt, z. B. *tákuk"* ‚ausbessern' Pass. *áttak"ūk"*.

[3] Ausnahmsweise bleibt das *ī* auch im Plur. stehen, z. B. *tákuk"*: *nétak"īk"*, *'áśiś*: *né'ašīś*, um diese Form von der entsprechenden Perfektform *né'aśiś* zu unterscheiden, wo der erste Stammvokal wegen des Laryngals ' nicht, wie es sonst geschieht, elidirt wird.

260. Im neg. Imper. und Opt. behält der Stamm immer das *i* des affirm. Präsens und meistens auch das *a* der ersten Silbe bei; dieser Vokal wird aber in dem Falle ausgestossen, wo eine solche Elision im Plur. des affirm. Präs. stattfindet, z. B. *ságud*, Präs. *asaṅg"id*, neg. Imp. *básag"ida*; *meháy*, Präs. *ámanhīy*, Plur. *nĕmhay*, neg. Imp. *bămhīya*.

261. Das Passiv wird ganz wie das der vorangehenden Abteilung gebildet (s. § 253), nur dass hier auch *u* als erster Stammvokal in *a* übergeht, z. B. *fĭdig*, Pass. *ĕtjadāy*; *sĕ́bib*, *ĕstebāb*; *sĕ́ag* 'aufhängen' *stĕ́ag*; *ságud*, *ĕstag"ād*; *tákuk"*, *ĭttak"āk"*. In einigen Verben wird das Passiv durch das Präfix *am-*, *em-*, gebildet, das allen Spuren nach ursprünglich reflexive Bedeutung hat, z. B. *tĭ́lig* 'aufheben' *ámtaláy*, *ásis* 'begegnen' *ám'asás*. — Im Präsens geht das allgemeine passivische *ā* der Endsilbe in das charakteristische *ī* über, das auch wie überall im neg. Imperativstamm erscheint. In der 3. Pers. Aor. kehrt gewöhnlich das kurze *e* der ersten Silbe wieder, das in dem allgemeinen Passivstamm in *a* übergegangen war. Ob aber in der letzten Silbe das passivische *ā* immer in *ī* (*i*) oder in den ursprünglichen aktiven Stammvokal übergeht, kann ich nicht entscheiden, da die Aussprache hier sehr schwankte, z. B. *sĕ́bib* 'sehen' Pass. *ĕstebāb*, Aor. *estebábat*, 3. Pers. *baĕstebíb*; *meháy* 'auskehren' Aor. Pass. *etmekáyat*, *baĕtmehéy*, wo das letzte *e* eine Schwächung entweder von *a* oder von *i* ist. — In Bezug auf den Abfall des Präfixes im Perfekt und Aorist vergleiche man § 213.

262. Das Kausativ wird durch das Präfix *s-*, *se-*, vor Zischlauten *sī* (*ši*), gebildet. Wenn der Stamm mit einem Vokal oder ' anlautet, ist das Präfix immer *s*, wonach das ' beim Sprechen unhörbar wird, z. B. *ásis* 'begegnen' Kaus. *sásis*, '*ákir* 'kräftig sein' *sákir*. Bei konsonantischem Anlaut geht der erste Stammvokal allgemein in *a* über, z. B. *jĕ́dig*, *sefádig*; *ságud*, *sĭsagud*; wenn aber der Nasalirungskonsonant ein Laryngal (', *h*) ist, wird das kurze *e* als erster Stammvokal hier wie im Plur. des Präs. Akt. elidirt, z. B. *meháy* 'auskehren' *sĕmhay*; *de'ŏr* 'bauen' *sĕ́d'ur*, *neháu* 'mager sein' *sĕnhau*. Die Abwandlung ist der des Passivs ganz analog, und in der 3. Pers. Aor. tritt in der letzten Silbe entweder das *i* oder der ursprüngliche Stammvokal auf, z. B. *meháy*, 3. Pers. Aor. Pass. *baĕsemhiy*; *fira* 'austragen' Kaus. *sefára*, 3. Pers. Aor. *baĕsfira*. — Vor der Infinitivendung *-oi* wird der letzte Stammkonsonant sowohl im Passiv als im Kausativ elidirt, z. B. *jĕ́dig*, Pass. *ĕtjadāy*, Inf. *etjádyoi*, Kaus. *sefádig*, Inf. *sefádyoi*.

263. Zum Zwecke einer grösseren Übersichtlichkeit teile ich die Stämme dieser Abteilung, wie die der I. Konj., in verschiedene Gruppen, und zwar je nachdem der letzte Stammvokal *i*, *a* oder *u* ist.

1. *I*-Stämme.

Paradigmen: *kítim* ‚anlangen' *fédig* ‚verlassen' *hájid* ‚wählen'.

Aktiv.

Affirmative Form.

		Imperativ.			Aorist.		
Sing. 1.				*kitmat*	*fédgat*	*hájdat*
2. m.	*kétima*	*fédiga*	*hájida*	*kitmata*	*fédgata*	*hájdata*
f.	*kétimi*	*fédigi*	*hájidi*	*kitmati*	*fédgati*	*hájdati*
3. m.				*báiktim*	*báifdig*	*báchíd*[2]
f.				*bátiktim*	*bátifdig*	*bátchid*
Plur. 1.				*kitmadéni*	*fédgadéni*	*hájdadéni*
2.	*ketimna*[1]	*fedigna*	*hajidna*	*kitmatna*	*fédgatna*	*hájdatna*
3.				*báiktimna*	*báifdigna*	*báchidna*

		Präsens.			Perfekt.		
Sing. 1.	*akántim*	*afamdig*	*ahajjid*	*aktim*	*áfdig*	*áhajid*
2. m.	*kántima*	*fámdiga*	*hájjida*	*téktima*	*téfdiga*	*tehájida*
f.	*kántimi*	*fámdigi*	*hájjidi*	*téktimi*	*téfdigi*	*tehájidi*
3. m.	*kántim*	*fámdig*	*hájjid*	*éktim*	*éfdig*	*éhajid*
f.	*kántim*	*fámdig*	*hájjid*	*téktim*	*téfdig*	*téhajid*
Plur. 1.	*nekátim*	*nefádig*	*nehájid*	*néktim*	*néfdig*	*néhajid*
2.	*tekatimna*	*tefadigna*	*tehajidna*	*tektimna*	*tefdigna*	*tehajidna*
3.	*ekatimna*	*efadigna*	*ehajidna*	*ektimna*	*efdigna*	*ehajidna*

	Konditional.			Infinitiv.	
akántimīk	*afámdigēk*	*ahájjidēk*	*ketám*, *fedág*, *hajád*

Negative Form.

		Imperativ.			Optativ.		
Sing. 1.				*bákatimu*	*báfadigu*	*báhajidu*
2. m.	*bákatima*	*bifadiga*	*báhajida*	*bákatimwa*	*báfadigwa*	*báhajidwa*
f.	*bikatimi*	*bifadigi*	*bihajidi*	*bákatimtwi*	*báfadigtwi*	*báhajidtwi*
3. m.	*bíkatim*	*bifadig*	*bihajid*	*bákatimu*	*báfadigu*	*báhajidu*
f.	*bitkatim*	*bitfadig*	*bithajid*	*bákatimtu*	*báfadigtu*	*báhajidtu*

---

[1] Oder *kitema, kitemi, kitemna*, vgl. die Note 2 auf Seite 191.

[2] Die Form *chid* scheint aus *éhjid* (für *ehajid*) zusammengezogen zu sein.

Präsens.

Sing. 1.	káktim	káfdig	káhajid
2. m.	kitkétima	kitfédiga	kithájida
f.	kitkétimi	kitfédigi	kithájidi
3. m.	kíktim	kífdig	kíhajid
f.	kitkétim	kitfédig	kithajid
Plur. 1.	kínketim	kínfedig	kínhajid
2.	kitketimna	kitfedigna	kithajidna
3.	kiktimna	kífdigna	kihajidna

Perfekt.

kétmūb, fédgāb, hájdāb, káka

Konditional.

Sg. 1. bākátimēk	bāfádigēk	bāhájidēk
2. bitkátimēk	bitfádigēk	bithájidēk
3. bikátimēk	bifádigēk	bihájidēk
Pl. 2. bitkátimnēk	bitfádignēk	bithájidnēk
3. bikátimnēk	bifádignēk	bihájidnēk

Passiv.

[átkatām], átfadāg, áthajād.

Affirmative Form.

	Aorist.		Präsens.		Perfekt.	
Sing. 1.	étfadágat	áthajádat	átfadīg	áthajid	átfadāg	áthajād
3.	bāétfedig	bāétchid	étfadig	éthajid	étfadāg	éthajād
Plur. 1.	etfadágadéni	athajádadéni	nétfadīg	néthajid	nétfadāg	néthajād

Fut. I.	Fut. II.
Sing. 1. étfedig, étchid, ándi	etfádgoid, ethájdoid, hérrin

Negative Form.

Imperativ.		Optativ.		Konditional.	
bāétfadiga	bāéthajida	bāétfadigu	bāéthajidu	bāétfádigēk	bāethájidēk

	Präsens.			Perfekt.	
Sing. 1.	kátfadāg	káthajād		etfádgāb,	ethájdāb,	káka
2.	kitétfadága	kitéthajáda[1]		"	"	kitka

Kausativ.

sekátim, sefádig, schájid.

Affirmative Form.

	Imperativ.			Aorist.	
sekátima	sefádiga	schájida	sekátmat	sefádgat	schájdat
			bāéskatim	bāésfedig	bāéshad

	Präsens.			Perfekt.	
áskatim	ásfadig	áshajid	áskatim	ásfadig	áshajid
néskatim	nésfadig	néshajid	néskatim	nésfadig	néshajid

[1] Diese Formen werden oft in kitfadága, kithajáda, zusammengezogen.

Konditional.			Infinitiv.	
askútīmčk	asfádīgēk	askújīdēk	sıkútmoi	sıfádyoi	schújdoi

Negative Form.

Imper.	Opt.	Kond.	Präs.	Perf.
bāsfadíga	bāsfadígu	bāsfádīgēk	kásfadig	sıfádyāb káka kissıfádiga

264. Diese Abteilung der II. Konj. ist bei MUNZINGER durch folgende Tempusformen derselben Stämme vertreten:

Aorist.   Perfect.

Sg. 1. kantim, ich lange an   efćndig, ich verlasse   efdey, ich verliess   cheíd, ich wählte
    2. kantíma   fendíga   tefdeye   teheída
    3. kóntim   efendig   ofdeg   jeheíd
Pl. 1. nckátim   nefedíg   nefdey   neheíd
    2. teketemna   tefedígna   tefdeyna   teheídna
    3. ketimna   fedigan   efdegna   jeheídna

Plusquamperfect.   Neg. Perfect.

chíd [s. § 316]   fdegah kake, ich riss nicht aus

Dazu kommen noch folgende Formen in seinem Wörterverzeichnis: 1) ektem [3. Pers. Sing. Perf.] anlangen; P. etketam, hingebracht werden; C. eskétem; Adj. ketem, zureichend, angelangt; 2) ifdig [3. Pers. Sing. Perf.?], verlassen; P. ẽfdey[?]; C. isfedig; N. A. o'fedíig, das Verlassen; tefedíig, die geschiedene Frau [vgl. § 213 am Ende]; 3) jeheíd, wählen; P. ethejad; C. eshéid; N. A. o'hejed, die Wahl. — Die übrigen zu dieser Abteilung gehörigen Stämme, die sich in meinen Sammlungen verzeichnet finden, sind [das Sternchen bedeutet, wie überall, arabischen Ursprung]:

a) e—i (i—e).

bérir, ausbreiten	*kiteb (kétib), schreiben	régig, ausstrecken
débil, zusammenwickeln	kesis, zusammenrollen	sekít, würgen
délib, kaufen	lekik, verlieren	sébib, schauen
fenik, beissen	*limed (lẽmid), lernen	kedid, abschälen
*fetir, frühstücken	medid, rasiren	kelik, sich vermindern
fetit, sich kämmen	nefik, furzen	demit, schmieren
férik, graben	nefir, süss sein	terir, spinnen
génif, knien lassen	negil, öffnen	telig, aufheben
*gerib, besiegen	refit, zerschneiden	

[Siehe Anhang N:o 104—129].

DIE BISCHARI-SPRACHE.

b) *a—i.*

'*ábik*, festhalten   *fátik*, abgewöhnen   *hárid*, schlachten
'*ájid*, niesen   *hákik*, frisiren   *háwid*, des Abends sein
'*ákir*, stark sein   *háilig*, biegen   *k^uábil*, beschleiern
'*ásis*, begegnen   *háimir*, arm sein   *málit*, rupfen

[Siehe Anhang N:o 130—141]

2. *A*-Stämme.

265. Um die vorzugsweise in dieser Abteilung vorkommende besondere Bildung des Plur. Präs. Akt. und des Kausativs (vgl. §§ 258, 262) zu belegen, wähle ich zum Paradigma den Stamm *mehág* ‚auskehren' Pass. *ítmehág*, Kaus. *sémhag*.

Aktiv.
Affirmative Form.

	Imper.	Aor.	Präs.	Perf.	Kondit.
Sing. 1.		*mehágat*	*ámankig*	*ámhag*	*amánhigēk*
2. m.	*meháya*	*mehágata*	*mánhiga*	*témhaga*	*mánhigēk*
f.	*mehági*	*mehágati*	*mánhigi*	*témhagi*	»
3. m.		*báimhag*	*mánhig*	*émhag*	»
f.		*bátimhag*	*mánhig*	*témhag*	»
Plur. 1.		*meháigadéni*	*némhag*	*némhag*	*némhagēk*
2.	*meháigna*	*mehágatna*	*témhágna*	*temhágna*	*témhagnēk*
3.		*báimhágna*	*émhágna*	*emhágna*	*émhagnēk*

	Fut. I.	Fut. II.	Part.
Sing. 1.	*imhag ándi*	*mehág hérriu*	*meháiga*

Negative Form.

	Imper.	Opt.	Kondit.	Präs.
Sing. 1.		*bámhig[t]a*	*bámhigēk*	*kámhag*
2. m.	*bámhiga*	*bámhigwa*	*bitmėhigēk*	*kitmeháya*
f.	*bámhigi*	*bámhigtri*	*bitmehigēk*	*kitmehigi*
3. m.	*bímhig*	*bámhigu*	*bímhigēk*	*kímhag*
f.	*bitmehig*	*bámhigta*	*bitmehigēk*	*kitmehag*
Plur. 1.		*bámhig[t]a*	*bimmehigēk*	*kimmehag*
2.	*bámhigna*	*bámhig[t]án(a)*	*bitmehignēk*	*kitmehágna*
3.	*bimhigna*	*bámhig[t]a*	*bimhignēk*	*kimhigna*

	Perf.	Fut. I	Fut. II.
Sing. 1.	*mehágáb[-át]* *káka*	*imhag kádi*	*mehág káheru*

Passiv.
Affirmative Form.

	Aor.	Präs.	Perf.	Kond.	Inf.
Sing. 1.	etmehágat	átmehīg	átmeháy	atmehīgēk	etmeháyoi
3. m.	báétmehey	étmehīg	étmeháy	étmehīgēk	

Negative Form.

Imper.	Opt.	Kond.	Präs.	Perf.
báétmehíga	báétmehígu	báetméhígēk	kátmeháy	etmeháyab káka

Kausativ.
Affirmative Form.

Imp.	Aor.	Präs.	Perf.	Fut. I.
sémhaga	sémhagat	ásemhīg	ásemhag	ésemhīg áudi

Negative Form.

Imp.	Opt.	Präs.	Perf.	Fut. II.
básemhíga	básemhígu	kásemhay	semháyāb káka	semháyoid kákeru

266. Weitere Beispiele dieser Art sind:

'águr, zurückkehren	hág"an, jucken	mekar, raten
be'ás, wenden	háik"ar, binden	ne'ba', heiss sein
*bédal, umtauschen	jáda', feucht sein	nehas, rein sein
d'rar, zum Abend essen	kehán, lieben	uheáw (nehán), mager sein
*fi'tah, öffnen	k"éita', verschlingen	sehál, schleifen
jíra', austragen	*lehás, lecken	še'ág, aufhängen
gáhar, stehlen	maiša', sägen	t'la', durchbohren
g"íša', (die Lanze) werfen	mélah, führen	wíta', spülen

[Siehe Anhang N:o 142—165.]

Wenn wir darauf achtgeben, dass in allen diesen *a*-Stämmen (mit Ausnahme von *hág"an* und *bédal*) ein Laryngal oder *r* als zweiter oder dritter Stammkonsonant erscheint, während unter den viel zahlreicheren *i*-Stämmen kein einziger einen Laryngal (wohl aber *r*) an jener Stelle aufweist, so erinnert uns dieser Umstand sehr an die bekannte Thatsache auf dem semitischen Sprachgebiete, dass die Laryngale oder, wie sie in der semitischen Grammatik am häufigsten genannt werden, die Gutturale und zuweilen die Liquida *r*, den *a*-Laut bevorzugen. — Weiter ist zu beachten, dass von diesen Stämmen nur diejenigen, deren Nasalirungskonsonant ein Laryngal ist (*be'ás, gúhar, krhán, lcháis, néhas, ncháic, schál* und *še'ág*) ganz nach dem Muster von *mcháig* flektirt werden und also den ersten Stammvokal im Plur. des Präs. Akt. und im Kausativstamm elidiren: *nég"har, ség"har; néthas, sélhas; néš'ag, šiš'ag* etc. Die übrigen folgen hier der allgemeinen Regel (s. §§ 258, 262), so dass in der ersten Stammsilbe ein *a* und in der letzten der ursprüngliche Vokal erscheint. (Im Präs. Plur. kann jedoch hier das *i* des Sing. den Stammvokal verdrängen). Es lauten also die genannten Formen beispielsweise von *fátah: néfatah, sífatah;* von *g"iša: nég"aša', ség"aša'*; von *bédal: nébadil, síbadil.* — Besonders zu bemerken ist, dass die Stämme, deren zweiter Konsonant ein *u*-haltiger Guttural ist, im Plur. des Präs. und in der 3. Pers. Aor. Akt. ihren ursprünglichen Wurzelvokal an die Stelle des Stammvokals *a* treten zu lassen scheinen, wie *hág"an* ,jucken' Präs. *áhag"ín, nehagun, tehagúnna;* Perf. *áhag"an, néhag"an, tehag"ánna;* Aor. *hág"anat, báchagan.*

3. U-Stämme.

267. Zum Flexionsmuster dieser nicht besonders zahlreichen Stämme wähle ich *ságud* ,waschen' Pass. *ástag"ád*, Kaus. *šišagud* (oder *sísagud*.).

Aktiv.
Affirmative Form.

	Imp.	Aor.	Präs.	Perf.	Kond.
Sing. 1.		ságudat	ášang"id	ášgud¹	ašáng"idek
2. m.	ságuda	ságuda	sáng"ida	tésguda	Plur. 1. nešágudek
f.	ságudi	ságudi	sáng"idi	tésgudi	
3. m.		báišgud	sáng"id	ésgud	Fut. 1.
f.		báíšgud	sáng"id	tésgud	isgud ándi
Plur. 1.		sngudadéni	nésagud	nésgud	
2.	sugúdna	sagúdna	tesagúdna	tesgúdna	Fut. II.
3.		báišgúdna	esagúdna	esgúdna	ságud hérria

Negative Form.

Imp.	Opt.	Kond.	Präs.	Perf.
bášag"ída	bášag"ídu	bášág"idek	kášgud	ságudáb koka

Passiv.

Aor.	Präs.	Perf.	Inf.	Part.
éstagnádat	ástag"id	ástag"ád	estag"ádoi	éstag"áda

¹ Neben diesen Formen stehen auch folgende in meiner Paradigmensammlung verzeichnet: *ášagud, tešaguda, nešagud, tešagádna* etc.

Kausativ.
Affirmative Form.

Aor.	Präs.	Perf.	Inf.	Part.
sîságudat	asîsag"id	asîsagud	sîságudoi	sîságuda
sîságuda	tesîsag"ida	tesîságuda		
bāesîs(u)gud	nesîsag"id	nesîsagud		
	tesîsag"idna			

Negative Form.

Imp.	Opt.	Kondit.	Präs.
bāsîsag"ida	bāsîsag"idu	bāsîság"idēk	kāsîsagud
bisîsag"idi	bāsîsag"idwa	bisîság"idēk	kisîsaguda

268. Von diesem Stamm finden sich in MUNZINGERS Wörterverzeichnis folgende Formen: *eshgúd*, waschen; C. *ashisheguḍ*; N. *o'shgud*, das Waschen. — Weitere Beispiele dieser Art sind:

'ájuk, kauen	l'ewuw, kreiseln	témuk", einwickeln
de'ûr, bauen	rêhub, poliren	tákuk", ausbessern
le'ub, herausziehen		

[Siehe Anhang N:o 166—172].

Zu bemerken ist, dass diejenigen Stämme, deren zweiter Stammkonsonant ein Laryngal ist (*de'ûr*, *le'ub*, *rêhub*), nach dem Flexionsmuster des Stammes *mehág* im Plur. des Präs. Akt. und im Kaus. den ersten Stammvokal elidiren, daher: *néd'ur*, *séd'ur*; *nél'ub*, *sél'ub*; *nérhub*, *sérhub*, dagegen *nélawuw*, *sélawuw*, von *l'ewuw*. Dieser letztere Stamm bietet ein Beispiel von vokalischer Assimilation dar, indem im Aorist, wo der zweite Stammvokal in der 1. und 2. Pers. elidirt wird, der erste in *u* übergeht: *liwwat*, *liwwuta*, [*báilwuw*], ganz wie *sibbat* von *sébib*, *kitmat* von *kétim*. Wird aber der zweite Vokal nicht ausgestossen, so bleibt auch der erste unverändert, z. B. Imp. *l'ewuw*; *rêhub*, Aor. *rêhubat*. — Der Stamm *tákuk"* behält ausnahmsweise im Plur. des Präs. Akt. das ī des Sing. bei: *nétak"īk"* (statt *nétakuk"*).

Konjugation III.
Dentalisirung des Präsensstammes.

269. Im Gegensatz zu der II. Konj. wird in dieser Konj. der Dental *t* (vor den Lenes oft *d*) dem Stamme vorgesetzt, und nur, wie auch das passivische *t*, mit einem Zischlaut als erstem Stammkonsonanten umgestellt. Ein anderer Unterschied ist der, dass die charakteristischen Merkmale des Präsens, der Dental und das ī der Endsilbe, in der ganzen Form (und nicht blos im Sing., wie dies in der Konj. II. der Fall ist) beibehalten werden. Die Verben dieser Konj., welche alle kurzvokalig sind und meistens intransitive Bedeutung haben, teilen sich hinsichtlich der Formenbildung des Präsens in zwei Arten.

1) Erste Art: einsilbige Stämme.

270. Alle Präformative im Präs. werden mit einem langen $\bar{e}$ vokalisirt, z. B. *ram*, 1. und 3. Pers. *ḗrīm*. — Die 3. Pers. Aor., wo wieder der Dental des Präsensstammes erscheint, behält den Stammvokal unverändert, z. B. *ram*, *báïtram; sa'*, *báïsta'*. — Der Infinitiv wird meistens durch das Präfix *ma-*, vor Zischlauten *mī-*, gebildet, z. B. *marám*, *mísa'*. — Im neg. Imper. und Optativ erscheint nicht, wie in der Konj. II., der affirm. Präsens-, sondern der allgemeine Verbalstamm, z. B. *bárama*.

271. Das Passiv wird von den wenigen transitiven Verben in bekannter Weise durch das Präfix *tō- atō-* (in der 3. Pers. Aor. *tū-*) und durch langes *ā* in der Stammsilbe gebildet, z. B. *tōrám*. Die Abwandlung ist mit der der passivischen Stämme in der Konj. II. 1 (wie *tódān*) ganz identisch. Im Präsens (wie im negat. Imper. und Opt.) geht *ā* in *ī*, und in der 3. Pers. Aor. in *i* über.

272. Das Kausativ wird, analog dem Passiv, mit *sō-* (resp. *sū-*) gebildet, und der aktive Stammvokal bleibt entweder stehen — wie dies immer geschieht, wenn der letzte Stammkonsonant ein Laryngal ist — oder er geht in *i* über, z. B. *sósa'*, *sórim*. Die Abwandlung ist mit der der kausativen Stämme in der Konj. II. 1 (wie *sódin*, *sáṭa'*) ganz identisch: das charakteristische *ī* erscheint im Präsens wie im neg. Imper. und Opt., und in der 1. und 2. Pers. Aor. wird der kausative Stammvokal häufig elidirt, bleibt aber in der 3. Pers. immer unverändert.

273. Paradigmen: *ram* ‚folgen' *sa'* ‚sich setzen' *'am* ‚reiten'.

Aktiv.
Affirmative Form.

	Imperativ.				Aorist.	
Sing. 1.				rámat	sá'at	'ámat
2. m.	ráma	sá'a		'áma	rámata	sá'ata	'ámata
f.	rámi	sé'i¹ (sá'i)	'ámi	rámati	sá'ati	'ámati
3. m.				báïtram	báïsta'	baïd'am
f.				batítram	batísta'	batíd'am

---

¹ Vgl. § 26.

Plur.	1.				rámadéni	sá'adéni	'ámadéni
	2.	rámna	sá'na	'ámna	rámatna	sá'atna	'ámatna
	3.				báitrámna	báistá'na	báid'ámna

Präsens.   Perfekt.

Sing.	1.	étrim	ésti'	éd'im	áram	asá'	a'ám
	2. m.	tétrima	tésti'a	téd'ima	térama	tesá'a	te'áma
	f.	tétrimi	tésti'i	téd'imi	térami	tesá'i	te'ámi
	3. m.	étrim	ésti'	éd'im	éram	esá'	je'ám
	f.	tétrim	tésti'	téd'im	téram	tesá'	te'ám
Plur.	1.	nétrim	nésti'	néd'im	néram	nesá'	ne'ám
	2.	tétrámna	tésti'na	téd'ámna	terámna	tesá'na	te'ámna
	3.	étrímna	ésti'na	éd'ámna	erámna	esá'na	e'ámna

Konditional.   Fut. I.

Sing.	1.	étrimēk	ésti'ēk	éd'imēk	ítram,	ísta',	íd'am,	ándi
	2.	tétrimēk	tésti'ēk	téd'imēk				

Fut. II.

| Plur. | 2. | tétrimnēk | tésti'nek | téd'imnēk | marám, | mísa', | ma'ám, | hérriu |

Negative Form.

Imperativ.   Optativ.

Sing.	1.				báram[t]u	básá'[t]u	bá'am[t]u
	2. m.	bárama	básá'a	bá'ámá	báramna	básá'na	bá'amna
	f.	bírami	bísá'i	bí'ámi	báramtui	básá'tui	bá'amtui
	3. m.	biram	bisa'	bí'am	báramu	básá'u	bá'amu
	f.	bitram	bissa'	bid'am	báramtu	básá'tu	bá'amtu
Plur.	1.				báram[t]a	básá'[t]a	bá'am[t]a
	2.	báramna	básá'na	bá'ámna	báram[t]án(a)	básá'[t]án(a)	bá'am[t]án(a)
	3.	bírámna	bisá'na	bí'ámna	báram[t]a	básá'[t]a	bá'am[t]a

Konditional.   Präscus.

Sing.	1.	báramēk	básá'ēk	bá'amēk	káram	kása'	ká'am
	2. m.	bitramēk	bissa'ēk	bid'amēk	kítrama	kissa'a	kid'ama
	f.	bitramēk	»	»	kitrami	kissa'i	kid'ami
	3. m.	bíramēk	bísa'ēk	bí'amēk	kíram	kísa'	kí'am
	f.	bitramēk	bissa'ēk	bid'amēk	kitram	kissa'	kid'am
Plur.	1.	bínramēk	bínsa'ēk	bín'amēk	kínram	kínsa'	kin'am
	2.	bitramnēk	bissa'nēk	bit'amnēk	kitránma	kissá'na	kid'ámna
	3.	bíramnēk	bísa'nēk	bí'amnēk	kirámna	kisá'na	ki'ámna

Perfekt.

Sing.	1.	rámāb[-āt],	sá'āb[-āt],	'ímāb[-āt],	káka
	2. m.	rámāb,	sá'āb,	'ámāb,	kítka
	f.	rámāt,	sá'āt,	'ámāt,	kítkai

Passiv.

tóram¹, gefolgt werden, atónāw (tónāu), vermisst werden.

Affirmative Form.

Aorist.		Präsens.		Perf.	
tórāmat	atōnāwat	utórim	atónīw (atónīu)	atórām	atónāw (atónāu)
tórāma	atōnāwa	tétórima	tétōnāwa	tétórāma	tétōnāwa
bāctúrim	bāctúniw	netórim	netónīw (netóniu)	netórām	netónāw (netónāu)

Negative Form.

Imperativ.		Präsens.		Perfekt.		
bátórima	bátōnāwa	kátórām	kátónāu	tórāmāb,	tónāwāb,	káka

Fut. I.			Fut. II.		
etúrim,	etúnīw,	kádi	tórāmoid,	atónwoid,	káheru

Kausativ.

sórim, sósa', só'am.

Affirmative Form.

Imperativ.			Aorist.		
sórima	sósa'a	só'ama	sórmat	sós'at	só'amat
sórimna	sōsá'na	só'amna	bācsúrim	bācsásu'	bācsá'am

Präsens.			Perfekt.		
asórim	asósī'	asó'im	asórim	asósa'	usó'am
nesórim	nesósi'	nesó'im	nesórim	nesósa'	nesó'am

Infinitiv.			Particip.		
sór(i)moi	sós'oi	só'amoi	sór(i)ma	sós'a	só'ama

Negative Form.

Imperativ.			Präsens.		
básórima	básōsí'a	básó'ima	kúsórim	kúsósa'	kúsó'am

274. In MUNZINGERS grammatischer Skizze ist diese Konj. durch keine Tempusform vertreten, aber von den obigen als Paradigmen gewählten Stämmen finden sich in seinem Wörterverz. folgende Formen aufgeführt» 1) omórām, begleiten [ist

---

¹ Neben tórām kommt auch eine andere durch das Präfix am gebildete passive Form vor, nämlich amórām, die ganz wie (a)tórām flektiert wird, also: Aor. ámūrāmat, Präs. amōrim, Perf. amórām etc.

ohne Zweifel Passiv, vgl. die Note auf S. 203]; C. *esórem*; *o'mormoi*, die Begleitung; *o'mormi* der Begleiter; 2) *esá*, sich setzen; Imp. *sa*; C. *esosa*: *o'misa*, das Sitzen; 3) *jeámm*, reiten; Imp. *ama*; C. *esámm*; *mam*, das Reiten». — Andere Stämme, die dieser Abteilung der III. Konj. angehören, sind:

gam, dumm sein   *nau* (*naw*), vermissen   *may*, schlecht sein   *sat*, ausgleiten
[Siehe Anhang N:o 173—176].

Hierher gehört auch der Stamm *k"ai* ‚sich ankleiden‘, dessen Diftong häufig im Auslaute zu *e* oder *a* (vgl. §§ 28, 322) geschwächt wird (Anh. N:o 177).

2° Zweite Art: zweisilbige Stämme.

275. Während die zweisilbigen Stämme der zweiten Konj. (II. 2, b) in der ersten Silbe immer einen kurzen Vokal (meistens *e*, sodann *a* oder *u*) und in der zweiten Silbe am häufigsten *i*, dann auch *a* (bei Laryngalen) und *u*, aufweisen, so haben in der dritten Konj. alle zweisilbigen Stämme — vielleicht wegen ihrer intransitiven Bedeutung — in der letzten Silbe *a*, in der ersten aber wiederum in der Regel das kurze flüchtige *e*, wenn nicht ein Laryngal das *a* verlangt (s. das Verzeichnis in § 279 und vgl. § 267).

276. Das Präsens Akt. behält die regelmässigen Präformative bei, wandelt aber hier, wie in der Konj. II. 2, b, das kurze *e* der ersten Stammsilbe in *a* um.   In der 1. und 2. Pers. des Aorists kann das *a* der letzten Stammsilbe wegfallen oder auch verbleiben, und in der 3. Pers., wo das Präformativ vor dem eingeschobenen Dental, wie vor dem passivischen *t*, immer *e* lautet, bleibt der letzte Stammvokal stehen, oder er geht (wie in III. 1) in *i* über. In dem letzteren Falle wird *a* in der ersten Stammsilbe gewöhnlich in *e* umgelautet, z. B. *fétah*: Aor. *féthat*, *báctfetah*; *fejak*, *féjakat*, *báctfejik*: *hínay*, *hánayat*, *báctheniy*. — Der Infinitiv wird teils mit dem Präfix *me-*, *mi-*, teils mit dem Suffix *-i* gebildet.   Im negat. Imper. und Opt. bleibt der Stamm unverändert, nur dass hier, wie in III. 1, das *a* der letzten Silbe häufig gedehnt wird. z. B. *bájetáha*, *bahanáya*.

277. Das Kausativ[1], wird durch das bekannte Präfix *se-*, *si-*, gebildet, und der erste Stammvokal geht hier wie in der Konj. II. 2, b in *a* über, oder er wird elidirt; im ersteren Falle wird auch hier der letzte Stammvokal häufig in *i* umgewandelt, z. B. *sébar* ‚fliehen‘ *sísabir*; *bá'ar* ‚erwachen‘ *séb'ar*. — Die Abwandlung des Kausativs geschieht in

---

[1] Von einem Passiv besitze ich kein Beispiel.

gewohnter Weise; in der 3. Pers. Aor. finden wir, wie so häufig, in der letzten Silbe ein *i*, z. B. *séb'ar* (von *bá'ar*). 3. Pers. Aor. *baésebìr*.

278. Paradigmen: *génaf* ‚knien' *sébar* ‚fliehen' Kaus. *séganif*. *sísabir*. — [Ich führe nur die wichtigsten Formen auf].

Aktiv.
Affirmative Form.

Imperativ.		Aorist.		Präsens.	
génufa	sébara	génafat	sébarat	ádganif	ástabir
génafi	sébari	génafa(ta)	sébara(ta)	tédganifa	téstabira
genáfna	sebárna	baédganif	baéstebir	nédganif	néstabir

Perfekt.		Konditional.		Infinitiv.	
ágnaf	ásbar	adgánifēk	astábirēk	mignéf	mistebir
tégnafa	tésbara	tedgánifēk	testábirēk	Particip.	
négnaf	nésbar	tedgánifnēk	testábirnēk	génafa	sébara

Negative Form.

Imp.	Opt.	Kond.	Präs.	Fut. I.	Fut. II.
básebára	básebóru	básébārēk	kásbur	éstebir kádi	místebirt káheru
bisebári	básebárna	bissébārēk	kissebára		

Kausativ.
Affirmative Form.

Imperativ.		Aorist.		Präsens.	
seganifa	sisábira	séganfat	sisabrat	ásganif	asísabir

Perfekt.		Fut. I.		Fut. II.	
ásganif	asísabir	ésganif, esísebir, ándi		séganfoid, sísabroid, hérrin	

Negative Form.

Imp.	Opt.	Präs.	Perf.
básísabira	básisabiru	kásisabir	sísabráb káku

279. Fernere Beispiele dieser Art sind:

bá'ar, erwachen	*fítah*, sich trennen	*hámeq*, krumm sein
féjak, wegtragen	*fíra'*, ausgehen	*tham*, sich waschen
fénan, sich dehnen	*gálah*, heruntersteigen	*s'lef*, emprunter

[Siehe Anhang No 178 186].

Konjugation IV.

Erweiterung des Präsensstammes durch -*i*.

280. Wie in der dritten Konj., mit welcher diese vielfache Analogien aufweist, erscheint das charakteristische Konjugationszeichen — ein dem Verbalstamm hinzugefügter Vokal — nicht nur im ganzen Präsens, sondern auch in der 3. Pers. Aor.; und auch hier wie dort gehen die einsilbigen und zweisilbigen Stämme in Bezug auf die Formenbildung des Präsens auseinander.

1) Erste Art: einsilbige Stämme

281. Im Präsens erscheinen dieselben durch ein langes *ē* charakterisirten Präformative wie bei den einsilbigen Stämmen der III. Konj. und infolge der Belastung am Anfang und am Ende durch die Vokale *ē* und *i* wird der Stammvokal, der hier in der Regel lang ist, ausgestossen, oder er geht in ein sehr kurzes, nur wegen der leichteren Aussprache eintretendes *i* oder *e* über, z. B. *fōr* ‚fliehen' Präs. *éfri* (*éfiri*, *éferi*), *ks̄ē* ‚alt sein' *ḗs'i*. Diejenigen Stämme, deren Vokal *ā* und deren erster Konsonant ein ' ist, verkürzen jedoch ihren Vokal zu *a*, z. B. *'ām* ‚schwellen' *ḗ'ami*; *ār* ‚nähren' *ḗ'ari*. Dasselbe kurze *a* als Stellvertreter des langen Stammvokales finden wir auch in der Präsensform *ḗwarī* von *wēr* ‚machen', wo ausserdem die gewöhnlichen Präformativvokale ausnahmsweise beibehalten werden.

282. Ich kenne nur ein sicheres hierher gehöriges Beispiel mit kurzvokaligem Stamm: *dah* ‚kurz sein' Präs. *édhi*, denn der Stamm *mik* ‚fein sein' zeigt zwar das charakteristische *ē* in den Präformativen des Präsens, behält aber den kurzen Stammvokal bei: *énak"i*, und könnte somit in der Form *miku* vielleicht der 2. Abteilung angehören und dort eine besondere vokalisch auslautende Unterart bilden.

283. In der 3. Pers. Aor. wird ebenfalls der Stammvokal nach dem langen Präformativ *ī* elidirt, hier tritt aber am Ende statt *i* ein *a* hinzu, z. B. *fōr*, *báfra*; *ks̄ē*, *báš'a*. Dasselbe kurze *a* scheint auch ausnahmsweise dem Perfektstamm angehängt werden zu können, z. B. *ṭāb* ‚(mehrere) schlagen' Perf. *aṭába* (vgl. § 289). In der negativen Form (Imp., Opt., Kondit.) wird wiederum das -*i* angehängt, wie im Präsens, aber ohne Vokalelision, z. B. *fōr*, Imp. Neg. *bafória*; *dār*, *badária*. Im Plur. des Optativs wird hier, wie in den auf -*i* auslautenden Stämmen der zweiten Konj. (II. 2, a), ein *n* zwischen den Stamm und die Endungen eingeschoben, z. B. *áne báfőribu* ‚ich will nicht fliehen' Plur. *kénen báfőrina* (vgl. § 204).

284. Vom Passiv besitze ich nur zwei Beispiele: *améaráj*, von *'ár* ‚nähren' und *améswaj* von *sáu (sáw)* ‚vermehren'. Danach zu urteilen, wird das Passiv durch dasselbe Präfix *amé* gebildet, das wir in der folgenden Konj. antreffen werden; der lange Stammvokal wird hier ebenfalls elidirt (resp. verkürzt), und wie in der Konj. II. 2, a, mit welcher diese Konj. durch ihr angehängtes *-i* mehrere Berührungspunkte aufweist, muss hier dieses *i* nach dem passivischen *á* in der Endsilbe als *j* erscheinen.

285. Das **Kausativ** wird durch das Präfix *se-* (vor Zischlauten *si-*, *ši-*) gebildet. — Im Präsens wird das charakteristische *i* dem Stamme angefügt (vgl. die kausative Präsensbildung bei den Stämmen der Konj. II. 2, a § 254); da aber hier die Präformativvokale in das lange *ő* nicht übergehen, so tritt auch keine Elision des Stammvokals ein, z. B. *sefőr*, *ásfőri*; *sísé'*, *ásísé'i*. — In der 3. Pers. Aor. wird nicht, wie im Aktiv, ein *a* dem Stamme angefügt, dagegen gehen die Stammvokale *ő* und *á* resp. in *ű* und *í* über, während *ó* als Stammvokal stehen bleibt. z. B. *sefőr*, *báesfúr*; *se'ám*, *báesím*. Wenn im Perf. Akt. ein *a* an den Stamm getreten ist, so geschieht dies auch im Perf. Kaus., z. B. *ṭáb*, Perf. Akt. *aṭába*, Kaus. *asṭába*. - Die **negative Form** (Imp. Opt. Kond.) behält den affirm. Präsensstamm bei, z. B. Imp. *báseföria*.

286. Der kurzvokalige Stamm *dah* lautet im Kausativ *sódah*, Aor. *sódhat*, *báesháah*, Präs. *asádih*, nach Analogie der Konj. II. 1. Von dem zweiten kurzvokaligen Stamm *nak"* kann ich die Kausativform nicht bestimmt angeben. In Munzingers Wörterverz. lauten die Formen: *wennok*, ‚fein sein: *nok*, ‚fein'; C. *ésenoks*.

287. Paradigma: *főr* ‚fliehen' Kaus. *sefőr*.

Aktiv.

Affirmative Form.

	Imp.	Aor.	Präs.	Perf.	Kond.	Fut. I.
Sing. 1.		*főrat*	*éfri [éfiri]*	*afőr*	*éfirjék*	*ifru ándi*
2. m.	*főra*	*főrata*	*téfria*	*teföra*	*téfirjék*	
f.	*főri*	*főrati*	*téfri*	*tefőri*	"	
3. m.		*báifra*	*éfri*	*efőr*	*éfirjék*	
f.		*báifra*	*téfri*	*tefőr*	*téfirjék*	Fut. II.
Plur. 1		*főradéni*	*néfri*	*nefőr*	*néfirjék*	*firat hérria*
2.	*főrna*	*főratna*	*téfrin(a)*	*teförna*	*téfrink*	
3.		*báifrán(a)*	*éfrin(a)*	*eförna*	*éfrink*	

Negative Form.

	Imp.	Opt.	Kond.	Präs.	Perf.
Sing. 1.		báföríbu [f. -ítu]	báförjék	káför	föräb káka
2. m.	báföria	báföríbwa	bitförjék	kitföra	" kitka
f.	bifóri	báföritwi	bitförjék	kitföri	föråt kítkai
3. m.	bifóri	báföribu	bifförjék	kiför	u. s. w.
f.	bitföri	báförítu	bitförjék	kitför	
Plur. 1.		báförína	binförjék	kinför	
2.	báförína	báförínáu(a)	bitförinék	kitförna	
3.	bifórína	báförína	bifórinék	kifórna	

Kausativ.

Affirmative. Form.

Imp.	Aor.	Präs.	Perf.	Kond.	Fut. I.
seföra	seförat	ásföri	ásför	ásförjék	seföroid hérriu
seföri	seförata	tesföria	tésföra	tésförjék	
seförna	háesfär	ésförina	esförna	esförinék	

Negative Form.

Imp.	Opt.	Kond.	Präs.	Perf.
baseföria	báséföríbu	báséförjék	kásför	seföráb káka
biseföri		bisséförjék	kisseföra	

288. Fernere Beispiele dieser Art sind:

sī', alt sein	*'är*, ernähren	*nak"*, fein sein
mäh, erschrocken sein	*'äm*, schwellen	*gäu (gäwj)¹*, elend sein
säu (säw,) vermehren	*dah*, eng sein	*wěr*, machen

und die einsilbigen Frequentativen (vgl. § 228):

| *där*, töten | *ťab*, schlagen | *öl*, schlagen |

[Siehe Anhang N:o 187—198].

Bei MYNZINGER findet sich diese Abteilung der Konj. IV. durch mit folgenden Formen des Stammes *för* vertreten:

Imper.	Aor.	Neg. Aor.
Sing. *fora*, Pl. *forna*	Sing. *eföri, teföri, oföri*	Sing. *kafor, kitfora, kifor*
neg. Sing. *bafar*	Plur. *neföri, teförna, oförin*	Plur. *kunfor, kitforna, kiforna*

¹ Der Stamm *gäu* wird im Präsens und in der 3. Pers. Aor. nach dem Muster der Konj. IV. 1 abgewandelt, in den übrigen Formen aber durch den Stamm *gōi (gōj)* ergänzt, dessen eigentliche Präsensform mir nicht bekannt ist (vgl. Anh. N:o 94).

Dazu kommen im Wörterverz: b*efor*, fliehen; C. *esfor; fora*, Flüchtling: *firat*, Flucht.» Man sieht, dass hier im Aor. (= meinem Präs.) der Stammvokal nicht wie bei mir elidirt wird. Eine flektirte Perfektform findet sich bei MUNZINGER nicht, aber aus dem »neg. Aorist» ist ersichtlich, dass dieselbe mit meinem Perfekt ganz übereinstimmen würde. Bezüglich des Plusquamperfekts *ofur* vgl. man § 316. und bezüglich der Optativformen *ofure* und *bafúrie* § 251.

2 Zweite Art zweisilbige Stämme.

289. Ausser der Hinzufügung des Konjugationszeichens -*i* ist das Präsens keiner anderen Stammveränderung unterworfen als der nur eufonischen Elision des ersten, immer kurzen Stammvokales, eine Elision, die auch im Perfekt stattfindet, z. B. *eingad*, Präs. *iingadi*, Perf. *iingad*. *sebáb*, Präs. *ásbábi*, Perf. *ásbáb*. — In der 3. Pers. Aor. erhalten diejenigen Stämme, deren letzter Vokal kurz ist, dieselbe Erweiterung durch -*a*, wie die einsilbigen Stämme, und das *a* der letzten Stammsilbe geht vielleicht nach einem etwaigen Dissimilationsgesetze in *i* über, z. B. *n'kas*, *báénkisa*; *eingad*, *báéingida*. Diejenigen Stämme dagegen, deren letzter Vokal lang ist, wandeln ihn, wenn er ein *á* ist, in *i*, und wenn er ein *ó* ist, in *ú* um, und erhalten keinen Zuwachs, z. B. *be'án* „fürchten" *báeb'in*; *sebáb*, *báísbúb*. — Dagegen scheint das Ansetzen des kurzen -*a* an den Perfektstamm im Aktiv und Kausativ bei diesen zweisilbigen langvokaligen Stämmen etwas häufiger vorzukommen, als bei den einsilbigen, z. B. *ensáf* „leicht sein" Perf. *ansáfa*; *besák* „reifen", Perf. *absák*"*a*, Kaus. *ásísbák*"*a*. — In der negat. Form (Imp. Opt. Kond.) bleibt der Stammvokal unverändert, z. B. Imp. *báéingáda*.

290. Das Kausativ — ein Passiv ist mir nicht vorgekommen — wird durch die bekannten Präfixe *se-*, *si-* (*sí-*), gebildet, und der Stamm erleidet im Präsens und in der 3. Pers. Aor. dieselben Veränderungen wie im Aktiv, nur mit dem Unterschied, dass in der letzteren Form kein -*a* hinzugefügt wird, z. B. *seúkas*, Präs. *aseúkasi*, 3. Pers. Aor. *báeseúkis*; *sísbáb*, *ásísbábi*, *báesísbúb*. — In der negativen Form (Imp. Opt. Kond.) erscheint, wenigstens bei den kurzvokaligen Stämmen, nicht wie gewöhnlich der affirm. Präsens-, sondern der allgemeine Kausativstamm, z. B. *seingad*, Imp. neg. *básingáda*. Ob die langvokaligen Stämme, wie *sebáb*, in diesem Falle der Analogie der kurzvokaligen oder, wie es mir ebenso wahrscheinlich dünkt, der der einsilbigen langvokaligen Stämme folgen, kann ich nicht sagen, da ich kein diesbezügliches Beispiel besitze. Ich lasse es also dahingestellt sein, ob jener Stamm im neg. Imperativ *básísbába* oder *básísbóbi* lautet.

291. Paradigmen:

a) kurzvokaliger Stamm: *éṅgad*, stehen.

Aktiv.
Affirmative Form.

		Imp.	Aor.	Präs.	Perf.	Kond.	Fut. I.
Sing.	1.		éṅgadat	áṅgadi	áṅgad	áṅgadjēk	éṅgida ándi
	2. m.	eṅgáda	eṅgádata	téṅgadia	téṅgada	téṅgadjēk	
	f.	eṅgádi	eṅgádati	téṅgadi	téṅgadi	»	
	3. m.		bāéṅgida	éṅgadi	íṅgad	éṅgadjēk	Fut. II.
	f.		bātéṅgida	téṅgadi	téṅgad	téṅgadjēk	méṅgēd hérrin
Plur.	1.		eṅgádadéni	néṅgadi	néṅgad	néṅgadjēk	
	2.	eṅgádna	eṅgádatna	téṅgadína	teṅgádna	teṅgádinēk	
	3.		bāéṅgidán(a)	éṅgadína	eṅgádna	eṅgádinēk	

Negative Form.

Imp.	Opt.	Präs.	Kond.	Perf.
bāṅgáda	bāṅgádu	bāṅgádēk	káṅgad	eṅgádāb káka
bīṅgádi	bāṅgádira	bidéṅgadēk	kidéṅgada	» kitka
bāṅgádna	bāṅgá(d)tiri	bīṅgádēk	kíṅgad	
			kinéṅgad	

Kausativ.
Affirmative Form.

Imp	Aor.	Präs.	Perf.	Fut. II.
séṅgada	séṅgadat	aséṅgadi	áseṅgad	séṅgadoid hérrin
séṅgadi	bāeséṅgid	teséṅgadia	teséṅgadu	

Negative Form.

Imp.	Opt.	Präs.	Perf.
bāseṅgáda	bāseṅgádu	káseṅgad	séṅgadāb káka

b) langvokaliger Stamm: *šebṓb* (*šbōb*), gut sein.

Aktiv.
Affirmative Form.

		Imp.	Aor.	Präs.	Perf.	Kond.	Fut. I.
Sing.	1.		šebṓbat	ášbōbi	ášbōb	ášbōbjēk	ìšbūb ándi
	2. m.	šebṓba	šebṓbata	téšbōbia	téšbōba	téšbōbjēk	
	f.	šebṓbi	šebṓbati	téšbōbi	téšbōbi	»	
	3. m.		bāíšbūb	éšbōbi	éšbōb	éšbōbjēk	Fut. II.
	f.		bātíšbūb	téšbōbi	téšbōb	téšbōbjēk	šebṓboid hérrin
Plur.	1.		šebṓbadéni	néšbōbi	néšbūb	néšbōbjēk	
	2.	šebṓbna	šebṓbatna	téšbobína	tešbṓbna	tešbṓbinēk	
	3.		bāíšbúbna	éšbōbína	éšbōbna	éšbōbinēk	

Die Bischari-Sprache.

Negative Form.

Imp.	Opt.	Kond.	Präs.	Perf.
bás(e)bóba	bás(e)bóbn	bàsbóbek	kásbób	sebóbáb kóka

Kausativ.

Affirmative Form.

Imp.	Aor.	Präs.	Perf.	Fut. I.
sìsbóba	sìsbóbat	àsìsbábi	àsìsbób	esìsbúb ándi

(Bezüglich der negativen Form vgl. § 290).

292. Fernere Beispiele dieser Art sind:

a) nékas, kurz sein   yúmad, lang sein   b) enséf, leicht sein   sitób, führen
háragʷ, hungern   hárar, leer sein   be'án, fürchten   besákʷ, reifen

[Siehe Anhang N:o 199--206].

Als Vertreter dieser Abteilung der Konj. IV. finden sich bei MUNZINGER nur die zwei folgenden Tempusformen, das affirm. und das neg. Präsens des Stammes nékas, der aber bei ihm nekesh (= nékes) lautet:

Sing. 1. enkeshi, ich werde kurz   kankesh, ich werde nicht kurz
     2. trukeshi   ketnekesh
     3. iukeshi   kenkesh
Plur. 1. nenkeshi   kenenkesh
     2. tenkeshin   ketnekeshna
     3. enkeshin   kenkeshna

Hierzu kommen aus seinem Wörterverzeichnis das Kaus. eshénkesh, und der Infin. ménkesh, die Kürze.

Konjugation V.

Elision des Stammvokales á.

293. Die Stämme dieser Konj., welche alle zweisilbig sind, werden, mit Ausnahme von másu ‚hören' und ná'ur ‚gesund sein', durch die Vokalfolge á—i(e) gekennzeichnet. - Im Präsens wird der erste Vokal elidirt, der zweite geht in ī über, und die Präformativvokale werden in ē umgewandelt, z. B. sálib, ēslīb; báden, ébdīn. Im Stamme másu wird das i eingeschoben (wenn man nicht richtiger die Form másir als Stamm anzusetzen hat), also: émsir (émsīu). In der 1. und 2. Pers. Aor. kann der zweite Vokal ausfallen oder auch verbleiben, z. B. sálbat, *bádenat.* Die 3. Pers. elidirt den ersten Vokal und wandelt den zweiten am häufigsten in *a* um, z. B. *báıslāb, báıbdān,* dagegen *g"ắsir, báık"sir* (neben *báıg"sar*), *másu, báımsu.* — Die neg. Form (Imp. Opt.) behält den allgemeinen Verbalstamm bei, nur *másu* nimmt das *i* des affirm. Präsensstammes an. — Der Infinitiv wird durch das Ableitungssuffix *-e* gebildet, wobei der erste Stammvokal in *i* übergeht, und der zweite ausfällt, z. B. *báden, bidne, fádig, fidge.*

294. Das Passiv wird durch das Präfix *mĕ-, amĕ-* gebildet, der erste Stammvokal hier wie im Präs. Akt. elidirt, und in der letzten Silbe erscheint das passivische *ā.* z. B. *amĕbdān, amĕfdāg.* Im Präsens und in der 3. Pers. Aor. geht aber dieses *ā* wie regelmässig in *i* über. Im Infinitiv tritt zwischen dem passivischen Präfix *amĕ-* und der Endung *-oi* der aktive Infinitivstamm auf, als, *amĕfidgoi.*

295. Im Kausativ, das nach bekannten Regeln gebildet wird, behält das Präsens den langen Stammvokal und mithin die gewöhnlichen Vokale der Präformative bei, nur tritt hier wie immer das charakteristische *i* in die Endsilbe hinein, z. B. *sebáden,* Präs. *asbádin.* — In der 3. Pers. Aor. geht das *ā* der Stammsilbe am häufigsten in *i* über, im Infinitiv verbleibt aber dasselbe, und nur der zweite, kurze Vokal fällt aus, z. B. 3. Pers. Aor. *báesbídin.* Inf. *sebádnoi.*

296. Paradigmen:

1) *báden*[1] ‚vergessen' Pass. *amĕbdān,* Kaus. *sebáden (sebáden).*

Aktiv.

Affirmative Form.

		Imp.	Aor.	Präs.	Perf.	Kond.
Sing.	1.		bádenat	ébdin	abáden	ébdinēk
	2. m.	bádena	báduata	tebádina	tebádena	tébdinēk
	f.	bádeni	báduati	tébdini	tebádeni	"
	3. m.		báıbdān	ébdin	ebáden	ébdinēk
	f.		bátíbdān	tébdin	tebáden	tébdinēk
Plur.	1.		bádnadéni	nebdin	nebáden	nébdinēk
	2.	bádenna	bádnatna	tébdinna	tebádenna	tébdinnēk
	3.		báıbdánna	ébdinna	ebádenna	ébdinnēk

Fut. I.	Fut. II.
ébdān (oder *ibden*) *ándi*	*bidnēb hérrin*

---

[1] Wird auch häufig *báden* ausgesprochen, wodurch das *se-* im Kaus. erklärt wird (vgl. § 33).

Negative Form.

Imp.	Opt.	Präs.	Perf.
bābádena	bābádenu	kābáden	búdnāb káka

Passiv.
Affirmative Form.

Aor.	Präs.	Perf.	Fut.
amēbdánat	amébdin	amébdān	I. emébdin ándi
báemébdin	témēbdína	témēbdána	II. amébidnoid hérriu

Negative Form.

Imp.	Opt.	Präs.	Perf.
bámēbdána	bámēbdánu	kāmēbdān	amēbdánāb káka

Kausativ.
Affirmative Form.

Imp.	Aor.	Präs.	Perf.	Inf.
sebádena	sebádnat	asbádin	asbáden	sebádnoi
sebádeni	báesbádin (báesbáden)	tēsbádina	tesbádena	

Negative Form.[1]

2) *músu* ‚hören' Kaus. *semásu*.[2]

Aktiv.
Affirmative Form.

	Imp.	Aor.	Präs.
Sing. 1.		másnat	émsiu (émsiu)
2. m.	máswa (másu)	máswata	témsiwa
f.	máswi	máswati	témsiwi
3. m.		báimsu	émsiu (émsiu)
f.		bátimsu	témsiu (témsiu)

---

[1] Da ich in meinen Sammlungen nur die einzige einschlägige Form *básbadinek* (neg. Kondit.) finde, und in den übrigen Formen des Stammes *báden* die kurzen Vokale *e* und *i* häufig wechseln, kann ich nicht mit Bestimmtheit sagen, ob hier — was mir jedoch mehr wahrscheinlich vorkommt — nach allgemeiner Analogie der affirm. Präsensstamm erscheint, also: Imp. *básbádina*, Kond. *básbádinek*, oder ob vielleicht der allgemeine Kausativstamm beibehalten wird, also: Imp. *básbádena* (*básbádina*), Kond. *básbádenek* (*básbádinek*).

[2] Das Passiv habe ich leider nicht verzeichnet, nach Analogie der übrigen Passiven sollte es *amémsiu* (*amémsiu*) heissen.

	Imp.	Aor.	Präs.
Plur. 1.		mâswadéni	némsiw (némsiu)
2.	mâsân(a)	mâswatwa	témsiúna (tēmshena)
3.		bâimsân(a)	émsiúna (émsiwena)

	Perf.	Kond.	Fut. I.
Sing. 1.	amâsu	émsiwék	imsu ándi
2. m.	temâswa	témsiwék	
f.	temâswi	témsiwék	
3. m.	emâsu	émsiwék	Fut. II.
f.	temâsu	témsiwék	méswi hérriu
Plur. 1.	nemâsu	némsiwék	
2.	temâsân	témsiwenék¹	
3.	emâsân	émsiwenék	

Negative Form.

	Imp.	Opt.	Kond.
Sing. 1.		bâmâsiu	bâmâsiwék
2. m.	bâmâsiwa, bâmâsiw	bâmâsiwa	bitmâsiwék
f.	bimâsiwi	bâmâsitwi	bitmâsiwék
3. m.	bimâsiw	bâmâsiu	bimâsiwék
f.	bitmâsiw	bâmâsitu	bitmâsiwék
Plur. 1.		bâmâsiwa	bimmâsiwék
2.	bâmâsiun(a)	bâmâsiwân(a)	bitmâsiwenék
3.	bimâsiun	bâmâsiwa	bimâsiwenék

	Präs.	Perf.	Fut. I.
Sing. 1.	kâmâsu	mâswâb kâka	imsu kâdi
2. m.	kitmâswa	" kitka	" kiddia

Kausativ.

Imp.	Aor.	Präs.	Perf.
semâswa	semâswat	asmâsiw	asmâsu
semâswi	bâesmisu	tésmâsiwa	tesmâswa

Fut. I.	Fut. II.	Part.
esmisu ándi	semâswoid hérriu	semâswa

297. Bei MUNZINGER finden sich in der grammatischen Skizze zwei Tempusformen des Stammes *bâden* als einzige Vertreter dieser Konj., nämlich der Aorist

---

¹ Oder *témsiunék*, *émsiunék*, aber jedenfalls dreisilbig auszusprechen, wie denn auch die Präsensform *émsiu* oder *émsiu* immer zweisilbig ist.

ıbdiu ‚ich vergesse', welcher folgendermassen abgewandelt wird: Sg. *ıbdin, tıbdin, oebdin*. Pl. *nebdin, tibdinna, ebdinn*, und das Plusquamperfekt *ibdien*, in Bezug worauf man §§ 182 und 316 vergleichen möge. Das Wörterverz. bringt noch dazu folgende Formen: *vebádın*, vergessen; C. *esıbádın*; P. *etbeddán*; N. *to'bdnet*, das Vergessen; *badene*, vergesslich», und von dem zweiten Stamm *másu*: *oomisu*, hören; C. *osmásu*; P. *etmessóu*; *masna*, hörend; *o'masu*, das Hören, Gehör». — Die übrigen nach dieser Konj. flektirten Stämme, die sich bei mir verzeichnet finden, sind folgende:

fádig, verstossen	*gᵘásir*, lügen	*'sálib*, plündern
já'id, lachen	*jáwid*, flechten	*sáwi*, mischen
'ájim, im Schatten sitzen	*ná'ur*, gesund sein	*dálib*, (mehrere) verkaufen

[Siehe Anhang N:o 207—215].

Der Stamm *fádig* ist augenscheinlich ebenso mit dem Stamm *fédig* ‚lassen' ‚verlassen' verwandt, wie *dilib* mit *delib* ‚verkaufen', aber eine entsprechende frequentative Bedeutung wurde ihm von meinen Gewährsmännern nicht beigemessen. Dagegen gab man mir von dem Stamm *sáwi* ‚mischen' eine ganz eigentümliche durch Reduplikation entstandene Form: *sáwawi* als Frequentativ (»*lil-kultár*») an. Diese beiden Stämme *sáwi* und *sáwawi* bilden ihre 1. und 2. Pers. Aor., nach Analogie des Stammes *séni* (II. 2, a), nur mit dem Afformativ *-t, -ta* (statt *-at, -ata*) etc., und im Präsens wird ein *u* eingeschoben, das im *ésuwi*, wegen seiner Kürze, vielleicht nur euphonisch, wie *éfiri* neben *éfri* (in der Konj. IV. 1), und aus dem *u* entstanden ist, dagegen in *esáwawi* formbildend zu sein scheint. Die von mir verzeichneten Formen findet man im Anh. N:o 214.

Andere Konjugationsformen.

298. Ausser diesen fünf durch zahlreiche Beispiele in allen Tempora belegten Konjugationen scheint es noch andere Konjugationsformen zu geben, von welchen ich jedoch zu wenige und vereinzelte Beispiele besitze, um berechtigt zu sein, sie den übrigen gleichzustellen. So bildet das Verb *démim* (*démum*) ‚drücken' den Aorist, das Perfekt und den Infinitiv ganz regulär nach dem Muster der zweiten Konj. Das Präsens lautet aber *adámim, tedámim* etc., mit Einschiebung eines langen *ā* in die erste Stammsilbe. Nachstehend führe ich die von mir verzeichneten Formen dieses Stammes auf:

	Aor.	Präs.	Perf.	Fut. II.
Sing. 1.	*démmat*	*adámim*	*ádmim*	*demím hérrin*
2.	*démima* [Imp.]	*tedámima*	*tédmim*	
3.	*báidnem*	*edámim*	*édmim*	
Plur. 1.		*nedámim*	*nédmim*	

Vielleicht wird auch der Stamm *haid* ‚nähen'[1] nach diesem Muster abgewandelt. Zwar wurde mir als Präs. die Form *aháid* und als Perf. *uháid* angegeben, aber wahrscheinlich liegt hier eine Verwechslung vor. Wenn nun dem so ist, so bleibt den-

---

[1] Wahrscheinlich vom arab. خيّط *χijjat*, nähen.

noch die kleine Abweichung von dem obigen Schema übrig, dass hier ein *a* schon im Stamme vorhanden ist, so dass man statt Einschiebung eines *ā* eigentlich nur die Dehnung des *a* zu *ā* anzunehmen hätte. Die wenigen mir bekannten Formen dieses Verbs lauten, wie folgt:

	Aor.	Präs.?	Perf.?	Infin.?
Sing. 1.	háidat	aháid	aháid	[tohájde 1) das Nähen
2.	háidata	teháida	teháida	2) die Nadel]
3.	báehájid	eháid	eháid	
Plur. 1.		neháid	neháid	

299. Eine andere Präsensbildung weisen die Stämme *beḍáj* (*bḍáj*) ‚gähnen' und *muáš* (*mwáš*) ‚flüstern' auf, und es will mir scheinen, als ob diese Bildung die erste und mehr ursprüngliche der zweiten Klasse wäre. Sie wird nämlich ohne besondere Modifikation des Stammes — auf die gewöhnliche Elision des ersten kurzen Stammvokales ist natürlich kein Gewicht zu legen — nur durch das allgemeine präsentiale *i* in der Endsilbe gekennzeichnet. Die von mir aufgezeichneten Formen dieser Stämme sind folgende:

1) *beḍáj*, gähnen. 2) *muáš*, flüstern.

	Aor.	Präs.	Perf.	Aor.	Präs.	Perf.
Sing. 1.	beḍájat	ábḍij	ábḍáj	(a)muášat	ámwíš	ámwáš
2. m.	beḍájata	tébḍija	tébḍája	muášu	témwíša	témwáša
3. m.	báibḍij	ébḍij	ébḍáj	báemóš	émwíš	émwáš
Plur. 1.		nébḍij	nébḍáj		námwíš	námwáš

Dieser Bildungsweise kommt dann die des Stammes *dag^u* ‚spioniren' sehr nahe, dessen Präsens ausser durch das *i* der Endsilbe auch durch das *é* der Präformative gekennzeichnet wird. Dieses *é*, das wir schon oben in den Konjj. IV. I und V. als ein zweites Merkmal neben den charakteristischen Konjugationszeichen (der Erweiterung durch *i* und der Elision des *ā*) kennen gelernt haben, würde auch hier eine ähnliche Rolle spielen. Die Form *édig^u* (von *dag^u*) steht nämlich genau in demselben Verhältnis zu *ábḍij* (von *beḍáj*), wie *éfri* (von *för* IV. 1) zu *ášbóbi* (von *šebób* IV. 2), da in beiden Konjugationsformen die einsilbigen Stämme das *é* annehmen, während die zweisilbigen die gewöhnlichen Präformativvokale beibehalten. Die mir bekannten Formen des genannten Stammes lasse ich hier folgen:

	Imp.	Aor.		Präs.	Perf.	Infin.
Sing. 1.		dag^uat	Sing. 1.	édig^u	ádag^u	dag^u
2.	dág^ua	dág^uata	2.	tédig^ua	tédag^ua	
3.		báidag^u	Plur. 1.	nédig^u	nédag^u	
Plur. 2.		dág^uatna	2.	tédig^una	tédag^una	

Bei MUNZINGER findet sich der ursprüngliche Stamm *dag* in den folgenden Formen vor: *édag*, spioniren; C. *esódag*; *edogwa*, Spion.

VI. Unregelmässige Verben.

300. Unter dieser Rubrik führe ich eine Anzahl Verben auf, die zwar im allgemeinen einer der oben beschriebenen Konjugationen angehören, aber doch grössere oder geringere Abweichungen von der regelmässigen Flexion aufweisen. Diese Unregelmässigkeiten bestehen teils in der Anwendung mehrerer Stämme zur Bildung der Tempora eines Zeitwortes, teils in Flexionsformen, die sich nicht aus den vorangegangenen Ausführungen erklären lassen, teils sind sie vielleicht nur scheinbar und beruhen dann auf einer Schwankung oder Ungenauigkeit der Aussprache seitens meiner Gewährsmänner, die in einer zufälligen Abgespanntheit ihren Grund gehabt haben mochte. Für eine Unregelmässigkeit der Flexion halte ich dann die seltene Erscheinung nicht, dass neben den regelmässigen Formen eines zur zweiten Klasse gehörigen Stammes mir andere genannt wurden, die nach Analogie der ersten Klasse gebildet waren. So wurde mir von dem Stamm *der* „töten" (Konj. II. 1) neben dem regelmässigen Präsens *ándīr, t'ándīra* etc. auch die Formen *dérani, dértenia, dérīni* etc. als völlig gleichbedeutend angegeben, welche ganz wie *támani, támtenia* etc. (Konj. I.) gebildet sind. Wenn meine Auffassung richtig ist, dass die erste Klasse als eine Art schwache und regelmässige Konjugation gegenüber den starken unregelmässigen Konjugationen der zweiten Klasse betrachtet werden kann, so sind dergleichen Nebenformen sehr erklärlich und haben bekanntlich entsprechende Analogien in vielen anderen (namentlich den germanischen) Sprachen. Besonders leicht könnten von dem afformativischen Präsens Nebenformen gebildet werden, wenn sich dieses als ein aus dem Stamm des Hauptverbs und den flektirten Formen eines Hilfsverbs zusammengesetztes Tempus herausstellt. Aber immerhin mögen sie verhältnismässig selten vorkommen, zumal da ich ausser dem vorhin erwähnten nur noch ein Beispiel davon besitze, nämlich die Formen *úljani, úlitenia* etc., die man mir als gleichbedeutend mit dem regelmässigen Präsens *aúlli, úllia* etc. bezeichnete. Hier wurden aber als 3. Person zu 1. *úljani*, 2. *úlitenia* die sehr bemerkenswerten Formen *jeél* f. *teél* und weiter als Plural die schon bekannten Formen *neél, teélna* etc. vorgebracht. Es liegt wohl auf der Hand, dass die Formen *jeél* und *neél* (das letztere lautet ja auch *neél* s. § 174) genau zusammengehören, und fast notwendiger Weise zu einem Rückschluss auf die singulären For-

men: 1. a*êl*, 2. te*êla*, f. te*êli*[1] Anlass geben. Da nun die 3. Person zu *úljani*, *ulítenia* nur *ulíni* lauten kann (wie dann auch weiter der Plural: *ulínẽi* etc.), so hätten wir also ein ganz neues präformativisches Präsens neben *aúllī*, *úllīa* etc. zu verzeichnen. Indessen wurden die von mir vorgebrachten Formen *aêl* (oder *êl*), *teêla* (od. *têla*) von meinen Gewährsmännern nicht anerkannt, und die Formen *jeêl* und *teêl* stehen in meinen Sammlungen ganz vereinzelt da, während die Pluralformen *nêl* etc. (wie alle ähnlichen: *nerêb*, *nêsen*, *nêrd*, *nešéj* u. v. a.) allemal zu den Singularformen *aúllī* (*arámbī*, *asénnī*, *a'ándī*, *asánjī*) etc. herangezogen wurden. Ich muss mich also hier auf diese Andeutungen beschränken. — Schliesslich bemerke ich, dass im Bedawie, wie in so vielen anderen Sprachen, gerade die gewöhnlichsten Zeitwörter wie ‚sein‘ ‚haben‘ ‚machen‘ ‚gehen‘ ‚kommen‘ ‚sagen‘ ‚wollen‘ ‚geben‘ ‚nehmen‘ u. dgl. zu den unregelmässigen Verben zählen, und dass von diesen nur die zwei Stämme *ha'* und *ī* der afformativischen Flexion der ersten Klasse folgen, während alle übrigen der zweiten Klasse angehören.

Erste Klasse.

301. *Ha'* ‚bringen‘ (vulgärar. *gāb*, *jāb*) ist nur im Imperativ unregelmässig, wo neben der seltener vorkommenden regulären Form entweder ein ganz anderer Stamm auftritt, oder eine Zusammensetzung (vielleicht mit dem Imper. des Stammes *ī* ‚kommen‘) vorliegt. Jedoch ist auch zu bemerken, dass das *a* des Stammes gern in *e* übergeht, wenn das Afformativ mit *e* oder *i* anfängt (vgl. § 26), und dass nach dem Laryngalen ' ein euphonisches *a* als Hilfsvokal häufig eingeschoben wird. Folgende Formen finden sich bei mir verzeichnet:

Aktiv

Affirmative Form.

	Imp.		Aor.	Präs.	Perf.		Fut. I.
Sing. 2. m.	*hámu*	Sing. 1.	*há'at*	*há'ani*	*há'an*		*hé'e ándi*
f.	*hémi*	2.	*há'ata*	*há'tenia*	*há'ta*	Plur. 1.	*há'ni nîed*[2]
		3.	*háhe'e*	*he'íni*	*hé'ja*		

[1] Oder möglicherweise 1. *êl*, 2. *teêla*, *teêli*.

[2] Vgl. § 186. — Ich bemerke übrigens, dass bei diesem und allen folgenden Verben die Formen genau so aufgeführt sind, wie sie sich in meinen Sammlungen finden, weshalb man hier häufig einen Wechsel zwischen den Vokalen *a*, *i*, einerseits und *e* andrerseits, (vgl § 25), ein *j* zwischen *i* und einem folgenden Vokal, sowie verschiedene andere kleine Schwankungen in der Aussprache antreffen wird, die aber alle ganz bedeutungslos sind.

DIE BISCHARI-SPRACHE.

		Präs.	Perf.	
Plur.	1.	há'anēi	há'ana	
	2.	há'aténa	há'tāna	Fut. II.
	3.	há'ēn	hé'ijān	há'atib hérrin

Negative Form.

Präs.	Perf.	Kond.
kahá'an	há'āb káka	báha'ēk

Kausativ.

		Aor.	Präs.	Perf.	Fut. II.
Sing.	1.	há'sat	há'sani	há'san	ha'ástib hérrin
	2.		ha'ástenia	ha'ásta	
	3.	bāhá'si	há'asini	ha'ásja	
Plur.	1.		há'asnēi	ha'ásna	
	2.		há'astēn	ha'ástān	

302. Der Stamm i „kommen" zeigt die Eigentümlichkeit, dass er in den meisten Formen in ē oder ai übergeht, d. h. nach der Terminologie der Sanskritgrammatik, einer Gunirung unterworfen ist. In einigen Formen, namentlich im ganzen Kausativ, wird der Hauch ' nach dem Stammvokal gehört. Im Imperativ aber wird dieser Stamm nicht gebraucht, sondern durch einen anderen ersetzt. Die von mir verzeichneten Formen dieses wichtigen Zeitwortes lauten, wie folgt:

Aktiv.

Affirmative Form.

		Imp.	Aor.	Präs.	Perf.	Kond.	Fut. I.
Sing.	1.		i'at	i'ani	i'an	ianjēk	éc ándi
	2. m.	má'a	i'ata	i'tenia	éta	étenjēk	» téndia
	f.	má'i (má'ai)	i'ati	i'teni	i'tai	étinjēk	etc.
	3. m.		bā'e	i'ini, ieni	i'a	ánijēk	
	f.		bā'te	i'teni	i'ta	i'tinjēk	Fut. II.
Plur.	1.		iadéni	énēi	éna	énējēk	'aj' háriu
	2.	ma'āna	iatna	i'tēn	étān	i'tēnik	» hérija
	3.		bā'in	i'en	i'an	i'enik	» néheru

[1] Hier habe ich besonders notirt, dass das Hemza sehr stark ist.

Negative Form.

	Imp.	Opt.	Koud.	Präs.	Fut. I.
Sing. 1.		báaj[t]u	báajēk	kaían	ée kádi
2. m.	báa	bániaa	bidajēk	kaéta	» kiddia
f.	bíci	báaitwi	»	kaétai	» kiddi
3. m.	bíci	báaju	bíajēk	kaéa	» kídi
f.	búlei	báaitu	búlajēk	kaétu	» kiddi
Plur. 1.		báaj[t]u	binajēk	kaéna	éne¹ (od. ée) kindi
2.	báana	báaj[t]án	bidainēk	kaétán	» » » kiddin
3.	bíéina	báaj[t]a	bíainēk	kaéān	» » » kídin

Neg. Form. Kausativ.

Perf.		Aor.	Präs.	Perf.
ijáb káka	Sing. 1.	é'sal²	é'sani	é'csan
	2.	é'csa [Imp.]	é'éstenia, f. é'ésteni	é'csta, f. é'estai
Fut. II.	3.	báé's . . ?	é'esini, f. é'ésteni	é'esije, f. é'esta
'aj káheru	Plur. 1.		é'esuéi	é'esna
» kítharu	2.		é'estēu	é'estána
» kinharu	3.		é'esēn	é'esjān

303. Der Stamm dieses Zeitwortes würde nach den von MUNZINGER aufgeführten Formen immer ē lauten. Dieser bringt folgende Tempusformen:

	Aorist.	Perfect.	Plusquamperfect.³
Sing. 1.	cini, ich komme	cíni, jcánu, ich kam	ić, ich war gekommen
2.	et'ja	éta, fem. etái	etíc
3.	ejini	ca, fem. cta	ic
Plur. 1.	ćnci	ena	ćni
2.	ctćna	etane	etína
3.	ićna	cau	ićna

Imperativ.

	Positive Form.	Negative Form.
Sing. 2.	ma, komm! f. mai	bama, komm nicht! fem. bamai
3.	bie, dass er komme!	bici, dass er nicht komme!
Plur. 2.	mana, kommet! f. manai⁴	bamana, kommet nicht!
3.	bíin, dass sie kommen!	bicini, dass sie nicht kommen!

---

¹ Vgl. § 186.

² Das zweite e ist im ganzen Kausativ nur ein Hilfsvokal, um die Aussprache des Laryngals ' vor dem Konsonanten zu erleichtern.

³ Vgl. §§ 182, 316.

⁴ Aller Wahrscheinlichkeit nach ist diese Form nur eine falsche Analogiebildung von MUNZINGER, denn ich habe von einem Geschlechtsunterschied in den pluralen Formativen nicht die geringste Spur gefunden.

DIE BISCHARI-SPRACHE. 221

		Optativ [vgl. § 244].			Perfect.	
		Positive Form.	Negative Form.		Negat. Form.	
Sing.	1.	íe, o dass ich	ba'je, o wäre ich		jeab kake, ich kam nicht	
	2.	edjéē, gekommen wäre!	bidjēi' nicht gekommen!			
	3.	íe	biíi		Part.	
Plur.	1.	enie	biniéjē		eab, kommend	
	2.	etinēa	bidjuēinū			
	3.	iēnū	bi'jnū		N. o'ajo, das Kommen	

Caus. ésisja [das augenscheinlich ein doppeltes Kausativ ist].

Zweite Klasse.

304. Der Stamm *di* „sagen" gehört zwar eigentlich zur Konj. II. 1, wegen des vokalischen Auslautes erfolgt aber die Flexion vielfach nach Analogie der Konj. II. 2, a, wie denn auch im Präs. Plur. und Fut. I. Formen erscheinen, die eher auf einen Stamm *jédi* oder *ádi* (II. 2, a) zurückzuführen wären. Ausserdem wurde mir neben dem regelmässigen Perf. noch eine andere, einem ganz fremden Stamme entlehnte Form mit gleicher Bedeutung angegeben. Mit den oben (§ 249 und 255) vorgeführten Paradigmen vergleiche man folgende Formen:

Aktiv.

Affirmative Form.

		Imp.	Aor.	Präs.	Perfekt.	
Sing	1.		dít, didéni	áudi	ádi	'an, 'ána
	2. m.	díja, di	dítа	téndia	tédia	téna, ténia
	f.	di	díti	téndi	tédi	
	3. m.		báijād	éndi	édi	'en, 'éne, jéne
	f.		bátijād	téndi	tédi	
Plur.	1.		didénēi	nijad, néēd	nédi	nē, néa
	2.	dína	dítna	tijádna, tédna	tedin	tén, téntna
	3.		báijadna	ijádna, édna	edin	ēn, éana

		Kond.	Fut. I.	Fut. II.	
Sing.	1.	ándijēk	ijad ándi	mijád hérrin	
	2.	téndijēk	„ téndia	„ hérrina	
	3.	éndijēk	„ éndi	„ hérri	
Plur.	1.	níjadēk	„ néēd (nijad)	„ néloru	
	2.	tijadnēk	„ tédna (tijádna)	„ téharán	
	3.	ijadnēk	„ édna (ijádna)	„ éherán	

Negative Form.

	Imp.	Opt.	Kond.	Präs.	Perf.
Sing. 1.		bádibu [f. -ítu]	bádik	kádi	dijáb káka
2. m.	bádia	báditca	biddík	kiddía	
f.	bádi	báditwi	biddík	kíddi	
3. m.	bídi	báditbu	bídik	kídi	Fut. I.
f.	bíddi	báditu	biddík	kíddi	ijád kádi
Plur. 1.		bádina	bindík	kíndi	
2.	bádina	bádinána	biddinēk	kiddína	Fut. II.
3.	bídina	bádina	bídinēk	kídin	mijád káheru

Kausativ.

	Imp.	Aor.	Präs.	Perf.
Sing. 1.		sisiódat	asisiódi	asisiód
2.	sisióda		tesisiódia, f. tesisiódi	tesisióda, f. tesisiódi
3.		bácsisiúd	esisiódi » tesisiódi	esisiód » tesisiód
Plur. 1.			nesisiódi	nesisiód

305. Mehrere Formen verdienen hier eine besondere Aufmerksamkeit, zuerst *didéni*, welche Form, wie auch wenige andere mit derselben Endung *-déni (-adéni)*, als 1. Pers. Sing. angegeben wurde, obgleich diese Endung sonst überall die 1. Pers. Plur. bezeichnet. Liegt hier, wie kaum zu bezweifeln ist, eine Zusammensetzung mit irgend einem Hilfsverb (vielleicht *áni*, oder *an*) vor, so kann wohl die Endung *-ēni* nichts anders sein als eine ursprünglich singuläre Form, aber ihre gegenwärtig allgemeine plurale Bedeutung ist durch Hunderte von Beispielen über alle Zweifel erhaben. Die Pluralform *didénei* erinnert an die entsprechende Form des afformativischen Präsens, und die Perfektformen, 'ane, 'an, deren Hemza (') als sehr stark besonders notirt ist, gehen wahrscheinlich auf denselben Stamm *áni* oder *an* zurück, der den Endungen der 1. Pers. Präs. *-ēni* (-*ēnēi*) zu Grunde zu liegen scheint. — Das Kausativ ist deutlich genug ein doppeltes, aber die ursprüngliche Stammform ist nicht leicht zu ermitteln, obwohl der Zusammenhang mit dem oben postulirten Stamm *udi* (Aor. 3. *bá-iád*) unverkennbar ist.[1] Hier wurde mir aber zuerst als Perf. Kaus. des Zeitwortes *di* ‚sagen' (also arab. *gáwwal*) eine von den Formen angegeben, welche, hier und da auftretend, meinem schon oben dargelegten System der verbalen Formenbildung vorläufig sich nicht gut einordnen lassen und gerade deswegen eine besondere Aufmerksamkeit des kritischen Lesers erheischen. Die fragliche Form lautet nach meinen Aufzeichnungen: Sg. 1. *dijaan*, 2. *dijátena*, *dijáteni*, 3. *dijain*, *dijátin*; Pl. 1. *dijanēn*, 2. *dijatēn*, 3. *dijuēn*. Dass hier keine kausativische Bildung vorliegt, ist leicht zu ersehen, aber die Form ist deshalb interessant, weil sie deutlich genug zeigt, dass sie aus der (imperativischen oder vielleicht nominalen) Form

---

[1] Vgl. bei Munzinger (S. 358) *nedi*, sagen; C. *esisód*; N. *miádo*, das Gesagte, der Spruch».

dija und dem flektirten Perf. 'an zusammengesetzt ist, und somit eine Art Parallele zu dem afformativischen Präsens bildet, dessen Endungen, -ani, -tènia, -teni, -ini etc., sich vielleicht schliesslich auch als das flektirte Präsens desselben Stammes 'ani, 'an, herausstellen dürften.

306. Fast gleichlautend mit den in § 304 vorgeführten Formen von dem Stamme *di* „sagen" sind einige der unten stehenden Formen eines anderen Zeitwortes mit Bedeutung von „machen", „thun", um dessen Imperativs willen man ebenfalls *di* oder *di*¹ als Stamm anzusetzen hätte, wenn nicht die übrigen Tempora eher eine Stammform *déi* (*déi*) vermuten liessen. Mit dem Zeitworte *di* (*déi*) „machen" wird eine Art perifrastischer Konjugation gebildet, indem beispielsweise von den Stämmen *as* „heben" und *no'* „senken" die Abwandlung gewöhnlich auf folgende Weise geschieht:

1) *as*, heben.

	Imp.	Aor.	Präs.	Perf.
Sing. 1.		áste dit	áste ádan'e	áas ád'e
2.	ása dija	» dija	» dán'ia	téas tédia
3.		» báed'a	» dán'i	í'as édi
Plur. 1.		» didénci	» nedé	né'as néd'i
2.			» tedéna	téasna tedína
3.			» edéna	íasne edín

2) *no'* (*nu'*) senken.

	Aor.	Präs.	Perf.
Sing. 1.	nú'te edít	nú'te ádan'i	áno' ád'e
2.	» dija	» dán'ia	téno' tédija
3.	» báed'a	» dán'i	éno' édi
Plur. 1.	» edidénci	» nedé	néno' néd'i
2.		» tedéna	ténó'ne tedína
3.		» edéna	enó'ne edín

307. Was nun zuerst das Hilfsverb betrifft, so spricht die Präsensform *ádan'i*, *dán'ia* etc. entschieden für eine Stammform *déi* (II. 2, a), und auch die übrigen Formen lassen sich daraus erklären. Das Perfekt *ád'e* (*ád'i*) ist denn auch ganz regulär. Die Aoristform *edít* für *déit* ist nach § 31 als eine Lautumstellung aufzufassen, und der Laryngal ' fällt in ähnlicher Stellung häufig aus (vgl. die 2. und 3. Pers. Perf. *tedína*, *edín*, für *ted'ína*, *ed'ína*). Der Imperativ *dija* würde somit als aus *déia* entstanden zu erklären sein. — Bezüglich der beiden Hauptverben bemerke

---

¹ In diesem Worte hörte ich bald das dentale *d*, bald das präkakuminale *ḍ*; da ich aber in MUNZINGERS Wörterverz. die Formen *edi* „sagen" und *idi* „machen" finde, schreibe ich im folgenden dieses Wort, um es von jenem zu unterscheiden, immer mit *ḍ*.

ich, dass nach der Angabe meiner Gewährsmänner sowohl die einfachen Perfektformen *áas* und *áno'* als die Aoristformen *ásat*, und *nó'at* in ganz derselben Bedeutung wie die obigen gebraucht werden können. Eine entsprechende einfache Präsensform konnte ich aber von den Leuten nicht herausbekommen. Es ist mithin schwer zu entscheiden, zu welcher Konj., ja sogar zu welcher Klasse diese Stämme gehören. Das Perfekt ist zwar entschieden präformativisch (der Wegfall des Afformativs in der 2. Pers Sing. Mask. hat nichts zu bedeuten und ist mir auch in anderen Verben vorgekommen), aber die Formen *áste* und *nú'te* sind ja die gewöhnlichen Infinitivformen der 1. Klasse, und die 3. Pers. Aor. des Stammes *no'* lautet regelmässig nach der Konj. I. *bánó'e*. Dann kommt noch dazu, dass das Passiv und das Kausativ desselben Stammes ebenso entschieden afformativisch sind: Pass. Aor. *nú'amat*, Präs. *nó'ámane*, Perf. *nó'aman*, Kaus. Aor. *nú'sat*, Präs. *nú'sani*, Perf. *nú'san*. Vom Stamme *as* habe ich die Passiv- und Kausativformen nicht verzeichnet. Gehört also der Stamm *nu'* deutlich genug und auch *as* wahrscheinlich der ersten Klasse an, so haben wir hier ein analoges Beispiel zu dem in § 300 besprochenen Fall, wonach von den Stämmen der zweiten Klasse *der* und *áli* auch afformativische Präsentia gebildet werden können.

308. Der Stamm *hi* „geben" wird im Präsens und den beiden Futura durch einen anderen Stamm ergänzt, der wahrscheinlich *'au (aw)* lautet und nach der Konj. II. 1 flektirt wird.

Aktiv.
Affirmative Form.

	Imp.	Aor.	Präs.	Perf.	Kond.
Sing. 1.		hit	áníw (ániu)	áhe, áhi	áníwēk
2. m.	hía	hita	téníwa	téhia	u. s. w.
f.	hi	hiti		téníwi	téhi	
3. m.		báíau, báijáhu	éníw (éniu)	éhe, éhi	Fut. I.
f.		bátíau	téníw	téhe, téhi	iáu ándi
Plur. 1.		hiáēni	néjau,[1] nēu	néhe	
2.		hitna	téjánna, téáua	tehíua	Fut. II.
3.		báijáuna, báijáhun	éjánna, éáua	ehíu	miau hérriu

Negative Form.

	Opt.	Kond.	Präs.	Perf.
Sing. 1.	báhíu	báhíwēk	káhe	hijáb káka
2.	báhiwa	bíhíwēk	kíhia, f. kítho	
3.		bíhíwēk	kíhe, f. kíthe	
Plur. 1.		bíuhíwēk	kinhe	
2.		bíthíwenēk	kíthēu	
3.		bíhiwnīk	kíhēu	

[1] Wenn der Stamm *au* ist, so kann das *j* nur eufonisch sein, und die Formen *nēu, téáua, éáua*, sind als Zusammenziehungen zu betrachten.

Passiv.

Affirmative Form.

	Aor.	Präs.	Perf.	Fut. I.
Sing 1.	atonáwat	atóniw (atóniu)	atónāu	itániw ándi
2.	atonáwa	tetóniwa, f. tetóniwi	tetōnāwa, f. tetōnāwi	
3.	baetániw	etóniw (etóniu)	etónāu	
Plur. 1.	netóniw	netóniw (netóniu)	netónāu	
2.	tetóniwena (tetóniuna)	tetónāuna		Fut. II.
3.	etóniwna (etóniuna)	etónāuna		atónwoid hérriu

Negative Form.

Imp.	Kond.	Präs.	Perf.
bātōniwa	bātōniwék	kātōnāu	atónwāb káka

309. Das Passiv *atónāu* rührt augenscheinlich von einem Stamm *nau* her. Ein solcher Stamm findet sich auch bei mir verzeichnet, aber mit der Bedeutung ‚mangeln‘ ‚vermissen‘ und nach der Konj. IV. 1 flektirt (s. § 273, 274). Auch zu diesem Stamm wurde mir von meinem Lehrer in Berber die Form *atónāu* als Passiv, mit dem entsprechenden *sónau* als Kausativ angegeben. Man könnte also vermuten, dass hier oben eine Verwechslung stattgefunden habe, indessen wurde mir von meinem Lehrer ALI in Assuan die Form *atónāu* ebenso entschieden als Passiv zu den obigen Formen des Stammes *hi* ‚geben‘ gebracht und mit dem arab. *‹telággya*¹ übersetzt. Von einem Kausativ *sónau* wollte er hier nichts wissen. Es könnte also möglicherweise ein zweiter Stamm *nau* mit der Bedeutung ‚geben‘ vorhanden sein, und dann dürfte vielleicht das Präs. Sing. Akt. *ániw* dazu herangezogen werden. Diese Form, die, wenn sie von einem Stamme 'au ihren Ursprung herleitet, aus *án'iw* entstanden sein müsste (vgl. § 307), würde in diesem Falle richtiger *ánniw* geschrieben werden.

310. MUNZINGER hat auch in seinem Wörterverzeichnis (S. 356) ein *hija*, ‚bringen‘ ‚geben‘, das sich durch die Endung -*ja* (Afformativ des 3. Pers. Perf. Sing.) als zur ersten Klasse gehörig ausweist. Er bringt auch in der grammatischen Skizze folgende Formen, welche teils von diesem Stamme *hi*, teils von meinem *ha'* ‚bringen‘ (vgl. § 301) herrühren:

	Aorist.	Perfect.	Plusquamp.	Neg. Perfect.
Sing. 1.	hiéni, ich gebe	hijen, ich gab	heje	hijab kake
2.	hateja	hejeta	hatie	
3.	hejeni	hija	heje	Nomen actionis.
Plur. 1.	hanei	hiena	hani	o'mehiou, die Gabe
2.	hatēna	hatäne	hatina	
3.	hajēna	hijan	hejin	

---

¹ Das arab. *talággyā* تلقّى, bedeutet nach KASIMIRSKI (Edit. Bulak): se «rencontrer, recevoir, trouver», was dem Begriff ‚gegeben werden‘ oder, da das Passiv im Bedawie eben-

Der Stamm *hi* ‚geben' kann also, wie die unzweifelhaft richtigen Formen *hiéni* (1. Pers. Sing. Präs.), *kijen*, *hija*, und *hijan* beweisen, auch afformativisch abgewandelt werden und ist also ein neuer Beleg für die in § 300 besprochene Erscheinung.

311. Mit den in § 308 vorgeführten Formen des Stammes *hi* ‚geben' bietet das folgende Zeitwort für ‚nehmen' vielfache Lautähnlichkeiten dar. Der Imper., der Aor. und das Particip weisen auf einen Stamm *ah*, das Perfekt und die negative Form (Imp., Opt., Kond.) dagegen auf einen Stamm *hai* hin, dessen Flexion in diesen Formen auch mit der Abwandlung der anderen auf -*ai* ausgehenden, weiter unten (§ 325) mitgeteilten Stämme völlig übereinstimmt. Im Präsons tritt wieder wie bei *hi* ‚geben' ein fremder Stamm *'an* (Konj. II. 1) auf, wie denn auch hier als das entsprechende Passiv Formen angegeben wurden, die von einem ganz anderen Stamme herrühren.

Aktiv.

		Imp.	Aor.	Präs.	Perf.
Sing.	1.		*ahát*	*anín* [für *an'in*	*ahá, ájhe*
	2. m.	*ahá*	*ahéita, ahá*	*tenína* s. § 307]	*tcháija*
	f.	*ahéi*	*ahéiti, ahéij*	*tenéni*	*teháj*
	3. m.		*báiáhu, báiáj*	*enín*	*íha*
	f.		*bátiáhn*	*tenín*	*tíha, tcha*
Plur.	1.		*áhadéni*	*niéi, néej*	*uchá, néhe*
	2.	*ahána*	*ahátna, ahána*	*tijéjna*	*tihéna, tehén*
	3.		*báijájna*	*ejéina, eéjna*	*ihén, johén*

		Kond.	Fut. I.	Neg. Imp.	Neg. Opt.	Neg. Präs.
Sing.	1.	*áninék*	*iáj ándi*	*báhája*	*báháju*	*káha*
	2.	*téninék*		*biháí*		*kithaja*
	3.	*énínék*		*bihai*	Neg. Kond.	*kiha*
Plur.	1.	*niajék*		*bíthai*	*báhájék*	*kinha*
	2.	*téjejnék*	Fut. II.		Neg. Perf.	
	3.	*éjejnék*	*miáj hérriu*		*áháb káka*	

Passiv.

		Aor.	Präs.	Perf.	Fut. I.
Sing.	1.	*atiéwit*	*atiéwi*	*atiéwaj*	*etiie ándi*
	2.	*tiewája*	*tetiéwia*	*tetiéwaja*	
	3.	*báetie*	*etiéwi*	*etiéwaj*	
Plur.	1.	*atiéwadéni*	*netiéwi*	*netiéwaj*	
	2.	*tiewájna*	etc.	etc.	Fut. II.
	3.	*bárthena*			*atiéwjoid hérriu*

sooft reflexive Bedeutung hat, ‚sich selbst geben' (= ‚erhalten'), oder endlich ‚geben' (in neutralem Sinne = ‚sich finden') sehr nahe kommt.

312. Der Plural des Präs. Akt. erinnert zwar an die entsprechenden Formen des Stammes *hi* ‚geben‘, aber er könnte vielleicht dennoch mit dem Stamm *haj* in Zusammenhang gebracht werden. Im Passiv lautet der Stamm *tiéwaj* und wird im Präs. und Perf. ganz nach Analogie des *átrabáj* (von *rébi*), im Aor. dagegen etwas abweichend flektirt (vgl. § 255). Als der entsprechende aktive Stamm wäre dann *iéwi, jéwi* oder vielleicht *éwi* anzusetzen, wenn man *tiéwaj* als aus *etewaj* durch Lautumstellung entstanden erklären dürfte. Das *a-* in der 1. Pers. Aor. ist jedenfalls nur ein euſoniſcher Vorſchlag. -- In MUNZINGERS Wörterverz. finden sich von dieſem Stamm folgende Formen: *vihē*, nehmen; Imp. *aha*; C. *esisihou* [doppeltes Kauſ.].

313. Die in § 306 und 307 erörterte Frage über das Vorhandenſein einer Art periphrastischer Flexion durch Zusammensetzung mit anderen, in gewissen besonderen Fällen als Hilfsverben dienenden Stämmen, und die damit in Zusammenhang stehende Erscheinung von Verbalformen eines Stammes, die teils präformativisch teils afformativisch gebildet sind, wird auch durch das Verhalten des Stammes *délib* ‚kaufen‘ und ‚verkaufen‘ etwas näher erläutert. Dieser Stamm kann zwar ganz allein jene beiden unserer Auffassung nach entgegengesetzten Begriffe ausdrücken,[1] wenn dieselben aber, um jedes Missverständnis zu verhüten, besonders betont werden sollen, wird ‚kaufen‘ durch Zusammensetzung mit dem Stamme *hai* ‚nehmen‘ und ‚verkaufen‘ durch Zusammensetzung mit dem Stamme *dé'i* (od. *di*) ‚machen‘ ausgedrückt. In diesen syntaktischen Verbindungen verhält sich nun der Stamm *délib*, der unstreitig der Konj. II. 2, b angehört (s. Anhang N:o 106) und somit von Hauſe aus präformativisch ist, genau so wie die Stämme *as* und *no*' (s. § 306). Im Perfekt behält es ſeine präformative Flexion, im Präs. aber und in den beiden Futura treten Formen auf, die entweder mit Suffixen abgeleitete Verbalnomina oder afformativisch gebildete Verbalformen sind. Meine Beispiele waren ‚ich kaufe Milch‘ und ‚ich verkaufe Milch‘, durch folgende Tempora und Personen abgewandelt:

1) *délib hai* ‚kaufen‘.

	Präsens.	Perfekt.	Konditional.
Sing. 1.	'āt délba anín[2]	'āt délib 'ha[3]	'āt délba (od. délibti) áninék
2.	» » tenín	» t'dlib tehája	
3.	» » enín	» édlib íha	Fut. I.
Plur. 1.	» delibna níjei	» nédlib nehái	'āt delibti ijáj ándi
2.	» delibte tej'jna	» tedlibna tehén	Fut. II.
3.	» delibna ej'jna	» edlibna jehén	'āt délba mijáj hérrin

Das Futur ‚ich werde Milch kaufen‘ würde also durch oben stehende zweifach zusammengesetzte Wendungen ausgedrückt, der Imperativ ‚kaufe Milch‘ lautete hingegen einfach *déliba 'āt*.

---

[1] Vgl. im Arab. شرى ‚kaufen‘ und ‚verkaufen‘.

[2] Wird in der Ausſprache *délbanín*, wie in der 3. Pers. *délbenín*, in der 2. Pers. dagegen, weil *délba* aus *délibi* entstanden ist, *delibtenín*.

[3] Vgl. § 23.

2) *delib dẽi* ‚verkaufen‘.

	Präsens.	Perfekt.	Konditional.
Sing. 1.	’ăt dilba dḍan’i	’ăt delib eḍi	’ăt dilba dḍanjĕk
2.	» delibti ḍan’ia	» tedliba tedija	
3.	» dilbe ḍan’i	» edlib eḍi	
Plur. 1.	» delibna nedé	» nedlib nedi	
2.	» delibte tedéna	» tedlibna tedina	
3.	» delibna edéna	» edlibna edina	

Die Form *delibti* (*delibte*) stimmt ganz mit den Formen *ásti*, *nõ'te* überein, und wiewohl sie hier vorzugsweise in der 2. Pers. vorzukommen scheint, so ist sie doch wahrscheinlich am richtigsten als ein Verbalnomen aufzufassen. Dieser scheint mir auch bei der Form *dilba* der Fall zu sein, während dagegen *delibna*, das nur in der 1. und 3. Pers. Plur. vorkommt, eher wie eine flektirte Verbalform aussieht.

314. Von dem Stamm *bári* (oder *béri*) ‚haben‘ besitze ich nur die unten stehenden Tempusformen; der Imperativ und die beiden Futura sollen nach den Behauptungen meiner Gewährsmänner nicht vorhanden sein.

	Affirmative Form.			Neg. Form.	
	Präs.	Perf.	Kond.	Präs.	Kond.
Sing. 1.	ábari	íberi	ábarjĕk	kábari	bábarjĕk
2. m.	tébaría	tibería	tébarjĕk	kétbería	bitbarjĕk
f.	tébari	tiberi	tébarjĕk	kétbari	»
3. m.	ébari	íberi	ébarjĕk	kibari	bibarjĕk
f.	tébari	tiberi	tébarjĕk	kitbari	bitbarjĕk
Plur. 1.	nébari	níberi	nébarjĕk	kinbari	binbárinĕk
2.	tébarína	tibérína	tebárinĕk	kétbarína	bitbárinĕk
3.	éberin	iberin	ebárinĕk	kíbarin	bibárinĕk

315. Wenn der Stamm *bári* lautet, so ist die Form *ábari*, *tébaría* etc. aller Wahrscheinlichkeit nach eigentlich das Perfekt, und das Präsens würde dann (nach § 171, 173) *abárri*, *bárría* etc. heissen. Diese Auffassung der Form *ábari* als Perfekt (das von einem Stamm *béri* eher *íbri* lauten müsste) wird noch mehr durch die negative Form *kábari*, *kóberi* ‚ich habe nicht‘ unterstützt, da ja immer das neg. Präs. vom affirm. Perf. gebildet wird. Andrerseits ist die präsentiale Bedeutung auch durch MUNZINGERS Zeugnis völlig verbürgt. Von diesem Zeitwort bringt er folgende Formen:

					2. Form.
Sing. 1.	áberi, ich habe	káberi, ich habe nicht	kabero		
2.	teberie	kétberi	kitberḍa		
3.	eberi	keberi	kibero		
Plur. 1.	neberi	kenberi	kenbaro		
2.	teberini	ketberína	kitberína		
3.	eberin	kebrin	kiberon		

Die zweite Form *kaběro*, die von meinen Gewährsmännern zwar verstanden, aber für ungebräuchlich erklärt wurde, ist als eine Dialektform anzusehen, wie wir denn auch bei dem Stamme *méri* (s. § 317) solche Formen mit *u* als letztem Stammvokal neben den gewöhnlichen auf *-i* antreffen werden. — Das neg. Perfekt heisst *sūr kaběri*, und die Form *béráb kúku*, die ich vorbrachte, wurde als »nicht vorhanden« (arab. *mā fī*) abgewiesen.

316. Es bleibt nun noch übrig, die eigentümliche durch das lange *i* der Präformative charakterisirte Form *iběri* ‚ich hatte' zu erklären, welche ich in meinen sehr zahlreichen Flexionsbeispielen nur noch durch eine analoge Bildung *íhi* ‚ich war' (s. § 325) vertreten finde. In Übereinstimmung mit der im vorausstehenden § nachgewiesenen ursprünglichen Perfektbedeutung der Form *ábari*, — also wohl ‚ich habe erhalten' ‚ich besitze' ‚ich habe' — finden wir hier allem Anscheine nach eine ursprüngliche Plusquamperfektform vor, also eigentlich ‚ich hatte erhalten' ‚ich besass' ‚ich hatte'. Die Flexion stimmt nämlich mit den Plusquamperfektformen *ider* und *ibden* bei Munzinger (s. §§ 182, 251) ganz überein. Vergleichungshalber stelle ich hier meinen beiden Formen *iběri* und *íhi*, die bei Munzinger nicht vorkommen, alle diejenigen präformativisch gebildeten Formen zur Seite, die Munzinger als Plusquamperfekta aufgeführt und übersetzt hat, nämlich: *ider*, ich hatte getödtet, *ibden*, ich hatte vergessen, *ehid*, ich hatte gewählt [von meinem Stamm *hájal*, II. 2, b ‚wählen'], *ofur*, ich war geflohen [von meinem Stamm *för*, IV. 1 ‚fliehen'].

Sing.	1.	iběri	ihi	ider	ibden	ehid	ofur
	2. m.	tiběria	tihia	tidera	tibdena	tehida	tofura
	f.	tiběri	tihi	. . .	. . .	. . .	. . .
	3. m.	iběri	ihi	ider	ibden	ihid	ofur
	f.	tiběri	tihi	. . .	. . .	. . .	. . .
Plur.	1.	niběri	nihi	nider	nibden	nihid	nofur
	2.	tiběrina	tihina	tiderna	tibdena	tehidna	tofurna
	3.	iběrin	ihin	iderna	ibdenna	ihidna	oforna

Wie man sieht, liegt hier ganz entschieden eine besondere Form vor, die mit keiner von meinen anderen Tempusformen ursprünglich identisch und nur dialektisch verschieden sein kann. Das *e* in drei Personen von der Form *ehid* ist natürlich neben dem *i* der übrigen Personen nur als eine Schwankung der Aussprache zu betrachten, und das *o* in *ofur* kann man wohl nur für eine, anlässlich des folgenden *u* entstandene Trübung von *i* halten, zumal da dies sich in vielen anderen analogen Beispielen bei Munzinger wiederholt.[1] Trotzdem also, dass jene Munzingerschen Formen von meinen Gewährsmännern nicht mehr verstanden wurden, und dass sie ihre eigenen Formen *iběri* und *íhi* als Perfekta übersetzten, muss diese Bildung wohl doch für ein dem

---

[1] So wird in seinem Wörterverzeichnis das Präformativ der 3. Pers. Mask. Perf. in welcher Form er alle Zeitwörter bringt — statt des gewöhnlichen *e* sehr häufig *o* geschrieben, wenn der folgende Vokal ein *o* (oder *wa*) ist, z. B. *omotto*, sich streiten, *omče*, beschuldigen, *opriher*, stehlen, *opéi*, müde werden, *omorum*, begleiten, u. a. m.

Bedawie ursprünglich angehöriges Plusquamperfekt gelten, das jedoch bei den nördlichen Stämmen Ababde und Bischari fast gänzlich aus dem Gebrauch gekommen zu sein scheint, während es bei den südlicheren Stämmen noch üblich ist. Wenn also das Bedawie ein präformativisches Plusquamperfekt mit dem langen Präformativvokal *i-* bilden kann, wobei, wie man sieht, ein langes *ā* in der ersten Silbe (Konj. V.) elidirt wird, so lässt sich vermuten, dass die Sprache auch von den afformativisch flektirten Verben eine analoge Bildung entwickelt hat, und dann stimmen die von MUNZINGER als Plusquamperfekt angeführten Formen: Sg. *kodi, kodtie, kodi*, Pl. *kodini, kodtina, kodina* ‚ich war verloren gegangen' etc. (s. § 182), sehr schön mit den oben stehenden präformativischen Plusquamperfekts überein. Leider bringt er kein weiteres ebenso klares Beispiel vom Plusquamperfekt eines zu dieser Klasse zählenden Verbs,[1] da aber der Stamm unzweifelhaft *kod* ist, so sind wohl folgende Endungen als die Afformative des ursprünglichen Plusquamperfekts in der I. Klasse zu betrachten:

	Sing.	Plur.
Pers. 1.	-*i*	-*īni*, oder -*ina*[3]
2.	-*tia*, f. *tī*[2]	-*tina*
3.	-*i*, f. *ti*	-*ina*

317. Der Stamm *méri* (oder *mári*) ‚finden' wird grösstenteils ganz regelmässig nach dem Paradigma *rébi* (II. 2. a, s. § 255) abgewandelt, nur das Perfekt wird von der ein wenig differenzirten Stammform *méru* gebildet, und besitzt ausserdem eine Nebenform von einem dritten verwandten Stamm *maráj* (vgl. jedoch § 318). Indessen findet sich die ursprüngliche Perfektform im neg. Präs. *kámeri* beibehalten.

Aktiv.

Affirmative Form.

		Imp.	Aor.	Präs.	Perfekt.	Kond.
Sing. 1.		*merít*	*amírri*	*ámeru*	*ámaráj*	*amárrick*
2.	m. *méria*	*meríta*	*márria*	*témerúa*	*témarája*	
	f. *méri*	*meríti*	*márri*	*témeru*	*témaráj*	
3.	m.	*bármár*	*márri*	*émeru*	*émaráj*	Fut. 1.
	f.	*bátemár*	*márri*	*témeru*	*témaráj*	*emár áudi*

---

[1] In den beiden anderen Beispielen, die uns MUNZINGER von afformativischen Plusquamperfektformen bringt, *heje* ‚ich hatte gegeben' und *tí* ‚ich war gekommen' (vgl. §§ 303, 310) erscheint in vielen Endungen statt des *i* ein *e* und sogar *é*, und auch die richtige Form des Stammes ist nicht mit Sicherheit zu ermitteln.

[2] So muss wohl diese Endung aller Wahrscheinlichkeit nach statt -*tí-i* (vgl. § 21, b) lauten. Eine besondere Endung für die 2. Pers. Sing. Fem. findet sich bei MUNZINGER (ausser bei dem Imperativ) nirgends vor.

[3] MUNZINGER hat zwar hier in allen drei Beispielen die Endung -*ini*, da aber sowohl bei ihm als bei mir hin und wieder Beispiele vorkommen, wo die Pluralendung -*na*

DIE BISCHARI-SPRACHE.

	Imp.	Aor.	Präs.	Perfekt.		
Plur. 1.		merídēni	nemér	némeru	némaráj	
2.	meriua	merítna	temérna	témerúna	temaráin(a)	Fut. II.
3.		bāemárna	emérna	émerūn	emaráin(a)]	meráï hérriu

Negative Form.

	Imp.	Opt.	Präs.	Perf.	
Sing. 1.		bámerju [f. -rítu]	kámeri	méráb káka	
2. m.	bāméria	bāmerí(b)wa	kétmerija		
f.	bímeri	bāmerítwi	kétmeri		
3. m.	bímeri	bámerju	kímeri		Fut. I.
f.	bítmeri	bāmeríta	kitmeri	emár kádi	
Plur. 1.		bāmarína	kímmeri		
2.		bāmaríbāna	kitmerína		Fut. II.
3.		bāmarína	kimerín(a)	meráï káheru	

Passiv.

	Aor.	Präs.	Perf.	Neg. Präs.	Neg. Perf.
Sing. 1.	merájat	átmari	átmarāj	kátmarāj	merájāb káka
2.	méraja	tétmarija	tétmarája	kítmarája	
3.	báetmir	étmari	étmarāj	kítmarāj	
Plur. 1.	merájadéni	nétmari	nétmarāj	[kimmaraj]	
2.		tetmarína	tetmaráina	kitmeréna	Infin.
3.	bāetmirna	etmarína	etmaráina	kimerēn]	némerej

Kausativ.

Imp.	Aor.	Präs.	Perf.	Fut. II.
sémara	sémarat	ásmari	ásmar	sémaroat hérriu
	báesmir	tésmaria	tésmara	

318. Im Passiv ist das Präfix im Aorist und Infin. abgefallen (vgl. § 213), und aus diesem Grunde glaube ich, dass auch die als aktivisch angegebene Perfektform ámaráj in der That eine passivische Nebenform zu átmaráj ist. An einer anderen Stelle in meinen Sammlungen finde ich auch als Perf. Pass. folgende Formen angeführt: Sg. 1. ámere [= ámeraj vgl. § 28], 2. témerája, témerej, 3. émere, tèmere, Pl. 1. némere, 2. témeréna, 3. émerēn. Zu diesen Formen stimmen dann auch die Pluralformen des neg. Präs., welche von ihren Singularformen abweichen. Bezüglich

in der 2. Pers. Plur. als zu -ni geschwächt erscheint, so ist es wohl wahrscheinlicher, dass wir hier nach dem Tempusvokal i die allgemeine Pluralendung -na haben, als dass der Tempusvokal auch hier eingedrungen wäre.

des neg. Opt. im Aktiv vergleiche man § 204. — MUNZINGER bringt von diesem Stamm folgende Formen, die, wie man sieht, sehr gut mit den meinigen übereinstimmen:

	Aor.	Perf.	Neg. Aor.	Neg. Perf.
Sing. 1.	ámerri, ich finde	améru	kámro, ich finde	merab kake, ich fand
2.	merríe	těmro	kátmero	[nicht	[nicht
3.	merri	ěměru	kímro	
Plur. 1.	nemér	nemru	kommero	
2.	temerna	temaróna	kitmeróna	
3.	emerna	emrun	kimeron	

319. Das Verb *héru* oder *háru* „gehen" „suchen" „wollen" scheint sehr unvollständig zu sein, wenigstens gelang es mir nicht, andere als die folgenden vielfach schwankenden Formen zu ermitteln:

	Imp.	Aor.	Präsens.
Sing. 1.		hérwat	ahérrin, hérrin, hárrin, héri
2. m.	hárwa	hérwa	hérrīwa, hárriwa, hérīwa, hária
f.			hérrīwi, hérīwi, hárrīwi
3. m.		báheru	hérri, hárri, háriu
f.			hérri, hárri
Plur. 1.		hérwadēni	néheru, néharu
2.	harūn	heréna	téherána, téharūn
3.		báherūn	éherūn, éharūn, jéherūn

	Perf.	Neg. Präsens.		
Sing. 1.	héru	káharu	oder	kíheru
2. m.	teherwa	kétharu	»	kétheru
f.	teherwi	kétharu	»	»
3. m.	jéheru	kiharu	»	kiheru
f.	téheru	kítharu	»	kítheru
Plur 1.	neheru	kínharu	»	kinheru
2.	teherána	kétharóna	»	kétherúna
3.	jéherūn	kiharūn	»	kiherūn

320. Die Schwankung der Präsensformen beruht vielleicht nur darauf, dass sie als Hilfsverb im Fut. II. gebraucht werden, und da ich sie wegen dieser Verwendung unzählige Male und zwar an verschiedenen Orten und von verschiedenen Leuten hörte, so ist es erklärlich, wenn die Aussprache sich nicht überall gleich war. Der Stamm *héru* (od. *háru*) gehört wahrscheinlich wie *méru* (neben *méri*) zu der Konj. II. 2, a; der Imper., der Aor. und das Perf. sind dann ganz regulär, denn der Wegfall des Präformativs in der 1. Pers. Sing. Perf. ist mir auch bei anderen Verben vorgekommen in dem Falle, wenn der Ton auf dem Stamme ruht. Dieselbe Aphaeresis treffen wir sodann auch in der 1. Pers. Präs. Sing., wo *hérrin* statt *ahérrin* steht. Das *w* hat hier, wie so oft im Auslaut die Neigung sich in *u* zu vokalisiren, und die Schwankung zwischen *a* und *e* im Wortstamme ist ja im Bedawie eine gewöhnliche Erscheinung. Nur der Plural, wo wir *nehér, tehérna, ehérna*, hätten erwarten sollen, wird somit irregulär erscheinen und mit dem Plur. des Perf. zusamfallen. Im neg. Präs., wo *a* und *e* als Stammvokale immer wechseln, ist nur der auch sonst vorkommende Wegfall der Afformative der 2. Pers. Sing. zu bemerken. — In Munzinger's Wörterverz. finden wir von diesem Stamme folgende Formen: »*ihero*, wollen, suchen; C. *is'hero; heramib*, wollend».

321. Der Stamm *kan* „wissen", dessen 1. Pers. Präs. *aktén* und die 3. Pers. Aor. *báiktán* heisst, der aber sonst regelmässig nach dem Muster des Paradigma *ram* (s. § 273) flektirt wird, ist daher wohl doch am einfachsten der Konj. IV. 1 zuzuweisen, und die eigentliche Irregularität besteht dann nur darin, dass der charakteristische Dental nach (anstatt vor) dem ersten Stammkonsonanten Platz greift. Man könnte jedoch auch — namentlich wegen des sehr auffallenden langen *é* (statt *i*) in der Endsilbe des Präsensstammes, welcher Erscheinung sich die Beibehaltung der gewöhnlichen kurzen Präformativvokale anschliesst (vgl. *étrim* von *ram*) — annehmen, dass hier eine besondere durch die eben genannten Eigentümlichkeiten gekennzeichnete Konjugationsform vorliege. Die Tempusformen dieses wichtigen Zeitworts finden sich in meinen Sammlungen ziemlich vollständig verzeichnet:

Aktiv.
Affirmative Form.

		Imp.	Aor.	Präs.	Perf.	Kond.	Fut. I.
Sing.	1.		kánat	aktén[1]	ákan	áktenék	iktán ándi
	2. m.	kána	kánata	tekténa	tekán(a)	tekténék	
	f.	káni	kánati	tekténi	tekáni	tekténék	
	3. m.		báiktán	ektén	ekán	ektének	
	f.		báliktán	tektén	tekán	tekténék	Fut. II.
Plur.	1.		kánadéni	nektén	nekán	nekténék	kanáb hérrin
	2.	kánna	kánatna	tekténna	tekánna	tekténnik	
	3.		báiktánna	ekténna	ekánna	ekténník	

Negative Form.

		Imp.	Opt.	Kond.	Präs.	Perf.
Sing.	1.		bákánu	bákánék	kákan	kánáb káka
	2.	bákána, f. bikáni	bákánua	bitkánék	ketkán(a)	
	3.	bíkán, f. bitkán	bákána	bikánék	kikan	

[1] Hier wurden mir folgende Nebenformen als ganz gleichbedeutend angegeben: Sg. 1. *kánadéni* [für *kánadé-éni*], 2. *kanadétena*, 3. *kanadéini*, f. *kanadétni*, Pl. 1. *kanadénei*, 2. *kanadéten*, 3. *kanadéten*. Bezüglich dieser Formen vergleiche man §§ 300, 305.

	Imp.	Opt.	Kond.	Präs.	Fut. II.
Plur. 1.		bákāna	binkānék	kinkan	iktán kádi
2.	bākánna¹	bákānán(a)	bitkānnék	kitkánna	
3.	bikánna¹	bákāna	bikānnék	kikánna	

Passiv.

	Aorist.	Präs.	Perf.	Fut. I.
Sing. 1.	atōkánat	atōkīn	atōkān	etōkin ándi
2.	atōkána	tetōkīna	tetōkána	
3. m.	bártōkin	etōkīn	etōkān	Fut. II.
f.	bátetōkin	Plur. 1. netōkīn	Plur. 2. tetōkánna¹	atōknoid hérrin

Kausativ.

	Aor.	Präs.	Perf.	Fut. I.
Sing. 1.	sōkinat	asōkīn	asōkīn	esúkin ándi²
2.	sōkina	tesōkīna	tesōkīna	
3.	bácsukin	esōkīn	esōkīn	Fut. II.
Plur. 3.	bácsukinna	ésōkīnna¹	ésōkīnna	sōknoid hérrin

Von diesem Stamm bringt MUNZINGER in seinem Wörterverz. folgende Formen: »ékdēn, wissen; C. csóken; P. etokakán [eine reduplizirte Passivbildung, vgl. § 214], kenín, das Wissen».

322. Die in § 28 erwähnte Schwäche des Diftongs *ai* im Auslaute und vor Flexionsendungen tritt besonders in den auf -*ai* endigenden Stämmen der zweiten Klasse hervor. Die abweichenden Formen der unten aufgeführten Stämme *árai* ‚helfen‘ und *hamái* ‚gross sein‘, beruhen also grösstenteils nur auf jener fonetischen Erscheinung, da diese Stämme im allgemeinen regelmässig nach der Konj. IV. 2 flektirt werden. Eine sehr beachtenswerte Eigentümlichkeit ist jedoch die, dass in der 3. Pers. Aor. Akt. und im ganzen Kausativ die Stammendung -*ai* abfällt, so dass die Wurzeln wahrscheinlich einfach *ar* und *ham* lauten. Im Präs. Kaus. wird das charakteristische *i* dem Stamme angefügt, wie in der Konj. II. 2, a (vgl. § 254).

---

[1] Die beiden *n* sind als »sehr deutlich« besonders notirt.

[2] Das Fut. I. wurde mir hier, wie in einigen anderen Fällen, besonders als »besser« (sudanarab. *aχér*) bezeichnet, das Fut. II. dagegen als »schlecht« (arab. *báṭṭāl*).

DIE BISCHARI-SPRACHE. 235

1) *áwai*, helfen, Pass. *átawáj*. Kaus. *sau*.

Aktiv.

Affirmative Form.

	Imp.	Aor.	Präs.	Perf.
Sing. 1.		áwajat	ádawe[4]	á'awai[5]
2. m.	áwaja	áwaja	tédawiu	té'awája
f.		áwai[2]	tédawi[2]	té'awai
3. m.		báedau[3]	édawe	jé'awai
f.		bátedau	tédawe	té'awai
Plur. 1.		awájadéni	nédawe	né'awai
2.	awáina[1]	awáina	tédawin	te'awéna
3.		báedúna	édawin	jé'awën

	Kond.	Fut. I.	Fut. II.
Sing. 1.	adáwijék	edaú[3] ándi	aujád héri
2.	tedáwijék	» téndia	
3.	edáwijék	» éndi	
Plur. 1.	nedáwijék	nedaú⁰ nijed	Part.
2.	tedáwinék	adaú tijédna	awája
3.	edáwinék	» ijédna	

Negative Form.

	Imp.	Opt.	Kond.	Präs.
Sing. 1.		bá'awáju	bá'áwajék	ká'awe
2. m.	bá'awája	bá'awáina	bidáwajék	kidawája
f.	bi'awáj	bá'awáitwi	»	kidawáj
3. m.	bi'awáj	bá'awáju	bi'áwajék	ki'awe
f.	bidawáj	bá'awáitu	bidáwajék	kidawe
Plur. 1.		bá'awáju	bin'áwajék	kinawi
2.	bá'awáina	bá'áwajána	bidáwainék	kidawën
3.	bi'awáina	bá'awáju	bi'áwainék	ki'awën

[1] So wurde die Form in Assuan ausgesprochen, in Berber dagegen *awéna*.

[2] Für *awai-i*, wie *tédawi* für *tédawi-i*.

[3] Das *a* in -*au* ist hier besonders als »sehr dunkel» notirt, an anderen Stellen findet sich diese Form als *edou*, *ed'ú*, *adaú*, geschrieben.

[4] Für *ádawij*; das *j* ist abgefallen und *i* zuerst zu *i* gekürzt und dann in *e* übergegangen; so auch in den folgenden Formen *édawe*, *nédawe*; in *tédawina*, *édawin*, muss dagegen das *i* bleiben, weil es nicht mehr im Auslaute zu stehen kommt.

[5] Das schliessende *i* ist besonders als »sehr schwach» notirt; an einer anderen Stelle findet sich das Perf. mit den Formen *á'awa*, *jé'awa*, *né'awa*, aufgezeichnet.

[6] Vgl. § 186.

Nova Acta Reg. Soc. Sc. Ups., Ser. III.

	Passiv.			Kausativ.	
Aor.	Präs.	Perf.	Aor.	Präs.	Perf.
atawájat	átawi	átawäj	sáwat	ásawi	ásaw
	tétawíja	tétawája	sáwata	tésawía	tésawa

2) *hamai*, gross sein. Kaus. *sehám*, gross ziehen, erziehen.

Aktiv.

		Aor.	Präs.	Perf.	Fut. I.
Sing.	1.	hamájat	áthame	áhame	éthim ándi
	2.	hamája	téthamija	tcháma	
	3.	báethim	éthami	éhame	
Plur.	1.	hamájadéni	néthami	néhame	Fut. II.
	3.	báethimna	éthamin	éhaména	méhamai hérriu

Kausativ.

		Aor.	Präs.	Perf.	Inf.
Sing.	1.	schámat	áshami	ásham	schámoi
	2.	schámа	téshamija	téshama	
	3.	báeshim	éshami	ésham	
Plur.	1.		néshami	nésham	Part.
	2.	schámna	téshamína	teshámna	scháma
	3.	bárshimna	éshamin	eshámna	

323. Von denselben Stämmen finden sich in MUNZINGERS Wörterverz. folgende Formen: 1) *jeáuē*, helfen; C. *ēsau*, zu Hülfe schicken; *te'aúie*, die Hülfe; 2) *jéhamē*, gross werden; C. *eshem*, gross ziehen. — Die beiden Stämme *iwai* [?] „dursten" und *hasai* [?] „zürnen" gehören vielleicht auch der IV. Konj. an und werden nach dem Muster des *awai* abgewandelt. Ihre wenigen mir bekannten Formen, aus denen man nur vermutungsweise einen auf -*ai* ausgehenden Stamm abstrahiren kann, lauten, wie folgt:

1) *hásai*, zürnen   2) *iwai*, dursten.

		Perf.	Infin.?	Perf.	Perf. Kaus.	Präs. Kaus.
Sing.	1.	áhase	[tcháseni, das	íjwa'	aséjwäj	aséjwïj
	2.	tchásaja	Zürnen]	téjwaja	teséjwája	teséjwïja
	3.	éhase		éjwe		
Plur.	1.	chaséu		áne iwé-b-u, ich bin durstig		

Im Wörterverz. bei MUNZINGER finden sich folgende Formen: 1) *jehásse*, zornig werden; C. *eshásс*; *te'hassírj*, der Zorn, *o'hassei*, der Erzürnte; 2) *eiwē*, dursten; C. *esíäu*; *te'jauē*, der Durst; *jue*, durstig.

324. Die Unregelmässigkeiten des Verbs *jai (ja'?)* ‚sterben' sind vielleicht auch eigentlich nur auf jene Schwäche des Diftonges *-ai* zurückzuführen, jedoch ist der Stamm aus den unten stehenden Formen nicht mit Sicherheit zu ermitteln. Der Aorist weist zunächst auf eine Stammform *jai* hin, wiewohl auch *ja* mit eufonisch eingeschobenem *j* denkbar wäre. In der 3. Pers. *báija* wäre dann (nach § 28) das *i* abgefallen. Das Perfekt setzt aber eher eine Form *ja'* voraus (vgl. die einzige Form bei MUNZINGER: *ija*, sterben). Die Bildung des Präsensstammes, die nur in der Dehnung des *a* zu bestehen scheint, stimmt mit keiner meiner Konjugationsformen überein, ihr am nächsten stände wohl die in § 298 erwähnte Bildungsweise. Die wenigen mir bekannten Formen dieses Stammes sind:

	Aktiv.			**Kausativ.**		
	Aor.	Präs.	Perf.	Aor.	Präs.	Perf.
Sing. 1.	*jájat*	*ajái*	*ája'*	*sijájat*	*asjái*	*ásja'*
2.	*jája* [Imp.]	*tejáija*	*tejá'*[1]	*sijája* [Imp.]	*tesjáija*	*tesjá'*[1]
3.	*báija*		*ijá'*	*báusija*	*esjái*	
Fut. I.	Inf.?		*néja'*		*nesjái*	
ije áudi	[*tójat*, der Tod]	*tejá'na*				

325. Die folgenden einsilbigen auf *-ai* ausgehenden Stämme. *nai* ‚melken' *bai* ‚gehen' *jai, hai* ‚sitzen' ‚sein' *kai* ‚sein', scheinen alle nach demselben Muster abgewandelt zu werden, und zwar so, dass die beiden erstgenannten *nai* und *bai* als mehr regulär erscheinen, während die übrigen abweichende Formen aufzuweisen haben. Da die Präsensbildung teils durch das lange *i* in der Endsilbe, teils durch das *e* in den Präformativen gekennzeichnet ist, so schliesst sie sich zunächst derjenigen selteneren Bildungsweise an, die oben (§ 299) am Stamme *dag* exemplifizirt wurde. Das Präsens von *nai (naj)* lautet demnach *énij*, aber das *j* ist hier sehr schwach und geht in das *i* auf. Von den Stämmen *bai* und *jai* findet sich das Präsens nur mit der Endung *i* (statt *ij*) geschrieben. Vom Stamme *hai* lautet das Präsens irregulär *éha*, von *kai* aber habe ich diese Form leider nicht verzeichnet; wahrscheinlich sind jedoch alle die drei letztgenannten Stämme *jai, hai* und *kai* nach dem heutigen Sprachgebrauch defektiv und ergänzen sich gegenseitig bei der Formenbildung. Die mir bekannten Formen dieser Stämme sind die nachstehenden:

---

[1] Das Afformativ *-a* ist abgefallen (vgl. die Note 2 auf Seite 129).

1) *nai* (*naj*), melken.

	Aor.		Präsens.		Perf.	Infin.
	nájat	Sing. 1. *énij*	Plur. 1. *nénij*		*án'ai*	[*tenúje*, das Melken]
	nája [Imp.]	2. *ténīja*	2. *tenījna*		*tén'aja*	
	báinija[?]	3. *énij*	3. *ēnijna*			

2) *bai* (*baj*), gehen.

Affirmative Form.

	Imp.	Aor.	Präs.	Perf.	Kond.	Fut. I.
Sing. 1.		*bájat*	*ébī*	*ába*	*ébiēk*	*íba* (*ibe*) *ándi*
2.	*bája*, f. *báji*	*bájata*	*tébia*	*tébaja*	*tébiēk*	
3.		*báiba*, f. *bátiba*	*ébī*	*éba*, f. *téba*		
Plur. 1.			*nébī*	*néba*		Fut. II.
2.	*béna*		*tebína*	*tebéna*		*mábāj hérriu*
3.			*ēbína*	*ebéna*		

Negative Form.

Kond.		Präsens.		Perfekt.	Fut. II.
bábajēk	Sg. 1. *kába*	Pl. 1. *kinba*		*bájāb káka*	*mábāj káḥeru*
	2. *kitbaja*	2. *kitbēna*			
	3. *kíba*	3. *kíbēna*			

3) *fai* (*faj*), *hai* (*haj*), sitzen, sein, *kai* (*kaj*), werden, sein.

Affirmative Form.

	Aor.	Präsens.		Perfekt.	Kond.
Sing. 1.	*hájat*	*éfī*[1]	*éha*	*ihi* *áke*	*éhajēk*
2. m. *hája* [Imp.]		*téfīa*	*téhaja*	*tíhija* *tékaja*	*téhajēk*
f.		*téfī*	*téhaj*	*tíhi* *tékaj*	»
3. m. *báiba*		*éfī*	*éha*	*íhi* *éke*	*éhajēk*
f. *bátiba*		*téfī*	*téha*	*tíhi* *téke*	*téhajēk*

---

[1] Die Formen *éfī* und *éha* (*éhe*) wurden von meinem assuanischen Lehrer ALI mit dem arab. آنا قاعد ‚ich bin sitzend‘ übersetzt. Aber das Wort *gā'ad* (قاعد) hat dort eher die Bedeutung ‚ansässig sein‘ ‚(an einem Orte) verweilen‘ (vgl. die Munzingersche Übersetzung von *efi* in § 326 am Ende) als die sonst gewöhnliche: ‚sich setzen‘ ‚sitzen‘, wofür im Sudan das arab. *jinnab* (جنب) gebraucht wird. Übrigens wird nach der Behauptung ALI'S die Form *éfi* nicht viel von den nördlicheren Stämmen, Ababde und Bischari, sondern von den südlicheren, Hadendoa u. a., gebraucht.

DIE BISCHARI-SPRACHE.

	Präsens.		Perfekt.		Kond.
Plur. 1.	néfi	néha	níhi	néke	néhajék
2.	téfina	tehéna	tíhina	tekéna	tehĕnék
3.	ifina¹	éhēn	íhīn	ekén	ehēnék

Negative Form.

	Konditional.		Präsens.		
Sing. 1.	báhajék	bíkajék	káfai	káhaj	káka
2. m.	bithajék	bitkajék	kitfaja	kéthaja	kitka²
f.	»	»	kitfai	kéthaj	kitkai
3. m.	bíhajék	bíkajék	kífai	kíhaj	kíkaj
f.	bithajék	bitkajék	kitfai	kithaj	kitku
Plur. 1.	binhajék	binkajék	kinfai	kinhaj	kinka
2.	bithajnék	bitkajnék	kitfaina	kithajna	kitkēn

326. Die Präsensform *éha*, die ebenso oft *éhe* heisst, ist aller Wahrscheinlichkeit nach ursprünglich ein Perfekt: *áhe* oder *áha* (für *áhai*). Die Formen *tehéna*, *éhēn* sind den Perfektformen *tekéna*, *ekén* von *kai*, *tebéna*, *ebén* von *bai*, *t"awéna* von *áwai* etc. völlig analog, und das lange *ē* der Präformative ist wahrscheinlich aus dem wirklichen Präsens [Sg. *íhi*, *téhīa*, *éhi*, Pl. *néhi*, *tēhīa*, *éhīn*] in jene Perfektformen eingedrungen. Das *íhi* ist dann seiner Bildung gemäss ein ursprüngliches Plusquamperfekt (vgl. § 316). Die Form *éfi* ist dagegen ein regelmässiges Präsens, nur müssen die pluralen Nebenformen *tēféna*, *éféna* als Überreste jenes Perfekts betrachtet werden, das noch im neg. Präs. *káfai* fortlebt, und zwar dort mit ungeschwächter Endung. Sonst schwankt hier die ursprüngliche Endung -*ai*, wenn sie im Auslaute zu stehen kommt, zwischen *ai*, *a* und *e*, und in einer Form, *akít*, die mir als Aorist des Stammes *kai* angegeben wurde, geht sie im Inlaut in *i* über. Dieses Tempus, dessen übrige Personalformen ich nicht anzugeben vermag, gehört jedoch wegen des anlautenden *a* wahrscheinlich einem anderen Stamme an. Die übrigen fehlenden Formen des Stammes *kai* werden durch den Stamm *kiti* (s. Anhang N:o 96) ergänzt. — Unter die Rubrik von »Hülfszeitwörter« bringt MUNZINGER folgende von den oben erwähnten Präsentia *éfi*, *éha*, *káka*, *káhaj* nur sehr wenig abweichende Tempusformen, über deren Gebrauch man § 190 nachlesen möge:

	Positive Form.		Negative Form.		Pos. Form.	Neg. Form.
Sing. 1.	1) *efi*, ich bin, ich existire,		*káke*, ich bin		2) *ehē*, ich bin	*kahéi*, ich bin
2.	*tefia*	[j'y suis	*kítta*³	|nicht	*teheje*	*kitheje* [nicht
2.	*ifi*		*kíkē*		*ehē*	*kihéi*

¹ Neben *tefina* und *efina* kommen auch *tefina* und *efena* vor.

² Aus *kitkaja* abgeschliffen infolge des häufigen Gebrauches.

³ Sieht wie ein Druckfehler für *kitka* aus, vgl. jedoch die entsprechende Pluralform *kitena*.

	Pos. Form.	Neg. Form.	Pos. Form.	Neg. Form.
Plur. 1.	néji	kink	nehē	kinuēhái
2.	tijína	kitēna	tēhéne	kitēhéine
3.	inu	kiken	ehén	kihaine

Dazu kommt noch die in seinem Wörterverzeichnis vereinzelt vorhandene Form *ekē*, werden, geschehen.

VII. Von der Kopula „sein".

327. Im Anschluss an die oben aufgeführten Formen *éji, éhu* etc. halte ich es für zweckmässig, hier die verschiedenen Mittel zu erwähnen, deren sich das Bedawie bedient, um die Tempora des Verbum „sein" auszudrücken. — Das Präsens wird, wie man schon an mehreren Beispielen gesehen hat, durch die Endungen des Verbum subst. ausgedrückt (vgl. § 92). Das Imperfekt wird einfach durch die diesen Präsensformen vorangestellte Zeitpartikel *sūr* gebildet, z. B. *áne meskín-u* „ich bin arm" *áne sūr meskín-u* „ich war arm". Übrigens ist zu bemerken, dass jedes Nomen, Pronomen und Adverb mit jenen Endungen verbunden werden kann, obgleich die Adjektive und Participien hier natürlich am häufigsten vorkommen, z. B. *áne hadirábu* „ich bin fertig" *batúk masrátwi* „du (f.) bist hörend" *tá'a tān hamíd-ta* „diese Milch ist sauer" [*'a* „Milch" ist Plur. tantum], *tān hamíd 'átu* „dieses ist saure Milch" *barák mék-wa* „du bist ein Esel" *hénen ónömhin-a* „wir sind hier". — Negirt werden diese Tempusformen durch *káka* und *sūr káka*, die ebenfalls, wie überhaupt jeder Ausdruck für den Begriff des „Seins", den Objektiv regieren, z. B. *áne meskínt káka* „ich [Frau] bin nicht arm" *barák sūr hadiráb kitka* „du warst nicht fertig". Die Endung des Verbum subst. wird, wahrscheinlich nur als Nachahmung des arabischen Nominalsatzes, zuweilen ausgelassen, und die blosse Nachstellung des Adjektivs zeigt dann die prädikative Natur desselben an, z. B. *barák meskín* „du bist arm" *barák ár'a* „er ist hinter mir" *barák ár'a* „du bist hinter mir".

328. Das hypotetische „wenn ich bin (sei, wäre)", wird durch die konditionale Form *akátjēk* (*ákatjēk*) und die entsprechende Negation „wenn ich nicht bin (sei, wäre)" durch das oben (§ 325) aufgeführte *bákajēk* ausgedrückt. Die Abwandlung der erstgenannten Form geschieht ganz regelmässig: Sg. *akátjēk, tekátjēk, ekátjēk*, Pl. *nekátjēk, tekátjnēk, ekátjnēk*. Beispiele:

ébije meskín táku	ich bin ein armer Mann.
tá'a tān hamídta	diese Milch ist sauer.
ásaja¹ sujábu	meine Kuh ist trächtig.
áne sujáta	ich bin schwanger.
tōōr daurítu, laken dáit kitke	das Mädchen ist hübsch, aber gut ist es nicht.
átak iwéb ékatjēk g"ási	wenn der Mann durstig ist [od. wird], lass ihn trinken [o Frau].
tōōr dáurīt tékatjēk salámjēt aréane	wenn das Mädchen hübsch ist, will ich es küssen.
tōōr dáit bitkajēk káharu	wenn das Mädchen nicht gut ist, will ich es nicht haben.

329. Dass *akátiēk* von *kéti* (II. 2, a) herkommt, ist wohl zweifellos, aber schwieriger ist es zu entscheiden, welche Form dieses Stammes hier vorliegt. Das Präsens lautet ganz regelmässig *akánti* (s. Anhang N:o 96), der Konditional würde also *akántiēk* heissen, und vom Perfekt — wenn wir annehmen dürfen, dass die Postposition *-ēk* auch dem Perfekt angehängt werden kann (vgl. § 234) — bekämen wir eine Form *áktiēk*. Der Stamm bedeutet aber eigentlich „setzen" „stellen" (arab. *wáḍa*'), und das Passiv würde also der Bedeutung „werden" „sein" näher kommen als das Aktiv. Im Passiv lautet nun das Präsens *átkati* und der Konditional *atkátiēk* (*átkatjēk*), allein, da wir im Vorausgehenden schon mehrere Beispiele von dem Wegfall des charakteristischen *t* im Passiv angetroffen haben, und da schon der Aorist *kétajat* (für *átkatájat*) lautet, so glaube ich, dass wir auch *akátiēk* für eine auf diese Weise entstandene passivische Konditionalform (statt *atkátiēk*) halten müssen.

330. Das Verb *hai* — und wahrscheinlich auch das vielleicht nur dialektisch verschiedene *jai* (vgl. die Note auf Seite 238) — drückt eigentlich nicht die logische Kopula „sein" aus, sondern bedeutet zunächst „sich [irgendwo od. irgendwie] befinden", infolge dessen auch das bedawische *éhu* (*éhe*) dem deutschen „es giebt", dem französ. „il y a", entspricht. Beispiele:

éntōn yáda áwa éhe	hier giebt's viel Gestein.
áawa jáih kók"ar éhe	unter dem Steine befindet sich eine Schlange.
náka 'hē	wie viel giebt es?
náka-ho 'hē	combien y en a-t-il?
barúk bábjōk ógawi éhe	er ist [= befindet sich] im Hause deines Vaters.
barúk sūr bábjōn ógawi tēhaja	du warst im Hause unseres Vaters.
barúk sūr bábiōkna ógawi íhi	er war im Hause eures Vaters gewesen.
tě'a ónomhin éhe dáita	die Milch, die es hier giebt, ist gut.
barúk námiu tēhaja	wo bist du? [wo steckst du?]

331. Anknüpfend an das letzte Beispiel gebe ich hier in den folgenden Formen eine andere Ausdrucksweise für die Frage „wo ist": *áne kéa* „wo bin ich"

---

¹ Sonderbarerweise ist *áa* „Kuh" Mask.

barák kḗta, baták kḗtai, baráh kḗa, batáh kḗta, hḗnen kḗna, barák kḗtána, baráh kḗán, z. B. *bábjök úyan kḗa* „wo ist das Haus deines Vaters?" *óyawák kḗja*,[1] „wo ist dein Haus?" *ána' kḗán* „wo sind die Schafböcke?" — Wahrscheinlich sind diese Formen aus einem fragenden Pronominaladverb *ke* (*ka*) „wo?" und den Perfektformen des Stammes ī „kommen" (s. § 302) entstanden. Der Satz *átak kḗa* sollte also eigentlich bedeuten: „wo ist der Mann hingekommen [= hingeraten]?" *ótam kḗja* „wo ist das Essen hingekommen", französ. etwa: le manger, qu'est-il de-ve-nu?

VIII. Das Verb mit Suffixen.

332. Die verbalen Suffixe, deren Formen in dem Vorangegangenen (§ 133 und folg.) zur Besprechung gekommen sind, werden, wie schon das Wort „Suffix" anzeigt, dem Verb nachgehängt, nur bei der 2. Pers. tritt die eigentümliche Erscheinung ein, dass die Suffixe der 1. Pers. zwischen die Stammform und die Afformative, m. *-a*, f. *i*, pl. *-na*, eingeschoben werden, z. B. *barák óháta ódaīb t'hī-héb-a* „du hast mir das gute Pferd gegeben" *barák tesīsan-héb-na* „ihr habet mich warten lassen". Vielleicht beruht diese Erscheinung nur auf der natürlichen Präcedenz der ersten Person vor der zweiten, und da die zweite Person überall durch ein Afformativ, aber nicht überall durch ein Präformativ, bezeichnet ist, hat man die Afformative, *-a, -i, -na*, vorzugsweise als Träger der zweiten Person aufgefasst.

333. Bei der Anfügung der Suffixe erleiden die Verbalformen einige leichte Veränderungen, wie dies schon die bekannten Erscheinungen auf dem semitischen Sprachgebiete vermuten lassen. In der 1. Pers. Aor. fällt das *a* der Endsilbe aus, z. B. *áne rámat* „ich folge" *áne rámtōk* „ich folge dir". Wenn vor der Endung *-at* der letzte Stammvokal elidirt war, tritt er hier wieder ein, z. B. *sibbat* (für *sébibat*) „ich sehe" *sébibtōk* „ich sehe dich". Kurze Endvokale werden häufig abgeworfen, z. B. *ehatai hinōn* [für *hina-hōn*] *ánalāi* „giebt uns die Pferde, o Leute". Da ich aber in Ermangelung genügenden Materials keine mit Suffixen vollständig durchkonjugirten Paradigmen bieten kann, so bin ich auch nicht im Stande, bestimmte Regeln für alle diejenigen Fälle aufzustellen, wo eine Verbalform vor einem Suffix verändert wird. In meinen Sammlungen finden sich zahlreiche, mit Suffixen versehene Verbalformen,

---

[1] Das *j* ist nur eufonisch eingeschaltet.

die teils, und zwar vorwiegend, sich als sehr natürliche, durch die Belastung am Ende bewirkte lautliche Modifikationen der im Vorangehenden aufgeführten Zeitformen darstellen, teils aber auch aus den von mir angenommenen Temporalformen nicht gut zu erklären sind, sondern auf das Vorhandensein noch anderer Zeit- und Modusformen schliessen lassen. Diese Frage werde ich in dem nächsten Kapitel besprechen, und führe hier zunächst, nach den verschiedenen Tempora geordnet, eine Anzahl solcher Beispiele vor, die sich aus den vorstehenden Darlegungen vollkommen erklären lassen.

Imperativ.

alije-hēb[1]	schlage mich!
sénihēb	warte auf mich!
awájehēb	hilf mir!
ástēt hin-o	gebet ihm Geld!
tōástu hijōh	gieb ihm das Geld!
hatáj hīhēba	gieb mir ein Pferd!
dábalo na hiahēb	gieb mir ein kleines Stück!

Aorist.

áne rámtōk	ich folge dir.
áne ālītōkna	ich schlage euch.
áne ástēt hitōh	ich gebe ihm Geld.
baráh ástēt bāijáhu-héb(a)[2]	er giebt mir Geld.
baráh ótam bāijáhunókna	sie geben euch das Essen.
sénitōk	ich warte auf dich.
sénithókna	ich warte auf euch.
sísantōk	ich lasse dich warten.
sísantókna	ich lasse euch warten.
baráh sísanhéba	du (Mann) lässt mich warten.
batáh sísanhébi	du (Frau) lässt mich warten.
baráh bársísanhēb	er lässt mich warten.
batáh bátesísanhēb	sie lässt mich warten.

Präsens.

asénnih	ich warte auf ihn (od. sie).
asénnihókna	ich warte auf euch.

---

[1] Für *alija-hēb*; das auslautende *-a* geht ja bekanntlich häufig in *-e* über (s. § 25). Hier kann es auch, wie man aus dem folgenden Beispiele ersieht, ganz wegfallen.

[2] Manchmal hörte ich einen sehr kurzen aber jedoch deutlichen Nachschlag von *-r*, nach den Suffixen *-hēb* und *-hōk*.

hénen téni nio	wir geben ihm die Ziegen.
áne ášambíbhōk	ich sehe dich.
áne tūmindaratíb¹ ášambíbhēb	ich sehe mich im Spiegel.
fádig dáfa mahēnhēb	vier Stücke genügen mir.
nesísaníhōk	wir lassen dich warten.
tesísaninhébna	ihr lasset mich warten.
tesísaninhónna	ihr lasset uns warten.
esísaninhéb	sie lassen mich warten.
esísaninhókna	sie lassen euch warten.

Perfekt.

áne gudád ášte áhih	ich gab ihm viel Geld.
barák šhāta(i) odái téhihéba	du gabst mir das gute Pferd.
baráh šát éhehōn	er gab uns Fleisch.
batáh šáti gúf'a² téhehókna	sie gab euch ein Stück Fleisch.
áne dái mēk áhchōk	ich gab dir einen guten Esel.
ásníhōk	ich wartete auf dich.
ásni(h)³	ich wartete auf ihn (od. sie).
ášbíbhōk	ich sah dich.
áne baráh ášbib	ich sah ihn.
batáh tášbibhēb	sie sah mich.
ónda etá'nahēb	die Leute schlugen mich.
salámtahēb	sie küsste mich.
útak sájahēb	der Mann benachrichtigte mich.
t'ar éan(e)hōb téta'a	als die Mädchen kamen, schlugst du sie.
asísanhōk	ich liess dich warten.
asísan³ oder baráh asísan	ich liess ihn warten.
nesísanhōk	wir liessen dich warten.
baráh nesísan	wir liessen sie warten.
tesísanhébna	ihr liesset mich warten.
tesísanhónna	ihr liesset uns warten.
esísanhókna	er liess euch warten.

Futur I. und II.

In diesen zusammengesetzten Tempora wird das Suffix dem Hauptverb angehängt, und zwar so, dass im Fut. I, wo dieses eine wirkliche

---

[1] Vom arab. *mándara* (مَنْظَر), Spiegel.

[2] Vom arab. *qít'a* (قِطْعَة), Stück.

[3] Das Verbalsuffix für die 3. Pers. wird, sowie das entsprechende Nominalsuffix, häufig ausgelassen, oder, wenn ein Nachdruck auf das pronominale Objekt gelegt wird, durch die selbständigen Objektivformen der persönlichen Pronomina ersetzt (vgl. § 135).

Verbalform ist, die Verbalsuffixe, im Fut. II, wo der Infinitiv steht, die Nominalsuffixe hinzutreten. Beispiele:

Fut. I.	esísenhī́b téndia	du wirst mich warten lassen.
Fut. II.	sīsanóita hérriu a	
Fut. II.	sīsanójtōh hérriui	du (f.) wirst ihn warten lassen.
Fut. I.	esísenhōk nijed	wir werden dich warten lassen.
Fut. II.	sīsanójtōk néheru	
Fut. I.	baréh esísen nijed	wir wollen sie warten lassen.
Fut. II.	sīsanojtéhna néheru	

Konditional.

áne ándirékhōk	wenn ich dich töte.
barúk téndirékhēb	wenn du mich tötest.
barúk téndirēk	wenn du ihn (od. sie) tötest.
nédérēkōh	wenn wir ihn (od. sie) töten.
nédérēkókna	wenn wir euch töten.
tédērnékhēb	wenn ihr mich tötet.
tijadnékhēb	wenn ihr mir saget.
áne báderjékhōk	wenn ich dich nicht töte.
baráh bidérinékhēb	wenn sie mich nicht töten.

334. Der Unterschied, den MUNZINGER zwischen Akkusativ- und Dativ-Suffixen gemacht wissen will (vgl. § 134), beruht, wie man aus obigen Beispielen ersehen kann, auf einem Irrtum, indem alle Verbalsuffixe nur das Objekt schlechtweg bezeichnen, ganz gleich, ob dasselbe nach unserer Auffassung im Akkusativ oder im Dativ steht. Dagegen scheinen die Nominalsuffixe, nicht in der Regel, wie MUNZINGER meint, wohl aber in gewissen einzelnen Fällen als Verbalobjekte verwendet werden zu können. Der Unterschied in der äusseren Form ist ja, mit Ausnahme der ersten Person, immerhin ein sehr geringer, da das anlautende *h* der Verbalsuffixe häufig abfällt. Beispiele, in denen die Nominalsuffixe als Verbalobjekte, jedoch mit Ausschliessung der Suffixe der 3. Person, angewendet werden, findet man in nachfolgenden Formen, die mir als völlig gleichbedeutend mit den vorstehenden Konditionalformen bezeichnet wurden: *áne ándiré-ūk* ‚wenn ich dich töte‘ *barúk téndiré-a* ‚wenn du mich tötest‘ *nédéré-ūk* ‚wenn wir dich töten‘ *nédérákna* ‚wenn wir euch tötet‘ *tédérné-a* ‚wenn ihr mich tötet‘ *ándié-ūk* ‚wenn ich dir sage‘ *éndié-a* ‚wenn er mir sagt‘ *tijadné-a* ‚wenn ihr mir saget‘. — Wie die hier auftretenden Formen *ándirī́*, *ándié* etc. zu erklären sind, kann ich aus meinen Materialien nicht ganz klar darlegen. Was ich zur Aufklärung über dieselben beizubringen im Stande bin, das werde ich in dem folgenden Kapitel zusammenstellen (s. §§ 340, 341).

Sechstes Kapitel: von der Satzfügung.

335. Die syntaktische Zusammenkettung der Sätze geschieht im Bedawie im allgemeinen durch Postpositionen, welche dann unsere Konjunktionen vertreten. In diesem Punkte weicht die Sprache sowohl von den semitischen als auch von den übrigen hamitischen Sprachen ab, nähert sich indessen ihrem in dieser Beziehung ganz altaisch angehauchten Nachbarn, dem Nubischen.

A. Koordinirte Sätze.

1. Kopulative.

336. Um den Begriff der Konjunktion ‚und' auszudrücken, bedient sich die Sprache, da sie hierfür kein einfaches einheimisches Wort besitzt, folgender Mittel:

a. Die einfache Nebeneinanderstellung reicht zuweilen hin, um den Sinn auszudrücken, z. B.

áne támān g^uan	ich ass und trank.
áne támani[1] g^uáne .	ich esse und trinke.
barúk támtenia g^uátenia	du isst und trinkst.
bittámajék bity^uajék t_ijáija	wenn du nicht isst und nicht trinkst, stirbst du.

Diese Juxtaposition der koordinirten Begriffe kommt nur bei Verbalformen vor, und auch dort nicht immer; bei den Nomina wird

b. das wahrscheinlich aus dem Arabischen entlehnte Wort -wa oder -u angewendet, aber ganz wie im Nubischen immer den beiden oder allen zu koordinirenden Begriffen angehängt, z. B.

---

[1] Vgl. § 25.

ané-wa Hámad-u sanába	ich und Muhammed sind Brüder.
Fátna-u Eša-u kʷáta	Fatna und Escha sind Schwestern.
barákwa sanákwa¹ ónŭmkin tŭme tédna	du und mein Bruder (ihr) werdet hier essen.
anéwa duráwa tákʷútákwa gau hidáb de- líbti níai néed	ich, mein Onkel und deine Schwester wollen zusammen ein Haus kaufen.
áne hatáiwa mékwa dalíbti iai dudi	ich werde ein Pferd und einen Esel kaufen.

Aus den obigen Beispielen ersieht man, dass, wenn die Subjekte verschiedene grammatische Personen bezeichnen, das Bedawie, wie die meisten Sprachen, ihren gegenseitigen Vorrang so anzeigt, dass es die erste vor der zweiten, die zweite vor der dritten Person bestimmen lässt.

c. Die Verbalformen werden auch auf die Weise koordinirt, dass der vorausgehenden ein -t angehängt wird. Wenn die Verbalform auf einen Vokal endigt, wird -it hinzugefügt, und in der 2. und 3. Pers. Plur. fällt vor diesem Affix das schliessende -a ab, während es in den übrigen Formen den Diftong ai (aj) bildet, z. B.

áne jákant gígan	ich stand auf und ging fort.
barák gígtait éta	du gingst [fort] und kamst [zurück].
baták gígtait étai	du (f.) » » » »
hénen gígnait éna	wir gingen » » kamen »
barák gígtanit étana	ihr ginget » » kamet »
baráh yígjaid-éa [§ 33]	er ging » » kam »
baráh gígjanid éan	sie gingen » » kamen »

d. Schliesslich werden Verbalformen, und dies vielleicht am gewöhnlichsten, auch auf die Weise mit einander verbunden, dass an den Stamm des vorangehenden Verbs, ganz unabhängig von Tempus und Person, das Affix -etit (nach Vokalen -tit) gesetzt wird, z. B.

áne gíg-etit táne	ich gehe fort und komme wieder.
áne ják-etit gígane	ich stehe auf und gehe fort.
batáh jáketit gígteni	sie steht auf und geht fort.
hénen yígetit éne i	wir gehen fort und kommen wieder.
áne gʷé-tit gígat	ich trinke und gehe fort.
áne támetit gʷáne²	ich esse und trinke.
áne támetit kágʷan	ich esse und trinke nicht.
áne gígani kaían } áne gígetit kaían }	ich gehe und komme nicht wieder.

---

¹ Für das regelmässige ásanáwa (vgl. § 106, 108, a), wie im folgenden Beispiel duráwa statt duráwa, und S. 248 ásanáwa.

² Vgl. oben (unter a) áne támani gʷáne.

jáketit gigtenjēk áŋṭihōk	wenn du aufstehst und fortgehst, schlage ich dich.
jáketit bitgigajēk	wenn du nicht aufstehst und fortgehst.
támetit bitgᵘajēk tejáia	wenn du isst und nicht trinkst, stirbst du.

Aus den beiden letzten Beispielen ersieht man, dass die Verbindung der beiden Verbalformen eine so innige ist, dass die Negation des zweiten Verbs auch auf die äusserlich affirmative Form des ersten bezogen werden kann, aber nicht muss. Wenn jeder Konditionalsatz für sich hervorgehoben werden soll, so sind beide Konditionalformen asyndetisch verbunden, z. B. *gigtenjēk bidajēk* „wenn du gehst und nicht zurückkommst" (vgl. auch das letzte Beispiel unter a). — Die beiden, durch das Affix *-etīt* verbundenen Zeitwörter brauchen nicht unmittelbar auf einander zu folgen, sie können vielmehr durch die näheren Bestimmungen des letzteren getrennt werden, wie in den folgenden Beispielen:

áne lahít ibáb-etīt mēk delibti hat	ich werde morgen reisen und einen Esel kaufen.
lehít báka áne ibábetīt ühártūmida mérkeb delibti iái áṅdi	übermorgen will ich nach Chartūm reisen und ein Fahrzeug kaufen.
barúhura¹ dúruhuára Sendiéda ibábetīt hérröb delibti iái éḍna	er und ihr Oheim werden nach Sendi reisen und Durra kaufen.
barúkuwa ásanáwa önömhīn sá'tit táme teḍna	du und mein Bruder, ihr werdet hier sitzen und essen.
áne sá'tit egáb gᵘáni	ich sitze und rauche.²

337. Diese Verbalform auf *-etīt* wird also, nach den obigen Beispielen zu urteilen, als eine Art von Gerundium, etwa wie das türkische Gerundium auf *-b (p)*, gebraucht. Da aber nun das Affix bei vokalischem Stammauslaut *-tīt* und nicht *-etīt* lautet (z. B. *dítīt* von *dū* „schlafen") und somit das immer kurze *e* hier wahrscheinlich nur eine eufonische Rolle spielt, um ein hartes Zusammentreffen von Konsonanten zu vermeiden, so ist vielleicht diese Form auf *-tīt (-etīt)* nichts anders als das schon bekannte, hier mit dem kopulativen *-t* — das (nach § 336, b) auch anderen Verbalformen angehängt wird — verbundene Verbalnomen (der Infinitiv) auf *-ti*.

2. Adversative.

338. Auch eine dem deutschen „aber", „allein" entsprechende Konjunktion fehlt dem Bedawie, und, wie dies so häufig in den semitischen Sprachen zu geschehen pflegt, wird die nach unserer Auffassung ad-

---

¹ Umgestellt von *barúhura* (vgl. § 31).
² Eigentlich: „… und trinke Rauch", wörtliche Übersetzung des arab. *išrab duχān*.

versative Verbindung als eine blos kopulative angesehen, z. B. *áne táman g°áb káka* ‚ich ass, trank aber nicht'. Jedoch ist hier, ebenso wie im Nubischen, das arabische Wort *lákin* (*láken*) eingedrungen, und wird namentlich da gebraucht, wo der Gegensatz besonders hervorgehoben werden soll, z. B.

tóor dáurítu lákin dáit kítke	das Mädchen ist hübsch, aber nicht gut.
tóor dáurit kítke láken dáitu	das Mädchen ist nicht hübsch, aber gut (ist es).
áne súr meskínu láken dé'a ganáman	ich war arm, aber jetzt bin ich reich geworden.

339. Das adversative ‚oder' wird durch *táru*, *tar*, ausgedrückt, und gewöhnlich doppelt gesetzt, *táru . . . táru* ‚entweder . . . oder', z. B.

tar ómēk tar óhatáj há'a	bringe entweder den Esel oder das Pferd her!
táru áne táru barák gígurí	entweder ich soll gehen oder du.

Aus dem letzten Beispiele geht hervor, dass die Auffassung der Beziehung des Verbs zu mehreren Subjekten im Bedawie eine andere ist als im Deutschen. Bei der Verbindung durch *táru* ‚oder' wird das Prädikat ebensowohl im Plural gebraucht wie bei der Verbindung durch *-wa* ‚und', und die Person des Zeitworts hängt von der oben erwähnten inneren Rangordnung der drei Personen untereinander ab. — Wie ‚oder' in indirekten Fragesätzen ausgedrückt wird, darüber siehe unten § 362.

B. Subordinirte Sätze.

340. In abhängigen Sätzen treten uns einige neue Verbalformen entgegen, die wie der Konditional zunächst von den Präsensformen gebildet zu werden scheinen, aber doch ebenso die vergangene wie die gegenwärtige Zeit bezeichnen können. Die Bildung geschieht auch, ganz nach Analogie der des Konditionals, durch Anhängung der unveränderlichen Affixe *-ēt* und *-ēb* an die affirmativen Präsensformen, die vor ihnen denselben geringfügigen fonetischen Veränderungen unterworfen sind, wie vor der konditionalen Endung *-ēk*; in der negativen Form treten dieselben Affixe an den Optativstamm hinzu. Ob nun diese Verbalformen, die meines Wissens nur in abhängigen Sätzen vorkommen, wirkliche subjunktive Modusformen, oder nur das mit den konstanten Postpositionen *-ēt* und *-ēb* verbundene Präsens sind, dürfte nicht leicht zu entscheiden sein. Das letztere anzunehmen liegt wohl am nächsten, andrerseits würde man jedoch die Auffassung, dass jene Formen wirkliche Modalformen seien, dadurch begründen können, dass die Verbalsuffixe den Endungen -*īt*, -*īb*, -*ēk* nachgehängt werden.

Was den Ursprung der eben erwähnten Formen betrifft, so scheint der Gedanke sehr nahe zu liegen, dass die drei Formen auf -*ēk*, -*īt*, -*īb*, von einer gemeinsamen Form auf -*e* herstammen, an welche dann die Affixe -*k*, -*t*, -*b* angehängt werden. Eine solche Auffassung hat Munzinger von der Konditionalform auf -*ēk* gehabt — die beiden anderen Formen auf -*īt* und -*īb* sind ihm nicht bekannt — dieselbe ist nämlich seiner Ansicht nach »aus dem Optativ durch angehängtes -*k*» gebildet. Wie man aus den §§ 244 und 251 ersehen kann, wird jener Munzingersche Optativ unzweifelhaft durch die Endung -*ē* gekennzeichnet (nur in einem Beispiele, dem negat. *basekéi*, steht dafür in den meisten Formen die Endung -*ei*), und derselbe würde mithin die Existenz einer solchen Form beweisen, obwohl sie, weil sie mit der Bildung des Munzingerschen Plusquamperfekts zusammenzuhängen scheint, mit meiner oben postulirten zunächst vom Präsens ausgehenden Form auf -*e* nicht identisch sein kann. Zwar wurden, wie schon erwähnt, die Optativformen bei Munzinger von meinen Gewährsmännern nicht verstanden, und ich muss demgemäss daran festhalten, dass eine solche Form auf -*e* bei den Ababde und Bischari nicht selbständig gebraucht wird; da sie aber nach Munzinger bei den südlicheren Stämmen als solche existirt, so würde ja damit die Thatsache gut übereinstimmen, dass jene Form bei den Bischari jetzt nur in abhängiger Stellung, und zwar am häufigsten in Verbindung mit den untrennbaren Affixen -*k*, -*t*, -*b*, vorkommen kann. Aber die Frage bezüglich dieser Verbalformen wäre hiermit noch lange nicht erledigt. Ich sagte oben, dass dieselben zunächst vom Präsens gebildet werden, und dass sie sich dann auch auf die vergangene Zeit beziehen können. Sie werden jedoch auch vom Perfekt gebildet, obwohl diese Bildung in meinen Beispielen, vielleicht nur zufällig, nicht mit derselben Regelmässigkeit auftritt, wie die präsentiale. Ferner sondert sich die Form auf -*ēk* in gewissen Beziehungen von den beiden übrigen ab, so dass es zweckdienlich erscheint, hier jede für sich etwas näher zu besprechen.

a. Die Postposition -*ēk*, die wir bisher nur an Präsensformen angehängt und immer mit der konditionalen Bedeutung „wenn' vorgefunden haben, kann jedoch auch an das Perfekt hinzutreten, und zwar in zwei verschiedenen Bedeutungen, obwohl ich von der einen nur ein einziges Beispiel besitze. Es sind mir nämlich: 1) die Formen *dduēk*, *tédnĕk*, die zweifellos vom Perfekt, *ádin, t'dina*, gebildet sind, einmal in selbständiger Stellung als Verben des Hauptsatzes vorgekommen, wo sie nur die Bedeutung eines französ. Conditionnel haben können: *ine ádnĕk lehít éini* 'ich sollte meinen, dass er morgen kommen wird' *barúk tédnĕk ámse éini* 'du solltest meinen, dass er heute kommen wird' (d. h. 'nach deiner Ansicht würde er heute eintreffen', vgl. die Note 3 auf Seite 259); 2) die Postposition *-ĕk* wird dem Perfekt angehängt, um das deutsche 'nachdem' mit nachfolgendem Plusquamperfekt auszudrücken, während bei der zukünftigen Zeit — 'nachdem' mit darauf folgendem Perfekt (oder Fut. exact.) — die Postposition *-hŏb* nebst dem Präsens verwendet wird. Obwohl die beiden Bedeutungen, die konditionale 'wenn' (resp. 'würde') und die temporale 'nachdem', ziemlich weit auseinandergehen, so sind dennoch das konditionale und das temporale *-ĕk* gewiss nicht von einander zu trennen, sondern als eine Postposition zu betrachten.

b. Die Verbalform auf *-ĕt* wird, nach meinen Beispielen zu urteilen, nur oder mindestens vorzugsweise, in finalen und kausalen Nebensätzen angewendet, am häufigsten in Verbindung mit dem Wort *tína* 'die Sache', das — im Obj. oder Gen. stehend — als eine Art konjunktionaler Postposition dem deutschen 'dass' zu entsprechen scheint. In allen meinen Beispielen, auch den wenigen, wo das Verb des Hauptsatzes im Perfekt steht, ist diese Form aus dem Präsens gebildet (vgl. jedoch § 344).

c. Die Verbalform auf *-ĕb* wird in zweifacher Weise gebraucht: 1) selbständig, d. h. ohne Postposition, in der indirekten Doppelfrage; 2) in Verbindung mit den Postpositionen *abád, -gil*, 'bis' und *-ka* 'so oft'. In letzterem Falle, und wahrscheinlich auch in dem ersteren, erscheint die Form auf *-ĕb* als Nebenform einer anderen häufiger vorkommenden auf *-e*, die jedoch wohl nur von jener abgeschliffen ist. Für die erstere Art der Anwendung besitze ich nur zwei Beispiele, die vom Präsens gebildet sind (vgl. § 362), aber bei der letzteren Art wird *-ĕb* sowohl Präsens- als Perfektformen angehängt. Schliesslich kommt wirklich vor der Postposition *-hŏb* 'als' 'nachdem' auch eine Form auf *-e* vor, die nicht aus einer ursprünglicheren auf *-ĕb* entstanden zu sein scheint. Sie wird sowohl vom Präsens als vom Perfekt aber dem Anscheine nach nur von Verben der 1. Klasse gebildet.

Wie man sieht, unterscheidet sich die Form auf *-ĕk* von den übrigen auf *-ĕt, -ĕb, e-* deutlich dadurch, dass jene eine wirklich selbständige Bedeutung 'wenn' ('würde') hat; somit würde das Affix *-ĕk* eher für eine wirkliche Postposition zu halten sein, während die Formen auf -*ēt*, -*ēb*, -*e* rein abhängig (subjunktiv) sind und ihre Bedeutung nur durch nachgestellte Postpositionen oder durch syntaktische Beziehungen erhalten. Hiermit hängt vielleicht auch irgendwie der Unterschied zusammen, dass die Form auf -*ēk* die Verbalsuffixe (-*hēb*, -*hēk* etc.), die übrigen dagegen die nominalen Formen der Pronominalsuffixe (-*a*, -*ōk*, etc.) annehmen. Diese somit vorgenommene Scheidung in die Form auf -*ēk* einerseits, und die Formen auf -*ēt*, -*ēb*, -*e* andrerseits, wird jedoch durch die Erscheinung beeinträchtigt, dass, wie wir oben (§ 334) gesehen, neben den Formen auf -*ēk* von konditionaler Bedeutung, andere auf -*e* von gleicher Bedeutung, aber nur in Verbindung mit den eben erwähnten nominalen Suffixformen, vorkommen können. Weit wichtiger ist jedoch eine andere Erscheinung, welche auf diese, nach Bildung, Bedeutung und Anwendung ebenso wichtigen als dunklen Verbalformen ein neues Licht wirft.

Wie wir in dem vorhergehenden gesehen haben, kommen die Verbalformen auf -*e* (oder -*ēb*) und -*ēt* immer in relativen Sätzen zur Anwendung, sobald das Relativ nicht Subjekt des Satzes ist. Hier finden wir also diese Formen in derselben abhängigen Stellung, mit derselben subjunktiven Bedeutung, wie in den finalen, kausalen und temporalen Sätzen. Allein hier tritt uns die bedeutsame Erscheinung entgegen, dass sich die Form auf -*ēt* ganz entschieden als eine femin. und die auf -*e* (od. -*ēb*) als eine mask. Verbalform darstellt. Die erstere wird ja nämlich nur da gebraucht, wo das Korrelat weiblich, und die letztere nur da, wo dasselbe männlich ist. Schon in dem Umstande, dass jener Geschlechtsunterschied sich nicht auf das Subjekt des Relativsatzes, sondern auf das Korrelat im Hauptsatze bezieht, sehen wir eine Hindeutung auf die Abhängigkeit des Nebensatzes, wie denn auch die ganze Erscheinung zu den eigentümlichsten Zügen des reichen Geschlechtslebens der Bischarisprache gehört. Da nun aus der ganzen Darstellung der Formenlehre erhellt, dass überall -*b* und -*t* als Träger der beiden Geschlechter einander gegenüber stehen, so können wir wohl daraus folgern, dass hier die Formen auf -*ēb* ursprünglicher sein müssen, als die allerdings häufigeren auf -*e*. Da ferner in den relativen Sätzen nur -*b* und -*t* als die trennbaren, eine bestimmt nachweisliche Funktion ausübenden Affixe erscheinen, so müssen wir aus den relativen Verbalformen auf -*ēb* (-*e*) und -*ēt* fast notgedrungen folgern, dass besondere auf -*e* ausgehende Verbalformen wirklich existiren. Es ist dann auch wohl kaum zu bezweifeln, dass die in den finalen, kausalen und temporalen Sätzen vorkommenden Formen auf -*ēt* und -*ēb*, die von den relativen Formen gleicher Endung nicht getrennt werden dürfen, ebenfalls auf eine allgemeine subjunktive Grundform auf -*e* zurückgeführt werden müssen, welche auch wirklich an anderen Stellen, nämlich vor der Postposition -*hōb*, erscheint. Aber dann müsste ja auch in den nicht relativen Sätzen das -*b* und das -*t* am Ende als Geschlechtsträger zu betrachten sein. Ja, warum denn nicht? Es ist wohl kein blosser Zufall, dass die Form auf -*ēt* vorzugsweise in unmittelbarer Verbindung mit dem femin. Wort *tōna* auftritt, so dass, wenn sie allein steht, dieses Wort als fehlend gedacht werden kann. Die Form auf -*ēb* erscheint unmittelbar vor der Postposition *ŭhád*, wo, aller Wahrscheinlichkeit nach, das *ŭ* der männliche Artikel ist.

341. Die Formen auf -*ēb* und -*ēt* können aber auch von einer anderen Seite betrachtet werden, wodurch ebenfalls ein Streiflicht auf ihre syntaktische Stellung geworfen wird. Dass die Endungen -*b* und -*t* ursprünglich Geschlechtsträger sind, darüber kann kein Zweifel obwalten, aber ebenso entschieden geht aus der ganzen vorangegangenen Darstellung der nominalen Flexion hervor, dass sie zugleich als **Objektivendungen** dienen. Wenn wir uns dessen erinnern, dass in den relativen Sätzen beide Endungen den subjunktiven Verbalformen immer dann angehängt werden, wenn das Relativ im **Objektiv** steht — d. h. sowohl da, wo das Relativ Objekt des Satzes ist, als auch da, wo das Relativ nach unserer Auffassung in einem obliquen Kasus steht, in welchem Falle die Bischarisprache das Relativ in den Objektiv stellt und das oblique Kasusverhältnis desselben anderweitig bezeichnet — so können wir uns des Gedankens kaum erwehren, dass die Sprache alle diejenigen Relativsätze, in denen das Relativ nicht Subjekt des Satzes ist, als virtuell in dem vom Verb des Hauptsatzes abhängigen **Objektiv** stehend auffasst, und dieses virtuelle Kasusverhältnis des Satzes durch ihre beiden Objektivendungen bezeichnet. Damit steht auch die Erscheinung im Zusammenhang, dass in denjenigen Relativsätzen, wo das Relativ Subjekt des Satzes ist, bei einem weiblichen Korrelat ein -*t*, bei männlichem Korrelat aber kein -*b* der Verbalform angehängt wird. Das femin. -*t* tritt nämlich in bestimmten Fällen auch als eine gewissermassen nominativische Endung auf, ohne dass ihm in dieser Anwendung jemals ein mask. -*b* entspräche. Wenn dem femin. Subjekt ein Adjektiv vorangeht, so wird ja das -*t* diesem angehängt, z. B. *wint mēk ēta* ‚eine grosse Eselin kam'; ebenso, wenn ein Genitiv vorangeht: *ŏsanīt mēk ēta* ‚des Bruders Eselin kam'. Diese Konstruktion, wo nämlich das Geschlecht des Hauptwortes an einem anderen davon abhängigen Worte bezeichnet wird, finden wir beispielsweise in dem folgenden Relativsatze genau wieder: *tâmēk tūētat* ‚die Eselin, die kam'. In keinem von diesen Fällen erscheint ein entsprechendes mask. -*b*, eben weil das -*b*, wenigstens auf der jetzigen Entwicklungsstufe der Sprache, nur als Objektivendung gebraucht wird; es heisst also nur *wín mēk ēu* ‚ein grosser Esel kam' und *âmēk ēu* ‚der Esel, welcher kam' (niemals *wínb* oder *ēub*). Werden somit diejenigen Relativsätze, wo das Relativ nicht Subjekt ist, deutlich genug als Objektivsätze aufgefasst und gekennzeichnet, so müssen wir auch wohl einräumen, dass die finalen, kausalen und temporalen Sätze, wo die Formen auf -*ēb* und -*ēt* auftreten, ebenfalls von dem Sprachbewusstsein als Objektivsätze aufgefasst worden sind. Diese Objektivstellung des Satzes kann zweierlei Art sein: sie ist entweder eine direkte, wenn der Nebensatz, d. h. zunächst sein Verb, als direktes Objekt des Verbs im Hauptsatze aufgefasst wird, in welchem Falle jene Formen selbständig d. h. ohne Postposition stehen, oder sie ist eine indirekte, wenn dieselben als nähere Bestimmungen einer virtuell im Objektiv stehenden Postposition erscheinen. Es ist nicht uninteressant, dass wir gerade diese Ansicht von virtuellen Kasusverhältnissen abhängiger Sätze besonders in der einheimischen arabischen Grammatik durchgeführt finden, wo ganze Sätze als virtuell im Akkus. oder Genitiv stehend aufgefasst werden. So wird auch in dem folgenden Beispiel bei Munzinger ein Relativsatz (mit ausgelassenem Relativ im Akkus.) wie ein das Korrelat bestimmender Participialsatz übersetzt: »*vero erhéneneb o'kam nan sugo*, vom gestern gesehenen Kameel was ist der Preis? (*sug*, Preis)». Die Form *erhéneneb* ist 1. Pers. Plur. Perf. Subj. (*rēhna-ne, erēhna-ne*, od. *erhénane*) mit der Objektivendung -*b*, und die richtigere wörtliche Übersetzung lautet ‚das Kamel, das wir gestern gesehen haben, was ist sein Preis'? (*súgo* ist entweder = *súg-oh* ‚sein Preis', oder vielleicht = *súg-u* ‚ist [der] Preis'). Munzinger bringt auch einige andere Beispiele, wo Formen auf -*eb* und -*et* vorkommen, und übersetzt sie richtig mit Relativsätzen, ohne von ihrer wahren Natur eine richtige Vorstellung gehabt zu haben: »*o'mkin ektem'eb kinken*, wir wissen nicht, wo er hingekommen ist» — wörtlicher: ‚den Ort, [den] er erreicht hat, kennen wir nicht'; »*ieneb mesrab kinke*, wir hörten nicht, was er sagte». In dem letzteren sehr interessanten Beispiele, wo nach unserer Auffassung das ausgelassene dem deutschen ‚was' entsprechende Relativ zugleich das determinative Korrelat ‚das' in sich schliesst, tritt die Objektivstellung des Relativsatzes besonders klar zu Tage. Beim ersten Anblick möchte man geneigt sein, wie es MUNZINGER auch höchst wahrscheinlich gethan hat, das Wort *ieneb* für eine Participial- oder Gerundialform zu halten, aber *jene* ist die 3. Pers. Perf. Sing. Akt. vom irregulären Stamme *di* ‚sagen' (s. § 304). Auf ganz dieselbe Konstruktion stossen wir sodann in dem dritten und letzten der Beispiele, welche diese Formen bringen; hier wird das Femin. als unser Neutrum angewendet: »*behéit t'eit kinken*, wir wissen nicht, was morgen kommt«.

342. Wenn also eine solche subjunktive aus den Formen auf -*ēb* und -*ēt* erschlossene Form auf -*e* wenigstens bis auf weiteres als dem Bedawie eigen angenommen werden muss, so entsteht die Frage, ob die konditionale und temporale Form auf -*ēk* auch auf jene zurückgeführt werden soll, d. h. ob wir *támanjĕk*, *ándirĕk* in *támani-ĕk*, *ándir-ĕk*, in *támanjē-k*, *ándirē-k*, oder endlich, was gar kein Bedenken erregen könnte, in *támanje-ĕk*, *ándire-ĕk* zu zerlegen hätten. Das erstere als das einfachste scheint auch das nächstliegende zu sein, ich glaube indessen, dass auch hier die subjunktive Form auf -*e* zu Grunde liegt, und zwar aus folgenden Ursachen. Jene subjunktive Endung wird, wie wir oben gesehen haben, sowohl dem Präsens als dem Perfekt angehängt, im letzteren Falle tritt aber die bemerkenswerte Abweichung ein, dass die Verben der 1. Klasse vor die subjunktiven Endungen -*e*, -*ēt*, -*ēb* ein *n* einschieben.¹ Da nun in den Perfekten der 1. Klasse dasselbe -*n* auch vor der Endung -*ēk* erscheint, so ist wohl anzunehmen, dass auch hier eine subjunktive Form auf -*e* (-*ne*) zu Grunde liegt. Dazu kommt noch folgende Erwägung. Wenn der Subjunktiv in anderen abhängigen relativen, finalen, kausalen, temporalen und indirekt fragenden Sätzen entweder ausschliesslich oder weitaus häufiger als der Indikativ vorkommt, so wird es dadurch sehr wahrscheinlich, dass der Subjunktiv auch in den konditionalen Sätzen auftreten muss. Wir würden also ein Präs. Subj. erhalten, das bei allen Verben ohne Ausnahme durch Anhängung der Endung -*e* an die flektirten Formen des Präsens (Indik.)

---

¹ Ob dieses *n* in allen oder nur in den vokalisch auslautenden Formen des Perfekts auftritt, ist deswegen schwer zu entscheiden, weil im Perfekt der 1. Klasse *n* der einzige konsonantische Auslaut ist, und ich deshalb nicht mit Sicherheit zu unterscheiden vermochte, ob in Formen wie *rhanēt* ein oder zwei *n* ausgesprochen wurden. Ich bin jedoch überzeugt, dass jenes *n* in allen Formen vorhanden ist, und zwar aus dem Grunde, weil im entgegengesetzten Falle das *n* für eine vom Hiatus veranlasste rein euphonische Einschiebung zu halten wäre, eine Anwendung, die sonst überall nur dem *j* zukommt.

gebildet wäre, und ein Perf. Subj., das ebenfalls durch Anhängung der Endung -*e* (in der 1. Klasse aber -*ne*) an die flektirten Formen des Perf. (Indik.) entstanden sein würde. Diese beiden Tempora kommen nun, soviel ich weiss, niemals selbständig, sondern nur in Verbindung teils mit den ursprünglichen Geschlechtsträgern -*b* und -*t*, teils mit dem seiner Natur und Form nach noch nicht aufgeklärten Affixe -*ēk* (-*k*), teils mit wirklichen Postpositionen wie -*hōb* vor. Wir würden also beispielsweise vom Stamme *jak* ‚aufstehen‘ (Konj. I.) folgende Subjunktivformen zu verzeichnen haben:

		Präs.	Perf.
Sing.	1.	*jákanj-e*	*jákan-ne*
	2. m.	*jáktinj-e*	*jákta-ne*
	f.	*jáktinj-e*	*jáktai-ne*
	3. m.	*jákinj-e*	*jákja-ne*
	f.	*jáktinj-e*	*jákta-ne*
Plur.	1.	*jáknēj-e*	*jáknа-ne*
	2.	*jáktēn-e*	*jáktān-ne*
	3.	*jákēn-e*	*jákjān-ne*

In der negativen Form, wo die Endung -*e* — -*ne* ist mir hier niemals vorgekommen — immer dem neg. Optativstamm angehängt wird, erfolgt die Abwandlung durch die aus dem Konditional bekannten neg. Präfixe, also: Sg. *bājákaje, bitjákaje, bījákaje,* Pl. *binjákaje, bitjákajn-e, bījákajn-e.*

3. Finalsätze.

343. Die deutschen den Begriff eines Hauptverbs vervollständigenden Infinitive, mit oder ohne ‚zu‘ ‚um . . . zu‘, werden im Bedawie im allgemeinen durch die in den vorstehenden §§ besprochene Subjunktivform auf -*ēt* ausgedrückt, z. B.

ane gíyanjēt aréane	ich will gehen (ich wünsche zu gehen)
barák gígtenjēt arétenia	du willst »
barúh gigīnjēt aréuni	er will »
hénen gignējēt arēnēi	wir wollen »
barák gígtēnēt arétēn	ihr wollet »
baráh gígēnēt arēen	sie wollen »
ane g"ánjēt aréuni	ich will trinken.
barák étinjēt arétenia	du wünschest zu kommen.
barúh ét'imēt aréuni	er will reiten.
barúh ít'am āndi	

batáh harír delíbti teníniět arétni	sie wünscht Seide zu kaufen.
hénen kisrátwa sátwa tímnějet arénei	wir wollen Brod und Fleisch essen.
áne tóor salámaujět aréane, batáh lákin salámtinjět-a káaréta	ich will das Mädchen küssen, aber es will mich nicht küssen.
áne áņțiětök káaréan	ich will dich nicht schlagen.
barúh támsinjětön aréini	er will uns Essen geben.
hénen y*asnéjětökna aréne	wir wollten euch trinken lassen.
óor aridíět arée, lákin túnde lau téne	der Knabe wollte spielen, aber die Mutter erlaubte es nicht (eig. ‚sagte: nein').

344. In der kleinen Beispielsammlung bei MUNZINGER findet sich ein hierher gehöriges Beispiel: »*Allahi amán geb sekiet ercei*, bei Gott, ich möchte mit ihm gehen». Diese Übersetzung ist jedoch entschieden unrichtig. Ich würde die Worte folgendermassen schreiben und wiedergeben: *Alláhi amán-gěb sěkiět arée* ‚ich möchte unter Gottes Schutze gehen'. *Alláhi amán-gěb* ist nämlich die wörtliche Übersetzung des arab. *fi amáni-lláh*, dagegen könnte *sěkiět arée* ebensowohl ‚er möchte gehen' als ‚ich möchte gehen' bedeuten. Hier stehen wir aber wiederum vor zwei dunklen Formen, die sich aus meiner Darstellung der verbalen Formenbildung nicht genügend erklären lassen. Im letzten Beispiele des § 343 finden wir *óor aridíět arée* ‚der Knabe wollte spielen', und ich führe hier zunächst die wenigen Beispiele in meinen Sammlungen an, wo diese und analoge Formen vorkommen. Die beiden schematischen Beispiele, die ich meinen Lehrern unmittelbar nach einander vorlegte: ‚ich wollte reisen' ‚du wolltest reisen' etc. und ‚ich wollte spielen' ‚du wolltest spielen' etc., wurden mir so übersetzt:

Sing.	1.	*ibábiět* ich wollte reisen	*aridíět arée* ich wollte spielen
	2.	*ibábtiět arétia*	*aridíět arétija*
	3.	*ibábjět arée*	*aridíět arée*
Plur.	1.	*ibábnejět arénei*	*aridnajět arénei*
	2.	*ibábtěnět arétěn*	*aridtěnět arétěn*
	3.	*ibáběnět aréen*	*árděnět arěen*

Wenn man *aridnajět* als eine schwankende Aussprache für *aridnejět* annimmt, so ist der ganze Plural regulär, gehört aber dem Präsens an und bedeutet ‚wir wollen reisen (spielen)' ‚ihr wollet reisen (spielen)' etc. Auf dergleichen Verwechslungen muss man bei solchen Lehrern immer gefasst sein. Vom Sing. betrachten wir zuerst die Formen *arée*, *arétia*, *arée*. Hier haben wir möglicherweise den Munzingerschen Optativ auf -*e* vor uns (vgl. bei ihm *sekié*, *sekdie*, *sekié* § 244). Andrerseits wäre es denkbar, dass *arée* blos eine nachlässige Aussprache sowohl für *aréan* (1. Pers.) als *aréja* (3. Pers.) ist, aber wegen der Form *arétia*, die ganz mit *sekdie* übereinstimmt, halte ich es für mehr wahrscheinlich, dass hier eine besondere Verbalform vorliegt (vgl. die Plusquamperfektformen *sür arée*, *sür arétia* etc. § 242, 5). Ebenso schwierig ist es zu sagen, wie man die Formen *aridíět*, *aridtíět* zu fassen hat. Zweifellos ist nur, dass man *aridi-ět*, *aridti-ět* trennen muss, und dann liegt die Vermutung nahe, dass wir es hier mit derselben Tempusform zu thun haben, die in der 3. Pers. Aor. *ba-aridi*,

258   HERMAN ALMKVIST,

f. bá-arídti, pl. bá-ardína, vorliegt. Dieselbe würde also folgendermassen lauten: Sg. 1. arídi, 2. arídti. f. arídti? Pl. 1. arídnai, 2. arídtina? 3. ardína, und wir hätten dann arídnajēk als die richtige und ibábnejīk als die ungenauere Aussprache zu betrachten. Aber ein solches Tempus würde andrerseits fast gänzlich mit dem Munzingerschen afformativischen Plusquamperfekt auf -i zusammenfallen, dessen Bedeutung hier ganz unannehmbar ist. In Ermangelung eines genügenden Beispielmaterials muss ich also auch diese Frage noch offen lassen.

345. Die Satzverbindung durch die subjunktive Form auf -ēt kann dadurch gleichsam verstärkt werden, dass nach dieser Form das Wort tóna ‚die Sache‘ als Postposition gebraucht wird, und zwar halte ich diese Konstruktion für die ursprünglichere. Dieselbe entspricht häufig den deutschen von einem Zeitworte des ‚Sagens‘ ‚Denkens‘ ‚Wissens‘ ‚Hörens‘ und dgl. abhängigen Sätzen mit ‚dass‘ z. B.

áne meskín ékatjēt[1] tóna áktēn	ich weiss, dass er arm ist.
áne barúk meskín tékatjēt tóna áktēn	ich weiss, dass du arm bist.
barúk áne meskín ákatjēt tóna téktēna	du weisst, dass ich arm bin.
áne meskín tékatjēt tóna réhan (amásu)	ich habe gesehen (gehört), dass du arm bist.
áne sūr meskín bítkajēt tóna áktēn, dē'a meskín tékaja	ich wusste, dass du nicht arm warst, jetzt [aber] bist du arm [geworden].
barúk sūr bānínajēt tóna téktēna, dē'a nímani	du wusstest, dass ich nicht gesungen habe, [aber] jetzt singe ich.
barúk sūr áne ganámāb bákajēt tóna téktēna, lákin dē'a ganáman	du wusstest, dass ich nicht reich war, aber jetzt bin ich reich geworden.

Aus den obigen Beispielen geht hervor, dass im Bedawie die pronominalen Subjekte ‚ich‘ ‚du‘ u. s. w., namentlich in Nebensätzen, ausgelassen werden können, weil hier, wie in anderen flektirenden Sprachen, die Verbalform die Person des Subjekts genügend bezeichnet.

346. Anstatt der Subjunktivform auf -ēt kann im Bedawie auch der Infinitiv oder ein anderes abstraktes Verbalnomen gebraucht werden, eine Konstruktion, welche einem deutschen Infinitiv oder auch einem Satze mit ‚dass‘ gleichkommt, z. B.

áne árde réhanhókna	ich habe euch spielen sehen.
áne lahít ájo amásu	ich habe gehört, dass er morgen kommen wird (eig. ‚sein Kommen morgen‘).
batúk ámse ájo temásui	du [o Frau] hast gehört, dass er heute kommen wird.
áne batóh níne amásu	ich habe sie singen hören.[2]

---

[1] Vgl. § 328.

[2] Vgl. áne níntóh amásu ‚ich habe ihren (od. seinen) Gesang gehört‘.

DIE BISCHARI-SPRACHE.

áne átakit íbāb áktēn	ich weiss, dass der Mann abgereist ist (eig. ‚die Reise des Mannes‘).
áne teléhanéit-ēk¹ ákan	ich wusste, dass du krank warst (eig. ‚deine Krankheit‘).
barúk meskinámti-a téktēna	du weisst, dass ich arm bin (eig. ‚meine Armut‘).²

So kann auch der Infinitiv in der Dativform auf -da dem deutschen Infinitiv mit ‚um . . . zu‘ entsprechen, z. B. áne šebábiōgda ían ‚um dich zu sehen, bin ich gekommen‘ barúk šebábjōda éta ‚du kamst, um mich zu sehen‘.

347. Zuweilen wird die Subordination des Nebensatzes gar nicht ausgedrückt, indem die Sätze einfach ohne Kopula koordinirt werden, oder die Abhängigkeit wird nur durch die Einschiebung des Nebensatzes in den Hauptsatz bezeichnet, z. B.

áne ádnēk³ lehít éini	ich sollte meinen, dass er morgen kommen wird (werde).
barúk éndēta téja' énhēb	er sagte mir, dass meine Mutter gestorben sei.
barúk éndēta ija témdi énhēb	er sagte mir, meine Mutter sei im Sterben begriffen.
barúk wárakt da éktibt⁴ ásana áfa ibábja énhēb	er schrieb einen Brief an mich und sagte mir, dass mein Bruder gestern abgereist sei.
barúk wárakt dehōk éktibt ásanūh af ibábja énhōk	er schrieb einen Brief an dich und sagte dir, dass sein Bruder gestern abgereist sei.

---

¹ Das Suffix hat hier die plurale Objektivform, weil das Wort lehanéi ein Fem. Plur. ist, vgl.: teléhanéitāk akrátа ‚deine Krankheit ist schwer‘.

² Die Form méskinámti ist der Infinitiv des vom Adjektiv meskín abgeleiteten Verbs meskinami. Zu diesem Beispiel vgl. auch das dritte unter § 345; die beiden Ausdrucksweisen, barúk áne meskín áikatjēt tōna téktēna, und barúk meskinámtia téktēna, wurden mir unmittelbar nach einander als die ganz synonyme Übersetzung des vulgärarab. éute tá'rif ínni meskín gegeben.

³ Hier ist der vom Perf. gebildete Konditional selbständig gebraucht, ganz entsprechend dem französ. ‚je penserais‘, und dies ist um so mehr beachtenswert, als hier im Arabischen kein solcher Ausdruck, sondern das gewöhnliche Imperfekt verwendet wurde. Übrigens wurde mir dieser arabische Satz, ánā azánn ínnu jéji bákra, zuerst so wiedergegeben: aníb ádānīb lahít íeni, ‚in meinem Glauben (= nach meiner Ansicht) kommt er morgen‘; und in gleicher Weise: barúk tédnēk (oder breúk ádānīb) ámse éini ‚nach deiner Ansicht würde er heute kommen‘.

⁴ Das schliessende -t in éktibt ist das kopulative -t (s. § 336, e), in wárakt dagegen ist es die feminine Objektivendung der unbestimmten Form; die Form da steht für déh-a (s. § 127).

Nova Acta Reg. Soc. Sc. Ups. Ser. III.

áne bábjōkdáwa ásanjōdáwa wárakt áktibt lahít ibábat áne áne má'a áinhōk	ich schrieb einen Brief an deinen Vater und an meinen Bruder, dass ich morgen abreisen werde. ich habe dich kommen heissen (eig. ‚dir gesagt: komm!‘)

348. MUNZINGER sagt uns nichts darüber, wie die Koordinirung der Sätze im Bedawie vor sich geht, um das fehlende Wort ‚und‘ auszudrücken. In seiner Beispielsammlung finden sich jedoch zwei hierher gehörende Beispiele; im ersteren tritt das arabische *u* ‚und‘ auf, im letzteren ist die Verbindung asyndetisch: *nt'hemton tefru n ane ederr*, meine Schwiegermutter gebar, und ich wurde verheirathet; *jeherune lub baka ane herab kake*, sie haben nur von mir verlangt, ich habe nie verlangt» [*baka* ist das viel gebrauchte arabische Wort *biqa*, *biqa* بقى]. Dagegen heisst es (S. 352): »Die Nebensätze bilden sich mit Postpositionen. Es werden also ausgedrückt: 1) **Finalsätze**: durch den Optativ mit *thai*, z. B. *ofure-thai*, dass ich fliehe; *bésekie-thai*, dass du nicht gehest; 2) **Causalsätze** . . .» Was MUNZINGER über die Bildung der Kausalsätze, der Temporal- und Vergleichungssätze zu sagen hat, soll im folgenden angeführt werden. Bezüglich der von ihm angegebenen Ausdrucksweise für Finalsätze, kann ich nur sagen, dass eine Postposition *-thai* mir niemals vorgekommen ist, und an den zwei anderen Stellen, wo ich das Wort bei MUNZINGER gefunden habe, wird es ganz anders gebraucht und übersetzt, nämlich erstens als Postposition: *Bilol-thai* ‚wie Bilol‘, und zweitens als selbständiges Wort: *thai ebabkenamnei* ‚dafür reisen wir umher‘. Seine vier angeführten Beispiele wurden auch von meinen Gewährsmännern gar nicht verstanden, und in seiner Sammlung von Beispielen findet sich keins, das einen Finalsatz in sich schliesst.

4. Kausalsätze.

349. Die Ursache oder der Grund der Handlung wird im Bedawie am häufigsten durch die Postposition *gilla* ‚wegen‘ ‚um . . . willen‘ ausgedrückt. Als kausale Konjunktion kommt dieses Wort immer im Dativ, *gilláida*, und mit vorangehendem Genitiv des Wortes *na* ‚Sache‘ vor, daher *tōnáti gillájda* (eig.) ‚für den Grund der Sache‘, d. h. ‚aus dem Grunde dass‘ ‚weil‘. Das vorhergehende Zeitwort nimmt, wie in den Finalsätzen mit *tóna* (s. § 345), die subjunktive Form auf *-ēt* an, z. B.

áne tōr sulámane, barák salámtinjēt tōnáti gillájda	ich küsse das Mädchen, weil du es küsst.
áne mekátaga aninhōk, masr ibábtinjēt tōnáti gillájda	ich gebe dir Geld, weil du nach Kairo reisest.

Häufig steht jedoch auch die Dativform *tōnátída* allein, um den Grund zu bezeichnen, z. B.

áne baráh áfrai ikatjēt tōnátída áta' *baráh marisa g°anēt tōnátída éta'hēb*	weil er schlecht ist, schlug ich ihn. er schlug mich, weil ich Palmenwein trank

350. Bei MYNZINGER heisst es nur: »Causalsätze werden ausgedrückt durch das Perfect mit angehängter Partikel *neg* oder *nek*, z. B. *erea-nek*, weil er liebte«. und in der Beispielsammlung findet sich nur: *reraí-nek ea*, er kam weil er liebte (aus Liebe)« — Für diese Bedeutung der Postposition *-ēk* (*-nēk*) habe ich kein Beispiel gefunden.

5. Temporalsätze.

351. Den deutschen temporalen Konjunktionen ‚als‘ ‚wenn‘ ‚da‘, dem arab. *lámma*, entspricht im Bedawie die Postposition *-hób*, vor welcher die Präsensformen, wenigstens die der 1. Klasse, das Affix *-e*, und die Perfektformen der 1. Klasse das Affix *-ne* erhalten (vgl. hierüber §§ 340, 341). Das *e* in *-ne*, das sehr kurz ist, geht zuweilen durch Annäherung an den folgenden Vokal in *o* über, oder fällt öfters ganz aus. Es erscheinen daher in den folgenden Beispielen Formen mit *ne*, *no*, und *n* durcheinander:

átak éanhób úta'	als der Mann kam, schlug ich [ihn].[1]
átak éanhób barák téta'	als der Mann kam, schlugst du [ihn].
tōōr étanhób áne salámau	als das Mädchen kam, küsste ich [es].
tótakat étanhób áne tóótōh salámau	als die Frau kam, küsste ich ihre Tochter.
tōōr étanhób salámtahéb	als das Mädchen kam, küsste es mich.
ánda éau-no-hób etá'nahéb	als die Leute kamen, schlugen sie mich.
téar éau-ne-hób barék tetí'a	als die Mädchen kamen, schlugst du sie.
átak éinjehōb sójahéb	wenn der Mann kommt, so benachrichtige mich.
tamtínjehōb dábalō-na hiakéb	wenn du isst, so gieb mir ein kleines Stück.
támja-no-hób dábalō-na éhehéb	als er ass, gab er mir ein kleines Stück.
*tamján-no-hób gulāb g*u*iján*	als sie assen, tranken sie viel.
*réhja-ne-ók-hōb érk*u*i dábja*	als er sich sah, erschrak er und rannte fort.
*réhja-ne-óu-hōb érk*u*it dábia*	als er uns sah, erschrak und lief fort.
réhja-ne-ókna-hōb efáid	als er euch sah, lachte er.
réhjanhób (od. *baréh réhjanhōb*) *dábia*	als er sie sah, lief er fort.
réhau-ne-úkhōb áne jákan	als ich dich sah, stand ich auf.
erhétane-ó-hō[2] *salámtahéb*	als sie mich sah, grüsste sie mich.
áne lanjehób barák ábrk mi'a	wenn ich komme, musst du kommen (viz. ‚komm notwendig‘).
*tamtén-e-hō áne g*u*áni*	wenn ihr esset, trinke ich.

---

[1] Das Pronominalobjekt der 3. Pers. bleibt hier und in einigen der folgenden Beispiele, wie gewöhnlich, unbezeichnet.

[2] Das auslautende *-b* fällt hin und wieder ab (vgl. § 38). Hinsichtlich der Form *erhéta* für *réhta* vgl. § 31.

erhetinjehób má'āt sójahéb	wenn du [ihn, sie, es] siebst, komm und sage es mir!
baráh rehinje-a-hób jákelit salá-minhéb	wenn er mich siebt, steht er auf und grüsst mich.
batúh rehtinje-j-ōkhób¹ jákelit salámtinhók	wenn sie dich siebt, steht sie auf und grüsst dich.

Die Verben der obigen Temporalsätze gehören alle der 1. Klasse an, und die oben gegebene Regel über die Affixe *-e* und *-ne*, oder — was auf Grund der früheren Darlegungen dasselbe sagen will — die Regel über die Anwendung von Präs. und Perf. Subj. wird somit bestätigt. In den folgenden Beispielen treffen wir Perfekta der 2. Klasse, und hier wird die Postposition direkt an die gewöhnliche Verbalform angefügt. Ob die Präsensformen der 2. Klasse in diesem Punkte den Praesentia der ersten oder den Perfekta der zweiten folgen, kann ich nicht entscheiden, da das einzige hierauf bezügliche Beispiel, das ich besitze, *et'imnehōb*,² nach beiden Richtungen gedeutet werden kann. Entweder kann *ĕt'ímnehōb* für *ĕt'imna-hōb* stehen, da die kurzen unbetonten Vokale *a* und *e* ja immer wechseln, oder es kann für *ĕt'imna-e-hōb* stehen, da das *a* der Pluralendung *-na*, wie wir aus den obigen Beispielen ersehen, vor den Affixen *-e* und *-ne* immer ausfallen muss.

baráh ōkam tégnifa-hōb, áne hōj déban	als du das Kamel niederknien liessest, fiel ich herunter.
hénen nuāsisōkna-hōb tetú'nahón	als wir euch begegneten, schlugt ihr uns.
hénen śueihōb támnai	sobald wir kommen, essen wir.
baráh ĕt-imnehōb baráh herértenia	sobald sie reiten, gehst du zu Fuss.

352. Ich besitze auch Beispiele, wo die Postposition *-hōb* ganz ausgelassen zu sein scheint, und die Sätze einfach koordinirt sind, wie in: *rehetanúk dábta* ‚als sie dich sah, lief sie davon'. Hier steht jedoch das Affix *-n* als ein Hinweis auf die ausgelassene Postposition, aber in den beiden folgenden Beispielen findet sich die gewöhnliche Perfektform ohne *-hōb* in derselben Bedeutung: *hénen réhnajúk* (für *réhnejúk*) *jákelit salámneihōk* ‚wenn wir dich sehen, stehen wir auf und grüssen dich' *batúh salámtinj-a salámane* ‚wenn sie mich küsst, küsse ich sie'. Vielleicht ist die Satzfügung in diesen Beispielen rein kopulativ, so dass ‚wir sehen dich und stehen auf und etc.' zu übersetzen wäre. Ebenso auffallend ist der Gebrauch der nominalen statt der verbalen Suffixe in allen drei Beispielen (vgl. § 340). — Übrigens kann auch das deutsche ‚als' durch die Worte *átōr ō* ‚die Zeit (das Mal) wo' (arab. *wakt*

---

[1] Das zweite *j* ist nur euphonisch eingeschoben (s. § 30, d).

[2] Im Paradigma (§ 273) steht *ĕt'imna*, *t* und *d* wechseln hier häufig, wie dies ja bei *a* und *e* am Schlusse immer geschieht.

mā) ausgedrückt werden, wie in dem Beispiele: *ódor ōréhja-né-a érk"e dábja* ‚als er mich sah, erschrak er und lief fort'.

353. Das deutsche ‚nachdem' mit nachfolgendem Perfekt oder Fut. exactum (arab. *ba'd mā* mit dem Imperf.) wird auch durch die Postposition -*hōb* und vorangehendes, in der 1. Klasse durch das Affix -*e* erweitertes Präsens ausgedrückt, z. B.

tamtinjehōb tói má'a   nachdem du gegessen haben wirst, komm hierher.
chásere¹ fáisénjehōb ibábane nachdem ich das... beendigt habe, reise ich ab.

In Bezug auf die vergangene Zeit scheint diese Postposition nicht gebraucht zu werden, sondern es wird das deutsche ‚nachdem' mit nachfolgendem Plusquamperfekt durch das Perfekt mit der Postposition -*ēk*, -*nēk*, ausgedrückt. Wir sehen nämlich aus den folgenden Beispielen, dass die Postposition -*ēk*, ganz wie *hōb* (§ 351), bei den Verben der 1. Klasse sich an die mit *n* erweiterte Verbalform anschliesst, während sie bei den Verben der 2. Klasse direkt an die gewöhnliche Verbalform angefügt wird:

támjanēk gígja   nachdem er gegessen hatte, ging er fort.
támnanēk g"ána   nachdem wir gegessen hatten, tranken wir.
támtanēk g"áta   nachdem sie gegessen hatte, trank sie.
támtānnēk g"átāna   nachdem ihr gegessen hattet, tranket ihr.
jénti térāb és'ēk² jékia   nachdem er den halben Tag gesessen hatte, stand er auf.
ohawad kárso ás'ēk jékan   nachdem ich die ganze Nacht gesessen hatte, stand ich auf.
barák bérbereb málo tirga tis'ēk jékta nachdem du zwei Monate in Berber verweilt hattest, machtest du dich auf zum Abreisen.³
áne dihnjēg⁴ áfdig   nachdem ich [ihn, sie, es] genommen hatte, liess ich [ihn, sie, es] los.

354. In MUNZINGERS Beispielsammlung finden sich folgende Sätze, die hier herangezogen werden können: *ȯdemini-ek beseki* [bei mir würde es: *támnjēk biseki*

---

¹ An der einzigen Stelle, wo sich dieses Wort in meinen Sammlungen findet, habe ich leider verabsäumt seine Bedeutung aufzuschreiben.

² Aus *ésa'ēk*, wie die folgenden *ás'ēk*, *tis'ēk*, aus *ásaē'k*, *tisa'ēk*, zusammengezogen.

³ Ebenso wie die arabischen Zeitwörter *ga'ad* ‚sitzen' und *gām* ‚aufstehen' werden auch die bedawischen Wörter, *sa'* ‚sich setzen' ‚sitzen', und *jak (jek)* ‚aufstehen' in der Bedeutung ‚(an einem Orte) verweilen' ‚sich aufhalten' und ‚abreisen' (start, partir) gebraucht.

⁴ Vgl. § 33.

lauten], er soll nach dem Essen fortgehen;[1] *demtejek seka* [bei mir: *támtajék séka*], geh nach dem Essen; *jeaun-ek gigja*, er kam nach meiner Ankunft [bei mir: *lannēk gigja* „nachdem ich gekommen war, ging er fort"]; *tomanek sakia*, er ging rasirt seiend [*etōmän-ek sakja* „nachdem er rasirt geworden war, ging er"].

355. Ganz wie die Postposition *-hōb* „als" „nachdem" werden auch die Postpositionen *uhád*[2] und das seltenere *-gil* „bis" konstruirt. In Bezug auf die zukünftige Zeit, — im Deutschen also „bis" mit dem Präsens oder dem Futur — wird das Präsens, und in Bezug auf die vergangene Zeit — „bis" mit dem Imperfekt oder Plusquamperfekt — das Perfekt angewendet, und diese Tempora erhalten, ganz wie vor der Postposition *-hōb*, die Affixe *-e* und *-ne*. Zwar gehören auch hier alle die in meinen Beispielen vorkommenden Präsensformen der 1. Klasse an, wie ich denn auch nur ein Beispiel einer Perfektform der 2. Klasse besitze, aber es ist dennoch wohl kaum zu bezweifeln, dass alle jene temporalen Postpositionen, *-hōb*, *uhád*, *-gil*, so wie auch das folgende *-ka*, in ganz gleicher Weise konstruirt werden. Besonders ist zu bemerken, dass hier die Verbalformen auf *-e* und *-ne* bisweilen, wenn keine Pronominalsuffixe angehängt sind, ein schliessendes *-b* annehmen, und zwar haben wir, nach den Ausführungen in § 340, in den Formen auf *-ēb* und *-nēb* die ursprünglicheren zu sehen, aus welchen die anderen auf *-e* und *-ne* durch Abschleifung entstanden sind. Beispiele:

áne ñanj-e-ók uhád séna	warte, bis ich dich rufe!
áne barák ūátinj-é-a uhád sénil	ich werde warten, bis du mich rufen wirst.
átak tūkʷa ūátinj-é-h uhád báesān	der Mann wartet, bis seine Schwester ihn rufen wird.
ónōmhín sa' támanje uhád	sitze hier, bis ich gegessen habe(n werde).
ónōmhín senin támēnéb uhád	wartet hier, bis sie gegessen haben.
áne barák etinjēb uhád asénni }	
áne barák etinje-gil[3] *asénni* }	ich warte, bis du kommen wirst.
áne barák éta-nēb uhád ásni	ich wartete, bis du kamst.
áne átak éa-nēb uhád ásni	ich wartete, bis der Mann kam.
áne átak áini-ēb uhád asénni	ich warte, bis der Mann kommt.
áne ánda éau-nēb uhád ásni	ich wartete, bis die Leute kamen.

[1] In diesem und dem folgenden Beispiele kommt *-ek*, ganz wie bei mir *-hōb* (s. § 351), mit dem Präsens in der Bedeutung des Fut. exact. vor.

[2] Wahrscheinlich von dem arab. *ḥadd* „Grenz'" und dem Artikel *ū*, vulgärarab. *laḥadd*.

[3] Die „einsilbigen Postpositionen schliessen sich in der Aussprache dem vorangehenden Worte als Enklitikon viel näher an, als die zweisilbigen.

áne gʷátaneb uháid ásni | ich wartete, bis du getrunken hattest.
hénen gʷánaneb uháid | bis wir getrunken hatten.
ékam négnifeb [od. néginfeb vgl. § 33] uháid ésni | er wartete, bis wir die Kamele niederknien lassen hatten.

356. Die Postposition -ka „so oft" wird wohl ganz in derselben Weise wie die übrigen temporalen Postpositionen gebraucht, obwohl ich zufällig nur Beispiele mit Präsensformen auf -ēb verzeichnet habe:

áne óganóh ianj-éb-ka baráh támini | so oft ich nach seinem Hause komme, isst er.
áne ónōmhin mekiram étinjébka ántihók | so oft du ohne meine Erlaubnis hierher kommst, schlage ich dich.
tóōr marisāt gʷátinjébka óbāba énti | so oft das Mädchen Palmenwein trinkt, schlägt es der Vater.
óōr marisāt gʷinjébka óbāba énti | so oft der Knabe Palmenwein trinkt, schlägt ihn der Vater.

357. Über Temporalsätze giebt uns Munzinger folgende Aufschlüsse, die nur teilweise mit der obigen Darstellung übereinstimmen: »Es werden also ausgedrückt [vgl. § 348] ... 3) Temporalsätze: a) durch den Aorist [= mein Präsens] mit *kik*, z. B. *eteja-kik eseni*, ich warte, bis du kommst; b) durch das Perfect mit angehängtem *ee* (oder *ci*) und *ee dor*, z. B. *sek haru ee dor*, als ich fort wollte (eig. Gang als ich wollte); *abaden ee dor*, als ich vergessen hatte; c) durch das Perfect mit angehängter Partikel *ek* oder *ey*, z. B. *jeanneb-ek*, als ich kam; *(for-ek en*, er kam, als ich floh; d) durch das Perfect mit *ke*, z. B. *jeanneb-ke gigeni*, er geht, so oft ich komme.« — Hieran will ich folgende Bemerkungen knüpfen. Eine Postposition *kik* ist mir niemals vorgekommen, und Munzingens Beispiel wurde von meinen Lehrern nicht verstanden. Das Wort *dōr* ist wahrscheinlich dasselbe, das oben (§ 352) erwähnt wurde, aber mit der dem Perfekt angehängten Endung *ee* weiss ich nichts anzufangen. Ich erinnere nur an die dem Stamme angehängte Endung *ey*, mit welcher Munzinger sein Gerundium bildet (vgl. § 192). Die Postpositionen -*ek* (bezüglich der Form -*ey* vgl. § 33) und -*ke* stimmen dagegen ihrer Anwendung und Bedeutung nach ganz mit meinen temporalen -*ek* und -*ka* überein. Die in Munzingens Beispielsammlung vorkommenden Sätze mit -*ek* habe ich oben (§ 354) angeführt; von der Postposition -*ka* findet sich dort nur folgendes Beispiel: »*endíeb'ka gabelna*, was immer er sagt, nehmen wir an.« Die genauere wörtliche Übersetzung der Worte *éndi-éb-ka gábelna*[1] wäre nach dem Obigen: „so oft er [es, etwas] sagt, haben wir [es] angenommen", was sehr wohl den Sinn, den Munzinger ausdrückt, vertragen kann.

---

[1] Vom arab. *gábil* قَبِل, accepter.

6. Vergleichungssätze.

358. Ein bedawisches Wort, das dem deutschen ‚als' ‚wie' entspricht, kenne ich nicht, es wäre denn das wahrscheinlich arab. Wort *ehad* (*had*) in folgendem Beispiele: *áne beḍégil tak ōkām ćhadīb réhan* ‚ich habe einen Mann so gross wie ein Kamel gesehen' vulgürarab. *ána sift rájul gadr el-jémel.* Einfache Vergleichungssätze. wie die arab. *ana zéjjak* ‚ich bin wie du' *ánte zéjji* ‚du bist wie ich' u. dgl., können durch das Verb *téni* (Konj. II. 2, a) ‚gleichen' wiedergegeben werden, z. B.

áne atánnihōk	ich bin wie du (ich gleiche dir).
barák tannīaheb	du bist wie ich (du gleichest mir).
hénen neténhōk	wir sind wie du (wir sind dir gleich).
tōéti éfir tōéteriy eténna	die Züge des Mädchens gleichen dem Monde.
ōtak ćajāb áfira sūr tōsém'a eténna	die Züge des toten Mannes gleichen Wachs.

Gewöhnlich wird jedoch die Vergleichung durch die Endung (Postposition?) *-īt* ausgedrückt, z. B.

áne tōn ōtak tōét-īt salāman	ich küsste diesen Mann wie ein Mädchen (= als ob er ein M. wäre).
áne bāb-it-ōk áṉṭihōk	ich schlage dich wie dein Vater.[1]
áne tōét-it-u áshām	ich erzog [sie] wie meine Tochter.

Aus den beiden letzten Beispielen ersicht man, dass die Endung *-īt* wohl keine wirkliche Postposition sein kann, da sie vor die Pronominalsuffixe eintritt; selbst das Dativaffix *-da*, das sonst den wahren Kasusendungen am nächsten kommt, verräth sich eben durch seine Stellung nach jenen Suffixen als eine ursprüngliche Postposition. Die Endung *-īt* müsste also eine Kasusform sein, etwa dem finnischen Essivus auf *-na* entsprechend, allein wenn wir uns erinnern, dass die Ablativendung *-i* zuweilen auch *-ib* lautet, und dass die Endungen *-b* und *-t* fast überall parallel neben einander hergehen, so liegt die Annahme nahe,

---

[1] Ich bin nicht ganz sicher, ob *bābítōk* ‚wie dein Vater [dich schlägt]' oder ‚wie [ich] deinen Vater [schlage]' bedeutet. Diesen für uns so grossen Unterschied vermochte ich meinem Lehrer nicht klar zu machen. Die beiden arab. Ausdrucksweisen: *'ánā 'áḍrubak zej mā 'abūk 'áḍrubak* und *'ánā 'áḍrubak zej mā 'ánā 'áḍrub 'abūk*, die ich ihm zur näheren Erklärung des zweideutigen *'ánā 'áḍrubak zej 'abūk* vorlegte, waren ihm *szei bâ'dos*, und vielleicht ist hier das bedawische *bābítōk* ebenso zweideutig wie das arab. *zej 'abūk*.

dass die Endung -īt mit -īb ganz synonym ist, und dass alle drei Endungen -i, -īb, -īt als Ablativendungen anzusehen sind. So haben wir z. B. vom Worte *mōs* ‚Salz' das Adjektiv *mōsīb* ‚salzig' (eig. ‚wie Salz'). und MUNZINGER führt die Endung -i, die zweifellos eine wahre Kasusendung ist, als Postposition in der Bedeutung von ‚wie' auf (S. 346): »*i*, wie, z. B. *Mahmud-i*, wie Mahmud». Auch das oben erwähnte Wort *ėhadīb* ist eine Ablativform in derselben Bedeutung.

359. In Bezug auf diesen Gegenstand bringt MUNZINGER folgendes:» Vergleichungen werden durch den Optativ mit der Partikel *nati* ausgedrückt. z. B. *betfori-nati*, als wenn du dich nicht flüchtetest». — Nach den obigen Ausführungen dürfte es wohl kaum zweifelhaft sein, dass »die Partikel *nati*» nichts anderes sein kann, als das schon bekannte Wort *na* ‚Sache' im Ablativ, mit der Bedeutung ‚als ob dass', ‚als wenn', nur hätten wir hier statt einer Form auf -*i* (*ї*) die subjunktive Form auf -*ēt* erwarten sollen.

7. Fragesätze.

360. Die einfache direkte Frage wird im Bedawie, wie in so vielen anderen Sprachen, häufig durch den blossen Ton des Sprechenden ausgedrückt, und zwar erscheint jener fragende Ton gewöhnlich als eine Dehnung oder (musikalische) Tonerhöhung des Vokals der letzten Silbe. Bei der direkten Doppelfrage wird das deutsche ‚oder' mit *han* wiedergegeben. Beispiele:

barūh támīni	er isst.
barūh támīnī	isst er?
átak ibábju	der Mann reiste ab.
átak ibábiá	reiste der Mann ab?
barūk kátamtá	isst du nicht?
barūk g^uáb kítkí	hast du nicht getrunken?
ógawi éhēn han kehāīna	sind sie im Hause oder nicht?

361. Die einfache indirekte Frage (das deutsche ‚ob') wird im Bedawie durch die Postposition *ák^ua* ausgedrückt, die jedoch auch ausgelassen werden kann, z. B.

áne tōr rátan ābābū lehábu ák^ua	ich fragte das Mädchen, ob der (= ihr) Vater krank sei.
barūh rátjahēb barūk lehábwa ák^ua	er fragte mich, ob du krank seist.
barūh rátjahōn sūr lehábu ák^ua	er fragte uns, ob wir krank gewesen seien.
áne rátanchōk átak támīnī	ich frage dich: isst der Mann?

362. Die indirekte Doppelfrage ‚ob ... oder nicht‘, bei welcher das Wort *ák"a* niemals zur Anwendung zu kommen scheint, wird auf zwei verschiedene Weise ausgedrückt: entweder 1) werden die beiden Verben, das affirmative und das negative, in die Form auf *-ēb* gebracht, die hier ohne Postposition als eine selbständige subjunktive Form erscheint; oder 2) wird die Frage in eine direkte umgewandelt, jedoch ohne Veränderung der grammatischen Person des Subjektes, und der Begriff ‚oder‘ wird durch das Wort *han* ausgedrückt. Diese Umwandlung einer indirekten Frage in eine direkte scheint gleichsam dadurch vermittelt zu werden, dass im Hauptsatze ausser dem Verb *rāt* ‚fragen‘ auch das Verb *di* ‚sagen‘ gebraucht wird, und zwar so, dass das letztere immer nach dem Fragesatze seinen Platz erhält. Beispiele:

áne étak ínjēb biajēb rátan	ich fragte den Mann, ob er kommen werde oder nicht.
áne énda tīmēnēb bītámajnēb rátan	ich fragte die Leute, ob sie essen oder nicht.
baráh tōōr rátjait¹ éteni han kaéta éne	er fragte das Mädchen, ob es kommen würde oder nicht [eig. er fragte .. und sagte: kommt es oder nicht?]
áne étak rátant íéni han kaéa éne	ich fragte den Mann und sagte: kommt er oder nicht?
áne énda rátant tīmēn han katámjān áne	ich fragte die Leute, ob sie gegessen hätten oder nicht.

Auch ohne Frage wird das deutsche ‚oder‘ durch *han* wiedergegeben, z. B. *áne han baráh* ‚ich oder du‘. In anderen Wendungen entspricht *han* dem deutschen ‚sogar‘ ‚selbst‘. z. B. *áne ōt rēháb kāke* ‚ich habe kein Mädchen gesehen‘ *engát han kárehan* ‚auch gar keine sehe ich‘ (vgl. bei MUNZINGER »*han*, auch, selbst; *engát han*, auch gar keiner»).

363. Über die Bildung der Fragesätze hat MUNZINGER sich nicht ausgelassen, aber in seiner Beispielsammlung finden sich zwei hierher gehörende Beispiele: »*endir hen badir*, soll ich tödten oder nicht? *séken hen basekei*, soll ich gehen oder nicht?» — Bei mir würden diese Sätze wahrscheinlich so gelautet haben: *ándir han bádir* ‚töte ich oder nicht?‘, *sékani han básekei* ‚gehe ich oder nicht?‘. — Es ist wohl zu merken, dass wir hier auf zwei Beispiele des von mir oben (§ 233) postulirten ursprünglichen Neg. Präs. stossen, das den negat. Konditionalformen auf *-ēk*, und mithin auch den subjunktiven auf *-ēt (-ēb)*, zu Grunde liegt.

---

¹ Das schliessende *t* in dieser Form, wie in *rátant* in den beiden folgenden Beispielen, ist das kopulative *-t* (vgl. § 336, e.).

Siebentes Kapitel: die Partikeln.

364. Da es im allgemeinen nur von der syntaktischen Stellung abhängt, ob eine bedawische Partikel unserer Auffassung nach als Adverb, Präposition oder Konjunktion zu betrachten ist, so würde es schwierig sein, eine bestimmte Verteilung der Partikeln unter die genannten Rubriken durchzuführen. Namentlich wird im Bedawie, wie in so mancher anderen Sprache, dasselbe Wort, entweder in ganz gleicher Form, oder mit einer unbedeutenden Veränderung, teils als Adverb, teils als Präposition (in unserem Sinne) gebraucht. Als Adverbien haben die Partikeln sehr häufig die Endung -*i*, so dass die Wörter in diesem Falle als Substantive im Ablativ aufzufassen sind; stehen sie aber als regierende Postpositionen, so fällt jene Endung öfters ab, wie dies immer geschieht, wenn sie vor den Pronominalsuffixen als Präpositionen erscheinen. In letzterem Falle tritt bisweilen eine andere Endung (-*is*) ein, bezüglich welcher man §§ 125 und 130 nachlesen wolle. Um dem Ganzen jedoch eine etwas übersichtlichere Form zu geben, halte ich es für zweckmässig, irgend eine dem Sachverhältnis angemessene Einteilung vorzunehmen.

1. Bejahungs- und Verneinungswörter.

365. *áwo* „ja". — [MUNZ. *ao*, ja]   *lau* [wahrsch. arab.] „nein".

MUNZINGER hat ein Wort *kike* „nein", das natürlich, als die 3. Pers. Präs. Neg. von *kai*, eig. „es ist nicht" bedeutet. Überhaupt scheint die Sprache für jeden der beiden Begriffe „nicht" und „nein" kein besonderes einheimisches Wort zu besitzen. Die Negation wurde mir immer mit den negativen Verbalformen übersetzt, z. B. *áne tâna tôdâit ahériu, tôafrît kâheru* „ich will die gute [eig. „die gute Sache"], nicht die schlechte haben" *tôrint hâ'a, tôdâbalu bâha'a* „gieb her die grosse, nicht die kleine".

2. Fragewörter.

366. Diese werden im allgemeinen durch das fragende Pronomen *na* (s. § 142) gebildet:

námhin, námīn ‚wo‘ — von dem Substantiv *mehīn* ‚Ort‘ also eig. ‚welcher Ort‘? — [MUNZ. *nanhim*, wo; *nanhimkik*, bis wo?].

námhīne (námhīni) ‚woher‘ — Abl. des vorhergehenden. — [MUNZ. *nanhimé*, von wo?].

náiso ‚woher‘ — mit pronominaler Ablativendung (vgl. § 125).

náhat, náhad ‚wie weit‘ ‚bis wohin‘ (vulgärarab. *laḥádd wēn*) — wahrscheinlich von dem arab. *ḥadd* ‚Grenze‘ (vgl. *uhád* ‚bis‘).

náiko ‚wohin?‘; z. B. *náiko tēbīa* ‚wohin gehst du?‘

nadōr ‚welche Zeit?‘ ‚wann?‘ — vom arab. *dōr* ‚Zeit‘. — [MUNZ. *nador*, welche Zeit?].

námat, nām, náhōb ‚wann?‘ (vulgärarab. *mitēn, wakt-ēš*). — [MUNZ. *nehob*, wann? *nehob kik*, bis wann?].

nána, nān ‚was?‘ ‚warum?‘ z. B. *nána bak t'wari* ‚warum thust du so?‘ *tākʷāta nána t'ṭa* ‚warum hast du meine Schwester geschlagen?‘.

náka ‚wie viel?‘, z. B. *nákab t'haja* ‚wie viel hast du genommen‘.

káku, kāk ‚wie‘ (Korrel. *báku* ‚so‘), z. B. *kāk t'ndia* ‚wie [= was] sagst du?‘ — [MUNZ. *kako*, wie? warum?].

han ‚oder‘ — in der indir. Doppelfrage (s. § 362) lautet dieses Wort bei MUNZ. *hen* (s. § 363), während *han* mit ‚auch‘ ‚selbst‘ übersetzt wird.

3. Modale Adverbien.

367. *báku, bak, báku* ‚so‘ ‚auf diese Weise‘. — [MUNZ. *boku*, so].

bu' ‚auch‘ ‚ebenso‘ ‚eben‘ (vulgärarab. *bárdo* برضه = برضو).

wári, wōr ‚anders‘ ‚auf andere Weise‘ (arab. ġēr, ġēr šikl, شكل غير), z. B. *āne wēra* ‚ich bin anderer Art‘ *umárkab ōn nágar-u, tō-dahabīja wērtu* ‚dieses Fahrzeug ist ein nagar,[1] die dahabija ist etwas anders‘.

---

[1] Das arab. Wort *nagr* نجر bezeichnet in Nubien und Sudan einen grossen plumpen Segelprahm, nur im Vorder- und Achterteil mit einem kleinen Verdeck versehen, der zu Güterfracht gebraucht wird. Die bequeme *dahabīja* ist durch die Schilderungen der Reisenden allgemein bekannt.

tar ‚vielleicht' ‚möglicherweise', z. B. *tar áini* ‚vielleicht kommt er' *tar áne lehít ibábani* ‚vielleicht reise ich morgen ab'. Ohne Zweifel ist dieses Wort mit dem *táru* (*tar*) ‚oder' (s. § 339) identisch. — [Munz. *eketi*, vielleicht].

háddo(i) ‚allein'. — [Munz. *haddo*, einzig]. — Dieses Wort kommt, soviel ich weiss, nur in Verbindung mit den Pronominalsuffixen vor, und erscheint bisweilen in der Form *haddóis*. Man vergleiche folgende Beispiele: *barák haddójūk* (od. *haddóisūk*) *má'a* ‚komm du allein!' *baráh haddójuh* (od. *haddóisu*) *ibábja* ‚er reiste allein' *áne haddójā-j-u* ‚ich bin allein' *baráh haddójōh ógawi chēn han k'haina* ‚sind sie allein im Hause oder nicht' *h'nen haddójēn énei* ‚wir kommen allein'.

sákit ‚umsonst', (sudanarab. *sákit* سَاكِت = das vulgärarab. *belás*).

ábek ‚notwendigerweise' (arab. *lázim*), z. B. *lakít ábek má'a* ‚du musst morgen kommen' (eig. ‚komm morgen notwendig!' arab. بكرى جى (الازم).

4. Lokale, temporale und kausale Adverbien und Postpositionen.

368. *éntōn* (*éntōu*), *éntōi*, *tōi*, *énōmkūn* ‚hier' ‚hierher'. [Munz. *enomhim*, hier].

béntōn, béntei, bénōmkūn ‚dort', z. B. *béntei gíga* ‚geh dort!' (vulgärarab. *ruh honāk*). — [Munz. *behomhim, gide*, dort].

sári, sār ‚vor' ‚vorher' ‚vorn' ‚voraus' ‚voran' (lokal und temporal), z. B. *áne émaka sári hirérani* ‚ich gehe vor den Eseln (einher)' *barák ōmēk sári tchérwa* ‚du gingst dem Esel voran' *sárōu* ‚vor uns'. Als Zeitadverb wird es zur Bildung des Plusquamperfekts und Imperfekts gebraucht (vgl. § 181). — [Munz. *usure*, vorn, vorher; *sur*, früher].

šia ‚voran' ‚voraus', z. B. *áne šiábu* ‚ich bin voraus'.

ári, áre, éri, (vor Pronominalsuffixen *ar-*), ‚hinter' ‚hinten' ‚nach', z. B. *ógawi éri* ‚hinter dem Hause' *baráh ári cha* ‚er ist hinten' *árāk* ‚hinter dir' *áne tōōti ári gígan* ‚ich ging nach dem Mädchen'. [Munz. *erree*, hinten, nach].

énki, ínki, íuk, áste[1] ‚oben' ‚über' ‚hinauf', z. B. *iukōk rēwa* ‚gehe hinauf!' vulgärarab. *itla' fō'* (اطلع فوق). — [Munz. *estō*, oben, auf].

---

[1] Dieses Wort ist nichts anderes als der Infin. des Stammes *as* ‚aufheben', sowie *má'tu* ‚unten' der Infin. des Verbs *mi* senken (vgl. § 306). Indessen hat auch Munzinger, wie man sieht, diese Wörter als Adverbien in der genannten Bedeutung aufgeführt.

úhi, júih, uóhi (vor Suffixen *uh-, oh-*), *nú'te* ‚unten‘ ‚unter‘, z. B. *úhi sú'a* ‚setze dich unten‘ (sudanarab. *jénnib taḥt*), *áne óhok ŕsti* ‚ich sitze unter dir‘ *óawa júih kók"ar ŕha* ‚da ist eine Schlange unter dem Stein‘. — [MUNZ. *ueti*, unten, unter].

malho, (vor Suffixen *malh-*) ‚in der Mitte‘ ‚inmitten‘ ‚mitten (in, auf, unter etc.)‘ ‚zwischen‘, z. B. *baráh odárabi málho ćha* ‚er befindet sich in der Mitte des Weges‘ *tóōr málhōn tćha* ‚das Mädchen ist mitten unter uns‘ *ósandák ékame málho dása* ‚setze den Koffer mitten zwischen die Kamele‘ *málhōkna nán tćha* ‚was giebt's zwischen euch?‘ — [MUNZ. *te'engi*, mitten, die Mitte, *éñ* [?] zwischen].

hídai, óhídai, őhídai, (vor Suffixen *hídais-*) ‚zur Seite‘ ‚nebenan‘ ‚nebenher‘ ‚daneben‘ ‚along with‘ (arab. *bigímbo*), z. B. *óhídai sáka* ‚geh nebenher‘ *óhídai má'a* (*óhídá-ma'*) ‚komm her an die Seite‘ *baráh ótaki hídai sákta* ‚du giengst neben dem Manne‘ *baráh éara hídai sákjān* ‚sie haben neben den Knaben marschirt‘ *áne ósania hídaj sákan* ‚ich ging an der Seite meines Bruders‘ *hídaisōn* ‚neben uns‘. Denselben Stamm *hída* treffen wir auch im folgenden Worte.

hídāb ‚zusammen‘, z. B. *áōrwa tóōrwa hídāb éan* ‚der Knabe und das Mädchen kamen zusammen‘. [MUNZ. *hib*, zusammen].

g"ad, gud ‚nebst‘ ‚mit‘ ‚sammt‘ (arab. مع, vulgärar. *wájja*), z. B. *ánigud* ‚mit mir‘.

gēb ‚bei‘ ‚an‘ ‚chez‘ (arab. عند), z. B. *ómēki-gēb* ‚bei dem Esel‘ *ái-gēb* ‚bei wem?‘ *báriōk-gēb* od. *gēbōk* ‚bei dir‘ *éndētjōk-gēb hérwa* ‚va chez ta mère‘ (vulgärarab. *rūḥ 'and 'úmmak*).

deh ‚zu‘ ist mir nur als Präposition (vor Suffixen) vorgekommen, z. B. *dehók* ‚zu dir‘ *dćha, da* ‚zu mir‘. Mit diesem Worte ist wahrscheinlich das folgende *-da* verwandt.

-da ‚zu‘ ‚für‘ (arab. *ila, li-, min-šán, 'ala-šán*), kommt nur als nachgehängte Postposition vor und drückt unseren Dativbegriff aus (vgl. §§ 80, 81), wie es denn auch, einem Infinitiv angehängt, dem deutschen ‚um . . . . zu‘ entspricht (s. § 346).

árha ‚hinaus‘ ‚heraus‘, z. B. *árha fíra* ‚geh hinaus!‘ (arab. *iṭla' bárra*).

nān, nu, ánu ‚ausser‘ ‚ohne‘, z. B. *éntoi anébnān tak káha* ‚hier ist niemand ausser mir‘ *éntoi āt káthai tōk"átanān* ‚hier ist kein Mädchen ausser meiner Schwester‘ *m'kiránu* ‚ohne meine Erlaubnis‘ *baráh ánu-*

---

[1] Siehe die Note af S. 271.

hēb báibába „ohne mich sollst du nicht reisen" *barūk mehálagāb-nu algĕretīt kaibábta* „ohne Geld kannst du nicht reisen" [eig. „kannst du (nicht) und reisest nicht" vgl. § 336, d].¹ — Munz. bringt für „ausser" das Wort *bakai*, das sich auch in meinen Sammlungen findet, aber ohne Beispiel.

gilla „wegen" „um . . . willen", z. B. *ane hafrai-gilla ántihōk* „ich schlage dich wegen der Boshaftigkeit" *ŏnai-gilla* „des Vergnügens wegen" (arab. *min-šān fantasīa*). Dieses Wort, das vielleicht ebenso wie die meisten Postpositionen ein ursprüngliches Nomen ist, wird in der Dativform *gilláida* als kausale Konjunktion „weil" gebraucht (vgl. § 349). — [Munz. *gellei*, wegen].

-ka „seit", z. B. *ane ásana mehái hāulajĕ-ka rĕhāb káka* „ich habe meinen Bruder seit drei Jahren nicht gesehen" *ane tōkʷāta mehái ĭnātĕ-ka rĕhāb káke* „seit drei Tagen habe ich meine Schwester nicht gesehen". Ohne Zweifel ist dieses Wort dasselbe, das wir früher (s. § 356) als temporale Konjunktion in der Bedeutung „so oft" kennen gelernt haben. — [Munz. *nĕ*, seit, z. B. *ero-nĕ*, seit gestern].

ájlai „von jetzt an". — [Munz. *ajlei*, von jetzt an].

dīma „immer" „stets" (vulgärarab. *temĕlli*).

úmero („jemals"), mit Negation „niemals" z. B. *ane úmero nat kátaman* „ich esse niemals etwas" *tĕar úmero kaŕan* „die Mädchen kommen niemals.

tŏīntīb „an diesem Tage" „heute". — Die aus dem arab. *áms* „gestern" gebildeten Wörter *ámse*, *ámas*, bedeuten im Bedawie „heute", und nach der Angabe meiner Gewährsmänner, die jedoch der Bestätigung zu bedürfen scheint, sollte *ámse* dem sudanarab. *el-lēla* (arab. *el-jŏm*) „heute" (vor dem Sonnenuntergang), und *ámas* dem sudanarab. *el-lēl* (arab. *el-lēle-di*) „heute abend" (nach dem Sonnenuntergang) entsprechen. Sonst heisst „heute abend" bedawisch auch *ámse-toin*.

lehīt, *lahīt* „morgen" „demain" *lehīt báka* „übermorgen".

úra, *ája*, *aj* „gestern".

---

¹ Das Verb *álger* (vom arab. *jádir*, ‎قدر‎) „können" wird auch mit direktem Objekt konstruirt, z. B. *ane ŏhirēr algérane* „ich kann gehen" *ane ŏhirēr kaŏlgeran* „ich kann nicht gehen".

Achtes Kapitel: zur Wortbildungslehre.

369. Da es uns einerseits an allen geschichtlichen Nachrichten über die Bischarisprache und den Gang ihrer früheren Entwicklung gebricht, und andrerseits die wissenschaftliche Erforschung der s. g. hamitischen Sprachen, zu denen das Bedawie mit Recht gezählt wird, noch nicht so weit gediehen ist, dass die allgemeine Beschaffenheit des hamitischen Wortbaues dargelegt wäre, oder dass wir eine Anzahl durch sorgfältige Analyse nachgewiesene hamitische Wurzeln besässen, so halte ich es auch in Bezug auf die vorliegende Sprache für angemessen, von jedem weiteren Zurückgehen auf hypotetische Wurzeln Abstand zu nehmen. Dies hindert aber nicht, dass die Verbalstämme, deren man oben bei den Paradigmen eine ziemlich beträchtliche Anzahl verzeichnet findet, bei Bildung von Nominalstämmen, durchaus als Wurzeln fungiren können, wie denn auch solche einsilbigen Verbalstämme wie beispielsweise *sak* ‚ausgehen‘ *deb* ‚fallen‘ *'am* ‚reiten‘ *fir* ‚fliegen‘ *gid* ‚werfen‘ u. v. a. ganz und gar als Wurzeln, in der teoretischen Bedeutung des Wortes, aussehen, und auch bis auf weitere, tiefer gehende Untersuchungen als solche betrachtet werden dürfen.

I. Bildung von Nominalstämmen.

370. Bei dem jetzigen Standpunkte unserer Bekanntschaft mit dieser Sprache können die Nominalstämme des Bedawie zunächst in zwei grosse Gruppen geteilt werden, je nachdem sie sich auf uns bekannte Verbalstämme zurückführen lassen oder nicht. Unter den Nomina der ersten Gruppe giebt es teils sehr viele, die wir vorläufig als primitive Nomina betrachten können, z. B.

san. Bruder	*mēk*, Esel	*'a*. Milch
kʷa. Schwester	*kām*. Kamel	*sa*. Leber
tak, Mann	*bok*, Bock	*jōm*. Wasser
ōr. Kind	*jās*. Hund	*jaf*, Mund
bāba, Vater	*jo*. Stier	*mōs*. Salz.

teils auch solche, die sich schon durch ihre Form und Bedeutung als
abgeleitete Wörter zu erkennen geben, wiewohl ich nicht im Stande
bin, ihre Stammwörter als mir bekannte Nomina oder Verben nachzuweisen, z. B.

sáfarē, Schmutz	*tagéga*, hoch	*giraba*, hinkend
táfarēk, Axt	*hámaŝei*, blind	*demárara*, Gold
hummár, Holzgerüst	*télegi*, Pfad	*dagéna*, Herd

371. Die Nomina, die auf bekannte Verbalstämme zurückgeführt
werden können, sind teils wirkliche Ableitungen von denselben, teils mit
ihnen identisch, denn in sehr vielen Fällen tritt dieselbe Bildung zugleich als Nominal- und Verbalstamm auf. Die meisten solcher Verbalstämme, namentlich diejenigen, welche als Nominalstämme Substantive, und zwar in der Regel abstrakte Substantive sind, gehören der
ersten Verbalklasse an, z. B. *tam* ,essen' *dáj* ,schwitzen' *ámšák* ,at-
men' *kaf* ,singen' *neu* ,schimpfen' *rät* ,fragen' *walik* ,schreien' *jáda*
,feucht sein' *náwadri* ,schön sein'. Dagegen werden sehr viele Stämme, die zu gleicher Zeit Adjektive und Verben sind, nach dem Muster der Konj. IV, 2 abgewandelt, z. B. *hárar* ,leer sein' *gumad*
,lang sein' *šebób* ,gut sein' u. a. m. Aber auch in der II. Konj. finden wir solche Stämme, die mit einem Nominalstamm entweder ganz
identisch sind, z. B. *sim* ,nennen' (II. 1), *ásim* ,der Name', *aʼba* ,heiss
sein' (II. 2, b) ,heiss', oder sich nur durch die oft erwähnte Schwankung in der Aussprache der kurzen Vokale *a* und *e* unterscheiden, z. B.
néfir ,süss' *néfir* ,süss sein' (II. 2, b), *tíla* ,durchbohren' (II. 2, b), *tíla*
,durchlöchert' *tēle* ,Loch'.

372. Zwischen jenen gleichlautenden Verbal- und Nominalstämmen ist jedoch
immer der wichtige Unterschied zu bemerken, dass diese als wirkliche Wörter der
Sprache existiren und zwar als Nomin. Sing., welcher Kasus jeder besonderen Endung entbehrt, während jene lediglich von mir gebildete Abstraktionen sind. Da
nun aber in so mancher anderen Sprache dieselben Bildungen als Verbal- und Nominalstämme erscheinen, so mag der Umstand, dass meine nur aus den Verbalformen
erschlossenen Stämme so häufig mit wirklichen Nomina in der Wortform zusammenfallen, immerhin als Beweis für die Richtigkeit der vorgenommenen Analyse gelten.
Diese Richtigkeit wird auch dadurch bestätigt, dass bei den meisten anderen Nominalbildungen die Verbalstämme, eben in der von mir vorgeführten Form den angehängten Endungen gegenüber als Wortwurzeln erscheinen.

373. Die Ableitung der Nomina aus Verbalstämmen geschieht,
wie schon oben angedeutet, teils durch Modifikationen innerhalb des

Wortes, d. h. durch Umwandlung der Stammvokale, wie dies namentlich auf dem semitischen Sprachgebiete gäng und gäbe ist, teils, und zwar häufiger, durch Anhängung besonderer Endungen oder Vorsetzung gewisser Bildungsbuchstaben. Fast alle durch vokalische Modifikation des Stammes entstandene Nominalformen habe ich schon oben bei der Besprechung des Infinitivs behandelt (vgl. § 194, 1. b), und eine andere durch ein langes *ā* in der Endsilbe gekennzeichnete participiale Bildung ist in § 213 erwähnt worden. Auch von den wichtigsten der durch Ableitungsendungen gebildeten Nominalstämme ist oben bei der Darstellung des Infinitivs und des Particips schon die Rede gewesen, und in Betreff der anderen Nomina habe ich hier nur folgendes nachzutragen. Die Ableitungsendungen[1] des Bedawie, soweit ich sie bis jetzt überschauen kann, sind hauptsächlich nachstehende: *-a, -ai (-aj, -ej), -ane, -d, -e, -i, -o(-u), -oi (-oj), -ti*, von welchen die erste und letzte, *-a*, und *-ti*, die gewöhnlichsten zu sein scheinen.

a. Mit der Endung *-a* werden abgeleitet: 1) Ordinalia (s. § 98); 2) Participia (s. § 191); 3) Adjektive aller Art und solche Substantive, die der Bedeutung nach nichts anderes als substantivirte Adjektive sind, z. B.[2]

gáhara, Dieb (*gúhar*)	*hádira,* fertig (arab. *hádir*)	*gíja,* schwach (*gōj*)
gága, stammelnd (*gag)	*hámara,* arm (*hámir*)	*hérg"a,* hungrig (*hárag"*)
hérja, dumm (*hérif)	*gíba,* satt (*gab*)	*kélja,* geil (*k̇li*)
daha, fett (*dah*)	*néhawa,* mager (*néhan*)	*férha,* froh (arab. *jaraḥ*)

und schliesslich 4) einige abstrakte Substantive, wie *jétha* ‚Trennung‘ (*jétah* ‚trennen‘), *gárha* ‚Enge‘ (*g"árah* ‚eng sein‘), *gma* ‚Dummheit‘ (*gim* ‚dumm sein‘), *néhasa* ‚Sauberkeit‘ (*néhas* ‚sauber sein‘).

b. Die Endung *-ai, -ei*, bildet Substantive von meistens abstrakter Bedeutung, z. B. *kélj-ai* ‚Geilheit‘ (*k̇li* ‚geil sein‘), *mehámaj,* Grösse‘ (*ham* ‚gross sein‘), *mehágai* ‚Sommerzeit‘ (°*hag*), *mehásei* ‚Mittag‘ (*néhás* ‚zu Mittag essen‘). Hierher gehört vielleicht auch die Endung *-an-ei*, die ich in einigen abstrakten Substantiven angetroffen habe. z. B. *lék̇hanei* ‚Krankheit‘ (*lék̇h* ‚krank sein‘), *nŭn-anei* ‚(das) Reichen‘ (*nŭn*

---

[1] Oder „Suffixe‟, wie sie meistenteils in der indoeuropäischen Grammatik genannt werden.

[2] Wenn der Verbalstamm mir nicht besonders bekannt ist, aber aus der hier vorgeführten Ableitung leicht zu erschliessen ist, so bezeichne ich ihn mit einem Sternchen *.

‚reichen'), wenn dieselbe nicht etwa mit der Endung -ane, -ana¹ identisch ist. Diese Endung kommt in Substantiven, sowohl mit konkreter als abstrakter Bedeutung, ziemlich häufig vor: sákane ‚Gang' ‚Nachricht' (sak ‚gehen'), seſárane ‚Hebamme' (séfar, Kaus. von ſiri ‚gebären'), tíl'ane ‚Skorpion' (téla' ‚durchstechen') 'átane ‚Matte' ('at ‚treten'), vgl. auch si-anu unter d.

c. Die Endung -d ist mir nur in dem Worte gʷad ‚Trinkplatz' ‚Quelle' von gʷa ‚trinken' vorgekommen; vielleicht ist dieselbe hier blos aus der gewöhnlichen Endung -ti (gʷáti, gʷáte) abgeschliffen.

d. Die Endungen -e und -o (-a) sind ziemlich häufig; die erstere scheint Substantive, die letztere Adjektive zu bilden. Beispiele sind:

gásire, lügnerisch, Lügner (gʷásir)   snále, Spiegel   díbalo, klein
kʷabéte, Schleier (kʷábit)   hádare, edel (arab. ڪَرَم)   déru, gelb
ádame, Mensch (arab. ádam)   ádaro, rot   śáno, alt (śi, alt sein)

e. Mit der Endung -i werden viele Adjektive gebildet, z. B. hámi ‚bitter' (ham ‚bitter sein'), hamếti ‚traurig' (hamết ‚trauern'), gedádi ‚unfruchtbar' geláli ‚dumm' seḥári ‚Zauberer' (arab. sáḥar).

f. Die Endung -oi bildet die Infinitive der meisten Passive und aller Kausative der 2. Klasse und kommt wohl auch sonst noch in abstrakter Bedeutung vor, z. B. micášoj ‚(das) Flüstern' mára-t-oi ‚breit'. Mit konkreter Bedeutung ist sie mir nur in einem Worte, und zwar in Verbindung mit dem Präfix -m, begegnet, nämlich mármoj ‚Begleiter' von ram ‚folgen', vielleicht bedeutet dasselbe aber eigentlich ‚Begleitung' ‚Gefolge'.

g. Mit der Endung -ti (-te) werden fast alle Infinitive der 1. Klasse gebildet, und dann können wohl diese Formen auch eine konkrete Bedeutung annehmen, z. B. kerinte ‚Staubregen'. Dagegen werden Adjektive, soviel mir bekannt ist, mit dieser Endung nicht abgeleitet.

374. Das Bedawie besitzt nun aber auch, ganz wie die semitischen Sprachen, die Fähigkeit, Nomina aus Verbalstämmen durch Präfixe zu bilden. Ich kenne jedoch nur zwei solche Präfixe a- und m-, von welchen jenes ziemlich selten, dieses dagegen sehr häufig vorkommt. Folgende sind Beispiele von Bildungen mit a-: áda ‚That' (dá ‚machen'), ája ‚tot' (ja ‚sterben'), áṭab ‚voll' (ṭib ‚füllen'), ágim ‚dumm' (gam ‚dumm sein'), álah ‚eng' (lah ‚eng sein'), und vielleicht gehört auch

¹ Bezüglich dieser Endung vgl. REINISCH, Bareasprache, Vorwort, S. XXI.

dasjenige Präfix *a* hierher, das bei Entlehnung arabischer Zeitwörter gebraucht wird (s. unten § 377, c.). Das Präfix *m-* kommt in verschiedenen Gestalten vor, am häufigsten als *me-*, vor Vokalen als *m-*, vor einsilbigen Stämmen als *ma-* und vor Zischlauten als *mi-*. Der Bedeutung nach scheint dieses Präfix zum grossen Teil dem semitischen Präfix *m* zu entsprechen, indem damit teils Infinitive, teils Nomina für Werkzeuge gebildet werden, z. B.

me'áged, (das) Stehen (*engad*)	*misa'*, (das) Sitzen (*sa'*)	*mámau*, Rasirmesser (*men*)
me'gnaf, » Knien (*gi'naf*)	*mémhag*, Kehrbesen (*mehág*)	*miram*, (das) Begleiten (*ram*)
magér, » Zurückkehren (*ágar*)	*mišmam*, Schwertscheide (*šémim)	*mik^ue*, Kleidung (*k^uai*)

375. In ausgeprägtem Gegensatz zu den semitischen Sprachen besitzt das Bedawie endlich auch die Fähigkeit, durch Zusammensetzung zweier Wortstämme neue Wörter zu bilden. Diese Fähigkeit mag im Vergleich mit beispielsweise den germanischen Sprachen eine beschränkte sein, aber gewiss geht sie weit über die zwei Beispiele hinaus, die ich als durchaus zuverlässig nachweisen kann. Es sind dies: *nétaš*, *néthaš* ‚Asche‘ aus *ne* f. ‚Feuer‘ und *haš* ‚Staub‘ *hindešádid* ‚Baumrinde‘ aus *hinde* ‚Baum‘ und *šádid* ‚Rinde‘. Zunächst finde ich bei REINISCH[1] zwei Wörter, die ich sicher für zusammengesetzt erklären kann, nämlich: *šaade* ‚Kuhhaut‘ (*ša* ‚Kuh‘), *hindefar* ‚Baumblüte‘ (*hinde* ‚Baum‘). Die übrigen Beispiele bei REINISCH scheinen mir nicht zuverlässig genug zu sein. In einem derselben *o-kurbit-kure* ‚Elefantenzahn‘ steht der regelmässige Genitiv von *kurb* ‚Elefant‘, vielleicht ist dieser Kasus hier aber, wie in den germanischen Sprachen, in Zusammensetzungen ebenso zulässig wie die Stamm- (oder Nominativ-)Form. Zwar muss *o-kurbit-kure* wegen des männlichen Artikels, der nicht dem fem. *kure* sondern nur dem mask. *kurb-i* angehören kann, als zwei Wörter betrachtet werden, aber bei MUNZINGER finden sich folgende deutlich zusammengesetzte Wörter, deren erstes Zusammensetzungsglied ein Genitiv ist, nämlich: *engidmitat* ‚Rückgrat‘ aus *engu* ‚Rücken‘ und *mita* f. ‚Knochen‘ und *melali(k)nei* ‚wilde Ziege‘ aus *melal* ‚Wüstenthal‘ (nicht bei MUNZINGER) und *nai* ‚Ziege‘; das *k* bleibt wohl hierbei unerklärt, vielleicht ist es aber nur ein Hörfehler für *t*. Von anderen ebenso deutlich zusammengesetzten Wörtern, deren einzelne Teile mir jedoch nicht bekannt sind, finden sich bei mir: *simbeháne* ‚Augenwimper‘ *hamóisch* ‚sich schämen‘ *hamóyscha* ‚schamhaft‘, und bei MUNZINGER: *gayerhush* ‚verwitterter Granit‘ *shelhotenb* ‚Abgrund‘ *berreshimia* ‚venerische Beule‘ u. a. m. — Eine ganz andere Art von Zusammensetzung, oder richtiger gesagt Wortbildung, ist die, wenn ein Wort durch die Doppelung eines Stammes gebildet wird, z. B. *dibalab* ‚Eidechse‘

---

[1] A. o. a. O. S. XXIII, XXIV. REINISCH, der aus MUNZINGERS Skizze über das Vorhandensein eines wirklichen Genitivs nichts ersehen konnte, führt die oben citirten Beispiele mit folgenden Worten vor: »Die verbindung zweier nomina erfolgt in den Bedschamundarten wie im Barea und in den Agausprachen in der regel durch unmittelbare voranstellung des nomen rectum vor das regens«.

(vom arab. ḍabb, ‚Eidechse‘). Bei MUNZINGER findet sich ein anderes, in gleicher Weise entstandenes Wort für ‚Eidechse‘, nämlich: ueymeyōb. Noch ein Wort dieser Art ist bei ihm hodhodib ‚Wasserrinne um das Zelt‘, das aus dem arab. hōd (حوض) ‚Tränktrog‘ (fürs Vieh) ganz so gebildet ist, wie dabdab aus dem arab. ḍabb. Wahrscheinlich gehört das Wort kŭkʷar (kŭkʷor) ‚Schlange‘ hierher, das bei MUNZINGER in der sicherlich ursprünglicheren Form korkuor vorkommt. Dieselbe Art der Wortbildung ist auch der Nuba-Sprache eigen, z. B. komkom ‚Halsknorpel‘ kaukau ‚Furcht‘ (s. REINISCH, Nuba-Spr. I. S. 19).

II. Bildung von Verbalstämmen.

376. Da ich von jedwedem Zurückgehen auf die Sprachwurzeln vorläufig Abstand nehme, so kann hier nur von denjenigen Verbalstämmen die Rede sein, die von Nominal- oder anderen Verbalstämmen abgeleitet sind. Den vorangegangenen Ausführungen habe ich hier jedoch nur in Bezug auf die Behandlung der aus dem Arab. entlehnten Stämme etwas Neues anzureihen. Die aus dem primären Verbalstamm abgeleiteten Passive, Kausative und Frequentative habe ich nämlich schon oben bei der Darstellung des Verbs besprochen, und die Ableitung der Zeitwörter von Nomina scheint in ganz analoger Weise vor sich zu gehen: das kausative s und das reflexiv-passivische m wird immer angehängt, eben weil alle diese denominativen Stämme der 1. Verbalklasse angehören, z. B. éra ‚weiss‘ érás ‚weissen‘ éyrim ‚grau‘ éyrimam ‚grau werden‘ kʷása ‚Erbschaft‘ kʷásám ‚erben‘ meskín (arab.) ‚arm‘ meskínam ‚arm werden‘ (vgl. §§ 239, 240). Wenn von einem Adjektiv, wie z. B. gŭmad ‚lang‘ ein Kausativ sŭgmad gebildet wird, so ist dieses in der Regel ein Zeichen, dass das Adjektiv zugleich Verbalstamm ist und nach der Konj. IV. 2 abgewandelt wird.

377. Schliesslich will ich hier einige Worte über die Entlehnungen aus dem Arabischen hinzufügen. Die Nomina werden niemals mit dem Artikel übernommen, sondern das arab. el- wird, je nach dem Geschlecht des Wortes im Arabischen, mit ŭ- oder tŭ- ersetzt, z. B. ŭminsár ‚die Säge‘ (arab. elminsár, m.) tumíndara ‚der Spiegel‘ (arab. elmíndara f.). Bezüglich der arab. Nomina unit. und ihrer Nachbildungen im Bedawie vergleiche man § 53. — Bei Entlehnung arab. Zeitwörter wird entweder, und dies wohl am häufigsten, die erste Form derselben, d. h. die 3. Pers. Sing. Perf., als Verbalstamm angesehen, z. B. wáda‘ (arab. wáḍa‘) ‚setzen‘ wákkal (arab. wákkal) ‚beauftragen‘, oder es treten andere, dem bedawischen Sprachbewusstsein zurechtgelegte Formen als Verbalstämme auf.

a. die Verba 3:æ ی und ' pflegen den letzten Vokal *a* in *ō* übergehen zu lassen, z. B. *badō* ‚anfangen' arab. بدأ, während die Verba 3:æ ی dagegen ihn in *ā* umwandeln, d. h. das Nomen actionis nach vulgärer Aussprache wird hier zum Verbalstamm, z. B. *afā* ‚verzeihen' (arab. عفا, Nom. act. عفو).

b. Bei den Verba surda wird die vulgäre Imperativform mit einem — wegen der doppelten Konsonanz im Auslaute — vielleicht nur euphonisch angehängtem -*i* (seltener -*o*) für den Stamm gehalten, z. B. *kúbbi* ‚(ein-, aus-) giessen' arab. *kubb*! (Imp. von كبّ), *hássi* ‚fühlen' arab. *hass*!, *šékki* ‚zweifeln' arab. *šekk*!, *tiffō* ‚spucken' arab. *tiff*!

c. Sehr häufig wird vorn ein *a* zugesetzt, als ob die IV. Form statt der I. entlehnt wäre. Dass dem jedoch nicht so ist, geht zur Genüge daraus hervor, dass jene IV. Form der in Rede stehenden Stämme von ihren arabisch sprechenden Nachbarn entweder gar nicht, oder wenigstens niemals in derselben Bedeutung gebraucht wird. Beispiele: *án'al* ‚verfluchen' arab. لعن, *ánser* (neben *nasr*) ‚besiegen' arab. نصر, *áski* ‚klagen' arab. شكى, *ádger* ‚können' arab. قدر, *ánjir*, *ánkir* ‚verabscheuen' arab. نفر, نكر. Vielleicht liegt auch hier der arab. Imperativ zu Grunde, obwohl mit *a* statt *u* und *i* (vulgär häufig *e*) als prostetischem Vokal, denn diese Form jener Stämme lautet folgendermassen: *in'al*, *éski*, *égdir*, *ánjur*, *inkar* (vulgärarab. wohl auch *énjir*, *énkir*).

d. Der arab. Bildungsbuchstabe ت wird zuweilen abgeworfen, z. B. *fákkar* ‚denken' arab. تفكّر, *mení-m* ‚wünschen' arab. تمنّى.

e. Die in den voranstehenden Punkten (a - d) behandelten arab. Lehnwörter werden alle nach der Konj. 1. abgewandelt; es giebt aber auch eine ziemlich beträchtliche Anzahl, die dem Muster der 2. Klasse folgt. Die meisten dieser Stämme werden nach den in der Konj. II. 2, b vorherrschenden Vokallauten umgebildet, d. h. die arab. Vokalfolge *a—a* geht in *e—i* oder *i - e* über (vgl. § 257), z. B. arab. *kátab* ‚schreiben' bed. *k'tíb* (od. *kiteb*), arab. *γárab* ‚besiegen' bed. *g'ríb*, arab. *lámad* ‚lernen' bed. *l'míd*. Es sieht daher auch in diesem Falle so aus, als ob der arabische Imperativ bei der Übernahme des Wortes als Stammform betrachtet würde.

Anhang.

Es scheint mir angebracht zu sein, ausser den vorstehend dargebotenen vollständigen Paradigmen zu den von mir aufgestellten fünf Konjugationen, hier als Anhang die Tempusformen noch vieler anderer Stämme mitzuteilen, und zwar ganz so, wie sie sich in meinen Sammlungen verzeichnet finden. Dieselben sollen somit erstens zur weiteren Bestätigung der aufgestellten Flexionsregeln dienen, ferner künftigen Forschern ein weiteres Material zu fortgesetzten Untersuchungen darbieten, und endlich — falls sich Lepsius' Vermutung bestätigt, dass die Meroitischen Inschriften in der Bedja-Sprache abgefasst seien — vielleicht, als beglaubigte Formen zahlreicher Zeitwörter, bei der Entzifferung eine nicht unwesentliche Hilfe leisten können. Denn jede einzelne der unten stehenden Formen ist mir als die zunächst liegende Übersetzung der entsprechenden Form eines arab. Zeitworts überliefert worden. Da indessen die von mir in ihren wichtigsten Tempora aufgezeichneten Stämme der 1. Klasse zu zahlreich sind, als dass ich sie alle oder auch nur die meisten derselben hier aufnehmen könne, so habe ich unten eine relativ grössere Zahl zur 2. Klasse gehöriger Stämme aufgeführt, und dies um so mehr, als diese, im Verhältnis zu der überwiegenden Menge der ganz nach einem und demselben Muster flektirenden Stämme der 1. Klasse, eine weit grössere Mannigfaltigkeit der Formen bieten, so dass die Stämme der beiden Klassen einander beinahe wie regelmässig und unregelmässig gegenüber stehen.

Erste Klasse.

Konjugation I.

1. *fa'*, riechen: — Imp. *fa'a*; Aor. *fa'at*, *bifa'e*; Präs. *fa'ani*; Perf. *fa'an*; Fut. I. *fa'e andi*; Fut. II. *fa'tib herriu*; — *ofa'te*, das Riechen.

2. *k'*, kalt sein (werden): — Aor. *k'at*; Präs. *k'ani*; Perf. *k'an*; — Kaus. Aor. *k'asat*; Präs. *k'asani*; Perf. *k'asan*; — *tóla*, die Kälte.

3. *mnh*, genügen: Aor. *mahat*, *bamahe*; Präs. *mahani*; Perf. *mahan*; *omhate*, das Genügen.

4. *tah*, *teh*, [*taha*], berühren: — Aor. *tehát*, *teha*, *tehi*, *bitehe*; Präs. Sg. *tehuni*, *tehatenija*, *tahini*, Pl. *tehanéj*, *tehatéan*, *tahén*; Perf. Sg. *tehin* (*tahin*), *tehita*, *tehija*, Pl. *tehina*, *tahijan*. — Pass. Aor. *tehimat*; Perf. *tehiman*; — Kaus. Aor. *tehisat*; Perf. *tehisan*; — *átháte*, das Berühren.

---

[1] Ich führe auch die Verbalnomina in der von mir gehörten (natürlich fast immer objektiven) Form auf.

5. *jak, jek,* aufstehen: — Imp. *jáka, jáki;* Aor. *jékat;* Präs. Sg. *jékani, jekini, jéktini,* Pl. *jeknči, jekténa, jekên;* Perf. *jíkan, jékta, jéktai, jékja* etc.;[1] Fut. I. *jéke a.;* Fut. II. *jéktīb h.*[2] — Pass. Aor. *jékamat;* Präs. *jekúmane;* Perf. *jékaman;* — Kaus. *jeks* ‚tragen' Aor. *jéksat;* Präs. *jéksane;* Perf. *jéksan;* Fut. I. *jéksa a.;* Fut. II. *jékestīb h.;* Kaus. Aor. *jeksisat;* Präs. *jeksísane;* Perf. *jeksísan.*

6. *sak,* gehen: - Aor. *sakát;* Präs. *sákani;* Perf. *sákan;* — Kaus. Aor. *sáksat;* Präs. *sáksane;* Perf. *sáksan;* — Pass. Perf. *sákaman;* — *ósak,* der Gang.

7. *nasr, ánser,* [arab.] besiegen: — Aor. *násrat, ánserat;* Perf. *násran, ánseran;* — Pass. Aor. *násramat, ansêremat;* Perf. *násraman, ansêreman.*

8. *ket,* klar, rein sein: — Aor. *kétat;* Präs. *kétane;* Perf. *kétan;* — Kaus. Perf. *késsan;* — *ketá-bu*[3], rein.

9. *deb,* fallen: — Imp. Sg. *déba,* f. *débī.* Pl. *débân;* Aor. *débat, bádebi, bádebīn;* Präs. *débani, debtenīja* etc.; Perf. *déban, débta, débija* etc.; Kond. Sg. *débanjēk, débtinjēk, débīnēk,* Pl. *débnařk,*[4] *débtēnēk, débīnēk;* Fut. I. Sg. *débe a., débi téndia,* Pl. *débne nijed, débne tijádna, débne ijédna* (vgl. § 186); Fut. II. *deb h.* etc.; Neg. Form. Imp. Sg. 2. *báḍeba,* f. *báḍebi;* 3. *búḍebi (búḍebai),* f. *búḍḍebi (búḍḍebaj);* Opt. *báḍebaju* etc.; Kond. Sg. *báḍébajēk, búḍḍébajēk,* Pl. 2. *búḍḍébajnēk;* Präs. *káḍban* (s. § 205); Perf. *débāb káka;* Fut. I. *débi kádi;* — Kaus. Aor. *débsat, báḍebsi, báḍebesti;* Präs. *débsani, debestenīja, debsīni;* Perf. Sg. *débsan, débesta, débesija,* Pl. *débesna, debestána, débesiján;* Fut. I. *débsi a.;* Fut. II. *débsejd h.;* Neg. Opt. *báḍebsaju;* Präs. *káḍebsan.*

10. *mu',* feucht sein: — Aor. *mú'at;* Präs. *mú'ani;* Perf. *mú'an;* Fut. I. *mú'e a.;* — Kaus. Aor. *mú'sat;* Präs. *mú'sane;* Perf. *mú'san;* Fut. I. *mú'se a.;* - *óm'uste,* das Feuchten; *mu'amá-bu,* befeuchtet, nass (arab. *mubláł*).

11. *kab,* (fleischlich) beschlafen: — Präs. *kibani;* Perf. *kában, kábta.*

12. *gab,* gleichen: — Aor. *gábat;* Präs. *gíbane;* Perf. *gában;* Fut. I. *gábi a.;* Fut. II. *gabīt úhern;* — Kaus. Perf. *gábsan;* — Pass. Perf. *gábaman.*

13. *gab,* satt sein: — Aor. *gíbat, bágabe;* Perf. *gíban;* - *tégab,* die Sattheit; *gába,* satt.

14. *deg,* schwer sein: — A. *dégat;* Präs. *dégane;* Perf. *dégan.* — Kaus. Perf. *dégsan;* — *ómadeg,* die Schwere; *degá-bu,* schwer.

15. *saf,* sprengen: — Aor. *safát, básafe;* Präs. *sáfane;* Perf. *sáfan;* — Kaus. Aor. *sáfsat;* Präs. *sáfsane;* Perf. *sáfsan;* - Pass. Aor. *sáfhamat;* Präs. *safhámane;* Perf. *safhaman;* Fut. II. *safhámtīb h.;* — *ōsáfti,* das Sprengen.

---

[1] Hiermit bezeichne ich, dass auch die übrigen Formen sich bei mir verzeichnet finden, und zwar genau so, wie sie nach dem betreffenden Paradigma lauten müssen.

[2] So kürze ich die häufig wiederkehrenden Formen *ándi* und *hérria* ab.

[3] Mit dieser Form, die eig. ‚[es] ist rein' bedeutet, wurde mir das arab. Adj. *sáfi* ‚rein' wiedergegeben; *kéta* ist natürlich das regelmässige Particip, wie denn auch *sáfi* eig. das Nom. agentis ist. Auf dieselbe Weise wurden mir auch alle folgenden Participialformen angegeben.

[4] Diese Form kommt augenscheinlich vom Perfekt her (vgl. § 234).

Die Bischari-Sprache. 283

16. *gas,* weben: Aor. *gasát;* Präs. *gásane:* Perf. *gísan:* — Kaus. Perf. *gasísan;* — *égas,* das Weben.
17. *gaš,* sieden: — Aor. *gíšat;* Präs. *gíšani, gašteníja, gašini, gášteni;* Perf. *gíšan;* Kaus. Aor. *gašíšat;* Präs. *gašísane;* Perf. *gašísan.*
18. *hol (hal),* bellen: — Aor. *hólat, hólu, holi, báholi;* Präs. *hólani:* Perf. *hólan* etc. od. *hólan, hálta* etc.; - Kaus. Aor. *hólsat;* Perf. *hólsan.*

19. *dāb,* laufen: — Imp. *dába, dábi, dabāna;* Aor. Sg. *dábat, bádábi,* Pl. *dábadēni;* Präs. *dábani, dábteníja;* Perf. *dában, dábta* etc.
20. *rāt,* fragen: — Aor. *rátat, ráta, bárate:* Präs. Sg. *rátani, ráteníja, rátini,* Pl. *rátnej;* Perf. *rátan, rátta* etc.; Fut. I. *ráte* a.; Fut. II. *ráttib h.;* — *térāt,* die Frage.
21. *wās,* rücken: — Aor. *wásat, wásu, báwāsi;* Präs. *wásani;* Perf. *wásan;* — Pass. Aor. *wásamat;* Präs. *wásamane;* Perf. *wásaman;* — Kaus. Aor. *wāsísat;* Präs. *wāsísane;* Perf. *wāsísan.*
22. *rēh (erh)* [vielleicht aus dem arab. *ra'*], sehen: — Imp. Sg. *réha, réhi,* Pl. *réhān;* Aor. Sg. *réhat, réha, réhi, báréhi, báréhti,* Pl. *réhadēni, réhān, báréhin:* Präs. Sg. *réhani, réhteníja, réhteni, réhini, réhtini,* Pl. *réhnej, réhtēna, réhēn;* Kond. *rehanjēk* etc.; Perf. Sg. *réhan (érhān), réhta, réhtai, réhija, réhta,* Pl. *réhna, réhtēn, réhíjān;* Fut. I. *érhe (irhe)* a.: Fut. II. *rēh h.;* Neg. Imp. *bárcha* (s. § 197); Perf. *érhāb káka;* — Pass. Aor. *réhamat, báréhami;* Präs. Sg. *réhamani, réhamēni,* Pl. *réhamnēj;* Perf. *réhaman* etc.; Fut. II. *rehamtib h.;* Neg. Präs. *karéhaman, karéhamta;* — Kaus. Imp. Sg. *réhsa*[1] *(erhesa), réhsi,* Pl. *réhsān;* Aor. *réhsat, bárehsi;* Präs. Sg. *réhsani, réhsini,* Pl. *réhsnēj;* Perf. *réhsan, réhˈsta, réhˈsija;* Fut. II. *réhstib h.;* Neg. Präs. *karéhsan, karéhˈsta.*
23. *lām,* lernen: — Aor. *támat;* Präs. *támani;* Perf. *láman, lámta* etc.; Fut. II. *lámtib h.;* — Kaus. Aor. *támsat;* Präs. *támsani;* Perf. *támsan, támˈsta.*
24. *yiy,* gehen: — Imp. Sg. *giga, gigi,* Pl. *gigána;* Aor. Sg. *gigat, gigata, gigati, bágigi,* Pl. *gigadēni, gigatna, bágigin;* Präs. *gigani;* Perf. *gigan* etc.; Fut. II. *yig h.;* — Kaus. Aor. *giysat;* Präs. *giysane;* Perf. *giysan;* — Kaus. Kaus. Perf. *giysísan.*
25. *nin,* singen: — Imp. Sg. *nína, níni,* Pl. *ninána;* Aor. *nínat;* Präs. *nínani;* Perf. *nínan;* Fut. I. *níne a.:* Fut. II. *nin h.;* — *ténin,* der Gesang.
26. *dūb,* heiraten: — Aor. *dóbat, bádúbe;* Präs. *dóbane;* Perf. *dóban;* — Pass. Perf. *dóbaman;* — Kaus. Perf. *dóbsan.*
27. *kōd, kud,*[2] irre gehen: — Aor. *kódat (kudát), kóda, bákódi;* Präs. *kódani (kúdane), kódteníja;* Perf. *kódin, kódta, kódija* etc. od. *kudáin* etc.; Fut. II. *kúdtib h.;* Kond. Neg. *bákúdajēk;* — Kaus. Aor. *kódsat, bákudsi;* Präs. *kódsani, kódˈsteníja, kódsini;* Perf. *kódsan, kódˈsta,* od. *kúdsan, kudˈsta;* Fut. II. *kódˈstib h.;* — Kaus. Pass. Perf. *kódsaman.*

---

[1] Das *h* schwindet in der Aussprache fast gänzlich, so oft ihm ein Konsonant folgt.
[2] Bei der Flexion dieses Stammes glaubte ich hin und wieder statt *d* ein *ḍ* zu hören.

28. *ām*, schwimmen: — Imp. Sg. *áma*, *ámi*, Pl. *ámna*; Aor. *ámat*, *báŭmi*, *báŭmti*; Präs. *ámani* etc.; Perf. *áman* etc.; Fut. I. *ámi a.*; Fut. II. *ámtib h.*; Neg. Imp. 2. *báŭma*, f. *biŭmaj*, 3. *biŭmaj*, f. *bidŭmaj*; Kond. *báámajēk*, *bidámajēk* etc.; Opt. *baámaju*, *baámajwa* etc.; Präs. *kaŭman*, *kaŭmta* etc.; Fut. I. *ámi kúdi*; — Kaus. Aor. *ámsat*, *báŭmse*; Präs. *ámsani*; Perf. *ámsan*, *úmˀsta*, *ámsija*; Fut. II. *ámstib h.*; Neg. Präs. *kaŭmsan*; Perf. *ámsāb kāka*.
29. *gād*, viel sein: — Aor. *gádat*; Präs. *gádani*; Perf. *gádan*; Fut. I. *gádi a.*; Fut. II. *gádtīb h.*; — Kaus. Aor. *gádsat*; Präs. *gádsani*; Perf. *gádsan*, *gádˀsta*; Fut. II. *gádˀstīb h*.
30. *nŭn*, reichen, geben: — Aor. *nánat*; Präs. *nŭnane*; Perf. *nŭnan*; — Kaus. Imp. *nŭnsa*; Aor. *nŭnsat*, *bāenŭnse*; Präs. *nŭnsane*; Perf. *nŭnsan*; — Pass. Aor. *nŭnamat*; Präs. *nŭnámane*; Perf. *nŭnaman*; — *tenŭnanej*, das Reichen.

31. *fáfar*, springen: — Präs. *fafárane*, *fafartenija*, *fáfarini*; Perf. *fáfaran fáfarta*, *fáfarja*.
32. *ášig*, *ešig*, eilen: — Imp. *ešiga*; Aor. *ášigat*; Perf. *ášigan*, *ášigta*; — Kaus. Perf. *ášigsan*.
33. *érid* (*árid*), spielen: — Imp. *érda*, *érdi* (*árdi*); Aor. *érdat*, *báerdi*; Präs. *érdani* (*árdani*); Perf. *érdan* (*árdan*); Fut. II. *arídtīb h.*; — Kaus. Aor. *ér(d)sat*;¹ Präs. *ér(d)sani*; Perf. *ér(d)san*; — *tóŭrda*, das Spiel.
34. *šíngir*, hässlich sein: — Aor. *šingirat*; Präs. *šingirane*; Perf. *šingiran*; — *šingiráb áke*, ich war hässlich.

35. *abáb*, verachten: — Aor. *abábat*, *bāabábe*; Präs. *abábane*; Perf. *abában*; — *tóababáb*, die Verachtung.
36. *adáb*, müde sein: — Aor. *adábat*, *adábata*; Perf. *adában*, *adábta*; — Pass. (vgl. § 211) *adábamat*; Präs. *adábamane*; Perf. *adábamun*; — Kaus. Perf. *adábsan*; — *adábamá-bu*, müde.
37. *iwáš*, schmutzig sein: — Aor. *iwášat*; Präs. *iwášane*; Perf. *iwášan*; Fut. II. *iwáštib h.*; — *ójwáš*, der Schmutz.
38. *teráb*, teilen: — Aor. *terábat*, *bálterib*;² Perf. *terában*; — Pass. Aor. *térbamat*; Präs. *terbámane*; Perf. *térbaman*; — *ŭteráb*, die Teilung.
39. *hamét*, traurig sein: — Aor. *hamétat*; Präs. *hamétane*; Perf. *hamétan*; — Kaus. Perf. *haméssan* (s. § 34 a); — *hámētib-u*, traurig.
40. *hirér*, marschiren: — Aor. *hirérat*, *hiréra*, *bāhiréhre*; Präs. *hirérane*, *hirértenija* etc.; Perf. *hiréran* etc.

---

¹ Hier schwindet das *d* fast gänzlich in der Aussprache.

² Diese Form erweist sich durch ihr präformativisches *i* als zur 2. Klasse gehörig. Der Stamm lautet dort *térib* (wovon das Pass. *térbam* gebildet ist) und wird, wie sich aus der folgenden Infinitivform *terúb* erkennen lässt, nach der Konj. II. 2, b abgewandelt.

41. *mehêl*, pflegen: — Aor. *m'hêlat, 'mhêla, 'mhêli, bámhêli*; Präs. Sg. *m'hêlani, mhêltenija*, Pl. *m'hêlini, m'hêlnej, m'hêltēna, m'hêlēn*; Perf. *m'hêlan*; Fut. I. *m'hêle a.*; Fut. II. *m'hêloj h.*; — Pass. Aor. *m'hêlamat*: Präs. *m'hêlamane*; Perf. *mhêlan*; — Kaus. Aor. *m'hêlsat*; Präs. *m'hêlsane*; Perf. *m'hêlsan*; — *m'hêlmje*, Pflege; *ómhêl*, die Arznei.

42. *hadíd* [vielleicht vom arab. *hadīṯ* حديث, vgl. N:o 54], sprechen: — Imp. Sg. *hadída, hadídi*, Pl. *hadádān*; Aor. Sg. *hadidat, báhadídi, báhadídti*, Pl. *hadídudēni, hadídān, báhadídin*; Präs. *hadídani, hadidtenija* etc.; Perf. *hadídan, hadídta* etc.; Kond. Sg. *hadídenjēk, hadídtenjēk, hadídinjēk*, Pl. *hadídnajēk, hadídtēnēk, hadídēnēk*; Fut. I. Sg. *hadíd andi, hadide téndia, hadíd endi*, Pl. *hadídne nijed, hadídne tijédna, hadídne ijédna* (s. § 186); Neg. Imp. *báhahadída* (s. § 197); Opt. *báhadídaju, báhadéjwa* etc.; Kond. *báhadídajēk, báhadídajēk* etc.; Präs. *káhadídan* (s. § 205); Perf. *hadídāb káka* (s. § 206); Fut. I. *hadíd kádi*.

43. *adám*, sprechen: — Aor. *adámat*; Präs. *adámane*; Perf. *adáman*; — Kaus. Perf. *adámsan*; — *ōadámti*, die Rede.

44. *lengám*, *digóg*, senden: — Aor. *lengámat*; Perf. *lengáman*; — Pass. Perf. *digógyaman*; — Kaus. Perf. *digógisan*; — *ólengám, óminjál*, der Bote: *digóga*, Bote (in Bezug auf Heirat).

45. *salól*, führen: — Aor. *salólat*; Perf. *salólan*; — Pass. Präs. *salólamane*; Perf. *salólaman*; — Kaus. Präs. *salólsani*.

46. *hamšák*, sich schnäuzen: — Imp. *hamšáka*; Aor. *hamšákat, báhamšáke*; Perf. *hamšákan*; — Kaus. Perf. *hamšáksan*.

47. *lá'am*, sich mit Fett bestreichen: — Aor. *lá'amat*; Präs. *la'ámani*, Perf. *lá'aman*; — Kaus. (vgl. § 239) Aor. *lá'asat*; Perf. *lá'asan*; — *óla'*, das Fett.

48. *hásam*, vorbeigehen: — Aor. *hásamat*; Präs. *hasámane*; Perf. *hásaman*; — Kaus. Aor. *hássat*,[1] *hássata, báhesse*; Perf. *hássan, háss'ta, hássija*; od. *hasísan*.

49. *réjjim*, gewinnen: — Aor. *réjjimat*; Präs. *rejjimane*; Perf. *réjjiman*; — Kaus. Perf. *réjjisan* (s. § 239).

50. *wadám* [arab.], Ablution machen: — Aor. *wadámat, báwadámi*; Präs. *wadámani* etc.; Perf. *wadáman* etc.; Fut. I. *wadáme a.*; Fut. II. *wadámtib h.*; — Kaus. (s. § 239) Aor. *wadásat*; Präs. *wadásani, wadásini*; Perf. *wadásan, wadásja*; Fut. I. *wadáse a.*; Fut. II. *wadástib h.*; — *ōwada*, die Ablution (وضوء).

51. *temím* [arab.], fertig sein: — Aor. *temímat*; Präs. *temímani*; Perf. *temíman*; Fut. I. *temími a.*; Fut. II. *temímtib h.*; — Kaus. (s. § 239) Aor. *temmísat*; Präs. *temmísani*; Perf. *temmísan*; Fut. II. *temmístib h.*

---

[1] Da der Stamm *has* lautet (vgl. § 239), finden wir hier das Kaus. ausnahmsweise mit *-s* statt *-is* nach einem Zischlaute gebildet.

52. *íbáb*, reisen: — Imp. *ibába, ibábi;* Aor. *ibábat, báibábi;* Präs. *ibábami, ibábtenia;* Perf. *ibában;* — Kaus. Aor. *ibábsat, báibábse;* Präs. *ibábsani;* Fut. II. *ibábestib h.;* — *tóibab,* die Reise.

53. *báskit,* fasten: Imp. *báskíta;* Aor. *báskítat, bábáskíti;* Perf. *báskítan, báskittu;* Fut. I. *bäskíttib h.;* — Kaus. (s. § 34, a) Aor. *báskissat;* Präs. *bäskíssani;* Perf. *báskíssan;* Fut. II. *bäskítestib h.:* — *tóbáski,* das Fasten.

54. *hadísam* [arab. *hadís,* Gespräch], anreden: — Imp. Sg. *hadísama,* Pl. *hadísamán;* Aor. Sg. *hadísamat, báhadísami, báhadísamti,* Pl. *hadísámadéni, báhadísamin;* Präs. *hadísamíni, hadísamtenija* etc.; Perf. *hadísaman, hadísamta* etc.; Kond. Sg. *hadísamanjék, hadísámtinjék, hadísámínjék,* Pl. *hadísámnajék, hadísámténék, hadísámének;* Fut. I. Sg. *hadísam ándi, hadísam tendia, hadísam éndi,* Pl. *hadísámne nijed, hadísámne tijádna, hadísámne ijádna* (vgl. § 186); Neg. Imp. Sg. 2. *báhadísama,* f. *bihadísame,* 3. *bihadísame,* f. *bithadísame,* Pl. 2. *báhadísamán,* 3. *bihadísamén:* Opt. *báhadísamáju* etc.; Präs. *kahadísama(n), kahadísamta* etc.; Fut. I. *hadísame kádi:* — Kaus. Aor. *hadísamsat, báhadísamsi;* Präs. *hadísámsani, hadísámestenija;* Perf. *hadísamsan;* Fut. II. *hadísamestíb h.*

55. *egrimam* [s. § 376], weisshaarig werden: — Perf. *egrimaman;* — Kaus. Perf. *egrimsan.*

56. *hamójsch,* sich schämen: — Aor. *hamójschat;* Perf. *hamójschan;* — *hamojschá-ba,* schamhaft.

57. *márá,* angreifen: — Aor. *marájat;* Perf. *marájan;* — Pass. Perf. *maráman;* — *témara* (vgl. § 55), der Angriff.

58. *karé,* sich weigern: — Perf. Sg. *karéan, karéta, karéa,* Pl. *karéna, karétána, karéán.*

59. *afré,* schlecht sein: — Aor. *afréat;* Präs. *afréane;* Perf. *afréan;* — *áfrai,* schlecht.

59ª. *halé,* irrsinnig sein: — Aor. *haléat;* Präs. *haléane;* Perf. *haléan, haléta, haléa;* — Kaus. Aor. *halésat;* Perf. *halésan;* — *hálai,* irrsinnig; *ohále,* der Wahnsinn.

60. *áski* [arab.], klagen: — Aor. *askíjat, báeski;* Präs. *askíani;* Perf. *askíjan, askíla;* Fut. II. *askítib h.:* - Pass. [Reflex.] Aor. *askímat, askíma, biaskími;* Präs. Sg. *askímani,* Pl. *askímnéj;* Perf. *askíman;* Fut. II. *askímtib h.;* — Kaus. Aor. *askisat;* Präs. *askísani;* Fut. I. *askísi a.;* Fut. II. *askístib h.;* — *teskja,* die Klage.

61. *náwadrí,* schön sein: — Aor. *nawádrijat;* Perf. *nawádrijan;* — Kaus. Perf. *náwadrísan;* — *náwadrí-ba,* schön; *ónawádire, óndáirire,* Schönheit.

62. *dinó,* herumgehen: — Aor. *dinójat;* Perf. *dinójan;* Fut. I. *dinóje a.;* — Kaus. Aor. *dinósat;* Präs. *dinósane;* Perf. *dinósan;* Fut. II. *dinóse a.;* — *tódinój,* das Herumlungern.

62ª. *badó* [arab.], beginnen: — Aor. *badójat;* Präs. *badójane;* Perf. *badójan;* — Pass. Perf. *badóman;* — Kaus. Perf. *badísan;* — *óbadóte,* der Anfang.

63. *ṭaṭú* [arab. قَطَّ]; — Kaus. *ṭaṭás*, kneten: Aor. *ṭaṭásat*; Perf. *ṭaṭásan*.
64. *gérabō*, hinken: — Aor. *gerabóat*, *būgerabóa*; Präs. Sg. *gerabóani*, *gerabótenija*, *gerabóini*, Pl. *gerabónej*, *gerabótēna*, *gerabójēn*; Perf. Sg. *gerabóan*, *gerabóta*, *gerabóija*, Pl. *gerabóna*, *gerabójān*.

65. *hau*, bellen: — Aor. *háwat*; Präs. *háwani*; Perf. *háwan*, *hánta*, *háwia*; Kaus. Perf. *háusan*.
66. *neu (new)*, schimpfen: — Aor. *néwat*, *bánēwe*, *báneute*; Perf. *néwan*; — Pass. Perf. *néwaman*; — Kaus. Perf. *néusan*; Nebenform: *nɩós*, zanken: — Perf. *nɩósan*; — Pass. [Recipr.?] Aor. *nɩósamat*; Perf. *nɩósaman*.
67. *húmnai*, nachmittags abreisen: — Aor. *humnájat* (od. *humnít*); Präs. *humnájane*; Perf. *humnájan*.

Zweite Klasse.

Konjugation II.

Erste Art: einsilbige Stämme.

68. *bes*, begraben: — Aor. *bésat*, *bésa*, *báibes*; Präs. Sg. *ámbīs*, Pl. *nébīs*; Perf. *ábes*, *téb(e)sa*; — Pass. Aor. *átōbásat*; Präs. *átobīs*, *tétōbísa*; Perf. *átobās*; — *óbās* (Pl. *ébās*), das Begräbnis.
69. *der (dīr)*, töten: — Imp. *déra*, *déri*, *dérna*; Aor. Sg. *dérat*, *dérata*, *bácdár*,[1] Pl. *déradéni*, *dératna*, *bácdárna*; Präs. Sg. *ándir*, *téndira*, *téndiri*, *éndir*, *téndir*, Pl. *nédér*, *tedérna*, *edérna*;[2] Perf. Sg. *ádir*, *tédira*, *tédiri*, *édir*, *tédir*, Pl. *nédir*, *tedirna*, *edirna*; Kond. Sg. *ándirēk*, *téndirēk*, *éndirēk*, *téndirēk*, Pl. *nédérēk*, *tedérnēk*, *édērnēk*; Fut. I. Sg. *edár ándi* (*téndija*, *éndi*), Pl. *nedár* (s. § 186) *nijed* (*tijádna*, *ijádna*); Fut. II. *mader h.*; Neg. Imp. *bádira* (s. § 198); Opt. *bádiru* (s. § 203); Kond. Sg. *báderjēk*,[3] *bidderjēk*, *bidderjēk*, *báderjēk*, *bíderjēk*, Pl. *binderjēk*, *biddirnēk*, *bidériuēk*; Präs. Sg. *kádir*, *kiddira*, *kiddiri*, *kádir*, *kiddir*, Pl. *kéndir*, *kiddirna*. *kídirna*; Perf. *déráb (dérut) káka* etc.; Fut. I. *edár kádi*; Pass. Aor. *atódirat*,[4] *bactádir*; Präs. *atódir*, *tetódira* etc.; Perf. *átodár*, *tétodára* etc.; Kond. *atódirēk*; Fut. I. *etádir a.*; Fut. II. *ató-*

---

[1] Nach dem Paradigma (§ 249) hätte man *báider* erwarten sollen; die Form *obir* scheint aber eher dem frequent. Stamm *dār* (s. No 196) anzugehören.

[2] In Bezug auf die präsentiale Nebenform *déraui*, *d'rtenija* etc. wolle man § 300 nachlesen.

[3] Die Form *báderjēk* ist von einem Optativstamm *bá-deri* gebildet, der jedoch vielleicht zum Frequ. *dār* gehört. Man hatte *báderēk* erwartet, wovon die oben angeführte Form der 2. Pers. Plur. *biddírnēk* offenbar herzuleiten ist.

[4] Nach der Regel (§ 248, 4) sollte es *atōdárat* heissen, welche Form jedoch auch der Aor. Pass. des Frequent. *dār* wäre.

diroid h.; Part. atódirā-b; Neg. Kond. bātódirēk; Präs. kátodár, kittodára etc.; — Kaus. Imp. sódira; Aor. sódirat, bācsádir; Präs. asódīr; Perf. asódir; Fut. II. sódiroid h.; — Frequent. dār, mehrerou töten (s. N:o 196).

70. din, wägen, glauben: — Imp. dina, dini, dinna; Aor. dinat, báidin; Präs. Sg. ándin, téndina, éndīn, Pl. nédin, tēdinna, ēdinna; Perf. Sg. ádin, Pl. nédin; Fut. I. idin a.; Fut. II. dān h.; — ódān (Pl. édān), die Meinung.

71. dif, überfahren: — Aor. difat, báidif; Präs. Sg. ándif, Pl. nédif; Perf. ádif.

72. dah (dah?), fett sein: — Aor. dahát, dahátu, báidah; Präs. ándih (s. § 172); Perf. ádah; — Kaus. Aor. ṡódhat; Präs. aṡódih; Perf. aṡódah; — ómadah, die Fettigkeit.

73. dif, färben: — Präs. Sg. ándif, téndifa, éndif, Pl. nédif, tēdifna; Perf. Sg. ádif, Pl. nédif etc.; — Part. Pass. atódfā-b, gefärbt.

74. dim, möbliren: — Aor. dimat; Präs. ándim; Perf. ádim.

75. fif, ausgiessen: — Aor. fifát, báifif: Präs. Sg. ánfif, ténfifa, Pl. néfif, tēfifna; Perf. áfif etc.; — ófāf (Pl. ēfāf), das Ausgiessen.

76. gid, herumwerfen: — Aor. gidát, báigid; Präs. Sg. ángid, Pl. négid; Perf. ágid; — Pass. Aor. atōgádat, atōgáduta, bāctúgid: Präs. átōgid; Perf. útōgād, tótōgáda; — Kaus. Aor. sógidat, báisúgid; Präs. Sg. asógid, Pl. nesógid; Perf. asógid; — ógād, das Werfen.

77. gif (gef), anstossen: — Aor. géfat; Präs. Sg. ángif, Pl. négif; Perf. ágif; — Kaus. Aor. sógfat, báisúgif; Präs. Sg. ásōgif, Pl. nésōgif; Perf. asógif; — tōmagéf, tógafe, das Anstossen.

78. ja', rosten: — Aor. já'at, já'u, je';[1] Präs. Sg. ájjī', téjjī'a, téjjī'e, éjje, téjje', Pl. néja', tējána, ējána; Perf. Sg. ája', téja'a, éja', Pl. neja', teja'na.

79. gᵘa', knuffen: — Aor. gu'at, gu'átu,[2] báigᵘa; Präs. Sg. ángᵘe' [für ángᵘi'], téngᵘia, Pl. négᵘa'; Perf. Sg. ágᵘa', tégᵘa'a, tégᵘa'e, égᵘa, Pl. négᵘa; — ógᵘa, der Knuff.

80. kiš, geizig sein: — Kaus. Aor. sók(i)šat; Präs. ásōkīš; Perf. asókiš; — tókaši, der Geiz.

81. kᵘaš, fortschaffen, sich bewegen: · Aor. kᵘášat, kᵘiša, báidkᵘaš;[3] Präs. ánkᵘiš; Perf. ákuš;[4] — tókᵘaše, die Fortbewegung.

---

[1] Für já'i; übrigens erinnere ich daran, dass solche Formen wie já'a, já'i allemal imperativisch sind; die wahren Aoristformen haben immer die Endungen -ata, -ati, wie já'ata, já'ati.

[2] So finden sich bei mir die Formen geschrieben; diese Aufzeichnung giebt jedoch wahrscheinlich nur eine nachlässigere Aussprache von gᵘá'at, gᵘá'ata wieder.

[3] Das d ist hier wohl nur ein Hörfehler.

[4] Hier ist der Stammvokal ausgestossen, und in solchem Falle muss kᵘ vor einem Konsonanten zu ku werden.

82. *men*, rasiren: Imp. *ména, méni*; Aor. *ménat*; Präs. Sg. *ámmīn*, Pl. *némīn*; Perf. Sg. *ámen*, Pl. *némen*; — Pass. Aor. *atōmánat*; Präs. *átōmīn*; Perf. *átōmān*; — Kaus. Aor. *sómnat*; Präs. *asómīn*; Perf. *asómin*; — *ómān*, das Rasiren; *tómaman*, das Rasirmesser.

83. *rib*, sich weigern: — Imp. *riba, ribi, ribna*; Aor. Sg. *ribát, báirib*, Pl. *ribadéni, báiribna*; Präs. *árrib* (s. § 172); Perf. Sg. *árib, tériba, téribi*, Pl. *nérib, teribna, eribna*; Kond. *árrībēk*; Fut. I. *irib a.*; Fut. II. *rāb h.*; Neg. Präs. *kárib* (s. § 205); — Pass. Aor. *ātōrábat, báetárib*; Präs. *átōrīb*; Perf. *átōrāb*; — Kaus. (s. § 226); —*órāb* (Pl. *éráb*), die Weigerung; *réba*, abgeneigt.

84. *sim (sem)*, nennen: — Imp. *sima*; Aor. *simát, báisem*; Präs. Sg. *áusīm*, Pl. *nēsīm*; Perf. Sg. *ásim, tésima*, Pl. *nésim*; Fut. II. *sām h.*; — Pass. Aor. *atōsámat*; Präs. *átōsīm*; Perf. *átōsām*; — Kaus. Aor. *sósimat*; Präs. *ásūsīm*; Perf. *asósim*; — *ósem* (Pl. *ésima*), der Name.

85. *ṭa'*, schlagen: — Imp. *ṭá'a, ṭá'i, ṭá'na*; Aor. Sg. *ṭá't,*[1] *báiṭa',* Pl. *ṭá'dēni, báiṭan(a)*; Präs. Sg. *anṭí, tenṭí'a, enṭí'*, Pl. *néṭa', téṭá'n, éṭā'n*; Perf. Sg. *aṭá', teṭá',*[2] *teṭá'i, eṭá', teṭá'*, Pl. *neṭá', teṭá'na, eṭá'na*; Kond. Sg. *ánṭiēk, ténṭiēk*, Pl. *néḍ'ēk,*[3] *téḍ'anēk, éḍ'anēk*; Fut. I. *iṭa' a.*; Fut. II. *ṭa' h.*; Neg. Imp. *báṭi'a* (s. § 198); Opt. *báṭi'u, báṭiwa* etc.; Kond. Sg. *báṭiēk, biṭṭiēk*, Pl. *biṭṭinēk, biṭinēk*; Präs. Sg. *káṭa', kéṭṭa',*[2] *kéṭṭai, kíṭa', kiṭṭa'*, Pl. *kinṭa', kiṭṭānu, kiṭānu*; Perf. *ṭa'āb (ṭá'āt) káka* etc.; - Pass. Aor. Sg. *atóṭa'at, atóṭa'a, báetáṭa'*, Pl. *atóṭa'déni, atóṭana, báetúṭana*; Präs. Sg. *atóṭi', tetóṭia*, Pl. *netóṭi', tétóṭina*; Perf. *atóṭa'* etc.; Fut. I. *etáṭa' a.*; Neg. Imp. 2. *báṭóṭia*, f. *bitóṭi*,[4] 3. *bitóṭi*, f. *bittóṭi*; Opt. Sg. *bátōṭi'u, bátōṭiwa*, Pl. *bátōṭiba*,[3] *bátōṭibána*; Kond. *bātóṭiēk, biṭṭóṭiēk* etc.; Präs. *katóṭa', kittóṭa'*[2] etc.; Perf. *atóṭ'āb káka*; — Kaus. Imp. *sóṭa'a*,[5] *sóṭa'i*; Aor. *sóṭ'at*,[3] *báesáṭa'*; Präs. *asóṭi'* etc.; Perf. *asóṭa'*; Fut. I. *esáṭa' a.*; Fut. II. *sóṭ'oid h.*; Neg. Imp. 2. *básōṭi'a*, f. *bisóṭi*, 3. *bisóṭi*, f. *bissóṭi*; Opt. Sg. *básoṭi'u*, Pl. *básoṭi'a*; Präs. *kásoṭa', kissóṭa'a*; — Frequ. *ṭāb* (s. No 197).

86. *ṭib(ṭub)*, füllen: — Imp. *ṭiba, ṭibi, ṭibna*; Aor. *ṭibat, báiṭub*; Präs. Sg. *ánṭib, ténṭiba*, Pl. *néṭib, éṭibna*; Perf. Sg. *áṭib*, Pl. *néṭib, éṭibna*; Kond. *ánṭibēk*; Fut. I. *iṭub a.*; Fut. II. *ṭāb h.*; Neg. Imp. Sg. 2. *báṭiba*, f. *biṭibi*, 3. *bíṭib*, f. *biṭṭib*, Pl. 2. *báṭibna*, 3. *biṭibna*; Opt. *báṭibu* etc.; Kond. *báṭibēk*; Präs. Sg. *káṭib, kiṭṭiba, kíṭib*, Pl. *kinṭib*; Perf. *ṭibāb káka*; — Pass. Aor. *atóṭabat, báitáṭib*; Präs. *atóṭib*;

---

[1] Für *ṭa'at*, vgl. die Note 2 auf S. 288.

[2] Hier ist, wie dies oft geschieht, das auslautende -a abgeworfen.

[3] Der Stammvokal ist ausgestossen, und das *ṭ* wahrscheinlich wegen des nachfolgenden Hauchlautes zu *d* abgeschwächt.

[4] Zusammengezogen aus *bitóṭii*, wodurch die Form mit der der 3. Pers. Mask. gleichlautend wird.

[5] Hier ist der Laryngal ', der noch im Sing. gehört wird, ganz ausgefallen, zufolge dessen die Objectivendung *b* an den jetzt vokalisch auslautenden Stamm treten kann.

[6] In Berber *sóṭa'a*, infolge der Zurückwirkung des präkakuminalen *ṭ*.

Perf. atóṭāb; Fut. itáṭib a. (iṭab¹ a.); Neg. Imp. 2. bátoṭiba, f. bitōṭibi, 3. bitō-
ṭib, f. bittōṭib; Opt. bátoṭibu; Präs. kátoṭāb, kittōṭāba etc.; Perf. atóṭbāb kóka;
— Kaus. Imp. sóṭiba, sóṭibi; Aor. sóṭbat, sóṭbata, bāisáṭib; Präs. asóṭib; Perf.
asóṭib; — aṭáb, voll.

87. *wik (wuk)*, schneiden: — Imp. *wika, wiki, wikna*: Aor. *wikát, báiwuk*; Präs. Sg.
áiwīk,² *téwīka*, Pl. *néwuk, tewúkna*; Perf. Sg. *áwīk, téwīka*, Pl. *néwīk*; Fut. II.
wāk h.; Neg. Kond. *báwīkēk;* Präs. *káwik, kitwika, kiwik;* — Pass. Aor. *atō-
wákat* (od. *atónkat*), *bāctúwik;* Präs. *átōwīk;* Perf. *átōwāk;* Fut. II. *atóukoid h.;*
Neg. Imp. *bátōwīka* etc.; Perf. *atónkāb káka;* — Kaus. Imp. *sówika;* Aor.
sónkat, bācsáwik, bāteshwik; Präs. *asówīk;* Perf. *asówik;* Fut. II. *sónkoid h.*

88. *lu(w)*, brennen: — Imp. *láwa;* Aor. *láwat, báilu(w);* Präs. Sg. *álliw (álliu), tél-
líwa*, Pl. *nélu(w), télúna (télúwna), élúna (élúwna);* Perf. Sg. *álu, télúwa, élu,*
Pl. *nélu, telána;* Fut. I. *úluw a.;* Fut. II. *láw(a) h.;* — Pass. Aor. *atoláwat;*
Präs. Sg. *éttīw (éllīu), téttīwa*, Pl. *néttīw, téttīwna;*³ Perf. Sg. *atóláu,
tétoláwa*, Pl. *netoláu;* — Kaus. Imp. *sóluwa;* Aor. *sóluat, bācsálu(w);* Präs.
asóluw; Perf. *asóluw, tesóluwa;* — *óláu* (Pl. *élau*), das Brennen; *atóluā-b*, gebrannt.

Zweite Art: zweisilbige Stämme.

a) mit vokalischem Auslaut.

89. *'ádi* stechen, pflanzen, bauen: — Aor. *'ádīt, 'údia, bá'ād;* Präs. Sg. *a'áudi, 'áudija,
'áudi*, Pl. *ne'éd, te'édnu, e'édna;* Perf. Sg. *a'ade, te'údia*, Pl. *ne'ade;* — Pass.
Aor. *atadájat (itadīt),*⁴ *átadája, bāctali;* Präs. *átadi, tétadija;* Perf. *átadáj, teta-
dája;* — Kaus. Aor. *s'adát, s'úda, bāes'ed;* Präs. *ás'udi, tés'adia;* Perf. *ás'ad,
tés'ada;* — *óm'adei*, das Bauen; *t'adiá-bu*, gebaut; *óadáj*, das Stechen.

---

¹ Diese Form gehört dem Stamm *ṭab* an, der mir als gleichbedeutend mit dem
Passiv *atóṭāb* angegeben wurde und von welchem sich folgende Tempusformen bei mir verzeichnet finden: Präs. Sg. *éṭib, téṭiba, éṭib*, Pl. *néṭib* etc.; Perf. Sg. *áṭab, téṭaba*, Pl. *néṭab;* Kond.
éṭibēk, téṭibēk; Neg. Präs. *káṭab, kéṭṭaba, káṭab* etc. Der Aorist lautet also unzweifelhaft *ṭábat, ṭábata, báiṭab* etc. Vielleicht liegt hier ein intransitiver Stamm *ṭab* vor, der sich
zu dem transitiven *ṭib* ganz so verhält, wie der intransitive Stamm *negát* zu dem transitiven
negíl (vgl. § 213, Schluss). Wir hätten dann anzunehmen, dass der Stamm *ṭab* „voll sein"
nach der 3. Konj. abzuwandeln und demnach im Präsens *éṭṭib, téṭṭiba* etc. zu schreiben wäre.

² Vgl. die Note auf Seite 130.

³ Bezüglich dieser Formen vgl. die Note ¹.

⁴ Hier, wie in einigen anderen ähnlichen Fällen, wurde mir bei den als gleichbedeutend angeführten Formen der Unterschied angegeben, dass die eine (hier das regelmässige *atódáju*) »beim Fragen« (vulgärarab. *bixóra*) gebraucht werde, die andere aber nicht.
Die somit bezeichnete Eigentümlichkeit kam mir jedoch zu schwankend, vereinzelt und
unsicher vor, als dass sie mich von dem Vorhandensein besonderer fragender Formen des
bedawischen Verbs hätte überzeugen können. Manchmal hiess es von beiden in Rede stehenden Formen, dass sie *bixóra* gebraucht würden.

90. *dégi*, wiedergeben: — Imp. *dégia, dégi*; Aor. *degít, bácdág;* Präs. Sg. *adánge, dángia, dángi*, Pl. *nedég, tedégna;* Perf. *ádge, tédgia;* — Pass. Aor. *átodgájat, átodgája, átodgái, báitádga(i)*; Präs. *atádge, tetódgia;* Perf. *átodgáj, tetódgája;* — *ódgáj*, die Wiedergabe.

91. *dégⁿi*, rechnen: — Präs. Sg. *adáñgⁿi, dáñgⁿia*, Pl. *nedégⁿ, tedégⁿna, edégⁿna;* Perf. *ádgⁿe, tédgⁿia;* — *tedágⁿei*, die Rechnung.

92. *démi*, stinken: — Aor. *demít, demíta;* Präs. *adámmi, dámmia;* Perf. *ádmi, tédmia;* — Kaus. Aor. *sédamat;* Präs. *ásdami;* Perf. *ásdam;* — *todémiaj*, das Stinken; *demjá-bu*, stinkend

93. *firi (féri, féruⁱ)*, gebären: — Imp. *firia, firi, firína;* Aor. *firít, feríta, bácfár:* Präs. Sg. *afárri, fárria, fárri, fárri*, Pl. *nefér, tefèrna;* Perf. *áfiri, tefirija;* Kond. *afárriëk;* Fut. II. *firái h;* Neg. Kond. *báfárriëk;* — Pass. Aor. *firájat* (§ 213), *bácfir, bátetfir;* Präs. *átfari, tétfarija;* Perf. *átfaráj, tetfarája;* Fut. I. *etfir a.;* Fut. II. *métfereid h.;* — Kaus. Aor. *séfarat, séfara, bácspr;* Präs. *ásfari (ássari²);* Perf. *ásfar (ássar²);* Fut. II. *séfaroid h.;* — *óferái, toméfrei*, die Geburt; — (vgl. N:o 147).

94. *kéli*, geil sein: — Aor. *kelít, kelíta, báckál;* Präs. Sg. *akálli, kállia*, Pl. *nekél;* Perf. *ákli, téklija;* — Kaus. Aor. *sékalat;* Präs. *áskali;* Perf. *áskal;* — *tokeljái*, die Geilheit; *keljá-bu*, geil.

95. *kéri (kíri)* [arab.], mieten: — Aor. *kerít, báckár;* Präs. Sg. *akárri, kárria*, Pl. *neker;* Perf. *ákire, tekirin*.

96. *kéti*, setzen, stellen: — Imp. *kétia, kéti, ketína;* Aor. *ketít, báckát;* Präs. Sg. *akáti, kántia, kánti*, Pl. *nekét, teketna, ekétna;* Perf. *ákti, téktia;* Kond. Sg. *akátiëk* (vgl. § 329), *tekátiëk*. Pl. *nekátiëk, tekátinëk, ekátinëk;* Neg. Präs. *kákti, kátketija;* — Pass. Aor. *ketájat* (§ 213), *ketája, báctkit;* Präs. *átkati, tétkatia;* Perf. *átkatáj;* Kond. *átkatiëk;* Fut. II. *méktát³ h.;* Neg. Präs. *kátkatáj, kátketája;* Kond. *báketájëk, bitketájëk;* Perf. *ketájáb káka;* — Kaus. Aor. *sékatat, báckat;* Präs. *áskati;* Perf. *áskat;* Fut. II. *sékatoid h.;* Kond. *askátiëk*, neg. *báskátiëk*.

97. *kʷási*, einlösen: — Aor. *kʷasít;* Präs. Sg. *akʷansi*, Pl. *nekʷés;* Perf. *ákʷsi, tékʷsia;* — Pass. Aor. *kʷasájat* (§ 213), *báctkus;* Präs. *átkʷasi;* Perf. *ákʷse;⁴* — Kaus. Aor. *sékʷasat;* Präs. *áskʷasi;* Perf. *áskʷas;* — *ókus*, das Einlösen.

98. *nékʷi*, schwanger sein: — Aor. Sg. *nekʷít, nekʷíti* [f.], *bátenákʷ* [f.], Pl. *nekʷatén, nekʷítna, bácnákʷna;* Präs. Sg. *anánkʷe* [für *anánkʷi*], *nánkʷi* [f.], *náñkʷe* [f.], Pl. *nnékʷ;* Perf. Sg. *ánkʷe, ténkʷi* [f. für *téñkʷi-i*], Pl. *nénkʷe;* - *énakʷe*, die Schwangerschaft; *nakʷá-ta*, schwanger.

---

¹ Von dieser Nebenform auf *-a*, bezüglich welcher man die Paradigmen in §§ 317, 319 vergleichen möge, habe ich nur folgende Perfektformen verzeichnet: *áfera, teférai* [f.], *teférai* [f.].

² Hier liegt die seltene Erscheinung der Assimilation mit einem vorangehenden Konsonanten vor.

³ Dies ist jedoch wahrscheinlich eine aktivische Infinitivform.

⁴ Abgekürzt aus *ákʷsai* (vgl. § 28).

99. rék̥ⁿi, fürchten: — Aor. rɐk̥ⁿít; Präs. Sg. aránk̥ⁿc, ránk̥ⁿia, Pl. ncrék̥ⁿ; Perf. Sg. árk̥ⁿc, térk̥ⁿia, Pl. 2. tcrk̥ⁿína; — rak̥ⁿá-bu, furchtsam.
100. ségi, sich entfernen: — Imp. scgija; Aor. scgít, bácsāg; Präs. Sg. asángi, sángia, sángi, Pl. ncség, cségna; Perf. ásgi; Fut. I. cság a.; Fut. II. misgáj h.; — Kaus. Aor. sísagat, sísaga, bársĭseg; Präs. asísngi, tcsísagta; Perf. asísag.
101. śé'i, alt sein: — Aor. śc'ít, bácśa'; Präs. Sg. áśaŋ'i, śáŋ'ia, śáŋ'i, Pl. ncś'é; Perf. áś'i: — (vgl. N:o 187).
102. śéfi, trinken: — Imp. śéfia, śéfi; Aor. śefít, bārśáf; Präs. Sg. áśaŋfī, śánfia, Pl. ncśéf, tcśéfna; Perf. áśfi; Fut. II. śafŏb h.; — Kaus. Aor. śísafat, bārśíśif; Präs. aśíśaŋfi; Perf. aśíśaf.
103. tók̥ⁿi, kochen: — Imp. tók̥ⁿia, tók̥ⁿi; Präs. Sg. atánk̥ⁿī, tánk̥ⁿia, Pl. nctĕk̥ⁿ, tctĕk̥ⁿna, ctĕk̥ⁿna: Perf. átk̥ⁿi.

b) mit konsonantischem Auslaut.

104. bérir, ausbreiten: — Imp. bérira: Aor. birrat, bāibrir; Präs. Sg. ábarrīr, barríra, Pl. nébarir; Perf. úbrir, tébrira.
105. débil, zusammenwickeln: — Aor. déblat; Präs. ádanbil; Perf. ádbil; — Kaus. Aor. sgdábilat; Präs. ásdabīl; Perf. ásdabīl.
106. délib, kaufen, verkaufen: — Aor. délbat, déliba, bāldlib; Präs. Sg. ádallīb, dálliba, Pl. nédalib, tcdalibna; Perf. ádlib, tédliba; Fut. II. deláb h.: Neg. Perf. delábāb káka; — Pass. Aor. áddalbat, áddalába, báćddelib; Präs. Sg. áddalib, téddalíba, Pl. néddalib; Perf. ádlab (§ 213), tédlaba; Neg. Perf. ádalbāb káka; — ádalab, der Kauf; deláb, verkauft; — (vgl. N:o 215).
107. fénik, beissen: — Aor. fínkat, bāifnik; Präs. Sg. áfanŋīk, Pl. néfanik; Perf. áfnik.
108. fétir [arab.], frühstücken: — Aor. fítrat, fétira, bāiftir; Präs. Sg. áfantīr, Pl. néfatir; Perf. áftir; — ófatūr (Pl. éftir), das Frühstück.
109. fétit, sich kämmen: — Aor. fíttat, fétita, bāiftit; Präs. Sg. áfantīt, fántita, Pl. néfatit; Perf. áftit; — óftāt, das Kämmen.
110. férik, graben: — Aor. fírkat, férika, bāifrik; Präs. Sg. áfarrīk, fárrika, Pl. néfarik; Perf. úfrik; — Pass. Aor. atferákat, bāifferík; Präs. átfarik, tétfaríka; Perf. úfrak (§ 213); — ófrūk, das Graben; atferká-bu, gegraben.
111. génif, niederknien lassen: — Imp. génifa; Aor. génfat, bāigenif; Präs. áganŋif; — Kaus. Aor. séganfat, segánifa, bácsgenif; Präs. ásganif; Perf. ásganif; Fut. II. séganfoid h.; — (vgl. das Paradigma génaf in § 278).
112. gérib [arab.], besiegen: — Aor. gírbat, gériba, bāigrib; Präs. Sg. ágarrīb, gárriba, Pl. négarib; Perf. ágrib; — Pass. Präs. ádgarib; Perf. ágrab (§ 213); — ógrūb, tómegrēb, der Sieg.
113. kíteb [arab.], schreiben: — Imp. kíteba, kitébna; Aor. kítbat, bāiktib; Präs. Sg. ákantib, kántiba, Pl. nékatib, tckatibna; Perf. áktib; Fut. II. ektáb h.: Neg. Opt. bákatibēk.

114. *késis*, zusammenrollen: — Aor. *kissat, késisa, bāíksis;* Präs. Sg. *ákansīs*, Pl. *né-kasīs;* Perf. *iksis;* — Pass. Aor. *kesásat* (§ 213), *kesásu, bā́tkesis;* Präs. *átkasīs;* Perf. *áksas;* — Kaus. Aor. *sekáissat, sekísisa, bā́eskesis;* Präs. *áskasīs;* Perf. *áskasīs;* — *óksūs*, das Zusammenrollen; *kasás-u*, zusammengerollt.

115. *lékik*, verlieren: — Aor. *likkat, lékika,* [bā]*álkik:* Präs. Sg. *álaṅkik,* Pl. *nélakik;* Perf. *álkik;* — *ólkūk*, die Verlust.

116. *límed (lémid)* [arab.], lernen: — Imp. *limeda;* Aor. *límdat, bāílmed;* Präs. Sg. *álammīd, lámmīda, lámmīdi,* Pl. *nélamid;* Perf. *álmid, télmida;* Fut. II. *lemā́d h.;* Neg. Präs. *kálmid, kitlémida;* — Kaus. Aor. *selámdat, selámida;* Präs. *áslamīd;* Perf. *áslamīd;* Fut. I. *éslemid a.;* Fut. II. *selámdoid h.*

117. *médid*, rasiren: — Imp. *médida;* Aor. *méddat, bāímdid;* Präs. Sg. *ámandid,* Pl. *némadīd;* Perf. *ámdid;* — *meddá-bu*, rasirt.

118. *néfik*, furzen: — Aor. *nifkat, néfika, bāínfik:* Präs. *ánanfīk;* Perf. *ánfik;* — *tōnfāk*, der Furz.

119. *néfir*, süss sein: — Aor. *nifrat, néfira, bāínfīr:* Präs. *ánanfīr;* Perf. *ánfir;* — Kaus. Präs. *ásnafīr;* Perf. *ásnafīr;* — *náfir-u*, süss.

120. *négil*, öffnen: — Aor. *níglat, négila, bāíngīl;* Präs. Sg. *ánaṅgīl, náṅgīla,* Pl. *néna-gīl;* Perf. *áṅgil;* — Pass. Aor. *négalat* (§ 213), *négalu, bā́etnegil;* Präs. *át-nagīl;* Perf. *áṅgal;* — *negál-u*, offen.

121. *réfit*, zerschneiden: — Aor. *ríftat, réfita, bāírfit;* Präs. *áranfīt;* Perf. *árfit.*

122. *régig*, ausstrecken: — Imp. *régiga;* Aor. *ríggat, bāírgig;* Präs. *áraṅgig;* Perf. *árgig;* — Pass. Aor. *atregágat, bā́etregig;* Präs. *átragīg;* Perf. *etragágan;*[1] — Kaus. Aor. *serággat;* Präs. *ásragīg;* Perf. *ásragīg;* — *órgūg*, das Ausstrecken.

123. *sékit*, würgen: — Aor. *síktat, sékita, bāískit;* Präs. *ásaṅkīt;* Perf. *áskit;* — *óskūt*, das Würgen.

124. *sébib, sibeb,* sehen: — Imp. *síbeba, síbebi, sibébna;* Aor. Sg. *síbbat, bāísbub, ba-tísbub,* Pl. *sibbadéni, bā́ísbubna;* Präs. *ásambīb* (s. § 175); Perf. *ásbib, tésbiba* etc.; Kond. Sg. *asámbibēk, sámbibēk,* Pl. *nésabbēk, esábibnēk;* Fut. I. Sg. *ís-bub a.,* Pl. *nísbub nijed* (§ 186), *ísbub ijédna;* Fut. II. Sg. *sebáb h.,* Pl. *sebúb néharu;* Neg. Imp. *básabibu* (s. § 198); Opt. *básabibu* (s. § 203); Kond. Sg. *básábibēk,* Pl. 2. *bissábibnēk;* Präs. *kásbib* (s. § 205); Perf. *síbbāb káka;* — Pass. (s. § 219); — Kaus. Aor. *sísabbat, sísabibu, bácsisebib;* Präs. *asísabib;* Perf. *asísabib;* Neg. Perf. *sísabbāb káka.*

125. *sédid*, abschälen: — Aor. *síddat, sédida, bácsdid;* Präs. Sg. *ásandid,* Pl. *nésdid, tésdidna, tédidna;* Perf. *ásdid;* — *ósidde*, die Abschälung.

126. *sélik*, sich vermindern: — Präs. Sg. *ásallīk,* Pl. *nésalīk;* Perf. *áslik;* Kaus. Präs. *asísalīk;* Perf. *asísalik.*

127. *sémit*, schmieren: — Aor. *sémtat, sémita, bāísmit;* Präs. Sg. *ásammīt, sámmīta,* Pl. *nésamīt;* Perf. *ásmit;* — Pass. Präs. *ástamīt;* Perf. *ásmat* (§ 213), *tésmata;* — *ósmūt*, das Schmieren.

---

[1] In betreff dieser afformativischen Bildung wolle man § 300 nachlesen.

128. *térir*, spinnen: — Aor. *tirrat*, *térira*, *bäiterir*; Präs. Sg. *átarrir*, Pl. *nétarir*; Perf. *áterir*; — *ótarar*, das Spinnen.

129. *télig*, aufheben: — Aor. *télgat*, *téliga*, *bäitlig*; Präs. Sg. *átallig*, *tetallíga* (s. § 258), Pl. *nétalig*; Perf. *átlig*; — Pass. Aor. *amtalágat*, *amtalága*, *bäémtelig*; Präs. *ámtalíg*; Perf. *ámtalág*: — Kaus. Aor. *setálgat*, *setáliga*, *bäéstelig*; Präs. *ástalig*; Perf. *ástalig*.

130. *'ábik*, festhalten: — Imp. *'ábika*; Aor. *'ábkat*, *bäé'ebik*; Präs. Sg. *ámbik* [für *á'ambík*], *ámbika*, Pl. *né'abik*, *te'abíkna*; Perf. *á'abik*, *te'abíka*.

131. *'áfid*, niesen: — Aor. *áfdat*, *bäef'id*; Präs. Sg. *á'anfid*, *ánfida*, Pl. *né'afid*; Perf. *á'afid*.

132. *'ákir*, stark sein: — Aor. *'ákrat*; Präs. Sg. *á'ankir*, Pl. *né'akir*; Perf. *á'akir*; — Kaus. Aor. *sákrat*; Präs. *ásakir*; Perf. *ásakír*; — *ôákerir*, die Stärke; *ákra*, stark.

133. *'ášíš*, begegnen: — Imp. *'ášiša*, *'ášíší*, *'ášišna*; Aor. Sg. *áššat*, *bäé'šíš*, Pl. *'aššadéni*, *bácšišna*; Präs. Sg. *á'anšíš*, *ánšiša*, *'ánšiší*, *'ánšíš*, *'ánšíš*, Pl. *né'ašíš*, *té'ašišna*; Perf. Sg. *á'ašíš*, *te'ašíša*, *je'ašíš*, Pl. *né'ašíš*, *je'ašíšna*; Kond. Sg. *'ánšišek*, *'ánšíšek*, Pl. *né'ašíšek*, *e'ašíšnek*; Fut. I. *'ášíš a.*; Fut. II. *ašáš h.*; Neg. Imp. 2. *bā'ašíša*, f. *bi'ašíší*, 3. *bi'ašíš*, f. *bíd'ašíš*; Opt. *bā'ašíšu*, *bā'ašíšwa* etc.; Kond. *bā'ašíšek*; Präs. *ká'ašíš*, *kid'ašíšu*; Perf. *'áššab káka*; — Pass. [Reflex?] Aor. *ámašášat*, *ámašáša*, *bäémešíš*; Präs. *ámašíš*; Perf. *ámašáš* etc.; Fut. II. *amáššoid h.*; — Kaus. Aor. *sáššat*, *sášiša*, *bácšíš*; Präs. *ásašíš*, *tešašíša*; Perf. *ásašíš*; Fut. *sáššojd h*.

134. *fátik*, abgewöhnen: — Aor. *fátkat*, *bäiftik*; Präs. *áfantik* (s. § 175); Perf. *áftik*.

135. *hákik*, frisieren: — Aor. *háikkat*, *hákika*, *bäéhkik*; Präs. *áhankik*, *hánkíka*; Perf. *ahákik*, *tehákika*.

136. *hálig*, biegen: — Aor. *hálgat*; Präs. *áhallig*; Perf. *áhalig*; — Pass. Aor. *halágat* (§ 213); Präs. *áthalig*; Perf. *áhalag*; — *halág*, krumm.

137. *hámir*, arm sein: — Aor. *hámrat*, *hámira*, *báhemir*; Präs. *áhammir*; Perf. *áhamir*; Fut. I. *hémir a.*; Fut. II. *hemúr h*.

138. *hárid (hérid)*, schlachten: — Aor. *hérdat*, *kérda*, *báeherid*; Präs. Sg. *áharrid*, *hárrida*, Pl. *néharid*, *tcharídna*; Perf. Sg. *ahárid*, *tehárida*, Pl. *nehárid*.

139. *háweid*, des Abends sein (machen): — Aor. *háwdat*; Präs. *áhawwid*; Perf. *áhawid*; — *kawád*, Abend.

140. *kʷábil*, beschleiern: — Imp. *kʷábila*; Aor. *káblat*, *bäikʷbil*; Präs. Sg. *ákʷanbil*, *kʷánbila*, Pl. *nékʷabil*; Perf. *ákʷbil*, *tékʷbila*; — Pass. [Reflex?] Imp. *kʷábala*; Aor. *kʷábalat* (§ 213), *báctkʷabil*; Präs. *átkʷabil*; Perf. *ákʷbal*, *tékʷbala*; — *ôkʷbúl*, die Beschleierung; *tókʷabéle*, der Schleier.

141. *málit*, rupfen: — Imp. *málita*; Aor. *máltat*, *bámlet*; Präs. Sg. *ámallit*, *mállíta*, *mállít*, Pl. *némalit*; Perf. *ámlit*; — *ómlút* (Plur. *émlit*), das Rupfen.

142. *'ágar*, zurückkehren: — Aor. *'ágarat;* Präs. Sg. *a'angír*, Pl. *nc'agīr;* Perf. *a'agar;* — *ōagár, tómagēr*, die Rückkehr.

143. *be'ás*, wenden: — Imp. *be'ása, be'ási;* Präs. *ában'is* (s. § 175); Perf. Sg. *ab'as*, Pl. *néb'as;* — Pass. Aor. *etba'ásat;* Präs. *átba'is;* Perf. *átba'ās;* — Redupl. Pass. (s. § 214) Aor. *étbab'ásat, étbab'ása, báětbeb'is;* Präs. *átbab'is;* Perf. *átbab'ās;* — Reflex. Aor. *ámēbásat, ámēbása, bāēm...;* Präs. *amēbis, temēbisa;* Perf. *amébas*.

144. *bédal* [arab.], umtauschen: — Aor. *bédalat, báibdil;* Präs. Sg. *ábamdil*, Pl. *nébadil;* Perf. *ábdal*.

145. *dérar*, zu Abend essen: — Aor. *dérarat, báidrir;* Präs. Sg. *ádarrir, tédarrira*, Pl. *nédarir;* Perf. *áderar, tederára;* — *óderār* (Pl. *éderār*), das Abendessen.

146. *fétah* [arab.], öffnen: — Imp. *fétaha;* Aor. *fithat, báiftah;* Präs. Sg. *afántih, fántiha*, Pl. *néfatah;* Perf. *áftah;* — *óftāh*, das Öffnen; *fétah-u*, offen; — (vgl. N:o 181).

147. *fíra', féra',* (her-, hin-) austragen: — Imp. *firá'a, firá'i;* Aor. *fir'at, báifra';* Präs. Sg. *afárri', fárrī'a, fárrī'i, fárri',* Pl. *nífara', tefará'na, efará'na;* Perf. Sg. *áfira' (áfra'), téfirá'a, éf(i)ra',* Pl. *néf(i)ra';* Kond. *afárrī'ēk;* Fut. I. *ifra' a.;* Fut. II. *firá' h.;* — Kaus. Aor. *séfar'at, séfará'a, bāēsfira';* Präs. *ásfarī';* Perf. *ásfara';* — (vgl. *fíra'*, ausgehen, N:o 182 und *firi*, gebären, N:o 93).

148. *gúhar*, stehlen: — Imp. *gúhara;* Aor. *gúharat, báig"har;* Präs. *ag"anhir* (s. § 175); Perf. *ag"har, tég"hara;* — Redupl. Pass. (§ 214) Aor. *ádg"ag"hárat;* Präs. *ádg"ag"hīr;* Perf. *ádg"ag"hār;* — *ógúhara*, der Dieb.

149. *g"íša',* (die Lanze) werfen: — Imp. *g"iš'a;*¹ Aor. *g"iš'at, g"iš'ata, báig"ša';* Präs. Sg. *ag"auši', g"áuší'a,* Pl. *nég"aša';* Perf. *ák"ša', tík"ša'a*.

150. *háy"an*, jucken, kratzen: — Aor. *háy"anat, háy"ana, báchuguu;* Präs. Sg. *áhang"īn, háng"īna,* Pl. *néhagun, tchagúnna, chagúnna;* Perf. Sg. *áhag"an, tehay"ána,* Pl. *néhag"an;* — Pass. Aor. *athag"ánat;* Präs. *áthag"īn;* Perf. *áthag"ān*.

151. *hák"ar (hák"ir)*, binden: — Imp. *hák"ara;* Aor. *hák"irat, hik"ira, báchak(u)ar* [für *báchak"ir?*]: Präs. *áhank"ir;* — Pass. Perf. *áthak"ar, ámhak"ar* (s. § 213); — *hak"ár*, gebunden; *áhakūr* (Pl. *chákura*), das Band.

152. *jáḍa'* feucht sein: — Aor. *jáḍ'at, báiḍa';* Präs. Sg. *ajáṇḍi', jáṇḍi'a,* Pl. *néjaḍa';* Perf. *ájda';* — Kaus. *séjaḍat, sejáḍata* (vgl. § 33, Schluss); Präs. *ásjaḍi';* Perf. *ásjaḍa';* — *jáḍa'-u*, feucht.

153. *kéhan*, lieben: — Aor. *kéhanat, kéhana, báikhan;* Präs. Sg. *ákanhin, kínhina,* Pl. *nékhan, tekhánna;* Perf. *ákhan;* Fut. II. *kéhanōb h.;* — Redupl. Pass. (§ 214) Aor. *etkakhánat;* Präs. *átkakhin;* Perf. *átkakhān;* Fut. II. *étkakhōn (étkakhīn?) a.;* — *ókhano*, die Liebe.

---

¹ Das schliessende *a* ist die Endung der 2. Pers. Sing. Mask.; der letzte Stammvokal ist elidirt.

154. *kʷáta'*, verschlingen: - Präs. Sg. *akʷánte'*, *kʷántī'a*, Pl. *nékʷata'*, *tekʷatána*; Perf. *ákʷta'*, *tékʷta'a*.
155. *lehás* [arab.], lecken: — Imp. *léhasa*; Aor. *léhasat*; Präs. *álanhis* (s. § 175); Perf. *álhas*; — Kaus. Aor. *sélhasat*, *sélhasa*, *bāíselhis*; Präs. *áselhis*; Perf. *áselhas*.
156. *mūšá'*, sagen: — Imp. *múš'a* (vgl. die Note auf Seite 295); Aor. *más'at*, *bāímša'*; Präs. Sg. *ámaŋšī'*, *máŋšī'a*, Pl. *némaša'*; Perf. *ámša'*; — *ómsa'*, die Sage.
157. *mélah*, führen: — Imp. *mélaha*; Präs. Sg. *ámallīh*, *mállīha*, Pl. *némalah*; Perf. *ámlah*.
158. *mékar*, raten: — Aor. *mékarat*; Präs. *ámaṅkīr*;[1] Perf. *ámkar*; — *ómkir*, der Rat.
159. *néba'*, heiss sein: — Aor. *néb'at*, *néb'a*, *bāínba'*; Präs. Sg. *ánanbe'*, *nánbī'a*, Pl. *nénaba'*.
160. *néhas*, rein sein: — Aor. *néhasat*, *nehasáta*, *bāínhas*; Präs. Sg. *ánanhis*, Pl. *nénhas*;[2] Perf. *ánhas*; — Kaus. Präs. *ásenhis*; Perf. *ásenhas*; [Nebenformen: Imp. *sénhōsa*; Perf. *ásenhōs*]; — Kaus. Kaus. Aor. *sísénhasat*; Präs. *asísenhis* Perf. *asísenhas*; — *nehásu*, rein; *énhase*, *ténhasás*, die Reinheit.
161. *neháu* (*neháw*), mager sein: — Aor. *néhawat*; Präs. *ánanhīw*; Perf. *án*[?] Kaus. Präs. *ásenhīw*; Perf. *ásenhaw*; — *néhawá-bu*, mager.
162. *sehal*, schleifen: — Aor. *sehálat*, *sehála*, *bāíshal*; Präs. *ásanhil*, *tésanhil*, s. § 258); Perf. *áshal*; — Kaus. Perf. *asíshal*.
163. *šé'ag*, aufhängen: — Imp. *šé'aga*; Aor. *šé'agat*, *bāíš'ag*; Präs. Sg. *ášan'ig*, *šán'iga*, Pl. *néš'ag*; Perf. *áš'ag*; — Pass. Aor. *ošt'ágat*, *balšt'ag*; Präs. *ášt'ig*, *tést'iga*; Perf. *ášt'āg*; — Kaus. Aor. *šíšagat*, *šišuga*, *bāršíšig*; Präs. *ašíšig*; Perf. *ašíšag*.
164. *téla'*, durchbohren: — Aor. *tél'at*, *tél'ata*, *bāítla'*; Präs. Sg. *atállī'*, *tállī'a*, Pl. *nétala'*; Perf. *átla'*, *tétla'a*; — Pass. Präs. *áttalī'*; Perf. *áttala'*; [Nebenformen: Aor. *tíl'amat*; Präs. *tal'ámane*; Perf. *tál'aman*: vgl. § 300]; - Kaus. Aor. *setíl'at*, *tačstala'*; Präs. *ístalī'*; Perf. *ástala'*; — *tíla'u*, durchlöchert; *tétel'e*, das Loch.
165. *wila'*, spülen: — Imp. *wila'a*, *wila'e*; Aor. *wíl'at*, *bāíwla'*; Präs. Sg. *awállī'*, *wállī'a*, Pl. *néwala'*; Perf. *áwila'*.

---

166. *'ájukʷ*, kauen: — Imp. *'ájukʷa*, *'ájukʷi*; Aor. *'ájukʷat*, *bāé'ajukʷ*; Präs. Sg. *á'ajjikʷ*, *'ájjikʷa*, Pl. *né'ajukʷ*; Perf. *á'ajukʷ*.
167. *de'ár*, bauen, sich verheiraten: — Aor. *de'árat*, *de'árata*, *bāíd'ar*; Präs. Sg. *ádan'īr*, *dán'ira*, *dán'īr*, Pl. *néd'ar*, *éd'árna*; Perf. *ád'ar*; Fut. I. *id'ur a.*; Fut. II.

---

[1] Hier wurde mir als gleichbedeutend die Form *átmakīr* angegegeben, die den Stamm zur Konj. III. 2 ziehen würde.
[2] Bei einer anderen Gelegenheit lautete die Präsensform *ánhasi*, *ténhasia*, *nénhasi* etc. nach dem Muster der Konj. IV, 2.

d'ŭr h.; — Pass. Aor. *edde'ārat, bāided'ir;* Präs. *ádde'ir;* Perf. *ádde'ār;* — Kaus. Aor. *sed'árat, bāésde'ir;* Präs. *ásed'ir;* Perf. *ásed'ur;* — *ód'ŭr* (Pl. *éd'ŭr*), das Bauen.

168. *le'ŭb,* herausziehen: — Aor. *le'ŭbat, bāil'ub;* Präs. Sg. *álan'ib, lán'iba,* Pl. *nél'ub;* Perf. *íl'ub;* — *ól'ŭb,* das Herausziehen.

169. *léwuw,* kreisen: — Aor. *láwwat, léwawa, bāílwuw;* Präs. Sg. *álawwiw, láwwíwa,* Pl. *nélawuw;* Perf. *álwuw;* — Kaus. Perf. *áslawuw:* — *ólwŭw,* das Kreisen.

170. *réhub,* polieren: — Aor. *réhubat, bairhub;* Präs. Sg. *áranhib,* Pl. *nérhub;* Perf. *árhub;* — *órhŭb,* das Polieren.

171. *témuk^u,* einwickeln: — Aor. *témk^uat, bāítemk^u;* Präs. *átanmīk^u;* Perf. *átmuk^u.*

172. *tákuk^u,* ausbessern: — Imp. *tákuk^ua, tákuk^ui;* Aor. *tákk^uat, bāítknk^u;* Präs. Sg. *átauk^uīk^u, táuk^uík^ua,* Pl. *nétakuk^u (nétak^uīk^u);* Perf. *átkuk^u;* — Pass. Aor. *attak^uák^uat;* Präs. *áttak^uīk^u;* Perf. *áttak^uāk^u;* — *ótkūk^u,* das Ausbessern.

Konjugation III.

Erste Art: einsilbige Stämme.

173. *gam (gim),* dumm sein: — Aor. *gámat, bāídgam;* Präs. Sg. *édgim, tédgima,* Pl. *nédgim;* Perf. *ágam, tégama;* — Kaus. Aor. *sógmat;* Präs. *asógim;* Perf. *asógim;* — *ágim-u,* dumm.

174. *may,* schlecht sein: — Aor. *máyat, bāítmey;* Präs. Sg. *étmiy,* Pl. *nétmiy;* Perf. *ámay;* — *ómaye,* die Schlechtheit; *amáy-u,* schlecht.

175. *nau (naw),* mangeln, vermissen: — Aor. *náwat, náwata, bāítnau;* Präs. *étnin, tétniwa;* Perf. *ánau, ténawa;* — Pass. Aor. *atónawat, atónáwata, bactániw;* Präs. *atóniw;* Perf. *atónau:* — Kaus. Aor. *sónwat, sónwata, bācsániw;* Präs. *asóniw;* Perf. *asóniw, tesóniwa, esóniw.*

176. *śat,* ausgleiten: — Aor. *śátat, śatata, bāístat;* Präs. *éstit, téstita, éstit;* Perf. *ásat, ésat.*

177. *k^uai,* sich ankleiden: — Imp. *k^uája;* Aor. *k^uájat, k^uájata, bāítk^ua* (§ 28); Präs. Sg. *étk^ui, tétk^uija,* Pl. *nétk^ui;* Perf. *ák^ue(i), ték^uaja;* — *ék^ua,* das Kleiden; *émík^ue,* das Kleid.

Zweite Art: zweisilbige Stämme.

178. *bá'ar,* erwachen: — Imp. *bá'ara, bá'ari, ba'árna;* Aor. Sg. *bá'arat, bá'ara, bāítbe'ir,* Pl. *ba'áradéni, bāítbe'irna;* Präs. *átbe'ir, tétbe'ira* etc.;[1] Perf. *áb'ar, téb'ara* etc.

---

[1] Dieser Stamm kann auch im Präs. und Aor. nach Konj. II, 2, b flektirt werden: Präs. Sg. *ában'ir, bāin'ira,* Pl. *néb'ar;* Aor. *be'árat, bāíb'ar.*

— Kaus. Sg. *ábarjĕk, tébarjek*, Pl. 2. *tebárinĕk;*[1] Fut. I. *étbe'ir a.;* Fut. II. *bá'arib h.;* Neg. Imp. 2. *báb'ara,* f. *bib'ári,* 3. *bib'ar,* f. *bitbe'ar;* Opt. *báb'áru, báb'árwa;* Kond. Sg. *báb'arĕk, bitb'arĕk,* Pl. 3. *bib'árinĕk;* Präs. *káb'ar, kit-b'ara;* Perf. *b'áráb kóka;* — Kaus. Imp. *séb'ara, séb'ari, sib'árna;* Aor. *séb-'arat, báéseb'ir;* Präs. *áseb'ĭr* etc.: Perf. *áseb'ar* etc.; Fut. I. *éseb'ir a.;* Fut. II. *séb'aroid h.;* Kond. Sg. *aséb'irĕk, teséb'irĕk,* Pl. 3. *eséb'irnĕk;* Neg. Imp. 2. *báseb'ira,* f. *biseb'iri,* 3. *biseb'ir,* f. *bisseb'ir;* Opt. *báseb'iru;* Kond. *báséb'irĕk;* Präs. *káseb'ar, kisséb'ara;* Perf. *séb'aráb káka.*

179. *féjak,* wegtragen: — Aor. *féjakat, féjaka, báétfejik;* Präs. *átfajik* (s. § 177); Perf. *áfjak;* — Pass. Aor. *etfajákat;* Perf. *átfaják.*

180. *fénan,* sich ausrecken: — Aor. *fénanat, fénana, báétfenin;* Präs. *átfanin;* Perf. *áfnan, tefnána;* Kond. *atfáninĕk;* Fut. I. *étfenin a.;* Fut. II. *mífnĕnt h.;* Neg. Präs. *káfnan, kitfenána;* Perf. *fénanáb káka;* Kond. *báfénánĕk.*

181. *fétah,* sich trennen: — Aor. *fithat;* Präs. *átfatih;* Perf. *áftah;* — Kaus. Aor. *sefáthat, báesfátah* (*báessátah*[2]); Präs. *ásfatih* (*íssatih*); Perf. *ásfatah* (*ássatah*); — *fétha,* Trennung; — (vgl. N:o 146).

182. *fira', féra',* ausgehen: — Imp. *fir'á, fir'ánu;* Aor. Sg *fir'at, báétfira',* Pl. *fir'a-déni, báétfir'án;* Präs. *átferi', téferi'a;* Perf. *áfira', tefira'a;* Kond. *átferi'ĕk;* Fut. I. *étfira' a.;* Fut. II. *méfer'ed h.;* Neg. Kond. *báfirá'ĕk;* — (vgl. N:o 147).

183. *gédah,* heruntersteigen: — Aor. *gídhat, báédgedah;* Präs. *ádgadih;* Perf. *ágdah.*

184. *hánag,* krumm sein: — Aor. *hínagat* (§ 213), *báéthenig;* Präs. *áthanig;* Perf. *áhanag;* — *hanág-u,* krumm; — (vgl. N:o 136).

185. *íham,* sich waschen: — Imp. *íhama;* Aor. *íhamat, báétihem;* Präs. [*átihim*];[3] Perf. Sg. *áiham, tíhama, íham,* Pl. *níham;* Fut. I. *étihim a.;* Fut. II. *íhamoid h.;* — Kaus. Aor. *síhamat;* Präs. Sg. *asíhim,* Pl. *nesíhim;* Perf. *asíham, tesíhama.*

186. *sélaf,* emprunter: — Imp. *sélafa;* Aor. *sélafat, báéstelif;* Präs. *ástalif;* Perf. *áslaf;* — Kaus. [prêter] Imp. *sisálifa;* Aor. *sísalfat;* Präs. Sg. *asísalif,* Pl. *nesísalif;* Perf. *asísalif;* — *tóslif,* die Anleihe.

Konjugation IV.

Erste Art: einsilbige Stämme.

187. *sé', alt* werden: — Aor. *sé'at, sé'a, bátá'a;* Präs. *és'i* (s. § 178); Perf. Sg. *asé', tesé'a, esé',* Pl. *nesé';* Kond. *ési'ĕk;* Fut. I. *isa' a.;* Fut. II. *síitjōt h.;* Neg. Kond.

---

[1] Diese Konditionalformen setzen ein Präs. *áb'ari, téb'aria* etc. voraus, das zur Konj. IV, 2 gehören würde.

[2] In Bezug auf diese Assimilation, die auch im ganzen Präs. und Perf. gebräuchlich ist, vgl. die Note 2 auf Seite 291.

[3] Obwohl ich die Präsensform nicht verzeichnet habe, so lässt sich aus der 3. Pers. Aor. doch leicht erkennen, dass der Stamm nach der Konj. III. flektirt wird; und dann kann das Präs. nicht anders lauten als eben *átihim, títihima* etc.

bášč'ĕk; — Kaus. Aor. síš'at, bāčší'i; Präs. ašíšé'i, téšíše'ia; Perf. ášíšě'; Kond. ašíšě'jĕk; — (vgl. N:o 101).

188. māh, erschrocken sein: — Aor. máhat, bāímha; Präs. émhi (s. § 178); Perf. amáh, temáha; — Kaus. Aor. semáhat, bāísmah; Präs. asmáhi; Perf. asmáh; — mehá-bu, erschrocken.

189. šau, vermehren: — Imp. šáwa, šáwi; Aor. šáwat, bāíswa; Präs. éšwi, téšwia. éšwi; Perf. Sg. ášáu, téšáwa, Pl. néšau; Fut. I. íšwa a.; Fut. II. šáwoid h.; — Pass. Aor. améšwájat, bāiméšwa; Präs. améšwi; Perf. améšwáj; Part. améšwijá-b; — Kaus. Aor. šíšawat; Präs. ašíšawi; Perf. ašíšau; — (vgl. N:o 214).

190. 'ár, ernähren: — Aor. 'árat, 'árata, bāč'ára; Präs. Sg. é'ari, té'aria, Pl. né'ari; Perf. a'ár; — Pass. [Reflex?] Aor. améarájat, améarájata, bāeméera; Präs. améari; Perf. améaráj, temčarája: — Kaus. Aor. sárat, bás'ír; Präs. as'ári; Perf. as'ár; — tómar'i, die Nahrung.

191. 'ám, schwellen: — Aor. 'ámat, bāé'ama; Präs. Sg. é'ami, té'amia, Pl. né'ami; Perf. Sg. a'ám, Pl. né'ám; Kaus. Aor. s'ámat, bács'ím; Präs. as'ámi; Perf. as'ám; — té'ame, die Schwulst; 'amá-bu, geschwollen.

192. dah, eng sein: — Aor. duhát, bāídha; Präs. édhi; Perf. ádah; — Kaus. Imp. sódaha; Aor. sódhat, bāesádih; Präs. asódih; Perf. asódah; — ádah, eng: toé-dahe, die Enge.

193. nakʷ, fein sein: — Aor. nakʷát, baínnka; Präs. Sg. énakʷi, ténakʷia, Pl. né-nakʷi; Perf. ánakʷ, ténakʷa; — énakʷe, die Feinheit.

194. gāu (gói, vgl. die Note auf Seite 208), elend sein: — Aor. gójat, gójata, baig-wa; Präs. Sg. égwi, tégwia, Pl. négwi: Perf. agói, tegója; — Kaus. Aor. se-gójat; Präs. asgáji; Perf. asgói.

195. wēr, machen: — Aor. wérat, wérata; Präs. Sg. éwari, téwaria, Pl. néwari (vgl. § 281, Schluss); Perf. Sg. awér, tewéra, Pl. newér.

196. dār [Frequent. von der, N:o 69], (mehrere) töten: — Imp. dára, dári, dárna; Aor. Sg. dárat, dárata, dárati, bāídera, bātídera, Pl. dáradéni, dárátna, bāí-derān; Präs. Sg. édiri, tédirija, tédiri, édiri, Pl. nédiri, tedirína; Perf. Sg. adár, tedára, edár, Pl. nedār, tedárna; Kond. édirjĕk, tédirjĕk etc.; Fut. I. ídera a.; Fut. II. dirjéb h.; Neg. Imp. Sg. 2. bádária, f. bidári, 3. bidári, f. biddári, Pl. 2. bádárina, 3. bidárína; Opt. bádáribu (s. § 204); Präs. Sg. kadír, kid-dári, kiddári, kádar, kiddār, Pl. kindār, kiddárna, kidárna; Opt. Sg. bádárjĕk, biddārjĕk, bídárjĕk, Pl. bindārjĕk, bidárinĕk; Perf. dáráb (dárát) káka; Fut. II. dirjéb kúharu: Kaus. Aor. sedárat, bácsdirá? vgl. ṭáb, Kaus.]; Präs. Sg. asdári, Pl. nesdári; Perf. ásdār; Fut. II. sedaróid h.

197. ṭáb [Frequent. von ṭa', N:o 85], (mehrere) schlagen: — Aor. Sg. ṭábat, ṭabu, baíṭba, Pl. ṭābudéni, ṭabána, bāíṭbana; Präs. Sg. éṭbi, téṭbia, Pl. néṭbi etc.; Perf. Sg. aṭába (vgl. § 283), teṭába, teṭabai, eṭaba, Pl. neṭaba, teṭabúna, eṭabána; Kond. Sg. éṭbačk, téṭbičk, Pl. 2. téṭbinčk; Fut. I. íṭba a.; Fut. II. ṭbeb h.; Neg. Imp. 2. báṭabu, f. biṭábi, 3. biṭábi, f. biṭṭábi; Opt. báṭabu (s. § 204, Schluss); Kond. Sg. báṭábičk, biṭṭábičk, Pl. biṭṭábĕk, bíṭabinčk; Präs. kaṭaba,

kiṭṭába, kiṭṭábai etc.; Perf. ṭábāb káka; — Kaus. Imp. s̱ṭába; Aor. s̱ṭábat, bācs̱ṭíba; Präs. aṣṭábi; Perf. aṣṭába; Fut. II. s̱ṭáboid h.

198. öl [Frequent. von áli, vgl. § 255], (mehrere) schlagen: — Imp. óla, óli, ólna; Aor. Sg. ólat, bálula, Pl. óladéni, bálulān; Präs. Sg. éuli, téulija, téuli, Pl. néuli, téulína, éulīn; Perf. Sg. aól, teóla, eól, Pl. neól, teólna, jeólna; Kond. Sg. éuljēk, téuljēk, Pl. néuljēk, téulīnēk; Fut. I. íula a.; Fut. II. úljēb h.; Neg. Imp. 2. bāólia, f. bióli, 3. bióli, f. bidóli; Opt. Sg. bāólibu, bāólira, bāólítri, bāólibu, bāólítu, Pl. bāólína (§ 204), bāólínáua, bāólína; Kond. bāóljēk, bidöljēk etc.; Präs. Sg. káöl, kidóla, kidóli, klöl, kidöl, Pl. kinöl, kidólna, kiólna; Perf. ólāb (ólāt) káka; Fut. I. íula kádi; Fut. II. úljēb káheru; — Kaus. Imp. suóla; Aor. soólat, bārsúl; Präs. Sg. asóli, Pl. nesóli; Perf. Sg. asól, tesóla, Pl. nesól.

Zweite Art: zweisilbige Stämme.

199. nékas, kurz sein: — Aor. nékasat, nékasa, bāéukisa, bāéukisa; Präs. áukasi (s. § 178); Perf. áukas; Fut. II. néksīb h.; — Kaus. Aor. séukasat, bāeséukis; Präs. aséukasi; Perf. áseukas.

200. hárag, hungern: — Aor. hárag̱at, bāchérga; Präs. ahéragᵘe, tchéragᵘia; Perf. áharagᵘ; — Kaus. Aor. scháragᵘat; — Präs. asháragᵘe; Perf. ásharagᵘ; — tōhérgᵘe, der Hunger.

201. gúmad, lang sein: — Präs. águadi, tugmádia; Perf. águad, tágmada; Kond. agmádičk, tugmádičk; — Kaus. Imp. súgmada; Aor. súgmadat, bācsúgmeda; Präs. asúgmadi; Perf. ásugmad; — ögámдē, die Länge; gúmad, lang.

202. hárar, leer sein: — Aor. háravat, bāihérra; Präs. Sg. ahérri, tehérria, Pl. nehérri; Perf. áharar, tehárara; — Kaus. Aor. sᵉhárrat, sᵉhárra, bāeshérra; Präs. ashárri, teshárria; Perf. ásharar; — hárar, leer.

203. ens̱úf, leicht sein: — Aor. éns̱úfat, bāins̱úf; Präs. ans̱úfi, teus̱úfia; Perf. ans̱úfa (vgl. § 289); — ens̱úf, leicht.

204. be'án, fürchten: — Aor. be'ánat, be'ánata, bācb'in; Präs. ab'áni; Perf. ab'án; — Kaus. Aor. sebánat; Präs. áseb'áni; Perf. áseb'án.

205. sitáb, führen: — Imp. sitába; Aor. sitábat; Präs astábi; Perf. astáb.

206. bes̱ákᵘ, reifen: — Aor. bes̱ákᵘat, bāibs̱ákᵘa; Präs. abs̱ákᵘi, tebs̱ákᵘija; Perf. Sg. abs̱ákᵘa, tebs̱ákᵘa, tebs̱ákᵘai, Pl. nebs̱ákᵘn (§ 289); — Kaus. Aor. s̱is̱bákᵘat; Präs. ás̱is̱bákᵘi, tes̱is̱bákᵘia; Perf. ás̱is̱bákᵘa.

Konjugation V.

207. fádig, verstossen: — Imp. fádiga; Aor. fádgat, baifdag; Präs. éfdig, téfdiga etc.; Perf. afádig etc.; Fut. I. ífdag a.; Fut. II. fidgéb h.; Neg. Präs. káfádig, kitfádiga; Perf. fádgāb káka; — Pass. Aor. améfdágat, bācméfdáig; Präs. améfdig etc.; Perf. améfdág; — Kaus. Aor. sᵉfádgat, bācsfádig; Präs asfádig; Perf. asfádig; Fut. II. sᵉfádgoid h.; — vgl. das Paradigma fádig ‚verlassen‘ in § 263.

Die Bischari-Sprache. 301

208. *fáid (fá'id)*, lachen: — Imp. *fáida*; Aor. *fáidat, báifid*; Präs. *ifid (if'id*, s. § 179); Perf. *afáid* (§ 169); Fut. I. *ifird a*.

209. *'ájim*, im Schatten sein (ausruhen): — Aor. *'ájimat, báè'ajam*: Präs. Sg. *è'jim, tè'jima*, Pl. *nè'jim*; Perf. *aájim; — tòájmám*, das Ausruhen im Schatten.

210. *gᵘásir*, lügen: — Aor. *gᵘásirat, báigᵘsir (báigᵘsar)*; Präs. *íkᵘsir, tékᵘsira* etc.; Perf. *agᵘásir*: Fut. I. *ikᵘsir (ikᵘsar) a*.: Fut. II. *gásirèb h*.: — Kaus. Aor. *segᵘásirat*; Perf. *asgᵘásir; — gusré-bu*, lügnerisch.

211. *játvid*, flechten: — Imp. *játvida*; Aor. *játvidat (jándat), bájtvad*: Präs. *éjwid* (s. § 179); Perf. *ajátvid*: — *éjatvad*, das Flechten.

212. *ná'ur*, gesund sein: — Aor. *ná'urat, ná'urata, báin'ar*; Präs. Sg. *én'ir*, Pl. *nén'ir*; Perf. *aná'ur*; — Kaus. Aor. *sná'urat*; Präs. *ásna'ir*; Perf. *ásna'ur*; — *ná'urá-bu*, gesund; *tènurat*, die Genesung.

213. *sálib* [arab.], plündern: — Aor. *sálbat, báisláb*; Präs. *éslib*; Perf. *asálib*.

214. *sátvi*, mischen: — Imp. *sátvija*: Aor. *sátvid, sátvita, báistva*; Präs. Sg. *ístvi (ísáwi), tesátvia, ésáwi*, Pl. *nésáwi, tesátvina, ésnin*; Perf. Sg. *asátvi, tesátvia*, Pl. *nsátvi (nesáwen)*; — Frequent. (vgl. § 297) Aor. *sátvawèit*; Präs. *esátvawi, tesátvawia*; Perf. *asátvawi (asátvawen), tesátvawia*; — Part. Pass. *amsátva-wá-bu*, gemischt; *tòsátvioi*, das Mischen; — (vgl. N:o 189).

215. *dálib* [Frequent. von *délib*, N:o 106], (mehrere) verkaufen: — Aor. *dálbat, báidlab*; Präs. Sg. *állib*, Pl. *nédlib*; Perf. *adálib*; Fut. II. *dilbèb h*.

Nachstehend führe ich noch einige Verbalstämme auf, aus deren Formen nicht ganz ersichtlich ist, welcher von den obigen 5. Konjj. sie zuzuweisen sind. Der Stamm *mehadágᵘa* (= *emhadágᵘ*) „sich kämmen" ist wohl nicht anderes als das Reflexiv (oder Passiv) eines Stammes *hadug*", der nach dem Muster der Konj. II. 2. b zu flektiren wäre. Auch der Stamm *áng"arah* „in der Enge sein" könnte wohl als ein Passiv des im Kausativ auftretenden Stammes *gᵘárah* betrachtet werden, wenn man *áng"arah* für eine blos euronische Modifikation von *ángᵘarah* „in die Enge versetzt werden" halten darf.

216. *áng"arah (g"árah)* [Konj. IV?], in der Enge sein: — Aor. *áng"arhat, báung"ár-ha*; Präs. *áng"ari* [vielleicht. *áng"arhi"*, *téng"ari* [wahrscheinlich für *téng"aria*]; Perf. *áng"arah, tcáng"áraha*; — Kaus. *sáng"arhat*: Präs. *ásg"arhi*; Perf. *ásg"ar-ha* (§ 289): — *ógurha*, die Enge.

217. *mchadág"*, sich kämmen [*hadug"?*, kämmen]: — Imp. *mchadág"a*: Aor. *mchadág"at, báèmhadug"*; Präs. *ámhadug"*; Perf. *ámhadag"*; — *tchádg"i*, das Kämmen.

218. *gici?*, neu sein: — Aor. *giéjat, bágij*; Präs. *ágiéi, tegiéia, ígiéi*; Perf. *agiéj, tegiéja*; — *gai-bu*, neu.

Nachtrag.

Zu § 344. Am Schlusse dieses Paragrafen habe ich von der möglichen Existenz eines durch die Endung -*i* charakterisirten Tempus gesprochen, das ich jedoch — wenn nicht die 3. Pers. Aor. dazu gehört — bisher nur in Verbindung mit der subjunktiven Endung -*ēt* angetroffen hatte. Jetzt glaube ich jene Tempusform auch in folgenden Beispielen wiederzufinden:

batúk dáit tiketjēk salámt-i-hēb [2. Pers. Sing. Fem. Perf. Ind. lautet *salámtai-hēb*]	wenn du [o Frau] gut gewesen wärest, so hättest du mich geküsst.
barúk bérgʷāb tiketjēk áne táms-e-hōk [= *táms-i-hōk?*]	wenn du hungrig wärest, gäbe ich dir zu essen.
tōōr dáurīt tékatjēk áne salám-i-ēt aréane	wenn das Mädchen hübsch wäre, möchte ich es küssen.

Zum letzten Beispiel vgl. das oben (S. 257) angeführte *áne tōōr salámanj-ēt aréane* ‚ich will das Mädchen küssen‘.

Zu § 351. Wenn im Bedawie ein Temporalsatz sich ganz entschieden auf die Zukunft bezieht und also dem deutschen ‚wenn‘ ‚an dem Tage, wo‘ ‚zu der Zeit, da‘ u. dgl. mit nachfolgendem Futur entspricht, wird dies häufig durch die sich an die subjunktive Form auf -*ēt* anschliessende Endung -*ei* (-*ej*) ausgedrückt. Im Hauptsatze steht dann immer das Präsens mit futuraler Bedeutung, z. B.

áne meskín akáti-ēt-ej nāt káhehōk	wenn ich arm sein werde, werde ich dir nichts geben.
barúk ganámāb tekáti-ēt-ej [vulgärarab. *urbūret (mā) ēnte tibga gáni*]	an dem Tage, wo du reich werden wirst.
barúh lehīnjēt-ej áne mehétam	wenn er krank wird, werde ich ihn pflegen.
batáh mēk delíbti tenin-ēt-ej áne dehaj ē'īm	wenn sie einen Esel kaufen wird, werde ich darauf reiten.
áne meskín bākáti-ēt-ej āstēd ajehōk.	zu der Zeit, wo ich nicht [mehr] arm sein werde, werde ich dir Geld geben.

DIE
BISCHARI-SPRACHE
TŪ-BEDĀWIE
IN NORDOST-AFRIKA

BESCHREIBEND UND VERGLEICHEND DARGESTELLT

VON

HERMAN ALMKVIST

ZWEITER BAND

BISCHARI-DEUTSCHES UND DEUTSCH-BISCHARISCHES WÖRTERBUCH

NEBST ARABISCHEM WORTVERZEICHNISSE

(ÜBERLIEFERT DER K. SOCIETÄT DER WISSENSCHAFTEN ZU UPSALA D. 26 SEPTEMBER 1884.)

UPSALA
1885

DRUCK DER AKADEMISCHEN BUCHDRUCKEREI
EDV. BERLING

VORBEMERKUNGEN.

Ausser allen von mir selbst gesammelten Wörtern, welche ungefähr die Zahl 1700 erreichen, enthält das vorliegende bischari-deutsche Wörterbuch auch die allermeisten Wörter und Wortformen, die sich in den Verzeichnissen der mir vorangegangenen Sammler vorfinden (siehe hierüber B. I. Einl. S. 21—23). Da in diesen Verzeichnissen weder eine alphabetische noch eine sachlich durchgeführte Ordnung befolgt ist, so hat es nicht geringe Mühe verursacht, dieses ganze ungeordnete Material für die Wissenschaft auszubeuten. Vielleicht möchte der Wert dieser Arbeit gering veranschlagt werden, da die bei weitem grössere Anzahl derjenigen Wörter, welche meine Vorgänger in einer Menge sehr verschiedener Formen verzeichnet haben, sich auch in meinen eignen Sammlungen, und zwar in einer richtigeren Form wiederfinden. Ich glaube jedoch, dass bei einiger Überlegung und Vergleichung der Nutzen dieser Überarbeitung von Andrer Material sich als grösser erweisen wird, als es beim ersten Anblick scheinen dürfte.

In manchen Fällen haben meine Wörter mit den ihnen beigelegten Bedeutungen bald von dem Einen bald von dem Andern eine Bestätigung gefunden, ein Umstand, dessen Wichtigkeit man nur dann recht zu schätzen weiss, wenn man aus eigener Erfahrung kennen gelernt, wie leicht auch der sorgsamste Aufzeichner den gröbsten Irrtümern ausgesetzt sein kann. Und wenn, wie es oft vorgekommen, mehrere Sammler dasselbe Wort in ganz verschiedenen Formen bringen, so erhalten diese meistens durch meine einfache Stammform ihre Erklärung und bilden für dieselbe eine neue Art der Bekräftigung. Es wird auch nicht vergessen werden dürfen, dass eine derartige Bekräftigung aus dem jetzt zugänglichen Material erst dann gewonnen werden konnte, nachdem jedes Wort desselben durch Sichtung von (wenn auch gewiss nur relativ) sachkundiger Hand auf seine rechte Stammform zurückgeführt wurde. In einigen Fällen dürfte auch die Abweichung, welche bezüglich der Form desselben Wortes bei einzelnen Aufzeichnern vorkommt, auf einer wirklichen Dialektsverschiedenheit beruhen. Schliesslich bringen vorangegangene Sammler mehrere mir ganz unbekannten Wörter, die jedoch oft in einer solchen Form vorliegen, dass, wo sie nicht durch die Wörter andrer Sammler bekräftigt und wechselseitig korrigirt werden, sie nicht ohne weiteres als der Bischari-Sprache angehörig betrachtet werden können.

Über die Anordnung des bischari-deutschen Wörterbuchs dürfte ich noch Einzelnes mitteilen zu müssen, und zwar zunächst in Bezug auf diejenigen Wörter, welche von meinen eigenen Sammlungen herrühren.

Auf das Nachschlagewort folgt zunächst in eckiger Klammer [ ] die Herleitung desselben, wo ich eine solche von einem bischarischen oder arabischen Wort geglaubt habe machen zu können. Es ist indessen leicht möglich, dass manche als aus dem Arabischen herstammend bezeichneten Wörter richtiger aus der Tigré- (oder Tigriña-)Sprache herzuleiten wären, einer Sprache, die ich leider nicht aus eigener praktischer Erfahrung, sondern nur literarisch kenne.

Das auf die deutsche Übersetzung folgende arabische Wort dient zunächst als eine Art von Kontrolle für die Richtigkeit dieser Übersetzung, da es gerade dieses arabische Wort war, welches mein Gewährsmann mit dem angeführten Bischariwort übersetzte. Wenn indessen das entsprechende arabische Wort bisweilen fehlt, so beruht dieses auf einer Versäumnis, die später nachzuholen ich nicht für recht befunden habe. Bei den vom Arabischen entlehnten Bischariwörtern gebe ich das von mir angewendete arabische Wort nur in den wenigen Fällen an, wo dasselbe mit dem in der Herleitung angeführten Stammwort nicht übereinstimmt. So bedeutet z. B.: »ḥadîd [حديث ḥadîs], Gespräch, Rede, كلام«, dass das von mir angewendete *kalâm* mit dem ebenfalls arabischen *ḥadîd* wiedergegeben wurde, und: »*blîs* [ابليس *iblîs*], Teufel«, dass ich für mein *iblîs* dasselbe Wort in der Form *blîs* zu hören bekam. Die arabischen Kontrollwörter bringe ich manchmal in einer moderneren Schreibform, z. B. لسا für لسّه, und mit »sudanarab.« habe ich solche Wörter bezeichnet, welche, nach meiner allerdings beschränkten Erfahrung zu schliessen, nicht in derselben Bedeutung in der Umgangssprache von Kairo gebraucht werden.

Die Bischari-Sprache.

Bei den verbalen Stämmen ist die Flexion nur durch Anführung der Konjugationsform laut meiner Aufstellung und Einteilung in B. I. bezeichnet, und zwar dann unter Hinweisung auf eine Nummer im Anhang desselben Bandes, wenn die gebeugten Formen von demselben Stamme, welche von mir aufgezeichnet worden, sich dort aufgeführt finden. Vielleicht ist es nicht ganz überflüssig zu erinnern, dass diese verbalen Stämme selbstverständlich das Resultat einer gewissen Analyse sind, und deshalb bei einer so entwickelten Formensprache, wie sie das Bischari ist, keine wirklich existirenden Wörter bilden. In den allermeisten Fällen werden demnach verbale Stämme, wie beispielsweise *kan* ‚wissen‘, *sébib* (*sibib*) ‚sehen‘, für einen Bischarimann völlig unbegreiflich sein, während er doch die gebeugten Formen, *áktēn* und *kánat* ‚ich weiss‘, *ákan* ‚ich wusste‘, *ásambib* und *sibbat* ‚ich sehe‘, *ásbib* ‚ich sah‘, sofort wiedererkennen und verstehen würde. Dagegen müssen die von mir angesetzten nominalen Stämme, da im Bischari der Nominativ mit der Stammform identisch ist, einem Bischarimann ohne weiteres begreiflich sein, wiewohl man nicht vergessen darf, dass er selbst ein Nomen an und für sich, d. h. ohne jeglichen satzlichen Zusammenhang, immer in der Objektivform anwendet und citirt (vgl. B. I. Einl. S. 28). In Bezug auf die nominalen Stämme sei im übrigen bemerkt, dass der Plural überall, wo er nicht besonders bezeichnet ist, durch Anhängung der allgemeinen Pluralendung -*a* gebildet wird, ferner dass das Zeichen = angiebt, dass Singular und Plural gleich sind, sowie dass die Bezeichnung [pl.] andeutet, dass das Wort in bestimmter Form mir nur mit der weiblichen Pluralform des Artikels vorgekommen ist.

Zuletzt sind bei jedem Worte, welches sich in irgend einer Form in den Verzeichnissen meiner Vorgänger wiederfindet, diese Formen angeführt unter Angabe des Gewährsmannes und der von ihm angewandten Schreibweise. Hinsichtlich dieser ist zu merken dass Linants Wörter mit französischer, Burckhardts mit englischer und die der Übrigen mit deutscher Lautbezeichnung geschrieben sind, in welchem letzteren Falle jedoch Munzinger und Krockow den Zischlaut š (= dem deutschen *sch*) mit dem englischen *sh* bezeichnen. Was die Formen im übrigen betrifft, so will ich hier nur bemerken, dass A. bei Munzinger die unbestimmte (artikellose) Form bezeichnet ferner dass die Endungen -*ūk* ‚dein‘, -*ōk* ‚deinen‘, -*ūn* ‚unser‘, -*ōn* ‚unseren‘, -*u* (*o*), -*bu* (*bo*) ‚ist‘ bedeuten, sowie dass -*phe* bei Seetzen = *épi* ‚ich bin‘ sein muss. Hiernach würde also beispielsweise sein *aphéindiphe* (*ajaid épi*) ‚ich lache‘ eine Art von zusammengesetztem Präsens bezeichnen, das mir nicht vorgekommen ist. Alle von mir diesen fremden Formen beigefügten Bemerkungen werden als solche durch kleineren Druck hervorgehoben und stehen nach Regel innerhalb der eckigen Klammer, wie denn überhaupt auch durch diese oft Teile eines Wortes abgetrennt werden, die nicht zum Stamme gehören.

Alle diejenigen Nachschlagewörter, die nicht meinen eigenen Sammlungen entstammen, habe ich mit einem Stern(*) bezeichnet, nur dass sie hier in ihrer eigentlichen Stammform, soweit diese sich mit einiger Wahrscheinlichkeit ermitteln liess, und mit der von mir gewählten Lautbezeichnung angegeben sind. Da aus diesen zwei Gründen in den meisten Fällen das Aussehen des Wortes von der bei dem Aufzeichner gegebenen Form abweicht, so ist dieselbe unmittelbar hinter seinem Namen in ( ) aufgeführt. Auch hier ist alles, was nicht von ihm selbst herstammt, wie Herleitung, Genus, und andere Bemerkungen, durch kleineren Druck oder durch eckige Klammer als von mir hinzugefügt bezeichnet, z. B. »*fūl*« [فول *fūl*], m. Bohnen, SEETZ (*ophûl*); *sérim**, zerreissen. MUNZ. (*eshrim*; demnach zur Konj. II. 2; vgl. tigr. *sarema*, *déchirer*). Wenn ich hin und wieder, wie im letzten Beispiel, Veranlassung gehabt, ein Tigré-Wort zu vergleichen, so dienten mir folgende Wortverzeichnisse als Quellen: BEURMANN-MERX »Vocabulary of the Tigré-Language«, Halle, 1868 (citirt unter MERX), sowie die dem Lexicon linguae aethiopicae von DILLMANN beigefügten »Vocabulaire de la langue Tigré«, von MUNZINGER (citirt unter tigr.) und »Vocabulaire de la langue parlée à Massáwa«, von d'Abbadie (cit. unter: mass.). Aber die Vergleichungen, welche sich an der Hand von Reinisch' vortrefflichen Werken zwischen Bischariwörtern und den nach Stamm und Bedeutung mehr oder weniger entsprechenden Wörtern anderer kuschitischen Sprachen anstellen liessen, habe ich geglaubt lieber so lange aufzusparen, bis das gesammte zugängliche grammatische Material der erwähnten Sprachengruppe einer vergleichenden Untersuchung und Prüfung unterzogen worden.

In dem deutsch-bischarischen Wörterbuch bezeichnet der Stern bei Bischariwörtern eine andere Quelle als meine eigenen Sammlungen, und in dem arabischen Wortverzeichnisse sind die verbalen Stämme durch das Fehlen jeglicher Vokalbezeichnung hervorgehoben, während bei den übrigen Wörtern die zum schnellen Verständniss nötigen Zeichen ausgeschrieben sind. Die hier bei Bischariwörtern einige male vorkommenden Ziffern 1. und 2. weisen auf ganz verchiedene Bedeutungen bei dem entsprechenden arabischen Worte hin. So z. B. wenn عين mit »1. *lili*; 2. *g"ad*« übersetzt wird, so giebt 1. die Bedeutung des arabischen Wortes von ‚Auge' und 2. dessen Bedeutung von ‚Quelle' an.

Schliesslich will ich als kleines Probestück zur Veranschaulichung der Abweichungen, welche bei den verschiedenen Aufzeichnern hinsichtlich der Auffassung ein und desselben Wortes und der Art der Wiedergabe desselben durch die Schrift vorkommen, folgendes kleine Verzeichniss einiger der gebräuchlichsten Substantive und Zahlwörter der Bischarisprache beifügen, wie sich dieselben bei den unten genannten Verfassern aufgezeichnet finden.

	SEETZEN	SALT	BURCKHARDT	KREMER	MESZINGER	KROCKOW	LISANT	LUCAS	ALMKVIST
Vater	babi		babo	babo	bab		o baba	tabu	bab, bibi, m.
Mutter	debu		tomb	utrfo(k)	endr?		to ridah	dâdoo	rindu, f.
Bruder	eszainu		assarok	ssâmt			o scanc	Tanook	saat, m.
Schwester	toktrutiôn		takato	tekuata			to ki	takenloek	k"a, f.
Sonne	toin	to cen	tоgu	toi	to'ёn	doi	thchcthrie	ta.	in, f.
Mond	totriy	te dai	oudjim	eterri(y)	o'edrik	the dirik	teohayou	tolrer	deriy, m. (nt. f.)
Stern	ichryik	hei-rk	agam	hayik	o'hejok		e yem	yionk	hayjak, u.
Wasser	éjau	o yom		éjam	o'jem	eu-iun		acı	jôm, m. (pl. tau-tum)
Milch	tijǎ	at	tea	tеа	o'at	dich-ak	tı: ła		'a, f. [pl.]
Baum	abadi.		hindy	ohindi	o'hindi	gabl		index	hindi, m.
Hund	ojеs	wo-gas	ogus	ojas	ojas		o hras	neagns	jäs, r.
Katze	tebaszi	den-no		okaffa	la'djiumo	de-aa-rh	o meh	tarn	heśn, hifa, e.
Schaf	arittrgin	o ui	tonty	tomma	ò'un		to tin	oki	at', c. (vgl. air-giu und atj)
Auge	cgoti	te-te-h	titgly	tetʼīt	o'ynedj	del-tikt	o egah	ayeat	tili, f. (vgl. g"at)
Hand	tedu mletön		oyu	'naja	o'eje	the-gamaeh	o unterthu	ui	aj, m. (vgl. geua und dünde)
Fuss	reggit		ragad	ragad	te'sokena	ray-gikd (Bein)		tademln	ragâd, m.
Ein	nkit	en-gut	enqetro	ngu(t)	engar, engad, f. engat	gabt		gul	engil (gâh), f. enget (gât)
Zwei	matloba	uei toob	moloba	meti	meti, nelob	matto		maloo	milo
Drei	mekheiru	ueh	mehuy	nhai	nehi	meih		mei	mehaj
Vier	phadryya	ad-dig	fadyy	fotdey	fidiy	fordik		ferdik	fidij
Funf	cora	de	cy-gb	aj(h)	e'y cib	ay-i		ai	ej, aj
Sechs	aszagieru	sug-gour	essaggur	assage	esigar	assanyrl		saryır	disagur
Sieben	aszirrann	se-a-mah	issarama	assarama(t)	esirema	sarama		sorum	etserama
Acht	esembuey	san-bar	essanhay	assambie	csimbct	essambri		sernai	dsiuber
Neun	essladqa	slad-ay	apomhay	ıschohiyy	slrelik	schcrik		erytik	disrik
Zehn	tawuma	tew-mou	lwpscrama	tamu	tamu	tamra		tarm	tman

BISCHARI-DEUTSCHES WÖRTERBUCH.

A.

'a, f. [pl.], Milch, لبن; té'a. die Milch; áne 'āt ádlib ha, ich habe Milch gekauft; áne té'a ádlib ádi, ich habe die Milch verkauft. — Mcnz. o'ad die' süsse Milch [d ist jedoch nichts als die Endung der unbest. Objektivform, urspr. -t, vgl. § 33; der mask. Artikel o demnach entschieden unrichtig]; Krem. [tc]'a; Seetz. [ti]já, Milch, tijatámij, Rahm; Brucku. [lc]a; Krock. [dich]-ah.

ab, c. Junge der Ziege, Zicklein. — Munz. ab, männliches Zicklein, abet, weibliches Zicklein, Pl. abab.

āb, Pron. interr. s. au.

abáb, 1. verachten, استنكر; Kaus. abábs, verächtlich machen; Konj. I, N:o 35; 2. f. Verachtung. — Munz. l'abab, die Verachtung, abab[ja], verachten, Pass. ababem[ja], Kaus. ababes[ja], o'ababena, der verachtete.

abada* [ابدا abadan], niemals, Munz., Lin.

abderyega[b]*, Riesenschlange, Munz.

abedkála*[?], Sida alba, Schw. (abedkúlla); Pancratium tortuosum, Schw. (abedkulaí, onkulaí).

ábek 1, adv. (?), notwendigerweise, لازم; lhit ábek mí'a, du musst morgen kommen, ar. lázim túlji búkra.

ábek 2, s. 'ábik.

'ábik, halten, festhalten, mit den Händen greifen, مسك; Konj. II, 2. b, N:o 130. — Munz. [je]abek, ergreifen, anfassen; Kaus. esubek; Pass. etubak; Lin. abicvah, prendre [Imper.]; Seetz. ábeképhe, ich halte.

'ábka* [von 'ábik], f. Feuerzange der Schmiede, Seetz. (taábke).

abotnīwa*, Crozophora obliqua, Schw. (abotniuaí, viell. mit níwa ‚Schwanz' zusammenges).

achát*, s. ahát.

áchdar* [اخضر 'áχdar], grün, Seetz. (áchdarró).

áda 1 [von dā, s. d. W.], f. pl. =, Handlung, That, عمل.

áda 2 [عادة 'áda], f. Gewohnheit, Sitte, Gebrauch; tōáda bák-tcha, so ist die Sitte.

adáb, müde sein, müde werden, تعب; Kaus. adábs, ermüden; Konj. I, N:o 36.

ádaba, f. pl. =, Witwe, ارملة.

adábama [von adáb], part. pass. müde, ermüdet, تعبان.

adábs, s. unter adáb.

ádak, eng, ضنيق.

ádal-déleg*[?], Mollugo Cerosana, Schw. (adal-délläg); Phyllanthus maderaspatensis, Schw. (add-el-fadl, add-el-délläyg).

adaliafi*, f. Loranthus acaciæ, Schw. (adaliafit).

ádame, ádami [ادم ádami], m. Mensch, Person. — Munz. admi[b], Kinder Adams.

adaraku[t]*, Lumpen, Fetzen, Munz.

ádarö, rot, احمر; Kaus. ádarös, rot machen; Konj. I, s. § 210. — Krem. ádaro[b], Seetz. addaro; Munz. adero, Brucku. adaro[b].

áddaláb, áddalíb, Pass. von dēlib, s. d. W.

ádel-déleg, } s. *adal-déleg.*
ádel-fadd

áde, m. 1. Haut, Fell, جلد; 2. Körper
جسد. — SEETZ. [w̱n]ad̃ẖ, [t]ade[to], Haut;
MYSZ. *o'ade*, Pl. *je'ade*, die Haut, *sha
ade*, Kuhhaut, *ade béshuk*, gegerbte Haut,
ade assu, ungegerbte Haut; KROCK. *worhá-de*, Haut; LIN. *to hadah*, corps.

áden*, s. *ádi.*

ádena*, m. Bauer, MYSZ., vgl. *'ádi.*

ádes* [عدس *'ádas*], Linsen, SEETZ. (*truaddes*).

ádger [قدر *gadir*]. können, imstande
sein; Konj. I, s. § 238, 2, a. — MYSZ.
[mit einer sehr plausiblen Umstellung der
Laute] *ádreg: »adregja*, können, vermögen, Kaus. *adregisja*; *o'dreg* [für *o'adreg!*],
die Kraft».

'ádi, 1. (mit der Lanze) stechen, نعم;
2. pflanzen, غرس; 3. (Acker) bauen, فلح;
Kaus. *s'ad*; Konj. II. 2. a, N:o 89; Ableit
adáj, ádije, m[e]'ádej, et'ádia. — MYSZ
adi, adi, verwunden. *áden, adi*, bauen:
»*jiadi*, verwunden, Kaus. *esad*, Pass.
etadai, verwundet werden; *adjei*, Wunde;
Part. Pass. *etadja* verwundet»; an einer
anderen Stelle: *te'adjait*, Hiebwunde; und
an einer dritten: *jiaden*, das Feld bauen,
o'ádna, der Bauer, Kaus. *esad*, bauen
lassen. *o'da*, der Feldbau»; SEETZ. *addia[ba]*, Getreidefeld.

'ádije, adjei*, s. *adáj.*

ádreg*, s. *adger.*

adód*, (ado, f.?), s. *atád.*

'adáj, 'ádije, [von *adi*, s. d. W]. m. (das)
Stechen, Stichwunde, نعم. — MYSZ.
adjei, Wunde, *te'adjait*, Hiebwunde
[diese Wörter sind jedenfalls identisch und
dasselbe Wort wie mein *ádije*].

adám, sprechen, تكلم; Konj. I, N:o 43.
— MYSZ. *édem, edom: »edomja*, sprechen, Kaus. *edómesja, je'édem*, die Worte,
die Sprache».

adámti [von *adám*], m. (das) Sprechen.
Rede, Gespräch, تكلم, كلام.

ad 1, m. weibliche Scham, لوس. —
MYSZ. [w]*ód* (= *á-ad*); BURCKH. [w]*at.*

ad* 2, 1. m. Fluch; 2. verfluchen, MYSZ.:
»*o'ad*, der Fluch, *ijad*, verfluchen; Pass.
etoad, o'atoéde, der Verfluchte» [demnach
zur Konj. II. 1].

ádi*, s. *ádi.*

ádif, f. pl. *ádfa*, Rinde, قشر. — MYSZ.
te'edf, Pl. *te'edfa*, die Rinde; A. *ẽdfat.*

'adin [عجين *'ajín*], m. Teig. — SEETZ.
[w]*adjiu.*

ãẽ*[?], nein, KROCK. (*ah-ẽh*).

áfa, áf, gestern, امبارح. — BURCKH. *afa*,
night.

áfham [فهم *fáhim*, s. § 377, c], verstehen,
erklären; Pass. *áfhamam*, Kaus. *áfhams*;
Konj. I, § 238, 2, a.

áfid, niesen, عطس; Konj. II. 2. b, N:o
131. — SEETZ. [tu]*aphit*, [das] Niesen;
[ie]*affetéphch*, ich niese.

áflái, von jetzt an, الآن من. — MYSZ.
aflei.

afráj, afrej, afre, afri, 1. übel, schlecht;
hässlich; böse, ردئ; Komp. *afrika*; *bátáh afríkátóta*, sie ist schlechter als ich;
2. schlecht sein: hässlich sein; (als Verbalstamm gewöhnlich *afré*); Kaus. *afrés*,
verschlechtern, hässlich machen; Konj. I,
N:o 59. — MYSZ. *afré[a]*, schwach, elend
werden, Kaus. *afrés[ja]*, schwächen;
afrei, schwach, schlecht; KREM. *aférej[u]*,
schlecht; SEETZ. *affirrcij[o]*, dumm; KROCK.
afferai, schlecht.

afram*, geizig, BURCKH.

áfrat, m. Wolke, غيم, سحب. — KREM.
ta *áfrad.*

afré, afrei, afri } s. *afráj.*
afrés

afá [عفا *'afá*, s. § 377, a], verzeihen;
Konj. I, s. § 242, 4.

ága* 1 [آغا *ága*], m. Statthalter, SEETZ.
(*wagá*).

ága 2, m. pl. = , Halm, Schilf (von Durra),
قصب. — MYSZ. *o'agga*, das Durraschilf.

a g a b a*, (Tigr.) Büffel, Mvsz., Hergl. [vgl. jamûs].

'a g a r [vielleicht Umstellung von جَرَ, rága'], zurückkehren, umkehren, zurückkommen, جَرَ; Kaus. s(e)ágar, zurückführen, جَرَ; zurückgeben, ن, ; Konj. II. 2. b, N:o 142; Ableit. 'agûr, máger. — Mvsz. jager, zurückkehren, jaeger [?], zurückgeben; Kaus. eseger, zurückgeben lassen; o'ogur, die Rückgabe; o'mâger, die Rückkehr.

á g i m [von gim, gam, s. d. W.], dumm, einfältig غَمْتِ.

ágne*, f. Leptadenia pyrotechnica, Scnw. (agnêt).

'a g ûr [von ágar, s. d. W.], m. Rückkehr جَرُوع.

ag" adi*, f. Arnebia hispidissima, Scnw. (aguadit) vgl. ég"adi.

a h [?], nehmen, اخذ. — Mvsz. ihê, nehmen, etc. (s. § 311).

a h á t*, achat, [احد 'ihad], f. Sonntag, Seetz. (tachât).

a h i*: Scnw. »ahit, Tephrosia apollinea; ja-sel-kit [d. h. hit der Hunde], Euphorbia Thi, Euphorbia triacantha; ahîd, Convolvulus Hystrix »

ā i, kommen, s. i.

ā i m*, s. ájim.

a j 1, m. pl. ája, Hand, اد. — Mvsz. o'eje, Pl. je'ei die Hand, der Arm; Seetz. [eu]aij, Vorderarm; [au]niön, Arm [eig. „unseren Arm", s. auch giuduf]; Knock. whei-i, Arm; Bencku. oya, arm or hand.

a j 2, s. ej.

á j a [von ja], tot, ميت. — Seetz. aijá[b], Leiche; Bencku. i-ja, death.

á j a j, 1. freundlich, نَظِيف; حَبِيب; 2. f. Freundschaft حُبّ; Kaus. ájajs (Konj. I), versöhnen, gutmachen, احلد.

a j a t e* [?], m. Haplophyllum tuberculatum, Scnw. (aia-têbu).

á j i m, die Zeit in Stille und Schatten zubringen, ausruhen, im Schatten sitzen, فَيء; Konj. V, N:o 209. — Mvsz. jáim, den Tag zubringen, Kaus. asejem.

á j m ā m [von ájim, s. d. W.] f. (das) Ausruhen, تَقبيل, قَلْد.

a j o*, m. (das) Kommen. Mvsz. (von i̯, s. § 302, 303).

a j ô k*, f. Balsamodendron opobalsamum, Scnw. (ajôkt, majâk).

á j u k", 1. kauen, مضغ; Konj. II. 2. b, N:o 166; 2. m. (das) Kauen, مضغ.

a j a l*, bürgen, Mvsz. (mādjul, Bürge; edjellje, bürgen — zur Konj. I).

a j á m a*, Ente, Seetz. (adjáma).

ā k*, Rumex vesicarius. Scnw. (ahk).

á ka, m. pl. ..., Dumpalm, دوم. — Mvsz. o'aka, die Dumpalme, tc'aka, die Dumfrucht.

a k e r* s. ákir.

á k e r i r, s. ákrir.

á k i r, stark, kräftig, sein (werden), قوي; Konj. II, N:o 132. — Mvsz. jeaker, hart, stark, grob werden; Kaus. esúker, verhärten, grob machen; akra, grob.

á k i s [von kis], geizig; ánе ákisu, ich bin geizig.

a k o h i t a k* [?], vor Nacht, Mvsz. [von demselben Stamm wie ak"it].

á k r a [von ákir], stark, kräftig, اشداء, قوي; hénen akrakájeknaja, wir sind stärker als Ihr. — Bencku. akra[bo]; Seetz. akrá[bo], stark. Jüngling; Mvsz. akra, grob.

á k r i r [von ákir], m. Kraft, Stärke, قوة.

a k"a, postpositive Konjunktion, ob (§ 361).

á k"a j* [von k"ai 1, s. d. W.], bekleidet, Mvsz. (akuaju), Seetz. (aquajo).

a k"i t*, Seetz. »akuit, gestern, akuit baka, vorgestern».

á l a, f. [pl.], Hals, رَقبَة. — Mvsz. tub, Hals [hier hat er den Art. verkannt].

ala, f. pl. –, Glasperle, خرز. — Mvsz. tc'ale, Pl. tc'ale, die Glasperle, A alut.

a l á m e*, m. Henna, Seetz. (aeualímeh).

a l a n d o j a* [?], zum ersten Mal trächtige Kuh, Mvsz.

ale* s. *ála*.
álem* f. Stacbelschwein, SEETZ. (*taálem*).
alete*, o wenn doch, MUNZ.
alkarbán*, Zygophyllum decumbens, SCHW. [viell. das arab. القربان *alqarbán* „die Opfergabe" oder *alqarbán* „der Vertraute"].
alkenna*, passgehendes (Pferd), MUNZ.
alla*, f. Trommel, SEETZ. (*taálla*).
allah* [الله *alláh*], Gott, KREM.; bei MUNZ. unrichtig *allahi* (s. § 344)
'*am*, reiten, ركب, Konj. III, s. § 273. — MUNZ. *jédum*, reiten; Imp. *ama*, reite! *esámm*, reiten lassen; *mam*, das Reiten; SEETZ. *amadene*, ich reite; BURCKH. *am[a]*, to ride.
'*ăm*, schwellen, geschwollen sein, تورم; Konj. IV, 1, N;o 191; Ableit. '*ama*, *áme*.
ama* 1, m. Tamariske, MUNZ. (*o'ama*).
'*áma* 2, [von '*ăm*], geschwollen, رم.
amág [von *may*, s. d. W.], schlecht, böse, sudanar. لعب. — MUNZ. *amayo*, schlecht, bös.
áman [امر *óman*]. glauben, صدق; Pass. *ámanum*, Kaus. *ámans*; Konj. I, § 238, 2, b. — MUNZ. *áman[ja]*, trauen, glauben, Pass. *ameném[ja]*, Kaus. *amenés[ja]*, *endw*, Glauben.
'*ámas* [امس '*ams* „gestern"], heute abend (nach dem Sonnenuntergang), sudanarab. بليل *ilél*, vgl. *imse*.
ámasás, Pass. von *ásás*.
ámba, m. pl. =, Kot, Excremente (der Menschen), خر. — MUNZ. *amba*; SEETZ. [*u*]*auba*.
ámbakónši* [zusammenges. von dem vorhergeh. Wort und *konši*(?)], m. Käfer, SEETZ. (*ambakonschib*).
amberki*, f. Cassia obovata, SCHW. (*amberkit*).
'*áme* [von '*ăm*] f. pl. =, Schwellen (eines Körperteils), Geschwulst, ررم. — SEETZ. [*un*]*anneb*, Geschwür.
améaráj, Reflex. von '*ár*.

améhás, Reflex. von *be'ás*.
améfdág, Pass. von *fádig*.
améšwáj, Pass. von *šau*.
amis* [خميس *xamís*], f. Donnerstag, SEETZ. (*tamís*).
ámna 1, m. pl. =, Gast, ضيف. — MUNZ. *o'amna*, Pl. *jc'amne*, der Gast; SEETZ. [*un*]*jimma*, Gast.
ámna 2, f. pl. =, Kindbetterin, نفسا, زلدا. — MUNZ. *amnat*.
ámse [امس *ams* „gestern"], heute, اليوم, sudanarab. بليل *elléla*; *ámse toín*, heute abend (s. *īn*). — MUNZ. *amsé*, heute; SEETZ. *emszih*, heute (vgl. T. I. S. 273).
amšáwawa [von *šáwi* s. d. W.], gemischt, vermischt, خلوط.
amšúk [von *šúk*, s. d. W.], 1. atmen, تنفس; Konj. I [wahrsch. dasselbe Wort wie *hamšúk*]; 2. f. [pl.], (das) Atmen, Atem. — MUNZ. *amshukja*, athmen; SEETZ. *hamschuk[idephéh*], gähnen.
ámtaláy, s. *télig*.
ámtalyój [von *ámtaláy*], m. Gleichgewicht der (Kamel-, Esel-) Last, معدلة.
amur* (Tigr.) m. geflochtene Schüssel, MUNZ. (*o'amur*).
an, Perf. zu *di*, sagen (§ 304).
'*an*, nehmen (§ 311).
ăn, Pron. pl. diese (§ 137).
an'al, *ánal* [vulgär. نعل *na'al*, für *la'an*], fluchen, verfluchen, Pass. *ánalam*, Kaus. *ánals*; Konj. I, § 238, 2, a.
ánbur, m. pl. *ánbir*, Flügel, جناح. — MUNZ. *anbor*, Pl. *enber*, Flügel, Feder; SEETZ. [*ic*]*inbir*, Flügel, Schulterblatt.
ande*, f. Pelz, SEETZ. (*teándeh*).
ánḍa, *ánḍo*, f. Excremente (von Ochsen, Eseln, Pferden u. s. w.), بعر. — SEETZ. [*un*]*ándo*, Mist; MUNZ. *endo[b]*, Kuhexcremente, *endol*, Kameelexcremente [vgl. *ámba* und *endöj*].
ăne, Pron. ich (§ 100); *anéb*, *anébu* s. §§ 101- 104. — MUNZ. KREM. *ane*, *anebo*.

ánfir [أنفر *nafir*, s. § 377, c]. verabscheuen, nicht leiden können; Konj. I. § 238, 2, a.
anyanū̆, s. *hánkana*.
ángarē [nub. *angaréb*; der Stammauagang -b ist deutlich genug von den Bischari als ihre eigene Objektivendung -b aufgefasst worden], Angareb, das bekannte sudanesische Bettgestell. — KREM. *angare(b)*
ángulej, taub, اذنش. SEETZ. *ongaled[a]*.
áng"a, f. Palmblatt, ـمـ.
áng"arah [von *g"árah*], 1. eng, ضيق; 2. eng sein, in der Enge sein, ضق; Konj. IV ?, N:o 216.
áng"il, m. pl. *áng"il*, *áng"el*, Ohr, ودن. — M'NZ. *o'angnil*, Pl. *je'angnil*; SEETZ. *[u]ongucíl*; BURCKH. *[to]ngy*; KROCK. *[oh]orghl*; KREM. *oónqnil*.
áni (*anib*, *anit*) Pron., mein, der meinige ىنتب *betā'i*, s. §§ 20 u. ff.
ankalai*, f. Zygophyllum simplex, SCHW. (*nakaluī̆*, *blankoī̆*).
ánkir [انكر *nakir*, s. § 377, c], verschmähen, verwerfen, nicht mögen; Konj. I § 238, 2. a.
ánk"a, m. pl. =, (Kamel-) Höcker, سنم. — MUNZ. *o'ankna*, der Höcker.
ánk"anc*, der Herr Gott, MUNZ.
anna*, s. *na'* 1.
annc*, s. *áme*.
ánser, s. *nasr*.
áuu, Post- und Präposition, ohne, من غير.
ao*, s. *áwo*.
'ār, nähren, ernähren, انبت ركل. *améaráj*, sich ernähren; Konj. IV. 1, N:o 190; Ableit. *mar'i*. — MUNZ. *jaár*, sich nähren, leben; Kaus. *esárr*, unterhalten; *marrit*, Nahrung, Unterhaltung.
aradé*, m. Tamarinde (Tigr.), MUNZ. (*o'aradé*).
árag*, m. Gelenk, SEETZ. (*enárragān*, eig. „unseren G.").
áraki* [عرقي *'áraq(i)*], m. Branntwein, SEETZ. (*wárraki*).
árat*, Acacia etbaica, SCHW. (*ärrati*); viell. nichts anderes als *árat* „die Blätter" s. *rä'* l).

áran, m. pl. *árawa*, Freund, حبيب; *áne arawóka*, ich bin dein Freund. — BURCKH. *uaraok*, friend [eig. „deinen Fr."]; SEETZ. *rauón*, [unseren] Freund; *rauóko*, er [eig. „er ist dein Fr."] vgl *rē*].
árba* [خميس *'árba'a*]. f. Mittwoch, SEETZ. (*tárba*).
árda [von *árid*, s. *érid*]. Spiel, لعب.
áre, s. *ári*.
aré, wollen, wünschen, haben wollen, lieben, ىع, ارد, حب; Konj. I. § 242, 5; *áne tóōr toréboból aréane*, ich will das nackte Mädchen haben. — MUNZ. *eréa*, lieben (geschlechtlich); Kaus. *erésja*; *ereıni*, Liebe, *ero*, *erena*, Freund; SEETZ. *arénho*, ich liebe [eig. „ich liebe ihn"].
arei* (Tigr.), Blei, MUNZ.
árgin, c. Junge des Schafs, Lamm, خروف. — MUNZ. *te'rengené*, Pl. *érengené*, A. *rengnib*, weibliche Junge von mittlerem Alter [vgl. *rába*]: HEUGL. *tirjem* und *argeno*, Ovis aries in genere; SEETZ. *[wá]argin*, Schaaf; KREM. *aérken*, Widder.
árha, hinaus! heraus, draussen, برا; *árha fíra'*, geh' hinaus! اطلع. — KREM. *arba*, draussen; LIX. *árraha*, dehors.
ári, *áre*, *éri*, Post- und Präpos., hinter, hinten, nach, بـ (s. § 368). MUNZ. *arce*: KREM. *arók* [eig. „hinter dir"].
ariae*[?], Diospyrus mespiliformis, SCHW.
árid, s. *érid*.
árk"a*, Cleome chrysantha, SCHW.(*arquib*).
áro* [? viell. *wárro*]. Schiff, SEETZ. (*narro*); SALT *wa rá*, ship.
árray [عرى *'árray*], ertränken, ersäufen; Konj. I § 238, 2, a.
arte*, f. Frucht, Samen, SEETZ. (*tartch*)
as 1, in die Höhe heben, aufheben, erhöhen, رفع; vgl. § 306.
as 2, (*'as*, *ass*), verschliessen, zusperren, zustopfen, سد, شد, غلق; Konj I § 238, 1, a, Note. — MUNZ *asja*, schliessen; Pass. *esasja*; Kaus. *esisja*; *asana*, geschlossen.

ásagur, sechs, ست; vgl. das Verzeichn. in den Vorbemerk.
aságura, Ordinalz. sechste, سادس.
ásagurtamán, sechzig, ستين. — SEETZ. *szagúrtamá*.
ásamá [von *as* 2], Part. Pass. verschlossen, zugestopft مسد.
asáramá, ascrema, Kardinalz. sieben. سبع; m. Woche, سبوع; Ordin. siebente, سابع. — SEETZ. *essaramát jincu*, Woche (vgl. in); MUSZ. *ascremad*, die Woche; KNOCK. *sarama* [diese Form ist wahrsch. die ursprünglichere; vgl. das Verzeichn. in den Vorbemerk.].
asáramatamán, siebzig, سبعين. — SEETZ. *szárramattamán*.
ásbu [صبا *súbay*, s. § 377, c] färben; Konj. I, § 238, 2, a.
ásfar [اصفر '*isfar*], gelb, SEETZ. (*asfáro*).
asídu [عصيدا '*asida*], Mehlbrei mit Butter, SEETZ. (*irnaszida*).
ásimha, Ordinalz. achte, ثامن.
ásimhei, acht, ثمنى; vgl. das Verzeichn. in den Vorbemerk.
ásimheitamán, achtzig, ثمنين. — SEETZ. *ászamheitamán*.
ásir [عصر '*asr*], Nachmittag, SEETZ. ([*u*]*assir*).
áskir [سكر *súkir*, s. § 377 c], sich berauschen, berauscht werden; berauschen; Konj. 1, § 238, 2, a.
asséte, as'ete [von *as* 2, oder vom arab. السد *es-sédd*], m. (das) Zusperren, Zustopfen, die Grasbarre im Nil.
áste [von *as* 1, s. d. W.], oben, فوق. — MUSZ. *estć*.
ásu*, unreif, SEETZ. (*uszu*); ungegerbt, MUSZ. (*assu*); vgl. *ádc* und *besák*ᵘ.
asál, m. pl. *asíl*, Blutgeschwür, حبن. — MUSZ. *o'asul*, die Wunde.
áscdga, Ordinalz. neunte, تاسع.
áscdik, neun, تسع. — MUSZ. *shedük* [diese Form, *šedik*, scheint die ursprünglichere zu sein; vgl. übrigens das Verzeichn. in den Vorbemerk.].

áscdiktamán, neunzig, تسعين. SEETZ. *eschadiktamán*.
ášig, eilen, sich beeilen, استعجل; Konj. I, § 238, 2, a. — MUSZ. *asheyía*, sich beeilen; Adv. *eshega*, schnell.
'*ášiš*, begegnen, قابل; Konj. II. 2. b, N:o 133; Ableit. '*ašáš*. — MUSZ. *jeeshesh*, empfangen; *ushush*, Empfang.
áski [شك *šáka*, s. § 377, c], klagen; gerichtlich verklagen; Konj. 1, N:o 60. — MUSZ. *te'shká*, (ar.) die Anklage; *éshkija*, anklagen; Kaus. *eshkisja*; Pass. *eshkimja*.
ášo, c. Feind; feindlich, عدو, عدوى; *burák ašójówa*, du bist mein Feind, *áne ášőjóku*, ich bin dein Feind, *áne ašója réhan*, ich habe meinen Feind gesehen, *hénen ašóba*, wir sind Feinde. — MUSZ. *o'asho*, der Feind; A. *ashob*.
ášo* [?], m. SEETZ. *uáscho*, Fisch; *uaschó kordina* [?], Fischer; SALT *ua assu*, fish.
ašratta*, lange Grasart. MUSZ. (*ashratta*).
ášta, ášte, f. Silber, كت; Geld, فلوس; *to-ášta hio*, gieb ihm das Geld; *áne áštet hérwat*, ich wünsche Geld; *lhit áne gulád ášta hósok anin*, morgen werde ich viel Geld von dir nehmen. — MUSZ. *l'eshtć*, das Silber. A. *eshtéb* [entschieden unrichtig für *eshtć*]. — SEETZ. [*t*]*aschtéh*, Silber; *icuastetkolana*, Silberschmidt [vgl. *kat'*].
'*ašáš* [von '*ášis*, s. d. W.], m. Begegnung, ملاقة. — MUSZ. *ushush* Empfang.
'*at*, 1. treten, niedertreten, trampeln, داس; Konj. II. 1, s. § 249; irreg. Pass. nach der Konj. 1, *étam*, wovon *étama*, Part. niedergetreten; 2. (*ät*) m. (das) Treten دوس.
ataba* [?], Brust, KREM. (*altaba*).
átáb, s. *átab*.
atád [*ata**, f.?], Anisophyllum granulatum, SCHW. (*ahthádd, adhódd*).
atadáj, Pass. von *ádi*.
átanc, f. [pl.], pl. =, kleine Matte (zum Sitzen). — MUSZ. *atenét*, Mattenteppich.

átfaráj, jiraj (§ 213), Pass. von firi.
átferák, Pass. von férik.
átferka [von férik, s. d. W.], gegraben, مَحْفُر.
átkatáj, ketáj (§ 213), Pass. von kéti.
átregáy, Pass. von régig.
áttukʷákʷ, Pass. von túknkʷ.
átūbás, Pass. von bes.
átōdár, atódir, Pass. von der.
átōdgáj, Pass. von dégi.
atódira [Part. Pass. von der, dir], getötet, مقتُول.
atódfa [Part. Pass. von dif], gefärbt, مصبوغ.
atoede*, verflucht, Munz. vgl. ad.
átōgád, Pass. von gid.
atogda* [von gid], geworfen, Munz.
átōlā́w, Pass. von luw.
atólwa [Part. Pass. von la], gebrannt, محروق.
átōmán, Pass. von men.
atónau, Pass. von nau.
átōráb, Pass. von rib.
atórba* [Part. Pass. von rib], gehasst, unbeliebt, Munz.
átōsám, Pass. von sim.
atóṭa', Pass. von ṭa'.
atóṭ'a [Part. Pass. von ṭa'], geschlagen, مضروب.
átōṭáb, Pass. von ṭib.

átōṭába [Part. Pass. von ṭib], gefüllt, مملي.
átōwák, Pass. von wik.
aṭab, áṭáb, [von ṭib, ṭáb, s. d. W.], voll, مَلِين. — Krem. aṭab[t], Seetz. aṭṭáb[to].
aṭaloi*, eng, s. unter dah 1.
au 1, Pron. interr. m. und f. wer, مَن, (§ 141); ábu, wer ist (er)?, ábtū, wer ist (sie)?
au 2, air [?] geben, s. § 368.
au* 3, f. Todtenklage, Munz. (teʾau).
au 4, f. Honig, نحل. — Munz. tʾaud, Honig; oʾajat, Pl. teʾau, die Biene; Seetz. [ta]auí, Honig, [ti]waúi, Biene.
ánte, m. pl. =, dürres, schlechtes Jahr (in Bezug auf die Ernte), Hungerjahr, Hungersnot, خميس جحسم, جحس; vgl. das folg. W.
aulei*, m. der Bergwind, Munz. [wahrsch mit dem vorhergehenden Worte identisch].
áwai, helfen, beistehen, معين, عاون; Konj. III, s. § 322. — Munz. jáiné, helfen; Kaus. ésau, zu Hülfe schicken; tʾauie, die Hülfe, Unterstützung.
áwe, m. pl. áwe, áwa, Stein, حجر. — Munz. oʾané, Pl. jeʾaue; A. auéb; Seetz. [wu]auii; Burckh. awey; Knock. wau-eh.
áwije [von áwai, s. d. W.], f. [pl.], Hülfe. — Munz. teʾauie.
áwo, ja, ja wohl, نعم. Munz. ao; Las. aho; Knock. ay.

B.

bá'ar, erwachen, aufwachen, بعجي; Kaus. *sĕb'ar*; Konj. III, N:o 178. — Mvnz. *ebbarr*, aufwachen; Kaus. *csĕbbarr*, aufwecken; *bera*, wachend; Brncku. *bar[a]*, rise.
bá'ara [von *bá'ar*, s. d. W.], wach.
báb, bába, m. Vater, بب. — Mvnz. *bab*; *babie endoa*, Vaterland, -stamm: Seetz. *babá* [= *babáh*, sein Vater].
bába, f. Armhöhle, بط, vgl. *bát* — Mvnz. *te'bába*.
babani*, m. Caesalpinia elata, Scnw. (*babanib*).
báden, vergessen, نسي, s. § 296, Ableit. *bednán*. — Mvnz. *ebáden*, vergessen; Kaus. *eshbáden*; Pass. *etbedláu, to'bdne[t]*, das Vergessen; *badene*, vergesslich. — Seetz. *abádin*, ich vergesse [eig. „ich vergass"].
bádhi, m. Zeuge, شهد; *áne badhibu*, ich bin Zeuge, ich bezeuge. — Mvnz. *o'badhib*.
badó [بدا *báta*], beginnen. — Pass. *badóm*; Kaus. *badós*; Konj. I, N:o 62, a.
bádo, m. (od. f.), Furche, خطة.
badóti [von *badó*], m. Anfang, Beginnen.
bac-èt* [?], hier, Knock.
baha*, m. das Beni Israel[?], Mvnz. (*o'baha*, Pl. *é'baha*).
baher* [بحر *bahr*], m. Fluss. — Mvnz. *o'baher o'enuffer*, das Süsswasser, Fluss; *o'baher o'hameb*, das Salzwasser [vgl. *nĭgr. hámi*]; Seetz. *obhér enápher*, Fluss, *obhér wohadén*, Meer.
buj (bai), gehen; irreg. s. § 325, 2. — Mvnz. *béja* = *sakja*, gehen.
báje, m. pl. =, Blatt, Laub, ورق.
bajúk*, Schnee, Seetz.
bajél*, s. *begel*.
bak, so, auf diese Weise, كذا *kede*; *báku*, es ist so. — Mvnz. *bóku*.

báka, vgl. *lehit* und *ak*ᵘ*it*.
bákai, ausser, غير.
bal, m. kleine Matte (vor dem Eingang des Zeltes). — Seetz. [*o*]*ball*, Segel von Matten [vgl. *kerá*].
bála 1, f. [pl.] Kehle, Schlund, حلق.
bála 2, f. pl. =, Frauenschürze (von fransenähnlich geschnittenen Lederriemen), حزم. — Mvnz. *bela* (Tigr. *belut*), der Rehat der Mädchen, und an einer anderen Stelle *to'bel*, der Lederschurz.
balak*, Dickicht, Mvnz.
bálam, trocken, dürr sein (werden), يبس; Konj. I, § 238, 2, a. — Mvnz. *belémja*, sich trocknen; Kaus. *belémsia*, trocknen; *belemsdí[b]*, das Trocknen; *belema*, trocken; Seetz. *béllam[abo]*, trocken, hart.
balánda, f. Teer, قطر.
balín, Pron. plur., f. *balít*, jene (§ 137).
ballál*, m. Flamme, Seetz. (*eballit*).
bálo, m. Kupfer, نحس; *tábalo*, das Kupferstück, كالحديد. — Mvnz. *belo*; Seetz. *baló*.
balolí*, m. Lavandula coronopifolia, Scnw. (*balolib*).
bámie* [بامية *bámia*], Bamien, Hibiscus esculentus, Seetz. (*tebámieh*, Ibisch; [*eu*]*eku*, getrockneter Ibisch).
bán*, fürchten, s. *bc'ón*.
báne, m. Aasgeier, رخم. — Mvnz. *bano[b]*, grosser Geier.
banloi*, furchtsam, s. *bc'ón*.
banán, m. pl. *benin*, Augenbraue, حجب; (Augenlid, جفن?).
bar*, aufwachen, s. *bá'ar*.
*barag*ᵘ*i** [?], Sterculia tomentosa, Scnw. (*tabaraguĭ*); vgl. *bárak*ᵘ*i*.
baráh, Pron. m. sie (§ 100).

DIE BISCHARI-SPRACHE. 9

bárak [برك *bárak*], segnen; Pass. *bárakum*, Kaus. *báraks*; Konj. I, § 238, 2. a.

barák, Pron. ihr (§ 200).

báraku̯i*. sicher, SEETZ. *baraquij*[*o*].

baráṁ, m. (pl.?). Luft, Wind, ہوا. MUNZ. *bŭrām*, Wind; *beram beram*, Sturm; SEETZ. *barám*, Luft, Wind; KNOCK. *bahramm*; KREM. *baram*, Wind, *baramta*, Luft.

baras* [برس *báras*]. Aussatz, SEETZ.

bárbar*, m. Rose, SEETZ. (*barbaráb*, Obj. pl.)

bárda*, m. Backen, SEETZ. (*ebardŭ*); vgl. *bḍa*.

baréh, Pron. m. Obj. sie (§ 101).

barék, Pron. euch (§ 101).

bárëöhna, Pron. ihr, der ihrige, f. *birétóhna*, Pl. *bárëkna*, f. *bárétóhna* (§ 120), بتَعِيم *betā´hum*, f. بمَعَتْنِم *betā´ethum*.

bárëókna, Pron. euer, der eurige, f. *birétókna*, Pl. *bárëékna*, f. *bárítékna* (§ 120), بتَعكم *betā´kum*, f. بتَعكُن *betā´etkum*.

bári, *béri*, haben; irreg. s. § 311

baríoh. Pron. sein, der seinige, f. *baritoh*, die seinige, Pl. *baríeh*, f. *barítëh*, die seinigen (§ 120), بتعو *betā´o*, f. بتعت *betā´eto*.

bariók, Pron. dein, der deinige, f. *baritók*, die deinige, pl. *barićk*, f. *barítëk*, die deinigen (§ 120), بتعك *betā´ak*, f. بتعتك *betā´etak*.

baris [vom Pronominalstamm *bar*]. f. *batis* (für *bartis*), mit Pronominalsuffixen: von; *barísak*, von dir; vgl. §§ 125, 128.

baro*, f. Goldstaub, SEETZ (*tibbarú*).

baróh, Pron. ihn (§ 101).

barók, Pron. m. dich (§ 101).

baráh, Pron. er (§ 100).

barák, Pron. m. du (§ 100).

bas*, *bus*, hinüberschütten, MUNZ. *so'buss*, das Hinüberschütten; *bass*, hinüberschütten (aus einem Gefäss ins andere)». Viell. mit *bes* ,begraben' identisch.

bas [von *bes*], m. pl. *bās*. Begräbnis.

báski, f. (das) Fasten. — MUNZ. *te'baski*, das Fasten; SEETZ. [*ta*]*báske*, Ramadan [d. i. Fastenmonat].

báskit [viell. denomin. von *báski*]. fasten, صوم; Kaus. *báskīs*; Konj. I, N:o 53. — MUNZ. *baskitja* fasten; *o'baskiti*, der Fastende.

baʃo* [?], m. SALT *bu-sho*, fox; LIS. (Text s. 131: «un petit renard nommé *bachoo*)»; SEETZ. *buaschóh*, Fuchs, Schakal.

basúk*, reif, s. unter *besŏku̯a*, SEETZ.

bāt* [بط *bāt*, Achselhöhle], f. Achsel. SEETZ. (*tabatón*; eig. ,unsere Achsel').

batáh, Pron. m. sie (§ 100).

baták, Pron. f. ihr (§ 100).

bate* [?], m. Schröpfen, SEETZ (*ĭbbătch*).

batéh, Pron. f. Obj. sie (§ 101).

bátëóhna, Pron. ihr (der Frauen). der ihrige, f. *batétóhna*, Pl. *bátëóhna*, f. *batétéhna* (§ 120), بتَعِيم *betā´hum*, f. بمَعَتْنِم *betā´ethum*.

bátëókna, Pron. euer, der eurige (o Frauen) f. *bátétókna*, Pl. *bátëókna* f. *bátétékna* (§ 120), بتعكم *betā´kum*, f. بتعكن *betā´etkum*.

batih* [بطيخ *battiẋ*]. Wassermelone, SEETZ.

bátioh, Pron. ihr, der ihrige, f. *bátitoh*, die ihrige. Pl. *bátieh*, f. *bátiteh*, die ihrigen (§ 120), بتعها *betā´ha*, f. بتعتها *batā´etha*.

batiok, Pron. dein (o Frau), der deinige, f. *bátítók*, die deinige, Pl. *batiék*, f. *bátítëk*, die deinigen (§ 120); بتعك *batā´ek* f. بتعتك *batā´etek*.

batóh, Pron. f. Obj. sie (§ 101).

batók, Pron. f. dich (§ 101).

batáh, Pron. f. sie (§ 100).

baták, Pron. f. du (§ 100).

bḍa, m. Wange, خد. — LIS. *o badah jones*; SEETZ. [*e*]*barda*, Backen.

---

[1] In seinem Wörterverzeichn. findet sich dieses Wort nicht sondern an seiner Stelle bei «renard» das barbarische *o daminyay*.

be'áu, furchtsam sein (werden); Kaus. *seb'án*; Konj. IV. N:o 204; Ableit. *be'ín*. — Mvsz. *bän webláu*, fürchten; Kaus. *eseb-bún*; *banloi*, furchtsam».
be'ás, wenden, drehen, قلب; Pass. *átbab'ás*, Refl. *améb'as*; Konj. II. N:o 143.
beda*, m. Mvsz. »*bedab*, Matte».
bédal [بدل *bádal*], umtauschen, austauschen; Konj. II, N:o 144. — Mvsz. *ebdel*, verändern; Pass. *embedäl*; *bedele* (Tigr.) Austansch, Veränderung.
bédef*, schwimmen, Mvsz. (*beddefja*, schwimmen; Kaus. *bedefésja*; demnach zur Konj. I).
bédha, f. Zeugniss, شهادة, vgl. *bidhi*. Mvsz. *te'bddeha*.
bédhati, f. pl. *bédhatja*, s. *bédha*.
béduan [von *baden*], f. [pl.], Vergessen, Vergessenheit, نسيان. — Mvsz. *to'bdnet*.
bedáj, gähnen, تثب, s. § 299.
bédawi*. 2. der das Bedawie spricht; 2. unterworfener, Mvsz. — vgl. *belári*.
bedáwie, f. das Bedawie (die Sprache der Bischari, Ababde, Hadendoa und anderer Stämme); *tö-bedawiéti hadáda*, sprich bedawie! — Mvsz. *to Bedawie*.
bedegil, gross, ضخم. Seetz. *oták bédegil*, Riese [vgl. *tak*]; Knock. [*ab*]*bu diggi*, gross.
begel*, m. Tripper (Tigr. *begen*), Mvsz. — Seetz. *ebadjel*, venerische Krankheit.
bei*. m. Rippe, s. unter *bije*.
be'íu, f. Furcht, خوف. — Mvsz. *to'biu*.
bej*, s. *baj*.
bejáwie, die fehlerhafte Aussprache des Wortes *bedáwie* seitens der Araber und der Küstenbewohner, البداوية.
bekkár*, Haus von Matten, Seetz. [Dieses Mattenzelt heisst beim Verf. wie bei Mvsz., Knock. und Bvnckn. *gau*, welches Seetz. mit ‚Zimmer' übersetzt].
békla, s. *búkla*.
bel* } s. *bila* 2.
bela*}
bélamä [von *bálam*, s. d. W.], trocken.

beláwi, frei, edel, حر, رب. — Mvsz. *o'belani*, 1. der Herr, der Adliche; 2. der Belou.
belbel*, wilde Taube, Seetz.
bélem, s. *bálam*.
bellás*, *bellés*, f. Ricinus communis, Scnw. (*belleset*, *belläst*).
bélo*, s. *bilo*.
belol*, sich anzünden, Mvsz. *belolja*, sich anzünden; Kaus. *belolisija*, anzünden; Kaus. Kaus. *belolsisja*, anzünden lassen [wahrsch. mit *bálam* ‚dürr sein' verwandt].
ben, Pron. f. *bet*, jener, ذاك, s. § 137.
bénomhin [von *ben* und *mehin*, s. d. W.], dort, هناك. Mvsz. *behomhin* [wahrsch. Druckfehler].
béntej } [von *ben*, s. d. W.], dort, هنا; ($
béntun)368). Lax. *beintonon*, là [eig. c'est là].
ber* [? f.], Indigofera leptocarpa, Scnw. (*tábber*).
béra*, s. unter *bá'ar*.
beram*, Zecken, Mvsz.
berám*, s. unter *barám*.
bere* 1, breit, Seetz. (*berre*[*bo*]).
bére 2. s. *bire*.
beresimja* [?], venerische Beule, Mvsz. (*berreshimia*).
béri, s. *bári*.
bérir, 1. ausbreiten (Teppiche, Betten, auf den Boden), فرش; 2. ausstreuen, zerstreuen, نثر; Konj. II, N:o 104.
berka* [بركة *birka*], f. Teich, Seetz. (*teberka*).
berr* [برّ *barr*], m. Land, Wildniss, Mvsz.
berráwe*, Feuerstein, Seetz. (*berranije*; vgl. *áwe*).
bes, begraben, zur Erde bestatten, دفن, vgl. *ör*; Konj. II. N:o 68; Ableit. *bás*. — Bvnckn. *bes*[*atayn*], to bury [eig. Präs. 1. Pers. Plur. oder Sing. (s. § 165, Note 1) nach der Konj. I. = *besadéni*].
bésa [بس *bess*, koll.], e. Katze, بس; *áb(e)sa*, der Kater, *táb(e)sa*, die Katze. — Seetz. [*te*]*beszi*.

bešáku, gekocht sein (werden), reifen, ﺍﻧﻀﺞ, ﻣﺴﺘﻮﻱ, ﺳﻠﻰ; Kaus. *šisbák*"; Konj. IV N:o 206. — Mvsz. *bishók*, gesotten, gekocht (Fleisch etc.), *óbshok*, gekocht sein; Kaus. *shishbok*, kochen.

bešák"*a* [von *bešák*"], 1. gekocht, 2. reif, ﻣﺴﻠﻮ, ﻣﺴﺘﻮﻱ. — Seetz. *baschūk[ko]*, reif; Mvsz. *bešók*, gekocht [s. unter *bešák*"], *bešuk*, gerberbt [s. unter *óde*].

bét, s. *bēn*.

bha* [?], m. Norden, Bvrckn. (*obha*).

bi*, s. *bu*.

bije, m. Rippe, ﺿﻠﻊ; Plur. mit dem Art *ébije*, selbst (s. § 136). — Mvsz. *o'ber[b]*, die Rippe; Seetz. [*e*]*béij*, Rippen [vgl. *mäsanko*].

bin*, s. *be'in*.

bír, s. *fír*.

bíre, *bére*, pl. =, 1. m. Regen, ﻣﻄﺮ; 2. f. Himmel, ﺳﻤﺎء; *ábire tébíréte éu*, der Regen kam vom Himmel (herab). Mvsz. *o'beré*, Regen, *te'beré*, Firmament; Seetz. [*té*]*bre*, Himmel, [*ó*]*bre*, Regen; Bvrckn. *óbra*, rain; Krem. *óbru*, Regen, *to'bra*, Himmel; Lix. *o berrah*, la pluie, *to berah*, le ciel.

bíres* [?], Calotropis procera, Schw. vgl. *emberés*.

birga, hoch, ﻋﺎﻟﻲ.

bírti [von *bír*, s. *fír*], m. (das) Fliegen, Flug, ﻃﻴﺮﺍﻥ.

bit*, m. Fledermaus, Seetz. (*obitt*); Krem. *ebitt*, Geier [?].

bíte, f. [pl.], Gesicht, Antlitz, ﻭﺟﻪ. — Mvsz. *te'bite*, Pl. *tebitja*, die Stirn.

bjinsij* [?], Weber, Seetz. (*bjinszij*). — Die verkehrte Form *bjinsij* muss natürlich

mit seinem ebenfalls verdorbenen *nisnidnj-[íphe]* „ich webe" irgendwie zusammenhängen.

blis [ﺍﺑﻠﻴﺲ *iblís*], m. Teufel. — Mvsz. *oblis*, Pl. *é'blise*, der Teufel.

blūk* [? viell. aus dem arab. ﺑﻠﺢ *belch* „Dattel"] f. Seetz. *tebblúk*, Dattel; *tebbluktendij*, Dattelpalme [eig., Dattel-Baum's. *binde*].

bój, m. Blut, ﺩﻡ. — Mvsz. *o'boi*; Seetz. [*o*]*bóie*; Bvrckn. [*o*]*boy*.

boikut[2], der Embryo, Mvsz. [wahrsch. aus dem vorhergeh. Worte zusammengesetzt].

bola*, Mvsz. »*bolaja*, spielen, Kaus. *bolusun*» — demnach zur Konj. I.

bok, m. pl. *bak*, Bock, Ziegenbock; Mvsz. *o'bock*, Pl. *e'bek*, der Ziegenbock.

bokšenák*, Usnea sp., Schw.

boku, s. *bak*.

börek* [?], fliegen, Mvsz. »*börekja*, fliegen; *o'börekdi*, das Fliegen». [Wahrsch. mit *bír* (s. *fír*) zusammenhängend].

bra*, *bre**, s. unter *bíre*.

bu, m. Mehl, ﺩﻗﻴﻖ. — Mvsz. *o'bu*, das Mehl, A. *bib*; Lix. *o bou*, farine.

bu', auch, eben, ebenfalls, ebenso, vulgärar. ﺑﺮﺿﻪ *bardo*. — Lix. *bouh*, toujours.

búj, m. pl. *búj*, Glied (des Körpers), ﻋﻀﻮ.

búkla, *békla*, f. Krug, ﺟﺮﺓ.

bundukíjje* [ﺑﻨﺪﻗﻴﺔ *bundugíje*], f. Flinte. Seetz.

búr, f. (Obj. *bút* für *bárt*), Erde, Boden, Erdreich, ﺍﺭﺽ, ﻭﻃﻦ. — Mvsz. *to'but*, Pl. *te'buru*, die Erde, Land, Gebiet, A. *bur*, Pl. *burat*; Salt. *to but*, earth.

bas 1, m. Schmutz, Kot, ﻭﺳﺦ.

bas* 2, s. *bas*.

būs [sudanar. ﺑﻮﺱ *būs*], m. Rohr, Halm, Schilf.

D.

da 1, f. Gefäss, معين. Musz. *to'da*, Pl. *te'da*, Gegenstand.

da° 2, m. Feldbau, s. unter *ádi*.

da° 3, m. Elefantenzahn, Musz. (*o'da*, Pl. *e'da*, A. *dab*). — Seetz. [o]*da*, Horn.

da° 4, s. *dé'a*.

dā, 1. arbeiten, machen, sudanar. سوّى; Pass. *dām*; 2. werden; 3. eintreten; Kaus. *dās*, legen, setzen, stellen, وضع, حطّ; Pass. *dásam*, Kaus. *dásīs*, Pass. Kaus. *dasīsam* (§ 218): *tóśa gumáśib dása*, lege das Fleisch in das Tuch hinein! — Musz. *dasija*, hinuntergehen; Kaus. *dasisija*, hinunterstellen.

dab°, m. (das) Füllen, s. unter *tṛb*.

dāb, *ḍāb*, laufen, rennen, دبّ; Kaus. *dābs*; Konj. I, N:o 19. — Musz. *dabja*, eilen, schnell laufen; Kaus. *dabes[h]ja*; *te'édeb*, der Lauf; Bürckh. *dab[a]* to run.

dába 1, m. feiner weisser Sand.

dába 2, m. Nuss, جوز.

dábalo, *dibaro*, *dábano*, klein. دغفر [wahrsch. ist die urspr. Bedeutung ,zusammengerollt' von *debíl* (s. d. W.), und vielt. ist das Wort mit *debala* ,rund, kugelig' bei Musz. identisch, wie andrerseits ein zweites bei ihm vorkommendes *debala* 'einjährige Kuh' wohl nichts anderes ist als das Adj. *debala*, *dabalo*, ,klein' in substantiv. Bedeutung ,die Kleine']. — Seetz. *dábaló[bu]*, klein; *otúk dabello*, Zwerg; *débbatándonia*, Dorf [vgl. *tak*, *óndoa*]; Knock. *dabaloh*, klein; Krem. *tabalo[b]*.

dúbdab [redupl. von دبّ *dabb*], m. Eidechse, ضبّة.

dáda°, Olea europea, Schw.; Bürckh. [o]*dada*, large tree in the mountains.

daf°, Musz. *dafia*, das Rauchbad nehmen [zur Konj. I; vgl. *de* 1].

dáfi, f. Furth, مقنع.

dafíre [ڞفيرة *dafíra*], f. (Haar-) Flechte.

dagéna, f. Feuerherd, موقدة, مستوقدة. — Musz. *te'dagena*, Feuerheerd; Seetz. *té[d]ayén*, Küche.

*dag*ʷ, 1. ausspähen, spioniren, دسّ; Konj. IV, § 299; 2. f. das Ausspähen. — Musz. *dūy*: »*dúy*, spioniren; Kaus. *esúdag*; *edogwa*, Spion«.

*dáy*ʷ*a*, *dég*ʷ*a* [von *dag*ʷ]. 1. spähend, spionirend; 2. m. Späher, دسّاس; *údg*ʷ*a*, der Spion.

*dág*ʷ*ej* [von *dég*ʷ*i*] f. [pl.], Rechnung, حساب; Zahl, عدد.

dah 1, eng sein, kurz sein, دقّ, قصر; Konj. IV, N:o 192. — Musz. *ja*, *da*: »*edúi*, einem Mann die Haare frisiren [vgl. das folg. Wort]; Pass. *emediai*, die Haare frisirt haben; Kaus. *esdúi*, frisiren lassen; *emédia*, frisirt«. *déta*, eng sein; Kaus. *esóta*, beengen; *éta*, *atalói*, eng.»

dah 2 [von *dah* 1], m. kurzgeschnittenes Haar. — Musz.: *o'dah*, der kurze Haarwuchs, rundgeschnittenes Haar.

daha°, m. Kinnlade, Musz. (*o'daha* Pl. *e'daha*).

dahabíja [دهبيّة *dah(h)abíja*]. Dahabija (die bekannte bequem eingerichtete Nilbarke für Reisende).

dáheni° [?], Musz.: »*dáhení*», gesund, A. *dáhenib*»; an einer anderen Stelle: *te'dáheni*, die Friede; und endlich an einer dritten: »*te'dáhenid*, die Thiere», [vgl. *déhani*].

dái [vielt. das arab. طيّب *tájjib*, in welchem Falle der Stammausgang -*b* von den Bischari als ihre eigene Objektivendung aufgefasst sein muss], gut, hübsch, طيّب, دوبي. — Musz. *dai*, gut, *dai bu*, es ist gut; Seetz. *dái[bo]*, gesund, Knock. *daib*, gut.

dakia* (Tigr.). Zeltstütze, Mvsz.
dal* [?], nahe, Bvrckn. (*dalou*).
dálab [von *délib*. s. d. W.]. m. Kauf; Verkauf, بـيـع‎, بـيـع‎. Mvsz. *delib*.
dalawa*, f. rothe Farbenerde, Seetz. (*laddalauât*).
dálib, (mehrere) verkaufen; Konj. V, n:o 215, vgl. *délib*.
dam*, essen, s. unter *tam*.
dámba, démbe, f. Fusssohle, بـطـن رجـل‎.
— Seetz. [*te*]*démbe*, Fusssohle; [*te*]*dêmbe*[*tôu*], Hand [demnach hat das Wort sehr wahrsch. auch die Bedeutung von „hohler Hand" „palma"]; Mvsz. *e'dembi*, die Waden [? wahrsch. mit dem *edembo* „krumm" bei Mvsz. zusammenhängend].
damer* 1, Mvsz. *edámer*, sich beschmutzen [?].
damer* 2, Mvsz. *»edamer*, einem die Glieder drücken». [Wahrsch. mit *démim* zusammenhängend oder gar damit identisch, wenn *edamer* für *edámim* steht].
dámra*, Indigofera semitrijuga, Scнw.
dams [deutlich genug ein Kaus., vielleicht vom arab. طـعـم‎ *ta'am* und mit *tams*, s. *tam*, identisch], schmecken, ذاق‎; Konj. I. Lnx. *daamsat*, goûter [eig. „je goûte"]; Seetz. *damszenpléh* [= *dámsani éŋi*], ich schmecke; [auch das »*thamesja* „versuchen" (Tigr.)» bei Mvsz. ist wahrsch. hiermit identisch; vgl. tigr. *tamtama*, toucher, goûter].
dâmsti [von *dams*]. m. (das) Schmecken; Geschmack, ذوق‎.
dân [von *din* 1], m. Meinung, ظـن‎.
dana*, f. Kalebasse, Kürbis, Mvsz. (*te'dana*).
dángar, m. Ebene, سـهـل‎.
dâr, (mehrere) töten (vgl. § 228); Konj. VI, N:o 196.
darág, m. pl. *daríg*, Wange, خـد‎. — Mvsz. *ederag*, Wange [den plur. Art. hat er hier verkannt].
darak*, m. Winter, Brvckn. (*ódarak*).
dâs, Kaus. von *dû* (s. d. W.).

dau*, schlafen, Seetz. (s. unter *dâj*).
dauha*, m. Linaria macilenta, Scнw. (*daahâb*).
dáuri, schön, hübsch, لـوبـس‎, لـطـيـف‎; *túr daurít kítke, láken dáitu*, das Mädchen ist nicht hübsch, aber gut (ist sie); vgl. § 238. — Seetz. *dauri*[*bu*], schön.
dáwa [ضـواجـي *dawája*], Pfeife (zum Tabakrauchen), sudanarab. كـدس‎ *kuddîs*. — Mvsz. *te'daúe*; Seetz. *tiddauéja*; Klock. *dauah*.
de 1, m. Rauchbad (der Frauen mit dem *sámla*, s. d. W.). — Mvsz. *o'de*. *
de 2, m. Lache, Pfütze, غـديـر‎, غـديـر‎.
de' 1, klein; *áne dé'u*, (von einer Frau gesagt:) *áne dé'tu*, ich bin klein. — Mvsz. *di*, klein; Lnx. *to dheed*, petit.
de' 2, s. *deh*.
dé'a, jetzt, aber jetzt. — Mvsz. *da*, jetzt; Lnx. *taha*, mais.
deb*, s. *lib*.
deba*, f. Leichentuch, Mvsz. (*te'déba*); — Seetz. [*te*]*rdübba* [demnach wahrsch. *deba*].
débak* [زئـبـق‎ *zíbaq, zébaq*], Quecksilber, Seetz. (*debak*[*o*]).
debala* } s. unter *dábalo* und *debálu*.
débalo* }
debâlu [von *débil*]. rund, مـدبـن‎. — Mvsz. *debala*, rund, kugelig.
debei*. s. *débil*.
débelâ*, Celastrus parvillorus, Scнw. (*díbbel-ûh*).
débib* [زبـيـب‎ *zebíb*], Rosinen, Seetz.
débil, sammeln, zusammenwickeln. zusammenraffen, لـم‎; Kaus. *sedibil*; Konj. II. N:o 105. — Mvsz. *debel, de'bel; vedbel*, anhäufen [vielleicht ein Praes. der Konj. V, *édbil*, von einem Stamm *débil*, Freqv. von *débil*, vgl. *délib*]; Pass. *edbel*; Kaus. *esdebel*; *debel*, Haufen; und an einer anderen Stelle: *elbel*, kugelig sein; Kaus *esdebel*; *debala*, rund, kugelig.
def' [دفـع *défa'*]. bezahlen; Konj. I Part. Pass. *edfama*, bezahlt.

déf a*, Thüre, SEETZ. (*addépha*, was jedoch wohl nichts anderes ist als das arab. دفة, *déf a* ‚Planke, Diele').
déffa* (Tigr.), Geschenk, MUNZ.
déftar [دفتر *difter*], m. Buch, Heft.
deg, schwer sein (werden), ثقل; Konj. I. N:o 14; Ableit. *déga*, *mádey*. — MUNZ. *tégia*, schwer sein; Kaus. *tégesja*; *méteg*, Schwere.
dég a [von *deg*], schwer, ثقيل. — SEETZ. *tégga[bo]*; MUNZ. *tega*, schwer, fest, sehr (bezeichnet auch den Superlativ); SEETZ. *tégga[bo]*.
deg a*, *degat** [?], Euter der Kühe, SEETZ. (*tódegát*; viell. ist dieses Wort dasselbe wie das vorhergehende, und die Bedeutung ‚Euter' beruhend auf ein leicht erklärliches Misverständnis).
dégi, wiedergeben, رد; Konj. II. N:o 90.
degs [Kaus. von *deg*], beschweren, Konj. I. N:o 14.
d(e)gáj [von *dégi*, s. d. W.], m. Wiedergabe, رد.
dég"a. s. dág"a.
dég"i, rechnen, zählen, حسب; Konj. II. N:o 91. — MUNZ. *to'gicija* [unrichtig für *to'dgicija*], die Zählung; *edégii*, zählen; Pass. *edagwéi*; *tc'dognecito*, die Zahl.
déh, de', Post- und Präposition, nach, zu الى, الى (s. § 127 am Schluss). — KREM. *téha*, in, nach.
déha*, s. unter *dah*.
dej* [?], m. Mensch, SEETZ. (*odéij*).
dejo*, m. Teich, MUNZ. (*o'dejo*; A. *dejo*).
deláb [von *delib*, s. d. W], Part. verkauft; gekauft. — MUNZ. *deláb*.
delémma*, Finsterniss, SEETZ. (*tédelémma*; vielleicht gehört auch das *tedeleij-dédellemta*

‚Erdbeben' irgendwie mit diesem Wort zusammen).
délha 1, s. *dilha*.
delha* 2, linkhändig, MUNZ. [viell. mit dem vorhergeh. identisch].
délib, 1. kaufen, اشترى; 2. verkaufen, باع; Konj. II. N:o 106; *délib hai*, kaufen; *delib déí*, verkaufen (s. § 313). — MUNZ. *deleb*, *dlib*: *sedlüb* kaufen, verkaufen; Pass. *édlíb* [viell. = *édlib*, von *dalib*]; Kaus. *esdelüb*, Verkauf verursachen; *deláb*, verkauft. *te'deleh*, der Kauf und Verkauf; SEETZ. *délbaténe*, ich kaufe; BURCKH. *djelabat*, arab. to buy and sell.[1]
délif, dunkel, braun, اسمر. — MUNZ. *dölif*, braun; SEETZ. *derüf[to]*, blau [?].
délub, m. Grube, حفر.
déman [ضمن *dáman*], (für etwas) bürgen, haften; Konj. II. 2. b. 2; Ableit. *dmin*.
démbe, s. *dimba*.
dembi*, m. Waden, MUNZ. [vgl. jedoch *dimba*].
dembo* [?], krumm, MUNZ. (*édembo*, vgl. *dimba*).
démim, drücken, pressen, عصر; Konj. II. od. V.? § 298; Ableit. *demám*.
demmara*, s. unter *demárara*.
démo, f. Zwirn, Faden, خيط. — MUNZ. *o'demo*, die Rinde, der Bast [scheint die ursprünglichere Bedeutung zu sein].
demám [von *démim*], m. pl. *démim*, Druck.
demárara, m. Gold, ذهب; *tádemárara*, das Goldstück, ذهبلي. — MUNZ. *demmaru[b]*; SEETZ. *dimmará*; BURCKH. *demourary*.
dén [?], m. Eidechse, SEETZ. (*ód-én*).
der, dir, töten, قتل; Pass. (a)*tédir*, Kaus. *sódir*, Konj. II. N:o 69; vgl. *dár*. —

---

[1] BURCKHARDT scheint demnach den Stamm *délib* vom arab. جلب *jéleb*, eig. ‚schleppen', dann ‚Handel treiben', besonders von den mit Karavanen reisenden Kaufleuten (resp. Sklavenhändlern, arab. جلاب *jelláb*) gebraucht, herleiten zu wollen, was mir nicht unmöglich erscheint. Bei dieser Annahme würde, da sonst dem arab. ج *j(dj)* ein bedaw. *d*, nicht *d*, entspricht, die Munzingersche Form *delib* vorzuziehen sein.

Mᴜɴz. éder, tödten, Kaus. csóďr; o'derr, das Tödten; o'medár, der Tödter; Bᴜʀᴄᴋʜ. déra (Imper.], kill; Sᴇᴇᴛᴢ. addírro, ich tödte [eig. „i. e. ihn'].

déra [Nebenform zu dára, s. d. W.], f. Tante, خالة, خالی. — Mᴜɴz. te'dérato, die Tante; Sᴇᴇᴛᴢ. drúatón [eig. „unsere Tante'], drúja-nór. Vetter [„der Sohn der Tante'], drati-tóntór, Nichte [„die Tochter der Tante'].

deráy*, m. pl. déreg, Ufer, Mᴜɴz. (o'dé-ráy, Pl. e'dércg; vgl. daráy).

dérar, zum Abend essen, تعشّى; Konj. II N:o 145.

derár [Tigr. därár], m. Abendessen, Pl. (mit dem Art.) é-d(e)rár, عشاء. — Mᴜɴz. o'derár; Kʀᴇᴍ. ódera.

derato*, s. déra.

déreb [درب derb], m. Weg, Pfad. — Sᴇᴇᴛᴢ. dérreb.

deretniwa*, m. Boerhaavia repens, Sᴄʜᴡ. (deretnioáb, ssukumlit; vgl. núra).

dérim, f. pl. dirma (§ 22, a), Heerde, مراعي, سرب, قطيع. — Mᴜɴz. dirm, Pl. dirma[d].

dérk"a, e. Schildkröte (á-derk"a, das Männchen, tá-derk"a, das Weibchen), سلحفاة (vgl. déruk). — Mᴜɴz. derkua hallo[b]; Sᴇᴇᴛᴢ. dirkoúi.

déru (déruh), gelb, اصفر.

deruf* [?], blau, Sᴇᴇᴛᴢ. (s. délif).

déruk, m. pl. dérk"a (§ 11), Wassertrog قصعة, حوض. — Mᴜɴz. o'deruk.

des, klein, صغير.

de'ár, 1. bauen; 2. sich verheiraten, تزوج; Konj. II. N:o 167.

d(e)'ár, m. pl. (mit dem Art) éd'ár (das) Bauen, Heirat.

dhálej, f. [pl.], (Holz-) Kohlen, جمر.

di 1, sagen, قال; irreg., s. § 304. — Mᴜɴz. di (a. § 305).

di* 2, s. de' 1.

dib [ديب díb], c. Wolf.

dif, überfahren, übersetzen (über einen Fluss), عدّى النهر; Konj. II, N:o 71. —

Mᴜɴz. édif, übersetzen (über den Strom); Kaus. csódif; mendaṅ, Fuhrt.

difo*, f. (Tigr. djifot), gekochte Durra-körner, Mᴜɴz.

digóg, senden, schicken, بعث, رسل, ارسل; Konj. I. N:o 44. — Mᴜɴz. digogéja, aus-senden; Pass. digogámic, Kaus. digogísja.

digóga [von digóg], m. Bote, Bevollmäch-tigte (in Bezug auf Heirat), Heiratsver-mittler. -- Mᴜɴz. digoga, Auftrag, Ge-sandter.

dik [ديك dik], m. Hahn. — Mᴜɴz. dik, Sᴇᴇᴛᴢ. [o]dik.

dikha*, f. Kohle, Sᴇᴇᴛᴢ. (tedikhet). — Mᴜɴz. te'ha die Glutkohle.

dilha, délha, stark, kräftig, قوي, شديد.

dima, immer, stets, تملي tenulli.

dimmara*, s. unter demárara.

din 1 [entweder dasselbe Wort wie das fol-gende oder aus dem arab. ظنّ zann], mei-nen, glauben, ظنّ; Konj. II. N:o 70; Ableit. dän.

din 2, wägen, wiegen, وزن; Konj. II. N:o 70.

din, f. Dorn, شوك. — Mᴜɴz. to'dinn, Pl. te'denn, Dorn. A. dint.

dinne*, f. Himmel (ar. Djinnet), Mᴜɴz. [Nicht von جنة jenne(t) „Paradies" sondern von دنيا dúnja, donja „Welt, Himmel"].

dinó, herumgehen, herumspazieren (in einer Stadt), دار, sudanarab. لبد; Kaus. dunós; Konj. I. N:o 62.

dinój [von dinó], f. (das) Herumlungern, Spaziergang.

dir, s. der.

dirda*, Zange zum Krümmen von Eisen-draht ete. Sᴇᴇᴛᴢ.

dire [درع der], m. Panzer. — Mᴜɴz. edra.

direr*, Mᴜɴz. »dirérja, „in den Augen Ge-lüste zeigen» (vgl. fed).

dirm*, s. dérim.

diset [wahrsch. die Objektivform eines fem. Subst. disé], langsam, sacht, gemächlich, على مهله; ánr diset haverani, ich gehe langsam.

dena*, die Hatule (Fruchtbaum), Mᴜɴz.

diwdwc, m. Schienbein, ⸺. — Mυnz. [*t*]*duiduju*, Schienbein.
dmīn [von *áman*], f. Bürgschaft.
do*, m. Wasserbecken im Fels. Mυnz. (*o'do*).
dŏ, m. Wurm, دود. — Mυnz. *o'do*, Pl. *e'do* Wurm, Käfer; Seetz. [*e*]*uí*.
dŏ', 1. kleben, ankleben, لصق; Konj. I. § 238, 1, b; 2. m. (das) Kleben.
dŏb, 1. verlobt; *á-dŏb*, der Bräutigam, خنيب; *tâ-dŏb*, die Braut, خنيبة; 2. heiraten, vulgärar. جز; Pass. *dóbam*, Kaus. *dŏbs*; Konj. I. N:o 26. — Seetz. [*e*]*dŏb*[*a*], Bräntigam; [*te*]*dŏb*[*a*], Braut; Lιn. *idob*, marier.
dobba*, f. hölzerner Riegel, Seetz. (*tedobba*).
dŏhti [von *dŏb*], m. Hochzeit, عرس, فرح.
dŏf, m. pl. *difa*, Stück, قطعة. — Mυnz. *o'dof*, das Fleischstück.
doh*, *dŏī**, Sanseviera Ehrenbergii, Scuw.
dŏlif*, s. unter *délif*.
dŏm [دوم *dūm*], f. Dumpalme.
dōr [viell. das arab. دور *dōr* ,Mal'], 1. m. Zeit, وقت; *álhūri dōr*, die Mittagszeit; 2. postpos. Konj. zur Zeit da, als (vgl. §§ 352, 357).
drcy* [?], m. Kraft, s. unter *adger*.
dśimo, s. *jimmo*.
du*, kneifen, s. *tu'*.
dū, schlafen, رقد; Kaus. *dūs*; Konj. I. § 241. — Krem. *ana duane*, ich schlafe; Mυnz. *duija*, schlafen, sich niederlegen; Kaus. *dósija*, schlafen machen; Seetz. *damáduęh*, ich schlafe.

duán*, m. grosser Wassertopf, Seetz. (*oduán*).
dūb*, fallen, s. unter *deb*.
dūhb*[?], f. geronnene Milch, Mυnz.
dūf, 1. f. Schweiss, عرق; 2. schwitzen; Konj. I, § 238, 1, b. — Mυnz. *o'duf*, der Schweiss, *dufju*, schwitzen; Kaus. *dufesja*; Seetz. [*o*]*dúf*, Schweiss.
dūg 1, saugen (auch von der Mutterbrust). مص; Kaus. *dūgs*, säugen; Konj. I. § 238. 1, b.
dūg* 2, s. unter *dagᵣ*.
dugrár*, Cordia subopposita, Scuw.
dúgura, m. Schöpfeimer (von Leder), دلو. — Mυnz. *o'ergua*[*b*].
duhr [ظهر *duhr*], m. Mittag; *álhur*, der Mittag (§ 31). — Seetz. [*ro*]*dúrr*.
duidujo*, s. *diwdiw*.
dúndura, stumm, أخرس.
dúngᵤi[?], Knecht, Seetz. (*dungúih*).
dūr, *sūr* (wahrsch. vom arab. زور *zūr*), besuchen, زار; Konj. I. — [Viell. gehört Bunckh. *osour*, to cohabit, hierher, bedeutet aber dann eigentlich ,den Besuch' bei einem Weib].
dúra, *dūr*, c. Geschwister der Eltern; *odūra*, der Oheim, خال; *tádūra*, die Tante, خالة. — Mυnz. *o'duro*, der Onkel; *te'derato*, die Tante; Seetz. *dúron*. Oheim [eig. ,unseren O.']; Bunckh. *durao*, cousin.
dúranaj [von *dūr*], f. [pl.], Besuch, زيارة.

Ḍ.

ḍā*, s. *ṭa*.
ḍāb, s. *dāb*.
ḍāf [von *dif*], m. Farbe; Färbung.
ḍah, fett, dick, sein (werden); Konj. II. N:o 72; Ableit. *ḍáha*, *ḍéhani*. — Mυnz. *edha*, fett werden; *eshodha*, fett machen; *deha*, fett; *te'edha*, die Fettigkeit.
ḍáha, *ḍéha* [von *ḍah*], fett, dick, sudanar. دهين. — Seetz. *daha*[*bo*], fett; Lιn. *daha*[*bo*]. gras

deb, 1. fallen, غب; untergehen (von der Sonne). غرب; Kaus. *debs*; Konj. I. N:o 9: 2. m. Fall. — Mnz. *däbja*, fallen; *däbb*, der Fall; Seetz. *dübb[änenēh]*, ich falle.
deba*, s. *déba*.
déha, s. *dáha*.
déhani [von *dah*], lebendig, frisch, gesund, حي. — Mnz. *däheni*, gesund; A. *dähenib*.
d(e)la*, durchbohren, s. unter *tela'*.
démi, übel riechen, stinken, زنخ; Konj. II. N:o 99. — Mnz. *edmije*, stinken; Kaus. *eshdem* [das *sh* (= *š*). für *s*. zeigt deutlich genug, dass der erste Stammkonsonant ein präkakuminaler, nicht ein dentaler Laut ist]; *demia*, stinkend, *te'demiei*, der Gestank.
démiaj [von *démi*], f. Gestank, رائحة.
démja [von *démi*], stinkend. — Lis. *doumjab*, puer [eig. „puant"]

den*, Mnsz.: *edenn*, anfangen. Pass. *etodann*; Kaus. *esodenn* [demnach zur Konj. II. 1]; *te'todann* [?], der Anfang.
der* 1, Mnz. *sēdēr* bauen (ein Haus): Pass. *edärr* [?], gebaut werden«. Hiermit ist sicher ein anderes bei Mnz. vorkommendes Wort zu identifiziren: *seder*, heirathen» [vgl. das italien. *casarsi* ‚heirathen‘ von *casa* ‚Haus‘]: »Pass. *tedärr*, verheirathet werden, Kaus. *esederr*, verheirathen; *derr*, Heirath».
der* 2, Mnz. *ederr*, vom Weg abgeben.
dif, färben, صبغ; Konj. II. N:o 73; Ableit. *däf*.
dim, mit Hausgerät versehen, möbliren, أثث; Konj. II. N:o 74.
dína, m. Biene. نحل.
dōme, m. Norden, شمال. — Lis. *domee*, Nord [-*e* ist das Suffix 2. Pers. Sing.].

E.

ē 1, kommen, s. *i*.
e* 2 [?], f. Kehle, Seetz. (*teetón*; eig. „unsere Kehle").
e* 3 [?], f. Schnecke, Seetz. (*teéh*).
edei* [?], schmal, Seetz.
ébi, Pron. selbst, vgl. *bije*.
édahe [von *dah* 1], f. Enge.
edeba*, f. Pennisetum, Schw. (*ehdebätt*).
eded*, Mnz. *o'eded*, die Vertheilung, der Theil; *jeeded*, theilen [demnach zur Konj. zweiter Klasse].
edem* 1, s. unter *adám*.

edem* 2 [عدم ‘*adam*, mangeln]. Mnz. *jeédem*, klein werden: Kaus. *eshéidem*, verkleinern [demnach zur Konj. zweiter Klasse]; *edemie*, klein.
édembo*, krumm, Mnz. [vgl. *da'ba*]
ederga* [von *ádger*, s. d. W.], stark (von Gott), Mnz. (*o'edergab*, der Starke).
edf*, *edif*, s. *ädif*.
édfama [von *def*, s. d. W.], bezahlt.
edite*, f. der grosse Bär, Mnz. (*t'edites*).
edom*, s. unter *adum*.
édrih*, s. *lerig*.

Nova Acta Reg. Soc. Sc. Ups. Ser. III.

efedge, s. unter *fáḍiga*.
éfe*, zwischen [?], Mᴜɴᴢ. [wahrsch. nichts anderes als die Präsensform *éfi*, ,es ist', vgl. *faj*].
efo*, f. äusseres Haus, Flur, Mᴜɴᴢ. (*to'efo*).
éga 1, 1. m. Rauch, دخن; 2. rauchen, دخن; Konj. I. § 242, 1. - Mᴜɴᴢ. *o'ëge*, der Rauch; *egáte* [?], rauchen, Kaus. *egásija*; Sᴇᴇᴛᴢ. [*icu*]*éga*, Rauch.
ega* 2, m. Aerva javanica, Sᴄʜᴡ. (*ehgāb*; viell. mit dem vorhergeh. Worte identisch).
égrim, grau- (weiss-) haarig, شمط; Kaus.
égrims, weisshaarig machen, شمط. — Sᴇᴇᴛᴢ. *egrim*, bejahrter Mann.
égrimam [von *égrim*, s. § 240], graubaarig werden; Konj. I. N:o 55.
eg*adi*, f. Dipteracanthus patulus, Sᴄʜᴡ. (*egnadīt*); Hedyotis Schimperi, Sᴄʜᴡ. (*egnadīt*, *ogaaïōt*; wahrsch. beide mit *g"ad* ,Quelle' zusammenhängend).
eh* [?], s. *ī* 3.
ehelli*, gekrümmte Zeltstange, Mᴜɴᴢ.
ein*, s. *īu*.
ej, *aj* [mit *oj* ,Hand' identisch], fünf, خمسة; vgl. das Verzeichn. in den Vorbemerk.
éja, fünfte, خمسة. — Mᴜɴᴢ. *o'eir*.
ejaho. Fünftel, خمس (§ 99).
ejtamūn, fünfzig, خمسين. — Mᴜɴᴢ. *ei temun*; Sᴇᴇᴛᴢ. *citamū*.
éka* 1, m. s. *bámie*.
-*ēka* 2, Postpos. seit, seitdem, منذ.
éke, f. (eine Art) Geier, رخمة. — Sᴇᴇᴛᴢ. [*te*]*éke*, Weihe; Lɪɴ. *eguih*, vautour.
eketi*, vielleicht, Mᴜɴᴢ.
ekāt, lächeln, تبسم; Konj. I. § 238, 2, b.
éla, m. dürres Gras, Heu, حشيش. — Mᴜɴᴢ. *o'ēlab*, trockenes, liegendes Heu; Sᴄʜᴡ. *ehlā*[*b*], Panicum.
elel*, Mᴜɴᴢ. *jeélel*, krümmen [demnach zur Konj. zweiter Klasse]..
élenda*, Schatten, Mᴜɴᴢ.; Sᴇᴇᴛᴢ. *eniudalla* [?; viell. steckt hier irgendwie das hisch. *īn* ,Sonne' und das arab. ظل *ḍill*).
elet* (Tigr.), Termin, Mᴜɴᴢ.

eletnén* [اليثنين *eletnén*].f. Montag, Sᴇᴇᴛᴢ. (*telletnén*).
élha, s. *léha* 1.
elhít, s. *lehít*.
élja* [غالي *gáli* ,teuer']. Sᴇᴇᴛᴢ. (*ellíato*).
elli* [?], f. Solanum dubium, Sᴄʜᴡ. [*tēllet*, *ellit*, *to-ūllu*].
éma*, s. unter *imáj*.
emán* [arab.], Glauben, Mᴜɴᴢ. [s. unter *áman*].
emba*, s. unter *úmba*.
émbad, m. Matte (wovon das Zelt gemacht wird), حصير. — Mᴜɴᴢ. *émbadi*, Matte als Bettteppich; Sᴇᴇᴛᴢ. *mbadēh*, Teppich, [*o*]*mbad*, Fussmatte.
embade*, s. unter *máḍed*.
embaroi*, Lippe, Bᴜʀᴄᴋʜ. [*tu*]*mbaroy*, lips; Sᴇᴇᴛᴢ. *tembarōih tōnkij*, Oberlippe [vgl. *ink*]; *tembarōih tōhij*, Unterlippe [vgl. *ühi*].
émbe, *mbe*, m. Tag, يوم. — Mᴜɴᴢ. *o'émbē*; Sᴇᴇᴛᴢ. [*irú*]*mbe*.
embelal*, Mᴜɴᴢ. *embelalja*, träumen; Kaus. *embelálesia* [demnach zur Konj. I]; *embēlel*, Traum, *embelálena*, Träumer.
emberés* [?], m. Calotropis procera, Sᴄʜᴡ. (*umberrēs*, *birress*); — Kʀᴏᴄᴋ. *im-behress*, Oshar (Baum), Asclepias.
émbi*, s. unter *mi*.
emeleg* [?], Todtentanz, Mᴜɴᴢ.
emsi*, s. unter *ámse*.
émse, f. pl. =, mit dem Art. *támse*, kleiner Stock, dessen unteres Ende von zwei kleinen Pinnen durchgestochen ist (zum Umrühren im Kochtopf), مفد.
emtaras*, s. unter *métaras*.
émeno*, s. *méno*.
énda 1, f. pl. =, Mutter, أم; *tánda*, die Mutter; *tánda*, die Mütter, *éndeta*, meine Mutter. — Mᴜɴᴢ. *endē*[*t*], Mutter; *endedje endou*, Mutterland, -stamm; *enda*[*d*], weibl. Kalb [ist wahrsch. dasselbe Wort; vgl. übrigens das Verzeichn. in den Vorbemerk.].

énda 2, pl. Leute, s. tak. Mvsz. endab, Männer; Knem. énda, Leute.

énda 3 } s. éndi.
énde }

endera*, m. Anhébaum, Mvsz. (o'endera).

éndi, énde, f. Eisen, حديد. — Mvsz. to'endi, A. endit; Seetz. [tö]nda.

endirhu* [?], f. Henne, Huhn [?], Seetz. (tandirhu, Küker, Henne); Knock. teantie-reh, Haushuhn.

endit*, Nashorn, s. unter haris.

éndoa, m. Araber, Beduinen, عرب. — Mvsz. o'endoa, Ansiedlung, Familie, Stamm [vgl. báb, énda 1]; Seetz. endoú, Stadt [vgl. dabalo].

endo*, s. unter énda.

endóf, ndóf, scheissen, kacken, خری; Konj. I. § 238, 2. b.

énya, ńya, m. Rücken, ظهر. Mvsz. te'engidmitat, das Rückgrat [vgl mida]; Seetz. [o]uyón, [unseren] Rücken.

éngad, ńgad, stehen, وقف; Konj. IV. § 291; Abl. méngad. — Mvsz. enget, stehen, Kaus. eseuget; menget, das Stehen.

engál, ńgál, f. engát, ein, احد. — Mvsz. engáir, engal, f. engat [vgl. übrigens das Verzeichn. in den Vorbemerk.].

engereb* [?]: Mvsz. engēreb, Abend (arab. moghreb); [diese Herleitung aus dem arab. ist unstatthaft. Möglicherweise liegt eine Verwechselung mit dem bekannten angareb, „Bettstell" vor, s. d. W.].

engi*, f. Mitte, mitten, Mvsz. (te'engi); — Seetz. tingate tibalú, Mittelfinger.

engūl, ńgūl, m. pl. engil, Zwirn, Faden, خيط.

eninet*, s. unter ónan.

enjemu*, tapfer, klug; Brckn. enjemabo, bravery [eig. „he is brave"]; Seetz. endsjemabo], klug.

énkaliu, m. kleiner Thontopf oder Thonkrug (zum Kochen), sudanar. دنمك. — Mvsz. o'nkaliu, der kleine Kochtopf [vgl. wa 2].

énkas, s. nékas.
énki, s. ink.

enkuli* [?], m. Seetz. [o]nkulib, Zuckerrohr.

enomhim*, s. unter ónomhin.

ensóf, nsóf 1. leicht, خفيف; 2. leicht sein, خف; Konj. IV. N:o 203. — Mvsz. enshof, leicht sein; Kaus. enshinshof [?]; shof [?], leicht, leichtsinnig; te'shúfa, die Leichtigkeit.

éntūr, m. pl. éntūr (mit dem Art. úntūr, pl. áutūr), 1. grosser geflochtener Teller, plateau (worauf das Essen aufgetragen wird), ضبي; 2. Sieb, غربل. — Mvsz. o'ntar, ein geflochtener Teller; Seetz. [o]utúr, Schwinge.

entéwa, m. der kleine Mahlstein (womit auf dem grösseren, ria, gerieben wird). — Seetz. éntewálla, der Reiber, [to]ria, der Lieger.

éntōi } hier, hieher, ده (§ 368).
éntōn, }

érā 1. weiss, ابيض; Kaus. eras (§ 240), weiss machen, بيض. — Mvsz. era, weiss; Seetz. erab[o], licht; otak erabo, ein Weisser [vgl. tak]; Schw. terāb [d. h. „die weissen"], Chrysopogon quinqueplumis, Tricholæna Teneriffæ.

éra* 2, s. unter éru.
érej, m. Nebel, ضبب.
ere*
eréini* } s. unter aré, Mvsz.
erena*

erg"a, m. Mvsz. o'erguab, lederner Schöpfeimer.

erh, s. réh.
érhasa* [خميس, رخيص]. wohlfeil, Seetz. (erhassato).

éri, s. úri.

érid, erd, ūrid, spielen, لعب; Kaus. erds; Konj. I. N:o 331.

erū*, s. unter éru, Mvsz.
ero*, s. unter are.
erre, s. unter are.

éru, úra, úre, gestern Abend, امس; éru (úre) bitkait, vorgestern, Abend اول امس, اول. — Mnz. eró, gestern; Krem. era.
ésagur, csúgur, s. ásagur.
esúrama, cséroma, s. asárama.
ésimhei, s. ásimhei.
eskera* [سكرا sakrân], betrunken, Seetz. (éskeràbo).
esni* [?], f. Mnz. tesni, die hergebrachte Sitte.
esnóta* [?], Auftrag, s. snáta.
ésse* 1, s. unter úsei.
ésse* 2, f. Innenhaus, Mnz. (to'esse).
éste, s. unter áste.
esur*, s. sûr 1.

esurkena, s. súrkena.
éša 1, s. úša.
eša* 2, ungesalbt, trocken (vom Haar) Mnz. (esha).
ešej*, m. verlassenes Lager, Mnz. (je'eshei). [Es wäre jedoch leicht möglich, dass dieses ešej einfach dasselbe Wort ist wie mein úšaj (bei Seetz. eša) ,Harn', woran es jedenfalls auf einem verlassenen Lagerplatze kein Mangel ist].
ešeš*, s. unter děiš, Mnz.
éšte, s. áste.
ét'adia [von ádi]. gebaut.
etam, etama, s. unter 'at.
eterig, s. térig.
éṭa*, eng, s. unter dah 1.

F.

fada* (Tigr.) mutbig, Mnz. (fadab).
fadág*, offen, Seetz. vgl fédig.
fade*, f. Narbe, Seetz. (teffadéh).
fádig, 1. verwerfen, verschmähen, فت; 2. (eine Frau) verstossen, نلي; Konj. V, N:o 207; vgl. fédig.
fádig, fédig, vier, اربع; vgl. das Verzeichn. in den Vorbemerk.
fádiga, fédiga, vierte, رابع. — Mnz. o'efedge, der Vierte.
fádigho, fédigho, m. Viertel, ربع. — Mnz. fedgae.
fádig-tamán, fédig-tamán, vierzig, اربعين. Mnz. fedig temun; Seetz. phadíktamú; Krem. fadheg tamú; Knock. fardik tammu.
fâf [von ff], m. pl. fîf, (das) Ausgiessen, ديب.

fáfar, springen, hüpfen, نز; Konj. 1. N:o 31. — Mnz. fafarini, trabendes (Pferd) [eig. „er springt']; Ln. farini, sauter [Wenn diese Form richtig ist, kann sie nls 3. Pers. Sing. Präs. eines Stammes far nur ‚il saute' bedeuten, und mein fáfar würde dann ein bemerkungswertes Beispiel reduplizirter Stammbildung sein].
fáid, lachen, ضحك; Konj. V. N:o 208. — Mnz. éfeid, lachen; Kaus. esfeid; efied, das Lachen; Seetz. apheied-épheb, ich lache; Ln. efiet, rire.
fáis, endigen, schliessen, خلص, ضتی; Pass. fáisam, Kaus. fáisis; Konj. 1. § 238, 2, b.
faj, fi, sein, existiren (eig. sitzen); irreg. § 325, 3. — Knock. ch-fi, hat; Ln. fihat, sentir [diese Form ist die 1. Pers. Sing. Aor. eines Stamme fih, fi, wovon mein éfi

fájir [فجر *fajr* ‚Morgendämmerung'], Morgen, SEETZ. (*pháḍjir*).
fákkur [تفكر *tafákkur*, s. § 377, d], denken; Pass. *fákkaram*, Kaus. *fákkars*; Konj. 1. § 238, 2, a.
fale*, f.: MUSZ. *te'fale*, der Augapfel.
fam [فحم *faḥm*], m. (Holz-) Kohlen.
fanás* [فنوس *fānús*], m. Laterne, SEETZ. (*phanús*).
fár, m. pl. *fár*, Blüte, Blume, زهر, MUSZ. *far*, Blüthe, Knospe; SEETZ. *hindephár*, Blume [eig. ‚Baum-Blume', s. *hínde*].
farasjaf*, zahnlos, MUSZ. [vgl. *jef*].
farr* [فر *farr* ‚fliehen'], springen [?], Konj. I. SEETZ. (*pharradehnéh*, ich springe).
fárša [فرشة *fárša*], f. Matte, Matratze, Bett.
fás [فأس *fás*], m. pl. *fás*, Axt.
fasáda* [فصادة *faṣáda*], f. Aderlass, SEETZ. (*téffassáda*).
fátik, s. *fétik*.
fatíl* [فتيل *fatíl* ‚Docht'], f. Lunte, SEETZ. (*téffatíl*).
fatár [von *fétr*], m. pl. mit dem Art. *é-ftir*, Frühstück, فطر.
fe, s. *fi*.
fed*[?], MUSZ. *éfed*, böse Anschläge, Gelüste haben.
fedíg* 1, m. Schuhsohle, MUSZ. (*o'fédig*).
fédig 2, 1. (jem., etwas) sein lassen, sich (damit) nicht befassen, die Hand (davon) zurückziehen, خلى, سيب; 2. losmachen, lösen (ein Schiff), حل; Konj. II. § 263. — MUSZ. *éfdig*, verlassen, lassen, scheiden; Pass. *ésdeg*; Kaus. *isfédig*; *o'fedág*, das Verlassen; *te'fedíg*, die geschiedene Frau [vgl. *fádig*]; SEETZ. *phadúg[v]*, offen.
f(e)dág [von *fédig*], m. pl. *f(e)dig*, (das) Verlassen.
fédig, s. *fádig*.
fef*, s. unter *fif*.
fej*, m. Nasenring, Ohrring, SEETZ. (*opheij*).
féjak, wegtragen, wegnehmen, أخذ; Konj. III. N:o 179. — MUSZ. *efiak*, fortnehmen;

Kaus. *esfaik*, und an einer anderen Stelle: *éfaik*, tragen; Kaus. *esfáik*.
felangedi*, f. Stapelia macrocarpa, SCHW. (*felangedít*).
féna 1, f. pl. =, Lanze, رمح. — MUSZ. *to'fena*, Pl. A. *fenát*; KREM. [*to*]*fna*; KROCK. *dohf-e-nah*; SEETZ. [*to*]*fna*; vgl. das folg. W.
féna 2 [viell. mit dem vorangehenden identisch], m. Streit, خناقة, قتال. — SEETZ. [*o*]*fna*, Krieg; MUSZ. *ofne*, Streit.
fénau, sich ausrecken, die Glieder ausstrecken, تمطى; Konj. III. N:o 180.
fenhi*[?], MUSZ. *te'fenhi*, die Frau in den Regeln.
fénik, beissen, عض; Konj. II. N:o 107. — MUSZ. *éfnek*, beissen; Kaus. *esfenik*; Pass. *etfenik*; *te'mefnek*, das Beissen; SEETZ. *phinniktókeneh*, ich beisse [eig. ‚ich beisse dich'].
fennahát*[?], die monatl. Reinigung, MUSZ.
fer*, s. unter *fir* 2.
fera* 1, f. Flucht, s. unter *fór*.
fera* 2, f. Tribut, s. unter *fira'*.
féra', s. *fira'*.
férha, *firha* [فرح *farh*], froh, fröhlich, فرحان. — SEETZ. *afferha[bc]*, Lustbarkeit.
féri, s. *fíri*.
férik, graben, حفر; Pass. *alferák*; Konj. II. N:o 110; vgl. tigr. *fareṣa*, trouer, percer.
féringi*, f. Hautwurm, SEETZ. (*pheringt*).
f(e)rík [von *férik*], m. pl. *f(e)rik*, (das) Graben.
feta*, f. [pl.] Kopffrisur der Männer, MUSZ (*te'jta*, A. *fétut*); viell. mit *fitha* identisch
fétah 1 [فتح *fátah*], öffnen; Konj. II. N o 146.
fétah 2 [viell. mit dem vorhergeh. W. identisch], sich trennen, sich scheiden, فصل; Konj. III. N:o 184. — MUSZ. *eftú*, auseinanderbringen, trennen; Kaus. *esfett*; *fethu[b]*, Trennung.
fétah, offen, مفتوح.
fétha [von *fétah* 2], m. Trennung, Scheidung

f(e)tíg*, MUNSZ. *eftégg*, ausziehen (einen Pfahl); Pass. *etfetág*; *o'ftúg*, das Ausreissen [demnach zur Konj. II. 2. b; viell. mit dem folg. W. identisch].

fétik, *fátik*, (ein saugendes Kind) abgewöhnen, فطم; Konj. II. N:o 134.

fétir [فطر *fátar*], frühstücken; Konj. II. N:o 168.

fétit, kämmen (von Manneshaar, Wolle u. dgl. vgl. *hádg"i*), نفش; Konj. II. N:o 109.

f(e)táh [von *fitah* 1], m. (das) Öffnen.

f(e)tát [von *fetit*], m. (das) Kämmen.

fi 1, s. *faj*.

fi 2, *fe*, m. Bauch, Bauchhöhle, (das) Innere, بطن; Eingeweide, احش. — MUNSZ. *o'fi*, der Bauch; SEETZ. [o]*phéh*, Bauch; *phi[ók*], Magen [eig. „deinen Magen"]; *effiúl-lahába*, Kolik [eig. „sein Magen ist krank']; BURCKH. *ofy*, stomach.

fiak*, s. unter *fejak*.

fidem* [?], sich schneuzen, Konj. I, SEETZ. (*phidemmadénch*, ich schneuze mich).

fif, verschütten, ausgiessen, vergiessen, فضى; Konj. II. N:o 75; Ableit. *fáf*. — MUNSZ. *ifef*, ausschütten, ausgiessen.

fin, sich ausruhen, ruhen, استند; Konj. I. § 234. 1. b.

findyán* [فنجان *jin)án*], m. Tasse, SEETZ. (*phindgáu*).

fir 1, m. Gesicht, pl. *fira*, Gesichtszüge, نفضى الوجه; *nóri áfira dáiba*, die Gesichtszüge des Knaben sind hübsch; *áne tóóti fir salámau*, ich küsste das Gesicht des Mädchens. — KREM. [*e*]*phir*, Gesicht; SEETZ. [*r*]*phir*, Gesicht.

fir 2. fliegen, نز; Konj. I. § 238. 1. b. — MUNSZ. *ferja* (Tigr.), fliegen; *o'ferdi*, das Fliegen; Kaus. *feresja*.

fira' 1, *féra'*, 1. heraus-, weg-tragen; herausziehen, نزل; 2. (Steuer) bezahlen;

Kaus. *sefára'*, Konj. II. N:o 147. — MUNSZ. *to'fera*, der Tribut; *efra*, Tribut geben, Kaus. *sésfera* [Kaus. des Kaus.], Tribut eintreiben.

fira' 2, *féra'* [wohl mit dem vorangehenden W. identisch, trotz der verschiedenen Konj.], ausgehen, sudanar. مرق; Konj. III. N:o 182; vgl. tigr. *farara*, sortir (pour chercher du bois, pour paitre les troupeaux etc., auf etwas ausgehen).

firha, s. *férha*.

firi, *féri*, *féru*, [wahrsch. mit *fira'* 1 identisch]. gebären, ولد; Kaus. *séfar*; Konj. II N:o 93; Ableit. *feráj*, *me'frei*. — MUNSZ. *táfro*, sie hat geboren; *ifré*, geboren werden; *o'frei*, die Geburt, *to'mofré*, das Gebären; Kaus. *esfer*, gebären helfen; *te'sfarene*, Geburtshelferin; vgl. tigr. *faré*, faire du fruit, fructifier.

föltila* [?], f. Perlenmuschel, SEETZ. (*teffoltila*; wahrsch. ein arabisches Wort, vgl. *sadef*).

för, fliehen, جفل; Konj. IV. § 287. — MUNSZ. *efor*, fliehen; Kaus. *esfor*; *fora*, Flüchtling; *ferat*, Flucht.

frük, s. *ferük*.

ftüh, s. *fetáh*.

ftüt, s. *fetát*.

fu, f. die grosse Zeltstange (in der Mitte des Zeltes).

fu', riechen شم; Konj. I. N:o 1.

füf, aufblasen, نفخ; Pass. *füfam*, Kaus. *füfs*; Konj. I. § 238. 1. b. — SEETZ. *phuph[anéphe*], ich blase.

fúfama [von *füf*], Part. Pass. aufgeblasen منفوخ.

fül* [فول *fúl*], m. Bohnen, SEETZ. (*ophúl*).

fu'ti, *fú'te* [von *fu'*], m. (das) Riechen.

futi*, f. Biermalz, MUNSZ. (*te'futi*).

G.

gab 1, gleichen, ähneln, شبه; Kaus. *găbs*; Konj. I. N:o 12.

gab 2, 1. satt sein, شبع; Konj. I. N:o 13; 2. f. [pl.] Sattheit. — Munz. *geb*, Sattheit; *gĕbja*, satt werden; Kaus. *gĕbesja*, sättigen; *geba*, satt.

gába 1 [von *gab* 2], satt, شبعان. — Munz. *geba*; Brucku. *gaba[bo]*, satiated.

gaba* 2, f. [pl.], Munz. *te'gaba*, Rhamnus Nebeka (ambar. *gaba*); m. Munz. *o'gaba*, die Frucht des Nebek; — Krock. *dahyah-bah*, naback (Baum), Schw. *gabā[t]*; Zizyphus Spina Christi.

gabíla [قبيلة *gabíla*], f. Stamm, Tribus.

gâd [von *gid*], m. (das) Werfen, Wurf. — Munz. *gad*.

gádaba, traurig, حزنن.

gadal* [?], spinnen: Seetz. *[tig]gadála*, die Spinnerin; *gitledéni[?]*, ich spinne; vgl. tigr. *gadela*, tresser, corder, arab. جدل.

gádam* [?], neben, Krem. *gaddam*; viell. richtiger ‚hinter', vgl. *kadám*.

gaddám [قديم *gaddám*], m. pl. *gaddim*, krumme Hacke. — Seetz. *kaddăm*, Beil.

gadhe* [جدح *gadah*], Schüssel, Krem.

gafari*, m. Agathophora alopecuroides, Schw. (*gafarib*).

gáfe [von *gif*], f. (das) Austossen.

gága (wahrsch. von einem Verbalstamm *gay*), stammelnd, لكن. — Munz. *geyga*, stammeln; vgl. tigr. *gĕgĕ*, errer, se tromper.

gagerhuā* [?], verwitterter Granit, Munz.

gái, neu, جديد; *tána gaítu*, das Ding ist neu; vgl. *giéi*. - Munz. *gi*; Seetz. *geji[bo]*.

gâl*, Baum [?], Krock. (*gahl*).

gálad, m. Friede, صلح, ضح; vgl. tigr. *galad*, paix, trêve.

galkik* [?], gleich, regelmässig, Munz.

gam, gim, dumm, thöricht sein (werden), حبج; Kaus. *sógim*; Konj. III. N:o 173; Ableit. *gma*. — Munz. *egem*, nicht wissen, ignorieren; vgl. tigr. *gamā*, être défectif, incomplet.

gána, f. flache Hand, paume, يد. — Munz. *te'gana*, die hohle Hand; Krock. *the gannah*, Hand.

ganahandi [viell. aus dem folg. W. und *hinde* ‚Baum' zusammenges., demnach ‚Gazellenbaum'] m. Otostegia integrifolia, Schw. (*ganahandip*).

ganáj, ganá, c. pl. *ganéj*, Gazelle, غزال; *áne ganájt réhan*, ich habe ein Gazellenweibchen gesehen. — Seetz. *gannâ*, kleine Gasal [vgl. *ra*]; Krock. *genna*; Krem. *ganna*, pl. *gannai*; Brucku. *ogana*; Hegl. *ganai* (Antilope dorcas).

ganám [vom arab. غنم *ganā*, Reichtum', vgl. §§ 39, 376], reich sein (werden); Kaus. *ganáms*; Konj. 1.

ganamā [von *ganám*], reich, غني.

ganna*, s. unter *ganáj*.

gar* [جرب *garb*], m. West, Brucku. (*oghar*).

gár'a [جرعة *gár'a, gár'a*], m. Kürbiss, Seetz. *karra*.

gara*, f.: Munz. *to'gara*, A *garat*, der Hof, Umzäunung.

gáraba [von *garabō*], hinkend, عرج. — Munz. *o'gerrabei*, hinkend.

garabō, gerabo, hinken, عرج; Konj. 1. N:o 64.

gárar, girara, milde عمرس. — Seitz. *garrará[bo]*, milde; Las. *garrarih*, fatiguer.

yas, f. weben, نسج; Kaus. *gasis*; Konj. I. N:o 16; 2. (das) Weben, Gewebe.

yásane, m. Zeltpflock, وتد. Munz. *egisane*, Zeltpfahl.

gasis 1, Kaus. von *gas*.
gasis 2, m. eine Art Speise, لقمة دقيق „Mehl-bisschen". — Mvnz. *o'tem o'gasis*, das ungesäuerte Brod [vgl. *hámi*].
gaš, sieden, kochen (vom Wasser u. dgl.) غلي; Kaus. *gašíš*; Konj. I. N:o 17. — Mvnz. *gáshia*, sieden; Kaus. *gashishja*, zum Sieden bringen.
gau (*gaw*), m. pl. *gáwa*, Zelt von Matten, Haus, بيت. — Mvnz. *o'gau*, Pl. *e'gau*, das Haus, A. *gauáb*, Häuser; Krem. [o]*gau*, Haus; Knock. *ah-gau-ah*, Dorf [eig. „die Häuser']; Burckh. [e]*gowa*, tent; Seetz. [o]*gáu*, Zimmer [vgl. *bekkár*], Säbelscheide, *kauhindij*, Baubolz [vgl. *hinde*].
gáu, s. *gōj* 1.
gder* [قدر *qidr*, *gidr*, „Topf"], eiserne Brodpfanne, Mvnz.
gde*, s. unter *géda*.
gē', rülpsen, sudanarab. دش; Kaus. *gē's*; Konj. I. § 238, 1, b.
geb, Post- und Präposition, an, bei, عند, عند.
geb*, *geba**, s. unter *gab*, *gába*.
gebe*, s. unter *gibe*.
gedáf*, m. Vorhang von Matte, Mvnz. (*o'gedáf*).
gédah, hinuntergehen, herabsteigen, descendre, sudanarab. دي; *áne géfi ágdah*, ich stieg vom Ufer hinunter; Konj. III. N:o 183. — Krem. *gedaho*, komm herab; Mvnz. *egda*, hinuntergehen (den Berg); Seetz. [*ruhe*]*getatenéh*, ich steige hinab [vgl. *ihi*].
gedem*, Wurzel, Mvnz.
gedi* 1, f. eine Art schwarzer Giftschlange, Mvnz. (*gedit*)
gedi* 2, m. Gesicht, Mvnz. (*gedib*; hierher gehören wohl auch die an einer anderen Stelle bei ihm vorkommenden Wörter *mei godib*, rechts. *tera godib*, links; vgl. ma 2).
gedńdi, unfruchtbar, عقير; vgl. tigr. *gadńde*, chamelle stérile, *gedúmē*, stérile (vache).

geda, f. Kleid von Wolle. Mvnz. *to'gde*, Wollkleid.
gedda*, f. Sandalen, Krem. (*tegedda*). — Mvnz. *te'gedda*, einfache Beduinensandalen; Seetz. *tiggirda*, Sandale; *tiggirda tanquih*, Schuster [vgl. *túkuk*"]; Knock. *the girda*, Schuh, Sandale.
gef, s. *gif*.
gēf, m. pl. *gáf*, steiles (Fluss-) Ufer, abschüssiger Rand. [Im Sudanarab. wird das Wort *gēf*, جيف, in derselben Bedeutung gebraucht, und von diesem Worte hat wohl auch die der Hafenstadt *Sauákin* auf dem Festlande gegenüberliegende Bischaristadt *Gēf* seinen Namen her, obwohl das Ufer hier nicht besonders steil herabfällt].
geyya*, s. unter *gáya*.
géhar, schelten, schmähen, schimpfen, شنت; Konj. I. § 238, 2. a.
gelláb*} s. unter *gílla*.
gellei*}
gelúli, dumm, infältig, قليل العقل, احمي, عبيط. — Mvnz. *gulúli* (Tigr. *gulul*), Idiot, dumm.
gem*, s. unter *gam*.
gemed*, s. unter *gúmad*.
g(e)na, s. *gina*.
genáde*, f. s. unter *knáda*, Mvnz.
génaf, knien, sich auf die Knien niederlegen (vom Kamel), برم, برك; Konj. III. s. § 278. — Mvnz. *ēgnef*, niederknien [eig. Perf. von *génif*, s. d. W.]; Kaus. *esgenef*; *o'genáf*, das Niederknien des Kameels.
genáf [von *génaf*], kniend, auf den Knien liegend, برد. — Mvnz. *genáf*, kniend.
gendef*, *gendif**, s. unter *gánduf*.
génif, (Kamele) niederknien lassen, zum Liegen bringen, برم; Konj. II. N:o 111; vgl. *génaf*.
g(e)nube*, f. [pl.], Schuld, Sünde, Mvnz. (*te'gnubē*).
g(e)náf, m. pl. *génif*, Nase, منخر. — Krem. [o]*gnuff*; Burckh. [to]*genouf*; Seetz. [ó]*gnuf*,

Nase, Schnabel; *gümpho-hoih*, Nasenlöcher, richtiger *yámfo* (= *genáföh*) *úhi* ,unter seiner Nase'].

genán, m. pl. *genín*, Kinnladen, Kinnbacken, اضي. — Munz. *o'ynun*, das Zahnfleisch.

yerábi, f. pl. *gerábja*, Wüstenweg (eig. der Teil des Weges zwischen zwei Ortschaften, der durch die Wüste geht), عندور. — Munz. *te'gerabi*, pl. *te'gerábja*, der Pfad; vgl. tigr. *yarábit*, abréviation du chemin.

gerábo, s. *yárabō*.

gerár*, Munz. *geráría*, geschwollen sein, Kaus. *geraresja* [demnach zur Konj. I; viell. mit *gárar* identisch].

yérib [غلمي *yálab*], siegen, besiegen; Konj. II. N:o 112; Ableit. *geráb*, *mégreb*.

g(e)ráb [von *gérib*], m. Sieg.

yerwel*, schnell gehen (von Pferden), Munz. (*gerwelíni*, schnellgehendes Pferd, eig. ,er geht schnell').

yesene*, s. unter *yásane*.

gestír [قردي *gazdír*], m. Zinn. — Munz. *gestir*; Seetz. *kastir*.

yib* [?], s. unter *gúb*.

yíba, f. Finger, اصبي. — Munz. *te'yibab*, die Brust [?], vgl. *gíbala*.

yíbala [von *yíba*], m. Daumen; grosse Zehe, بهم. — Munz. *o'gib*, der Daumen; Seetz. *ngibála*, Daumen; Krock. *gibállah*, Finger, ein Zehen, *gibálleh*, die Zehen.

yíblr* f. [pl.]: Munz. *te'yible*, der Nord (arab., Direction von Mekka).

yíbne* [جبني *jíbne, yibne*], f. Käse, Seetz. (*tyübne*).

gid, (weit) wegwerfen, herumwerfen, جدع; Konj. II. N:o 76; Ableit. *gád*. — Munz. *egíd*, werfen; Kaus. *esógid*; Pass. *etogad*; Part. Pass. *o'atogda*, das Geworfene; *o'gad*, der Wurf.

gide*, dort, Munz.

yíēi(?), neu sein, خلو; irreg. N:o 218; Ableit. *gāi*. — Munz. *ēgíēi*, sich erneuern, Kaus. *esegiei*, erneuern.

gif, yef, (gegen etwas) stossen, anstossen, straucheln, عت; Konj. II. N:o 77; Ableit. *magēf, gáfe*. — Munz. *égef*, sich stossen; Kaus. *esógef*, anstossen; *mégef*, Anstoss, *mégefena*, Anstoss gebend.

gíg, 1. gehen, fortgehen, رلج; Kaus. *gígs*, wegnehmen; Kaus. Kaus. *gígsis*, wegnehmen lassen; Konj. I. N:o 24; 2. m. Gang, رجيع. — Munz. *gigja*, gehen; Kaus. *gígsja*, schicken; Kaus. Kaus. *gigsisja*, schicken lassen; *o'gig* der Gang; Seetz. *giksetene*, ich verkaufe.

-*yil*, Postpos. bis, حتمي; s. § 355.

yílla, 1. m. Ursache, سبب; 2. Postpos. wegen, um...willen, علي شن; weil; *tónáti gilláida*, desswegen weil. — Munz. *gelláb* (Tigr.) Ursache, *yellei*, wegen.

gillnsi, taubstumm. — Seetz. *gillúzi*[*bo*]. Stummer.

yim* 1, m. Nebel, Munz. *o'gim* (Tigr.).

yim 2, s. *yam*.

yíma* [جمعة *júm'a, yúm'a*], Woche, Krem.

yína, géna, m. pl. =, Herz, قلب. — Munz. *o'yena*, das Herz; Knock. [*eh*]*g-nah*, Brust (Herz); Seetz. [*é*]*gná*, Brust {wahrsch. gehört auch sein *ginnakibari* ,Schwatzer' hierher, bedeutet aber dann .eig. ,er hat kein Herz'].

yini [von *gína*], verständig, klug, عده. — Munz. *yinni*, gescheidt, fröhlich.

girbénda* [viell. von *gerib*, s. d. W.]; Feind, Seetz.; Bruckh. [*o*]*gry*, enemy.

girda, s. *gedda*.

yiryab*, s. unter *kérkab*.

girid [قرم *gird*], c. Affe.

yirma*, s. unter *yúrma*, Knock.

girš [عرس, قرس *girš*], m. Piaster.

glewe*[?], Tabak, Knock. (*glewwch*).

gma [von *yam*], m. Dummheit, حمب.

gnúf, s. *genúf*.

godi*[?], ·. unter *yedi* 2

gōj 1. *gáu*, schwach, elend, arm sein (werden), ضعف; Konj. IV. N:o 194. — Munz. *ogói*, mtide werden; Kaus. *esgói*, müde machen.

gōj 2, m. Frosch, Kröte, ضفدع. — Munz. *o'goi*, pl. *e'goi*, A *gojáb*, Kröte; Seetz. [o]*kóih*, Kröte, Frosch.

gója [von *gōj* 1], schwach, kraftlos, elend, ضعيف. — Seetz. *gocá*[*b*], schwach; *goijd*, hinkender.

gójabam [von *gója*], sich ermüden, müde werden, تعب.

gonni* [?], s. *jemyonni*.

gra* [قرأ *gúra*], lesen, Lin. (*graya*, lire; demnach zur Konj. I.).

grūb, s. *gerāb*.

gua*, s. unter *g"a*.

gūb, c. Maus, Ratte, فأر. — Munz. *to'gibb*, Pl. *te'yba*, die Maus. A. *gebat*; Hengl. *gowo* [?] und *sida*, Maus.

gūbe, m. pl. =, Schild, ترس, ترس; *ögbe*, den Schild. — Munz. *o'gebé*, Pl. *ēgbē*, A. *gebeb*; Seetz. Burckh. [o]*gbe*; Krem. [o]*gba*; Lin. *o goubah*; vgl. tigr. *gūbé*, tortue (die Nilschildkröte heisst auf arab. ترسة *tirsa*).

gud, Postpos. mit, مع, بـ; *áncgud má'a*, komm' mit mir! vgl. *g"ad* 2.

gūd, viel sein (werden), كثر; Kaus. *gúds*; Konj. I. N:o 29. — Munz. *gudja*, sich vermehren, viel sein, Kaus. *gudesja*; *to'gud*, die Menge, *gudab*, viel; *aydak*[?] die Meisten.

gúda [von *gūd*], viel, كثير; *áne gúdāb rēhan*, ich habe viel gesehen. — Munz. *guda*[*b*]; Seetz. *guda*[*bo*]; Krock. *guddaah*; Seetz. *gudáibo*.

guedj, s. unter *g"ad* 1.

gúffa* [خفة *gúffa*], f. [pl.], ein geflochtener Sack, Munz. (*te'gúffa*).

gúhar, 1. f. Diebstahl; 2. stehlen, سرق, Konj. II. N:o 148. — Munz. *to'gwaher*, der Diebstahl; *ogwáher*, stehlen; Pass. *ctogwaher*; P. P. *atogwahera*, gestohlen; Kaus. *esogwaher*; *o'agwähere*, der Dieb.

gúhara [von *gúhar*], c. Dieb, Räuber سارق, سني. — Burckh. *gohara*, thief; Munz. *o'agwähere*, der Dieb.

gulám, m. pl. *gúlam*, Schnurrbart der Oberlippe, Moustache, شارب. — Lin. *o goulam*, moustache.

gúled, m. Korn, Munz. (*o'gúled*).

gúlhe, f. Unterarm, زند, vgl. *g"inhál*.

gulāli*, s. unter *geláli*.

gūm*, Solanum Schimperianum, Schw.

gúma [جمعة *gúm'a*], f. Freitag, Seetz. (*tegúmma*; vgl. *gíma*).

gúmad, 1. lang, طويل; 2. lang sein (werden), طال; Konj. II. N:o 201; Ableit. *gúmde*. — Munz. *gemed*, lang; *ēymed*, lang sein; Kaus. *esēgmed*, verlängern; *mēgmed*, Länge; Seetz. *gummet*[*to*], tief; Krem. *gumadu*, lang.

gumáš [قماش *gumáš*], m. Zeug, Stoff, Tuch. *gumba**, m. Munz. *o'gumba*, der Elu- oder Kniebogen; Krock. *oh gumaba*, Knie.

gúmde [von *gúmad*], m. Länge; *egumde-j-ák nahúl winhala*, deine Länge ist bis [= beträgt] eine Elle.

gúnduf, m. (od. f.), Knie, ركبة. — Seetz. [*e*]*gyéndef*, Knice; *wnaión gúndif*, Ellbogen [vgl. *nj*].

gunfud* [قنفذ *gúnfud*], Igel, Seetz. (*gunphütt*).

guntár [قنطار *guntár*], m. pl. *gúntar*, Centner.

guounchil*, s. unter *g"inhál*

gura*, s. unter *kóra*, Krem.

guráf, m. pl. *yéraf*, Glas, Becher (zum Trinken) كبّاية.

gure*, s. unter *k"ire*, Hergl.

gúrha [von Wurzel *gurh*, vgl. *g"árah*], m. Enge, Drangsal, حصر, ضيق. — Munz. *gurha*, Noth, Enge.

gúrma, m. pl. =, Kopf, رأس. — Krem. *gurma*; Munz. *o'agurma*. Pl. A. *gurmáb*; Seetz. *ógurmá*; Krock. *girmah*, Stirn [Die Form *girma* ist wahrscheinlich richtig, bedeutet aber auch bei den Hadendoa entschieden „Kopf" und nicht „Stirn"].

gúsir [vgl. *gʷásir*], m. Lüge, كذب ; *ákʷsir*,
die Lüge. — Mnsz. [*ègyser*, die Lüge.
gús(i)re [von *gúsir*], 1. lügnerisch, lügen-
haft, كذاب ; 2. Lügner. — Mnsz. *o'gus-
serê*, der Lügner; Burckh. *gosrey[ho]*,
to lye [eig. „he is a liar'].

gʷa*, *gʷane**, s. unter *gʷa* und *gʷánaj*.

gwáher*. 1. stehlen; 2 f. Diebstahl; s.
unter *gúhar*.

gwáser*, lügen, s. unter *gʷásir*.

Gᵘ.

gʷa 1, trinken, شرب ; Kaus. *gʷas*, Pass.
Kaus. *guásam*; Konj. I. N:o 241; 2. m.
Getränk. شراب ; Ableit. *gʷánaj*. — Mnsz.
o'gwa, der Trank; *gúje*, trinken; Kaus.
guesíe, Pass. *gwamja*; Krem. *gua*, trinke!
Burckh. *goa*, to drink; Seetz. *guanéh*,
ich trinke.

gʷa 2, stossen, knuffen, buffen, دف, دفع ;
Konj. II. N:o 79; 2. m. Knuff.

gʷad 1 [von *gʷa* 1], m. Trinkplatz, Quelle.
— Mnsz. *guedj*, Pl. *guedjab*, Quelle;
und an einer anderen Stelle; *o'guedj*
Pl. *e'guej*, das Auge, A. *guedjab*, [vgl.
das arab. عمن 'ajn „Auge, Quelle']; Seetz.
iemôkwod, Quelle [zusammenges. aus jem
„Wasser' und *óg"ad* „die Quelle'], *egoâd*,
Auge; *egoâd étlát*, Augenlied; *akwád
hammo*, Augenwimper [eig. „Augen Haar'];
gunaylb[?], einäugiger.

gʷad 2, Post- und Präposition, mit sammt,
مع, ب ; vgl. *gud*.

gʷánaj [von *gʷa* 1]. m. (das) Trinken,
شرب. — Mnsz. *to'gwánc*, der Schlauch.

gʷárah, *áugʷarah* [von *gurh*, s. *gárha*], in
der Enge sein, حصر, حصم ; Konj. IV.
N:o 216. — Mnsz. *gurha*, Noth, Enge;
Kaus. *sunguorha*, in Noth bringen, Pass.
unguorhara, in der Noth sein.

gʷásir, lügen, كذب ; Konj. V. N:o 210.
— Mnsz. *ogwaser*, lügen; Kaus. *isgwa-
ser* [vgl. *gúsir*].

gʷinhál, m. pl. *gʷinhil*, Ellenbogen, دوع ;
Arm, دراع ; vgl. *tcinhal*. — Mnsz. *o'gu-
onnhíl*, die natürliche Elle; Seetz.
okwanhil, Elle.

gʷiša', (die Lanze) werfen, ضرب الحربة ;
Konj. II. N:o 149.

H.

ha, m. geistiges Getränk. خمر.

ha' [viell. identisch mit *ah* ‚nehmen‘, s. d. W. oder vom arab. جاء *hā'* ‚bereit sein‘], bringen, herbeischaffen, جب; Konj. I. irreg. § 301. — SEETZ. *hóiszókhadéne*, ich nehme [eig. ‚von dir ich nehme']; LIN. *hahatte*, apprêter [eig. ‚j'apprête'].

hāb, (den Fussboden) ebnen, سوي, سنڌر; Konj. I. 238. 1, b. — MUNZ. *hábia*, pflastern (das Haus).

had* 1, f. MUNZ. *te'had*, die Glutkohle; s. jedoch *dihhe*; vgl. tigr. *had*, fièvre, inflammation.

had* 2, m. Ebene, MUNZ. (*o'hadd*).

had* 3, LIN. o *had*, pétrir, vgl. *háda* 2.

háḍa* 1, s. unter *háḍa* 1.

háḍa 2. *had'a* [vielh. *háḍa*. s. d. W.], جور, اسدي; *úhada*, der Alte, der Scheich. — BURCKH. *wádha* [= *ū-hada*]; SEETZ. [*wu*]-*haddú*, alter Mann; MUNZ. *o'hadda*, der Häuptling, Herr; *te'haddai*, das Amt; *jehadda*, Häuptling werden; KAUS. *eshadda* [demnach ist *had'a* oder *háḍa* auch ein zur 2:ter Klasse gehöriger Verbalstamm].

hadaimi*, f. Cistanche lutea, SCHW. (*hadaimit*); Striga orobanchoides, SCHW. (*hadaimit*).

hádal, schwarz, اسمر. — MUNZ. *haḍel*, schwarz; BURCKH. *haddal*, black or blue; SEETZ. *haddál*, schwarz; KREM. *haddal*, schwarz; LIN. [*o*]*hadal*, brun.

hádam [عدم *hádam*], niederreissen, abtragen, zerstören; Konj. I.

hádare [vom arab. حضرت *hádrat* (Ehrentitel)], edel, freigebig, كريم. — MUNZ. *háder*, freigebig, *o'hadaré*, der Wirth (Tigr.).

hadarém [von *hádare*], ehren (besonders mit Gaben), beehren. Konj. I.

haddád* [حداد *haddád*]. m. Schmidt, SEETZ. (*wóhaddád*).

háddir [حضر *háddar*], bereiten; Konj. I. § 238, 2. a.

háddo [wahrsch., vom arab. حد *hadd*], allein, einsam, § 367. — SEETZ. *haddo-[iszún]*, allein.

hádg\ʷi, f. [pl.], (das) Kämmen, Flechten (des Frauenhaares), مشط, ضفر. — MUNZ. *o'hadyni*, die Frauenfrisur; *jehadúg*, eine Frau frisiren; Pass. *imhadog*, frisirt werden; KAUS *eshuidog* [vgl. *dah*]; vgl. tigre *halangaj*, chevelure de l'homme tressée à la manière des bédouins.

hadid [حديث *hadís*, *hadíd*], 1. Gespräch, Rede, كلام; 2. sprechen, تحدث; Konj. I. N:o 42; vgl. *hadisam*. — BURCKH. *hadyd*[o], (arab.) to speak; SEETZ. *an haddidan* [*óphth*], ich rede.

hádira [حاضر *hádir*], fertig, bereit.

hadisam [vom arab. حديث *hadís* ‚Gespräch'], anreden, كلم; Konj. I. N:o 54. — LIN. *adissamat*, converser [eig. ‚je converse'].

hadlémma* [?], geschwind, SEETZ.

hadufile*, f. Pentathropis cynanchoides, SCHW. (*haduyilet*).

had ug\ʷ? kämmen; vgl. *hádg\ʷi* und *mehadág*.

háḍa 1 [vielh. identisch mit *hád'a* oder *háḍa* ‚alt'], c. Löwe, اسد, سبع. — KREM. *ohaḍḍa*; MUNZ. *o'hada*, Pl. A. *hadáb*; HEUGL. *haldá*[*b*] und *hadá*[*b*]; KROCK. [*uh*]-*harda*; SEETZ. [*wú*]*hardá*.

háḍa 2, m. eine Art Brod, خبز. — SEETZ. *wúhardén*, Brod.

haḍel*, s. unter *hádal*, MUNZ.

hágu, m. Hintere, Steiss, ذنب. — SEETZ. [*wu*]*hayych*, Schwanz.

hág\ʷan, kratzen, jucken, حك; Konj. II. N:o 150. — MUNZ. *jehogwunn*, kratzen; Pass. *etogwánn*; *te'hóguane*, das Kratzen.

hai 1, ah, nehmen, اخذ; irreg. § 311.
hai 2, sein, existiren, sitzen; irreg. § 325, 3.
háid [wahrsch. vom arab. خيد *χájjaṭ*], nähen, خيد; Konj. V. od. II? § 298. — SEETZ. *ndhajidnéphe*, ich nähe.
hájam, *hájem* [vielleicht von *hai* 2], erscheinen, sich zeigen, نشب; Konj. I. — MUSZ. *héimia*, neu aufgehen (vom Mond).
hájde [von *háid*], f. 1. (das) Nähen, خيانت; 2. Nähnadel, ابرة.
hájid, wählen, auswählen, انتخب, اختر; Konj. II. § 263. — MUSZ. *o'hejed*, die Wahl; *jethéid*, wählen; Kaus. *eshéid*; Pass. *ethejad*.
hajin*, Rhynchosia memnonia, SCHW.
hájis [tigr. χajesa (MUSZ. *heige*) ,être meilleur, s'améliorer'], besser sein, احدل. Die Stammform und die Konjugation weiss ich nicht anzugeben, da ich nur die zwei folgenden Beispiele verzeichnet habe: *tâka tō-kisratika. hájis*, Fleisch ist besser als Brod; *hénen nehájisókna*, wir sind besser als Ihr. — LIS. *hayhisse*, meilleur, *okagissa*, le meilleur.
hajúk, m. pl. *hájuk*, Stern, كوكب; vgl. das Verzeichn. in den Vorbemerk.
hakef*, (Tigr.) umarmen, MUSZ. (*jehakef*, — demnach zur Konj. zweiter Klasse).
hákik, (das Haar) ein wenig scheren, frisiren, حسكر; vgl. *médid*; Konj. II. N:o 238; vgl. tigr. *hákaka*, frotter, gratter.
hákur*, binden, s. unter *hák"ar*.
hakár [zu *hák"ar*], m. pl. *hákura*, Band, Fessel, ربط.
hákus, verleumden, نم; Konj. I. § 238, 2, a.
hák"ar, *hák"ir*, binden, ربط; Konj. II. N:o 151. — MUSZ. *hákur* (jedenfalls die ursprünglichere Form) und *hókur: jehakur* binden; Kaus. *eshakur*; Pass. *nmhokuar*; *o'amhokera*, der Gebundene; *hokrer* [vielleicht Druckfehler für *hokuer*], das Band.

hak"ár [von *hák"ar*], gebunden, ـمر. — SEETZ. *hakicáro*, verschlossen.
hálag (mitunter auch *chálag* gesprochen) [خلق *χálag*], schaffen; Konj. I.
halág [zu *háłig*, s. d. W.], 1. krumm, عدم; vgl. *hanág*; 2. krumm sein (werden); vgl. *hánag*.
haláj, irrsinnig, verrückt, toll, خنون; vgl. *halé*.
halakombi*, f. Papalia luppacea, SCHW. (*halakombit*).
hálak, m. Kleid, ـمـ. — MUSZ. *o'halék*, das Kleid, Pl. A. *halláka[b]*; KREM. *hakak* [wohl Druckfehler für *hálak*].
hálbati, m. pl. *hálbatja*, Butterschlauch. — MUSZ. *o'helbeti*; SEETZ. [*tca*]*halbatie*; vgl. mass. *helábat*, petit ecuelle en bois; eig. ,Milchgefäss', vgl. mass. *hallúb*, laitière.
halda*, s. unter *háḍa* 1. HEUGL.
halé, *hálaj*, irrsinnig sein (werden), حـ; Konj. I. N:o 59, a; Ableit. *haláij*, *halé* — MUSZ. *hálei*, Idiot, verrückt; *halau*, verrückt werden; *hálesja*, verrückt machen; SEETZ. *haleio*, Wahnsinniger.
hále, m. Wahnsinn. — MUSZ. *o'hálé*, Verrücktheit; LIS. *o'hallé*, les démons.
háleg [tigr. *hálag*], m. venerische Krankheit, مرض فرنجي. — MUSZ. *o'haleg*.
halék, s. unter *hálak*.
hálig, biegen, krümmen, عطف; Pass. *haláğ* (§ 213); Konj. II. N:o 136.
haliloyoi*, Herzart, MUSZ.
ham* 1, der Hamtebaum, MUSZ.; vielleicht das selbe Wort wie *hant*, im tigr. ba de.
ham 2, 1. wiehern, صهل; 2. blöken, ـمـ; Konj. I. § 238, 1, a. — MUSZ. *hamhamja*, wiehern.
ham 3, bitter, herb sein (werden), مر; K IV., Kaus. *sihám*. — MUSZ. *hami*, bitter, *o'hamé*, die Bitterkeit, Galle; *i'hami*, bitter sein; Kaus. *esishém*, verbittern; [vgl. h 1]
ham* 1 [خم χám ,grobes, ungefärbtes Zeug von Baumwolle oder Leinwand'], rothes Baumwollenzeug, SEETZ.

hām* 2 [?], Panther, Heugl. *chäm* und *schedo*, Felis pardus, arab. *nimr*; — Seetz. [*o*]*heăm*, Panther; Krem. [*o*]*ihá*(*m*), Tiger; Salt. *wo e am*, Leopard; vgl. mass. *hemam*, panthère, tigr. *hommam*, léopard.

háma, f. *hámi*, Pl. *háman* (s. *ha*'), gieb her! bring!, حت ; *éjom háma*, bringe Wasser her! *ándai ótam hámān*, bringet das Brod, o Leute! — Krem. *hama*, gib! vgl. Merx, *hamsi* [mit äthiop. Lettern aber *ωsṣe* geschrieben] ,bring her'.

hámaḍa, m. Pl. =, Gefährte, Begleiter, رفيق, حاصب. — Munz. *o'hamaḍḍa*, Pl. *je'hamaḍḍa*, der Räuber [?].

hamáy, m. pl. *hámay*, Frucht, ثمر. — Munz. *o'hamay*, die Frucht.

hamáj, gross werden, aufwachsen, كبر; Kaus. *schám*, gross ziehen, s. § 322, 2. — Munz. *jehamē*, 1) gross werden, 2) sich bedecken, bekleiden; Kaus. *eshem*, grossziehen, bedecken.

hamám [حمام *hamám*], c. koll. Taube. — Seetz. *o'hammám*.

hamás-yⁿōd* [vgl. *hamés-* und *yⁿad*], Trichodesma africanum, Schw. (*hamāschgnōd*).

hámasci, blind, أعمى. Seetz. *hamaschein*; Munz. *homashei*; Lin. *amanchayo*.

hambōk*, Abutilon muticum, Hibiscus vitifolius; Schw. (*hambōk*).

hambukani*, f. Glossonema boveanum, Schw. (*hambukanūt*).

hamém*, Portulaca oleracea, Schw. (vgl. *kulhamém*).

hamer*, sauer, s. unter *hámi*, Munz.

hamés, Kaus. von *hamét*.

hamés-hombák*, f. Seddera latifolia, Schw. (*hammēsch-hombākt*, *ssimgedit*); Breweria oxycarpa, Schw. (*hammēschhombākt*).

hamét, traurig, betrübt sein (werden), حزن; Kaus. *hamés*, betrüben; Konj. I. N:o 39.

haméti [von *hamét*], betrübt, traurig, حزين.

hámi [von *ham* 3 ,bitter sein', wenn nicht beide Wörter vom arab. حمض *hámiḍ* stammen], sauer, bitter, حامض, مر; *baráh hamlba*, sie sind sauer. — Munz. *hamer*, sauer (arab. Tigr.; das Tigré-wort für ,sauer', welches in seinem »Vocabulaire« bei Dillmann fehlt, lautet jedoch bei Merx *homus*), *jeháimer*, sauer werden; Kaus. *eshámer*, säuern; und an einer anderen Stelle: *o'tem o'hemrab*, das gesäuerte Brod; Seetz. *hamibo*, sauer; *ühamméh*, Galle [vgl. *báher*].

hamíd [حميد *hamíd*], sauer; vgl. *hámi*.

hámir, arm sein, فقر, فقير; Konj. II. N:o 137; Ableit. *hámra*, *hémir*, *hemír*.

hamír [خمير *χamír*], m. Gährungsstoff, Hefe.

hamissina*. s. *sina*.

hámjai [von *hámi*], f. [pl.], Bitterkeit, مرة.

hámmus* [حمص *hámmus*], Kichern, Seetz.

hámo 1, [dasselbe Wort wie *hámu*, s. d. W.] m. Wolle, صوف; *tḥhamo*, das Wollenhaar.

hamo* 2, Munz. *o'hamo*, der Schwiegervater (Tigr.); *te'hamo*, die Schwiegermutter.

hamójsch [wahrsch. zusammengesetzt], sich schämen, استحى; Konj. I. N:o 56. — Munz. *hemoísija*, beschämt, bescheiden, sein.

hamójscha, schamhaft, مستحى.

hámra [von *hámir*], arm, فقير, مسكين.

hámsák, sich sehnenzen, تنخع; Konj. I. N:o 46; vgl. *ámsūk*.

hámu, f. pl. *ham*, Haar, شعر, شعرة; vgl. *hámo* 1; in Bezug auf die Deklination s. § 62: *áne téham ásgⁿa*, ich habe (mir) die Haare geschnitten. — Munz. *te'hamo*, das Haar; A. *hamob* [vgl. *jef*]; Seetz. [*ta*]*hamú*, Haar, [*wⁿ*]*hammó*, Wolle; Brcckh. [*e*]*hamo*, wool; *hamoy*, beard; Krock. [*t*]*am-meh*, Haar; Krem. [*te*]*háma*, Haar.

hamús*, Coccinia Moghadd, Schw. (*hammūhs*).

han 1, *hen*, 1. oder; 2. sogar, selbst; s. § 362.

han 2, s. *hant*.

hánay, 1. krumm sein, vgl. *haláy*; 2. albern sein; Konj. III. N:o 184. — Mvnz. *jeheney*. krümmen.

hanáy, krumm, ‎حَعِل, ‎حَعْم.

hanak* [‎حنك *hának* ‚Gaumen'], m. Kinnbacken[?], Seetz. [*wuhannakok*; eig. ‚deinen K. oder Gaumen'].

hanhan*, Stachelschwein, Hystrix cristata, Hevgl.

hánjar [‎خنجر *yánjar*], m. Dolch. - Mvnz. *o'hendjer*, das Krummesser; Seetz. *wuhándjar*, Chandschar.

hánkana, *héngana*, c. koll., Ameise, ‎نمل. — Mvnz. *hanganób*, [m.], *hanganot* [f]; Seetz. [t]*angana*.

hánkul [viell. mit dem arab. ‎كلكل *kálkal* zusammenhängend], kitzeln, ‎كلكل ; Konj. I. § 238, 2, a.

hansi*, steril, Mvnz.

hansir (mitunter *chansir* gesprochen) [‎خنزير *yanzir*], c. Schwein. — Seetz. *hansir*.

hant* [*han* f.? vgl. *ham* 1], Odina fruticosa, Scuw. (*hant*).

hantu*, f. Ipomoea obscura, Scuw. (*hantút*).

hanúl*[?], m. Nase, Knock. (*oha-nuhl*).

har, m. (die) monatliche Reinigung (der Frauen), ‎حيض.

hára, m. pl. =, Räuber, ‎نـ. — Seetz. [*u*]*kwara*, Räuber.

hárag", hungern, ‎جع ; Konj. IV. N:o 200; Ableit. *hérg*"*a*, *hérg*"*e*. — Mvnz. *jeheróy*, hungern; Kaus. *asheróy*.

hárar, 1. leer, ‎خنـ; 2. leer sein, ‎جرد; Konj. IV. N:o 202. — Krem. *hárer*[*u*], leer; Mvnz. *teherer*, fertig, aufgezehrt sein; *eshero*, aufzehren, fertig machen; und an einer anderen Stelle: *harero*, leer; *jeherrer*, leer werden, *esherro*, leeren; Seetz. *harrétto*, leer.

haráwíja*, Wildschwein, Mvnz. (*harauie*, Tigr.).

hárda*, Tiger, s. unter *hálfa* 1.

hárda*, Brod, s. unter *hada* 2.

hárg"*a*, s. *hérg*"*a*.

hárib, m. pl. *hérba*, Wasserschlauch, ‎قربة *yirba*, vgl. tigr. *hareb*. — Mvnz. *o'haréb*, der Schlauch.

hárid, *hérid*, 1. schlachten, ‎نحر; Konj. II. N:o 138; 2. m. pl. *hérda*, das Schlachten. — Mvnz. *jeherít*, schlachten; Lis. *to hardah*, la fête [oder zu *árda* ‚Spiel' gehörig]; vgl. tigr. *yarda* (*harde*), égorger.

harír [‎حرير *harir*], m. Seide. Seetz. *harír*.

haris*, Nashorn (Tigr.), Mvnz. — Hfvgl. *endit* und *haris*, Tigr. *arís* [*harís*, nach dem Vocabulaire von Mvnz.].

hárka, *hérka*, m. Oberarm, ‎زند — Mvnz. *o'herka*, die Schulter; Knock. [*uo*]*rka-a*, Schulter; Krem. *harka*, Arm; Lis. *o área*, bras.

háro, *héro*, m. Durra, ‎ذرة. — Seetz. [*wu*]*hirro*, Durra; [*wu*]*hárro rifírro*, Mais; Knock. *hwor-reh*, Durra; Mvnz. *o'herro*, das Durra; *o'herro o'urbun* (*o'herro o'unbush*), grosskörniges D. vom Gash; *o'herro o'balai*, das D. von Algeden; *o'herro o'basenei*, das bittere Bazendurra.

háru, s. *héru*.

has, vorbeigehen lassen, ‎فـ; Konj. I. vgl. *hásam*.

hásai, zornig sein, zürnen, ‎سخط; irreg. s. § 323, 1.

hásam [von *has*], vorbeigehen, passiren, ‎فـ; Konj. I. § 238, 2, a. Mvnz. *hessemja*, vorübergehen; Kaus. *hesisja*; *hassamana*, vorübergehender.

hásar [‎حسر *hásar*], verlieren; Konj. I. § 238, 2, a.

hási, scharf, spitzig, ‎محـدد; Kaus. *shas*, [s. d. W.], scharf machen. Mvnz. *hasíb*], spitz; *es'has*, spitzen; Seetz *haszíbu*], scharf, Spitze.

hásir, m. Geschäft, ‎شـ. Mvnz. *hesr*, Geschäft, *hesekena*, beschäftigt *hassa**: Mvsz. *Hassa*, der die Tigrésprache spricht, arab. *chassa*; *to'hassa*, das Tigré.

hássi [حَسَّ *hass*, § 377, b]. fühlen; Konj. 1. § 242, Schluss.

háš, m. Staub, غَبر, زَرب. — Mvsz. *o'hash*, der Staub; Krock. [*oh*]*haaseh*, Erde; Seetz. [*wu*]*háseh*.

hašák, Diplostemma alatum, Schw.

hášama, zirkelrund. مدور, vgl. *k"alál*.

háta* [خِبَتْ *χijáta*], f. Naht, Seetz. (*tchāta*).

hatáj, c. Pl. *hatáj*, Pferd, حِصَن; *úhatāj*, der Hengst (Pl. *á-hatuj*); *táhatāj*, die Stute (Pl. *tá-hataj*). — Mvsz. *o'hattai*, der Hengst. *tc'hattai*, die Stute, Pl. *c'hattai*, die Pferde; Hevgl. *hadai*, Equus caballus, *hatainey*, Equus (Asinus) africanus; Bruckn. *hatay*, horse, Krock. [*oh*]-*hatta*, Pferd; Seetz. [*ro*]*hatteij*.

hátam 1 [خِتَم *χátim*], f. Fingerring. — Seetz. (*tahātim*).

hátam 2, *hátam*, sich erbrechen, vomiren, قَذَف; Konj. I. 238, 2, 6. — Mvsz. *jihit*, sich erbrechen [Hier liegt der zur zweiten Klasse gehörende Stamm *hit* (*hut*) vor, wovon *hátam* das nach der ersten Klasse gebildete Reflexiv ist]: Seetz. *hotém*[*ja*].

hatei* [?], ausserhalb, Seetz.

hatera*, muthig (Tigr.), Mvsz.

hau, *háw*, [viell. das arab. عوى '*áwa*], bellen, عوى; Konj. I. N:o 65. — Mvsz. *hauija*, bellen; Kaus. *hauisja*; *o'hauti*, das Gebell.

háwda*, s. unter *hawád*.

haurik, stumpfsinnig sein (werden); Konj I. 238, 2, b. — Mvsz. *haurikenja*, herumlaufen, flâner [Die irrsinnigen im Orient laufen gewöhnlich ziellos und gedankenlos herum].

hausó [viell. ein arab. Lehnwort, vgl. § 377, a]. 1. träumen, احتلم; Konj. I. 242, Schluss; 2. f. (das) Träumen. Traum.

hauti*, m. s. unter *hau*.

hawád, m. pl. *háwad*, Nacht, Abend, ليل. — Mvsz. *hawad*, den Abend zubringen [vgl. *háwid*]; Kaus. *esháued*; *haudu*. das Zubringen; *o'hauad*, Pl. *te'haited*, die Nacht; Seetz. [*wu*]*hauád*.

hawásam, s. *wásam*.

háwal [حَول *háwwal*], betrügen, täuschen, غَش; Konj. I. § 238, 2, a.

háwid, des Abends irgendwo sein (machen), den Abend zubringen, مسي; Konj. II. N:o 139. — Mvsz. *háwed*; vgl. *hawád*.

háwil [حَول *haul*, *hôl*], m. pl. *háula*, Jahr, سَنة. — Krem. *haul*.

heam*, s. *hām* 2.

hébi* [?]: Mvsz. *jchebi*, abschlagen, verweigern; Kaus. *eshab*; Pass. *thabai*; (demnach zur Konj. II. 2. a; vgl. jedoch *rébi*).

hedaddebin* [?], f. Mvsz. *tc'hedaddebin*, Finsterniss.

heim*, *hejem**, s. unter *hújam*.

helagoi, Eragrostis multiflora, Schw.

helál, m. pl. *hulăl*, 1. (der grosse) Haarnadel (von Holz); 2. lange Zeltstange. — Mvsz. *o'helal*, der Kelal, Haarnadel von Holz; und an einer anderen Stelle: *chelli*, gekrümmte Zeltstange [hier hat er den Artikel nicht erkannt]; Seetz. [*wu*]*helál*, hölzerner Stift zum Hauptkratzen; vgl. tigr. *kalál*, flèche (en bois ou en corne, qu'on se met comme ornement dans les cheveux).

helbeti*, s. unter *hilbati*.

hélei, c. pl. *héleja*, Hase, أرنب. — Hevgl. *helei*; Mvsz. *o'helei*, Pl. *helejāb*; Seetz. *wuhéle*; Bruckn. [*temby*]*thoy*.

héma* [خِيمة *χéma*]. f. Zelt, Seetz. (*tehéma*).

hemenai, s. *húmnaj*.

hemeni*, f. Abend, Mvsz., s. unter *húmnaj*.

kémhem, s. unter *ham* 2.

hémir, *hemár* [von *hámir*], m. Armut, عبد.

hen, s. *han* 2.

héne, unser, f. und plur. *héne* بنتعنى *betā'na*. f. بتعتنا *betā'etna* (§ 120).

héneg*, s. unter *hánay*.
hénen, wir (§ 100)
héňyana, s. *hańkuna*.
hénjer*, s. unter *háinjar*.
henu*, s. *zalambo*.
hérbo, m. Einschnitt, kleine Bucht, des Flussufers, جرف. — MUSZ. *herbo[b]*, Abhang, Thouwand; vgl. *hirba*.
herdu*, m.: MUSZ. *o'herdo*, Amulet; Pl A. *herduib*.
herér, s. *hirér*.
hérfa, dumm, بليد, غشيم.
hérg"a [von *háray"*]. hungrig, جوعان. — BURCKH. *karga[bo]*; MUSZ. *hérgoa*; SEETZ. *harynabo*, ich habe Hunger.
hérg"e [von *háray**], f. Hunger, جوع. — MUSZ. *l'herguilt*].
hérid, s. *hárid*.
heriśenoi* [?], arglistig, MUSZ.
kérka, s. *hárka*.
hérna*, m. Carissa edulis, SCHW. (*hernäb*).
héro, s. *háro*.
hersi*, f. peau de mouton, LAX. (*to hersi*).
héru, *háru*, 1. gehen; 2. suchen, wollen, wünschen, طلب, رع; Konj. II. irreg. §§ 319, 320. — KREM. *acheri*, ich komme; MUSZ. (s. § 326); LAX. [*an*]*arraca*, demander [eig. je demande].
hesr
hesrkena s. unter *hásir*.
hes[s]em, s. unter *haisam*.
héši*, MUSZ. *jeheshi*, abreissen (das Zelt); KAUS. *eshesh*, Pass. *etheshui* [demnach zur Konj. II. 2. a]; Part. Pass. *teheshajo*, abgerissen.
hēt [حيط *hēt*], f. Mauer. — SEETZ. *uhêt* [demnach m.].
hi, geben, اعطى; Konj. II. irreg. § 308. — SEETZ. *hitōkench*, ich gebe [dir].
hi*, m. Statice axillaris, SCHW. (*hib*); Salvadora persica, SCHW. (*uhip*); MUSZ. *o'hib*, der Ádai (der Name einer Baumart im Tigré).
hidáb [von einem Nominalstamm *hída* oder *híd*, im letzteren Falle Plur. Obj.] zusam-

men, سوى سوى, vgl. *hádai*. — MUSZ. *hib*, zusammen.
hídai [von demselben Stamm wie das vorhergeh. W.], Post- und Präpos., neben, an der Seite, along with, جمب.
kili*: MUSZ. *o'hili[b]*, der Mächtige (vom Gott).
hillel*, f. Zugnetz, SEETZ. (*tchillel*).
hinde, m. pl. =, Baum, شجر. — MUSZ. *o'hindi*, Pl. *jéhindi*, Baum; A. *hindib*; SEETZ. *uhinde*. Baum [nach ihm auch „Holz", s. unter *gau* und *na* 2].
hindesádid [vgl. *hinde* und *sádid*], m. Baumrinde.
hió, c. pl. *hió-ja*, Gatte (mit dem Art. *uhiv*), زوج, Gattin (*tihiv*), زوجة. — MUSZ. *o'hijo*, der Gemahl; *t'hijo*, die Gemahlin.
hirba*, m. Flussbett, "Chor", KROCK. (*hirbab*. Chor, vgl. jedoch *hérbo*).
hirér, *herér*, 1. zu Fuss gehen, marschiren, مشى; Konj. I. N:o 40; 2. m. (das) Marschiren. — KREM. *ane hereran(e)*, ich gehe; *an herertibhari* [für *herertib hári*], ich will gehen; vgl. tigr. *hérere*, marcher vite.
hiwaime*, f. Antichorus depressus. SCHW. (*hiuaimèt*, *kûklhagy*).
hō, *hōj*, *hōs*, Post- und Präpos. von herunter, von, من.
hōb, Postpos., als, nachdem, ب, بعد.
hóba, m. Grossvater (sowohl auf der väterlichen als der mütterlichen Seite), جد. — MUSZ. *o'hobo*; SEETZ. *uhobón* [eig. „unseren G."]; KREM. *hobo(k)*.
hóbero*, m. Farbe [vgl. arab. حبر (*h br*) (Tigr.), MUSZ. „Farbe, Tinte", tigr. *heber*
hóbir, Tinte, SEETZ. (*hobr*), couleur.
hodhodi*, m. Rinne um das Zelt, um das Wasser abzuleiten, MUSZ. (*hodhodib*); viell. abgeleitet von oder gar identisch mit dem arab. حوض *hód*, bassin, reservoir, abreuvoir).
hog"a*, s. unter *húgya*.
hoih*[?], innerhalb, SEETZ. (vgl. *hu* und *jách*).

hōj, s. *hōs*.
hokrer*, s. unter *hák"ar*.
hol, *hul*, bellen, نبح; Konj. I. N:o 18.
homare*, Pennisetum spectabile, Schw. (hommarch).
homašei*, s. unter *hámašei*.
hommar*, s. unter *hummár*.
homr*, m. die Adansonia (Tigr. und arab.), Munz.
homra*, Eleusine flagellifera, Schw.
hōs, s. *ho*.
hōš [حشّ *hōš*], m. Hof.
hóta, f. Grossmutter (sowohl auf der väterlichen als auf der mütterlichen Seite), ست. — Munz. *o'hoto*; Krem. *hoto(k)*; Seetz. *ihotón* [„unsere G'].
húba*, f. Schaum, Seetz. (*tchúbba*, vielt. dasselbe Wort wie das folgende).
húbi, f. [pl.], Regenzeit, Herbst, خريف. — Munz. *tc'hebi*, die Regenzeit.
húd, f. Donner, رعد; vgl. tigr. *hádād*, tonnerre. — Munz. *tc'hud*; Seetz. *tohút*.
húg, 1. pulverisiren, دقّ; mahlen, نحن; Konj. I. § 238, 1. b; 2. m. (das) Pulverisiren, Mahlen. — Munz. *hugja*, mah-

len; *o'hug*, das Mahlen; Kaus. *hugusja*; Pass. *hugemja*; *t'hugena*, die Mahlende.
húgga [حقّة *húgga*], f. kleine Schachtel, Dose (von Holz). — Munz. *tc'hogyna*, Tabaksdose (Tigr.).
hujáb [حجاب *hujáb*], m. pl. *hújáb*, Thürvorhang.
hul, s. *hol*.
húm, m. Hirn, مخّ(دماغ). — Seetz [u]*húmm*, Gehirn.
humág, verabscheuen, verschmähen, nicht mögen, كره; Konj. I. § 238, 2. b.
húmnaj [wahrsch. mit *vai* zusammengesetzt], Nachmittags reisen (abreisen), Konj. I. N:o 67. — Munz. *hemenája*, Abends verreisen; *hemeni[t]*, Abend.
hummár, m. pl. *hummár*, (Holz-)Gerüst des Zeltes. — Munz. *o'hommar*, Pl. *je'hemmer*, Zelt; vgl. tigr. *hammár*, tente des Bedouins du Barka.
hunguni*, f. [pl.]: Munz. *tc'hunguni*, die Räude.
hūs, f. Messer, سكّين.
hút [حوت *hút*], m. Fisch, سمك. — Lin. *o houtti*, poisson.
hátam, s. *hátam*.

I.

ī, *ĭ*, *ai*, kommen, جاء; irreg. § 302.
ibáb*, 1. reisen, abreisen, سافر; Konj. I. N:o 52; 2. f. Reise, سفر. — Munz. *ibahja*, reisen; *o'ibabkena*, „der Reisende; das früher mir unverständliche *ebaqquenamab*, voyager, bei Lin. (s. T. 1. Einleit. § 23) erklärt sich jetzt als Part. einer reflexiven Stammbildung von *ebákkena* (= *ibákbena*), und bedeutet demnach eig. „einen Reisenden".

ibra* [إبرة *ibra*], f. Nadel, Seetz. (*tibbrá*).
iej* [?]: Munz. *o'iej*, Beschuldigung; *omohiej*, beschuldigen; Kaus. *esmohiej*; Part. Pass. *etmohiá*, beschuldigt.
iham, sich waschen, غسل, Konj. IV. N:o 185. — Munz. *ihem*, waschen (eine Person); Pass. *esihem*, sich waschen [vgl. *šugud*].

ihám 1, s. *jehám*.
ihám* 2 [?], m. s. unter *hám* 2.
ijál* [عيل *'ijál*], m. Familie, Mυnz.
ilahinde [vgl. *hánde*], f. Pentatropis spiralis, Schw. (*illahindēt, lachandit*).
imáj, m. Spätherbst. — Mυnz. *ēmab*, Winter (November—März).
in, jen, jin, f. pl. *jéna*, Sonne, شمس; Tag, يوم, نهار; *tóin*, heute. — Mυnz. *éin* [vgl. übrigens das Verzeichn. in den Vorbemerk.]; Lin. *to hi*, soleil, *o hi*, jour; Knock. *do-i*, Tag, *do-i*, Sonne; *mallo gina*, zwei Tage. *sarama gina*, heute [wahrsch. „heute über acht Tage"].
indeb [zusammenges. aus *in* ‚Sonne' und *deb* ‚Fall'], m. Sonnenuntergang, West, مغرب. — Seetz. *iindép*, Westen; Mυnz. *te'ein dübb*, Sonnenuntergang, West.
ingel [?], m. Messer, Knock. (*wikngel*).
ingima [?]: Lin. *inguimabo*, brave.

inho, wohin? فين; *inho tébia*, wohin gehst du?
injoru* [?], frei, edel, Mυnz. (*indjoru*).
ink, énki, inki, Adv. und Postpos. oben, über, فوق (§ 368). — Seetz. *ink.b*, oben [vgl. *embaroi*]; Krem. *emki*; Salt, *inke*.
-it, Postpos. (Kasusendung?), wie, gleich wie, زي, مثل.
iwáš, j(e)wáš, 1. m. Schmutz (am Körper, an den Kleidern, vgl. *sáfari*), وسخ 2. schmutzig sein. وسخ; Konj. I. N:o 37. — Mυnz. *o'iwash*, der Schmutz; *jiwashia*, sich beschmutzen; Kaus. *jiwashishia*, beschmutzen; Seetz. [o]*iwásch*, Staub, *iwasch[u]*, unrein.
iwe, iwaj, 1. durstig, عطشان; 2. durstig sein, عطش; irreg. § 323. — Brucкh. *iweyí[bo]*; Seetz. *ioébo*, ich habe Durst; Lin. *to yawah*, soif.

J.

ja 1, *ja'*, (Erbsen u. dgl.) rösten, torréfier, griller, حمص.
ja 2, *jai*, sterben, مت; irreg. § 324; Ableit. *aja, jat*. — Seetz. *andjajádeneh*, ich sterbe [demnach zur Konj. I.]; Lin. *iya*, mourir.
jada* [viell. mit *jáda'* identisch], m. Commelina benghalensis, Schw. (*jadáb*).
jadami*, jadani, f. Ocimum menthifolium, Schw. (*jadamit, jadanit*).
jáda', 1. feucht, nass, ندي, رطيب 2. feucht, nass, sein (werden), ندي, ترطب; Konj. I. N:o 152; Ableit. *jíde'*. — Seetz. *iddán*, weich, *ierdán*, feucht.
jaf, s. *jéf*.
jáfíféto, m. Frühstück, فذور.

jai, s. *ja* 2.
jáj, f. pl. *jíj*, Seil, Tau (von Ziegenhaar), sudanarab. حبل. — Knock. [*doh*]-*ja*, Strick, Mυnz. *to'jait*, das Seil; Seetz. *toja*, Strick.
jak* 1, Wildschwein, Phacochoerus Aeliani, Hergl.
jak 2, *jek*, 1. aufstehen, aufbrechen, abfahren, قم; Kaus. *jaks, jeks*, ‚weg-, herbei-)tragen, شل; Kaus. Kaus. *jiksis*, (weg-, herbei-)tragen lassen, شيل; 2. tragen, حمل; Pass. *jékam*; Konj. I. N:o 5. — Mυnz. *o'jek*, das Aufstehen, Weggehen, *jekia*, aufstehen; Kaus. *jekisja*; Knock. *jak-sah*, bringe! Krem. *jiksa*, nimm! [= *jaksa*, Imper. des. Kaus.].
jamiai*, Aristolochia bracteata, Schw.

jās, c. pl. *jās*, Hund, كلب; *ŭjās*, der Hund, *tájās*, die Hündin. — Munz. *o'jas*, der Hund, *to'jas*, die Hündin, Pl. *e'ès*, die Hunde; Heugl. *u-jes*. (Vgl. übrigens das Verzeichniss in den Vorbemerk.).
jat [von *ju* 2], f. Tod, موت.
jatéya, m. Hirt, راعي.
jáwad [von *jáwid*], m. (das) Flechten, إبرام.
jáwe, c. Heuschrecken, جراد; — Munz. *jauc*; Seetz. *hauij*
jáwid, flechten (Männerhaar), برم. — Konj. V. N:o 211; Ableit. *jáwad*.
jef, *jaf*, m. Mund, فم. — Munz. *o'jeff*, Pl. *e'jafa*, der Mund; *jefe hamo*, Schnurrbart [eig. „Mund-haar']; Бuреckн. [o]*yaf*; Seetz. [o]*jéf*; Krem. *ojeff*.
j(e)hám, *ihám*, c. Adler, عقاب; *ŭjhám*, der Adler, f. *tújhám*.
jek, s. jak.
jeks, *jeksīs*, s. unter *jak*.
jem*, s. *jōm*.
jemgonni*, m. wilde Ente (eig. Wasserhüter), Munz. (*jemgonnib*; wahrsch. aus *jem* „Wasser' und *gonni* zusammengesetzt).

jen, s. *in*.
jeska* [?], f. Drohung, Munz. (*jeskat*), vgl. *meisak*.
j(e)wás, s. *iwás*.
jide' [von *jáda*], m. [pl.], Feuchtigkeit, ندى , رطوبة.
jin, s. *in*.
jinjeb, s. *injeb*.
jō 1, m. pl. =, Stier, ثور. — Munz. *o'jo*, Pl. *e'jo*, der Stier; *job koteb*, verschnitter Stier [vgl. *kat*'].
jō* 2 [viell. mit dem vorhergeh. W. identisch], m. Lyciopsis cuneata, Schw. (*jōb*).
jōm, pl. tantum, m. Wasser, ماء; *ŭjōm dáiba*, das Wasser ist gut; *tjōm háma*, bringe das Wasser her; vgl. das Verzeichn. in den Vorbemerk.
jue, f. pl. =, junge Kuh (die vom Stier noch nicht besprungen worden ist). — Munz. *to'jue*, Pl. *té'jue*, die junge Kuh, A. *juet*.
jái(h) [identisch mit *áhi*], Postpos. unter, تخت; *ŭawe jáih kók"ar éha*, es giebt eine Schlange unter dem Stein.

J.

jamús [جاموس *jamús*], c. koll., Büffel.
jawáb [جواب *jawáb*], m. Brief.
jēb* [جيب *jēb*], m. Tasche, Seetz. (*odgéb*).
jeddád [جداد *jeddád*, vulgärar. für دجاج *dejjáj*], c. koll. Huhn. — Lin. *o giagying*, poule.
jelléb*, Augel, Seetz. (*djelléb*).
jeméd*, m. Regenwasser, Munz. (*édjeméd*; viell. mit *jom*, *jem* „Wasser' zusammenhängend).
enása [جناظة *jenáza*], f. Leichenbahre; vgl. *knáda*.

jerf [جرف *jerf*], m. Strand, Ufer.
jerh [جرح *jerh*], verwunden (mit Schwert); Pass. *jérham*, Kaus. *jérhes*, *jerehs*; Konj. I. § 238, 1, a.
jérha [جرحة *jérha*], m. Wunde.
jerráb [جرب *jérreb*], versuchen; Konj. I. § 238, 2, b.
jimo* [tigr. *demmo* (*dümmo*) „chat'], f. pl. = : Munz. *to'djümme*, Pl. *te'djümmo*; Heugl. *dáimo* und *noliš*, Felis domestica, tigr. *demu*, arab. *qot*, *bis*; vgl. *bésa*.
jinsír [جنزير *jinzír*], m. pl. *jinsīr*, Kette.
johar* [جوهر *jóhar*], Perle, Seetz. (*djohár*).

K.

kā- 1, negative Partikel (vgl. §§ 195 ff.)
-kā 2, Postpos. 1. zur Bildung des Komparativs (§ 93); 2. so oft, لمّا (§ 356); seit, مُنذ (§ 368).
kab, 1. m. der Beischlaf, نيق ; 2. (eine Frau) beschlafen, نز ; Konj. II. N:o 11. — Mɪ̈ɴ̈z. *kebja*, mivit mulierem; N. *o'keb*; Pass. *kebenja*, Fem. *kebente*.
kabur*, (Tigr.) Trommel, Mʀ̈ɴ̈z; vgl. tigr. *kabarō*, tambour.
káda, m. Steppe. — Mʀ̈ɴ̈z. *o'kaddai*, Bergsattel; vgl. tigr. *kadan*, desert.
kadám, m. pl. *kadím*, Steiss, دبر. — Mʀ̈ɴ̈z. *te'kedem*, der Hintere.
kaḍ, saugen (vom Kinde an der Mutterbrust), رضع ; Konj. I. § 238, 1, a. — Mʀ̈ɴ̈z. *keḍje*, säugen; Kaus. *keḍishje*, säugen lassen.
kaf, 1. singen (besonders von Frauen, vgl. *nīn*), غنّى ; Konj. I. § 238, 1, a; 2. f. Gesang, غناء. — Mʀ̈ɴ̈z. *kafja*, klagen; Pass. *kafemja*, beklagt werden; Kaus. *kafesja*; *te'kafa*, der Trauergesang.
káfa 1, e. Katze, قطّ ; *úkafa*, der Kater, *tákafa*, die Katze; vgl. das Verzeichn. in den Vorbemerk.
káfa* 2, f. [pl.], Trauergesang, (s. unter *kaf*).
kafas* [قفص *qáfaṣ* „Käfig"], Nest, Sᴇᴇᴛᴢ.
kaj, kai, werden, sein, بقى, صار; — irreg. § 325, 3. — Mʀ̈ɴ̈z. *ekē* (vgl. § 326)
kajáj [wahrsch. Fremdwort], m. Ricinusstrauche, خروع. — Mʀ̈ɴ̈z. *kadjádj*, Ricinusstaude.
kāk, kaku, wie? ازاى كيف (s. § 366).
kaktáne*, Farbe, Sᴇᴇᴛᴢ.
kákʷar, kókʷar, e. Schlange, حيّة. — Mʀ̈ɴ̈z. (viell. richtiger) *korkʷor*, Schlange.

Sᴇᴇᴛᴢ. *kwókwar*, Spulwurm, Schlange; vgl. mass. *kákat*, serpent.
kal*, m. wasserdichter Korb, Mʀ̈ɴ̈z. (*o'kal*).
kála', m. pl. *kál'a* (für *kála'a*), Glocke, جرس.
kalandoi*, Aloe Abyssinica, Scʜᴡ.
kálawa, m. Bauch, بطن. — Kʀᴏᴄᴋ. [ch]-*ka-la-wah*; Lɪ̈x. *o calaho*, ventre.
kaléda, f. Schale, Becher, بدى.
kalem* [قلم *qálam*], Feder, Sᴇᴇᴛᴢ.
kálhag*, s. *hiwaime*.
kaliá*, Coleus barbatus, Scʜᴡ. (*kaliāh*).
kalích*, Cocculus Leaeba, Scʜᴡ. (*kalich, lassēt, ssalányoī*).
kām, c. pl. *kắm*, Kamel, ابل; *úkām*, der Kamel, جمل, *tákām*, die Kamelstute. — Mʀ̈ɴ̈z. *o'kam*, Pl. *c'kam*, Kameel, *to'kam*, Pl. *te'kam*, Kameelstute; A. *kamil*; Hᴇᴜ̈ɢʟ. *o-gām*, oder *o-kam*; Kɴᴏᴄᴋ. [oh]-*ka*.
kamo*, m. Maerua crassifolia, Scʜᴡ. (*kamōb*).
kan, wissen, عرف; Konj. III. irreg. § 321. — Mʀ̈ɴ̈z. *ékēn*, wissen, kennen; Kaus. *esóken*, bekannt machen; Pass. *etokaken*; *kenan*, das Wissen; Kɴᴏᴄᴋ. *ek-tenah*, ich verstehe [= *áktēn*], *tek-tehnah*, verstehen Sie [= *téktēn*, weisst du?].
kandíl* [قنديل *qandíl*], Lampe, Sᴇᴇᴛᴢ.
kánjar, entfliehen, davon laufen (von Sklaven), شرد; Konj. I. § 238, 2. a.
kankani*, f. [pl.], Fieber, Mʀ̈ɴ̈z. (*te'kankanit*; vgl. tigr. *kankanīt*, fièvre intermittente.
kánkar, m. Stuhl, كرسى. — Mʀ̈ɴ̈z. *kenker*, Sessel.
kano*, s. unter *kehanó*.
kantár, schnarchen, شخر; Konj. I. § 238, 2, b. — Mʀ̈ɴ̈z. *kentúria*, schnarchen; *te'kenter*, das Schnarchen.
kar, f. frische (nicht geschmolzene) Butter, لبأ.

kār, m. pl. *kär*, Hügel, Anhöhe, كُر. — Munz. *o'kar*, Pl. *e'kerr*, Schlucht, Thal[?].

kára*, s. unter *gár'a*.

karai* [viell. mit nachfolg. W. identisch], m. Buccrosia Russelliana, Schw. (*karaib*); Pennisetum sp. Schw. (*karaî*).

karáj, *keráj*, c. pl. *keréj*, Hyäne, ضبع. — Munz. *kerai*, Pl. *kerci* (Tigr.); Heugl. *keraio*, Hyæna crocuta, Tigr. *kerai*, arab. *mur'afīl*; Buinckh. *keray*; Knock. *karr-ah*; Krem. *o karra*, kleine Hyæne (Hyæne striata); vgl. mass. *karúj*, hyène.

karam*, s. unter *k"arám*.

karé [von *aré*, s. d. W., und das neg. *ka*, wenn nicht vom arab. در *kárih*], sich weigern, nicht wollen; Konj. I. N:o 58.

káresč*, Kamellans, Munz.; vgl. *sc* I.

káris, *kars*, all, alle, كُل (s. § 146). — Munz. *kess*[a], alle; Knock. *cass*[o], alle, *cas*[*tac*], jeder, *castav-gi-nah*, jeder Tag [vgl. *in*].

karkani*, f. Balsamophloeos Kataf, Schw. (*karkanît*).

karkarnebbás* [?], Krebs, Seetz. *kars*, s. *káris*.

kasás [von *késis*], zusammengerollt, مَنْوِيِّ.

kassa*, s. *k"ása*.

kaši [von *kiš*, s. d. W.], f. Geiz, بُخل. — Munz. *te'keshí*.

kaṭ [قَطع *qáta'*], abschneiden; Konj. I. § 236, a, 1. — Munz. *cyta*, zerbrechen, zerschneiden; Part. Pass. *qata*, zerbrochen; Kaus. *esqata*; *te'méyte*, der Bruch, und an einer anderen Stelle: *job koṭêb*, verschnittener Stier [vgl. *jo*].

katá*, f. Cissus quadrangularis, Schw. (*kattût*).

kau 1, *kaw*, m. pl. *káwa*, harter, fester Platz am Boden (Gegensatz: *luk*).

kau* 2, Perlhuhn (vgl. *rcbekau*), Munz. — Knock. *the-kau-ah*.

ke, wo? (s. § 331). — Lin. *quéctah*, où.

keb*, s. unter *kub*.

kebbéri*, s. unter *kubhére*.

kedala*, f. [pl.], hölzerne Schüssel, Munz. (*te'kedala*).

kedem*, s. unter *kadám*.

kedir*, m. Pocken, Seetz. (*ókdir*).

keḍ*, s. unter *kaḍ*.

kéf(*e*)*ri* [von كفر *káfir*], m. Ungläubiger, Nicht-muselman. — Munz. *o'kêfri*; Seetz. *kéfereh*.

k(*e*)*ful** [قفل *qufl*], m. Schloss, Seetz. (*ókfull*).

kege* [?], Felsendachs, Heugl. (*yéye*, Hyrax, Masauan. *ychej*, arab. *waber* وبر) und *qego*).

kehába [von *kéhan*], f. Hure, كَهْمَوْشَة. — Seetz. [*te*]*khába*.

kéhan, lieben, gern haben, حَبّ; Konj. II. N:o 153. — Munz. *ckháinu*, lieben; Kaus. *esckhínnu*; Pass. *tukchánu*.

k(*e*)*hanó*, m. Liebe, Freundschaft, مَحَبّة. — Munz. *kano*.

k(*e*)*láj* [wahrsch. von *kéti*], c. pl. *k*(*e*)*léj* (*klê*), Vogel, نُمَير. — Munz. *to'kelci* [f.], Pl. *e'kelci* [m.] A. *keleit* [f.]; Burckh. *kilay*; Krock. [*oh*]-*klà*; Seetz. [*o*]*klà*; Krem. *ókla*, Pl. *ékle*.

kéli, geil, lüstern, sein (werden), sudauar. حَبَل; Kaus. *sékal*, حَبَل; Konj. II. N:o 94; Ableit. *kélja*, *kéljai*. — Munz. *ckli*, bissig sein (in Worten), wollüstig; *ikiél*, bissig, wollüstig.

kélib, f. pl. *kélba*, Knöchel, كعب. — Munz. *to'klub*, der Knöchel; Seetz. *tokúlba*, Fussknöchel.

kélja [von *kéti*], geil, lüstern.

kéljai [von *kéti*], f. Geilheit, شَهَوة, حَبَل.

kelláfam [wahrsch. aus einem Fremdwort abgeleitet], mannbar werden; Konj. I. § 240.

kelönfe*, f. anhaltender Regen, Munz. (*kelönfet*; vgl. *kérinte*).

ken*, Verbalstamm, s. unter *kan*, Munz.

kenan*, s. unter *kan*, Munz.

kendábi*, f. Stieleisen der Lanze, Munz. (*to'kendábi*).

kénter*, f. [pl.]
kentár*, Verbalstamm } s. unter *kantár*.
keráj, s. *karáj*.
keráme* [درامة], f. Almosen. Mnz. (*te'ke-ráme*).
kerári, m.! grobes, schwarzes Zeug von Ziegenhaar zum Zeltwänden, خامة ساملا. — Mnz. *o'krrari*, ein Vorhang von Bast (Tigr.).
kéri, *kiri* [درى *kara*]. (für sich) mieten; Konj. II. N:o 95.
kérinte, m. feiner anhaltender Regen; vgl. *kelönfe*.
kérkub [aus dem arab. قبقاب *qabqáb*], hoher Holzschuh. — Mnz. *o'kerkeb*, Stadtsandalen; Seetz. *giryáp*.
késis, zusammenwickeln, zusammenrollen, نموى, نم; Konj. II. N:o 214. — Mnz. *ékses*, zusammenrollen (die Matte); Pass. *ékses*; Kaus. *askases*; viell. gehört auch hierher: Lan. *o csahi*, tapis.
kesso*, s. *káris*.
k(e)sús, m. (das) Zusammenrollen, ضى.
kešéi*,
kesí*, f. [pl.]} s. unter *kiša* und *kiš*, Mnz.
ket, klar, rein, sein (vom Wasser u. dgl), حمّى; Konj. I. N:o 8. — Mnz. *kétja*, Kaus. *ketésja*; *keta*, rein, hell.
kéta [von *ket*], rein, klar, صافى.
k(e)tám*, m. Wanze, Seetz. (*óktám*).
kéti, setzen, stellen, legen, وضع , حطّ; Kaus. *sekat*; Konj. II. N:o 96.
kétim, ankommen, anlangen; وصل; Konj. II. § 263. — Mnz. *ektem*, anlangen; Pass. *etketam*, angebracht werden; Kaus. *eskétem*; Adj. *ketem*, zureichend, angelangt.
ketran* [قطران *qatrán*], Pech, Mnz.
k(e)tám [von *kétim*], m. (das) Anlangen, Ankunft, وصول.
ketem*, Adj. und Verbalstamm, s. unter *kétim*, Mnz.
kik*, bis, Mnz. (s. § 357).

kike*. nein, Mnz. (eig. "es ist nicht, es giebt nicht" von *kai*, s. §§ 325, 326).
kim [قم *qum, qim*], m. pl. mit dem Art. *ákma*, Armband. — Mnz. *o'kma*, Pl. *e'kma*, hörnernes Armband; Seetz. *kumma*, Handknöchelring.
kinkeli, m. pl. *kinkelja*, Nacken, قف. — Seetz. *kinkeljón* [eig. "unseren N."]; Mnz. *te'kokelem*, Hinterkopf.
kiri, s. *kéri*.
kisu [ديم *kis*], f. Beutel, Seetz. (*tekissa*).
kisra [كسرى *kisra*], f. Brod, vgl. *tam*.
kiš, geizig sein (werden), بخّل; Ableit. *akiš*, *kiša*, *kaši*; Konj. II. N:o 80. — Mnz. *akish*, geizig sein; Kaus. *eshokish*, geizig machen; *te'keshi*, der Geiz.
kiša [von *kiš*], geizig, حبيل. — Mnz. *o'keshéi*, der Geizige.
kišja, c. pl. =, Sklave, Diener, عبد; *ákišja*, der Sklave; *tákišja*, die Sklavin, جريّة. — Mnz. *o'kisha*, Pl. *je'kisha*, der Sklave; *to'kisha*, Pl. *je'kisha*, die Sklavin; Seetz. *ekkeschia*, Sklave, *tekeschia*, Sklavin.
k(i)táb [كتاب *kitáb*], m. pl. *kitáb*, Koran. — Mnz. *to'ktab*, das Buch (Koran).
kiteb [كتب *katab*], schreiben; Konj. II. N:o 113. - Lan. *quetabat*, écrire [eig. "j'écris"].
kitr*, eine Art Mimosa, Mnz.; Schw. *kitta*, *tékker* [wahrsch. dasselbe Wort wie *kitr*, mit dem Art. f. pl.], Acacia mellifera.
kla*, *kláj*, s. *keláj*.
klela*, s. unter *kuléta*.
klub*, f. s. unter *kelib*, Mnz.
kma*, m. s. unter *kim*, Mnz.
knáda, f. Leichenbahre, جنازة. — Mnz. *to'gnáide*, Leichnam (Tigr.; in seinem "Vocabulaires" *g'názat*, cadavre, vgl. *jenáisa*).
kóba, f. kleiner Teller.
kód, s. *kud*.
kodate*, das Beza (aethiop.), Mnz.
kúds, Kaus. von *kod*.
koda*, s. unter *kud*.
kokelem*, f. [pl.], s. unter *kinkele*, Mnz.

kók"ar, s. *kák"ar*.
kōj*, s. unter *gōj* 2, Seetz.
kole*, s. unter *kora*, Munz.
kólei, f. pl. *kóleja*, Stock, كعباب, نبوت.
— Munz. *o'kwolei*, Pl. *e'kwoleje*, der Stock;
Pl. A. *kwolejab*; Seetz, *koleij*.
koléĺ*, s. unter *k"eléĺ*.
komberis* [?], m. Lan. o *comberis*, les nuages.
kónbūĺ*, f. Hügel, Munz. *(to'kónbul*, Pl. *te'kenbel)*.
kousábe, f. [pl.], Nadel, Munz. *(te'kousúbet)*.
kōr, m. Sattel, ـــ. — Munz. *o'kor*, Pl. A. *korab*, Sattel; Seetz. *[ic]kūr*; Lan. *cor*, selle de dromadaire; vgl. tigr. *kōr*, selle (de cheval).
kóra, *kóre*, f. Zahn, ـــ. — Munz. *to'kole*, Pl. *te'kore*, A. *korab*; Knock. *[dch]-kurre*, Zähne, *[doh]-korr*, Zahn; Seetz. *tékorch*, Zähne [vgl. *kurb*]; *tekorch teschi*, Zahnfleisch; Knem. *togura*, Pl. *tegura*; Lan. *to conrah*.
kork"or*, s. unter *kók"ar*.
korom*, f. Kuss, s. unter *k"arám*, Munz.
kos*, s. unter *k"ási*, Munz.
koss*, m. s. unter *k"asám*, Munz.
kotun* [قطن], Baumwolle, Seetz. *(kotúnnu)*.
kruakruati [?], f. Solanum albicaule, Schw. *(qruaqruatit)*.
krub, s. *kurb*.
krūm, f. pl. *krūm*, Frühmorgen, Dämmerung (eine Stunde vor dem Sonnenaufgang; eine Viertelstunde vor dem Sonnenaufgang fängt der *sbah* an). — Munz. *o'krum*, der Morgen, Pl. *e'krum*, A. *korumáb*, vgl. *s(e)kérem*; Buecki. *tokroum*, morning.
kúbbi [aus dem arab. كبّ *kabb*, vgl. § 377, 6], giessen, ein-(aus-)giessen; Konj. I. Pass. *kúbbim*, Kaus. *kúbbis*.
kúbeĺ*, f. Elionurus elegans, Schw. *(kúbbel)*.

kubhére, f. Turteltaube, قمري. — Knock. *kuh-behr*, Taube; Munz. *kebbéri*, Taube.
kubre* [كبريت *kibrít*], f. Schwefel, Seetz. *(takkubreh*; das wurzelhafte *t* in *kibrít* ist von dem bedawischen Sprachbewusstsein als weibliche Objektivendung aufgefasst worden).
kud, *kōd*, irre gehen, sich verirren, ضيع; Kaus. *kuds*, *kōds*, irre führen, verlegen; ضيع; Konj. I. N:o 27. — Munz. *kodie*, verloren gehen; *kodishie*, verlieren; *koda*, verloren.
kūd*, m. Achre, Seetz. *(okúd)*.
kuds, Kaus. von *kud*.
kúhi, *k"áhi*, m. Ei, بيض. — Munz. *kuhi(b)*; Seetz. *[o]kvh*.
kulba*, f. s. unter *kélib*.
k(u)léla, f. Schnupfen, كحّة; eine *kulélat úburi*, ich habe Schnupfen, je suis enrhumé. — Munz. *to'klela*.
kulhamém* [? vgl. *hamém*], m. Trianthema sedifolia, Schw. *(ōkul-Hamēm)*.
kunise*, m. s. *kášon*.
kunte*, *kuntĕk**, m. Ficus sycomorus, Urostigma glumosum, Schw. *(kuntĕk*, *kunntĕb)*; Seetz. *[u]küntch*, Sycomorbaum.
kur*, f. Heliotropium bicolor, Schw. *(kurt)*.
kurb, *krub*, c. Elefant *(ákrub*, das Männchen, *tákrub*, das Weibchen). — Munz. *o'krub*, Pl. A. *kurbab*; Heugl. *kurūb*; Knock. *[oh]-kurib*; Seetz. *okurub*, Elephant, *okurbit kurre*, Elfenbein [eig. 'Elefanten-Zahn', vgl. *kóra*].
kurme*, m. Cadaba glandulosa, Schw. *(kurmēb)*.
kúrmu*, f. [viell. mit dem vorhergeh. W. identisch], Justicia Ecbolium, Schw. *(kurmūt)*.
kúrsi [كرسي *kúrsi*], m. pl. *kursi*, *kúrsia*, *kúrsa*, Stuhl. — Seetz. *o'kúrsze*.
kúšon*, Dactyloctenium glaucophyllum, Schw. *(kúschou*, *ohkunisch)*.
kuttán* [قطن *kittán*], Leinwand, Seetz.
kwa(b), s. unter *k"a* 2.
kwolei*, s. unter *kólei*, Munz.

K^u.

$k^u a$ 1 [von $k^u ai$ 1], m. (das) Kleiden.
$k^u a$ 2, 1. f. Schwester, اخت; 2. weiblich, انثى. — Musz. kwab, weiblich; vgl. übrigens das Verzeichn. in den Vorbemerk.
$k^u abéle$ [von $k^u abil$], f. Schleier, برقع.
$k^u abil$, beschleiern, verhüllen, غب; Konj. II. N:o 140. — Musz. ekbél, sich verschleiern (von der Frau).
$k^u ad^*$ [? vgl. $y^u ad$ 1], m. Crotalaria microphylla, Crotalaria remotiflora, Schw. (quádd, ohkoát, ōkot).
$k^u áhi$, m. s. kúhi.
$k^u ai$ 1, sich kleiden, sich anziehen, لبس; Konj. V, N:o 177; Ableit. $k^u a$, $m k^u e$. — Musz. okui, sich kleiden; Kaus. ésdok[?], bekleiden; Part. Pass. aknaja, bekleidet.
$k^u ai$ 2, $k^u áj$, sieben, sichten, غربل; Konj. I. § 243.
$k^u ájti$ [von $k^u aj$ 2], m. (das) Sieben, Sichten, غربلة.
$k^u alál$, kugelrund (vgl. hásama), مدبن; Ableit. $k^u elél$. — Seetz. kwállalábo, Kugel; Lix. qualal[ho], rond.
$k^u álani$, m. pl. $k^u álani$ oder $k^u álanja$, Axt, فاس.
$k^u álit^*$, singen, Seetz. (anaquailitádéneh, ich singe).
$k^u álitána^*$, Sänger, Seetz. (kuailitána).
$k^u aliténe^*$, m. Volkslied, Seetz. (ókwaliténne).
$k^u án$, m. pl. $k^u án$, Strom, Giessbach, Regenbach, سيل. — Musz. o'kuann, Pl. e'kuenn, der Strom; Seetz. [o]kwán, Regenbach; Lix. o couan, torrent.
$k^u ara^*$, m. Räuber, Seetz. (úkwara).
$k^u arám$ [vom arab. کرم karám, wie das Wort in Suakin lautet], 1. küssen, قبل;

vgl. salám; Konj. I. § 238, 2, a; 2. f. pl. $k^u árám$, oder $k^u aráma$, Kuss, قبلة. — Musz. korámje, küssen; Kaus. korámesja, küssen lassen; to'korom, der Kuss; Seetz. karametókench, ich küsse [,dieb']; kuramátene, ich bücke mich; okarámte, der Kuss.
$k^u ása$ [von $k^u ási$], f. Erbschaft. — Musz. jo'kassa.
$k^u asám$ [von $k^u ása$], erben, ورث; Konj. I. § 238, 2, a. — Musz. kossamja, beerben.
$k^u ási$, (etwas) für sich lösen, einlösen, حل; 2. bezahlen, ادى; Konj. II. N:o 97. — Musz. oksi, zahlen (eine Schuld); Kaus. eskos; Pass. oksé; kos, Zahlung.
$k^u aš$, 1. fortschaffen, fortbringen, transportiren, نقل; sich bewegen; Konj. II. N:o 81; 2. m. die Fortbewegung.
$k^u áše$ [von $k^u aš$], f. (das) Fortbringen, Transportiren, نقل; — [Hierher gehört wohl auch das Seetzensche kúaschäb (= $k^u áša$), Beschneidung, eig. „Wegschaffen des Vorhautes'].
$k^u áta'$, verschlucken, verschlingen, بلع; Konj. II. N:o 154.
$k^u (e)bál$ [von $k^u ábil$], m. pl. mit dem Art. á-$k^u bil$, Beschleierung.
$k^u elél$ [vgl. $k^u alál$], m. pl. kúlel, Armband von Silber, سور. — Musz. kolél, silbernes Armband [vgl. kim]; Lin. o coulel, bracelets; vgl. mass. kútáltó, pendant d'oreille, kalakel, pendant d'oreille.
$k^u érera^*$, Heliophytum Steudneri, Schw. (querreruh).
$k^u ik^u ei^*$, Adler, Musz. (kwikwei). Seetz. knikwaij, Rabe; Lin. o quickay, corbeau.
$k^u ire$, m. pl. =, Strauss, نعم. Krem. kwire; Musz. o'küire, Pl. e'küire; Pl A. küireb, küitél; Hekol. quire oder guri[b]; Seetz. [u]kwirch.

L.

la' 1, *le'á* [von *le'*, s. d. W.], f. Kälte, بَرْد. — Munz. *la*, kalt, Kälte; Kaus. *lasíc*, kalt machen; *liije*, kalt werden; Burckh. [*to*]*la*, hot [?].

la' 2, m. Fett, Schmalz, دٍعٍ; *la 'hádal*, braunes Fett, geschmolzene Butter, سَمْن. — Munz. *o'la*, der Schmalz; Burckh. [*o*]*la*, Butter; Knock. [*oh*]-*láh*, Butter (Schmalz); Seetz. *olá*, Butter; Krem. *óla*, Butter.

lā* [?, vielt. m. *la'* 2 identisch], f. Cucumis prophetarum, Schw. (*to-lah*, *to-oll*); Cucumis figarii, Schw. (*wol-lāt*).

lá'am [von *la'* 2], sich mit Fett beschmieren, bestreichen; damit beschmoren sein (werden), تَدَقْ ; Konj. I. § 238, 2, a. — Munz. *lamja*, sich Fett in die Haare thun.

lá'as [Kaus. von *la'* 2], mit Fett beschmieren, دَقْن; Konj. I. — Munz. *lasia*, einem Fett in die Haare thun.

lachande* [?], f. s. *ilahinde*.

lad*, f. Palmzweig, Djerid, Munz. (*to'lad*).

lága, c. Kalb, عِجِل. — Munz. *o'lega*, das männl. Kalb (Tigr.); Hevgl. *laga*, Ochse; vgl. tigr. *layā*, veau mâle.

lahít, s. *lehit*.

lak, *lakei*, *lek* [?], sich beschleiern; Konj. II.; *lekei*, beschleiere dich. — Seetz. [*a*]*lak*[*éjheh*], ich tanze.

lakéme [von *lak*], f. Schleier, برقع.

lála*, Anaphrenium abyssinicum, Schw. (*lahla*).

lalúnko, c. Affe, قِرْد. — Munz. *o'lálanko*, Seetz. *lálunkó*.

lām [vielt. vom arab. تعلّم *ta'állam*], lernen; Kaus. *lāms*, lehren; Konj. I. N:o 23; vgl. tigr. *lá'eme*, profiter.

láma*, vergebens, Munz.

lambére*, f. Jatropha lobata, Schw. (*lambērett*).

lánaj [von *la'* 1], m. Kälte, بَرْد.

lásag [نَضِ *lisag*], s. *dō'*; Konj. I. § 238, 2, a.

lasí* [vielt. mit nachfolg. W. identisch], f. s. *kalich*.

laséj*, f. [pl.], Pomade, Munz. *te'lasséi*; (vgl. *lá'am* und *lá'as*).

lau [wahrsch. arab.], nein, لا. — Lin. *lano*, non.

lān, *lāw* [von *lū*], 1. m. pl. *ē-lān*, (das) Brennen; 2*. sich verbrennen, Munz. (vgl. *lū*).

land*, *laaū* [?], Acacia pterocarpa, Schw.; vielt. das arab. العود *el'ūd* ‚Holz‘.

lé', kalt sein (werden), بَرَد; Kaus. *lé'as*; Konj I. N:o 2; Ableit. *la'*.

le'í, s. *la'* 1.

lé'as [Kaus. von *le'*], kalt machen, بَرَد; Konj. I. N:o 4.

léga*, s. unter *líga*.

legam*, s. unter *lejám*.

legi*, f. s. *telegi*.

l(e)gumí*, stumm (Tigr.), Munz. (*o'lgumi*).

leh, krank sein (werden), مَرِض ; Konj. I.; *barák léhinjétej*, wenn du krank wirst; Ableit. *léhanej*.

léha 1, *élha* [von *leh*], schwach, krank, عَيِن. — Munz. *lehá*, krank; Burckh. *léha*[*bou*], disease [eig. ‚he is sick‘]; Seetz. *elhábo*.

l(e)ha* 2 [?], m. Krebs, Seetz. [*ó*]*lhá*.

leháj, kahl (am Kopfe), اَصْلع. — Munz. *lehei*, kahlköpfig; *éllehē*, kahlköpfig sein; *te'melhei*, Kahlköpfigkeit; Lin. *layou*, chauve.

lehák, f. pl. *lehák*, Gaumen, حَنَك, sudanar. ـــخ.

léhane [von *leh*], f. Krankheit, مرض.
lehás [لحس *lĭhas*], lecken, belecken; Konj. II. N:o 155.
l(e)hít, *lahít*, *elhít*, morgen, بحر; *lchít báka*, übermorgen. — Munz. *lehéit*; morgen, demain, *lcheit betkait*, übermorgen; Seetz. *laheit*, morgen, *laheit baka*, übermorgen.
lchumbo*, m. Affe, Munz. (*o'lehumbo*).
lejám [لجام *ljám*], m. pl. *lejám*, Zügel. — Munz. *légam* (Tigr.); Seetz. *oledjám*.
lek, s. *lak*.
lékik, verlegen, verlieren (unterwegs), égarer, لكد; Konj. II. N:o 115.
l(e)kák, m. pl. *l(e)kik*, das Verlieren.
lému, m. Krokodil, تمساح. — Munz. *léma[b]* (Tigr. *alma*).
lémid, *límed* [von arab. تلميذ *tilmad*, s. § 377, d], lernen, تعلّم; Konj. II. N:o 116. Munz. *ölmed*, sich gewöhnen; Kaus. *ashímed*; *lemed*, die Gewöhnung (Tigr.).
lemne*, f. Ohrring, Lvs. (*to lemné*).
lengig*, m. Leopard, Munz. (*lengig*, Pl. *lengigúb*).
lengáj [von *lengú(m)*], m. Bote, رسول.
lengám, senden, schicken, ارسل; Konj. I. N:o 44.
lesso*, m. pl. =, Wolke, Munz. (*o'lesso*, Pl. *é'lesso*, A. *lessob*).
le'áb, (das Schwert aus der Scheide) herausziehen; Konj. II. N:o 168. — Munz. *elleb*, das Schwert ziehen; *o'lláb*, das Gezogene.
l(e)'áb, m. (das) Herausziehen.
léwuw, sich schnell herumdrehen, kreisen, دار, قوم; Konj. II. N:o 169.

l(e)wáw, m. (das) Kreisen.
lhit, s. *lehít*.
lif [لف *liff* ‚Sammlung, Menge', oder الف *alf* 1000], tausend, الف; *mehéj liffa*, 3000. — Munz. *elf* (arab.), 1000; Knock. *liff*, 1000.
lil, flüssig sein (werden), schmelzen, ذاب; Konj. I. § 238, 1, b.
lili [von *lil*], f. Auge, عين; vgl. das Verzeichn. in den Vorbemerk.
lilti [von *lil*], m. (das) Schmelzen, Flüssigwerden.
limed, s. *lémid*.
lingo* [?], f. Seetz. *tillingó*, Zweig.
lob*, Bachrinne, Munz. [vielt. *lo*, m.].
lolis*, Tausendfuss (Julus), Munz.
lu 1, *luw*, brennen, حر; Konj. II. N:o 88. — Munz. *elú*, brennen; Imp. *lua*; *élau*, sich verbrennen, brennen; *o'eláné*, der Verbrannte.
lu 2 [?]: Munz. *élu*, hängen; Kaus. *esiselu*, aufhängen.
lúch, Coelorrhachis hirsuta, Schw. (*lúhch*).
luk, m. weicher Thon (worin der Fuss einsinkt, nicht eig. Schmutz), وحل. Munz. *lugg*, Koth; vgl. tigr. *legleqe*, enduire de boue; P. P. *lúqláq*.
lúl, m. Seil (von Halm), حبل. — Munz. *o'lul*, der Faden; Burckh. [*o*]*loul*, cords; Seetz. *olál*, Faden. [*tellúlia*, Angelschnur.
lúm, m. Steiss, زب. — Munz. *o'lum*, der Anus.
luw, s. *lu* 1.

M.

ma 1, f. (pl. zu *tákat*), Weiber, Frauen, نِسْوان. — Munz. *te'ma*, die Frauen.

ma* 2, m. Süden, Burckh. (*oma*). — Hierher gehört vielleicht auch das Munzingersche *»mei goḍib*, rechts», das dann so viel bedeutet als „mit dem Gesicht nach Süden" vgl. das Sanskr. *daksina*, dexter, meridionalis; s. *gedi* 2 und *mah*].

má'a, (irreg. Imper. zu ī, kommen), komme! تَعَالَ.

machare*, m. Gymnanthelia lanigera, Schw.

máda*, m. Schuh, Burckh. (*omadda*, shoes).

mádar [von *der*], (das) Töten, قَتْل.

mádey [von *dey*], m. Schwere, Gewicht, ثِقَل. — Munz. *métey*.

mádna* [مَدنة *mádna*], f. Turm, Minaret, Seetz. (*temmádna*, Thurm).

madáḍ, froh, heiter, فَرْحَان.

mádah [von *ḍah*], m. (das) Fettwerden, Fettigkeit.

mádam, f. Bett, Matratze, فِرْش. — Lin. *to madam*, lit.

mádeḍ, m. pl. *mádḍa*, Schwert, سَيْف. — Krem. *maḍḍad*; Burckh. [*n*]*maddet*; Munz. *o'embaḍet*, Pl. *e'embaḍab*; Seetz. *mbadet*, Säbel; Lin. *o mathad*, sabre.

mafada*[?], f. Tasche, Krem. (*tíma fada*).

may, schlecht sein (werden), böse sein, sudanar. تَعَب; Kaus. *súmay*, verschlechtern; Konj. III. N:o 174. — Munz. *ēmey*, schlecht werden, Kaus. *asoméy*, verschlechteru; *amayo*, schlecht, bös; *mámey*, Schlechtigkeit.

máye 1, m. Hals, قَذَال. — Seetz. [*em*]*magéh*.

máye 2 [von *may*], m. Schlechtheit.

magéf [von *gif*], f. Austoss. — Munz. *méyef*.

mayér [von *ágar*], f. Rückkehr, رُجوع.

máyreb* [مَغْرِب *máyrib*], Abend, Seetz.

mah [viell. mit *ma* 2 identisch], m. 1. Morgen, صُبْح; 2. Osten, شرق; *mahón*, im Osten, شرقي; 3. des Morgens sein, den Morgen zubringen, أصبح; Konj. 1. § 238, 1, a. — Munz. *mehija*, Morgen werden; *o'mhi*, der Morgen; *mehissia*, den Morgen zubringen; Krem. [*n*]*ma*, Morgen; Lin. *o mahoc* [oc ist das Suff. 2. Pers. Sing. mask.], est.

mäh, erschrocken sein, (aus dem Schlafe) plötzlich erwachen, aufschrecken, ارتأب; انتخل; Ableit. *méha*. — Munz. *umma*, erschrocken; Kaus. *esimma*; *méha*, erschrocken, *emhi*, Schrecken.

máha, *méha*, [von *mäh*], aufgeschreckt, erschrocken, مرعوب.

maháy, s. *mcháy*.

máhi, *maháj*, s. *m(e)héj*.

mahón, s. unter *mah*.

maj*, m. Indigofera argentea, Schw. (*ōmai*).

maják*, s. *ajók*.

majuk"a, 1. recht (Gegensatz: link), يَمين; 2. f. rechte Seite; *majuy"adók*, zu deiner rechten Hand, rechts, يمينك.

májut*, Bürge, Munz. (s. *djal*).

makáde*, Abyssinier, Munz.

makáss [مَقص *maqáṣṣ*], Schere, Seetz.

makása* [مَقَشَّة *maqášša*], f. Besen, Seetz. (*temmakáscha*).

mák"ara, m. Kälte, بَرْد. — Munz. *mokucre*; Seetz. *maákwara*; Burckh. [*o*]*mokera*, cold; Krem. *aynara*; Lin. *o maconrah*.

mák"c* [von *k"ai*], Kleid, Seetz. (*emmakoch*; vgl. *mík"e*).

málaya, *mehálaya*, m. Geld, فُلوس. — Lin. *e mallagah*, argent; Seetz. *mahállak*, Geld; *mahallako kabir*, arm [eig. „er hat kein Geld"], *gadabo* [Druckfehler für *gadabo*] *mahalla(k)o eberri*, reich [eig. „er hat viel Geld"].

malai*, m. Kraft. Mnsz.
malál, m. pl. *malál*, Wüstental, وادى. — Mnsz. *melál*, Wüste.
málau, f. pl. *málawa*, kleine Axt. — Mnsz. *to'melaú*, die kleine Axt [vgl. *mesár*]; *melote edir*, Axtstiel; Knock. [*the*]*mallo*, Axt.
malh (eigentl. ,Mitte'); Präpos. zwischen, فى , بين; — als Postpos. *malho*, (eig. ,seine Mitte'), s. § 368. — Lns. *tomalhoy*, moyen.
malho, s. unter *malh*.
malije, zweiter, ثنى. — Mnsz. *o'eméllje*, der zweite.
málit, rupfen (Federvieh), نتف; Konj. II. N:o 141; Ableit. *melát*; vgl. mass. *malata*, séparer du poil.
malito [?], f. Schwägerin, Mnsz. *malljo* [?]: Mnsz. *o'malljo*, der Schwager, *te'malito*, die Schwägerin.
malkát* [ملقط *málpat*], Feuerzange. Seetz.
malób [urspr. *malóm*], zwei, ثنى [vgl. das Verzeichn. in den Vorbemerk.]; *málo se*, zweihundert; *málo liffa*, zweitausend. — Knock. *mallo shch*. zweihundert; Mnsz. *melobkreb*, zweijährige Kuh (nach den Zähnen).
mam*, s. unter *'am*.
máma, ein gewisser. — Mnsz. *mama*.
mámau [von *men*], f. Rasirmesser, موس. — Mnsz. *te'ménen*; Seetz. [*t*]*móncmi*.
mámey*, s. unter *may*.
mamer* [?], die unter dem *entérca* [s. d. W.] liegende Matte, Seetz. (*máamér*).
män [von *men*], m. Rasirung.
mána, m. Gedärme, Eingeweide, مصران; [wahrsch. giebt es auch ein Sing. *man*, ,Darm']. — Mnsz. *e'mana*, die Eingeweide; Seetz. *émaná*, Gedärme.
mángo, f. Fingerring, خـت.
manjo*, m. (od. f.), Solanum sanctum, Schw. (*muniöb*, *manjött*).
mára, weit, geräumig, واسع; Kaus. *sámara*. Mnsz. *mára*, sich erweitern, Kaus. *asmara*; *te'merái*, Weite.

mará. 1. (den Feind) angreifen, anfallen هجم; Konj. I. N:o 57; 2. f. [pl.]. Angriff, هجوم. — Augenscheinlich ist hiermit das Wort *meram* verwandt, welches sich bei Mnsz. in den Formen: *omeramje*, rauben, verwüsten; Pass. *meramemjeo*, verzeichnet findet.
maráj, s. *méri*.
maralói [von *mára*, s. d. W.], breit, عرض. - Mnsz. *maralói*, weit.
marám [von *ram*], f. (das) Folgen, Begleiten. — Mnsz. *omóram*, begleiten. Kaus. *esórem*, begleiten lassen (vgl. *mórmoj*).
mar'i [von *'ár*], f. Nahrung, عيشة. — Mnsz. *marri*[*t*]. Nahrung, Unterhaltung.
marisa [مريسة *maríṣa*], m. Palmenbier. — Krem. *merisa*, Bier; Lns. *marrassih*, enivrer.
másu, f. Buttermilch, شنينة. — Mnsz. *te'mesa*.
másankó*: Seetz. *missankó*, Leier, *messankólbiá*, Saite; vgl. *bije*.
máse*, f. Jahr, Seetz. (*maszét*).
másu, hören, سمع; Konj. V. § 296, 2. — Mnsz. *omásu*, hören; Pass. *elmessúu*; Kaus. *osmasu*, verkünden; *o'masu*, das Hören. Gehör; *masna*, hörend; Buckh. [*t*]*misyra*, to hear; Lns. *emsiroh*, entendre [= *ómsiwo* ,ich höre ihn'].
mása, m. Tristachya sp. Schw. (*masschäb*).
máša', spalten, sägen, شق , نشر; Konj. II. N:o 156. — Mnsz. *imshá*, spalten; Pass. *elmeshái*; Kaus. [des Kausativs] *shishuusha*; *mushav*, gespalten.
másha*, m. Bier. Mnsz. (*o'mashha*).
másoki*, m. Antilope saltatrix, Hegl. (*mašokib*).
mat, m. Spur, اثر. — Mnsz. *o'mat*, Pl *mata*[*b*], Spur.
mbau*, *mbade*, s. unter *émbad*.
mbalék [?], f. Amarantus graecizans, Schw. (*tombalëkk*).
mbc 1, s. *émbe*.

mbe* 2 [?viell. mit dem vorhergeh. W. identisch] f. Dracæna ombet, Schw. *(tombêt, to omba).*

m(e)ádej [von *'ádi*], m. **Pflanzen, Säen.**
ع بى

mèbred* [von مبرد *mèbred*], **Feile, Seetz.** *(möbbrëtt).*

medákka [ምዳቓ *mediqqa*], **Dreschplatz, Seetz.**

médda [von *médid*], **rasirt.**

médid, **scheren, rasiren, (das Kopfhaar) gänzlich abscheren,** vgl. *hákik*, حلق , دقم ; Konj. II. N:o 117.

medór*, m. **Töter,** s. unter *der*.

méd(r)bab, f. **Leichentuch.** دفن , (vgl. jedoch *déba*).

mefuck*, f. s. unter *fénik*, Munz.

méfrej [von *firi*], f. **Geburt.** — Munz. *mofré*.

meg*, s. unter *may*.

méyef*, s. unter *mayéf*.

megefena*, s. unter *gif*.

méymed*, s. unter *gimad*.

méynaf [von *génaf*], f. **(das) Knien;** *ókámit méynaf*, **das Knien des Kamels.**

méyreb [von *gérib*], f. **(das) Besiegen,** غلب.

meh*, s. unter *muh*.

méha, s. *múha*.

m(e)háda [ምሕዳ *muḥáda*], f. **Furt.**

m(e)hádda [ምኅዳ *muxádda*], f. **Kissen.**

mehág, **kehren, auskehren,** نظف , sudanar. كنس ; Konj. II. § 265; Ableit. *mehúg, ménhay*. — Munz. *es'hey*, **ausputzen, auskehren,** (vicll. Druckfehler für *emhey*].

m(e)hayáj, m. **Sommerzeit.** — Munz. *mhagai*, **die trockene Zeit; Seetz.** *muihagaij*, **trockne Jahreszeit; Krem.** *mhakai*, **Sommer;** Lan. *o mayayi*, été; vgl. tigr. *hagaj*, été.

meháj, s. *mehéj*.

mékajho, m. **Drittel,** ثلث ($ 99).

m(e)háy*ĕn [von *háy"an*], m. **(das) Jucken.**

m(e)hálaga, s. *mulaga*.

m(e)hámaj [von *hámai*], f. **Grösse,** بر.

m(e)has, **zu Mittag essen,** تغدى ; Konj. I.; vgl. tigr. *mascha*, déjenner.

m(e)hasej, m. **Mittagsmahl,** لغا. — Munz. *o'muhassei*, **das Morgenessen; Krem.** *[to]mhasei*, **Mittagsessen.**

m(e)hátta [ምሕታ *meḥitta*], f. **Ort, Stelle.**

mehéj, *múhi*, *mahaij*, **drei,** ثلاثة (vgl. das Verzeichn. in den Vorbemerk.).

m(r)héje*, **dritte,** Munz. *(o'emhéje)*.

mehéjse, **dreihundert,** ثلثمائة. — Krock. *mei-the*.

mehéjtamán, **dreissig,** ثلاثين. — Munz. *mhreitemmu*; Krem. *mhaitamn*; Seetz. *mahitamá*.

m(e)hêl, t. **(einen Kranken) pflegen,** داوى ; Konj. I. N:o 41; 2. m. **Arznei,** دوا. — Munz. *o'mehêl*, **die Medicin; Seetz.** [e]*mhelúna*, **Arzt.**

m(e)hélemje [von *mehêl*], f. **Pflege.**

m(e)hi*, m. **Morgen,** s. unter *mah*, Munz.

m(e)hin, m. **Ort, Platz, Stelle,** محل.

m(e)kion* [von *hi*, s. d. W.], m. **Gabe,** Munz.

m(r)hág [von *mehág*], m. pl. mit dem Art. *ê-uhig*, **(das) Auskehren.**

m(e)hite [von *muh*], m. **Hinlänglichkeit.**

mei [?], **feucht werden,** s. unter *mu'*.

meisak* [?], **kriegerische Drohungen ausstossen, bedrohen;** *jeskat*, Drohung; Munz. [Der Stamm lautet demnach wahrscheinlich *jesak*].

mĕk, c. pl. *mák*, **Esel,** حمار ; *ámĕk*, **der Esel,** *túmĕk*, **die Eselin.** — Munz. *o'mek*, Pl. *e'mek*, **der Esel,** *to'mek*, Pl. *te'mek*, **die Eselin;** Hevgl. *o-mey*, Burckh. [o]*nuyy*; Krock. *oh-mehk*; Seetz. *omêk*; Krem. *óm(e)k*, Pl. *emak*.

m(e)ka* [?], s. unter *miñgai*.

mékanis* [wahrsch. mit *mēk*, s. d. W., zusammenges.]. Wathania somnifera, Schw. *(mehkaniss).*

mékar, **raten,** شار ; Konj. II. N:o 158 oder auch nach der Konj. III., Præs. *átmakîr* etc. — Munz. *êmker* (Tigr. Ar.), **rathen;** Kaus. *esmêker*, **berathen;** *mukr*, **Rath;** vgl. tigr. *makere*, conseiller.

mékir [von *mékar*], m. Rat, مَشُورَة; Erlaubnis, رُخْصَ.
mekté*, f. Bruch, Mnz.; s. unter *kat'*.
mélah, (jem.) vorangehen, den Weg zeigen, führen, دَلَّ; Konj. II. N:o 157. — Mnz. *emla*, führen, begleiten; Pass. *etmella*; Kaus. *esmela*.
melál*, s. unter *malál*.
melálikneí, eig. wilde Ziege, die Sasseha, Mnz.; s. § 375 (wo die Worte »nicht bei Munzinger« zu streichen sind).
melaú*, f. s. unter *málau*.
melek [مَلَاك *malák*], m. Engel (Mnz.)
melheí*, f. s. unter *lehág*.
melkei*, f. Kopftuch, Schleier, Mnz.
melo*, f. [pl.], Thräne, Mnz. (*te'melo*, die Thräne). — Lns. *te'mlah*, larmes.
melod*: Mnz. *melodja*, Thränen vergiessen; Kaus. *melodisja*; demnach zur Konj. I.
m(e)lút [von *milit*], m. pl. mit dem Art. *émlit*, das Rupfen.
mémhag [von *mehúg*], f. Kehrbesen, مِكْنَسة.
men, (den Bart) rasiren, حَلَق; Konj. II. N:o 82; Ableit. *máimau*. — Mnz. *emén*, rasiren; Pass. *etómen*; Kaus. *esómen*; *mane*, das Rasiren; *te'ménen*, das Rasirmesser.
menda(d)*, f. [pl.], s. unter *minda*.
mendafi, s. unter *dif*, Mnz. [Wenn die Form richtig ist, haben wir hier ein bemerkenswertes Beispiel von Verwendung des Präsensstammes in der Ableitung].
ménner*, s. unter *náur*, Mnz.
ménged [von *éngud*], m. (das) Stehen, وُقُوف.
mengel*, f. s. unter *négil*.
menim [vom arab. تَمَنَّى *tamanna*, s. § 377, b, d], wünschen, zuwünschen; Konj. I. § 238, 2, b.
ménkes*, s. unter *nékas*, Mnz.
meno*, m. Hyänenhund, Toqla, Mnz. (*o'emeno*, A. *menob*).
merafe* [?], Hyäne (Hyæna crocuta), Krem. [vgl. *karáj*].
meram*, s. unter *mará*.

merara*, f. [pl.], Senna-Strauch, Bcrckh. (*temerara*).
merba*, f. (Tigr.) Rache, Mnz.
méri, *méru*, *maráj*, finden, وَجَدَ, تَلَقَّى; Konj. II. s. § 318. Mnz. *emérn*, finden, Pass. *etmerei*, Kaus. *esmer*; *o'mrei*, der Fund.
méria, *mére*, m. Weite, Breite; *ün ingnas ümériah fádig guinhala*, dieser Stoff, seine Breite ist vier Ellen; vgl. *mára*.
merkise*, Orygia decumbens, Schw. (*merkisseh*).
merkuai* [von *rek"i*], m. Furcht, Bcrckh. (*morkay*). — Mnz. *merkuje*; Lns. *o'mourquay*.
méru, s. *méri*.
més*, anfeuchten, s. unter *mu'*, Mnz.
mesa*, f. [pl.], s. unter *músa*.
m(e)sa', m. Säge, مِنْشَار.
mesór*, f. (Tigr.) grosse Axt, Mnz. (vgl. *málau*).
mesdi, m. s. unter *mu'*.
mesgáj [von *ségi*], (das) Sich-entfernen.
meskín [مِسْكِين *meskín*], arm, dürftig, elend. — Mnz. *meskin*, arm.
méslim [مُسْلِم *múslim*], m. Musulman. — Mnz. *mesellemi*.
mésta, m. Möbeln, Hausgerät, أَثَاث. — Mnz. *mesta*, Teppich.
m(e)sa [von *músa*], m. (das) Spalten, Sägen.
mesák"one*, s. unter *senuik"ani*.
més'eg* [von *se'ig*, s. d. W.], ein Netz, um etwas darin aufzuhängen, Mnz. (*meshgy*)
mésmam [von *sémim*, s. d. W.], f. Schwertscheide, غِمْد. — Mnz. *te'meshnum*.
mésni [von *músu*], m. (das) Hören, Gehör, سَمْع.
métaras, m. Holzklotz (als Kopfkissen). — Mnz. *emtaras* (Tigr.) Kopfkissen von Holz.
metlawi*, m.: Mnz. *o'metlaui*, das Heiraths-Motto.
méten*, s. unter *deg*.
metóngoli*, der kleine Mahlstein, Mnz; (vgl. *ria*).

mhóda, s. mcháda.
mhagáj, s. mchagáj.
mhálaya, s. málaya.
mhas, s. méhas.
mhēl, s. mchēl.
mhin, s. mchín.
mi, m. Hagel, ذر. — Seetz. [c]méh; Mvsz. ēmbi [?].
miádo* [von di. s. d. W.], (das) Gesagte, Spruch, Mvsz.
mid, m. männliches Glied, ذر, قضيبي. — Mvsz. o'mid, Pud. masc.; Burckh. [o]myd; Seetz. midiókü'm. Saamen [eig. ‚Wasser deines Gliedes', s. jóm].
mída, m. Zunge, ͜. — Mvsz. o'mida[b]; Seetz. [c]midap; Krem. mida; Lin. o midab.
mika*, der Gersabaum (Salvadora pers.?), Mvsz. — Seetz. mikú, Lupine.
mikol*, f.: Mvsz. te'mikol, das Mark. — Seetz. témmikóla. Handknöchel, tmik-ól, Schiene.
mīkʷe [von kʷai]. m. pl. =, Kleidung, ͜. — Lin. e miquch, habit [vgl. mikʷe].
mimas, m. Grab. — Seetz. mimásch.
minda,' f. Regenschauer, ͜. — Mvsz. te'mendad.
mindara, s. múndara.
miñyai, m. Wüste, خلا. — Krem. mká, Wüste.
minjal [wahrsch. Fremdwort], m. Bote.
minsár [͜ minsár]. m. pl. minsar, Säge. — Seetz. minschár.
misa' [von sa']. m. (das) Sitzen, ͜. — Mvsz. o'misa.
misán* [͜ misán]. f. Wage. Seetz. (tmisán).
miswa*. f. lederner Sack, Seetz. (miszúat).
mikken*, Nacken, Mvsz.
mita, f. Knochen, ͜. — Mvsz. to'mi-ta[t]. Pl. te'mita[t]. der Knochen, te'en-gidmitat, das Rückgrat; Burckh. [ti]mita, hone; Seetz. [t]mitát.
mitjá, 1. befehlen, ͜; Konj. I. § 242, 2: 2. m. Befehl.

mlok*. f. Dattel, Burckh. (tomlok; vgl. blūk). — Lin. te melone, Dattes.
mlūt. s. melát.
mlúta [wahrsch. von mátit. s. d. W.]. m. Zank, Streit, خصم.
mofrei*, Mvsz. te'ein mofrei [von fira'. s. d. W.], Sonnenaufgang, Ost.
moyádem, böse Zunge, Mvsz.
mokiej* [?], beschuldigen, s. iej.
mōk, f. Hals, قفى. — Mvsz. to'mok, der Nackenpreis der Frau; Lin. to móc, cou; Krem. [to]mo(k), Hals.
mokʷa[b], f. gekrümmte Zeltstange, Mvsz.
mokʷere*, s. unter mákʷara, Mvsz.
mono*, (Tigr.) erschaffen, Mvsz. (monoja — demnach zur Konj. I.).
móram*, s. unter marám.
mórmoj [von ram], e. Begleiter, Gefährte, ͜. — Mvsz. o'mormoi, die Beglei-tung, das Gefolge; o'mormi, der Be-gleiter (vgl. marám).
mös, f. Salz, ͜. — Burckh. [o]mous; Krem. omoss.
mosus [?], m. Lin. o mosouch, sac en peau.
mósi, salzig, salz, ͜.
motta* [?], Mvsz. ómotta, sich streiten; esmotéta, Händel stiften; amotetcha, streit-suchend, zornig.
mrana* [?], f. Spiegel, Glasscheibe, Seetz. (tümrúna).
mu', feucht sein, ͜; Kaus. mu's, anfeuch-ten; Konj. I. N:o 10. — Mvsz. o'mu. Nässe, Feuchtigkeit; meija [?], feucht werden, Kaus. mesja, anfeuchten; mes-di[b], das Anfeuchten.
mu'ama [von mu']. befeuchtet, nass, ͜.
mu'(e)sti, m. (das) Anfeuchten.
muh, genügen, ͜; Konj. I. § 238, 1, u. — Mvsz. mehje, genügen, mehini heb. es genügt [.mir'].
muha, genügend. ͜.
muhakʷalón [wahrsch. von einem Stamme hákʷal]. im Süden, ͜. — Lin. mo aromeey, sud.

mukráf*, thönernes Trinkgefäss, SEETZ. (mukkráf).
múndara, mindara [مندرة mündara]. f. Spiegel.
murján* [مرجان murján]. Koralle. SEETZ. (sittke múryján edle Koralle, kussar múryján, falsche Koralle).
múrkab [مركب múrkab], m. Fahrzeug (im allgem.), Schiff, grösseres Boot.
mušt* [مشط mušt], Kamm, SEETZ. (el-múscht).

mwåš (mwåš), flüstern, wispern. وزوز; Konj. II. § 299.
mwášoj (mnášoj) [von mwåš]. f. (das) Flüstern, Raunen, وسوس.
mwu*, f. Grewia populifolia, SCHW. (mŭŭl); Grewia erythræa, SCHW. (al-mäŭd; sieht wie ein arab. المعود al-má úl, oder المعل al-má úl ,Regenschauer' aus).

N.

na 1, f. Sache, Ding. شي; tóna, Postpos. dass (s. § 345); wird auch in Zusammensetzungen mit anderen nominalen Stämmen als postpos. Konjunktion gebraucht (§ 349). — MUNZ. nat, ein wenig.

na 2, ne, f. Feuer, نار. — MUNZ. to'ne; BURCKH. [to]neytt]; KROCK. doh-nè, Feuer, naht-ketta, Flinte; SEETZ. [tó]n-ih, Feuer; tinnetindij, Brennholz [= tónet-hínde, vgl. hínde]; KREM. tona, Feuer.

na' 1, néa, Schaf, غنم; خروف; ánna', der Schafbock, ذمر; tóna, das Mutterschaf, نعجة. — MUNZ. o'na, der Schafbock; Pl. e'na; KREM. to anna, Schaf; LAS. to anah, brebis; o nák, monton.

na' 2, m. »Fantasia«, vulgärarab. فنطسية.

nā, welcher? (von mehreren), lequel, اي; اينا, § 142. — LAS. nahai bona, de quelle tribu?

nábau, niedrig, واني. — KREM. nabau.

nadáj, e. pl. nádej, Waise, يتيم; ánc nadájtu, f. áne nadájtu, ich bin eine Waise. — MUNZ. nedai, Waise.

nadda*, m. Lederschurz (Tigr.), MUNZ.

nadór [aus nā und dem arab. دور ,der Zeit zusammengesetzt], um welche Zeit? wann? (s. § 366).

naf, m. Nagel, ظفر. — MUNZ. o'naff, Pl. eneff, der Nagel, die Klaue; SEETZ. [e]néf, Nagel; LAS. o naf, ongles.

náfe*, f. [pl.], Sack, KROCK. (the naffeh).

náfir [von nejir], süss, حلو; batáh nafirtu, sie (das Mädchen) ist süss (= lieblich); vgl. baher.

náhadd, náhat [wahrsch. aus nā und dem arab. حد hadd ,Grenze' zusammengesetzt], bis, حتى; bis wohin?, wie weit? لحد وين (s. § 366).

nahób [aus nā und hób zusammengesetzt]. s. náma.

nai, die Nacht zubringen, übernachten, بيت; Konj. I.; nímhin nájata, wo übernachtest du?

náiho, nėho [von nā und ho], wohin? اين; náiho tébia, wohin gehst du? (§ 143). — LAS. nohote by ra [= náiho tébia, s. bai], où vas tu?

náiso [von *na* und der pronom. Ablativendung *-is*, s. § 125], woher? مِنْ اَيْنَ; *barák nóiso jukáwa*, woher kommst du? arab. *grent min énr* [eig. woher hast du Aufbruch gemacht?].
naj, (Kühe) melken, حالِب; irreg. § 325, 1.
nāj, f. pl. *nāj*, Ziege, مَعْز. — Munz. *te'-naj*, die Ziegen; Hergl. *te-nai*, asinus; Brucкн. [*to*]*nay*, sheep [?], [*o*]*na*, Lamb[?]; Knock. [*doh*]-*nāt*, Ziege; Krem. *tona'*, Geiss; Lin. *to nay*, chèvre.
náje, f. [pl.], (das) Melken, حلب.
náka, wie viel? كم; *nákāb téhaja*, wie viel hast du genommen?
nákas, s. *nékas*.
nákašu, m. Schulterbein, humerus, عَضُدْ. — Munz. *nekesho*, Oberarm.
nakkóra* [نَقَّارَة *noqqára*], Pauke, Paukchen, Seetz.
nak^u. 1. dünn, fein, zart, رَقِيق, رَقِيق; 2. dünn, fein, zart. sein (werden), رَقّ; Konj. IV. N:o 193. — Munz. *ennok*, erünfden; Kaus. *esenok*; und an einer anderen Stelle: *ennok*, fein sein (von Mehl), *nok*, fein; Kaus. *esenok*.
nák^ua [von *nek^ui*], schwanger, حَامِل. — Munz. *t'unku*, die Schwangere, A. *noknet*.
nák^ualaj [von *nek^ui*], schwanger, حُبْلَى.
nák^ue 1 [von *nek^ui*], m. Schwangerschaft, حَبَل, خَبَل.
nák^ue 2 [von *nak^u*], m. pl. =, Feinheit, خِفَّة.
nāl, m. pl. *nāl*, Bettgestell (s. *angaréb*). — Munz. *o'nal*, Pl. *e'nal*. das Angaréb; Seetz. *onáll*, Sopha.
náma wann? um welche Zeit? vulgärar.
nahób وَقْتْ أَيشْ, مَتَى (s. § 366). —
nehób Lin. *nonra*, quand.
námhin, *námin* [von *na* und *mhin*, s. § 366]. wo? وَيْن, فِين; *barák námhin téhaja*? (= *barák kéta?*), wo bist du?
námhine, *námhini* [Ablativ von *nā-mehín*, s. d. W.], woher? (s. § 366).
námin, s. *námhin*.

nána, *nān* [redupl. von *nā*], was? أيش; warum? wozu? لِيش; *nána bak téwari*, warum machest du so? — Lin. *nanharréwo*, que veux-tu? [vgl. *héru*]; *nanah*, pourquoi?
narít, schläfrig sein (werden), نَعَسَ; Konj. I. § 238, 2, b.
nasr, *ánser* [نَصْر *násar*], besiegen; Konj. I. N:o 7. — Munz. *nasremja*, siegen.
naša*, gewaschenes und gebleichtes Baumwollenzeug, Seetz.
náti, gieb! هات; *nátihéb tóna tōn*, gieb mir dieses Ding da!
nau, *náw*. 1. m. Mangel; 2. vermissen, fehlen, mangeln, عَدَم, نَقْص; Konj. III. N:o 175. — Munz. *euan*, mangeln, fehlen; Kaus. *esono*; *menou*, Mangel, Abwesenheit.
náur, gesund sein (werden), genesen, عَافَى; Konj. V. N:o 212. — Munz. *enérr*, geheilt werden; Kaus. *esenérr*, heilen; *menér*, Heilung, Gesundheit.
náura, gesund. عَفِي, مَبْسُوط.
náwa*, m. Ferse, Seetz. (*nanajón*, eig. „unsere F.').
nawádire, *n(e)dáwire* [von *nówadri*], m. Schönheit, جَمَال, حُسْن. — Munz. *noadri[b]*, Schönheit.
náwadri, 1. schön, hübsch, ظَرِيف, حَسَن; 2. schön sein; Konj. I. N:o 61. — Brucкн. *nowadeny[bo]*, handsome; Munz. *noádri*, schön; *noadrie*, schön werden; Kaus. *noadrisia*, verschönern; Lin. *noadribo*, joli, *noadrito*, jolie.
náwar, m. Seil (des Schöpfeimers). — Munz. *o'nawer*, Schöpfseil.
náwara* [نُورَة *núwara*], Kalk, Seetz. (*tenawcará*).
náwe, Dorn, شَوْك. — Munz. *nawe*, Dornenzaun; Seetz. *tenwinih*, Dorn.
ndōf, s. *endōf*.
ne, s. *na* 2.
né*, seit: *ero-né*, seit gestern, Munz.

DIE BISCHARI-SPRACHE. 51

néba', 1. heiss, warm, اسْخَن, حمى; 2. heiss sein (werden), حر; Konj. II. N:o 159. — Mvsz. *ncba*, warm, heiss; *enba*, warm werden; Kaus. *esnabá*, erwärmen; *nubui*, Hitze; Seetz. *nebba*, Wärme; Lin. *nabah*[o], brûlant.
nebabelam (wahrsch. aus *néba'* ‚heiss‘ und *bilam* ‚trocken‘ zusammenges.], Lantana Kisi, Scnw. (*nebbabēllam*).
nébuj, *nubn* [von *néba'*], f. Hitze, سخونة, حر; *tánubn hója téhu*, (die) Hitze ist mir. — Mvsz. *nubui*.
neda i*. s. unter *nadáj*.
n(e)dáwire, s. *nawádire*.
néda* [ندا *náda*], (der) Tau, Seetz. (*enédda*).
néfik, furzen, pupen, ضرط; Konj. II. N:o 118. — Mvsz. [o]*nféh*, flatum ventris emisit.
néfir, süss sein (werden), حلو; Konj. II. N:o 119. — Mvsz. *enfer*, schmecken, süss sein; Kaus. *esnéfer*; und an einer anderen Stelle: *nefed*[?], süss, wohlschmeckend; Seetz. *nafirr*[u], süss.
nefák, m. pl. *nfik*, Furz, ضرط.
negál [von *négil*], offen, مفتوح. — Mvsz. *negil*[o], offen.
négil, 1. öffnen, فتح; 2. bloss legen, aufdecken, enthüllen, كشف; Konj. II. N:o 120. — Mvsz. *engél*, aufdecken, öffnen, entdecken; Kaus. *esnégel*; Pass. *engel*; *o'ngul*, *to'mengel*, das Oeffnen.
negnego[b]*, Eidechse, Mvsz.
n(e)gál [von *negil*], m. pl. *n(e)gil*, (das) Öffnen. — Mvsz. *o'ngul*.
n(e)hál [نخل *naxl*], m. Palmenbaum.
néhas, 1. sauber, reinlich, نظيف; 2. sauber, reinlich, sein (werden), نظف; Konj. II. N:o 160. Mvsz. *nehéss*, reinlich; *nehess*, rein sein; *enhéss*, reinigen[?]; Kaus. (r)*esnchéss*; und an einer anderen Stelle: *nehéff*, sauber werden, Kaus. *esnhéff*, säubern (vielL nur auf einen Schreibfehler beruhend]; Seetz. *inhôss*, rein.
n(e)hasás, f. ⎫ Reinlichkeit, Sauberkeit.
n(e)háse, m. ⎭ نظافة.

nehán, mager sein (werden), حمش, sudanarab. نشف; Konj. II. N:o 161 — Mvsz. *nehan*, Magerkeit; *nehane*, mager; *ennehan*, magern; Kaus. *esnehan*.
néhawa, mager, حميض, نضيف; schwach, ضعيف. — Seetz. *náhawi bo*]. mager; Lin. [o]*ayay o*, maigre.
ného, s. *náiho*.
nehób, s. *náma*.
nejár* [نجار *nejjár*], Zimmermann, Seetz. (*nedjár*).
nékas, *núkas*, *énkas*, 1. kurz, قصر; 2. kurz sein (werden), قصر; Konj. IV N:o 199. — Bercku. *nakasha*[bo], short; Mvsz. *nekesh*, kurz; *menkesh*, die Kürze; *enkesh*, kurz werden; Kaus. *eshenkesh*; und an einer anderen Stelle: *oukús*, mangeln, unvollständig sein; Kaus. *soukus*; Adj. *ukus*, unvollständig; Krem. *nagasso*[b), kurz.
nekeśo*, s. unter *níkaśu*.
nekiri*, f. [pl.]: Mvsz. *te'nekiri*, die Wittwe.
nekit*, *nekét**: Mvsz. *nekit*, der Hang (Tigr. *nekt*); *neketja*, gewöhnt sein; Pass. *neketenja*, gewöhnt werden [demnach zur Konj. I.].
nék^u i, schwanger sein (werden), حمل; Konj. II. N:o 98. — Mvsz. *tnku*, Fem. *tunku*, schwanger werden; Kaus. *asnok*, schwängern.
nér*, s. unter *náur*.
nesák [... *nesóg*]. Schnupftabak, Seetz (*neschák*).
nethás [von *ne* und *hás*, s. d. W.], m. Asche, رماد. Mvsz. *net hash*; Seetz *n tasch*.
nétt*, s. unter *ná'te*.
néu (*néw*), 1. m. Schimpf, Beleidigung, سبة, شتم; 2. beleidigen, kränken, schimpfen, سب, عير, بدل; Kaus. *neos*; Recipr. Kaus. *neosum*, sich zanken; Konj. I. N:o 66. — Mvsz. *o'new*, der Schimpf, *newja*, beschimpfen; Pass *ne wromja*; Kaus. *urewsju*; und an einer anderen Stelle: *neostuja*, sich zanken.

ńewéu, taub, اَذَنْ; *áne newéwu*, ich bin taub; *batúh newéutu*, sie ist taub. — Mnz. *o'ngéwa*, taub.

ńga, s. *éńga*.

ńgad. s. *éńgad*.

ńgál, *ńgát*, s. *eńgál*.

ńgńl, s *eńgál*.

ngewa*, s. unter *newéu*.

nhal, s. *nehál*.

nibéš*, m.: Mnz. *o'nibésh*, Pl. A. *nibesha*, das Grab.

nie*, f.: Mnz. *te'nie*, die Lust, Geschmack, Tigr. *niet* [vielmehr das arab. نِيَّة *nijje* ‚Absicht, Wille, Lust'].

nikra, unverheiratet. عَزَب.

nin, 1. f. der Gesang; 2. singen (besonders von Männergesang, vgl. *kaf*), غَنَّى; Konj. I. N:o 25. — Mnz. *to'nin*, die Poesie, das Recitativ; *ninja*, besingen, recitiren: Lns. *ninoini*, chanter.

niwa, m. Schwanz, ذَنَب. — Mnz. *enniwa*.

'nkaliu*, s. unter *énkaliw*.

noadri*, s. unter *niwadri*.

nohós [von *néhas*], sauber, reinlich, نَتَّف.

nolíš*, Katze. s. unter *jimo*.

nšóf, s. *enšóf*.

ntár, s. *éntár*.

nu', senken, sinken lassen, niederlassen. وَطَى; Konj. I. § 306, 2.

nú, *nún*, Adv. und Postpos. ausser, ohne, بَلْ, مِنْ دُون; wohl identisch mit *ánu* (s. § 368).

núbu, s. *nébuj*.

núg, m. pl. *nńg*, (weibliche) Brust, mamelle, ـ. — Mnz. *o'nug*, Pl. *e'nug*, die Mutterbrust; Seetz. *onúk*, Zitzen, Weiberbrust; Lns. *o nouc*, sein ou mamelle.

nún 1, s. *nń*.

nún 2, reichen, darreichen, geben, passer, نَاوَل; Konj. I. N:o 30. — Mnz. *te'nun*, das Fortnehmen; *nunsu* [?], fortnehmen, wegreissen; Kaus. *nucsja* [?]; Pass. *nunemja*.

núnanej. f. [pl.]. (das) Reichen, مُنَاوَلَة.

núr [نُور *nūr*], pl. *nűr*, Licht.

nurá(l) [von *nŭur*], f. [pl.], Genesung. شَفَا.

nú'te [von *nu'*], unten, تَحْت. — Mnz. *néti*, unten, unter.

O.

ó, s. *ú*.

odarha* [?], m.: Mnz. *o'darha*, das Hydromel.

oet*, s. unter *wat*.

óh 1, Prä- und Postposition, s. *úhi*.

-óh 2, Suffix der 3. Pers. Sing. Mask. in der Objektivform, ihn; seinen, seine, ̓—.

ól 1 [Frequ. von *úli*], (mehrere) schlagen, ضَرَب; Konj. IV. N:o 198.

ól* 2 [?], f. s. *lá*. Schw.

ólba [عُلْبَة *'ulba*], f. [pl.], Dose, Seetz. (*teólba*).

olli*, m. Mnz. *o'ollib*, der Brei.

olou, m. der Gemrot-Baum, Mnz. (*o'olou*, Tigr.).

omberki, s. *amberki*.

omfu*. f. Fett, Lns. (*to omfou*, graisse).

ōn 1. (etwas) mit Kuhl bestreichen, كحّل; Konj. I. § 238, 1, b; Ableit. *ónun*.
ōn* 2, Dodonaea arabica, Schw. (*ohn*).
ongulei*, s. unter *ángulej*.
onkola* [?], f. [pl.], s. unter *túnkula*.
onkulai, s. *abedkála*.
ónomhīn [von *ūn* ‚dieser‘ und *mhīn* ‚Ort‘], hier, هنا.
ónun [von *ōn*]. m. Kuhl, كحل (die bekannte schwarzbraune Augenschminke der Orientalen). — Seetz. [*te*]*eníuu*, Kühhel.
ōr 1, s. *ăr*.

ōr 2, c. pl. *ăr*, Kind; *áör*, der Knabe, der Sohn; *táör* (fast immer *töör*, s. § 55), das Mädchen, die Tochter. — Burckh. *or*, boy. [*to*]*ro*, girl; *tor*, girl, *tár*, girls; Krock. [*te*]*ohr*, Kind (Knabe); Mvsz. *o'or*, Pl. *je'er*, der Knabe; *te'or*, Pl. *t'ér*, das Mädchen; Seetz. *teár*, Kind, Knabe, *toŏr*, Mädchen; *wuorân*, Sohn [,unser Knabe'], *tootón*, Tochter [,unser Mädchen]. *orco** [?], zahmes Thier. Mvsz.

ōs, harnen, pissen, شخّ, بال; Konj. I. § 238, 1. a; Ableit. *úsaj*.

R.

ra, c. Antilope (*ára*, das Männchen, *tára*, das Weibchen), الو الجرّاب (?). — Krock. [*oh*]-*rah*, Ariel (Antilope); Seetz. *óra*, grosse Gazelle; Mvsz. *raho*[*b*], Gazelle.
rāb [von *rib*, s. d. W.], m. pl. *rāb*, Weigerung. — Mvsz. *o'rab*.
rába, männlich, ذكر. — Mvsz. *reba*[*b*], männlicher Junge von mittlerem Alter [vgl. *árgín*]; Lis. *o rábeh*, jeune chameau.
rába*, Trianthema pentandra, Schw. (*rábba*).
rábe [von *rébi*], m. Last, Bürde, حمل.
rabie* [?], f. [pl.], Kamelstute, Burckh. (*terabie*, she-camel).
rad*
rada* } s. unter *rát*.
ragád, m. Fuss, رجل. — Mvsz. *te'reged*, Pl. A. *regedá*[*b*], das Bein [vgl. das Verzeichn. in den Vorbemerk.], *regel usurib*, Vorderbein der Kuh, *regel urrib*, Hinterbein der Kuh; Seetz. *rakkada*,

Hut [richtiger ‚Füsse‘], *crákado*, Schenkel, *regget*, Fuss.
raho[*b*]*, s. unter *ra*.
rájji, *réjji*, *réjje*, m. Gewinn, كسب.
rakok* [?], dick, Krem. (*rakok*[*ko*])
rák^u a [von *rák^u i*], furchtsam, bange, خشي.
ram, folgen, nachfolgen, تبع; Konj. III. N:o 273; Ableit. *marám*, *mormoj*. — Mvsz. *omóram* [s. unter *marám*].
rásal [رسل, *rásal*], senden, schicken; Konj. I. § 238, 2. a.
rasás [رصص, *rasás*], m. Blei; Nom. unit. *turasás*, das Bleistück. الرصاص. — Seetz. *orszás*.
rāt 1, f. pl. *rāt*, Blatt, ورقة. — Mvsz. *to'rat*; Seetz. *tolát*, Baumblatt.
rāt 2, 1. f. pl. *rāt*, Frage, سؤال; 2. fragen, سأل; Konj. I. § 238, 1. b. Mvsz. *rada*, Frage; *radja*, fragen; Kaus. *radesja*.
ran*, s. unter *árau*

rba, s. *réba* 1.

re, m. (od. f.*), Brunnen, بِيَر ; *áne rēb réhan*, ich sah einen Brunnen. — Mᴜɴz. *tore*, Brunnen [hier hat er den Artikel nicht erkannt]; Bᴜʀᴄᴋʜ. [*to*]*ry*, spring or source; Sᴇᴇᴛᴢ. *toréh*.

réba 1, *rba*, m. Berg, جبل ; *árba*, der Berg; *ān ārba ónomhīn wáwina*, die Berge hier sind gross, *áne wáwin rébāb réhan*, ich habe grosse Berge gesehen. — Mᴜɴz. *o'orba*, Pl. *c'ērba*; Bᴜʀᴄᴋʜ. [*o*]*rbay*; Sᴇᴇᴛᴢ. [*o*]*rba*; Kʀᴏᴄᴋ., Kʀᴇᴍ. *órba*.

réba 2 [von *rib*], abgeneigt. — Mᴜɴz. *rebá* [s. *rib*].

reba * 3, s. unter *rába*.

rebahandi * [vielI. aus *reba* „Berg" und *hinde* „Baum" zusammengesetzt], f. Moringa arabica, Sᴄʜᴡ. (*rebahandit*).

rébi, beladen, aufladen (Kamele u. dgl.) sudanar. شنّ ; Konj. II. § 255; Ableit. *rábe*. — Mᴜɴz. *crēbi*, laden, belasten; Kaus. *escreb*; *ērēbē*, Last.

rebóba, nackt, عريان ; *áne rébōbábu*, ich bin nackt; *áne rébōbád ōr réhan*, ich habe ein nacktes Mädchen gesehen. — Mᴜɴz. *rebob*, die Scham [das Stammwort, das wahrsch. eig. „Nacktheit' bedeutet]; Sᴇᴇᴛᴢ. *rabbobá*[*bo*], nackt.

réfit, zerschneiden (meist in sehr kleine Stücken, wie Tabak), فرم ; Konj. II. N:o 121.

refóf *, aufgeblasen (vom Körper), Mᴜɴz. [vgl. *fúf*].

reg ɛd *, s. unter *rágad*.

régig, 1. strecken, ausstrecken, ausdehnen, مدّ ; 2. fortjagen, vertreiben, ضرد ; Konj. II. N:o 122. — Mᴜɴz. *ergēg*, vertreiben; Pass. *etregāg*; Kaus. *esrégeg*.

r(e)gáy [von *régig*], m. pl. *rgīg*, (das) Ausstrecken; (das) Vertreiben.

rēh, *crh* [vielI. das arab. راى, *ra'a*], sehen, شاف ; Konj. I. N:o 22. — Mᴜɴz. *rehja*, sehen (Tigr. Arab.); *erhé*, das Sehen;

Kaus. *crhésja*; Pass. *rehámja*; vgl. tigr. *ra'ē* (nach der Transskription Mᴜɴz. *rä*), voir.

réhub, glänzend machen, glätten, poliren, جلى , صقل ; Konj. II. N:o 170.

reháb, m. pl. *rhīb*, (das) Poliren.

réjji, s. *rájji*.

réjjim [Reflex. von *réjji*], (für sich einen) Gewinn machen, gewinnen, اكتسب ; Konj. I. N:o 49.

*rék*ʷ*i*, fürchten, خاف ; Konj. II. N:o 99 ; Ableit. *rák*ʷ*a*, *merk*ʷ*aj* *. — Mᴜɴz. *erku*, sich fürchten; Kaus. *esrok*, Furcht einjagen; *merkuje*, Furcht; Sᴇᴇᴛᴢ. *ana arko*[*ephe*], ich fürchte.

rengene *: Mᴜɴz. *t'rengenē*, Pl. *c'rengene*, weibl. Junge von mittl. Alter; A. *rengenéb*.

rēr, c. Verwandter, قريب . — Mᴜɴz. *o'réro*, der Freund, A. *rerob*; vgl. *árau*.

reu (*rēu*), hinaufgehen, hinaufsteigen, طلع ; Pass. *réwam*, geführt werden; Kaus. *réus*, aufführen, دلّه ; Konj. I. § 243. — Mᴜɴz. *rewija*, hinaufsteigen; Kaus. *rewisija*; Sᴇᴇᴛᴢ. *inkiriwátene*, ich steige hinauf [vgl. *inki*].

ria, f. der lange, grössere Mahlstein, auf welchem mit dem kleinen runden, *entéwa*, nach Mᴜɴz. *metongole* genannt, gerieben wird; (die bei den Egyptern und Nubiern gewöhnlichen gleich grossen und runden Mahlsteine werden unter den Bischari nicht gebraucht). — Mᴜɴz. *to'rie*, der grosse Mahlstein; Sᴇᴇᴛᴢ. *toriá*, der Lieger [vgl. *entéwa*].

rib, sich weigern, verweigern, ابى ; zurückweisen; Konj. II. N:o 83; Ableit. *rāb*, *réba*. — Mᴜɴz. *o'rab*, das Abschlagen, Abneigung; *črēb*, abschlagen; Pass. *etórab*, ungern gesehen sein; Adj. *rebá*, ungeneigt, *atórba*, gehasst, unbeliebt.

rida *, stumpf, Sᴇᴇᴛᴢ. (*riddábo*).

r(i)káb * [كرب], *rikáb*], m. Steigbügel, Sᴇᴇᴛᴢ. (*urkáb*).

riš [ريش, *riš*], m. Feder (besonder Straussenfeder); *riša* [رِيشَة], f. eine Feder.
riša*, f. (pl.): MUNZ. *te'risha*. der Berggipfel.
robena* [?], Feind, MUNZ.
rog"aš* (Tigr.), Todtenopfer, MUNZ. (*roguash*).

rošán*, Haus von Steinen, SEETZ.
rugfána [vom arab. غفران, *ruγfán*, Plur. des غميف, *raγíf*]. f. pl. *rugfán*, der gewöhnliche flache, runde Brodkuchen (vgl. *tam*).

S.

sa 1, f. Leber, كبد. — MUNZ. *to'sē*; SEETZ. *tószéh*.
sa 2 [viell. mit dem vorhergeh. W. identisch]. s. *taluín*.
sa* 3, m. Thau, MUNZ. (*o'sa*).
sa', sitzen, sich setzen, قعد, جنب; Konj. III. § 273; Ableit. *mísa'*. — BUNCKH. *sa[á]*, to sit down; MUNZ. *csú*, sich setzen; Imp. *sa*; Kaus. [*r*]*sosa*, sitzen machen.
sā [ساعة *sá'a*], f. Stunde, SEETZ. (*tossa*).
sadef [صدف *sádaf*], schwarze Perlenmuschel, SEETZ. (*szaddéf*).
sádif, m. pl. =, Dach, سـ.
sabún* [صبون *sabún*], Seife, SEETZ. (*szabún*).
saf, begiessen, besprengen, bewässern, رشّ; Konj. I. N:o 15. — MUNZ. *safhomja*, besprengt werden.
safaré, m. (ohne Pl.), Kot, Mist, وسخ. — MUNZ. *sáfareb*, Mist; vgl. tigr. *šifare*, fumier.
sáfit, m. Norden, شمال.
sáfti [von *saf*], m. (das) Besprengen, Begiessen, رشّ.
sagi* [von *ségi*, s. d. W.], fern: BUNCKH. *sayybou*, far [eig. „it is far']; LIN. *sa-*

gitté, loin; KROCK. *sag-ihb*, weit, *sah-giiht*, dorthin.
saggi*, m. (Tigr.) Netz, MUNZ.
sahấb* [سحاب *sahába*], Wolke, SEETZ.
sahanán*, Lycium arabicum, SCHW.
sak, 1. gehen, مشى; fortgehen, راح; Konj. I. § 238, 1, a; 2. m. Gang, Gehen. — BUNCKH. *saka*, to walk; MUNZ. *o'sck*, der Gang; *sckja*, gehen; Pass. *sckemja*, begangen werden; Kaus. *sćkesija*, schicken; Adj. *sckíni*, gehend [eig. „er geht']; KREM. *sakká*, geh! vgl. tigr. *sakē*, s'enfuir.
sákana [von *sak*], m. Nachricht, خبر. — MUNZ. *sćkena*, der Gang, Nachricht.
sákir, *s(i)ákir* [Kaus. von *ákir*], kräftig machen, قوّى; Konj. II. N:o 132. — MUNZ. *csáker*, verhärten, grob machen.
sákit [ساكت *sákit*], umsonst, sudanar. بدون, egypt. بلاش.
sala* 1, m. Weg: LIN. *osala tictèna*, suis-tu la route [vgl. *kan*].
sala* 2 [?], f. Braten, SEETZ. (*tszalah*).
salábia, f. pl. *salábi*, eine Art Essen, لقمة الجاري, das Bisschen der Sklavin.
salálem* [سلم *sullám*, pl. سلالم *salálim*]. Treppe, SEETZ. (*szallálem*).

salám [سلام *salám*]. 1. grüssen, سَلِّم; 2. küssen, بوس; Konj. I. § 238. 2, b.
salambo*, m. Daemia æthiopica, Schw. (*ssalambōb, henū*).
salanyur*, s. *kalích*.
sāle* [?], f. Sesamöl, Seetz. (*tiszále*).
sálib [سلب *sálab*], plündern, Konj. V. N:o 213.
sálif, m. pl. *sálfa*, Gewohnheit, سَلْف.
salúl, führen, leiten (Kamele u. dgl.), قود; Konj. I. N:o 45.
sām 1 [von *sim*], m. (das) Nennen.
sām 2, m. pl. *sām*, 1. Mauer, Wand, حيط;
2. Hof, Hofraum, حوش, سَحْت.
samu*, f. Rhus abyssinica, Schw.
san, m. Bruder, أخ; (vgl. das Verzeichn. in den Vorbemerk.).
sónad [سناد *sánad*], helfen; Konj. I.
sandúk [صندوق *şandúq*], m. pl. *sandáka*, *sándik*, Kasten, Koffer, Kiste. — Krock. *sanduk*, Kiste; Seetz. *czendúk*.
sanga*, f. Indigofera spinosa. Schw. (*ssāngātt*).
sángane*, m. Acacia spirocarpa, Schw. (*ssanganēb*).
sánka*, s. unter *súnka*.
sansénna* [?], Butterkuchen, Seetz. (*szanszénna*).
sar, m. 1. Haut, Fell, جلد; 2. Wasserschlauch, قربة. — Burckh. *osar*, skin or leather; Seetz. [*o*]*szérr*, Wasserschlauch; Lin. *o serre*, peau.
sār, s. *s(e)'ár*.
sáraue, s. *sefárane*.
saro*, m. Sodada decidua, Schw. (*ssarōb*).
sarra*, f. Indigofera Schimperi, Schw. (*ssarrätt*).
saru* [?], s. unter *téšo*.
sáta* [سطح *satḥ*], Dach, Seetz. (*csszáta*).
sau (*sate*) [Kaus. von *áwai*], helfen lassen, zu Hilfe schicken; Konj. I. § 322, 1.
sbate*, f. Zibethtier, Seetz. (*tisbatch*).
sbū [صبغ *şaby*], m. (das) Färben (vgl. *asbū*).

sbuh [صبح *şubḥ*]. m. Morgen (beginnt eine Viertelstunde vor dem Sonnenaufgang, vgl. *krūm*).
se 1, f. (Kamel-) Laus, قمل. — Mnsz. *to'se*, die rothe Kameellaus.
se* 2, s. unter *sa* 1.
se* 3 [?], s. *sēb*.
s(e)'ád [Kaus. von *ádi*], stechen lassen (machen), دغن; Konj. II. N:o 89.
s(e)yár, Kaus. von *áyar*, s. d. W.
s(e)ákir, s. *sákir*.
s(e)'ám [Kaus. von '*ām*], schwellen (geschwollen) machen, ورم; Konj. IV. N:o 191.
s(e)ár, *sār* [Kaus. von '*ár*], nähren, ernähren; Konj IV. N:o 190.
sēb [? *se*], m. Ruder [vgl. *suk*^*ám*], Seetz. (*oszéb*).
s(e)bábe, m. Rost?
s(e)báden, s. *sebáden*.
seb'án [Kaus. von *beán*], Furcht einjagen.
sébar, fliehen, entfliehen, davon laufen *sudanar*. شرد; Kaus. *sísabir*, fortjagen, زف; Konj. III. § 278.
séb'ar [Kaus. von *bá'ar*], erwecken, محي; Konj. III. N:o 178.
sébela*. Gurgel, Mnsz.
sebt* [سبت *sebt*], f. Sonnabend, Seetz. (*teszebt*).
s(e)dábil [Kaus. von *d'bil*], zusammenwickeln lassen, لف; Konj. II. N:o 105.
sedár [Kaus. von *dār*], töten lassen, قتل; Konj. VI. N:o 196.
séd'ur [Kaus. von *de'ár*], verheiraten, جوز; Konj. V. N:o 208.
s(e)fáid [Kaus. von *fáid*], lachen machen, ضحك; Konj. V. N:o 208.
s(e)far [Kaus. von *firi*], gebären machen, ولد (einer Frau als Geburtshelfer beistehen, vgl. *sefárane*); Konj. II. N:o 93.
s(e)fára' [Kaus. von *fira'*], austragen lassen; Konj. II. N:o 147.

sefáranc, *sáranc* [von *sífar*], f. Hebamme, ڊلْد, ڊِاد.

s(e)fór [Kaus. von *fŏr*], in die Flucht schlagen, جفل; Konj. IV, § 287.

segáf, m. pl. *segéf*, (Thür)vorhang, جَاب, ستر.

segánif [Kaus. von *génif*], niederknien lassen, بْرك; Konj. II. § 111.

ségi, sich entfernen, بعد; Konj. II. N:o 100; Ableit. *mesgój*. — Mvsz. *ésgi*, lang werden, sich entfernen.

segój [Kaus. von *gói*], müde, schwach, elend machen, تعب; Konj. IV. N:o 194.

ségᵘa, schneiden (Haare); Konj. II. 2, b.

s[e]hey*, ausputzen, auskehren, Mvsz. (*es'hey*; deutlich genug das Kaus. eines Stammes *hag* oder *hagi*; vgl. jedoch *mehág*).

s(e)hál, mit scharfer Spitze versehen, schleifen, spitzen, schärfen, سنن; Konj. II. N:o 162.—Mvsz. *as'hall* (Tigr.), schleifen; Kaus. *asishall*; Pass. *itesáhel*; Part. Pass. *ateshála*, geschliffen; vgl. tigr. *sahéla*, aiguiser.

s(e)hám 1 [Kaus. von *hámai*], vergrössern, كبر; gross ziehen, ربي; § 322, 2. — Viell. gehört hierher das Munzingersche *eshém*, helfen.

s(e)hám 2 [Kaus. von *ham* 3], verbittern, مرر; säuern.

s(e)hamer*, säuern, Mvsz. (s. unter *hámi*).

s(e)háray [Kaus. von *háray*], aushungern; Konj. IV. N:o 200.

s(e)hárar [Kaus. von *hárar*], ausleeren, فرغ; Konj. IV. N:o 202. — Lax. *essarrar*, vider.

schóri [حار: *sahhár*], m. Zauberer, Hexenmeister.

s(e)hás [Kaus. von *hási*], 1. spitzen, schärfen, سنن; 2. reinigen, نظف; Konj. II. 2, a (nach dem Paradigma *s'ráb* od. *slsm* § 255). Mvsz. *shas* [s. unter *hási*].

s(e)hem*, s. unter *schím* 1, Mvsz.

sejál*, Acacia tortilis, Scnw.

séjwaj [Kaus. von *áwai*], dürsten lassen, عطش; § 323, 2.

sek*, s. unter *sak*.

s(e)kál [Kaus. von *k'li*], geil machen; Konj. II. N:o 94.

sékarim [Kaus. eines Stammes *kárim* von *kram*, s. d. W.], vor dem Sonnenaufgang (aus der Ruhe) aufstehen; Perf. *áskarim*, Präs. *áskarim*, Aor. *sékarmat*.

sekásis [Kaus von *kásis*], zusammenwickeln lassen; Konj. II. N:o 214.

s(e)kát [Kaus. von *k'ti*], setzen (stellen, legen) machen (lassen), وضع; Konj. II. N:o 96.

s(e)kátim [Kaus. von *kétim*], anlangen machen, herbeiführen, amener, جب; Konj. II. § 263.

sékit, erwürgen, خنق; Konj. II. N:o 123. — Mvsz. *iskit*, erwürgen; Kaus. *siskid*; Pass. *csdekíd*.

s(e)kát, m. pl. *sikit*, (das) Würgen.

sekuka*, Unterarm, Mvsz.; vgl. tigr. *súqōjjá*, avant-bras.

sekᵘa*, m.: Lax. *o séwnah*, outre pour l'eau.

s(e)kᵘás [Kaus. von *kᵘási*], einlösen lassen, حلل; Konj. II. N:o 97.

sélaf [von arab. تسَلَف *tasállaf* od. *istalaf*, (s. § 377, d), oder vom Subst. سَلَف *sálaf* ,Leihen'], entlehnen, emprunter, مانت; استلف; Konj. III. N:o 186; Ableit. *selíf*; vgl. tigr. *saléfa*, prêter, emprunter.

s(e)lámid [Kaus. von *lémid*], lehren, علم.

sélem*, Acacia etbaica, Scnw. (*séllem* : Breckn. *sellam*, large tree in the mountains.

sélhas [Kaus. von *lĭhas*], lecken lassen, لحس; Konj. II. N:o 155. Mvsz. *sílhissa*, einen streicheln.

selíf [von *sélaf*, s. d. W.], f. Anleihe, سلم; *sem* 1, s. *sim* 1.

scm 2 [صمي‎ *ṣamy*], f. Gummi, SEETZ. *(to-szenäk*, eig. ,dein Gummi').
sĕm [سمم‎ *simm*], m. Gift. — MUNZ. *simm*.
s(e)máh [Kaus. von *mäh*], erschrecken, عَمَّب‎; Konj. IV. N:o 188.
s(e)már [Kaus. von *méri*], finden machen. جِدَّ‎; Konj. II. § 317.
semak*, schweigen, BRUCKH. (*semak*[a], to be silent; möglicherweise ein Schreibfehler für *semah*[a], erschrecken, zum Schweigen bringen).
sémara [Kaus. von *mára*, s. d. W.], erweitern, ausdehnen, سِّع‎; Konj. IV. 2 (?).
s(e)másu [Kaus. von *másu*], hören machen (lassen), سمـٰل‎; Konj. V. § 296, 2.
semĕm*, f. Fett, MUNZ. *(to'sĕmum)*; SEETZ. *tószmŭm*.
sen* [سحي‎ *ṣaḥn*], m. Teller, SEETZ. *(oszénn)*.
*s(e)nák*ᵘ [Kaus. von *nák*ᵘ*i*], schwängern, أحبل‎; Konj. II. N:o 98.
s(e)náur [Kaus. von *náur*], gesund machen, شَفَى‎; Konj. V. N:o 212.
sénba' [Kaus. von *néba'*], heiss machen, heizen, سخَّن‎; Konj. II. 2, b.
senéí*, der Frühherbst (September und October), MUNZ.
séñgad [Kaus. von *éñgad*], aufrecht stellen, stehen machen, وقف, قَوَّم‎; Konj. IV. § 291.
sénkas, *sénhōs* [Kaus. von *nekás*]. reinigen, نظَّف‎; Kaus. *sisenhas*, reinigen lassen; Konj. II. N:o 160.
sénhau [Kaus. von *neháu*], mager machen; Konj. II. N:o 161.
séni [vielh. vom arab. استنى‎ *isténna*], warten, استنى‎; Konj. II. § 255. — MUNZ. *csni*, warten; Kaus. *csisen*, warten machen; *esenija*, wartend.
sénkas [Kaus. von *nékas*], kürzen, فصَّر‎; Konj. IV. N:o 199.
sensof [Kaus. von *ensof*], leicht machen, erleichtern, خَفَّ‎; Konj. IV, 2.

ser*, s. unter *sar*, LIN., SEETZ.
séráb [Kaus. von *rébi*]. Inden lassen; Konj. II. § 255.
seráf* [زرافا‎; *zeráfa*], Giraffe, MUNZ., HEUGL. (*seráf*).
*s(e)rák*ᵘ [Kaus. von *rák*ᵘ*i*], erschrecken, خَبَف‎; Konj. II. N:o 99.
s(e)rám*, Weizen, SEETZ. (*osrám*).
serara*, lang, BRUCKH. (*scrarabo*).
serda*, f. [pl.]: MUNZ. *te'serda*, die Wahrsagerin (Tigr. *serdeit*).
serde*, das Serdelgras, MUNZ.
serob*, der Serobbaum, MUNZ.
sfátah [Kaus. von *fétah*]. trennen, فرق‎; Konj. III. N:o 181.
siám, m. pl. *siám*, Gras, حشيش‎. — MUNZ. *o'siam*; KREM. *osjam*; KROCK. *o'siámm*; SEETZ. [o]*sziám*, Klee, Stroh, Gras.
sid, m. Süden, قبلة‎. MUNZ. *o'sīd*, der Süd.
sída*, Maus, s. unter *gúb*, HEUGL.
sidk* [صدق‎ *sidq*], Wahrheit, MUNZ. (*sidku*, wahr — eig. ,es ist Wahrheit').
síham [Kaus. von *iham*], waschen, غسل‎; Konj III. N:o 185.
sikuannéb* [?], Quarzit, MUNZ.
sil*, 1. m. Speichel, LIN. (*e sil*, salive); 2. spucken, MUNZ. *(csil*; vgl. jedoch *sit*).
silél [vom arab. صلى‎ *sálla*, ,beten'], f. [pl.], Gebet, صَلاة‎. — MUNZ. *te'silél*; SEETZ. [t]*ssaléh*; bei SEETZ. kommt *silél* als Verbalstamm vor in: *woukoucio* [?] *szilelâu*, ich bete; LIN. *sëtelini* [Druckfehler für *sëtelini*], prier.
silsil, *sinsil* [سلسل‎ *silsil*], m. Kette. — MUNZ. *te'shinshel* (Tigr.).
sim 1, *sem* [vielh. vom arab. اسم‎ *ism*], 1. m. Name, سم‎; 2. nennen, سمَّى‎; Konj. II. N:o 84; *úsmoh ábu*, (wörtlich ,sein Name, wer ist er'), was ist sein Name; *sim kibaru*, er hat keinen Namen. — MUNZ. *o'sem*, Pl. *e'sma*, der Name; *ĕsém*, nennen; Pass. *etósam*; Kaus. *čsósam*.
sim 2, s. unter *sĕm*.
simyedi*, f. s. *hamés-hombák*.

simél*, m. Butter, MUNZ. [viell. aus dem arab. سمن *semen*].
simhu, dritte, تلث [vgl. jedoch § 98, Schluss].
simsum [زمزم; *zámzum*], Sesam, SEETZ.
sina*, m. Citrullus colocynthis. SCHW. (*ssináb, hamissinát*; das letztere ist aus *hámi* ,sauer' und *sina* zusammengesetzt). — SEETZ. *hamiszináb*, Koloquinthe.
singa*, f. Lycium sp. SCHW. (*singat, tatuihu*).
siód, Grundstamm zum Kaus. *sísiód*, s. d. W.
sir, f. (od. m.), lange Stange (für Lanzen). — MUNZ. *to'sirr*, der Stab, Stange; A. *sirrt*.
sirha*, f. [pl.]: MUNZ. *te'sirha*, das freie Geleit (Tigr.); *sissera*, das Geleit geben.
sisabir, Kaus. von *síbar*, s. d. W.
sisay [Kaus. von *ségi*], entfernen, ابعد; Konj. II. N:o 100.
sisaynd, s. *sišagud*.
sísan [Kaus. von *séni*], warten lassen; Konj. II. § 255.
sisiód [Kaus. zu *di*]. sagen machen, قوّل; § 304.
sisit*, Kehrwisch, MUNZ.
sit m. 1. Speichel, بصاق; 2. Fleischbrühe, مرقة. — MUNZ. *o'sit*, die Fleischbrühe; [Hierher gehört aller Wahrscheinlichkeit nach das Munzingersche *ěsil* [für *ěsit*], spucken, wenn nicht umgekehrt mein *sit* ein Schreibfehler für *sil* ist. Jedenfalls darf man aus der Form *esit* schliessen, dass *sit* (oder *sit*) auch ein nach Konj. II. 1 zu flektirender Verbalstamm ist].
sitáb, führen, leiten, begleiten (eine Person), ودّى; Konj. VI. N:o 205.
sja', sjaj, sijaj [Kaus. von *jaj*], sterben lassen, töten, موّت; § 324.
skůr*, f. Schildkröte, SEETZ. (*tóskur*).
sndfir [Kaus. von *néfir*], süss machen, حلّى; Konj. II. N:o 119.
snata* [?]: MUNZ. *esnata*, Auftrag geben, ein Testament machen; *esnota* [?], Auftrag, Testament; Kaus. *esisnata*; [*snata* ist deutlich selbst das Kausativ eines Stammes *nata*].

só, 1. benachrichtigen, sagen, خبر; Konj. I. § 241; 2. m. Rede, Sprechen, حديث; Ableit. *sóti*. — MUNZ. *sóija*, benachrichtigen, anzeigen; Kaus. *sosisja* [eig. Kaus. des Kaus.]; Pass. *somomija* [eig. Pass. des Pass. (vgl. *somóm*)]; *sot*[*i*], das Benachrichtigen.
só'am [Kaus. von *'am*], reiten machen (lassen), ركّب; Konj. III. § 273.
só'at [Kaus. von *'at*], niedertreten lassen, دعس.
sódah [Kaus. von *dah*], verengen, ضيّق; Konj. II. N:o 192 (vgl. § 286).
sódif [Kaus. von *dif*], überführen; Konj. II. N:o 71.
sód(i)r [Kaus. von *dir*], töten lassen, قتّل; Konj. II. N:o 69.
sódif [Kaus. von *dif*], färben lassen, Konj. II. N:o 73.
sóg(i)m [Kaus. von *gim*], dumm machen; Konj. III. N:o 173.
soynd*, m. Feuerbrand, MUNZ.
sókena*, s. unter *sukena*.
sókin [Kaus. von *kan*], wissen machen (lassen), عرّف; Konj. II. § 324.
sók(i)š [Kaus. von *kiš*], geizig machen, بخّل; Konj. II. N:o 80.
sólaw [Kaus. von *lá*], verbrennen, brennen (trans.), حرّق; Konj. II. N:o 88.
sómay, Kaus. von *may*, s. d. W.
somóm [entweder das Kaus. eines Stammes *móm*, in welchem Falle jedoch *somo* nach der Konj. II. 1 und nicht nach Konj. I. zu flektiren wäre, oder irgendwie aus dem Stamme *só* (s. d. W.) abgeleitet], benachrichtigen, أخبر; Konj. I. § 238, 2.
sónau, sóniw [Kaus. von *nau*], mangeln (vermissen) lassen, نقّص; Konj. III. N:o 175.

soòl, sòl [Kaus. von *òl*, s. d. W.], schlagen lassen, ضرب; Konj. IV. N:o 198.

sórim [Kaus. von *ram*], folgen machen (lassen), تبّ; Konj. III. § 273.

sóm(r)n [Kaus. von *men*], rasiren lassen, حلق; Konj. II. N:o 82.

sósa' [Kaus. von *sa'*], sich niedersetzen lassen, قعّد; Konj. III. § 273.

sósim [Kaus. von *sim*], nennen lassen (machen); Konj. II. N:o 84.

sótai, grün, اخضر. — KREM. *ssóta*; LIX. *osotay*, jaune; *sotago*, noir [?].

sotaneb* [?], Thonschiefer, MUNZ.

sóti [von *sò*], m. Benachrichtigung.

sóta', sóta' [Kaus. von *ta'*], schlagen lassen, ضرب; Konj. II. N:o 85.

sótib [Kaus. von *tib*], füllen, ملأ; Konj. II. N:o 86.

sówik, sówk [Kaus. von *wik*], scheiden lassen, فصل; Konj. II. N:o 87.

suále, f. Spiegel, مرآة. — MUNZ. *te'suále*.

sufán [موقد ?] *sufán*]. Zunder, SEETZ.

súgmad [Kaus. von *gamad*], verlängern, طوّل; Konj. IV. N:o 201.

súgʷar(a)h [Kaus. von *gʷárah*], in Not bringen, in die Enge versetzen, حصر. Konj. VI. N:o 216.

súgʷe*, f. Cyperus rotundus, SCHW. (*ssuguét*).

sui*, f. der wilde Balsambaum (Tigr. *amkua*), MUNZ.

súk [سوق *súq*], m. Markt, Bazar.

súkena [vielt. von *sak* „gehen"], f. Fussknöchel, كعب, vulgärar. كعب. — MUNZ. *te'sokena*, der Fuss; vgl. tigr. *śakanā*, cheville.

suksúk*, Glaskoralle, SEETZ.

sukumti*, f. s. *deretniwa*.

sukʷám*, Steuerruder, SEETZ. (*szukwám*).

sukʷar* [سكّر *súkkar*], f. Zucker, SEETZ. (*teszukwár*).

súnka, sinka, m. (od. f.), Schulter, كتف. — SEETZ. *szinkaon* [„unsere Schulter"]; KREM. [*te*]*sanka*.

sùr 1, erster, اوّل. — MUNZ. *usurib*, der Erste; *esur* [s. unter *súrkena*].

sùr 2, *súri, usúri* [mit dem vorangeh. W. identisch] vor, vorne, voran, vorher, im voraus, früher, قدّام ,قبل, § 368. — MUNZ. *usure*, vorn, vorher; LIX. *sourone*, devant.

sùr 3 (*zùr*), s. *dùr*.

sura*, f.: MUNZ. *to'sura*, Pl. *te'sura*, die Tränke.

súrkena [von *sùr*], ältester, اكبر „der grösste (der älteste) von uns". — MUNZ. *esurkena*, der Ältere, der Erste (von *esur*).

sús*, m. Skorbut, SEETZ. (*oszús*).

súul [Kaus. von *úli*], schlagen lassen, ضرب; Konj. II. § 255.

S.

śa [vielt. mit *śa'* 2 identisch], f. Fleisch, لحم. — BURCKH. [*to*]*sha*, meat; KROCK. [*doh*]-*sharr*, Fleisch; MUNZ. *to'sha*, A. *shat*, Fleisch; SEETZ. *tośchá*, Fleisch; Wade; KREM. *toscha*, Fleisch.

śa' 1, s. *śr'*.

śa' 2, m. pl. *śá'a*, Kuh, بقر; *áśaja śujábu*, meine Kuh ist trächtig. — HERGL. *o-śā*, Kuh; BURCKH. [*o*]*sha*, cow; KROCK. [*oh*]-*sha*, Rindvieh; MUNZ. *o'sha*, Pl. *e'sha*, A. *shab*, die Kuh; KREM. *toscha*, Kuh; *oscha oraba*, männliches Rind, Stier; LIX. *o écha*, boeuf.

šadíd, m. pl. šádid, Rinde, قِشْر. — Seetz. schadih, Baumrinde.

šágal, f. [pl.], (kleines) Messer, Federmesser. مِنْشِر.

šaj, m. Wolke, غِم.

šája*, f. Wurfnetz, Seetz. (tischaja).

šákar*, Schuppen, Seetz. (schákar).

šákka*, f. Speichel, Seetz. (teschákka).

šak"in, kratzen, égratigner, خربش; Konj. I. § 238, 2, b.

šak"inte, m. (das) Kratzen.

šale*, m. Cadaba longifolia, Scnw. (schaléb).

šámla [شَمْلَة, šámla], f. Schamla (ein grosses Stück Tuch von Ziegenhaar, womit sich die Frauen im Rauchbade umhüllen).

šána, s. šéna.

šának, šénak, f. Kinn, ذَقَن. — Seetz. schánek, Bart; Krock. a-shanek, Bart; Mvsz. shenek, Kinn, Bart; Krem. schanak, Bart; Lis. o channak, menton; Scnw. bokšenāk, Usnea sp. [eig. ‚Bockbart'].

šašo*, f. Balanites ægyptiaca, Scnw. (schaschôt).

šat, ausgleiten, glitschen, glisser, زنق انزنق; Konj. III. N:o 176. — Mvsz. ashhat, ausgleiten.

šátat, zerreissen, شرمط; Konj. I. § 238, 2, a; Ableit. š(e)tát; vgl. tigr. šáttata, déchirer.

šáu, šáw, vermehren, زاد زيد; Konj. IV. N:o 189. — Mvsz. esháo, vermehren, zufügen; Pass. mishóei[?]; Kaus. eshishou; shauoit, Vermehrung, Zuschuss; vgl. šáwi.

šawárib* [شَوارِب šawárib. pl. von šárib], Schnurrbart, Seetz.

šáwi [mit šáu verwandt], mischen, mengen, خَلَط; Konj. V. N:o 214; Ableit. amsáwawa. — Mvsz. esháo, mischen, vermengen; Pass. enshawoi.

šáwioi, f. (das) Mischen.

še', ša', sich erinnern, تذكّر; Konj. I. (Pass. še'am, Kaus. ša'k). — Mvsz. shíie,

denken, bedenken; Kaus. sháshie, in Erinnerung bringen; Pass. shímmie; to'shie, der Gedanke.

šē 1, alt werden, قَدِم; Konj. IV. N:o 187; vgl. šei. — Mvsz. eshi, alt werden; shija, alt; Kaus. eshishi, alt machen; shiljo, Alter.

šē 2, s. šēb.

šé'ay, aufhängen, علّى; Konj. II. N:o 163; Ableit. méš'ey.

šēb, šē, hundert, مِيَة, - Mvsz. shēb; Seetz. schēb; Krock. shehp.

šebáden [Kaus. von báden], vergessen machen, نسّى; Konj. V. § 296.

šébbak [شَبَّك šabbak], zerknistern, zerzausen, chiffonner; Konj. I. 2, a.

šebbák [شُبَّاك šubbák ‚Netz', ‚Fenster'], f. Netz. — Seetz. schubbák, Fensteröffnung.

šébib, šibeb, sehen, sudanar. عين; Konj. II. N:o 124. — Bunckh. shebabo, to see; Mvsz. eshbib, sehen; Pass. eshdebob; shibub, das Sehen; Lis. chebbat, voir [eig. ‚ich sehe'].

š(e)bób, 1. gut, sudanar. زين; 2. gut sein (werden); Konj. IV. § 291, b. — Mvsz. shebób, gut, Güte; eshbob, gut, besser werden; Kaus. eshisbob, verbessern.

š(e)dám [Kaus. von démi], stinkend machen, نتّن; Konj. II. N:o 99.

šédid, abschälen, قَشّر; Konj. II. N:o 125; Ableit. šídde.

šéfi, trinken (besonders Milch), شرب; Konj. II. N:o 102.

Schedo*, Panther, s. unter hám 2.

schib*, besuchen, Mvsz. (eshhibb; vielleicht doch Druckfehler für eshbib, vgl. šébib).

schok*, Mvsz. eshhok, sich verirren; Kaus. shishok; demnach zur Konj. II. 2, b.

šei, alt werden, قَدِم; Konj. II. N:o 101; vgl. šē'.

šeja* [von šei], alt, Seetz. (schenibo), Mvsz. shiju.

šcigám* [vgl. šei und gūm], Sonchus Hochstetteri, Schw. (scheiyūm).
šeišo*, f. Dobera glabra, Schw. (scheischōt).
šejádu' [Kaus. von júda'], feuchten, ندى; Konj. II. N:o 152.
šcka*, f. [pl.], Anklage, Munz. [vgl. áški].
šekena*, volljährig, mannbar, Munz. (shekena).
šékki [شك šakk, § 377, b], zweifeln, bezweifeln; Konj. I. § 242, Schluss.
šékʷa, m. pl. =, Hirt, شقي. — Munz. shekua, Pl. shekuib, Hirte.
š(e)kʷán, gut, hübsch, نيب; öjefúk šekʷánn, dein Mund ist hübsch (gut zum Küssen).
šelhátani, m. pl. šelhátanja, schlüpfrige Stelle, مزلّ. — Munz. shellhotenéb, Abgrund, Rain.
šélik, 1. wenig, gering, قليل; 2. sich vermindern, gering (klein) werden, abnehmen, قلّ; Konj II. N:o 126. — Munz. shelek, wenig; eshlek, wenig werden; Kaus. cshishelek; Seetz. shelléko, wenig; Krem. shellek, wenig; Lin. chalicto, peu.
šeltát [tigr. šiltút, chiffon], m. pl. šéltit, Lumpen, Lappen, Fetzen, شمذر.
šemá*[شمع šemá'], Wachs, Seetz.(asrhémma).
šéma*, s. tála.
š(e)mákʷani, m. pl. š(e)mákʷanja, Schläfe, صدل. — Munz. te'meshakuone, die Schläfe.
šémit, schmieren, beschmieren, مسح; 2. zwirnen, schlingen, flechten, فتل; Konj. II. N:o 177; Ableit. š(e)mát; vgl. tigr. šámata, oindre.
š(e)mát [von šémit], m. pl. š(e)mát, šimta [für šmita], (das) Schmieren.
šéna, šána, m. Arbeit, شغل. — Seetz. esschanna.
šénak, s. šának.
šéncb [vieLl. aus dem arab. شارب šárib entstellt], m. Schnurrbart.
šenhadán, m. Diener, خدّام.
šéra, geschickt, gewandt, شاطر.

šeró* [علم širá'], m. Segel (von Baumwollenzeug), Seetz. (oscherá).
šérim*, zerreissen, Munz. (eshrim; demnach zur Konj. II 2; vgl. tigr. šarema, déchirer).
šerk* [شرق šarq], m. Ost, Bruckh. (osherk, arab.).
š(e)táb [Kaus. von táb], schlagen lassen; Konj. IV. N:o 197.
š(e)tát [von einem St. šitit, Konj. II. 2, b = šátat, s. d. W.], m. pl. štit, (das) Zerreissen, شرمط.
šéwo [von šeb und wa], hundert (in Zusammensetzungen), z. B. šéwonjál, 101, šéwomhéj, 103.
šia a. [wahrsch. mit še „alt sein" verwandt, und viell. mit wšija, alto bei Munz. identisch], vor, vorwärts, vorans, vorher, قدّام; § 368.
šíano, alt, عجوز, قدام.
šibeb, s. šebib.
šija*, s. unter šaja.
šikšik*, Tribulus alatus, Schw. (schiksik).
šimbeháne [wahrsch. mit dem Stamm šébib, Präs. ášambib, und viell. auch mit hánu, Haar, zusammenhängend], m. Augenwimper, شعر الجفن. — Munz. shimbeháne, Augenbrauen; Lin. o chombanni, sourcils.
šingir, hässlich sein; Konj. I. N:o 34. — Munz. o'shinger, die Hässlichkeit; shingeria, hässlich werden; Kaus. shingerisja, entstellen.
šingira, hässlich, شنيع; singiráb áke, ich war hässlich. — Bruckh. shingyrato, ugly [eig. „she is ugly']; Munz. shingera; Seetz. schingera[bo]. hässlich.
šinšei*, f. [pl.], s. unter silsil.
šiš* 1, husten, s. unter šuš.
šiš* 2, fühlen, Seetz. (schischanepheh, ich fühle).
šišabib [Kaus. von šébib], sehen machen (lassen) شوّف; Konj. II. N:o 124.
šišaf [Kaus. von šéfi], tränken, شرب, شقى; Konj. II. N:o 102.

šišagud [Kaus. von šigud], waschen lassen; Konj. II. § 267.
šišalik [Kaus. von šetik], vermindern, بلل; Konj. II. N:o 126.
šišan [Kaus. von šan], vermehren machen (lassen), زيد; Konj. IV. N:o 189.
šišbāk" [Kaus. von bešak"], reifen machen. نضج; kochen, ملى; Konj. IV. N:o 206.
šišbōb [Kaus. von š(e)bab], gut machen, verbessern; Konj. IV. § 291.
šišē [Kaus. von šē], alt machen; Konj. IV. N:o 187.
šiljo*, s. unter šē 1.
šóḍah [Kaus. von ḍah], fett machen. سمّن; Konj. II. N:o 72.
šóflot* [?], leicht, SEETZ. (schôflôjo).
šoōk*, Stapelia ango, SCHW. (schoōk).
šóṭa', s. sóṭa'.
šuár*: MÜNZ. shuir (Tigr.). Galopp.

šúgud, waschen, غسل; Ko..., II. § 267.
— MÜNZ. eshgúd, waschen ein Kleid; vgl. iham); Kaus. ashishgúd; o'shgud, das Waschen; SEETZ. askútéphe, ich wasche; LAYS. chouyouda, laver (viz. lavé').
šúja, trächtig, schwanger. حبل; üne šujátu, ich bin schwanger; üša sujábu, die Kuh ist trächtig. — MÜNZ. shuija[b], trächtige Kuh.
šūk, m. Lebenshauch, Geist, ريح. — MÜNZ. shuk, das Selbst, die Seele, der Athem; vgl. ámšūk. — Hierher gehört auch der Stamm šuk" in schukwáno, ich rieche, bei SEETZ.
šūm, eintreten, دخل, suda ar. خشل; Konj. I. § 238. 1, b.   SEETZ. schúmadénch, ich gehe hinein.
šuš, f. Husten, سعل. — SEETZ. (a)schisch éphe, ich huste.
šwa, m. pl. = , Wolke, غيم.

T.

tā, Artikel, f. pl. s. ū.
taba*, Torrent. MÜNZ. (taba, Pl. tabat; taba enféris, Torrentmündung).
tabay* [نضب tabay ,Teller, Schüssel'], m. Korb, SEETZ. (tabáyo).
tabak, beschäftigt, مشغول.
tabarag"e*, s. barag"i.
táber*, s. ber.
tábes,* m. Tristachya barbata. SCHW. (otábbes, tēbbis).
táda* [?], f. Trichodesma Ehrenbergii, SCHW. (táddat); Forskålin tenacissima, SCHW. (tádda, schéma); Panicum viride, SCHW. (táddat).
taf, (an sich) reissen, arracher, خنف; Konj. I § 238, 1, a.

tabauja [تبنجة tabänja, tabauga]. Pistole, SEETZ. (tabängja).
tájarek, f. Axt, Beil, فأس..
táfti [von taf], m. (das) Reissen.
tagéga, hoch, عال. — KREM. takéka[ha].
tagū- (in Zusammensetzungen), zwanzig, tagógur, 21 (s. § 96).
tagág, zwanzig, عشرة.
tak, tch (taha), berühren, tasten, مس; Konj. I. N:o 4.
taha*, s. unter dē'a.
taja* [?], f. Erde, KREM. (tatajah).
tak, m. Mann, رجل; pl. anda, Leute, ناس; anda, die Leute   MÜNZ. o'tekk, der Mann. anda[b], Männer; BURCK. tottak; KUNCK. [o]tack; SEETZ. otak.
táka* [نافذة tapa], f. Fenster. KREM. t taka

tákat, f. Weib, Frau. شِمال, pl. ma. — Munz. te'tekét, die Frau; te'ma, die Frauen; Burckh. [ta]taket; Knock. the takat, Frau; Seetz. te'takkát, Weib.
táktak, téktek [von tak], einander. بعض (§ 146). — Munz. tektek.
tála' [von téta'], durchlöchert, خَمَّر.
tálana, tánalo, c. Scorpion, عَقْرَب. — Munz. te'tenalo, A. tenalob; Seetz. talanno[b]; Lan. otallana.
taláte* [اِثْنَيْن ettelata], f. Dienstag, Seetz. (tetulláte).
tálau, m. Blitz, ܒܳܪܩܳܐ. — Munz. te'telau, der Blitz; Seetz. ittalau.
taluin* [?], f. Premna resinosa, Schw. (talluint, ssät).
tam [viell. das arab. طعم ta'am], 1. essen, اكل; Konj. I. § 237; 2. m. Alles was gegessen wird. اكل, (besonders aber der bei den Sudanarabern allgemeine unter dem Namen عَصِيدَة 'asida bekannte Pfannkuchen, zum Unterschied von dem gewöhnlichen Brodkuchen كِسْرَة kisra oder rugfána رَغِيف. — Munz. damja, essen; Kaus. damsja; te'edémte, das Essen; te'menta[?], das Nähren; o'tem, das Brod, Polenta [vgl. hámi und gasis]; Burckh. [o]tam, bread or dhourra; tám[a], to eat; Seetz. támanéh, ich esse; vgl. tigr. tamtama, toucher, goûter (auch tamtama geschrieben), 'a'tama, donner à goûter.
támen, támen, zehn, عَشْرَة; támna-gör 11, támna-málö, 12 (etc., s. § 96 und vgl. das Verzeichn. in den Vorbem.). — Munz. temene engat 11, temene melob 12; Krem. tamenogur 11, tamen amalo 12, tamen amhai 13, tamen ufadúeg 14; Seetz. támnagúrr 11, tamnámaló 12, tamnámheij 13, tamnaffadeh 14, tamnéij 15, tamnászagúrr 16, tamnaszérama 17, tamnaszemheij 18, tamnáschadéh 19.
tamis*, s. amis.
támna, zehnte, عَشْرَة.
tams [Kaus. von tam], zum Essen geben, انفع اكل; Pass. tamsam; Konj. I. § 237.

támti, m. (das) Essen (als Handlung).
támüka, támüga, link, شِمَالِي; támügadök, zu deiner linken Hand.
tamán, zehn (in den zusammengesetzten Zahlen, 30, 40 etc. s. § 96).
tánalo, s. tálana.
tánkaro, c. Spinne, عَنْكَبُوت.
tánk"i*, Verfertiger(?), s. unter túkuk".
tar, táru, 1. oder, او, امّا, ولا; táru . . . táru, entweder . . . oder, § 339; 2. vielleicht, möglicherweise, يمكن, بلى, §367.
tárar [von térir], m. (das) Spinnen, غَزْل.
táru, s. tar.
táru, Stirn, جَبِين. — Seetz. [te]tárol[ón] [eig. ,unsere Stirn'].
tásim* [?], Spinne, Seetz. (tászim; viell. dasselbe Wort wie sëm, sim ,Gift').
tàʾadénna*, s. unter tibaláj.
tát, f. pl. tát, Laus, قَمْل. — Munz. to'tat; Seetz. totát.
tatulu* [?], s. singa.
tay [?], Acanthodium spicatum, Schw. (thaÿg).
tawa*, m. Geld, Lan. (o tawah, argent monnaie).
tawéi* [?], die Aqba, Mimosenart, Munz. (tauéi).
téb, f. Baumwolle, قُطْن.
tebek*, Wald. Munz.
tébis*, s. tábes.
téfa, f. Nabel, سُرَّة. — Munz. to'téfa; Seetz. tótphái.
teg*, s. unter dey.
tegr* [جَرّ tájir, tágir], m. Kaufmann, Seetz. (tegribo; eig. ,er ist K.').
teh, s. tah.
teháis [Kaus. von tah], berühren machen,

t(e)háte, (das) Berühren, لَمْس.
tek*, s. unter tak.
teket*, s. unter tákat.

DIE BISCHARI-SPRACHE.

t(e)kir*, m.: SEETZ. ótkirr, Lobgesänge auf den Propheten etc. [wahrsch. Umstellung vom arab. ذ ك ر *dikr*].

tékker* [?], s. *kitr*.

tektek, s. *tiktak*.

t(e)kúk* [von *tákuk**], m. Ausbesserung, تَحْلِيمِ.

téla', durchstechen, durchbohren, (in etwas) ein Loch machen, دِ, خ ; Konj. II. N:o 164. — MUSZ. *edla*, ein Loch machen, durchbohren; Pass. *etdela*; Kaus. *esdela*; *dela*, ausgebohrt; *te'delli*, das Loch; und an einer anderen Stelle: *edēle*, Loch.

teláy, verhehlen, verstecken, ٮ ; Pass. *telágam*, Kaus. *teláys*; Konj. I. § 238, 2. b. — MUSZ. *telagja*, verbergen; Pass. *telayemja*; Part. Pass. *telagema*, verborgen; Kaus. *teláyesia*; *telágtē*, Verborgenheit.

telau*, f. [pl], s. unter *tálau*, MUSZ.

téle' [von *téla'*, s. d. W.], f. Loch, خ. — MUSZ. *delli*, *dēle*.

télegi, m. pl. *télegja*, kleiner, schmaler Pfad. — MUSZ. *te'legi*, Pl. *te'legia[d]*, der Weg [MUSZ. hat hier irrtümlich die Wurzelsilbe *te* als den weiblichen Artikel aufgefasst]

téliy, aufheben, erheben, hinauflegen (die Bürde auf das Tier); Konj. I. N:o 129; Refl. *ámtalág*, das Gleichgewicht zwischen den beiden Hälften der Kamelbürde herstellen, عدل.

tem*, m. Brod, s. unter *tam*, MUSZ.

temen* [ضمين, *dámin*]: MUSZ. *tamini* [?], Bürge (arab.); *temena* [?], bürgen; vgl. *déman*.

temím [تميم *temím*]. 1. fertig; 2. fertig sein, ٮ ; Kaus. *temmís*; Konj. I. N:o 51. — MUSZ. *temimja*, fertig sein; Kaus. *temmisja*; Adj. *temmina*, fertig. [Das *n* für *m* halte ich nicht für einen Druckfehler, sondern für eine leicht erklärliche Dissimilation].

témuk*, einwickeln. in ein Tuch (etwas) einschlagen, ڢ ; Konj. II. N:o 171. — MUSZ. *etmúk*, einwickeln; Kaus. *esdemok*.

tenalo*, s. unter *tálana*.

téni, gleichen, مثل ; Konj. II. 2, a: (Beispiele s. § 358).

téra, m. Hälfte, نصف.

teráb. *térib* [von *t/ra*], teilen. ٮ ; Konj. I. (und II. 2. b), N:o 38; Ableit. *teráb*.

terad*, stark (Tigr.), MUSZ.

terfa*, f. [pl.]. Hefen, SEETZ. (*tetérpha*).

térib, s. *teráb*.

térig, *eterig*. m. (od. f.), pl. *tirga*, 1. Mond, هلال ; 2. Monat, شهر ; *tēterigtē nūr*. Mondlicht; *átering hajemja*, der Mond erschien. — MUSZ. *o'edrik*, der Mond; *t'edrik*. der Mondschein; SEETZ. [*to*]*trig*. Mond, [*o*]*trig*, Monat; BURCKH. [*o*]*tryk*, heaven; vgl. das Verzeichn. in den Vorbemerk.

térir, spinnen, غزل ; Konj. II. N:o 128; Ableit. *tárar*.

teráb [von *térib*], m. Teilung, تقسيم.

tesni*, s. *esni*.

tešo* f. [pl.], Higligbaum, MUSZ. (*te'tesho*). — KROCK. *zah-rúp*, Heglik (Baum).

teta*, gelb, KREM. *teta(bba)*.

tetáf*, f. der Tahtei-Baum (Tigr.). MUSZ. (*to'tetáf*).

tetui*, s. unter *tioi*.

tibaláj, f. pl. *tibaléj*, Finger, Zehe, أصبع ; *rába tibalaj*. »männlicher Finger«, Daumen. — BURCKH. [*ti*]*tibala*, fingers; KREM. *tetibala*, Pl. *tetibale*, Finger; MUSZ. *to'tebalei*, die Zehen; SEETZ. *tetibaláj*, Finger. *tischadénna*, Zeigefinger, *tetibalei táruih*, Goldfinger; vgl. *Anji*, *giba*, *gibala*.

tibede[b]*, die wilde Tagussa, MUSZ.

tífa, c. pl. = . Fliege, ذباب. MUSZ. *o'tifa*, Pl. *e'tifa*; SEETZ. *tiphai*.

tiffá [vom arab. تف *tuff*, s. § 377. b]. spucken; Konj. I § 212. 3; (öfters) *ásitiffá*, spucken. SEETZ *tiffoni'i*, ich spucke aus.

tijo* 1, f.: Mvsz. *te'tijo*, Pl. *te'tijot*, das wilde Thier.
tijo* 2, f.: Mvsz. *fi tijot*, Bauchgrimmen; vgl. *fi*.
til*, f. Urostigma abutifolium, Scnw. (*tilt*).
timsa [تمساح *timsáh*], m. Krokodil, Seetz. (*tümszáb*).
tin* s. unter *tin*.
tioi*: Mvsz. *tioi*, Nachricht geben (von bösen Anschlägen), *te'tetni*, das Nachrichtgeben.
tirfem*, Schaf, s. unter *árgin*.
tirya, s. *térig*.
tiu [Inf. von *tam*], m. (das) Essen, اكل!
toi, hier, hierher, عنا.
tōin, *töintib* [von *īn*, s d. W.], heute, sudanar. *ellélu* (§ 368). — Krem. *toin*.
tok^u*, *toku** [?]: Mvsz. *tokuje*, springen; Kaus. *tokesja*.
lók^ui, (Fleisch) kochen, طبخ; Konj. II. N:o 103.
tóna, dass, s. unter *na* 1.
totel*, das Tora (Tigr.), Mvsz.

tu', kneifen, kneipen, قرض; Konj. II. § 249. — Mvsz. *eddu*, einen kneifen, zwicken, mit den Augen winken; Kaus. *esoddu*; Pass. *etoddu*.
tū, s. *ū*.
tāba [Nom. unit. تـوبـة *tába* von توب *ṭūb*], f. pl. *tūb*, Ziegelstein, Ziegel.
tuin* [?], f. s. unter *singa*.
tukuk^u, ausbessern, raccommoder, صلح; Konj. II. N:o 172; (viell. auch. „verfertigen", vgl. bei Seetz. *ogautanquih*, Zimmermann, *tiggirdá tanquih*, Schuster); Ableit. *l(e)kūk^u*.
tumbāk [تـمـبـاق *tumbáq*], m. Tabak, تتن. — Seetz. *tombāk*.
túmbu, m. (s. § 62), 1. Loch, خرم; 2. Anus.
tankala, f. Niere, كلوة. — Seetz. *letūnkohi*, Hüfte [?]; Mvsz. *te'onkola*, die Niere.
tānk^ui, f. pl. *tānkwia*, Bündel, Paket, صر.
tūs [warsch. das Kaus. eines Stammes *tu* ‚voll sein'], füllen, hineinstopfen, spicken, حشى; Konj. I. § 238, 1, b.

T.

ta', 1. schlagen, ضرب; 2. (Teppiche u. dgl.) flechten, weben, جدل, خنف; Konj. II. N:o 85. — Mvsz. *eḍa*, schlagen; Kaus. *eshoḍa*; Pass. *etoḍa*; *o'ḍa*, der Schlag; Brnckn. *ta*, to beat; Lax. *enthib*, battre [eig. ‚je bats'].
ta*, eng sein, s. unter *dah*.
ṭab 1 [von *ṭib*], m. 1. (das) Füllen; 2. Ersticken. — Mvsz. *o'dabb*, das Füllen; Lax. *otab*, remplir.
ṭāb 2 [Frequ. von *ṭa'*, s. § 228], (mehrere) schlagen; Konj. II. N:o 197.

tatn' [نـعـدن, *ta'ta*], gekneted werden (im Bade); Kaus. *tatás*, kneten; Konj. I. N:o 63.
teu, f. einschlagender Blitz, صاعـة.
tib, *tub*, füllen, ملا; 2. ersticken, فتح; Konj. II. N:o 86; Ableit. *ṭāb*. — Mvsz. *eddeb*, füllen; Pass. *teddeb*; Kaus. *essódeb*; *o'dabb*, das Füllen.
tifa*, s. unter *tifa*.
ṭin [طـيـن *ṭin*]. m. Thon. — Seetz. *tin*, Lehm, Thon.
ṭita*, Zwilling, Mvsz.
ṭub, s. *ṭib*.

U.

u, s. *wa*.
ū-, f. *tū-*, pl. *ā-*, f. *tā*, der, die, ال (§ 54).
áa [wahrsch. identisch mit *wau*, s. d. W.]. rufen, نَدٰ; Konj. I. § 242, 8. — Munz. *wáija*, herbeirufen; Kaus. *wásisja*, herbeilassen [eig. doppeltes Kaus.].
áas [Kaus. von *āa*], rufen lassen; Kaus. *wásis*, holen lassen, envoyer chercher; Konj. I. § 242, 8.
ud, zittern, رجف; Konj. I.
údti. m. (das) Zittern.
ūhád [wahrsch. das arab. حد *hadd* ‚Grenze' mit dem Artikel], bis, الى (§ 355).
ahi, wáhi, jáih (vor Suffixen, *uh-, oh-*), unten, unter, تحت; *uhá*, unter mir (§ 368). — Seetz. *wahih*, unten [vgl. *embaroi*]; Krem. *uhi*.
ujilla [wahrsch. ein mit dem Artikel *ū* versehenes Subst. *jilla*, das mit dem *gilla* identisch sein muss], wegen, um … willen, für, فى, من; *ane šat bérīok ujilla há'an*, ich habe für dich Fleisch gebracht.
úla, m. Hode, vulgärar. بيض (= خصى). — Munz. *ć'ula*, die Hoden; Bunckh. *olla*, testiculi.
úli, schlagen, ضرب; Konj. II. 1. a (§ 255). — Krem. *uli*, schlage, *ane úli tok-en*, ich schlage dich.

*ulli**, s. *elli*.
úm [vom arab. عم *ōm* ‚(das) Schwimmen', s. § 377, a], schwimmen; Konj. I. N:o 28.
úmba, ruhen, ausruhen, نمر; Konj. I. § 242. 7. Lis. *ambit*, coucher [eiz. je couche].
*umberrēs**, s. *emberēs*.
úmero, jemals, (besonders in Verbindung mit der negat. Partikel in der Bedeutung) niemals.
úmma [Sa' *'amma* ‚Volk'], f. Sammlung (von Menschen). — Munz. *ummat*, Menschen.
ūn, f. *tān*, pl. *āu*, f. *tān*, dieser, ذا, هذا; (§ 137).
ār, ōr, (mit Steinen in der Wüste) begraben, دفن; Konj. I. § 238, 1, b. — Munz. *ária*, begraben; Pass. *ārma*; Kaus. *āresia*.
áru, áer, s. *éru*. — Lis. *ourra*, hier.
úse(i), wisr, m. od. f. 1. Erdreich, Erdboden, sudanarab. زوبى; 2. Staub, تراب; *áne tusséti esli*, ich sitze auf der Erde; *áusej*, der Staub, تراب. — Munz. [*te*]*sze*, Sand; Krem. [*u*]*ussa*, Staub.
*usári, usare**, s. unter *sūr*, 1, 2.
ása, ásaj [von عص], f. [pl.], Harn, Urin, شخشخ, بول. Seetz. [*te*]*schai*; Munz. *o'shat hadalut*, der Urin [eiz. ‚schwarzer U']; Munz. hat hier den Wurzellaut *u* als Artikel aufgefasst].

W.

wa 1, *u* [, *wa*], und, , (§ 336, b).
wa 2, f. grosser Topf (zum Kochen); *áne wat rehan*, ich sah einen Topf. Munz. *o'ad*; Krem. [*to*]*ua*, Topf.

wad', wád'a وضع *wad'a*], setzen, stellen, legen, حط; Pass. *wad'am*, Kaus *wad'as*; Konj I.
wáda, m. die religiöse Waschung, وضوء.

wadá* [? *adā* m.?], Ochradenus baccatus, Schw. (*uad-hāh*).
wadám [von *wáda*], sich waschen (besonders von der religiösen Ablution), توضَّأ; Kaus. *wadás*; Konj. I. N:o 50. — Mvnz. *owode*, die religiöse Abwaschung verrichten, Pass. *wodámja*; Kaus. *wodáxja* [*owode* ist jedoch kein Verb sondern das Subst. *ů-wáda* ,die Waschung', wie auch *wodamja* keine passive sondern nur reflexive Bedeutung hat].
wága*, der Totschafle, Mvnz.
wáhi, s. *úhi*.
wája [wahrsch. aus dem arab. وَعَدَ *wád'a*], m. Versprechen.
wák* [von *wik*], m. (das) Schneiden, Lin. (*owac*, couper).
wákkal [وَكَّلَ, *wákkal*], beauftragen; Konj. I. § 238, 2, a. — Mvnz. *wokelja*, beauftragen, Pass. *wokelemja*.
wali, finden, وَجَدَ تلقى; Konj. I. §. 212, 6
walík, 1. f. Geschrei, Lärm, دوار; 2. laut schreien, rufen; Konj. I. § 238, 2, b. — Mvnz. *wolík*, der Schrei, *wolíkja*, zu Hülfe schreien.
wándala, m. Schatten, ظل. — Mvnz. *elenda* (s. d. W.), scheint hiervon eine Umstellung zu sein.
wárak [وَرَق, *wáraq*], f Papier; Brief. — Seetz. *warrak*, Papier; *towárraká*, Brief.
wári, *wéri*, *wēr*, anders, auf andere Weise, غَير شكل غَير (§ 367) — Mvnz. *wuēra*, anders, verschieden.
wáro* [?], s. *áro*.
wās [wahrsch. vom arab. وَزَع, *wáza*], 1. ausbreiten, verbreiten, zerstreuen; 2. rücken, bewegen, ziehen, عَزَل; Kaus. *wasís*; Konj. I. N:o 21.
wásam, *hawásam*, scherzen (über, mit), مَزَح; Konj. I. § 238, 2, b.
wáso* [?], s. *áso*.

wat, f. Eiter, قَيح. — Mvnz. *t'oet*; Seetz. [*to*]*wcit*.
wau, *wāu*, weinen, schreien, يَبكي; Konj. I. § 243; Kaus. *waus*; vgl. *úa*. — Mvnz. *wanija*, schreien; *wana*, der Schrei der Thiere; Buncku. *wawa*, to cry; Seetz. *anc wauauéphth*, ich weine; Lin. *owarini*, pleurer; vgl. tigr. *we'á*, crier au secours.
wáwin, s. unter *win*.
wēk*[?], f.: Seetz. *tauék*, Mücke.
wer*, m. Fluss, Krock. (*oh-werr*).
wēr 1, machen, thun, سوى; Konj. IV. N:o 195. — Mvnz. *auér*, machen; Kaus. *csuér*.
wēr 2, s. *wiri*.
weshík, zischen, pfeifen, صَفر; Konj. I. § 238, 2, b. — Mvnz. *woshik*, das Pfeifen; *woshikie*, pfeifen; Seetz. *wuschik-auéphe*, ich pfeife.
wija, m. Winter, شِتاء. — Seetz. [*o*]*wijůh*, Regenzeit; Krem. *owie*, Winter; Lin. *owiha*, hiver.
wik, *wuk*, schneiden, ab-, zer-schneiden, قطع; Konj. II. N:o 87. — Lin. *owac*, couper.
wila', schwenken, ausspülen, مَضمَضت; Konj. II. N:o 165.
willa, schnell! fort! قَوام.
win, pl. *wáwin*, gross, يَبيم. — Mvnz. *wuum*; Seetz. *wainu*[*u*]; Krem. *uenu*[*u*].
wingel* [?], s. *ingel*.
winhal, m. Elle, ذِرع; vgl. *g³inhal*.
wise, s *úsei*.
worje*, m. Rüssel, Mvnz.
wód*[?], s. unter *ad*.
wóke [von *wik*], f. [pl.], Hieb, Schnitt, قَطع. — Seetz. *tookch*, Wunde.
wolik*, s. unter *walik*.
wóre. m. (die) Pocken, جُدرى. — Mvnz. *o'worréb*.
wuēra*, s. unter *wiri*.
wuk, s. *wik*.
wuu*, s. unter *win*.

DEUTSCH-BISCHARISCHES WÖRTERBUCH.

A.

Aasgeier, *bánc.*
Abend, *hawád, engereb*, mágreb** [arab.], *hémeni**; des A-s sein (machen), den A. zubringen, *háwid.*
Abendessen, *derár;* zum Abend essen, *dérar.*
abfahren, *jak (jek);* vor dem Sonnenaufgang a., *sekárim.*
abgehen (vom Weg), *der*.*
abgeneigt, *réba.*
abgerissen, *hešajo**, s. unter *héši.*
abgewöhnen (ein saugendes Kind), *fétik.*
Abgrund, s. unter *šelhátani.*
Abhang, *herbo**.
abreisen, *ibáb;* nachmittags a., *húmnaj.*
abreissen (das Zelt), *heša*;* a. lassen, *sheš**.
abschälen, *šedid;* (das) A., *šidde.*
abschlagen, *rib;* (das) A., *ráb.*
abschneiden, *kat'* [arab.], *wik.*
abschüssiger Rand, *geš.*
abtragen, s. niederreissen.
Abntilon muticum, *hambék**.
Abwesenheit, *menou**, s. unter *nau.*
Abyssinier, *makáde**.
Acacia etbaica, * árat*, selem*;* A. mellifera, *kitta*, tekker*;* A. pterocarpa, *laúl* (laan);* A. spirocarpa, *sangune*;* A. tortilis, *sejál**.
Acanthodium spicatum, *taág**.
Achsel, *bát** [arab.].
acht, *ásimhei;* der achte, *uásimha.*
achtzehn, *támna-ásimhei.*
achtzig, *ásimheitamán.*
Adansonia, *homr**.
Aderlass, *fasúda* [arab.].

Adler, *jehám (ihám), kᵘikᵘj*.*
adliger, s. unter *belauwi.*
Aerva javanica, *ega**.
Affe, *lalúnko, girid* [arab.], *lehumbo*.*
Agathophora alopecuroides, *gafari**
ähneln, s. gleichen.
Äbre, *kúd.*
albern sein, *hánag;* a. machen, *schánag.*
all, *karis.*
allein, *hiddo.*
Almosen, *keráme** [arab.].
Aloe abyssinica, *kálandor*.*
als, *dör, höb.*
alt, *háda (hád'a), šiano, šeja*;* der A. (Scheich), Häuptling, *áhada;* a. sein (werden), *še', šei;* a. machen, *šiše.*
älteste, *súrkena.*
Amarantus graecizans, *mbalék**.
Ameise, *hinkuna.*
Amt, *haddai*,* s. unter *háda.*
Amulet, *herdo*.*
an, *-géb.*
Anaphrenium abyssinicum, *tála**
anders, *wari, wer, weri.*
anfallen, *mará.*
Anfang, *hadéti, todann*,* s. unter *den.*
anfangen, *badó, den*;* a. lassen *hados, sodún*.*
anfassen, *íbik.*
anfeuchten, *mu's, mes*;* (das) A., *mu'ésta, mesdi*.*
Angareb (eine Art Bettgestell), *nil, ángareb.*
Angel, *jelléb**.
augelangt, *ketem*,* s. unter *kétem.*
Angelschnur, *tála*,* s. unter *lul.*
angreifen, *mará*
Angriff, *mará.*

anhäuten, d(e)bēl*, s. unter débil.
Anhöhe, kär.
Anisophyllum granulatum, atád*, adód*.
Anklage, seka*.
anklagen, áski.
ankommen, aulangen, kétim; (das) A..
 ketám; a. lassen, sekátim.
Anleihe, seláf.
anreden, hadísam [arab.].
Ansiedlung, endoa*.
Anstoss, magéf, gáfe; A. gebend, megefena*.
anstossen, gíf (gef), sógef*.
Antichorus depressus, háwaime*, kálhag*.
Antilope, ra; A. saltatrix, másoki*.
Antlitz, bíte.
Anus, túmbu.
anziehen, sich a., k"ai.
anzünden, belols*; sich a., belol.
Aqba (Mimoseuart), tawei*.
Araber (Beduinen), éndoa.
Arbeit, sána.
arbeiten, dä.
arglistig, herišenoi*.
Aristolochia bracteata, jamíaj*.
Arm, g"inhál.
arm, hámra, géja, meskín [arab.]; a. sein
 (werden), hámir, gôj.
Armband, kim; (von Silber), k"elél.
Armhöhle, bába.
Armut, hémir, hemár.
Arnebia hispidissima, ág"adi*.
Arznei, mehél.
Arzt, mhelána*.
Asche, néthás.
Asclepias (Oschar, Baum), embères*.
Atem, ámšák, šák*.
atmen, ámsák; (das) A., ámsák.
auch, bu'.
aufblasen, fáf.
aufbrechen, s. aufstehen.
aufdecken, négil.
aufführen, réus.
aufgeblasen, fáfama; (vom Körper), reféf*.
aufgeschreckt, s. erschrocken.
aufgezehrt sein, herer*, s. unter hárar.

aufhängen, se'ág, siselu*. s. unter lu 2.
aufheben, as, télig.
aufkleben, s. kleben.
aufladen, rébi.
aufrecht stehen, éngad; a. stellen, séngad.
aufschrecken, mäh.
aufstehen, jak (jek); vor dem Sonnenaufgang a., sekárim.
Auftrag, digoya*, esnota*.
aufwachen, bá'ar.
aufzehren, s(e)hero*, s. unter hárar.
Augapfel, fale*.
Auge, líli, guedj*, guad*, s. unter g"ad 1.
Augenbraue, banán.
Augenlied, eguád etlát*, s. unter g"ad 1.
Augenwimper, simbeháne, ág"ad hamo*, s.
 unter g"ad 1.
Auhébaum, endera*.
ausbessern, túkuk".
Ausbesserung, tekák".
ausbreiten, wäs; (auf den Boden) a., bérir;
 a. lassen, wásis.
ausdehnen, régig, sémara; (das) A., regág.
auseinanderbringen, f(e)ta*, s. unter fétah 2.
ausgebohrt, téla', dela*.
ausgehen, fíra' (féra').
ausgiessen, fíf; (das) A., fáf.
ausgleiten, sat.
aushungern, schárag".
auskehren, mehág, scheg*.
ausleeren, sehárar.
ausputzen, scheg*.
ausrecken, sich a., fénau.
ausruhen, ánuba; sich a., fín, ájim; (das) A.,
 ájmám.
Aussatz, báras* [arab.].
ausser, nú, nán, bákai.
ausserhalb, hatei*.
ausspähen, dag", düg*; (das) A., dag".
ausspülen, wilu'; a. lassen, sewála'.
ausstrecken, régig; (das) A., regág; die
 Glieder a., fénau.
ausstreuen, bérir.
Austausch, bedele* (Tigr.).
austauschen, bédal [arab.]

austragen, *fira*; n. lassen, *sifára'*.
auswählen, *hájid*.
ausziehen (einen Pfahl), *fitíg**; (das) A., *ftíg**.
Axt, *kʷáluni*, *táfarēk*, *fās* [arab.]; grosse A., *mesár** (Tigr.); kleine A., *máilau*.
Axtstiel, *melote edir**, s. unter *máilau*.

B.

Bachrinne, *lob*.
Backen, *barda** (vgl. Wange).
Balanites aegyptiaca, *ŝaŝo**.
Balsambaum, der wilde B., *sui**.
Balsmodendron opobalsamum, *ajók**, *maják**.
Balsamopblocos Kataf, *kurkani**.
Bamien, *bámie** [arab.]; s. Ibisch.
Band, *hakár*, *hokrer**.
bange, *rák"n*.
Bär, der grosse B. *edite**.
Bast, *demo**.
Bauch, *kálawu*; (Bauchhöhle), *fi*.
Bauchgrimmen, *fi tijot**.
banen, (ein Haus) b. *de'úr*; (das Feld) b., *ádi*, *áden**; (das) B., *de'úr*.
Bauer, *údena**.
Baum, *hinde*, *gāl**.
Baumriude, *hindeŝádid*.
Baumwolle, *tēb*, *kotun** [arab.].
Baumwollenzeug (gewaschenes und gebleichtes), *náŝa**; rotes B., *hām** [arab.].
Bazar, s. Markt.
beauftragen, *wákkal* [arab.]
Becher, *gurás*, *kaléda*.
bedecken, *shem**, s. unter *hamúj*; sich b., *hamē**.
bedenken, s. unter *ŝe'*.
bedrohen, *meisak**.
beebren (mit Gaben), *hadurém*.
beeilen, sich b., *áŝig*.
Befehl, *mitjá*.
befehlen, *mitjá*.
befeuchtet, *mŝ'ama*.

begegnen, *'áŝiŝ*.
Begegnung, *'aŝáŝ*.
begiessen, *saf*.
beginnen, *badó* [arab.]; b. lassen, *badhós*; (das) B., *badóti*.
begleiten, *sitób*, *salól*, *ram*.
Begleiter, *háimaḍa*, *mórmoj*, *mormi**.
Begleitung, *mórmoj**.
begraben, *bes*; (mit Steinen in der Wüste) b., *ār*, *ōr*.
Begräbnis, *bās*.
bei, *-gēb*.
Beil, *táfarēk*.
Bein, *dirdiu*, *regef** (s. unter *rágad*).
Beischlaf, *kab*.
beissen, *fénik*.
beistehen, *áwai*.
bekanntmachen, *sókin*.
beklagen, *kaf*.
bekleiden, *sēkʷa*, *hamē**.
bekleidet, *ákʷai**.
beladen, belasten, *rébi*.
belecken, s. lecken.
beleidigen, *neu*.
Beleidigung, *neu*.
bellen, *hol* (*hul*), *hau*; b. machen, *haweis*, *hols*.
benachrichtigen, *sō*, *somóm*; (das) B., *sō*, *sóti*.
Benachrichtigung, *sóti*.
Beni Israel (das), *baha**.
berauschen, *áskir*; sich b. *áskir*.
bereit, *hádira* [arab.].
bereiten, *háddir* [arab.]
Berg, *ríba*.
Berggipfel, *riŝa**.
Bergwind, *áulei**; vgl. jedoch *áule*.
berühren, *tak*; b. machen (lassen), *tehuis*; (das) B., *tehúte*.
beschäftigt, *tabak*, *hesrkena**.
beschlafen, *kab*.
beschleiern, *kʷábil*; sich b., *lak*.
Beschleierung, *kʷebál*.
beschmieren, *ŝemát*; mit Fett b., *li'as*; sich b., *lá'am*; (das) B., *ŝemát*.

beschmutzen, *iwáḱiš* (s. N:o 37); sich b., *dámer**.
Beschneidung, *kʷaḱa**, s. unter *kʷáḱe*.
beschuldigen, *mohiej**, s. unter *iej*.
beschuldigt, *etmohin*, s. unter *iej*.
Beschuldigung, *iej**.
beschweren, *degs*.
Besen, *makáḱa** [arab.].
besiegen, *nasr, auser,* [arab.].
besingen, *niu*.
besprengen, *saf*; (das) B., *sáfti*.
besser (sein), *hájis*.
bestreichen, s. beschmieren.
Besuch, *dáranaj*.
besuchen, *dûr, sûr* [arab.], *ḱchib**.
betrüben, *hamés*.
betrübt, *hamèti*; b. sein, *hamét*.
betrügen, *háiwal* [arab.].
betrunken, *eskera** [arab.].
Bett, *madam, járḱa* [arab].
Bettgestell, *nát*.
Beutel, *kísa** [arab.].
bewässern, *saf*.
bewegen, s. rücken.
bezahlen, *kʷási, def* [arab.]; (Steuer) b., *fira'*.
bezahlt, *edjama*.
bezeugen, s. Zeuge.
bezweifeln, s. zweifeln.
biegen, *híliy*.
Biene, *dina, íjnt** (s. unter *an*).
Bier, *maḱha**.
Biermalz, *jati**.
binden, *hákʷar*.
bis, *aláid, -gil* (§ 355), *míhad, kik**; b. wohin, *mílaul*.
Bischari-Sprache, *bedáwie*; der die B.-S. spricht, *bédawer**.
Bisschen, »das B. der Sklavin» (eine Art von Essen), *salábia*.
bitter, *hámi*; b. sein (werden), *ham*.
Bitterkeit, *hámjai, hamé**.
Blatt, *búje, rát, lát**.
blau, *déríj** (vgl. *délij*).
Blei, *rasás* [arab.], *arer** (Tigr.).
blind, *híimaḱei*.

Blitz, *tálau*; einschlagender B., *téu*.
blöken, *ham*.
blosslegen, *négil*.
Blume, *fär, hindefár** (s. unter *fär*).
Blut, *bōj*.
Blutgeschwür, *asál*.
Blüte, *fär*.
Bock (Ziegenbock), *bok*.
Boden, *bûr*.
Boerbaavia repens, *deretniwa*, sukumti**.
Bohnen, *fûl** [arab.].
böse, *afráj, afré, amáy*; b. sein, *afré, may*.
Bote, *digöga, lengáj, minjal*.
Branntwein, *áraki**.
Braten, *sala**.
braun, *délif*.
Braut, die B., *tádöb*.
Bräutigam, der B., *ádōb*.
Brei, *olli**.
breit, *maratói, bere**.
Breite, *méria*.
brennen, *lû*; (das) B., *láu*.
Brennholz, *tōnét-hinde*, s. unter *na* 2.
Breweria oxycarpa, *hamés-hombák**.
Brief, *wirak* [arab.], *jawáb* [arab.].
bring! *háma*.
bringen, *ha'*.
Brod, *tam, kisra* [arab.]: das gesäuerte B., *otam ohamra**, s. unter *hámi*; das ungesäuerte B., *otam ogasis**, s. unter *gasis*; eine andere Art B., *hága*.
Brodknechen, *rugfána* [arab.].
Brodpfanne (von Eisen), *ydar** [arab.].
Bruch, *nuktʼ** [arab.], s. unter *kat'*.
Bruder, *san*.
Brunnen, *re*.
Brust, *ataba*, gena*, gibu**; weibliche B., *nûy*.
Buccrosia Russelliana, *karai**.
Buch, *déftar* [arab.].
Bucht (am Flussufer), *hérbo*.
Büffel, *jamás* [arab.], *agaba** (Tigr.).
buffen, *yʷa*.
Bündel, *tiúkʷi*.
Bürde, *ribe*.

Bürge, *májal*.
bürgen, *déman* [arab.], *ajal*.
Bürgschaft, *dmān*.
Butter (frische, nicht geschmolzene), *kar*; geschmolzene B., *la' hadal*, *simel*.
Butterknchen, *sansénna*.
Buttermilch, *neísa*.
Butterschlauch, *hálbati*.

C.

Cadaba glandulosa, *kúrme*; C. longifolia, *sále*.
Caesalpinia elata, *babani*.
Calotropis procera, *híres* (*emberés*).
Carissa edulis, *hérna*.
Cassia obovata, *amberki*.
Celastrus parviflorus, *débela*.
Centner, *guntár* [arab.].
Chrysopogon quinqueplumis, *teeráb*, s. unter *éra*.
Cissus quadrangularis, *kalá*.
Cistanche lutea, *hadaini*.
Citrullus colocynthis, *sina*, *hamissina*.
Cleome crysantha, *ark"a*.
Coccinia Moghadd, *hamás*.
Cocculus Leaeba, *kalíeh*, *lásse*, *salangui*.
Coelorrhachis hirsuta, *lách*.
Coleus barbatus, *kaliá*.
Commelina benghalensis, *jada*.
Convolvulus Hystrix, *ahí*.
Cordia subopposita, *dagrár*.
Crotalaria microphylla, C. remotiflora, *k"ad*.
Crozophora obliqua, *abotnáwa*.
Cucumis prophetarum, *la*, *öl*; C. figarii, *wola*.
Cyperus rotundus, *sug"e*.

D.

Dach, *sádif*, *sáta* [arab.].
Dactyloctenium glaucophyllum, *káson*, *kanisi*.

Daenia aethiopica, *salambo*, *hena*.
Dahabija, *dahabíja* [arab.].
Dämmerung, s. Frühmorgen.
darreichen, *nñn*.
dass, *tóna*, s. unter *na* 1.
Dattel, *mlok*, *blák*.
Dattelpalme, *blákthinele*, s. unter *blāk*.
Daumen, *gíbala*, *raba tibalãj*.
dein, *báriök*, (zu einer Frau) *baliök*, § 120.
denken, *fákkar* [arab.]. *shi*, s. unter *se*.
der (Artikel), *ā*, f. *tā*, pl. *ā*, f. *tā*.
dick*, *dáha*, *rakok*; d. sein (werden), *dah*; d. machen, *sonlah*.
Dickicht, *balak*.
Dieb, *gáhara*.
Diebstahl, *gáhar*.
Diener, *senhadan*, *kiója*.
Dienerin, die D., *tákiéja*.
Dienstag, *talãte* [arab.].
dieser, *ãn*, f. *tãn*, pl *ãn*, f. *tãn*.
Ding, *na*.
Diospyrus mespiliformis, *arau*.
Diplostemma alatum, *haśak*.
Dipteracanthus patulus, *"gradi*.
Dobera glabra, *sciśo*.
Dodonaea arabica, *śu*.
Dolch, *hínjar* [arab.].
Donner, *húd*.
Donnerstag, *amís* [arab.].
Dorn, *niawe*, *din*.
dort, *bénomhin*, *béntej*, *benton*, *gide*.
dorthin, *sagúd*, s. unter *sign*.
Dose, *ölba* [arab.]. D von Holz, s. Schachtel
Dracaena ombet, *mbe*.
Drangsal, *gárhu*.
draussen, *árha*.
drehen, *be'is*.
drei, *mhéj*.
dreihundert, *mehejśe*.
dreissig, *mehéjtamán*.
dreizehn, *támna-mhej*.
Dreschplatz, *medakka* [arab.]
dritte, *mehéje*, *simba* [?].
Drittel, *mehajhó*.
Drohung, *jeska*.

Druck, *demám*.
drücken, *démim*; einem die Glieder d., *damer**.
du, *baräk*, f. *båtåk* (§ 100).
Dumfrucht, *aka**, f., s. Dumpalme.
dumm, *ágim, hérfa, geláli, áfrej** (s. unter *afráj*, SEETZ.); d. sein, *gam* (*gim*); d. machen, *ságim*.
Dummheit, *gma*.
Dumpalme, *áka*, m., *döm* [arab.].
dunkel, *délif*.
dünn, *nak^u*.
durchbohren, *téla', dela'**.
durchlöchert, *tila'*.
durchstechen, *téla'*.
dürftig, *meskín* [arab.].
dürr, *bélama*; d. sein (werden), *bálam*.
Durra, *háro*; einige Arten von D., s. unter *háro*.
Durrakörner (gekochte), *difo** (Tigr.)
dürsten, *itre*; d. lassen, *séjiraj*.
durstig, *ine*.

E.

eben, ebenfalls, ebenso, *bu'*.
Ebene, *dángar*, *had**.
ebnen (den Fussboden), *káb*.
edel, *beláwi, hádare* [arab.], *injoru**.
ehren, s. bechren.
Ei, *kúhi* (*k^{u}íhi*).
Eidechse, *dibulab, dën**, negnegob**.
eilen, *ásig*.
cilf, *támnagör*.
ein, *cugál*, f. *cugát*.
einander, *táktak*.
einfältig, *ágim, geláli*.
Eingeweide, *mina, ji*.
eingiessen, *kubbi* [arab.].
einlösen, *k^{u}ási*.
einsam, *lúddo*.
einschlagen, etwas in ein Tuch e., *témuk^u*.
eintreten, *šúm, dá*.
einwickeln, *témuk^u*.

Eisen, *éndi*.
Eiter, *rat*.
Elefant, *kurb, krub*.
Elefantenzahn, *da*, ókurbŭ kóra** (s. unter *kurb*, SEETZ).
elend, *meskín* [arab.], *gója; afráj**; e. sein (werden), *gój, afré**.
Eleusine flagellifera, *homra**.
Elfenbein, s. Elefantenzahn.
Elionurus elegans, *kábel**.
Elle, *winhal**, s. unter *g^{u}ínhál*.
Ellenbogen, *g^{u}ínhál, gumba**.
Embryo, *boikut**.
Empfang, *ašáš**.
empfangen, *ášiš**.
endigen, s. schliessen.
eng, *ádah, áng^{u}arah*; *ataloi*, éta**; e. sein, *áng^{u}arah, dah*.
Enge, *gúrha, édake*; in der E. sein, *áng^{u}arah*; in die E. versetzen, *ság^{u}arah*.
Engel, *mélek** [arab.].
entdecken, *négil*.
Ente, *ajáma**; wilde E., *jemgonni**.
entfernen, *sísag*; sich e., *ségi*; (das) Sichentfernen, *mésgáj*.
entfliehen, *kúnjar, sébar*.
enthüllen, *négil*.
entlehnen, *sélaf*.
entstellen, *šingirš*.
entweder . . . oder, *táru . . . táru*.
er, *baráh* (§ 100).
Eragrostis multiflora, *helagoi**.
erben, *k^{u}asám*.
erbrechen, sich e., *hátam, hátam*.
Erbschaft, *k^{u}ása*.
Erdbeben, *tedelej-deldellem**, s. unter *delémma*.
Erdboden, s. Erdreich.
Erde, *búr, taja**.
Erdreich, *úsei, wise, búr*.
ergreifen, *ábik*.
erheben, *télig*.
erhöhen, *as*.
erinnern, *ša'š*; sich e., *šc'*.
erklären, *áfhams*.

Erlaubnis, *mékir*.
erleichtern, *semáf*.
ermüden, *adábs, segój*; sich e., *gójabam, nok**, s. unter *nak*".
ermüdet, *adábama* (vgl. müde).
ernähren, *'ar, se'ár (sár)*; sich e., *améaráj*.
erneuern, sich e., *yiěj*.
ersäufen, s. ertränken.
erschaffen, *mono** (Tigr.).
erscheinen, *hájam*.
erschrecken, *semáh, seráku*.
erschrocken, *miha*.
erste, *sär*.
ersticken, *tib (tub)*; (das) E., *täb*.
ertränken, *árray* [arab.].
erwachen, *bá'ar*; plötzlich e., *mäh*.
erwärmen, *s(e)nába'*.
erwecken, *sé'bar*.
erweitern, *sémara*; sich e., *mára**.
erwürgen, *sékit*; e. lassen, *sísakit*; (das) E., *sekát*.
Esel, *měk*.
Eselin, die E., *túměk*.
essen, *tam*; (das) E. (als Handlung), *támti*, (als Nahrung), *tam*; zum E. geben, *tams*.
euer, *báreókna*, f. *báretókna* (§ 120).
Euphorbia Thi, E. triacantha, *jasethi** (s. unter *ahi*).
Euter der Kühe, *deya(t)**.
Excremente, (von Menschen) *ámba*; (von Tieren), *ánga*.
existiren, *faj (ñ), hai*.

F.

Faden, *tül, démo*.
Fahrzeug, *múrkab* [arab.].
fallen, *deb*; f. lassen (machen), *debs*.
Familie, *ijál** [arab.], *endoa**.
»Fantasia«, *na'*.
Farbe, *dáf, hobero** (Tigr.), *kuktáne**.
färben, *dif, ásbu'* [arab.]; (das) F., *sbú'*.
Färbung, *dáf*.
fasten, *báskit*; (das) F., *báski*; der fastende, *baskiti**.

Fastenmonat (Ramadan), *báske**.
Feder, *riš, ríša, ánbúr**, (zum Schreiben), *kalem** [arab.].
Federmesser, *ságal*.
fehlen, *nan*; f. lassen, *sónau*.
Feile, *mébred** [arab.].
fein, *naku*; f. sein, *naku*.
Feind, *ášo, girbenda**, *robena**.
feindlich, *ášo*.
Feinheit, *náku*e.
Feldbau, *du**.
Fell, *áde* (vgl. Haut), *sar*.
Felsendachs, *kege**.
Fenster, *táka** [arab.].
fern, *sagi**.
Ferse, *nawa**.
fertig, *temím, temnina**, *hádira* [arab.]; f. sein, *temím*; f. (angezehrt) sein, *herer**; f. machen, *temís, temnis**, *shero** (s. unter *hárar*).
Fessel, *hakár*.
fest, *téga**, s. unter *déya*.
festhalten, *ábik*.
Fett, *la', semám**, *omfu**.
fett, *dáha (déha)*; f. sein (werden), *dah*; f. machen, *šódah*.
Fettigkeit, *mádah, edha**.
Fetzen, *seltät, adaraku**.
feucht, *jáda'*; f. sein (werden), *jáda', mu'*.
feuchten, *sojádn'*.
Feuchtigkeit, *jide', mu'**.
Feuer, *na*.
Feuerbrand, *sogíd**.
Feuerherd, *dagéna*.
Feuerstein, *berráwe**.
Feuerzange, *malkát** [arab.]; F. der Schmiede, *ábka**.
Ficus sycomorus, *kunte**.
Fieber, *kunkuni**.
finden, *méri, wáti*; f. lassen, *sémar, wális*.
Finger, *ģíba, tibaláj*.
Fingerring, *mingo, hátam* [arab.].
Finsternis, *detemma**, *hedaddebn**.
Fisch, *hút* [arab.], *ášo** (*wášo*?).
Flamme, *ballút*.

Flechte (von Haar), *dafíre* [arab.].
flechten, *sémit*; (vom Männerhaar), *jáwid*; (vom Frauenhaar), *hádug"*; (von Teppichen u. dgl.), *ṭa'*;(das) F., *jáwad, hádg"i.*
Fledermaus, *bit*.*
Fleisch, *sa.*
Fleischbrühe, *sit.*
Fliege, *tífa.*
fliegen, *fir (bīr), börek*; (das) F., *bírti, börekíli*, ferdi* (s. unter *fir*).
flichen, *fōr, sébar.*
Flinte, *nat-ketta*, bundukijje* [arab.].
Fluch, *aḍ.*
fluchen, s. verfluchen.
Flucht, *fera*,* s. unter *fōr*; in die F. schlagen, *sefōr, sisabir.*
Flüchtling, *fora*.*
Flügel, *ánbūr.*
Flur, *éfo*.*
Fluss, *baher* [arab.], *báher náfir*, wer*.*
Flussbett, *hirba*.*
flüssig sein (werden), *lil*; (das) F., *lilti.*
flüstern, *mwáš*; (das) F., *mwášoj.*
folgen, *ram*; (das) F., *marám*; f. lassen, *sórim.*
Forskålia tenacissima, *táda*, séma*.*
fort! *willa!*
fortbringen, s. fortschaffen.
fortgehen, *ýig, sak.*
fortjagen, *sisabir, réyig.*
fortnehmen, *núns**; (das) F. *nūn*.*
fortschaffen, *k"aš*; (das) F., *k"aš, k"áse.*
Frage, *rāt, raḍa*.*
fragen, *rāt, raḍ*.*
Frau, *takat*; F. in den Regeln, *fenhi*; Frauen, *ma.*
Frauenschürze (von Lederriemen, Råhat), *búla, bel*.*
frei, *beláwi, injorn*.*
freigebig, *hádare* [arab.].
Freitag, *gúma** [arab.].
Freund, *árau, réro** (s. unter *rēr*).
freundlich, *ájaj.*
Freundschaft, *ájaj, kehanó.*
Friede, *gálad, dáheni*.*

frisch, *ḍéhani.*
frisiren (vom Männerhaar), *hákik* (vgl. kämmen), *dáé**; f. lassen, *sdáé*, s. unter *dak* 1.
frisirt, *emedia*.*
froh, fröhlich, *maḍáḍ, férha* [arab.], *gini*.*
Frosch, *gój.*
Frucht, *hamág, arte*.*
früher, s. vor.
Frühherbst, *senéi*.*
Frühmorgen, *krūm.*
Frühstück, *fatúr* [arab.], *jáfifèto.*
frühstücken, *fétir* [arab.].
Fuchs, *bašo*.*
fühlen, *hássi* [arab.], *šiš*.*
führen, *salól, sitób, mélah.*
füllen, *ṭib (ṭub), tūs*; (das) F., *ṭāb*; f. lassen, *sóṭib.*
Fund, *mrei*,* s. unter *méri.*
fünf, *ej.*
fünfte, *éja.*
Fünftel, *éjaho.*
fünfzehn, *támna-ej.*
fünfzig, *ejtamán.*
für, *ujilla.*
Furcht, *be'in, merk"ai**; F. einjagen, *seb'án, serák".*
fürchten, *rék"i.*
furchtsam, *rák"a, banloi**; f. sein (werden), *be'án.*
Furt, *dáfi, mendaṭi*, mcháda* [arab.].
Furz, *nefák.*
furzen, *néfik.*
Fuss, *ragúd.*
Fussknöchel, *súkena.*
Fusssohle, *dímba.*

G.

Gabe, *mehiou*.*
gähnen, *beḍáj, hamšuk** (s. unter *ámšūk*).
Gährungsstoff, *hamír* [arab.].
Galle, *hamé*.*
Galopp, *šuár** (Tigr.).

Gang, *yïg, sak, sekena** (s. unter *sákana*).
Gast, *ánna*.
Gatte, *hió*.
Gattin, *hió*.
Ganwen, *leháh*.
Gazelle, *ganáj, raho** (s. unter *ra*).
gebären, *fíri*; g. machen, g. helfen, *séfar*.
gebaut, *ńtadia*.
Gebell, *hauti**.
geben, *hi, an* (§ 308); vgl. gieb her!
Gebet, *silél* [arab.].
gebrannt, *atólwa*.
Gebrauch, *áda* [arab.].
gebunden, *hakᵘár*.
Geburt, *feráj, méfrei*.
Gedanke, *sie**.
Gedärme, *mána*.
Gefährte, *mórmoj, hámaja*.
gefärbt, *atólfa*.
Gefäss, *da*.
Gefolge, *mórmoj*.
gefüllt, *átotába*.
Gegenstand, *da**, s. unter *da* 1.
gegraben, *átferka*.
gehasst, *atórba**.
gehen, *baj, sak, yïg, héru, hirér*; (das) G., *yïg, sak*,
Gehör, *méswi, másu**.
Geier, *éke*.
geil, *kélja*; g. sein (werden), *kéli*; g. machen, *sékal*.
Geilheit, *kéljai*.
Geist, *sūk*.
Geiz, *kási*.
geizig, *kísa, ákis, kesei**, *ufram**; g. sein (werden), *kis*; g. machen, *sókis*.
gekauft, *deláb*.
gekocht, *besákᵘa*; g. sein (werden), *besákᵘ*.
gelb, *déru, ásfar** [arab.], *tela**.
Geld, *ásta, málaga* (*mehálaga*), *tárca**.
Geleit, das freie G., *sirha**; das G. geben, *siscra**.
Gelenk, *árag**.
Gelüste in den Augen zeigen, *dirér**; G. haben, *fed**.

gemächlich, *disét*.
gemischt, *amsáwawa*.
Gemrot-Baum, *olon* (Tigr.).
genesen, *náur*.
Genesung, *nūrát*.
genügen, *muh*.
genügend, *máha*.
geräumig, *mára*.
gering, *sélik*; g. werden, *sélik*.
gern haben, *kéhan*.
geronnene Milch, *dübb**.
Gersabaum, *mika**.
Gesandter, *digōga*.
Gesang, *sīn, kaf*.
Geschäft, *hasir, hesr**.
gescheidt, *gini*.
Geschenk, *deffa** (Tigr.).
geschickt, *séra*.
geschiedene Frau, *fedáy**.
geschlagen, *atóf'a*.
Geschmack, *nie** [arab.].
Geschrei, *walik*.
geschwind, *hadlémma**.
Geschwister der Eltern, *dára, dūr*.
geschwollen, *'áma*; g. sein (werden), *'ām, gerár**; g. machen, *yerárcs**.
Geschwulst, *'áme*.
Geschwür, *ánne** (vgl. jedoch *'áme*); Blutgeschwür, *asúl*.
Gesicht, *bilc, fir, gedi**.
Gesichtszüge, *fíra*.
Gespräch, *adámti, hadid* [arab.].
Gestank, *démiaj*.
gestern, *afa, af, akᵘát**; g. Abend, *éru* (*ára, áre*).
gesund, *náura, deham, dái**; g. sein (werden), *náur*; g. machen, *senáur*.
Gesundheit, *menér**.
getötet, *atólira*.
Getränk, *yᵘa*; geistiges G., *ha*.
gewandt, *séra*.
Gewebe, *gas*.
Gewicht, s. Schwere.
Gewinn, *rájji* (*réjji*); einen G. machen, gewinnen, *réjjim*.

gewiss, ein gewisser, *máma*.
gewöhnen, *slámed**; sich g., *l(e)med**, s. unter *lémid*.
Gewohnheit, *sálif*, *áda* [arab.].
gewöhnt sein, *néket*; g. werden, *neketem**.
Gewöhnung, *lemed** (Tigr.).
geworfen, *atógda*.
gieb her! *háma*, *náti*.
Giessbach, s. Strom.
giessen, *kúbbi* [arab.].
Gift, *sēm* [arab.].
Giftschlange (eine Art schwarzer), *gedi**.
Giraffe, *seráf**.
glänzend machen, *ríhub*.
Glas (zum Trinken), *gurát*.
Glaskoralle, *suksúk**.
Glasperle, *ála*.
Glasscheibe, *mrana**.
glätten, *ríhub*; (das) G., *rcháb*.
Glaube, *emán** [arab.], s. unter *áman*.
glauben, *áman* [arab.], *din*.
gleich, *galkik**.
gleichen, *gab*, *téni*; gleich machen, *gabs*.
Gleichgewicht, *amtalgáj*; das G. (zwischen den beiden Hälften der Kamelbürde) herstellen, *ámtaláy*.
Glied, *búj*; männliches G., *mid*.
glitschen, s. ausgleiten.
Glocke, *kíla'*.
Glossonema boveanum, *hambukani**.
Glutkohle, *had**, vgl. jedoch *díbhe*.
Gold, *demúrara*.
Goldstaub, *baro**.
Goldstück, das G., *tademúrara*.
Gott, *allah** [arab.], *ánk**ane*.
Grab, *mímaš*, *nibéš**.
graben, *férik*; (das) G., *ferúk*.
Granit (verwitterter), *gayerhuš*.
Gras, *siám*; dürres G., *éla*; lange Grasart, *ašratta**.
Grasbarre (im Nil), *asséte*.
graubaarig, *égrim*; g. werden, *égrímam*; g. machen, *égrims*.
greifen, *ábik*.

Grewia populifolia, *mŕeu**; G. erythræa, *almand**, s. unter *mŕeu*.
grob, *ákra**; g. machen, *sáker**, s. unter *ákir*.
gross, *win*, *bedegíl*; g. werden, *hamáj*; g. ziehen, *schám*.
Grösse, *mchámaj*.
Grossmutter, *hóta*.
Grossvater, *hóba*.
Grube, *déłub*.
grün, *sétai*, *áchdar** [arab.].
grüssen, *salám* [arab.].
Gummi, *sem** [arab.].
Gurgel, *sebela**.
gut, *dái*, *sebób*, *šek**án; g. sein (werden), *šebób*; g. machen, *sísbób*, *ájajs*.
Güte, *šebób**.
Gymnanthelia lanigera, *macharc**.

II.

Haar, *hámu*.
Haarnadel (von Holz), *helál*.
haben, *bári* (§ 314).
Hacke (krumme), *gaddám* [arab.].
haften (für etwas), *déman* [arab.].
Hafule (Fruchtbaum), *diňa**.
Hagel, *mi*.
Hahn, *dik* [arab.].
Hälfte, *téra*.
Halm, *bús* [sudanar.], (von Durra), *ága*.
Hals, *mōk*, *ála*, *máge*.
halten, *ábik*.
Hautebaum, *ham**.
Hand, *aj*, *démbe** (s. jedoch *dámba*); flache H., *gána*.
Händel anstiften, *smotéta**, s. unter *motta*.
Handknöchel, *mikol**.
Handlung, *áda*.
Hang, *nekit** (Tigr.).
hängen, *ln**.
Haplophyllum tuberculatum, *ajate**.
Harn, *ríša* (*rišaj*).
harnen, *ōš*.

hart, *ákra**, *bellama** (s. unter *bálam*); h. werden, *áker**; h. machen, verhärten, *sáker**; h. (fester) Platz am Boden, *kau*.
Hase, *hélei*.
hässlich, *šingira*, *afráj*, *afré*; h. sein (werden), *afré*, *šingir*; h. machen, *šingirš*, *afríš*.
Hässlichkeit, *šingir**.
Haufen, *debíl**, s. unter *débil*.
Häuptling, s. unter alt; H. werden, *hedda**; zum H. machen, s(e)*hádda**, s. unter alt.
Haus, *gau*; H. von Matten, *gau*, *bekkór**; H. von Steinen, *rošóu**; äusseres H., *ejó**.
Hausgerät, *mésta*; mit H. versehen, *dim*.
Haut, *sar*, *áde*; gegerbte H., *áde bešuk**; ungegerbte H., *áde ásu**, s. unter *áde*.
Hautwurm, *feringi**.
Hebamme, *seförane*, *sárant*.
heben, *as*, *télig*.
Hedyotis Schimperi, *eg^uadi**, *og^uajo**.
Hefe, *hamír* [arab.].
Hefen, *terfa**.
Heft, *déftar* [arab.].
Heilung, *menér**.
Heirat, *de'ár*.
heiraten, *dób*.
Heiratsvermittler, *digógu*.
heiss, *néba'*; h. sein (werden), *néba'*; h. machen, *séuba'*.
heiter, *mašáḍ*.
heizen, *séuba'*.
helfen, *áwai* (§ 322). *sauad* [arab.]; h. lassen, *sau*, *sáuauš*.
Heliophytum Stendueri, *k^uérera**.
Heliotropium bicolor, *kur**.
Henna, *aláme**.
Hengst, s. unter *katáj*.
Henne, *cudirhu**.
herabsteigen, *gídah*.
heraus, *árha*.
heraustragen, *fira'*.
herausziehen, *fira'*; (das Schwert aus der Scheide) h., *te'áb*; (das) H., *feru'*, *te'áb*.
herbeiführen, *sekutim*.
herbeilassen, *wus** (*áus*, s. unter *áu*)

herbeirufen, *úa*.
herbeischaffen, *ba'*.
herbeitragen, *jaks* (*jeks*); h. lassen, *jeksis*.
Herbst, s. Regenzeit.
Herde, *dérim*.
Herr (adliger), s. unter *beláwi*.
herumgehen, herumlungern, herumspazieren, *dinó*; (das) H., *dinéj*.
herumwerfen, *gid*.
Herz, *gina*.
Heu trockenes, liegendes, *ita*.
Heuart, *haliloyoi**.
Heuschrecken, *jáwe*.
heute, *tóin*, *toindib*; vor dem Sonnenuntergang, *ámse*; h. abend (nach dem Sonnenuntergang), *ámas*, *ámse-toin*, s. B. I. § 273.
Hexenmeister, s. Zauberer.
Hibiscus vitifolius, *hambók**.
Higligbaum, *tišo**.
Hieb, *woke*.
Hiebwunde, *adjaid**, s. unter *adáj*.
hier, hierher, *éntöi*, *éntón*, *euonhin*, *tói*; *bac-ét**.
Himmel, *bira* (*béra*, vgl. Regen), *dinne** [arab.].
hinaufgehen, hinaufsteigen, *reu* (*réw*).
hinaufliegen, *télig*.
hinaus, *árha*.
hineinstopfen, *tús*.
hinken, *mirabó*.
hinkend, *mirabu*, *goju**.
Hinlänglichkeit, *mehúte*.
hinten, hinter, *ári*.
Hintere, s. Steiss.
Hinterkopf, *kokelam**, vgl. *kinkele*.
hinüberschütten, *bas** (*bus**).
hinuntergehen, *dás**, s. unter *di*, M SZ.
hinuntergehen, *gídah*.
hinunterstellen, *dasis**, s. unter *di*, M SZ.
Hirn, *bina*.
Hirt, *šék^a*, *jatína*.
Hitze, *nébuj*, *nába*.
hoch, *birgu*, *tageyu*.
Hochzeit, *dobta*.

Höcker, *ánk"a.*
Hode, *ála.*
Hof, *sām, hōš* [arab.]. *yara*.*
holen lassen, *áasīs.*
Holz, *hindr*.*
Holzgerüst (des Zeltes), *hummar.*
Holzkohlen, *dhálej, fām* [arab.].
Holzschub (hoher), *kérkab* [arab].
Honig, *au.*
hören, *másu*; h. lassen, *semāsu*; (das) H., *méšwi, másn*.*
Horn, *da**, s. unter *da** 3.
hübsch, *dái, dáuri, šek"án, ndiwadri.*
Hügel, *kär, kónbūl*.*
Huhn, *jeldád* [arab.].
Hülfe, *áwije*; zu H. schicken, *san* (§ 302, 1), *sánads* [arab.]; zu H. schreien, *walík.*
Hund, Hündin, *jās.*
Hundert, *še (šēb), šuwu.*
Hunger, *hérg"e.*
Hungerjahr, Hungersnot, *áuk.*
hungern, *hárag".*
hungrig, *hérg"a.*
hüpfen, s. springen.
Hure, *kchába.*
husten, *šuš.*
Hyäne, *karój, merafe*.*
Hyänenhund, *meuo*.*
Hydromel, *odarha*.*

I.

Ibisch, *bámn** [arab.]; getrockneter I.. *éka*.*
ich, *áne* (§§ 100 und ff.)
Igel, *ginfud** [arab.].
ihr, Pron. person. Plur. *burák,* f. *baták* (§ 200).
ihr, Pron. possess. (3 Pers. Sing. f.), *bátiōh* (§ 120).
ihr, Pron. possess. (3 Pers. plur.), *bárrōkna* (§ 120), (von Frauen). *bátčéhna.*
immer, *díma.*
Indigofera argentea, *maj**; I. leptocarpa, *bīr**; I. Schimperi, *sárra**; I. semitrjuga, *dámra**; I. spinosa, *sanga*.*

Innenhaus, *esse*.*
Innere (das), *ji (je).*
innerhalb, *hoik*.*
irre gehen, *kud, kōd*; i. führen, *kuds, kōds.*
irrsinnig, *haláj*; i. sein (werden), *halé.*
Ipomoea obscura, *hanbe*.*

J.

ja, *áwo.*
Jahr, *háwil* [arab.], *mise*.*
Jatropha lobata, *lambére*.*
jemals, *úmero.*
jener, *bēn,* f. *bēt* (§ 137).
jetzt (aber j.), *dé"a*; von j. an, *ájtái.*
jucken, *híg"ar, šak"in*; (das) J., *mehág"ēn, šak"inte.*
Junge; J. der Ziege, Zicklein, *ab*; J. des Schafs, *árgin*; weibl. J. von mittlerem Alter, *rengene*.*
Justicia cebolium, *kurma*.*

K.

kacken, *endíj.*
Käfer, *ámbakonši*, dō*.*
kahl (am Kopfe), *lcháj.*
Kahlköpfigkeit, *melhei*.*
Kalb, *láya*; weibl. K., *enda*.*
Kalebasse, *dana*.*
Kalk, *nóiwara*.*
kalt, *lē"a, la"**; k. sein (werden), *lé'*; k. machen, *lé'as.*
Kälte, *la' (lē"a), lánaj, mnik"ara.*
Kamel, *kām.*
Kamellaus, *kurese*.*
Kamelstute, *kām, rabie*.*
Kamm, *mišt** [arab.].
kämmen (von Mannesbaar, Wolle und dgl.), *fétit*; (von Frauenhaar), *mehadág", háduy"*; (das) K., *ftát, hady"i.*
Käse, *gibu** [arab].

DIE BISCHARI-SPRACHE. 83

Kasten, *sandák* [arab.].
Kater, der K. *áb(e)sa, ákafa*.
Katze, *b́sa, kása, jimo*, nolíś*; die K., *tab(e)sa, tákasa*.
kauen, *ájuk*; (das) K. *ájuk*.
Kauf, *dálab*; K. und Verkauf, *deleb** (= *dálab, s.* unter *délib*, Mcsz.).
kaufen, *délib. délib hai*.
Kaufmann, *tegri**.
Kehle, *bála, e**.
Kehrbesen, *mémhay*.
kehren, *mehág*; (das) K., *mehág*.
Kehrwisch, *sisit**.
kennen, *kan*.
Kette, *jinsir* [arab.], *silsil, sinsil* [arab.].
Kichern, *hímmus** [arab.].
Kind, *ōr*.
Kindbetterin, *ámna*.
Kinn, *śának*.
Kinnbacken, Kinnlade, *gonán, hának** [arab.].
*daha**.
Kissen, *meháddu* [arab.].
Kiste, *sandák* [arab.].
kitzeln, *hánkut*.
klagen, *áski* [arab.], *kaf**.
klar, *keta*; k. sein (werden), *ket*; k. machen, *kets*.
Klau, *naf**.
kleben, *dō, lásay* [arab.]; (das) K., *dō*.
Klee, *siám**.
Kleid, *hálak, mik^uc**; K. von Wolle, *géda*.
kleiden, sich k., *k^uai*; (das) K., *k^ua*.
Kleidung, *mik^ue*.
klein, *dábalo (dábaro. dábano), de', des, edemie**; k. werden, *édem**.
klug, *gini, enjema**.
Knabe, der K., *á-ōr*.
Knecht, *dúng^i**.
kneifen, kneipen, *tu'*.
kneten, *tatás, had**; geknetet werden, *tatu'* [arab.].
Knie, *gúmduf*.
Kniebogen, *gúmba**.
knien, *génaf*; das K. *mégnaf*; k. lassen, *génif*.
kniend, auf den Knien liegend, *genaf*.

Knochen, *mita*.
Knospe, *jär**.
Knuff, *g^ua*.
knuffen, *g^ua*.
kochen, *sis bák*; intr. vom Wasser und dgl.), *gas*.
Koffer, *sandák* [arab.].
Kohle, *dihle**, vgl Holzkohlen.
komm! *mi'a*.
kommen, *ī (ai, ē)*; (das) K., *ajo**.
können, *ádger* [arab.], *ádreg**.
Kopf, *gárma*.
Kopffrisur (der Männer), *jetu**
Kopfkissen (von Holz), *netaras*.
Kopftuch, *melkej**.
Koralle, *murjän**; edle K., *salk murjan**; falsche K., *kásar murjan**.
Koran, *kitáb* [arab.].
Korb, *tabag**; wasserdichter K., *kat'*.
Kern, *gubd**.
Körper, *ade*.
Kot, *bus, sifaré, ámba*.
Kraft, *ákrir, malat*. adreg**. (s. unter *adger*).
kräftig, s. stark
kraftlos, *gēja*.
krank, *léha (élha)*; k werden, *leh*; k machen, *léhus*.
Krankheit, *leham*.
kratzen, *hag^uan, sak^uin*; das K., *hag^uane**. *sak^uite*.
Krebs, *karkarnebbus**, *leha**.
kreisen, *lewuie*; (das K., *lewur*,
Krokodil, *lema, temsa* [arab.]
Krug, *bákla*.
krumm, *halág, hanog, dembo*; k. sein (werden), *halág, hanog*.
krümmen, *hálag, elel**.
Kröte, *gōj*.
Küche, *dagen**, s. unter *dagen*.
kugelig, *debala* (vgl rund ; k sem. *t) bel, s. unter *debel*.
kugelrund, s. rund
Kuh, *śa', m.*; junge K., *jaa*, zum ersten Mal trächtige K. *n'ambja*; zweijährige K., *melubkreb*.

Kuhhaut, *sa-adé**, s. unter *ádi*.
Kuhl (orientalische Augenschminke), *ónun*; mit K. bestreichen. *ōn*.
Kupfer. *bálo*.
Kupferstück, das K., *tábalo*.
Kürbis. *gúr'a* [arab.], *dana**.
kurz. *nékas*; k. sein (werden), *nékas, dah*.
Kürze. *ménkes**.
kürzen, *séukas, šeukes**, s. unter *nékas*.
kurzgeschnittenes Haar, *dah*.
Kuss. *kʷarám, korom**, *karamte**.
küssen, *kʷarám* [arab.], *salám* [arab.].

L.

Lache. *de*.
lächeln, *ekát*.
lachen, *fáid*; l. machen, *sfóid*; (das) L..*fied**.
laden, *rébi*; l. machen (lassen). *séráb*.
Lamm, *úrgin*.
Lampe, *kandíl** [arab.].
Land. *berr** [arab.].
lang, *gámad; serara**; l. sein (werden), *gámad*; l. machen, *súgmad*.
Länge. *gámde, mégmed**.
langsam. *disét*.
Lantana Kisi, *nebabelami**.
Lanze. *féna*.
Lappen. *šeltát*.
Lärm, *walík*.
lassen, sein lassen, *fédig*.
Last, *rábe*.
Laterne. *fanús** [arab.].
Laub, *búje, rát*.
Lauf. *édeb**, s. unter *däb*.
laufen, *däb* (*jāb*); l. machen, *däbs* (*jábs*); davon l., *kánjar, sébar*.
Laus, *tát, se**.
Lavandula coronopifolia, *baloli**.
leben. *'ār**.
lebendig, *dehani*.
Lebenshauch, *šāk*.
Leber, *sa*.
lecken, *lehás* [arab.]; l. lassen, *sélhas*.
Lederschurz, *nádda** (Tigr.).

leer, *hárar*; l. sein, *hárar*.
legen, *däs, kéti, wad'* [arab.].
lehren, *láms, selámid*.
Leiche, *aju**.
Leichenbahre, *jenása* [arab.], *knáda*.
Leichentuch, *medebab, deba** (vielt. *deba*).
leicht, *enšéf, šofloi**; l. sein, *enšéf*; l. machen, *sensaf*.
Leichtigkeit, *sáfa*, s. unter *enšéf*.
leichtsinnig, *šof** (wahrsch. *enšéf*, s. d. W.).
leiden; nicht l. können, *ánjir* [arab.].
Leier, *másanko**.
Leinwand, *kuttán** [arab.].
leiten, *salól, siláb*.
Leopard, *hugig**.
Leptadenia pyrotechnica, *agm**.
lernen, *lām, lémid* [arab.].
lesen, *gra** [arab.].
Lente, *énla*.
licht, *era**.
Licht. *nūr*.
Liebe. *kehanó*.
lieben. *ari*. *kéhan*.
Linaria macilenta, *dauha**.
link, *támuka, támuya*.
linkhändig, *delha*.
Linsen, *ades** [arab.].
Lippe, *embaroi**.
Loch, *tímbu, téle', delli**; ein L. machen, *tíla', dela**.
Loranthus acaciæ, *adaliafi**.
losmachen (ein Schiff), *fédig*.
Löwe. *háda*.
Luft, *karám*.
Lüge, *gásir*.
lügen, *gʷásir*.
Lügner. lügnerisch, *gús(i)re*.
Lumpen, *šeltát, adaraku**.
Lunte, *fatíl* [arab].
Lupine, *mika**.
Lust, *nie** [arab.].
lüstern, s. geil.
Lycopsis enneata. *jō**.
Lycium sp., *singa**, *tatuín**; L. arabicum, *sahanín**.

M.

machen, dā. wēr.
mächtig, híli*.
Mädchen, das M., tūōr.
Maerua crassifolia, kumo*.
mager, néhawa; m. sein (werden), nehán; m. machen, sénhan.
mahlen, hūg; (das) M., hūg.
mahlend, hugena*.
Mahlstein, der kleinere M. (der Reiber), entéwa, melongolé*; der grössere M. (der Lieger), ria.
Mangel, nau, menou*.
mangeln, nau, nékas*; m. lassen, sénau, sénine, sénkus*.
Mann, tak.
mannbar, ëckena*; m. werden, kelláfam.
männlich, rába; m. Glied, mid.
Mark, mikol*.
Markt, sūk [arab.].
marschiren, hirér.
Matratze, mádam, fársa [arab.].
Matte, béda*; kleine M. zum Sitzen, átane; M., wovon das Zelt gemacht wird, émbad; M. als Bettteppich, embad*; kleine M. vor dem Eingang des Zeltes, bal; die unter dem Mahlstein (s. entéwa) liegende Matte, mámer*.
Mauer, sām, hēt [arab.].
Maus, gūb, sida*.
Medicin, mehél.
Meer, baher hadén* (s. unter baher).
Mehl, bu.
»Mehlbisschen« (eine Art Speise), gasís.
Mehlbrei (mit Butter), asída* [arab.].
mein, áni (s. §§ 120 und ff.).
meinen, din.
Meinung, dän.
meist; die meisten, agdak*, s. unter gúd.
melken (Kühe), naj; (das) M , náje.
Menge, gūd*.
mengen, s. mischen.
Mensch, ádame [arab.], dej*.
Messer, hūs, íngel*; kleines M., ságul.

mieten, kéri [arab.].
Milch, 'a.
Mimosa, kitr*.
Minaret. s. Turm.
mischen, sáwi; (das) M., sánçioi.
Mist, safaré.
mit, gud, gʷad.
Mittag, duhr [arab.]; (Mahlzeit), mékasej; zu M. essen, méhas.
Mitte, málho, engi*.
Mittelfinger, tíngate tíbala*, s. unter engi.
Mittwoch, árba* [arab.].
Möbel, mésta.
möbliren, dim.
mögen, s. wollen; nicht m., ánkir [arab.], ánfir [arab.], humág.
möglicherweise, táru.
Mollugo Cerosana, adal-délcg*.
Montag, eletuén* [arab.].
morgen, l(e)hít.
Morgen, mah, sbuh [arab.], fájir* [arab.], vgl. krūm; des M. sein, don M zubringen, mah; M. werden, mch*.
Moringa arabica, rebahandí*.
Moustache, gulám, séneb.
Mücke, wēk*.
müde, gárar, adábama; m. sein (werden), adáb, géjabam, gōi* (Musz.; s. unter gūj 1); m. machen, segéj.
Mund, jef.
Musulman, méslim [arab.].
mutig, ákragéni, fada* (Tigr.), hatera*, (Tigr.).
Mutter, énda.
Mutterland, Mutterstamm, endédje endoa*.
Mutterschaf, s. unter na'.

N.

Nabel, téfa.
nach, deh, de'.
nachdem, hōb.
nachfolgen, rom.
Nachmittag, ásir* [arab.]; nachmittags abreisen, hámnaj.

Nachricht, *sákana*; N. geben (von bösen Anschlägen), *tioi**; (das) Nachrichtgeben, *tétui**.
Nacht, *hawäd*; vor N., *akohítak**; die N. zubringen, *nai*.
Nacken, *mišken, kinkeli*.
Nackenpreis (der Frau), *mök**.
nackt, *rebóba*.
Nadel, *konsábe**, s. Nähnadel.
Nagel, *naf'*.
nahe, *dal**.
nähen, *háid*; (das) N., *hájde*.
Nähnadel, *hájde, ibra** [arab.].
nähren, *'är*; sich n., *'är**.
Nahrung, *már'i*.
Naht, *háta** [arab.].
Name, *sim* [arab.].
Narbe, *fade**.
Nase, *genúf*.
Nasenring, *fej**.
Nashorn, *harís** (Tigr.), *endit**.
nass. *mú'ama, jáda'*.
Nässe, *mu'**.
Nebel, *érej, gim** (Tigr.).
neben, *hídai, yadam**.
nehmen, *ah, 'au* (§ 311), *hai*.
nein, *lau, kíke**, *äč**.
nennen, *sim* [arab.]; (das) N., *säm*; n. lassen, *sósim*.
Nest, *káfas** [arab.].
Netz, *šebbák* [arab.], *saygi** (Tigr.); vgl. Zugnetz, Wurfnetz; N. um etwas darin aufzuhängen, *méšeg**.
neu, *gái*; n. sein, *gići*.
neun, *ášeḍik*; der neunte, *úášedga*.
neunzehn, *támna-ášeḍik*.
neunzig, *ášeḍiktamán*.
niedergetreten, *étama*.
niederknien, sich auf die Knie niederlegen, *génaf*; n. lassen, *génif, segánif*.
niederlassen, *nu'*.
niederreissen, *hádam* [arab.].
niedersetzen, sich n., *sa'*; sich n. lassen, *sósa'*.
niedertreten, *'at*.

niedrig, *míbau*.
niemals, *ábada* [arab.], vgl. *úmero*.
Niere, *tinkula*.
niesen, *ifíd*; (das) N., *ufíd**.
Not, *gúrha*; in der N. sein, *áŋʷarah*; in N. bringen, *súgʷarah*.
notwendig, notwendigerweise, *ábek*.
Norden, *dóme, sáfit, bha**, *gíble** [arab.].
Nuss, *díba*.

O.

ob, *ákʷa*.
oben, *áste, inki*.
Oberarm, *hárku*.
Oberlippe, *témbaroi tónkij**, s. unter embaroi.
Ochradenus baccatus, *wadá**.
Ochse, *lága** (vgl. Kalb).
Ocimum menthifolium, *jadami**, *jadam**.
oder, *tára, tar, han* (§ 362).
Odina fruticosa, *hant**.
offen, *negál, fetáh* [arab.], *faiḍág**, s. unter *fédig*.
öffnen, *negíl, fétah* [arab.]; (das) Ö., *negál, ftáh, méngel**.
Oheim, *dára*.
ohne, *nú, nún, ám*.
Ohr, *áŋʷíl*.
Ohrring, *lemue**, *fej**.
Olea europea, *dada** (*düda*).
Ort, *mehín, mehátta* [arab.].
Orygia decumbens, *merkíse**.
Ost, *mofrei**.
Osten, *mah, šerk** [arab.]; im O., *mahón*.
Otostegia integrifolia, *ganahandí**.

P.

Palmblatt, *áŋʷa*.
Palmenbaum, *nehíl* [arab.].
Palmenbier, *marísa*.
Palmzweig, *lad**.

Pancratium tortuosum, *abedkulaï**, *onkulaï**,
 s. unter *abedkúla*.
Panicum, *éla**; P. viride, *tïda**.
Panther, *ham**, *schedo**.
Panzer, *dire'* [arab.].
Papalia lappacea, *halakombï**.
Papier, *wárak* [arab.].
passgehend, *alkena**.
passiren, s. vorbeigehen.
Pauke, Paukchen, *nakkára** [arab.].
Pech, *ketrán** [arab.].
Pelz, *ánde**.
Pennisetum, *edeba**; P. sp., *karai**; P. spectabile, *homare**.
Pentatropis spiralis, *ilahinde**, *luchandí**; P. cynanchoides, *hadujile**.
Perle, *jóhar* [arab.].
Perlenmuschel, *föltíla**; schwarze P., *sadef**.
Perlhuhn, *kau**.
Person, s. Mensch.
Pfad, *déreb* [arab.]; kleiner, schmaler P., *télegi*.
Pfeife, *dáwa* [arab.].
pfeifen, *wesik*; (das) P., *wesik**.
Pferd, *hatáj*.
pflanzen, *'ádi*; (das) P., *me'ádej*.
pflastern (das Haus), *háb*.
Pflege, *mehélemje*.
pflegen (einen Kranken), *mehél*.
Pfütze, *de*.
Phyllanthus maderaspatensis, *adal-délcg**, *adel-fadd**.
Pinster, *girs*.
Pistole, *tabánja** [arab.].
Platz, *mehín*.
plündern, *sálib*.
Pocken (die), *wóre*, *kadir**.
Poesie, *nin**.
poliren, *rehub*; (das) P., *reháb*.
Pomade, *laséj**.
Portulaca oleracea, *hamém**.
Premna resinosa, *taluin**, *sa**.
pulverisiren, *hüg*; (das) P., *hüg*.
pupen, *nesik*.

Q.

Quarzit, *sikuannei**.
Quelle, *g"ad*, *jemokwod**, s. unter *q"ad* 1.
Quicksilber, *debal** [arab.].

R.

Rabe, *k"ik"aj**.
Rache, *merba** (Tigr.).
Rahm, *'a tamij** [?, s. unter *'a*, SEETZ].
Rain, s. unter *selhátani*.
rasiren (den Bart), *men*; (das Kopfhaar) r., (dasselbe) gänzlich abscheren, *medid* (vgl. *bákik*); (das) R., *män*, *mane**; r. lassen, *sómen*.
Rasirmesser, *máman*.
rasirt, *medda*.
Rat, *mékir*, *mukr**.
raten, *mékar*.
Ratte, *gáb*.
rauben, *meram**, s. unter *mará*.
Räuber, *gúhara*, *hámada**, *k"ara**.
Rauch, *éga*.
Rauchbad, *de*; das R. nehmen, *daj**.
rauchen, *éga*; r. machen, *égas*.
Raude, *hanguni**.
Rede, *adámti*, *hadid* [arab.], *sö*.
rechnen, *dég"i*.
Rechnung, *dég"ej*.
recht (Gegensatz von link), *májuk"a*; r. Seite, *májuk"a*.
rechts, *majñg"adök*, *mei gódib** (s. unter *gedi* 2 und *ma* 2).
regelmässig, *galkik**.
Regen, *bire*; feiner, anhaltender R., *kerínte*, *kelönfe**.
Regenbach, *k"án*.
Regenschauer, *mínda*.
Regenwasser, *jeméd**.
Regenzeit, *hábi*.
Rhamnus Nebeka, *yaba** (Amhar.), f., die Frucht des Nebek, *yaba**, m.
Rhus abyssinica, *samu**.

reich, *gánamä* [arab.]; r. sein (werden), *ganám*; r. machen, *gánáms*.
reichen, *nūn*; r. lassen, *nūns*; (das) R., *nūnanej*.
reif, *bešák"a*.
reifen, *bešák"*; r. machen, *šišbāk"*.
rein (von Wasser u. dgl.), *kéta*; r. sein, *kıt*.
reinigen. *sénhas*, *sénhōs*; r. lassen. *sí-senhas*.
Reinigung, die monatliche R (der Frauen), *har*, *jennahat**.
reinlich, *néhas*, *nohós*; r. sein (werden), *néhas*.
Reinlichkeit, *nchasás*, *nchásc*.
reise, *ibáb*.
reisen, *ibáb*.
Reisender, *ibábkena**.
reissen, an sich r., *taf*; (das) R.. *táfti*.
reiten, *'am*; (das) R., *mam**.
rennen. s. laufen.
Ricinus communis, *bellés** (*bellás**); Ricinusstrauch, *kajúj*.
riechen, *fu'*, *šuk"** (s. unter *šūk*); (das) R., *fúti*.
Riegel (von Holz), *dobba**.
Riesenschlange. *abdergega**.
Rinde. *ádif*, *šadid*, *démo**.
Rindvieh, *ša'**.
Ring, s. Finger-, Ohr-, Nasenring.
Rinne (um das Zelt, um das Wasser abzuleiten), *hodhodi**.
Rippe, *bije**.
Rose. *barbar**.
Rosinen. *debib** [arab.].
Rost, *sebábe*.
rösten (Erbsen u. dgl.), *ja*.
rot, *ádarö*; r. machen, *ádarōs*; r. Farbenerde, *dálaıca**.
rücken, *wäs*; r. lassen, *wäsis*.
Rücken, *éuga*.
Rückgabe, *ogur**.
Rückgrat, *engidmáda**, s. unter *éuga*.
Rückkehr, *agár*, *magér*.
Ruder. *sēb**; vgl. *suk"ám*.
rufen, *ûa*; laut r. *walík*; r. lassen. *uas*.
ruhen, *iumba*, *fın*.

rülpsen, *gē'*; r. machen, *gē's*.
Rumex vesicarius, *ák**.
rund, *debálu*; zirkelrund. *hášama*; kugelrund, *k"alál*.
rupfen (Federvieh), *málit*; (das) R. *melát*.
Rüssel. *worje**.

S.

Säbelscheide. *gau**; vgl. *mešmam*.
Sache. *na*.
sacht, *disét*.
Sack (lederner), *misica**, *mosuš**; geflochtener S., *guffa** [arab.].
säen, *'ádi*; (das) S., *me'ádej*.
Säge. *m(e)sa'*, *minšár* [arab.].
sagen, *di*, *sö*; s. machen (lassen), *sisiöd*, *sōs*.
sägen, *mása'*; (das) S., *mša'*.
Saite, *mesankótbia**.
Salvadora persica, *hi**.
Salz, *mōs*.
salzig. *mósi*.
Salzwasser, *baher hámi**, s. unter *baher*.
Same, *artc**; männlicher S., s. unter *mid*.
sammeln, *debil*.
Sammlung (von Menschen), *úmma* [arab.].
sammt, *g"ad*.
Sand (feiner, weisser), *dába*.
Sandalen, *yedda**.
Sänger, *k"alitána**.
satt, *gába*; s. sein (werden), *gab*.
Sattel, *kör*.
Sattheit, *gab*.
sättigen. *gabs*.
sauber, *néhas*, *nohós*; s. sein (werden), *néhas*.
Sauberkeit, *nchasás*, *nchásc*.
säubern, *senhas*.
sauer, *hámi*, *hamíd* [arab.]. *hamer** (Tigr.).
säuern, *scrkám*, *shamer**.
saugen, *dŭg*, *kad*.
säugen, *dŭgs*, *kads*.
Schachtel (kleine), *húgga* [arab.].
Schaf, *na'*, *tirfem**.

DIE BISCHARI-SPRACHE.

Schafbock, s. unter *na'*.
Schaffell, *hérsi**.
schaffen, *hálay* [arab.].
Schakal, s. Fuchs.
Schale, *kaléda*.
Scham, weibliche S. *aḍ*.
schämen, sich s., *hamújsch*.
schamhaft, *hamújscha*.
scharf, *húsi*.
schärfen, *schús, schál*.
Schatten, *windala, elouda**.
Schaum, *húba**.
Scheich, s. unter alt.
scheiden, s. trennen.
Scheidung, *félha*.
scheissen, *eulóf*.
schelten, *gíhar*.
Schere, *makass** [arab.].
scheren, *médid*; (die Haare) ein wenig s., *hákik*.
scherzen, *hawásam, wásam*.
schicken, s. senden.
Schienbein, *díwdíwe*.
Schiene, *míköl**.
Schiff, *murkab* [arab.], *dro (wárro?)*.
Schild, *gúbe*.
Schildkröte, *dérkʷa, dérkʷa hallo**, *skür**; vgl. Kröte.
Schilf, *bús* [sudanar.]; (von Durra), *úga*.
Schimpf, *new (néw)*.
schimpfen, *gíhar, new*.
schlachten, *hárid*.
Schläfe, *semákʷani*.
schlafen, *dü*; s. machen, *dús*.
schläfrig sein (werden), *narid*.
Schlag, *ṭa' (ḍa*)*.
schlagen, *úli, ṭa' (ḍa*)*; (mehrere) s., *öl, ṭáb*; s. lassen, *súul, svól, sóṭa', seṭáb*.
Schlange, *kákʷar (kókʷar), korkʷor**.
Schlauch, *girúne**, s. unter *gránaj*, vgl. Wasserschlauch, Butterschlauch.
schlecht, *afráj, afré, amág*; s. sein, *afré, mag*.
Schlechtigkeit, *máge, mamúg**.
Schleier, *kʷabéle, lakéme, melkeí**.

schleifen, *schál*; s. lassen. *sishal*.
schliessen, *fáis*; s. lassen, *fáisis*.
schlingen, *kémit*.
Schloss, *keful** [arab.].
Schlucht, *kar**.
Schlund, *bila*.
schlüpfrige Stelle, *selhátani*.
schmähen, *gíhar*.
schmal, *eaeí**.
Schmalz, *la'*.
schmecken, *dams, tams, nefir**; (das) S., *dámsti*.
schmelzen, s. flüssig sein.
Schmidt, *haddád** [arab.].
schmieren, *sémit*; (das) S., *sémit*.
Schmutz, *bus*; (am Körper, an den Kleidern), *iwáš (jewáš)*.
Schnabel, *genúf**.
schnarchen, *kantár*; (das) S., *kénter**.
Schnecke, *i**.
Schnee, *bojúk*.
schneiden, *wik, kat'* [arab.]; (die Haare) s., *ségʷa*; s. lassen; *súwik, kat'is*; (das) S., *wák**.
schnell! *wíla*.
schnell, adv. *ésega**, s. unter *ésig*; s. gehen (von Pferden), *gérwel**.
schneuzen, sich s., *hámšuk, fúdem**.
Schnitt, *wéke*.
Schnupfen, *kuléla*.
Schnupftabak, *nešák** [arab.].
Schnurrbart, *šemb*; S. der Oberlippe, *guláni, jefe hamo**, s. unter *jof, šawárib** [arab.].
schön, *niwadri, diwri*; s. sein, *wiwadri*.
Schönheit, *nawádire, nedáwire*.
Schöpfeimer, *dígura*.
Schrecken, *euhi**.
Schrei, *walik*; der S der Tiere, *waua**.
schreiben, *kíteb* [arab.].
schreien (laut), *walik*; (weinen), *wau*.
Schröpfen, *baṭe**.
Schuh, *mada**; vgl. *gédfa*.
Schuhsohle, *fóḍa**.
Schuld, *genube**.

Schulter, *sánka, herka**.
Schulterbein, *nákašu*.
Schulterblatt, *ánbūr**.
Schuppen, *šákar**.
Schüssel, *gadhe**; geflochtene S., *amur** [tigr.]; bölzerne S., *kedala**.
Schuster, *tiggirdá tañk^ui*, s. unter *túknk^u*.
schwach, *gója, lěha, afrci**; s. sein (werden), *gój, afrě**.
schwächen, *segój, afrés**.
Schwager, *maljo**.
Schwägerin, *maláto**.
schwanger, *šúja, nák^ua, nák^ualaj*; s. sein (werden), *nék^ui*; s. machen, *senák^u*.
Schwangerschaft, *nik^uc*.
Schwauz, *náwa, háya**.
schwarz, *hádal*.
Schwätzer, *ginnakibari**, s. unter *gina*.
Schwefel, *kubre** [arab.].
schweigen, *semak**.
Schwein, *hansír** [arab.].
Schweiss, *dǔf*.
schwellen, *'ām*; (das) S., *'áme*; s. machen, *se'ám*.
schwenken, *wila'*.
schwer, *déga*; s. sein (werden), *deg*.
Schwere, *múdeg*.
Schwert, *mádeḍ*.
Schwertscheide, *méšmam*.
Schwester, *k^ua*.
Schwiegermutter, *hamo* (Tigr.).
Schwiegervater, *hamo** (Tigr.).
schwimmen, *ūm* [arab.], *bedéf**.
Schwinge, *entár*.
schwitzen, *dǔf*.
sechs, *ásayur*; der sechste, *úaságura*.
sechszehn, *támna-ásayur*.
sechszig, *ásagurtamún*.
Seddera latifolia, *kaméš-hombák**, *simyedi**.
Seele, *šǔk**.
Segel (von Matten), *bal** (vgl. Matte); S. von Baumwollenzeug, *šerá** [arab.].
segnen, *bárak* [arab.].
sehen, *šébib, rēh* [arab.]; s. lassen, *šísabib, re's*; (das) S., *šebáb*.

sehr, *téga**, s. unter *déga*.
Seife, *sabún** [arab.].
Seide, *harír* [arab.].
Seil (von Halm), *lǔl*; S. des Schöpfeimers, *náwar*.
sein, Pron. Poss. *báriōh* (§ 120).
sein, Hülfsverb, wird durch suffigirten Endungen ausgedrückt (§§ 92, 327 ff.); (existiren), *faj, hai*; (werden), *kai*.
seit, seitdem, *-ēka, -ka* (§ 368); s. gestern, *ero-nē**.
Seite; an der S., *hádai*.
selbst, *ébi* (vgl. *bije*); adv. (sogar), *han*; (das) S., *šǔk**.
senden, *digóg, lengám, rísal** [arab.], *gíyis**, *saks*; s. lassen, *digógs, lengáms, gíysis**.
senken, *nu**.
Senna-Strauch, *merara**.
Sesam, *simsum** [arab].
Sesamöl, *sale**.
Sessel, s. Stuhl.
setzen, *kéti, dǎs, wad'* [arab.]; sich s, *sa'*.
sichten, s. sichten.
Sida alba, *abedkála**.
sie, Pron. pl. *baráh*, f. *batáh* (§ 100).
sie, Pron. sing. *batáh*.
Sieb, *entár*.
sieben, *k^uaj*; (das) S., *k^uájti*.
sieben, *asárama*; der siebente, *úasárama*.
siebzehn, *támna-asárama*.
siebzig, *asáramatamún*.
sieden, *gaš*; s. machen, *gašíš*.
Sieg, *gerúb, mégreb*.
siegen, *gérib* [arab.].
Silber, *ásta*.
Silberschmidt, *astetkotana**.
singen, *nin, k^uálit**, (von Frauen), *kaf*.
sinken lassen, *nu'*.
Sitte, *áda* [arab.]; die hergebrachte S., *esni** (*tesni**?).
sitzen, *sa', faj* (*fi*), *hai*; das S., *mísa'*; s. machen (lassen), *sósa'*.
Sklave, Sklavin, *kíšja*.
Skorbut, *sūs**.

Skorpion, *tílana, tánalo.*
so, *bak*; *báku* [eig. ‚es ist so'].
Sodada decidua, *saro**.
sogar, *han* (§ 262).
Sohn, der S., *á-ōr*.
Solanum albicaule, *kruakruati**; S. dubium, *elli**; S. sanctum, *mánjo**; S. sebimperianum, *gúm**.
Sommerzeit, *mehagáj*.
Sonchus Hochstetteri, *šeigám**.
Sonnabend, *sebt** [arab.].
Sonne, *in* (*jen, jin*).
Sonnenaufgang, *mofrei**.
Sonnenuntergang, *iuıfeb*.
Sonntag, *ahat**, *achat** [arab.].
so oft, *-ka* (§ 356).
spähend, *diig*ʷ*a*.
Späher, der S., *álg*ʷ*a*.
spalten, *máša'*; (das) S., *mša'*.
Spätherbst, *imáj*.
spazieren, s. herumgehen.
Spaziergang, *dináj*.
Speichel, *sil, sil**, *šakka**.
spicken, *lús*.
Spiegel, *snále, múndara* [arab.], *mrana**.
Spiel, *árda*.
spielen, *érid, bola**; s. lassen, *érids*.
Spinne, *tánkaro, tásim**.
spinnen, *tėrir, gádal** [arab.]; (das) S., *tírar*.
Spinnerin, *gadala**.
Spion, s. Späher.
spioniren, s. ausspähen; s. lassen, *sóduy**.
spionirend, s. spähend.
Spitze, *haisi**.
spitzen, *scháš, schál*.
spitzig, *haisi*.
Spruche, *adámti, édem**.
sprechen, *adám* (*edem**, *edom**), *hadíd* [arab.]; (das) S., *adámti, hadíd*.
springen, *fafar, tok*ʷ*. *far* (s. unter *fafar* und *farr*, wo die Herleitung aus dem Arab. und das Fragezeichen nach ‚springen', zu streichen sind).
Spruch, *miado**.

spucken, *tiffú, ésit tiffú, sil**.
Spulwurm, *k*ʷ*ók*ʷ*ār**, s. unter *kák*ʷ*ar*.
Spur, *mat*.
Stachelschwein, *hankan**, *alem**.
Stadt, *endoa**.
Stamm, *gabíla* [arab.], *endoa**.
stammeln, *gega**.
stammelnd, *gíga*.
Stand; im S-e sein, s. können.
Stange, *sir*.
Stapelia augo, *šoók**; S. macrocarpa, *felangedi**.
stark, *ákra, dílha, terad**; (von Gott), *ederga**; s. sein, *dkır*; s. machen, *sákir*.
Stärke, s. Kraft.
stärken, *sákir*.
Statice axillaris, *la**.
Statthalter, *áya** [türk.].
Staub, *hái, úsei, wise*.
stechen, *ádi*; (das) S., *adáj, ádije*.
stehen, *éngad*; (das) S., *méngad*; s. lassen, *séngad*.
stehlen, *gáhar*.
Steigbügel, *rikáb** [arab.].
Stein, *awe*.
Steiss, *húga, kadám, lúm*.
Stelle, *mehtin, mehátta* [arab.].
stellen, *dús, kéti, wad'* [arab.]; s. machen, *dósis, sekál*.
Steppe, *káida*.
sterben, *ja* (*jai*); s. lassen, *sja* (*sjai*).
Sterculia tomentosa, *burag*ʷ*e**.
steril, *hanm**.
Stern, *haják*.
stets, *dima*.
Steuerruder, *suk*ʷ*ám**.
Stichwunde, *adúj, ádije*.
Stieleisen (der Lanze), *kendábi**.
Stier, *jō*; verschnittener S., *jo kotɛ**.
stinken, *démi*; s. machen, *sehám*.
stinkend, *démja*.
Stirn, *táru, bite**.
Stock, *kólei*; kleiner S. (zum Umrühren im Kochtopf), *émse*.
Stoff, *gumáš* [arab.].

Stoss, *gʷa*.
stossen, *gʷa*; (gegen etwas) s , *gif*; sich s., *gif*.
Strand, *deráy, jerf* [arab.].
Strauss, *kʷĭre*.
strecken, *régig*; (das) S , *regág*.
Streit, *féna, mlŭta*.
streiten, sich s . *motta**.
streitsuchend, *amoletcha**, s. unter *i.ióttα*.
Striga orobanchoides, *hadaimi**.
Stroh, *siám**, vgl. Halm.
Strom, *kʷān*.
Stück, *dŭf*.
Stuhl, *kánkar, kŭrsi* [arab].
stumm, *dúnduru, gillusi**, *legumi** (Tigr.).
stumpf, *rĭda**.
stumpfsinnig sein (werden), *haurĭk*; vgl. irrsinuig.
Stunde, *sā** [arab.].
Stute, s. unter *halúj*.
suchen, *héru*.
Süden, *sĭd, ma**; im S., *muhŏikʷalōn*.
Sünde, *ycnubi**.
süss, *náſir*; s. sein, *néſir*; s. machen, *snáfir*.
Süsswasser, s. unter *baher*.

T.

Tabak, *tambák, gléwe**.
Tag, *émbe, in (jen, jin)*.
Tagussa (die wilde T.), *libedeb**.
Tahtei-Baum, *tetuf*.
Tamarinde, *árude*.
Tamariske, *ama**.
Tante, *dára, déra*.
tapfer, *akragéni, enjema**.
Tasche, *jĕb** [arab.]. *mafada**.
Tasse, *jindyán** [arab.]
tasten, *tah (teh)*; t. lassen, *tchús*; (das) T., *tcháte*.
Tau (das), *sa**.
Tau (der), *néda** [arab.].
taub, *newéu, áṅgulej*.
Taube, *hamám* [arab.].
taubstumm, *gillusi*.

täuschen, *háwal* [arab.].
tausend, *lif* [arab.].
Tausendfüss, *lulis*.
Teer, *balánda*.
Teich, *berkʷa**, *dejo**.
Teig, *aṅĭn* [arab.].
Teil, *edeŭ**.
teilen, *teráb, térib*, *ĕded**.
Teilung, *teráb*.
Teller, *sen** [arab.]; grosser, geflochtener T., *entár*; kleiner T., *kóba*.
Tephrosia apollinea. *ahi**.
Termin, *elet** (Tigr).
Testament, *snata**; ein T. machen, *snota**.
teuer, *élja** [arab.].
Teufel, *blis* [arab.]
Thal, *kar**.
That, *ada*.
Thon, *ṭin*; weicher T., *luk*.
Thouschiefer, *sotaueb**.
Thontopf, kleiner T. zum Kochen, *ënkalĭw*.
Thonwand, *hérbo**.
thöricht sein, *gam (gim)*; t. machen, *sógim*.
Thräne, *melo**; T. vergiessen, *melod**.
thun, *wēr*.
Thüre, *défa** [arab.].
Thürvorhang, *hujáb* [arab.].
Tier, das wilde T., *tijo**.
Tier(e), *dühëni**.
Tigrésprache, *hassa**; der die T. spricht, *Hassa**.
Tinte, *höbir** [arab.].
Tochter, die T., *tá-ör*.
Tod, *jat, ija** (s. unter *áju*).
toll, s. irrsinuig.
Topf, grosser T. (zum Kochen), *wa*; vgl. Thontopf.
Tora, das T , *totel**.
Torrent, *taba**.
Torrentmündung, *taba enférīs**.
tot, *aja*.
Totachaſſe, *waga**.
töten, der (dir), *sja' (sjaj)*; t. lassen, *sódir, sedár*; (mehrere) t., *dár*; (das) T., *mŭdar, der**.

Die Bischari-Sprache.

Totenklage, *au**.
Totenopfer, *rog"as** (Tigr.).
Totentanz, *emeleg**.
Töter, *medór**.
traben, *fafar** (s. d. W.).
trächtig, *súja*.
trampeln, *'at*.
Tränke, *sura**.
tränken, *g"as*, *sisaf*.
transportiren, s. fortschaffen.
tranen, *áman* [arab.].
Trauergesang, *kúfa**.
Traum, *hausó*, *embélel**.
träumen, *hausó*, *embelal**; (das) T., *hausó*.
Träumer, *embelálena**.
traurig, *gádaba*, *haméti*; t. sein (werden), *hamét*.
trennen, *sfútah*; sich t., *fétah*.
Trennung, *fétha*.
Treppe, *salálem** [arab.].
treten, *'at*; (das) T., *'át*.
Trianthema pentandra, *rába**.
Tribulus alatus, *sikzik**.
Tribus, s. Stamm.
Tribut, *fera**, s. unter *fíra'*; T. geben, *f(e)ra**; T. eintreiben, *sésfera*, s. unter *fíra'*.
Trichodesma africanum, *hamásg"ód**; T. Ehrenbergii, *tádu**.
Tricholaena Teneriflae, *teeráb**, s. unter *érà*.
trinken, *g"a*, *séji*; t. lassen, *g"as*, *sisaf*; (das) T., *g"ánaj*.
Trinkgefäss (von Thon), *mukráf**.
Trinkplatz, *g"ad*.
Tripper, *begel**.
Tristachya sp., *masó**; T. barbata, *tábbrs**, *tébbis**.
trocken, *bélama*; (vom Haar), *esa**; t. sein (werden), *bálam*.
trocknen, *bálams*; sich t., *belem**; (das) T., *belemsti**.
Trommel, *álla**, *kabur** (Tigr.).
Tuch, *gumás* [arab.].
Turm, *mádua** [arab.].
Turteltaube, *kubhere*.

U.

übel, *afráj*, *afré*; ü. sein, *afré*; ü. riechen, s. stinken.
über, *ink* (*énki*, *inki*).
überfahren, *dij*.
übermorgen, *lehit báka*.
übernachten, *nai*.
übersetzen (über einen Fluss), *dif*.
Ufer, *deráy*, *jerf* [arab.]; steiles U., *gij*.
umarmen, *hákef** Tigr.)
umkehren, *ágar*.
umsonst, *sákid*.
umtauschen, *bédal* [arab.].
um . . . willen, *ujilla*.
Umzäunung, *gára**.
unbeliebt, *atörba**.
und, *wa*, *u* [arab.].
unfruchtbar, *gedádi*.
ungegerbt, *ása**.
ungeneigt, *ríba*.
ungern gesehen werden, *atöráb*.
ungesalbt, *esa**.
Ungläubiger, *kéfri* [arab.].
unreif, *ása**.
unser, *héna* (§ 120).
unten, unter, *wáhi*, *iihi*, *jáh*, *mi'li*, *mte**.
Unterarm, *gálhe*, *sekuka**.
untergehen (von der Sonne), *deb*.
Unterhaltung, s. Nahrung.
Unterlippe, *tembaroi tehij*, s. unter *embaroi*.
Unterstützung, *awíje**.
unterworfener, *bédawi*.
unverheiratet, *nikru*.
unvollständig, *nekus**, s. unter *nikus*.
Urin, s. Harn.
Urostigma abutilolium, *tal**; U. glumosum, *kunte**.
Ursache, *gilla*.
Usnea sp., *boksenak**, s. unter *sanak*.

V.

Vater, *bab*, *baba*.
Vaterland, Vaterstamm, *baba* und *a**, s. unter *bab*.

venerische Krankheit, *hileg, badjel** (s. unter *beyel*); v. Beule, *berčimja**.
verabscheuen, *ånfir* [arab.], *humåg.*
verachten, *abáb.*
Verächter, *ababema**, s. unter *abáb.*
verachtet, verächtlich, *abábama*; v. machen, *abábs.*
Verachtung, *abáb.*
verändern, *b(e)del** (s. unter *bédal*).
Veränderung, *bedeh** (Tigr.).
verbergen, *teláy.*
verbittern, *scháṁ, sishem**, s. unter *ham* 3.
verbessern, *šišbōb.*
verborgen, *teláyema**.
Verborgenheit, *teláyte**. } s. unter *teláy.*
verbrannt, *eláu**, -. unter *lū.*
verbreiten, *wās.*
verbrennen, *sólnw*; sich v., *lū (luw).*
verengen, *sådah.*
verfertigen, s. *tákuku.*
Verfertiger, *tánkui**.
verfluchen, *ån'al* [arab.], *ad**.
verflucht, *atoede**.
vergebens, *låma**.
vergessen, *båden*; v. machen (lassen), *ke-båden*; (das) V., *bednån, bdne**.
Vergessenheit, *bednån.*
vergiessen, s. ausgiessen.
vergrössern, *schåm.*
verhärten, *sáker**, s. unter *åkir.*
verhehlen, *teláy.*
verheiraten, *séd'ur, dōbs*; sich v., *de'ir, dōb.*
verhüllen, *kuábil.*
verirren, sich v., *kud, kōd, šehok**.
Verkauf, *dalab*; V. verursachen, *sdélib**, s. unter *délib.*
verkaufen, *délib, délib dr̄i*; (mehrere) v., *dálib.*
verkauft, *delib.*
verklagen, *åški* [arab.].
verkleinern, *šišalik, šeédem** (s. unter *édem*).
verkünden, *semášu.*
verlängern, *sågmaal.*
verlassen, *fédiy*; (das) V., *fedåy.*
verlassenes Lager, *ešj**.

verlegen (verlieren), *kuds, kōds, lékik.*
verleumden, *híkus.*
verlieren, *lékik, hásar* [arab.], *kodiš** (s. unter *kud*); (das) V., *lekúk.*
verlobt, *dōb.*
verloren, *koḍa**; v. geben, *kud**, s. unter *kud.*
vermehren, *gūds, šáu*; v. machen, *šišau.*
Vermehrung, *šauvei**, s. unter *šáu.*
vermindern, *šišalik*; sich v., *šélik.*
vermischt, *amšáwawa.*
vermissen, *nau (nāw), nekús**; v. lassen, *sónau, sonkus**.
vermögen, s. können.
verrückt, s. irrsinnig.
verschieden, *wēr, wári.*
verschlechtern, *afrés, sámay.*
verschleiern, s. beschleiern; sich v., *kbēl**, s. unter *kuábil.*
verschliessen, *as.*
verschlingen, *kuáta'.*
verschlossen, *ásamá, hakwár**.
verschlucken, s. verschlingen.
verschmähen, *jådig, ánkir* [arab.], *humåg.*
verschönern, *wawadrīs.*
verschütten, s. ausgiessen.
versöhnen, *åjajs.*
Versprechen, *wåja.*
verständig, *giui.*
verstecken, *teláy.*
verstehen, *ájham* [arab.].
verstossen (eine Frau), *födig.*
versuchen, *jerrāb* [arab.].
Verteilung, *edad**.
vertreiben, *réyig*; (das) V., *reyág.*
vervielfältigen, *gūds.*
Verwandter, *rēr.*
verweigern, *rib, hébe**.
verwerfen, *ånkir* [arab.], *jádig.*
verwunden, *jerh* [arab.], *adi**, s. unter *ádi.*
verwundet, *eladiai**, s. unter *ádi.*
verwüsten, *mérama**, s. unter *mará.*
verzeihen, *afá* [arab.].
viel, *gūda*; v. sein (werden), *gūd*; v. machen, *gūds*; wie v., *náka.*
vielleicht, *táru, eketi**.

vier, *fáḍig* (*féḍig*); der vierte, *ūfáḍiga*.
Viertel, *fáḍigho*.
vierzehn, *támna-féḍig*.
vierzig, *féḍigtamún*.
Vogel, *keláj*.
Volkslied, *kʷalitémc**.
voll, *dṭab* (*dtāb*).
volljährig, *sekena**.
von, *hō* (*hōj, hōs*); mit Pronominalsuffixen, *barís-* (§§ 125, 128); von herunter, *hō* (*hōj, hōs*).
vor, voran, *sūr, sūri, sia*.
vorangehen, *mélah*.
vorans, s. vor.
vorbeigehen, *hásam*; v. lassen, *has, hesis**.
vorgestern, *akuit báka**; v. Abend, *éra* (*ára*) *betkait*.
Vorhang, *segáf, hujáb* [arab.], *gedáf**.
vorher, vorne, s. vor.
vorübergehen, s. vorbeigehen.
vorübergehender, *hásamana**.
vorwärts, s. vor.

W.

wach, wachend, *báʾara, bera**.
Wachs, *šema** [arab].
Wade, *dembi**, s. unter *dámba*.
Wage, *misán**.
wägen, *din*.
Wahl, *hejed**.
wählen, *hájid*.
Wahnsinn, *hále*.
wahnsinnig, s. irrsinnig.
Wahrheit, *sidk** [arab.].
Wahrsagerin, *serda**.
Waise, *nadáj*.
Wald, *tchuk**.
Wand, *sām*.
Wange, *bla, daróg*.
wann, *nadór, náma, nahób*.
Wanze, *ketám**.
warm, *néba'*; w. sein (werden), *níba'*.
warten, *séni*; w. lassen (machen), *sísan*.

warum? *nána, nān*.
waschen, *šigad, šíham, wadas*; sich w., *íham*; (von der religiösen Ablution), *wadām*; w. lassen, *šíšagad*.
Waschung, die religiöse W., *wáda*.
Wasser, *jóm*.
Wasserbecken (im Fels), *dō**.
Wassermelone, *baṭih** [arab.].
Wasserschlauch, *hárib, sar, sík*a**.
Wassertopf (grosser), *duān**.
Wassertrog, *déruk*.
Wathania somnifera, *mékanis**.
weben, *gas*; (Teppiche u. dgl.), *ṭa'*: (das) W., *gas*.
Weber, *hjinsij**.
Weg, *déreb* [arab.], *sala**.
wegen, *ujílla, gilla*.
wegnehmen, *féjak, gigs*; w. lassen, *sfíjak, gigsís*.
wegreissen, *núns**.
wegtragen, *fíra', féjak, jaks*; w. lassen, *sfíjak, jéksis*.
weit, *mára, maralai**, *sáis**; wie w.?, *níhad*.
Weite, *mária*.
Weizen, *serám*.
welcher?, *nâ*; um w. Zeit, *nadór, náma, nahób*.
wenden, *bʾās*; sich w., *amb'as*.
wenig, *šélik*; w. werden, *šélik*; ein w. *nut**.
wenn, *ēk* (§ 232 ff.), o w. doch, *íhtə**
wegwerfen, *gid*.
Weib, *tikat*; Weiber, *naa*.
weiblich, *kʷa*.
weigern, sich w., *ríb, kari*.
Weigerung, *ráb*.
Weihe, *íke*.
Weil, *gílla, tonate gilbada*.
weinen, *ran* (*rāwi*); w. machen, *raus*
weiss, *éra*; w. machen, *eris*; w. werden, *éram*.
weisshaarig, s. grauhaarig.
wer, *au* (§ 141)
werden, *kaj, di*

werfen, *gid*; (die Lanze) w., *g"iša'*; (das) W., *gäd.*
West, *ìndeb, yar** [arab.].
wie, *-it, kāk, kāku*; s. weiter unter viel, weit.
Wiedergabe, *degúj.*
wiedergeben, *dégi.*
wiegen, *din.*
wiehern, *ham, hemhem*.*
Wildnis, *kerr** [arab.].
Wildschwein, *haráncije*, jak.*
Wind, *barám.*
winken (mit den Augen), *du**, s. unter *tu'.*
Winter, *icija, darak*.*
wir, *hénen* (§ 100).
Wirt, *hadare** (Tigr.).
wispern, s. flüstern.
wissen, *kan*; w. lassen, *sókin*; (das) W., *kenan*.*
Witwe, *álaba, nekiri*.*
wo, *námhìn, kē* (§ 33).
Woche, *asárama*, gìma** [arab.].
Wöchnerin, *ámma.*
woher, *náiso, námhàne.*
wohin, *náiho, neho, ìnho.*
wohlfeil, *erhasa** [arab.].
wohlschmeckend. *nefed** s. unter *néfir.*
Wolf, *dīb* [arab.].
Wolke, *áfrat, šaj, lesso*, komberis*, sahāb** [arab.].
Wolle, *hámo*; das Wollenhaar, *táhamo.*
wollüstig, s. geil.
wollen, *aré, héru*; nicht w., *karé*, vgl. mögen.
Wort, Worte, *ádem**, s. unter *adám.*
wozu?, *nána, nán.*
Wunde, *adáj, ùdije, adjei*, asál, jérha* [arab.].
wünschen, *aré, héru, mením.*
Wurf, *gäd.*
Wurfnetz, *šaja".*
würgen, s. erwürgen.
Wurm, *dō.*
Wurzel, *gedem*.*
Wüste, *mìngai.*
Wüstental, *malál.*
Wüstenweg, *gerábi.*

Z.

Zahl, *dīg"ej.*
zahlen, *dég"i*; s. übrigens bezahlen.
Zahlung, *kos*.*
zahmes Tier, *orcō*.*
Zahn, *kóra.*
Zahnfleisch, *genún*, tékore teša'** (s. unter *kóra*).
zahnlos, *farasjaf*.*
Zank, *mláta.*
zanken, sich z., *mósam*, s. unter *nen.*
Zange (zum Krümmen von Eisendraht etc.), *dirde*.*
zart, *nak"*; z. sein, *nak".*
Zauberer, *schári* [arab.].
Zecken, *beram*.*
Zehe, *tibaláj*; die grosse Z., *gíbala.*
zehn, *támen.*
zehnte, *támma.*
Zeigefinger, *tašadenna**, s. unter *tibaláj.*
zeigen, *šísabib*; den Weg z., *mélah*; sich z., *hájam.*
Zeit, *dōr*; zur Z. da, *dōr* (Postpos.).
Zelt (von Matten), *gan*; das arabische Z., *héma** [arab.].
Zeltpflock, *gásane.*
Zeltstange, grosse Z. in der Mitte des Zeltes, *fu*; gekrümmte Z., *chelli*, mók"a**; lange Z., *ketát.*
Zeltstütze, *dakia*.*
zerbrechen, *kta* [arab.], s. unter *kat'.*
zerknicken, *šébbak* [arab.].
zerreissen, *šútat, šerím**; (das) Z., *šetát.*
zersausen, *šébbak* [arab.].
zerschneiden, *ìcik, kat'* [arab.]; (in kleine Stücken) z., *réfit.*
zerstören, s. niederreissen.
zerstreuen, *wäs, bérir.*
Zeug, *gumáš* [arab.]; grobes, schwarzes Z. von Ziegenhaar (zu den Zeltwänden), *kerári.*
Zeuge, *bádhi*; ich bin Z., ich bezeuge, *áne badhíbu.*
Zeugnis, *bédha, bédhati.*

Zibethtier, *sbate**.
Zicklein, *ab*; weibliches Z., *abet** (s. unter *ab*).
Ziege, *naj*; wilde Z., *melalikuet** (vgl. *malal*).
Ziegel (koll.), *tūb* [arab.].
Ziegelstein, *taba*.
Ziegenbock, s. Bock.
ziehen, s. rücken.
Zimmer, *gau**.
Zimmermann, *nejár** [arab.], *ogautaúkwet** (s. unter *tuknk**).
Zinn, *gestir**.
zirkelrund, s. unter rund.
zischen, *westk*.
zittern, *nd*; (das) Z., *ndti*.
Zitze, *nug*.
Zizyphus Spina Christi, *gaba**.
zornig, *amoteteha**, s. unter *motta*.
zu, *deh*, *de'*.
zubringen, die Zeit in Stille und Schatten z., *ajim*; s. weiter unter Abend, Morgen.
Zucker, *suk*ár** [arab.].
Zuckerrohr, *enkuli**.
zufügen, *sán*.
Zügel, *lejám* [arab.].
zugestopft, *ásamá*.
Zugnetz, *hillet**.
Zunder, *sufán** [arab.].
Zunge, *mida*; böse Z., *mogadem**.
zureichend, *ketem**, s. unter *ketim*.

zurückführen, *s(e)ágar*.
zurückgeben, *s(e)ágar*, *degi*.
zurückkehren, zurückkommen, *ágar*.
zurückweisen, *rib*; (das) Z., *rāb*.
zusammen, *hidáb*.
zusammengerollt, *kasás*.
zusammenraffen, *debil*.
zusammenrollen, zusammenwickeln, *kesis*, *debil*; z. lassen, *sekásis*, *sedábil*; (das) Z., *kesás*.
Zuschuss. s. Vermehrung.
zusperren, zustopfen, *as*.
zuwünschen, *menim*.
zwanzig, *tagág*.
zwei, *malób*.
zweifeln, *sekki* [arab.].
Zweig, *lingo**.
zweihundert, *malose*.
zweitausend, *malo liffa*.
zweite, *malije*.
Zwerg, *tak dibalo**, s. unter *dibalo*, SEETZ.
zwicken, *tu'* (*du**).
Zwilling, *tita**.
Zwirn, *demo*, *engál*.
zwirnen, *semit*.
zwischen, *malk*, *maiho*, *ép**.
zwölf, *támna-málo*.
Zygophyllum decumbens, *alkarbán**; Z. simplex, *ankalar**, *lilankon**.

ARABISCHES WORTVERZEICHNIS.

Arabic	Translit.	Arabic	Translit.	Arabic	Translit.
أبدا	ábada	أخت	kʷa	اصلف	sélaj
أبره	ibra	أختر	hájid	استني	séni
أبعد	sísay	أخذ	an, ah, hai	اسموي	bᵉláku
أبل	kām	أخرس	diaduru	اسم	sum
ابليس	blis	أختر	sótai, áchdar	أهم	déŋ
ابن	ōr	أدمى	ádame	اسمع	semásu
أب	bāb	ارى	arī	اسود	háidal
أبى	rib	أربع	fádig		gab, tém
	órā	(يوم) أربعة	árba	اشترى	délib (hai)
انخلع	māh	أربعين	fádigtamán		
		أرنب	māh	في	semáur
أثر	mat	أرصد	lengám, digóg	اصبح	uah
أنبين	malób	أرض	būr	اصبع، اصبعد	giba, tibaláj
أحبل	senák	أرملة	ádaba	اصفر	déru, ásfar
احمام	hausó	أرنب	héler	اصابع	ajujs
(نوم) أحد	ahíit	أزى	kāk	اعاج	b.baj
أحسن	hájis	أسد	hádu	أنرب	aiquláj, m-
أحشاء	fi	استحقم	aháb		teu
أحمر	ádaró	استحى	hamójsch		ár, seʻir, taus
اشمن	geláli	استراح	áuba, fín	عرج	qáraba
أخ	sān	اسمعن	sélaj	عنى	li
أخبر	somóm	استفجل	áŋig	عمى	hamáiu
				عم	hál ej, hau ij

اغ	ága	انزلق	sal	حل	kiš
اقنط	hámir	أنسى	sibáḍen	تحل	sókiš
تنسب	réjjim	أعن	neu	تخيل	kiša
اكل	tam	اعانة	neu	بدا	banó
اكل	tams	او	tar	بدل	bédal
هن، tam	hīn, tam	اول	sūr	بدن	áde
ال	ū, tū	اول امبارح	éru betkait	بر	sémit
الاثنين	eletnén	اول امس	éru betkait	برا!	árha
الثلاثة (يوم)	taláte	اى	nā	برام	jáwad
انف	lif	ايش	nána	برد	le'
اندن	gága	اينا	nā	برد	le'as
النبلة (sudan.)	tóīn, tōīntib	انوا	áwo	برد	la', lánaj, mák"ara
ابو الحراب (?)	ra			برد	mi
اليوم	tōīn, ámse			بش	énbaḍ
ام	énda			بوش	béras
امبارح	áfa, af	برد	genáf	برقع	k"ábil
امر	mitjá	بع	délib, dél.ḍé'i	برقع	lakéme, k"abéle
أم	mitjá	بدل	ōā	برد	génaf
امس	éru,ára,ámas	بدمية	bámie	برك	génif, segánif
امسى	háwid	بتعم	gibala	بركة	bérka
املأ	sótib	بتعكي	báriōk	برم	jáwid
امد	ímma	بتعكم	báreōkna, f. bátēōkna	بز	nūg
انا	ánc	بتعكى	bátiūk		
		بتعننا	héne	بس	bísa, káfa
انت	barák	بتعه	báriōh		
انت	baták	بتعيا	bátiōh	بصعد	sit (sil?)
		بتعيم	báreōhna, f. bátēōhna	بتل	afráj
	burák,f. baták	بتعى	áni	بندل	afré
انتشب	hájid	بتوة	háḍa	بنتل	afrés
انثى	k"a.	بجمية	húdai	بدن	fi
الحجر	g"árah	بحم	báher	بدن الرجل	dámba
		بخنة	kázi		

Die Bischari-Sprache.

بشيخ	batih	بيضة	(vulgär.) ála			تعذى	mèhas
بعث	digóy	بجح	dálab			تعتل	tham
بعد	ségi	بجن	mulh			تفدنع انوجه	fíra
بعد بكرة	lehít báka					تقصم	teráb
بعد ما	hōb					تقبيل	újmám
بعث	táktak	نسع	ášráya			تحلّ	hadíd, adám
بعى	ham	نبرّد	génaf			تز	kár
بغت	hásai	تسمّ	ekúl			تلقى	méra, wali
بقرة	ša'		rum			تة	tentim
بقى	kaj	نبع				تمجّد	haimšúk
بكرة	lehít	تبع	sórim			تمساح	léma, timsa
بلى	wan	تشّن	tumbák			تمنى	fénan
بل	mu'	نجوز	de'úr			تملى	dima
بلا	nū, nūn	ت حتت	nhi, wáhi, náte, jáih			تهنى	menim
بلاش	sákit	نخين	(sudan.) dáha			تمم	temim
بلع	k°áta'	ندقن	la'am			تنوب	betaj
بلدى	lar	نذكر	ší'			تمسّك	amšúk
بلل	mu's	نراب	hás, ášei				
بنت	ōr	نيس، نرسد	giba			نريم	'ám
بندقية	bundukíjje	نركب	jáda'			توحد	wadam
بهدل	uēn	نعد	jáj				
بهيم	hérfa	(sudan.)				دنت	sumha (s. jedoch § 97. Schluss)
بوس	k°arám	نسع	ášeďik				
بوسة	k°arám	نسعين	ášeďiktamún				
بوس	būs						
اول	úšu	تتلميس	tekúk"			ادمى	ásumha
بعت	gau	نعل	ma'a			ددى	matije
بعت	nai	نعب	géjabam, adáb			دقب	támbu
		نغب	adabs			نقل	dey
بير	re	نغمن	adábama, gúrar			بقل	deys
بيت	kúha	نعشى	dérur			نعل	madey
بيت	érus	نعام	lám, lemid			دعمل	de ya
						بلى	melt

Nova Acta Reg. Soc. Sc. Ups. Ser. III.

ثلاثين	mehéjtamán	جفل	fōr	حَمِل	nák"a, šúja
ثلث	méhajho	جفّل	sefōr	حامى	nēba'
ثلثمائة	mehéjše	جلّد	áde, sar	حَمِت	kehan, aré
ثمانى	ásimhei	جلّى	rélub	خَيل	nák"e
ثمانين	ásimheitamán	جمال	nawáalire	حنب	arés
ثم	hamág	جمعة	asárama, gima	جبل	nék"i
نوّر	jo	(يوم) جمعة	gúma	جَبَل	nák"e
		جُمَّل	kām (á-kām)	خَبَر	lūl
جبّ	i	جنن	halé	خَبلى	nák"a
جبّ	ha'	جناح	ánbūr	جبين	asál
جارية	kišja (tú-kišja)	جنازة	jenáza, knáda	حبيب	ájaj, árau
جمع	húrag"	(sudan.) جنب	sa'	حتّى	nihad, -gil
جاموس	jāmús	جنزير	jinsír	حجاب	segáf, hujáb
جَبّ	réba	جبل	yam	نَجْم	áwe
جبنة	yíbne	جيل	gma	حدّاد	haddád
جَبين	tōru	جواب	jawáb	حديد	éndi
جدّ	giéi	جوز	dúba	حديث	sō, haulád
جَدّ	húba	جوز، جوزة (= زَوج)	húo	حَمّ	néba'
جدّاد (vulgär.)	jeddád	جوز	dōb, séd'ur	حَمّ	betáwi
جدرى	wōre	جوع	hérg"e	خرارة	nébuj
جدع	gid	جوعان	hérg"a	حرق	lū
جدل	ta', gádal	جوهّم	jōhar	حرف	sōluw
جديد	yái.	جيب	jēb	حرم	hurír
جَرّ	jáwe	(sudan.) جيف	yēf	حزن	hamét
جَرّاب	jerráb			حزن	hamés
جرح	jerh	حاجب	banán	جزّن	haméti, gádaba
جَرْح	jerha	حاضر	hádira	حصّ	hássi
جَرّة	kála'	(sudan.) حبل	kéli	حسب	dág"ej
جرف	jerf	حامض	hámi		

Die Bischari-Sprache.

حسب	dég"i	حمل	rabe	خرا	ámba
حسن	nawadri	حميت	hamid	خبش	šak"in
حسن	nawādire	خنك	tchāk, hának	خز	ála
حشى	tās	حوش	sām, hōš	خبى	tala'
حشيش	siám	حوش	dérak, hod-hodi	خبى	támbu, tēl
حشيش دبس	éla	حوت	hūt	خروع	kajáj
حسن	hatáj	حول	hāwal	خروف	na', árgin
حصم	hisar, súg"arah	حول	hāwil	خبض	babı
حتم	gúrha			(sudan.) خنق	šām
حتم	háddir	حى	dehani	خدمة	ála
حد	dās, kéti	حم	kik"ar	خدف	taj
حفحف	hakik	(sudan.) حما	kéljai	خدنب	dōb
حمرة	délub	حبش	har	خف	mösj
حقة	húgga	حمد	sām, hēt	حفف	sensef
حكن	háy"an	(sudan.) حبل	sékal	حفيف	enāef
حز	fédig, k"ási			خال	mingal
حلا	nefir			خنس	fass
حلب	naj	خدم	mángo, hatam	خلد	sacr
حلب	naje	خت	be'an, rik"i	خلى	hilag
حلق	men, médid	خال	dára, dūr	حلى	fédon
حلق	sómen	خد	dēra, dāra	خمر	lu
خلق	bála	خنى	hirar	خمس	ijabu
حلر	sek"is	خد	hām	حوسد	ej
		خمس	ija	خمسن	éjtam ar
حلو	nafir			خم	hamr
حلى	swifir	خبف	rik"a	خمس	amis
حمار	mēk	خم	sō	حمد	mbita, j
		خبر	sukana	حمجر	hanjar
حمام	hamám	خد	béla, daray	خمر	hansa
حمس	ja'	خدام	anhadan	حمى	salat
حمص	hámmus			حو	herb
حمل	1. jak; 2. nik"i	خرا	enkef	حوت	se kk"

خوب	be'in	دم	bōj	راجي	šēkʷa, jatēga
خمانة	haijde, hóta	دمع	hūm	رباذ	hakár
خمذ	háid	دنيا	dínia	ربذ	hákʷar
خنذ	éngūl, démo	دحبية	dahabíja	ربع	fádigho
خمد	héma	دغن	lá'as	ربى	schám
		دغن	la'	رجع	áyar
		دراء	mehél	رجع	scágar
دار	léteme, dinó	دواية	dáwa	رجف	ud
داس	'at	دود	dō	رجل	ragúd
داوس	dágʷa	ديب	sō'at	رجل	tak
داوي	mehél			رجم	ūr, ōr
دابة	sefárane, sárane	دوم (شجر)	'āt	رجوع	agúr, máyer
			áka, dōm		
دخان	éga	ديك	dik	رخة	bána
دخل	šūm			رخيص	érhusa
دخن	éga				
درب	déreb	ذاق	dams	رد	dégi
درع	dire'	ذنب	tíja	رد	degúj
دش	1. talóy; 2. dagʷ	ذبح	hárid	رسل	rásal
		ذرع	1. gʷinhál, hárka; 2. winhal	رسول	lengúj
(sudau.) دش	gē'	ذقن	šának	رش	saj
دشت	gē's	ذقذ (نعت)	rába	رصاص، اثر صماصة	rasás, tárasás
دفتر	déftar	ذق	mid	رتنع	kad
دفر	gʷa				
دفع	1. gʷa; 2. kʷái-si, def	ذنب	níwa	رتنع	kadž
ذعب	défa	ذعب، الذعبة	demárara, tūdemárara	رضوية	júde'
دفى	fif	ذوق	dámsti	ضيم	júda'
دفو	fáj	ذيب	dib	رعب	semáh
دفن	bes			رعد	húd
دق	dūy, hūy			رغيف	rugfána
دقل	médial	ربع	fádiga	رتش	fádig
دقيق	bu	راج	gíg, sak	رفع	as
دلو	dágura	راحد	gátad	رفيق	hámada, mórmoj
(sudan.) دني	gédah	رأس	gúrma	رقبة	ála, máye, mōk

Die Bischari-Sprache.

رَقْبَ	nákᵘᵉ		asárama	ڪُرْ	kōr
رقبي	nakᵘ	ڪَحْ	lil	ڪِـرْ	qihar
ردب	rikáb	ڪَدَّسْ	sām	ڪِـفْ	téfa
ردب	'am	ڪَدَسْ	aságara	ڪَتْـحْ	sádg, sátā
رتب	só'am	ڪَعَدْ	áwai, sánad	ڪَعَبْ	áwgᵘa
ردغ	gúnduf	ڪَعَدْ	sā	ڪَفْ	thab
ركَتْ	dāb (ḍāb)	ڪَطْرْ	ibáb	ڪَقَى	sisaj
رمد	nethás	ڪَدَرْ	dúrdúr	ڪَقَى	sisaj
رَمَحْ	féna	ڪَدَسْ	sákit	ڪَخْ	1. as; 2. áskir
رَغَدْ	bála	سَلْ	rāt	ڪُخْرْ	sukʷar
رَعَحْ	sak, gig	ڪَسْنَدْ	sánad	ڪَدْرْ	éskera
رَوَحْ	sūk	ڪَسَبْ	gilla	ڪَحَنْ	hūs
ريشْ	riš	ڪَسَمْ	sebl	سَلَمْ	salám
		ڪَمَعْ	asárama	ڪَحَقَهْ	dérkᵘa
		(حيوانٌ)	háda	ڪَلْسَلْ	silsil, sinsil
زاد	sāu	ڪَسَمَيْنْ	asáramatamán	سَلَفْ	sélif
زار	dūr, sūr	سَتْ	asagur	ڪَلَوْ	sisbākᵘ
زبدة	kar	(صيدة)	héta	سَلَمْ	saláhm
زبل	ánḍa	ڪَدَرَهْ	segáf	ڪَمْ	sīm
زبيب	debíb	ڪَقَيْنْ	asagurtamán	بِرْ	bire
زرافة	seráf	ڪَحَبْ	áfrat, saháb	(sudan.)	sebeb
زنْ (النوادِنْ)	g'ibaʿ	ڪَحَرْ	schári	ڪَسَعْ	mása
زبو	šal	ڪَحَنْ	sénba'	ڪَسَعْ	mésúa
زعم	simsum	ڪَحَنْ	néba'	ڪَتْ	hāt
زند	gúlke	ڪَنْحَوْجْ	nébuj	ڪَبْ	sɩ́ jah
زغرة	fār	سَدْ	as	ڪَسَعْ	simél, lá' hadal
زي	-it	سَدْ	asséte	ڪَوْ	su
زبرة	dáranaj	ڪَرَانْ	gáhara	ڪَسَنْ	k ra
زبيب	débak	حرب	dérm	ڪَسَحْ	seha, schas
زند	sāu, sísau				
(sudan.) زعن	seháb				

سخت	háwil	شخاج	áša	شنينة	máša
سخل	hāb	شخم	kantár	شددة	bédha, bédhati
س٘خٙل	dángar	(sudan.) شد	rébi	شَبَم	térig
سوٙر	kʷelél	شديد	ákra, dilha	شَيْوَة	kéljai
سوال	rāt	شراء	dálab	شوارب	sawárib
سوى	1. dâ, wēr; 2. hāb	شراب	gʷa	شوْف	šišabib
سوى سوى	hidāb	شراع	šerá	شوْد	din, náwe
		شرب	gʷa, šéfi	شيء	na
سيب	fédig	شرب	šišaf	شيل	jáksis
سيف	mádef	شرب	gʷánaj		
سيل	kʷān	(sudan.) شرد	sébar, kánjar		
		شرق	mah, šerk	صاحب	hámadu
شارب	gulám, šéneb	شرقي	mahón	صدر	kaj
شذر	šéra	شرمد	šátat	صدعفة	tílau, téu
شف	rēh	شرمعت	šetát	صام	báskit
شل	féjak, jaks	شرموند	1. šeltát; 2. kehába	صبح	mah, subh
شعد	bádhi	شريف	beláwi	صبغ	dif, ásbu'
شاور	mékar	شعر	hámu	صبغ	sóĝif
شيب	égrim	شعر الجفن	šimbeháne	صبغ	sbū'
شبك	šebbák	شغل	hásir, šéna	صبون	sabún
شبع	gab	شفاء	nurát	فاتون	sen
شبع	yabs	شفى	náur	صحي	bá'ar
شبعن	gába	شق	miša'	صحي	seb'ar
شبك	šébbak	شك	šékki	صدغ	šemaikʷani
شتاء	wija	شدى	áški	صدف	sadef
شتت	bérir	شم	ju'	صدق	áman
شتم	miša'	شمال	dóme, šáfit	صدق	sidk
شنن	géhar, nēu	شمسي	támūka	صمرة	tánkʷi
شتيمة	nēu	شمس	īn	صغير	des, dábalo
شجر	hinde	شمع	šéma	صفر	wešik
شجيع	akragéni	شملة	šámla	صفي	ket
شت	ôš	شنيع	šingira	صفل	réhnb

DIE BISCHARI-SPRACHE.

صلاة	silél	ضنق	súdah, súgu-arah	ضريب	dáuri, náwa-dri
صلب	sálib	ضنق	yúrha	ضم	naṭ
صلح	túkuk"	ضنبر	ádah, ángu-arah	ضل	windala
صلح	yálad				
سمع	sem			ضن	dm
صندوق	sandák			ضن	dān
صبل	ham	ضر	fir, bir	ضبر	hújam
صوت	himo	ضل	yúmad	ضبر	áigu
صوفان	sufán	ضبح	tók"i	ضبر	duhr
صمغ	báski	ضبق	ántār		
		ضحن	húy		
		ضرد	régig		
ضع	kut	ضغن	ádi	عدل	ámtaláy
ضعف	dah, ángua-rah	ضغن	se'ád	عدد	sálij, áda
ضبب	éreý	ضغن	adáj, ádije	عز	aré, héru
ضبع	karáj	ضف	tiffó	عرب	nikra
ضبط	dábdab	ضفش	ṭa'ṭá's	عشر	támna
ضحك	fáid	ضم	héru	عفي	nówra, dilha
ضرب	ṭa', áli, ōl, ṭāb	ضلع	rcu	عدل	yim
ضرب	súṭa', súul, soól	ضلع	firá', rcus	عني	birgu, tageya
ضرد	néfik	ضلو	fádig	عم	ām
ضرط	nefák	ضمع	tams	عين	áwar
ضعف	gōj	ضويد	tábu	(sudan.) عين	sibib
ضعف	seyój	ضول	súymad	عند	kisja
ضعيف	yója, néhawa	ضوى	késis	عز	yy
ضغدع	gōj	ضوبل	yámad	عجل	baya
ضغر	hidyui, ṭa'	ضي	kesis	عدور	bula, ians
ضغيرة	dafire	ضيب	sik"án, dái	عجس	adu
ضلع	bije	ضبر	keláj	عداوي	ada
ضمن	déman	ضبران	birti	عدد	dagsy
ضبع	kuds, lékik	ضبر	lūm, hága, kudam	علس	adas
ضيف	ámna	ضن	fin	علد	aau, edem

عرب	éudoa	عقرب	túlana, tánalo	غرس	ma'ádej
عرج	gárabū	عقيم	gedúdi	غرش (قرش)	giră
عرس	débti	علبة	ölba	غرن	árrag
عرف	kan	علق	sê'ag	غزال	ganój
عرف	sókin	علم	sahímid	غزل	térir
عرن	dūf	على شن	gilla	غزل	tárar
عرق	dūf	على مبل	aisēt	غسل	ságud, sǐham
عرق (خمرة)	áraki	عم	dára, dūr	غش	háwal
عربن	rebúba	عمل	áda	غشيم	ágim, hérfa, gelúli
عربض	maralói	عمة	dúra, déra	غلاف	méšmam
عزل	wās	عند	gēb	غلب	gérib
عصل	au	عندبوت	túnkaro	غلب	mégreb
عشاء	derár	عرج	hálig	غلى	as
عشرة	támen	عوق	hau	غلى	gaš
عشرين	tagág	عيل	ijál	غلى	gašis
عبنة	kélei	عين	léha	غنء	kaf, nín
عتد	démim	عيش	háro	غنم	na'
عبيدة	asída	عيشة	már'i	غتى	kaf, nín
عقد منكب	nákašu	عمد	nēu	غنى	gánamū
عضو	būj	عين	1. líli; 2.gⁿad	غير, غير شكل	wári
عدس	ájid			غيم	áfrat, šaj, šwa
عتس	seáfid				
عنش	iwe	عيى	élja		
عنش	séjwaj				
عنشن	iwaj	عبر	háš, úsci	در	gūb
عنمور	gerábi	غداء	mehásej	فت	hásam
عنث	míta	غرب	deb	فارغ	hawar
عف	afū	غرب	gar	فذن	fétah
عف	afás	غرل	kⁿai	ف س	kⁿálani, fās
عقدب	jehám	غربل	éntār	فتبى	hárar
عقب	súkena	غربلة	kⁿáiti	فنوس	fánús
		غرس	ádi	فتح	négil, fétah

Die Bischari-Sprache.

فتل	*sémil*	فت	*áfhams*	غدم	*fē. hi*
فتيل	*fatíl*	فوت	*has*	غدوم	*tátarēk, goddóm*
فاجر	*fájir*	فون استه	*ink, áste*	غديب	*hádda, ξiano*
فجر	*férik*	فول	*fūl*	قريبة	*sar, kárib*
فحم	*dhálej. fām*	فى	*malh*	فرد	*lahínko, gírid*
فر	*farr*	فيشن	*njilla*	فرس	*tu'*
غراش	*mésta*	فيل	*kurh*	فرعة	*gár'a*
فرح	*dóbli*	فين	*ínho, náiho*	فرجب	*rēr*
فرحن ، فرج	*maqád, férha*			فردنم	*gestir*
فرش	1. *bévir*; 2. *dim*	دبل	*áξiξ*	فصم	*teráb*
فرش	*máqam*	فت	*'ār*	(SUDAN.) عنتر	*mcháig*
فرشة	*fúrša*	دد	*mélah*	بشر	*ádif, šadíd*
فرغ	*schávar*	دل	*di*	شدد	*šédid*
فتن	*sfútah*	دم	*jak*	تجيب	*áya*
فرم	*réfit*	قبر	*mímaŭ*	تقم	*dah, níkas*
فوز	*sísabir*	مقب	*kerkóh*	تقم	*sénkas*
فصدد	*fasádu*	غيل	*sūr*	قصدة	*déruk*
فتة	*áξta*	غيلة	*sid*	تجيم	*níkas*
غش	*fílir*	دبلى	*muhakʷalón*	قصف	*hótam*
فتش	*tib*	دبملد	*gábilu*	تتى	*fás*
فنم	*félik*	جدل	*féna*	تجيب	*mid*
فدور	*jáfiféto, fatár*	فدل	*der, dār*	تة	*bésa, káfa*
فقر	*hámir*	شدل	*sédar, sedár*	ظراں	*taθinda, ketrón*
فقر	*lé'mir*	شقل	*málar*	دنع	*wik, kat'*
فقمة	*hámra*	دحدة ، دحة	*ánh*	دنح	*dy*
قلن	*genán*	دحتة		تنع	*séwk*
فلح	*'ádi*	دة	*téla'*	تنع	*wéki*
فلوس	*áξta, muháiaqa*	دام	*sūr, kia*	دعت	*dej*
		دم	*kaléda, gadhu*	تب	*tib, kátan*
فج	*jef*	دى	*ándir, ádreg*	تنع	*dráu*
فدجن	*findgán*	دلر	*ydir*	دع	*sa'*
فنطسية	*na'*			دع	*sa'*
فتم	*áfham*				

قعود	misa'	فوق الغلب	ákrayéni	كذب	gʷásir
قف،	kiṅkeli	قبنج	wat	كذب	yúsir
قفض	kafas	قيل	ájim	كرامة	kerâme
فغل	keful			كرسى	kánkar, kúrsi
فقد	yúffa			كرش	kálawa
فل	selik	كس (sudan.)	dinó	كره	humáy, karé
فلب	be'ás	دنش	guráf	كرى	kéri
قلب	gina	دقر	kéfri	كريم	hádarc
فلل	sisalik	دفى	muha	ذنب	rájji
قلم	kalem	دب	kúbbi	كسرة	kisra
قلة	búkla (bekla)	دبدد	guráf	كشف	néyil
فهل	selik	دبد (زبد)	sa	كعب (sudan.)	may
فليل انعقل	yeláli	دبر	hámaj	نعب	kélib, súkena
فم	kim	دبر	seham	دق	gána
فمش	gumáš	دبر	méhamaj	دفن	médebab
قمر	tériy	دبرعت	kúbre	دفى	mu'
فمرى	kubhére	كبش	[á]-na'	ذل	kéris
فمل	tūl, sé	دبم	wein, bedeyil	دلام	adámti, hadla
فمدبل	kandúl	دتب	kitáb	ذلب	jas
قنضار	yantár	كتتن	kuttún	املل	haṅkul
قنفد	yánfud	دتب	kitch	ذلم	hadisam
قوم	willa!	دتب	súnka	قلم	-ka
قود	salól	كتر	yūd	بلود	tiṅkula
قوض	se'ár	دتىر	yáda	دم	náka
قول	sisiöd	دتخل	ōn	دمتوش (sudan)	énkaliw
قوم	séṅyad	دتخل	ónan	دقس	mehay
قوى	ikir	دتخذ	šuš, kuléla	لوارد	walik
قوى	sakir	دثوم (sudan)	dáwa	كوت	ad
قوة	ikrir	ذذا	bak	ذوع	gʷinhál
دوق	ikra	ذذب	yisire	دودب	haják
				ذونس	dánri, dái

DIE BISCHARI-SPRACHE.

ديس	kísa	نمس	tchâte	غم	kam
نَيَّف	kāk	نمة	sedébil	غمَّ	hámi
		نبل	hawád	مرارة	hámjai
لا	lan	نجون	nak"	مرآة	tákat
لازم	ábek			معاعذ	dérim
نبس	mik"e	نيه	nána	مرنوت	hak"ír
نبس	k"ai			مرجان	marjan
نبس	hálak	مد	jōm	مرر	schím
نبون	'a	مت	ja	مرتن	teh
لجم	hejám	مادنة	mádna	مرتن	tchanq
		مسح	hawásam, wásam	مرتن فرنجي	hilеy
لجذ	ahád	منج	mósi	مرعوب	máha
لحس	léhas			(sudan.) مرق	fira'
لحس	sélhas	منكَّ	kéb	مرقة	sit (sit?)
لحم	sa	مبرد	mébred	مركب	múrkab
نمان	mída	مبسوط	nánra	مزني	sehátani
نفس	hára, gúhara	مبلول	mú'ama	مستحي	hamájscha
نفسق	dō', lásag	مثل	-it	مستنفع	de
نضيف	ájaj				
نعب	érid	مجنون	halíj	مستويد	dagena
نعب	érids	محدّدة	mehádа	مصفوى	besák"a
نفب	árda	محنة	ájaj	مسح	qas
نغون	an'al	محروق	atóhra	مسح	yasis
(sudan.) نغد	tchák	محنة	mehátta	محت	semit
		محنن	mehin	مست	abak
نق	témuk"	مخيخ	hūm	مسخر	asamá
لغمذ الجارية	sulábia	محدّدة	mehádda	مسلمن	húmra, meskín
لغمد دميق	yasis	مخرن	tála'	مسلم	muslim
نت	débil, késis	مخلوط	amsárawa	معاون	le sak"a
نا	-hōb	مد	régig	مصور	hasa
نمس	tah	مدققة	medikka	مضن	mult
نمس	tchis	مدرر	hisama	مهبل	tabak

مشقّ	bádo	ملك	melek	زعم	nakʷ
مشورة	mékir	ملح	mōs	زغ	kab
مشى	hirér, sak	ملقف	malkát	زفة	kām (tá-kām)
متن	dūg	مليدن	átab	زم	dū
محدرين	múna	معلى	átŭtába	زول	nūn
محبوغ	atálfa			نبح	hol
مخدس	dūgs	من ، مين	au	نبوت	kólei
		من	hō	نتف	málit
متن	fénik			نتن	démi
متع	ájnkʷ	من الآن	áftai	نقن	sédim
محمّس	wila'	من أين	náiso	نتنذ	démiaj
مقر	bire	من دين	nū, nūn	نجار	nejár
مدرة	mínda	من شن	ujilla	نحس ، النحاسة	bálo, tábalo
مدود	sáigal	من غير	ánu, bákai	نحف	néhau
مضوى	kasás	مفونك	núnancj	نحل	dínu
مع	-gud, gʷad			نحيف	néhaua
معدنك	ámtalgáj	منتخر (انف)	genúf	نحل	mháil
معزة	náj	منذ	-éka, -ka	نقد	ńa
معج	banág	منشار	m(e)sá', minsár	ندى	jide'
معين	du	منترة	snále, mín- dara	ندى	sejáqu'
		منفوخ	fáfama	ندى	jáda', néda
مغرب	ínglob, mágreb	منقع	de	نسر	éki
مفتوح	negál, fetáh	موت	sja'	نسوان	ma
مفجور	átferka	موت	jat	نسى	báden
مغراك	émse	مويس	múman	نسى	sebáden
مقلبلك	asás	موقدة	dagána	نسيان	béduan
مقتول	atádira	ميت	áju	نشف	bálam
مفشة	mémhag, ma- kása	ميتين (vulg.)	nóma, nahób	نشف s. (sudan.)	báf
مقش	makás	مبسان	misón	نشف	bálams
مقدع	dápi			نشون	nesák
مخبب	kʷalál, debálu			نشيف s. (sudan.)	néhif
سلّ	tib	نز	ne, na	نفس	téra
متّ	séqib	ند	énda	نتحفة	uchasás, ue- háise

DIE BISCHARI-SPRACHE.

نتـــــــ besāk"	غنا tá	وحـــ iwās
نتـــــ sisbāk"	غنْدَ bénomhŭn, bèntej, bénton	وســـ bus, iwās, sáfari
نتف nehus	توم baráh	وسع sémara
نتف schás, sénhas	توء báram	وصو mwās
نتيف néhas, nohós	عوم (sudan.) téwuc	وسوس mwāsoj
نذ fafar	تمي batáh	وصل kétum
نعام k"iri		وصل sekítim
نَعـجذ [tá]-na'		وصول ketám
نعس narít	واحد ongál	وضع dās, wad', kéti
نفخ fūf	ودي matlál	وضع sekát
نف áufir, áukir	ارم 'áma	وضوء wáda
نفس šuk, ámšuk	اسع mára	وشى nn'
نفسد ámna	واينى náibau	وشى būr, úsei
نفض fétil	البدء amra	وقت dōr
نفض nan		وقت ايش náma, nahih
نفض sónan	بج kegy	وقع deh
نفل k"aš	تذ gásam	وقع debs
نقل k"áše	وجد méri, wáli	وقف éugad
نكر áukir, áufr	وجد sémar, wális	وقف séngad
نم hókus	وجه bite	وقوف méngad
نمل háñkana	وحل luk	وكل wákkal
نهر in	ودعة wája	ولا (اَ:) tar
نورة náwara	ودي sitób, digóy	ولاد aufíram, sa-ram
نموْ kab	ودن (اغن) áng"íl	ولد firi
نيبة nic	وراء úri	ولد sifar
	ورت k"usám	سـ (vulg.) -gad, g"ad, gib
هت háma, náti	ورت 1. báje, rat; 2. wárak	سـ (vugl.) náho
هجم mará	ورخة rát	سم maloj
هجوم mará	ورع se'ám	سم (اَ:) tar
هدم hádam	ورع úmr	سمد tar
هذا in	وزع wās	سمم mujak"a
هم baráh	وذ din	
هن batáh		

VERBESSERUNGEN UND ZUSÄTZE.

Seite 1 a, Zeile 19 v. o. lies: *o'ababena*, der Verächter, *o'ababema*, der verachtete.
» 2 b » 16 » » » verstehen; Pass. *áfhamam*; Kaus. *áfhams*, erklären.
» 3 b » 13 v. u. statt Krafte, lies: Kraft
» 5 b » 10 » » » عِرَّج *'drray*, » غِرَّي *γárray*
» 16 b » 20 » » » Traumer, » Träumer
» » » 22 » » » traumen, » träumen
» 18 a » 12 v. o. » سَدِب, » شَدِب
» 19 a » 20 v. u. lies: *ngâl, gâl*, f. *engât, gât*
» 27 b » 5 » » statt دراع, lies: ذراع
» 29 a » 9 » » » ربت, » ربت
» 37 a » 6 » » » خرع, » خرع
» 39 a » 18 v. o. » 214, » 114
» 43 a » 13 » » » دبع, » تبع
» 47 b » 18 v. u. » Möbeln, » Möbel
» 55 b » 2 » » » سُلّام *sullám* » سِلّام *sillám*
» 57 b » 12 v. o. » 214, » 114
» 63 b » 16 » » und folgende lies: Mvnz. *shumja*, hineingehen, hineinkommen; Kans. *shumeshja*; Seetz. *schúmadénch*, ich gebe hinein.
šúmbo* [oder *šimbo?*], f. Krätze, Seetz. (*tischúmbo*).
šumbukule* [oder *šimbukule?*], Papagei, Seetz. (*schúmbúckuléh*).
šuš f. Husten, شوش, شعش. — Mvnz. *to'shish*, der Husten; *eshish*, husten; Seetz. *toschisch*, Husten; *aschischéphe*, ich huste.
šúš*, Panicum turgidum, Schw. (*schúhsch*).